복 있는 사람

오직 여호와의 율법을 즐거워하여 그 율법을 주야로 묵상하는 자로다.
저는 시냇가에 심은 나무가 시절을 좇아 과실을 맺으며 그 잎사귀가 마르지 아니함 같으니
그 행사가 다 형통하리로다.(시편 1:2-3)

'설교'라는 한마디에 다시금 심장이 뛰기를 원한다면, 부디 이 책을 들기 바란다. 한국교회는 오랜 세월에 걸쳐 설교를 깊이 사모하는 전통을 간직하고 있다. 하지만 오늘날 줄곧 행해지는 설교 문화는 안타깝게도 본질을 잃어 가고 있다. 설교의 현장은 실제로 하나님께서 역사하시는 뜨거운 현장이다. 저자가 말하듯, 지식과 정보 전달로만 이루어진 설교는 결코 영혼을 일깨울 수 없다. 설교의 목적은 길 잃은 회중을 영광의 하나님께로 인도하는 데 있다. 이 책 『개혁주의 설교에 관하여』는 종교개혁과 청교도 전통이라는 교회사의 한 강줄기를 따라 힘차게 헤엄쳤던 탁월한 하나님의 설교자들을 생생하게 소개한다. 특히 저자는 설교에 관한 이론적 탐구와 목회적 실천의 조화를 추구함으로써 '설교'라는 사역이 진정 무엇을 뜻하는지 우리에게 명쾌하게 전달한다. 만일 당신이 강단에 서는 사역자가 되기 원한다면, 먼저 책상 앞에 앉아 이 책을 정독하기를 바란다.

이찬수 분당우리교회 담임목사

설교는 여러 세기에 걸쳐 죄악된 남녀노소를 구주 예수를 믿는 믿음으로 인도하기 위해 성령께서 사용해 오신 가장 중요한 방편이다. 이는 사람들로 하여금 더욱 효과적으로 죄를 깨닫고 돌이키게 함과 동시에 거룩하고 성숙한 삶으로 나아가도록 이끌어 왔다. 설교자는 진리를 전함으로써 그리스도와 사람들을 향한 사랑을 불러일으키고, 그 사랑이 즉흥적이거나 감상적인 것에 그치지 않고 말씀에 견고히 뿌리를 내릴 수 있도록 성도들을 도와야 한다. 그런 점에서 설교는 단순히 교육적, 감정적, 도덕적인 데 그쳐서는 안 되며 성경적이며 교리적이고, 체험적이면서도 실천적이어야 한다. 그런 면에서 이 책의 저자 조엘 비키만큼 이 주제를 다루는 데 있어 적합한 인물은 없다. 이 책을 읽는 가운데 저자의 바람대로 많은 설교자들이 마음에서부터 마음으로 전달하는 설교를 하게 되고, 성경을 사랑하는 성도들에게는 더 많은 사모함과 깨달음이 주어질 것을 기대한다. 이 책이 말씀을 충성스럽게 섬기는 조국교회의 목회자들에게 풍성한 열매를 가져다주고, 많은 좋은 설교자와 말씀에 헌신된 성도들을 일으켜 주기를 바라며 즐겁게 이 책을 추천한다.

화종부 남서울교회 담임목사

하나님의 영광의 복음을 전한다는 것은 설교자로 부름받은 목사들에게 주어진 넘치도록 과분한 특권이자, 평생을 짓누르는 부담이다. 어떻게 설교자의 가슴으로부터 회중의 마음을 사로잡도록 하나님의 말씀을 선포할 것인가? 조엘 비키는 '체험적인 개혁파 설교'라는 주제로 이 문제를 치밀하게 다룬 고전을 탄생시켰다. 역사적으로 종교개혁 이후의 설교자들을 통해 체험적 개혁파 설교의 예를 보여줄 뿐 아니라, 오늘날 어떻게 이런 설교를 회복할 수 있을지에 관하여 자세히 조언한다. 이 책은 천박한 설교가 난무하는 이 시대의 설교자들을 향한 너무나 고귀한 선물이다. 한국교회의 모든 강단에서 이런 설교들이 영광스럽게 선포되는 은혜의 날이 임하기를 바라며 이 책을 적극 추천한다.

김형익 벧샬롬교회 담임목사

기독교 설교는 하나님의 세계와 신비를 이 땅에 펼치는 사역이다. 그렇기 때문에 설교자가 먼저 그것들을 보고, 듣고, 경험하는 것이 중요하다. 설교는 설교자가 경험한 일을 증언하는 사역이다. 초기 설교자들은 예수 그리스도의 삶과 사역, 특히 십자가와 부활, 승천 그리고 재림으로 이어질 하나님의 구속 사역을 직접 경험하고 보았던 사람들이다. 그들은 이 모든 것을 증언하기 위해 일어섰다. 그 증언이 기록되어 있는 성경은 하나님의 구원 역사를 증언하는 계시의 완성이다. 그런 점에서 설교는 성경 중심적 특성을 갖는다. 중세 교회가 말씀을 떠나 혼미함 가운데 놓였을 때 하나님의 말씀을 통해 강단과 교회를 새롭게 했던 개혁자들의 증언은 중요한 본보기가 된다. 그렇게 시작된 '개혁된 교회 전통'은 청교도 시대와 미국의 부흥기를 지나면서 여러 지역에서 꽃을 피웠다. 본서는 개혁된 교회 전통에 우뚝 서서 하나님의 말씀을 선포했던 설교자들, 16세기 츠빙글리로부터 20세기 로이드 존스에 이르기까지 수많은 설교자의 발자취와 외침을 들려준다. 그리고 교회의 위기를 맞이한 시대를 사는 우리에게 그들이 전해 주는 교훈은, 어떻게 그 신비의 사역을 감당해 갈 수 있을 것인지에 대한 지혜를 전해 준다. 이 책은 이 시대에게 어떻게 하나님의 말씀을 듣게 하며, 그 말씀으로 교회를 어떻게 밝혀 가야 하는지에 대해 고민하는 설교자들에게 유익할 것이다. 그들에게 일독을 권한다.

김운용 장로회신학대학교 예배 · 설교학 교수

탁월한 청교도 토머스 굿윈은 "하나님께는 세상에 오직 한 아드님이 있었는데 그를 목사로 삼으셨다"고 말했다. 이 말이 보여주는 것처럼, 청교도들은 설교직을 세상에서 가장 영광스러운 직분으로 여겼다. 하지만 오늘날 한국교회의 강단은 설교의 영광을 보여주기보다는 시류에 영합하고 인간의 타락한 심성에 편승하는 경우가 적지 않다. 이러한 세태에 마치 얼어붙은 바다를 깨는 듯한 설교학 서적이 나왔으니 반갑지 않을 수 없다. 이 책은 조엘 비키 목사가 자신의 신학과 삶을 모두 녹여내어 쓴 설교학 교과서이며, 더 나아가 교회사에 길이 남을 대작이 될 만한 책이다. 저자는 16세기부터 20세기에 이르기까지 나타난 진정한 개혁주의 설교자들의 구체적인 예를 보여줌으로써 체험적 설교의 다양한 면모들을 자세히 설명하고, 그 설교의 아름다움을 풍성하게 보여준다. 정말이지 읽으면 읽을수록 가슴이 뛰는 이 책은 설교자에 의한, 설교자를 위한, 설교자의 책이다. 이제 설교학은 이 책 한 권이면 족하지 않을까 하는 생각이 들 정도다.

우병훈 고신대학교 교의학 교수

마음에서 마음으로 전하는 설교, 이것은 '우리의 마음에 깊은 상처를 내는' 동시에 길르앗의 향유를 발라 주는 설교다. 이 책에서는 그런 설교의 놀라운 본보기를 보여주고 있다. 조엘 비키에게 들었던 모든 설교를 감사히 여긴 사람으로서, 나는 여러분이 그의 글에서 교리와 체험, 우리의 삶 사이의 신선한 연결고리를 파악하게 될 것이라고 확신한다.

마이클 호튼 캘리포니아 웨스트민스터 신학교 조직신학·변증학 석좌교수

청중을 위해 본문을 충실히 강해하고 적용하는 설교, 복음의 내용이 풍성히 담겨 있는 설교, 그리스도 중심의 초점을 지닌 설교, 죄인들을 향해 회개하고 그들 자신을 예수 그리스도께 맡길 것을 간곡히 호소하는 전도 설교, 이것이 바로 개혁파 설교다. 그것은 결코 장황하거나 부담스러운 설교가 아니다. 이 설교는 설교자들이 강단에서 그리스도의 몸에 속한 지체들을 위해 감당하는 목회와 부흥의 사역이다. 이 사역은 주로 주일에 수행되며, 대개는 신자들의 모임을 상대로 이루어지지만 세상을 향해서도 힘 있게 전개된다. 개혁파 설교는 따스한 마음과 긍휼이 담긴 메시지를 전하는 동시에, 때로는 장엄한 깊이가 담긴 말씀을 전하는 일이다. 무엇보다도 그것은 흥미롭고 청중을 매료시키는 설교이며, 그들의 삶을 새롭게 변화시키는 강단의 사역이다. 누구든지 이런 설교를 통해 영혼이 각성되고 나면, 다른 무엇도 살아 계신 하나님을 찾고 구하는 그의 갈망을 채워 줄 수 없게 될 것이다. 이는 신자들을 위해 매주 베풀어지는 잔치와도 같다. 우리는 어떻게 이런 방식으로 설교할 수 있을까? 그 첫 단계로서 이 책을 읽어 보기 바란다. 여러분은 깨달음과 동기를 얻고, 무엇보다 개혁파 설교가 전 세계로 퍼져 나가게 되기를 갈망하며 기도하게 될 것이다.

제프리 토머스 웨일스 앨프리드 플레이스 침례교회 목사

조엘 비키의 이 책을 추천하게 된 것을 무척 기쁘게 여긴다. 이 책 속에는 개혁파 설교에 대한 귀중한 공헌이 담겨 있기 때문이다. 개혁파 공동체에 속한 어떤 이들은 체험적인 설교를 경건주의나 신비주의에 연관 짓는 경향이 있지만, 이 책에서 비키는 성령의 기름 부음 받은 여러 세대의 개혁파 설교자들이 성경적이며 체험적인 설교 방식을 사용했다는 점을 보여준다. 비키의 이 책에는 그가 오랜 세월 동안 마음속으로 구상해 왔던 내용의 핵심이 담겨 있다. 이 책에서 그는 복음은 무엇이며, 누가 누구에게 그 복음을 설교해야 하는지, 특히 그 복음을 어떻게 설교할 것인지에 관해 성경적으로 분명한 이해를 제시한다. 설교학 분야의 최신 서적인 비키의 이 책은 신학교 교수와 학생, 목회자들뿐 아니라 참된 생명의 양식을 사모하는 모든 이들에게 충분히 읽힐 만한 가치가 있다. "겸손한 자는 먹고 배부를 것이며 여호와를 찾는 자는 그를 찬송할 것이라. 너희 마음은 영원히 살지어다"(시 22:26).

코르넬리스 닐 프롱크 북미자유개혁교회 목사

이 책 『개혁주의 설교에 관하여』는 종교개혁자들과 이후 여러 세기에 걸친 그들의 신학적 계승자들에게서 체험적인 설교의 방법을 배울 것을 강조하고 있다. 조엘 비키는 개혁파 설교가 교리적으로 올바를 뿐 아니라 인격적인 깊이와 실천적인 효력을 지닌다는 점을 설득력 있게 보여준다. 또한 오늘날 흔히 통용되는 방식들을 내세우지 않고, 성경의 메시지를 선포하기 위한 영속적인 방식으로 우리의 머리와 마음, 손을 아우르는 종교개혁의 설교를 제시한다. 여기서 우리는 종교개혁이 기독교의 역사에 끼친 영향에 대한 매우 본질적인 이해를 접하게 된다.

존 맥아더 캘리포니아 주 그레이스 커뮤니티 교회 담임목사

나는 개인적인 벗이자 복음을 섬기는 동료 목회자로서 조엘 비키를 알아 온 지 거의 오십 년이 되었다. 나는 지금껏 그가 품어 온 사역의 열망이 개혁파 설교를 전하는 것에 있었으며, 앞으로도 그럴 것임을 주저 없이 단언할 수 있다. 나는 자신의 마음에서 회중의 마음으로 전하는 그의 설교를 들을 기회를 자주 누렸는데, 그는 구주를 필요로 하는 죄인들, 곧 영적으로 궁핍하며 무거운 죄책을 짊어진 자들에게 베푸시는 그리스도의 측량할 수 없는 풍성함에 관해 설교하곤 했다. 그러므로 나는 비키가 이 책『개혁주의 설교에 관하여』에서 다음 세대의 설교자들을 향해 자신의 지식을 전해 주는 것을 무척 기쁘게 여긴다. 그는 성경적이며 교리적이고 체험적인 방식으로 그리스도를 설교하는 일의 의미에 관해, 또 청중들의 마음에 그 설교를 효과적으로 전달할 방법에 관해 자세히 설명하고 있다. 말씀의 해설과 적용을 위해서는 그리스도의 영이신 성령께 온전히 의존해야 한다는 것이 비키의 견해다. 부디 여러 젊은 복음의 사역자들이(그리고 나이 든 목회자들 역시!) 비키가 평생에 걸쳐 체험적인 설교에 헌신하는 가운데 나온 결과물인 이 책에서 풍성한 유익을 얻게 되기를 바란다.

바텔 엘샤우트 아이오와 주 헤리티지 개혁교회 목사

“어떤 설교가 좋은 설교인지는 그 설교가 끼치는 영향력에 달려 있다”는 말이 있다. 조엘 비키의 이 책은 하나님의 종들이 청중의 머리와 가슴, 그들의 삶에 와닿도록 그분의 말씀을 전하는 데 큰 도움을 줄 것이다. 이 책에서 비키는 체험적이며 개혁파적인 설교에 관해 성경적인 정의를 제시하고 교회의 역사 가운데 그 주된 대변자들을 살피며, 오늘날에도 이런 종류의 설교가 필요하다는 점을 세심하게 설득해 나간다. 이 책을 읽는 설교자라면 누구나, 앞으로는 더욱 이런 방식으로 설교해야겠다는 도전과 격려 그리고 도움을 얻게 될 것이다. 주님이 은혜를 베푸실 때, 이 책은 온 세계의 교회와 목회자들에게 말로 다할 수 없는 유익을 끼치게 될 것이다. 이 책에는 독특하면서도 필요한 내용이 담겨 있다. 이 책은 신학생들을 위한 필독서이며, 나는 그리스도의 측량할 수 없는 풍성함을 선포하는 모든 사역자들에게 이 책을 진심으로 추천한다.

존 테크웨이 북웨일스 홀리웰 전도교회 목사

나는 설교에 관한 자료들 가운데 조엘 비키의『개혁주의 설교에 관하여』만큼 유익하고 예리하며, 성경적인 동시에 경건하기까지 한 책을 만나 본 적이 없다. 그 속에 담긴 역사적인 무게와 순전한 신앙고백이 지닌 깊이와 넓이 덕분에, 이 책은 어떤 목회자나 교사, 평신도에게도 탁월한 선택이 될 것이다. 나 역시 설교학 수업 시간이나 강단에서 전할 설교를 준비할 때, 이 책을 꼭 활용하려고 한다!

브라이언 코즈비 테네시 주 웨이사이드 장로교회 담임목사

‘체험적인 개혁파 설교’라는 표현이 따분하고 무미건조하게 들리거나 혹은 어렵게 다가온다면, 여러분은 이 책을 한번 읽어 보아야 한다. 조엘 비키는 참된 교육자로서, 이 책에서 실제적이며 따스한 통찰력을 보여준다. 그는 이 책에서 영속적인 원리들을 제시하고, 여러 세기에 걸쳐 체험적인 개혁파 설교를 전한 이들을 탐구하면서 각 설교의 유형을 파악하고 있다. 그리고 우리 역시 설교의 사역을 생동감 있게 수행할 것을 간곡히 권면한다. 그는 우리를 강의실에서 훈련장으로 이끌어 가며, 그 후에는 다시 사역의 현장으로 나아가게 한다. 이를 통해 우리는 겸손한 소망을 품고, 우리의 마음에서 다른 이들의 마음으로 전달되는 설교를 전할 준비를 갖추게 된다.

제러미 워커 영국 크롤리 메이든바워 침례교회 목사

『개혁주의 설교에 관하여』는 원대하고 포괄적인 동시에 매력적인 책이다. 이 책은 체험적이며 개혁파적인 설교를 다룬 것으로, 그 가운데는 견실한 신학과 교회사적인 탐구, 실천신학적인 내용이 모두 담겨 있다. 비키의 이 책에는 '설교자의 마음에서 하나님께 속한 백성의 마음을 향해 그분의 말씀을 선포하기'라는 부제가 붙어 있으며, 이 책 속에는 그 주제의 분위기가 깊이 스며들어 있다. 이 책은 모든 면에서 탁월하다. 이 책의 내용은 온전히 교리적인 동시에 온전히 적용에 초점이 맞춰져 있다. 저자는 교회를 향해 성경적인 동시에 교리적이며 체험적인 설교가 반드시 필요하다는 도전을 제기하며, 이는 곧 하나님의 백성으로 하여금 "여호와의 선하심을 맛보아 알게" 하는 설교를 뜻한다(시 34:8). 또한 비키는 말씀의 사역자들과 청중 모두를 위해 논의를 전개하고 있다. 나는 복음을 맡은 설교자로서 이 책의 매 페이지를 펼칠 때마다 삼위일체 하나님께 경배하게 되었으며, 그분의 진리를 선포하도록 부름받은 특권에 감사하면서 먼지와도 같은 자신을 겸손히 낮추게 되었다. 이 책은 우리가 몇 번이고 거듭해서 읽어야 할 책이다. 나는 이 책이 널리 읽히기를 기도하며, 새로운 시대의 체험적인 설교를 향한 옛 개혁파의 헌신을 회복시키는 하나의 작은 불씨가 되기를 바란다.

데이비드 B. 맥윌리엄스 플로리다 주 언약 장로교회 담임목사

신실한 설교는 신실한 기독교적 삶의 핵심과 밀접히 연관되어 있다. 우리는 교회의 역사 전반에 걸쳐 이에 대한 증거를 찾아볼 수 있다. 하나님의 말씀이 청중의 지성에만 머무르지 않고 그들의 마음에 와닿도록 선포될 때, 사람들의 의지와 정서, 그들의 삶과 교회, 공동체 전체가 변화되어 왔다. 개신교 종교개혁의 시기에 이런 일들이 일어났으며, 이는 청교도의 영향 아래서 다시 나타났다. 우리는 이후 일어난 부흥의 시기들 속에서도 이런 일들을 목격하게 된다. 이 책에서 조엘 비키는 과거의 위대한 설교자이자 목회자, 신학자였던 인물들의 신학과 실천을 탐구하며, 이를 통해 이 세대와 다음 세대를 위한 사역을 이어가는 자들에게 충분한 격려와 유익을 제공한다.

마크 G. 존스턴 영국 카디프 벧엘 장로교회 목사

자신이 전한 대로 실천하지 않는 설교자는 위선자이며, 자신이 직접 실천한 내용을 전하지 않는 설교자는 그저 이론가일 뿐이다. 좋은 설교자는 그 자신이 하나님의 말씀에서 풍성하게 섭취한 내용을 다른 이들에게 전달한다. 이 책 『개혁주의 설교에 관하여』의 부제에서도 드러나듯이, 효과적인 설교는 곧 마음에서 마음으로 전해지는 설교다. 설교는 단순히 자신이 읽은 책의 내용을 말로써 전달하는 행위가 아니다. 설교는 하나님의 진리가 청중들의 마음과 체험에 감화를 끼치도록 정해 두신 하나님의 방편이다. 이 책에서 비키는 과거의 설교자들이 보여준 모범과 더불어 오늘날의 설교자들을 위한 분명한 지침을 제시함으로써, 강력한 설교의 기능을 효과적으로 강조하고 있다. 이 책에서 비키는 체험적인 설교를 향한 열심을 뚜렷이 드러내면서 우리 앞에 자신의 마음을 펼쳐 보인다.

마이클 P. V. 배럿 퓨리턴 리폼드 신학교 교무 부총장

지난 십 년 동안 퓨리턴 리폼드 신학교에서 조엘 비키와 함께 설교학을 가르칠 수 있었던 것은 내 인생의 큰 특권 중 하나였다. 나는 그가 이 주제에 관해 지닌 열정과 전문성을 곁에서 지켜보았으며, 그의 열심이 나 자신뿐 아니라 전 세계에서 온 수백 명의 학생들의 설교 사역에도 변화를 가져다준 것을 체험하고 또 목격했다. 이제는 그가 진행해 온 강의가 훨씬 더 많은 복음의 설교자들에게 유익을 끼칠 수 있게 책으로 출간되는 것을 보게 되었으며, 이는 우리가 드려온 기도에 대한 기쁜 응답이다.

데이비드 머리 퓨리턴 리폼드 신학교 구약학·실천신학 교수

조엘 비키는 우리를 자신의 설교단과 서재뿐 아니라 그의 사적인 기도 장소로 따뜻하게 초대한다. 그의 초대를 받아들일 때, 우리는 빛과 열을 모두 갖춘 설교가 어떤 것인지를 알게 되며, 동시에 자격을 갖춘 이들에게만 제공되는 후식이라기보다는 굶주린 이들을 위한 음식으로서의 복음을 전하는 법을 배우게 된다. 이 책 『개혁주의 설교에 관하여』에서, 비키는 교회 역사의 저명한 인물들을 소개하면서 체험적인 설교자의 전인적인 모습을 보여주고 있다. 심지어 경험이 많은 설교자들까지도, 이 책을 통해 많은 교훈을 얻게 될 것이다.

채드 반 딕스호른 웨스트민스터 신학교 교회사 교수

진정한 기독교적 체험은 하나님과 그분의 말씀이 참되다는 것을 늘 경험하는 데 있다. 이 진리는 특히 성령님의 기름 부음이 있는 설교를 통해 뚜렷이 선포된다. 이 책 『개혁주의 설교에 관하여』에서는 설교가 하나님 나라의 열쇠 중 하나인 이유를 보여준다. 저자는 울리히 츠빙글리부터 마틴 로이드 존스에 이르기까지 개혁파 교회에 속했던 위대한 설교자들에 관해 유익한 탐구를 제시한다. 이 책에서는 구체적인 사례들을 통해, 성령님이 어떻게 체험적인 설교를 사용하셔서 곤고한 죄인들로 하여금 복음의 중요한 진리들을 경험하게 하시는지 보여준다.

행크 판 덴 벨트 네덜란드 흐로닝언 대학교 신학·종교학 교수

유능한 교사이자 자신의 강단 사역에서 탁월한 모범이 되는 이로서, 조엘 비키는 설교의 주제에 관해 들려줄 말이 많은 사람이다. 이 책을 펼칠 때, 우리는 이 뛰어난 설교자의 발밑에 앉아서 진정으로 성경적인 설교란 어떤 것인지를 배우게 된다. 교회의 지체들이 이 책을 읽어야만 할 때가 있다면, 그 시기는 바로 지금이다.

스티븐 J. 로슨 원패션 미니스트리즈 총재

설교를 다루면서 우리에게 영혼의 만족감을 주는 이 책의 중심은 단순히 새롭고 기발한 것들을 서둘러 훑어 나가는 데 있지 않고, 오히려 우리로 하여금 과거의 견고한 토대들에 다시금 마음을 쏟게 하려는 데 있다. 현대의 설교자들은 새롭게 만들어 낸 화려하고 자극적인 설교 방식을 통해 분별력 없는 청중들을 매혹시키려는 경우가 너무 많다. 하지만 경건한 신자들은 새로운 방식의 얄팍한 설교를 기대하기보다, 실제적이고 견고하며 성경적인 설교와 자신의 영혼을 위한 참된 양식에 굶주려 있다. 이 책에 담긴 저자의 메시지는 과거에 사역했던 모범적인 설교자들의 탁월함을 드러내 보이는 데 있다. 이렇게 본이 되는 설교자들은 루터와 칼뱅에서 시작하여 위대한 청교도들을 거친 후, 1981년에 세상을 떠난 친애하는 마틴 로이드 존스에게까지 이어진다. 이 책은 강단에서 자신의 영혼을 위한 충실한 설교가 선포되기를 갈망하는 독자들에게 매우 적합하다. 같은 이유에서, 우리는 진지한 사역자 후보생들의 손에도 이 책을 건네주어야 할 것이다.

모리스 로버츠 「배너 오브 트루스」 매거진 편집자

개혁주의 설교에 관하여

REFORMED PREACHING

Proclaiming God's Word from the Heart of the Preacher to the Heart of His People

Joel R. Beeke

개혁주의

설교에 관하여

설교자의 마음에서

회중의 마음으로

이어지는

개혁주의 설교

—

츠빙글리, 칼뱅에서

로이드 존스까지

조엘 R. 비키 지음

송동민 옮김

복 있는 사람

개혁주의 설교에 관하여

2019년 8월 23일 초판 1쇄 발행
2021년 2월 26일 초판 3쇄 발행

지은이 조엘 R. 비키
옮긴이 송동민
펴낸이 박종현

(주) 복 있는 사람
주소 서울특별시 마포구 연남동 246-21(성미산로23길 26-6)
전화 02-723-7183, 7734(영업 · 마케팅) 팩스 02-723-7184
이메일 hismessage@naver.com
등록 1998년 1월 19일 제1-2280호

ISBN 978-89-6360-305-6 03230

이 도서의 국립중앙도서관 출판시도서목록(CIP)은
서지정보유통지원시스템 홈페이지(http://seoji.nl.go.kr)와 국가자료공동목록시스템
(http://www.nl.go.kr/kolisnet)에서 이용하실 수 있습니다. (CIP 제어번호: 2019027034)

Reformed Preaching
by Joel R. Beeke

설교의 의도는 영적인 교제와 더불어,

설교자인 우리의 영혼에서 하나님의 백성인 그들의 영혼으로

무언가를 전달하는 데 있다.

—

리처드 백스터

한국어판 서문

개혁파 전통의 기독교의 특징은 그 초창기부터 성령의 능력에 의존하여 하나님의 말씀을 설교하는 데 있었습니다. 이는 교회들의 국제적인 움직임으로 이어졌습니다. 설교를 다룬 이 책이 한국어로 출판된다는 사실은 제게 큰 기쁨이 아닐 수 없습니다. 한국은 이미 설교의 영역과 설교자들을 전 세계로 파송하는 일에 있어서 풍성한 역사를 간직하고 있습니다. 제 기도 제목은 하나님께서 이 책을 은혜로이 사용하셔서, 한국에서 그분이 행한 일들과 더 나아가 한국의 사역자들을 통해 전 세계에 진전시켜 온 일들이 더욱 견고해지는 것입니다.

만일 프랑스의 장 칼뱅이나 잉글랜드의 윌리엄 퍼킨스, 네덜란드의 빌럼 떼일링크와 같은 설교자들이, 자신들에 관한 책이 훗날 동아시아에서 읽히게 되리라는 것을 알았다면 깜짝 놀랐을지도 모릅니다. 다만 그들은 그 나라에서 개혁파적인 설교를 연구하고 실천하게 되리라는 것에는 그리 놀라지 않았을 것입니다. 이들은 예수 그리스도께서 죽은 자들 가운데서 다시 살아나셔서 하나님의 보좌 오른편에 앉으신 것과 마찬가지로, 하나님의 진리에 담긴 대의 역시 온 세상에 널리 퍼지게 될 것을 확신하고 있었습니다. 이는 그리스도께서 모든 나라와 언어 가운데 자신이 구속하신 백성을 소유하게 될 것이기 때문입니다.

주 예수께서 모든 나라 가운데 영생을 베푸시고 그들을 하나님께로 불러 모으시는 위대한 방편은, 바로 성령의 능력 안에서 행해지는 하나님 말씀의 설교입니다. 어떤 책도 한 사람을 설교자로 만들어 주지는 못합니다. 오직 하나님만이 복음을 전하는 사역자들을 세우실 수 있습니다. 그렇지만 종종 하나님은 자신의 종들을 부르고 훈련시키기 위해, 유익한 기독교 서적들을 사용하시기도 합니다. 설교자들을 훈련시키는 데 가장 중요한 서적은 곧 건전한 교리를 다루는 책들입니다. 그들은 신앙과 순종에 관하여 성경이 무엇을 가르치는지를 알아야 하기 때문입니다. 그런데 이와 마찬가지로 또 다른 중요한 서적들이 있습니다. 그것은 바로 설교 자체에 관한 책들입니다.

설교 준비와 전달에 관한 책은 현재 많이 나와 있습니다. 하지만 체험적인 설교를 다룬 책은 그리 많이 접해 보지 못했습니다. '체험적인 설교'란 성경의 진리들을 설교자의 마음에서 청중의 마음으로 전달하는 설교입니다. 그리고 이는 16세기와 17세기의 종교개혁과 청교도 운동을 촉발하고 지속시키는 불꽃이 되었던 설교입니다. 저는 이 책에서 종교개혁자와 청교도들이 성경에서 배운 교훈들을 한데 모으고, 그 내용을 오늘날의 언어로 제시해 보려 했습니다.

이 책의 첫 부분에서는 체험적인 개혁파 설교가 무엇인지를 살폈습니다. 두 번째 부분에서는, 울리히 츠빙글리에서 마틴 로이드 존스에 이르는 체험적인 개혁파 설교자들의 사례를 다루어 보았습니다. 이 책의 마지막에서는 과거 여러 세기를 잇는 다리를 건너 다음의 질문에 답하는 일을 목표로 삼았습니다. "지금 우리 개혁파 설교자들은 어떻게 체험적 인 설교를 전해야 하는가?" 부디 하나님께서 이 책을 비롯한 여러 자료들을 사용하여, 복음의 불길을 품고 땅끝까지 나아갈 다음 세대의 설교자들을 한국교회에 일으켜 주시기를 바랍니다.

조엘 R. 비키

추천의 글 | 싱클레어 B. 퍼거슨

거의 오십 년 전, 나는 대학에서 일 년 동안 진행되는 수업을 하나 들었다. 그 수업은 전부 기독교 신학의 전통에 속한 위대한 작품들을 살펴보는 내용으로 구성되어 있었고, 그 작품 중에는 에이레나이오스의 『이단 논박』(*Adversus Haereses*), 아우구스티누스의 『고백록』(*Confession*), 아타나시우스의 『성육신에 관하여』(*De Incarnatione*), 안셀무스의 『하나님은 왜 인간이 되셨는가』(*Cur Deus Homo*), 토마스 아퀴나스의 『신학 대전』(*Summa Theologiae*)을 비롯해 여러 세기에 걸친 많은 글들이 있었다. 당시 내가 치렀던 시험 문제지 위, 일련의 인용문들 아래에는 간략한 지시사항이 첨부되어 있었다. "이 글들에 관해 논평하시오." 당시 수업을 맡은 교수는 잘 알려진 신학자였으며, 나를 포함한 세 명의 학생이 그 수업을 듣고 있었다. 그런데 나는 동료 학생들과 다른 학위 과정에 속해 있었으므로, 그들과는 달리 내 문제지에 실린 인용문들은 외국어 원문 그대로였다. 글에 관해 논하기 위해서는 먼저 그 내용을 번역해야 했다. 이는 상당히 벅찬 일이 아닐 수 없었다! 나는 그 수업을 듣는 동안, 장 칼뱅이 청년 시절에 활용했던 공부 방식을 터득하게 되었다. 칼뱅은 매일 잠자리에 들기 전 하루 동안 배운 내용을 마음속으로 전부 되새겼으며, 다음날 아침에는 전날 공부한 내용을 마음속으로 모두 정리하기 전까지는 침내 바깥으로 나오지 않았다. (이 일이 쉬운 것처럼 들린다면, 직접 시도해 보기 바란다!) 아마도 지금의 나는 그때보다 더 많은 내용을 알고 있을지 모른다. 하지만 스스로 자신의 지식을 "온전히 파악하고" 있음을 느꼈던 것은 그때가 마지막이었던 듯싶다.

내가 비키의 『개혁주의 설교에 관하여』 읽기를 막 마쳤을 때, 오랫동안 잊고 있었던 그 기억이 갑자기 떠올랐다. 이 책의 가장 인상적인 특징 중 하나는, 저자인 조엘 비키가 스스로 언급하는 내용을 정말로 파악하고 있으며 그 내용을 독자들에게 전해 주기를 간절히 바란다는 것이다. 나아가 그가 칼뱅의 공부법을 좇았든 아니든 간에, 비키는 여러 면에서 칼뱅의 사역 방식을 본받는 모습을 보여 왔다. 칼뱅과 마찬가지로 그는 자신이 읽은 방대한 책들의 내용을 전부 기억하고 되새기며, 그 결과물들을 활용하는 탁월한 능력을 지니고 있다. 비키는 칼뱅과 마찬가지로, 큰 규모의 회중을 돌보는 목회자인 동시에 신학교 교수이며(실제로 그는 학교의 설립자인 동시에 총장이다), 성실한 그리스도인이자 학자다. 또한 그는 많은 책을 집필한 저자이자 이상을 품은 사람이며, 기독교 여러 사역 단체의 주도적인 역할을 하는 인물이다. 가정에서 그는 사랑이 많고 모든 일에 감사하는 남편이자 아버지, 형제이며, 더 넓게는 그와 동일한 이상을 품은 그리스도인들 사이의 비공식적이면서도 국제적인 협력 관계에 속한 중요한 일원이자 사랑 받는 동료다.

조엘 비키는 체험적인 개혁파 설교에 관한 책을 쓸 특별한 자격을 갖추고 있다. 설교자로서 그만큼 폭넓고 깊이 있는 경험을 쌓은 사람은 드물다. 이는 단순히 비키가 전한 설교의 분량 때문이 아니라 그가 오랫동안 하나님의 말씀을 해석해 온 것과, 그 일을 위해 많은 나라를 방문해 왔던 것, 그가 강연을 전한 학회의 다양한 성격을 살펴봐도 그러하다. 비키는 청교도 신학자들의 설교자적인 면모에 관해 많은 지식을 갖추고 있으며, 그들이 지녔던 설교의 목표와 형식, 방법론을 깊이 연구해 왔다. 그는 자신의 설교 사역에서도 풍성한 열매를 맺고 있다. (이것은 직접적인 시금석임이 분명하다.) 이러한 면면들을 고려할 때, 독자들은 노련한 안내자인 비키와 동행하면서 약 칠백 쪽에 걸쳐, 종교개혁 시대 이후 가장 인상적인 설교자들을 함께 살펴보는 놀라운 여정을 체험하게 될 것임을 확신할 수 있다. 독자들은 책장을 넘기는 동안, (이렇게 비유해도 된다면!) 네덜란드 교회의 설교를 들으면서 '퀸 빌헬미나 페퍼민트'(네덜란드의 유명한 박하사탕—옮긴이)를 먹는 시간만큼 소화할 수 있는 인용문이나 짧은 글귀들을 접하게 될 것이다(네덜란드 교회의 예배에서는 설교 시간 때 청중들이 맑은 정신을 유지하기 위해 사탕이나 껌을 섭취하는 관습이 있다—옮긴이). 이 책 속에는 체험적인 개혁파 설교의 현대의 대변자인 비키의 지혜와 경험이 과거 설교의 거장들이 보여주었던 통찰과 함께 짜임새 있게 결합되어 있다. 따라서 이 책을 읽는 것만으로도 유익한 교육이 되며, 이 안에는 우리를 자극하는 내용이 가득 담겨 있다. 독자 중 특히 설교자들은 내용을 읽고 소화할 뿐 아니라, 유난히 인상 깊게 다가오는 구절이나 인용문을 표시해 두는 편이 좋다. 적어도 절반이 넘는 내용에 표시를 남기게 될지도 모르기 때문이다! 설교에 관한 강연(또는 한 학기에 걸친 강의일 수도 있다) 요청을 받은 이들은, 이 책의 저자가 주된 요점이나 본보기를 전달하기에 적합한 여러 인용문을 제공해 준 일에 대해 감사하게 될 것이다. 다만 청중이 강의를 들으면서 이런 생각을 품지 않도록 유의할 필요는 있다. "오, 저 문구는 조엘 비키의 책에서 가져온 **또 다른** 인용문이로군!"

우리들 가운데 설교학을 가르쳐 본 적 없는 사람들조차도, 학생들이 던지는 다음 질문을 피할 수는 없다. "혹시 사역을 시작하는 설교자들에게 들려줄 조언이 있으신지요?" 그럴 때 나는 이렇게 대답하곤 한다. "어떤 사람의 설교를 들을 때, **두 개의 머리로 그 내용을 경청해** 보십시오. 특히 여러분에게 유익을 주는 설교를 들을 때 그렇게 하기 바랍니다. 먼저 여러분 자신의 머리로는, 설교 중에 하나님을 높이고 죄인들을 낮추며, 여러분을 그리스도께로 인도하고 성령 안에서 소생시키며, 진리로 여러분을 감격시키고 여러분의 의지를 새롭게 인도하며, 여러분의 마음을 사로잡는 모든 내용을 여러분 자신을 위해 소화하고 받아들이십시오. 하지만 또 다른 머리로는, 이렇게 질문해 보기 바랍니다. '인간적인 측면에서 볼 때, 저 사역자의 설교를 그토록 유익한 것으로 만드는 요소는 무엇일까? **나 자신의 은사와 인격, 경험에 비추어 볼 때**, 그와 동일한 원리를 나의 설교에 적용하기 위해서는 어떻게 해야 할까?'" 이것은 우리 자신의 개성을 잃어버리고 하나님이 우리에게 주신 은사들을 왜곡하는 방식으로, 다른 사람의 설교 방법을 복제하거나 인위적으로 따라하라는 뜻이 아니다. 오히려 성경적인 의미에서 다른 설교자들의 장점을 **본받으라**는 권면이다. 이것은 모든 설교의 지침이 되어야 할 성경의 원리들을 파악하고, 그 원리들을 우리 자신의 은사나 우리가 처한 지리적이며 역사적인 정황에 맞게 적용하라는 조언이다. 바울이 디모데에게 힘써 권면했듯이, 설교를 듣는 회중이 우리의 진보를 뚜렷이 알아볼 수 있도록 노력해야 한다(딤전 4:15).

우리가 진보를 이룰 때, 회중은 **좋은 가르침을 접할** 뿐 아니라 **좋은 양육 또한 받게** 된다. 나는 친구들에게 이런 표현법을 배웠다. 그들은 자신의 목회자가 다른 교회로 청빙을 받아 떠난 뒤 나에게 이렇게 이야기한 적이 있다. "이전의 일들을 돌아보면서, 지난 세월 동안 **좋은 가르침을 접했지만**, 동시에 **매우 빈약한 양육을 받았다**는 사실을 깨닫고 있다네." 그들의 표현은 나에게 설교자가 빠질 수 있는 한 가지 함정을 적절히 지적하는 것으로 다가왔다. 그것은 지식적인 가르침을 제공할 뿐, 청중의 마음에는 전혀 영향을 주지 못하는 설교를 전하게 될 위험이다. 이와 대조적으로, 지적인 인물인 조나단 에드워즈는 자신의 설교 목표가 청중의 정서에 호소하는 데 있다고 언급한 바 있다. 그는 자신의 저서 『부흥에 관한 생각들』(*Some Thoughts Concerning the Revival*)에서 이렇게 기록하고 있다.

> 나는 설교를 듣는 청중의 정서를 가능한 한 높이 고양시키는 것이 설교자의 의무라고 생각한다. 다만 이 경우에 설교자는 오직 진리로써 그들의 정서에 영향을 끼치며, 그들이 진리의 본성에 어긋나지 않는 정서를 품게 되도록 인도해야 할 것이다.……
>
> 회중에게 필요한 일은 그들의 머릿속에 지식을 심어 주는 것보다도, 마음속에 깊은 감동을 전해 주는 데 있다. 그들이 절실히 필요로 하는 것은 이런 감동을 깊이 전달해 주는 설교다.[1]

바로 여기에 체험적인 개혁파 설교의 주된 특징이 있다. 그 설교의 필연적인 열매 중 하나는, 전하는 메시지는 우리의 존재를 다해 그 내용에 반응할 것을 요구하기 때문에 설교자 자신이 그 메시지를 통해 성장하게 된다는 데 있다. 설교를 듣는 자들 역시, 자신이 메시지를 통해 가르침을 접할 뿐 아니라 충분한 양육을 받는다는 사실을 경험하게 된다. 이같이 진보를 이루라는 바울 사도의 원대한 권면에 부응하기 위해, 우리는 자신이 의존할 수 있는 모든 방편을 활용해야 한다.

다른 나라를 방문할 때 우리는, 자신이 살고 있는 나라를 새롭게 바라볼 수 있는 시각을 얻게 된다. 설교자들 역시 설교와 설교자들의 오랜 역사에 속한 다른 시대와 지역들을 돌아보면서, 지금의 환경에서 우리 자신이 어떤 존재가 되도록, 또 어떤 일을 행하도록 부르심을 받았는지 살피는 데 도움을 얻을 수 있다. 이 책 『개혁주의 설교에 관하여』는 신선한 활력을 주는 여행의 경험을 글의 형태로 제공하며, 시간이 지난 후에도 다시 돌아가고픈 통찰력들을 우리에게 보여준다.

나 자신의 경험이 맞다면, 우리가 나이를 먹으면서 설교가 더 쉬워지지 않기 때문에 이러한 여행의 경험이 중요하다. 물론 어떤 점에서는 설교 사역이 더 쉬워지는 것도 사실이다. 시간이 지남에 따라 활용할 수 있는 자료도 늘어나고, 우리 자신도 더 많은 경험을 쌓게 되기 때문이다. 하지만 이런 일들은 설교의 부수적인 측면일 뿐, **설교 그 자체**와는 다르다. 설교는 하나님께서 여러 세기에 걸쳐 죄악된 남녀노소를 막론하고 예수 그리스도를 믿는 신앙으로 인도하기 위해 사용해 오신 방편이다. 또한 설교는 감당하기 벅차면서도 경이로우며, 신비롭고도 낭만적이며, 우리를 감격시키는 동시에 먼지를 뒤집어쓴 채 자신을 낮추도록 이끌어 가시는 하나님의 도구이다. 세월이 흐르는 동안, 우리는 설교자로 부름받은 특권을 더 깊이 헤아리게 되지만, 그 과업 자체는 여전히 버거운 것으로 남아 있다. 우리 자신의 연약함과 부적절함에 대한 인식도 더욱 깊어져 갈 뿐 아니라, 설교를 마친 후에 "주님, 죄송합니다. 저를 용서해 주소서"라는 고백도 역시 점점 더 늘어난다! 이것은 당연한 일이다! 우리 자신만큼 스스로의 설교를 들어야 할 사람은 없기 때문이다. 주님이 우리의 설교를 들어 쓰시려고 하실 경우, 그분은 오직 자신만이 영광을 얻기를 원하신다. 우리가 설교자로 자라가는 동안 로버트 머리 맥체인이 말했듯이, 회중에게 가장 필요한 것은 바로 우리의 거룩한 인격임을 깨닫는다면, 성령님이 우리 자신의 설교를 통해서도 우리의 본성에 깊고 은밀하며 끈질기게 자리 잡은 죄성들을 깨뜨려 나가신다는 것에 그리 놀라워하지 않게 될 것이다. (어쩌면 성령님은 특별히 우리 자신의 설교를 통해 그 일을 이루어 가실지도 모른다.) 우리가 설교자로서 얼마나 성장했든, 얼마나 탁월한 은사를 지녔든 간에, 우리는 늘 과거에 이사야가 처했던 위치에 놓여 있는 자신을 발견하게 될 것이다. 우리의 연약함과 허물뿐 아니라, 하나님이 우리에게 베풀어 주신 가장 좋은 은사들 가운데도 죄가 깊이 자리 잡고 있음을 깨닫게 된다는 뜻이다. 다른 어떤 사람들보다도, 하나님의 말씀을 전하도록 부름받은 사역자들은 다음과 같이 고백할 필요가 있다. "나는 **입술이 부정한** 사람이요"(사 6:5).

과거 내 조국 스코틀랜드에서는 열두 살 난 남녀 아이들 대부분이 다음의 질문에 답을 알고 있던 때가 있었다. "말씀은 어떻게 구원에 이르는 효력을 가져다줍니까?" 이는 웨스트민스터 소교리문답 제87문으로, 17세기 일부 체험적인 개혁파 설교자들이 작성한 것이다. (비키의 이 책에서도 그들의 글에 담긴 지혜가 뚜렷이 드러나고 있다.) 그 답은 무엇일까? "하나님의 영이신 성령께서는 이 일에 말씀의 읽기도 사용하시지만, 특히 말씀의 설교를 효과적으로 들어 쓰십니다. 이를 통해 그분은 죄인들로 하여금 자신의 죄를 깨닫고 회심하게 하시며, 그들이 거룩함과 위로 가운데서 믿음을 통해 구원에 이르도록 양육해 가십니다."

과연 오늘날 설교자들은 이런 확신을 자신의 마음속에 뚜렷하고 생생하게 간직하고 있을까? 이 책에서는 우리에게 다시 그 확신을 회복하고, 각자의 사역 가운데서 힘차게 드러내 보일 것을 호소하고 있다. 바로 여기에 참된 사도적 전통이 있기 때문이다.

그러므로 우리가 이 직분을 받아 긍휼하심을 입은 대로 낙심하지 아니하고 이에 숨은 부끄러움의 일을 버리고 속임으로 행하지 아니하며 하나님의 말씀을 혼잡하게 하지 아니하고 오직 진리를 나타냄으로 하나님 앞에서 각 사람의 양심에 대하여 스스로 추천하노라.……우리는 우리를 전파하는 것이 아니라 오직 그리스도 예수의 주 되신 것과 또 예수를 위하여 우리가 너희의 종 된 것을 선파함이라. 어두운 데에 빛이 비치라 말씀하셨던 그 하나님께서 예수 그리스도의 얼굴에 있는 하나님의 영광을 아는 빛을 우리 마음에 비추셨느니라. 우리가 이 보배를 질그릇에 가졌으니 이는 심히 큰 능력은 하나님께 있고 우리에게 있지 아니함을 알게 하려 함이라.……그러므로 우리가 낙심하지 아니하노니(고후 4:1-2, 5-7, 16).

『개혁주의 설교에 관하여』에는 저자 조엘 비키가 쏟은 엄청난 사랑의 수고가 담겨 있다. 이 책은 전 세계에 흩어져 있는 설교자들 모두에게 큰 선물이 될 것이다. 또한 이 책은 설교자들에게 많은 것을 배울 수 있는 시간과 영역들로 인도해 주는 확실한 안내자와 같다. 특별히 이 책은 조엘 비키가 다음 세대의 설교자들에게 주는 선물일지도 모른다. 이 책은 우리의 설교가 지닌 성격과 그 열매를 찬찬히 들여다보도록 격려하며, 설교자로서의 위대한 부르심을 받드는 일에 계속 성장해 나갈 것을 촉구한다. 그리고 설교자인 우리에게 하나님의 말씀을 섬기면서 풍성히 열매 맺는 사역자가 될 것을 권고하고 있다. 적어도 나는 이 책을 읽는 동안 그 메시지를 경험했으며, 독자 여러분 역시 그러한 체험을 하게 되는 것이 저자의 소망이자 기도일 것이라고 확신한다.

싱클레어 B. 퍼거슨

리폼드 신학교 조직신학 교수

서문과 감사의 말

나는 이 책을 쓰기 위해 이십 년 이상 기다려 왔으며, 이 주제를 조금씩 살펴보기 시작한 것은 그보다 더 오래 되었다. 여기에는 두 가지 이유가 있다. 첫째, 지난 수십 년 동안 개혁파의 복음적인 교회들 가운데 체험적인 개혁파 설교, 곧 설교자의 마음에서 하나님께 속한 백성의 마음으로 전달하는 설교를 거의 찾아보기 어려웠기 때문이다. 둘째, 이 중대한 주제를 다룬 책들 역시 찾기가 쉽지 않았다. 찰스 브리지스는 그의 고전이 된 저서 『기독교 사역』(*The Christian Ministry*)에서 몇 개의 단락에 걸쳐 이 주제를 훌륭하게 다루었으며[1], 존 제닝스도 존 브라운이 편집한 그의 저서 『기독교 목회자의 지침서』(*The Christian Pastor's Manual*)에서 한 장에 걸쳐 이 주제를 탁월하게 논한 바 있다.[2] 하지만 전체에 걸쳐 이 주제만을 다룬 책은 아직 출간된 적이 없다. 최근에 청중의 마음에 호소하는 설교를 다룬 몇 권의 유익한 책이 집필되었지만,[3] 이 책에서와 같이 체험적인 설교, 또는 경험적인 설교로 알려진 주제에 구체적으로 초점을 맞춘 책은 없었다.

주의 깊은 독자라면, 이 책의 원제인 *Reformed Preaching*(개혁파 설교)이 위의 문단에서 언급한 '**체험적인** 개혁파 설교'와는 다르다는 점을 눈치 챘을 것이다. 이 책의 제목을 그렇게 정한 것은 더 단순하게 표현하기 위해서일 뿐이다. 이 책의 부제인 '설교자의 마음에서 하나님께 속한 백성의 마음을 향해 그분의 말씀을 선포하기'에는 체험적인 개혁파 설교의 성격에 관한 좋은 요약이 담겨 있다. 본문에서 드러날 '체험적인 개혁파 설교'라는 용어는 풍성한 역사와 의미를 지니며, 나는 이 책 전체에 걸쳐 그 용어를 사용하려 한다.

나는 지난 이십오 년간 그랜드래피즈에 있는 퓨리턴 리폼드 신학교PRTS에서 사역하면서, 체험적인 개혁파 설교를 다루는 설교학 수업을 맡아 가르칠 특권을 누려 왔다. 나는 마스터스 신학교와 캘리포니아 주에 있는 웨스트민스터 신학교의 목회학 박사 과정이나 미시시피 주 잭슨에 있는 리폼드 신학교의 목회학 석사 과정, 그리고 전 세계 몇몇 신학교에서도 다양한 형태로 그 강의를 진행한 바 있다. 나는 이런 기회를 베풀어 준 학교들에게 감사하며, 그 시간을 통해 강의 자료를 여러 번에 걸쳐 다시 살피고 고칠 수 있었던 일을 고맙게 여긴다.

이 책의 내용은 앞서 내가 강의해 온 내용과 동일하지는 않다. 하지만 이 책의 각 장은 내가 강의할 때 제시한 세 가지 주요 부분을 중심으로 구성되어 있다. 첫째, 이 책에서는 체험적인 개혁파 설교가 무엇인지를 다룬다. 둘째, 체험적인 설교자의 사례를 보여주는 몇몇 인물들을 살펴본다. 이는 최초의 개혁파 설교자였던 16세기 울리히 츠빙글리부터 20세기 마틴 로이드 존스까지 이어지는 인물들이다. 특히 잉글랜드의 청교도들과 네덜란드의 진전된 종교개혁 운동에 속했던 설교자들에게 초점을 맞추었는데, 그들이 체험적인 설교의 전문가였기 때문이다. 끝으로,

이 책에서는 이전 시대에 나타났던 체험적인 개혁파 설교를 오늘날의 설교에 접목할 방법을 몇 가지 영역에서 논하고 있다. 여기서는 현재 우리가 체험적인 설교를 전할 수 있는 최상의 방법이 무엇인지에 역점을 두고 살폈다.

이 책의 대상 독자층은 설교자나 신학생, 신학교의 교수들에게만 국한되지 않는다. 좋은 설교 듣기를 갈망하는 교양 있는 성도들 역시 이 책을 통해 도움을 얻게 되리라고 믿는다. 그러한 성도들은 이 책에 힘입어서, 각 교회의 목회자들이 회중의 머리뿐 아니라 가슴에도 와닿는 설교를 전하도록 애정 어린 격려를 건넬 수 있을 것이다. 나는 가능한 한 많은 이들을 독자층으로 삼기 위해, 내용을 최대한 단순하게 서술하는 데 목표를 두었다. 이 책을 통해 체험적인 개혁파 설교를 전하는 설교자들이 꼭 필요한 격려와 지원을 얻게 되는 것이 나의 기도 제목이다.

이 책에 관해서는 감사해야 할 이들이 너무 많아, 짧은 지면에서 다 언급하기가 어려울 정도다. 먼저 설교의 체험적인 측면을 강조하게 된 배경에는, 존경하는 아버지 존 비키1920-1993에게 빚을 지고 있다. 내 어린 시절과 청소년 시절에, 아버지는 하나님께 속한 백성이 자신의 영혼에서 체험하는 성령님의 구원 사역에 관해 자주 말씀해 주셨기 때문이다. 그러므로 나는 성령께 가장 큰 빚을 졌다. 성령님은 내가 열네 살 되던 해에 내 자신이 죄인임을 깨닫게 하셨으며, 다음해에는 오직 예수 그리스도만을 나의 온전한 구원자로 고백하도록 감미롭고 강력하며 저항할 수 없는 방식으로 인도해 가셨다. 나는 성령께서 지난 반세기 동안 내 영혼에서 그분의 사역을 계속 이루어 오셨음을 신뢰하며, 특히 내가 겪은 시련과 고난들을 통해 나를 점진적으로 조금씩 성화시켜 주셨다고 믿는다. 세례 요한이 그랬듯이, 확신을 품고 다음과 같이 고백하게 되는 것이 나의 바람이자 기도이다. "그[그리스도]는 흥하여야 하겠고 나는 쇠하여야 하리라"(요 3:30).

감사하게도, 나는 하나님이 그분의 백성을 인도해 가시는 방식들에 관해 내 첫 신학의 스승들이셨던 J. C. 베스트스트라트Jan C.Weststrate 목사님과 윌리엄 C. 라메인William C.Lamain 목사님에게서 많은 것을 배울 수 있었다. 이 두 목사님은 모두 체험적인 설교의 다양한 측면을 강조하셨던 분들이다. 나는 그분들과 체험적인 주제들에 관해 많은 대화를 나누었으며, 이 역시 내 영혼에 유익한 영향을 끼쳤다. 이후 나는 1980년대 초반 필라델피아의 웨스트민스터 신학교에서 박사 과정을 이수했는데, 여기서는 내 좋은 벗인 싱클레어 B. 퍼거슨이 자신의 강의와 사적인 대화를 통해 체험적인 면에서 내게 많은 것을 가르쳐 주었다. 시간이 흐르는 동안 그의 우정은 매우 귀중한 것이 되었으며, 나는 그가 이 책에 추천의 글을 기꺼이 써 준 것을 무척 고맙게 여긴다.

또한 나는 그동안 설교자로 섬길 수 있었던 다음의 세 교회에 큰 빚을 지고 있다. 그 교회들은, 아이오와 주의 수 센터 소재 네덜란드 개혁교회(1978-1981)와 뉴저지 주의 프랭클린 레이크 소재 네덜란드 개혁교회(1981-1986), 그리고 1986년부터 지금까지 내가 목회자로 섬겨 온 그랜드래피즈 헤리티지 개혁교회다. 세 곳 모두에서 나는 성숙한 성도들과 함께 영적인 교제와 목회적인 대화를 나눌 수 있었으며, 이를 통해 체험적인 개혁파 전통의 유산을 더 깊이 헤아리고 음미하는 데 큰 도움을 얻었다. 이 전통은 신실한 사역자들을 통해 지금까지 우리에게 전수되어 왔으며, 그들 중에는 특히 종교개혁과 청교도 운동, 네덜란드에서 진전된 종교개혁 운동이 일어났던 시기에 속한 많은 인물들이 있다. 또 나는 리포메이션 헤리티지 북스Refomation Heritage Books의 직원들과 퓨리턴 리폼드 신학교Puritan Reformed Theological Seminary(PRTS)의 교수진 및 직원들, 재학생과 졸업생들에게도, 그들이 나의 영적인 성숙에 끼친 영향에 대해 감사한 마음을 가지고 있다. 내가 생각하기에 이곳에서 교수로 동역하는 형제들은 나보다 더 재능이 많고 경건한 이들이며(이들은 정말 친형제 같다), 나는 그들의 삶에서 전해지는 성화의 은혜를 통해 체험적인 면에서 많은 것을 빚지고 있다. 나는 내 성실한 조교인 폴 스몰리에게도 깊이 감사한다. 스몰리는 각주의 내용을 일일이 찾아내고 확인해 주었으며, 그의 많은 수고 덕분에 이 책은 더 나은 것이 되었다. 또한 편집자인 그레그 베일리와 레이 래닝, 필리스 테널쇼프의 도움에도 진심으로 감사한다. 이 책의 출간 과정 전반에 걸쳐 크로스웨이 출판사와 함께 협력한 일은 내게 큰 기쁨이었다.

특별히 하나님께서 서재와 PRTS를 통해, 여러 세기에 걸쳐 체험적인 개혁파 전통의 강조점들을 전수해 온 놀라운 책들을 살펴보게 해주신 것에 대해 감사하지 않을 수 없다. 얼마 전부터, 청교도 자료 센터the Puritan Resource Center는 내게 충실한 개혁파 자료의 저장소가 되어 주었다. 지금까지 나는 반세기 이상 청교도들의 문헌을 읽어 왔으며, 한 번도 그 글들의 내용에 싫증을 느껴 본 적이 없다. 성경을 제외하고는, 그들이 쓴 글은 내게 다른 어떤 것보다도 더 큰 은혜의 방편이 되어 주었다. 마르틴 루터의 말처럼, 나 역시 "내 가장 좋은 벗 중의 일부는 이미 세상을 떠난 이들"이라고 고백할 수 있다. 지금 그들은 오래된 책의 형태로 내 책장 속에 머무르고 있다. 지금까지 나는 장 칼뱅과 윌리엄 퍼킨스, 토머스 굿윈과 존 오웬, 존 버니언과 앤서니 버지스, 새뮤얼 러더퍼드와 빌럼 떼일링크, 빌헬무스 아 브라켈과 헤르만 비치우스 같은 신학자들의 글을 읽으면서 수없이 감명을 받았다. 그렇게 감명을 준 저자들 중에는 메리 윈슬로와 루스 브라이언, 앤 더턴도 포함된다. 그들은 이미 "죽었으나" 여전히 말하고 있는 이들이다(히 11:4).

끝으로, 나는 하나님을 경외하는 집안의 가족들에게 깊이 감사한다.

위대한 기도의 용사였던 존경하는 어머니께 진 빚을 어떻게 말로 다 표현할 수 있을지 모르겠다. 그분은 지난 2012년에 아흔두 살의 나이로 세상을 떠나셨으며, 서른다섯 명의 손주와 아흔두 명의 증손주를 남겨 두셨다. 친형제인 존과 짐은 체험적인 면에서 내 인생에 특별한 영향을 주었다. 내 자녀들인 캘빈과 에스더, 리디아도 마찬가지다. 세 자녀는 각자의 배우자와 그들이 낳은 어린 자녀들과 함께, 내 인생에 말할 수 없는 기쁨을 안겨 주었다. 무엇보다도 상냥하고 소중한 아내 메리만큼 내 인생에 귀한 벗이 되어 준 사람은 없을 것이다. 아내 덕분에, 나는 결혼에 대한 리처드 백스터의 다음과 같은 정의가 옳았음을 체험적으로 확증할 수 있었다. "여러분을 온전히 사랑하는 신실한 벗을 얻을 수 있다는 것은 참으로 귀한 자비입니다.……여러분은 배우자에게 자신의 속마음을 솔직히 털어놓고 자신의 상황을 함께 나눌 수 있습니다.……그리고 여러분의 영혼에 유익을 끼칠 벗이 그처럼 가까이 있다는 것은 큰 자비입니다.……여러분의 배우자는 하나님의 은혜 안에서 여러분에게 새 힘을 가져다줄 것입니다."[4]

하나님께서 그분의 은혜 가운데 이 책을 사용하셔서, 그분께 속한 백성의 참된 필요가 채워지는 동시에 그분께 영광을 돌리는 설교자들이 더욱 늘어나게 되기를 바란다. 그러한 설교는 성경적이며 교리적인 동시에 언약적이고, 구속사적인 동시에 실천적인 성격을 지닌다. 개혁파 설교의 중심에는 성경적이며 따스한 체험이 담겨 있는데, 이는 보편 교회의 성숙을 위한 적용과 구별의 두 측면 모두에서 그러하다.

1부 | 체험적인 개혁파 설교의 정의와 설명

01장 체험적인 개혁파 설교란 무엇인가?

여러분은 머릿속에 지식을 채워 주지만 마음에는 영향을 주지 않는 설교를 들어 본 적이 있을 것이다. 그런 설교를 들으면 많은 지식을 얻게 되지만, 하나님의 영광에 감동을 받아 그분의 뜻대로 행하게 되는 일은 거의 없다. 최악의 경우, 그런 설교는 사람들의 머릿속에 지식을 심어 주어 우쭐하게 만든다. 그리고 가장 나은 경우에도 그런 설교를 통해 전달되는 것은 열기가 없는 빛일 뿐이다. 또 여러분은 마음에 감동을 주지만 머릿속에는 자극을 주지 않는 설교를 들어 본 적이 있을 것이다. 그런 설교는 우리의 감정을 움직일 수 있다. 이때 사람들은 흥분과 열의에 사로잡혀 기분 좋게 예배의 자리를 나서게 된다. 하지만 그들이 얻은 것은 지식 없는 열정이다. 그런 설교에는 솜사탕처럼 달콤한 맛이 가득하지만, 영양가는 전혀 없다. 어쩌면 사람들은 (결국 싫증나기 전까지) 그 설교를 더 들으려고 찾아올지도 모른다. 하지만 그런 설교는 청중의 삶에 영양분을 주지 못하며, 그들이 성숙을 향해 자라가도록 이끌지도 못한다.

이런 설교의 두 가지 병폐에 담긴 가장 큰 비극은 그리스도 안에서 진리와 사랑의 중대한 연관성을 끊어 버린다는 데 있다. "오직 사랑 안에서 참된 것을 하여 범사에 그에게까지 자랄지라. 그는 머리니 곧 그리스도라"(엡 4:15). 이는 단순히 우리에게 진리와 사랑이 모두 필요하다는 말이 아니다. 복음의 진리는 그 열매로 사랑이 생겨나기 전까지 원래의 목표를 이루지 못한다. 그리고 복음의 진리 없이는 사랑이 생명력 있는 뿌리를 지닐 수 없다. 그러므로 사랑이 싹틀 수 있도록, 성령님이 우리 마음속에 그리스도의 진리를 생생히 일깨워 주셔야만 한다. 우리에게 필요한 것은 바로 그런 설교이며, 이 책의 주제는 바로 그 설교에 관한 것이다.

체험적인 개혁파 설교는 그저 심미적인 설교가 아니다. 곧 그 설교를 들은 사람들이 예배당을 나서면서 "그것 참 아름다운 개념이네!" 하고 생각하게 되는 데 그쳐서는 안 된다. 또 체험적인 개혁파 설교는 그저 교육적인 설교, 성경과 신학의 지식을 제공하는 데 그치는 설교도 아니다. 그리고 체험적인 개혁파 설교는 감정적인 설교, 곧 청중의 마음에 감동을 주고 강한 열정을 불러일으키는 데 그치는 것도 아니다. 또한 체험적인 개혁파 설교는 도덕적인 설교, 곧 옳고 그름에 관한 가르침과 권고에 그치지도 않는다. 물론 좋은 설교에는 이런 요소들이 모두 담겨 있지만, 이들 중 어떤 것도 문제의 핵심은 아니다.

체험적인 개혁파 설교에서는 성경의 진리를 전함으로써 하나님의 영광이 우리의 영혼 깊숙이 비치게 한다. 이는 우리를 온전히 하나님만을 위해 살아가는 삶으로 부르기 위함이다. 그 설교는 우리의 심령을 깨뜨리는 동시에 새롭게 빚어내며, 우리를 기쁨에 들뜨게 하는 동시에 겸허하게 만든다. 체험적인 개혁파 설교는 우리로 하여금 이 우주에서 가장 영광스럽고 매혹적인 분을 대면하게 하며, 동시에 우리 자신의 깊은 사악함에 직면하게 한다. 그리고 이 설교 가운데서, 거룩하신 하나님은 피로 값 주고 사신 은혜의 말씀을 통해 죄인들과 진실한 언약을 맺으신다.

그렇다면 체험적인 개혁파 설교란 무엇일까? 이제 몇 가지 측면에서 그 설교를 살펴보고, 이를 통해 잠정적인 정의를 제시함으로써 결론을 맺기로 하자.

체험적인(또는 경험적인) 설교

이상적이며 현실적이고 낙관적인 설교

장 칼뱅 같은 종교개혁자들은 '경험적인' 기독교에 관해 언급했다.[1] 칼뱅은 시편 27:9을 이렇게 의역한다. "나로 하여금 당신께서 지금껏 내 곁에 계셨음을 온전히 체험하게 하소서. 나로 하여금 나를 구원하시는 당신의 능력을 똑똑히 보게 하소서." 그리고 그는 이렇게 언급한다. "우리는 하나님의 말씀에서 유래한 이론적 지식과, 그분의 은혜에서 우러나온 이른바 경험적인 지식 사이의 차이점을 파악해야 한다." 후자의 경우, 우리는 하나님이 능동적으로 자신의 임재를 드러내실 때 그 지식을 얻게 된다. 다만 우리는 "먼저 그분의 말씀을 통해 그분을 찾고 구해야만 한다."[2] 그러므로 칼뱅은 성경의 진리를 기독교의 토대로 여기는 동시에, 그 진리는 '경험적 지식'의 형태로 체험되어야만 한다고 믿었다. 청교도들 역시 이와 똑같은 표현법을 사용했다. 예를 들어, 윌리엄 퍼킨스는 하나님에 관한 영적 지식은 곧 그리스도의 죽음과 부활에 관한 '경험적 지식'으로 이루어져 있다고 언급했다. "이는 효과적이며 생생한 지식으로, 우리 안에 새로운 감정과 성향을 불러일으킨다."[3]

'경험적'experimental이라는 단어는 '시도하다, 입증하다, 시험하다'를 뜻하는 라틴어의 어근에서 유래했다. 여기서 칼뱅은 혹시 기독교가 시험용 비행기처럼 추락할지 여부를 궁금해 했던 것이 아니다. 여기서 언급되는 '실험'experiment은 성경을 시험하는 일을 뜻하는 것이 아니라, 오히려 성경을 통해 **우리를** 시험하는 일을 가리킨다. 그리고 이 '경험적인'이라는 단어의 어근은 '체험적인'experiential이라는 단어에서도 나타난다. 체험적인 설교는 개인적 체험을 통해 하나님의 말씀에 담긴 위대한 진리들을 알아갈 필요성을 강조하며, 성경의 교리들을 가지고 우리의 개인적 체험이 지닌 타당성을 시험한다. 이는 진리를 우리 마음속에 가져다주는 설교로서, 자신이 누구이며 하나님은 우리를 어떻게 생각하시는지, 우리가 치유 받아야 할 필요성이 얼마나 절실하며 또 어디서 치유를 받을 수 있는지를 깨닫게 한다.

내가 6개월간의 예비군 복무를 마치고 주말 소집과 여름 훈련으로 구성된 후속 시기에 들어간 날, 이후에 내가 현역으로 소집될 수 있다는 것을 알았던 한 하사는 커다란 손을 내 어깨에 얹고 이렇게 말했다. "만일 전쟁터에 나가게 되거든, 다음의 세 가지를 기억하게. 첫째, 자네가 배운 전술을 활용할 때 이상적으로는 전투가 어떻게 흘러가야 하는지를 생각해야 하네. 그리고 둘째, 전투가 실제로 어떻게 벌어지고 있는지를 살피게. (실제 상황은 이상적인 상태와 전혀 다를 때가 많다네. 전쟁은 피비린내 나는 싸움이고, 예상대로 흘러가는 경우가 거의 없거든.) 그리고 셋째로는 전투의 최종 목표를 기억하게. 그것은 바로 미국의 승리지."

이런 가르침은 체험적인(또는 경험적인) 설교에도 잘 접목된다. 체험적인 개혁파 설교에서는 그리스도인들이 어떻게 살아야 하는지(로마서 8장의 이상), 그리고 실제로는 힘겨운 분투 가운데 어떻게 살아가게 되는지(로마서 7장의 현실)를 설명하고, 그 삶의 최종 목표가 영광의 나라에 있음을 보여준다(계시록 21-22장의 낙관주의). 이런 설교는 치열한 전쟁 가운데 있는 사람들에게 싸움의 전략과 승리의 희망을 제시해 준다.

폴 헬름Paul Helm은 체험적인 설교의 필요성에 관해 이렇게 언급한다.

오늘날의 상황에서는 그리스도인들이 겪는 온갖 일들을 다룰 수 있는 설교와, 잘 다듬어진 경험적 신학이 요구된다. 설교자는 그리스도인들이 실제로 겪는 삶에 들어맞는 교훈과 지침을 제시해야 한다. 설교자는 비현실적인 일들을 논하거나, 회중이 마치 다른 시대에 속한 이들, 혹은 실제와는 전혀 다른 환경에 처한 이들인 것처럼 다루어서는 안 된다. 이 일에는 우리가 처한 현대의 상황을 온전히 파악하는 일,……그리고 그리스도인들이 실제로 겪는 삶, 또 그들의 희망과 두려움에 깊이 공감하면서 관여하는 일이 뒤따른다.[4]

구별하는 설교

체험적인 설교는 구별하는 성격을 띠어야 한다. 여기서 나는 피부색이나 민족성에 바탕을 둔 구별을 뜻하는 것이 아니며, 어떤 형태의 편견이나 증오를 말하는 것도 아니다. 구별하는 설교는 그리스도인과 비그리스도인들을 서로 구분 짓는 데 목표를 둔다. 이는 청중이 자신들의 영적 상태와 필요를 스스로 진단할 수 있도록 이끌기 위함이다. 설교자는 청중이 스스로를 시험하도록 돕기 위해 성경의 진리를 적용한다. 이는 그들 자신이 과연 그리스도께 속하였으며 그분의 영을 지녔는지에 대한 시험이다(롬 8:9, 고후 13:5).

사역자들은 '천국 열쇠'(마 16:19)를 사용한다. 이 열쇠는 그리스도께서 그들에게 맡기신 것으로, 사역자들은 죄 용서의 복음을 설교함으로써 그 나라의 문을 열거나 닫게 된다(요 20:23). 그러면 설교자는 그 일을 어떻게 수행하는가? 하이델베르크 교리문답에서는 이렇게 언급한다(84문).

그것은 이와 같습니다. 그리스도의 명령에 따라 다음의 내용이 모든 신자 개개인에게 선포되고 공적으로 증언될 때, 천국의 문이 열립니다. 이는 곧 각 사람이 참된 신앙으로 복음의 약속을 받아들일 때면 언제든지, 그리스도의 공로를 인하여 하나님이 그들의 모든 죄를 진정으로 용서해 주신다는 것입니다. 그리고 이와 반대로, 모든 불신자와 진심으로 회개하지 않는 자들에게 다음의 내용이 선포되고 증언될 때 천국의 문이 닫힙니다. 이는 곧 그들이 돌이키지 않는 한, 하나님의 신노와 영원한 정죄 아래 계속 놓여 있게 된다는 것입니다. 이 복음의 증거에 근거해서, 하나님은 이 세상과 오는 세상의 삶에서 그들을 심판하실 것입니다.[5]

성령님은 구별하는 설교를 통해 사람들로 하여금 심판의 날을 대면하게 하신다고 할 수 있다. 그들은 양심의 확증을 얻고 즐거워하거나, 반대로 죄책과 공포에 휩싸이게 된다.

설교자는 또한 청중의 현재 상태와 영적인 성숙도에 초점을 맞춰야 한다. 그러나 청중 가운데는 온갖 종류의 사람들이 있으므로, 이는 쉬운 과업이 아니다. 이 점에 관해, 아치볼드 알렉산더Archibald Alexander, 1772-1851는 이렇게 언급한다. "하나님의 말씀을 다룰 때에는 그 내용을 거룩한 삶의 다양한 단계와 상태 속에 있는 그리스도인들에게 적용해야 한다. 어떤 그리스도인들은 '튼튼한 어른'이지만, 다른 이들은 '고기 대신 젖을 먹어야 할, 그리스도 안에서 갓난아이'들이기 때문이다."[6] 그리고 알렉산더는 개혁파 설교자들이 말씀을 바르게 분별해야 한다는 점을 지적한다. 그에 따르면, 설교자들은 신앙을 떠난 자들과 세속적인 자들, 고통을 겪는 자들과 죽음을 앞둔 신자들에게 자신이 전하는 내용을 각기 구체적으로 적용해야 한다는 것이다.[7]

찰스 브리지스Charles Bridges, 1794-1869는 구별하는 설교의 세 가지 요소를 제시했다. 첫째, 설교자들은 "교회와 세상의 경계를 명확히 살펴야" 한다. 사역자들은 자신의 청중이 근본적으로 두 종류의 사람들, 곧 구원받은 자들과 그렇지 못한 자들로 이루어져 있음을 염두에 두어야 한다.

브리지스는 성경에서도 이렇게 구분한다는 점을 강조한다.

> 하나님 앞에서의 상태 면에서, 그들은 의인 또는 악인으로 간주된다(잠 14:32, 말 3:18). 복음의 지식 면에서, 그들은 영적인 사람 또는 자연인으로 간주된다(고전 2:14-15). 그리스도와의 관계 면에서, 그들은 신자 또는 불신자로 간주된다(막 16:16, 요 3:18, 36). 하나님의 영과 맺은 관계 면에서, 그들은 '성령 안에 있는 사람' 또는 '성령이 없는 사람'으로 간주된다(롬 8:9). 삶의 습관 면에서, 그들은 '성령을 따르며 그분의 일을 생각하는 자' 또는 '육신을 따르며 그에 속한 일을 생각하는 자'로 간주된다(롬 8:1, 5). 행동 규칙의 면에서, 그들은 하나님의 말씀을 좇는 자 또는 '이 세상 풍조'를 좇는 자로 간주된다(시 119:105, 마 25:46). 각자가 섬기는 주인의 면에서, 그들은 하나님의 종 또는 사탄의 종으로 간주된다(롬 6:16). 각자 앞에 놓인 길의 면에서, 그들이 걷는 길은 좁은 길 또는 넓은 길이 된다(마 7:13-14). 그 종착지의 면에서, 그들이 마침내 도착하는 곳은 생명 또는 죽음, 천국 또는 지옥이 된다(롬 8:13, 마 25:46).[8]

둘째, 설교자들은 참 신자와 거짓 신자(위선자) 사이의 경계를 파악해야 한다. 예수님도 이 둘을 친히 날카롭게 구분하셨다. 곧 어떤 자들이 자신도 그분의 교회에 속한다고 주장하면서 "주여 주여 우리가 주의 이름으로 선지자 노릇 하며……주의 이름으로 많은 권능을 행하지 아니하였나이까"라고 울부짖을 때, 예수님은 다만 이렇게 응답하신다는 것이다. "내가 너희를 도무지 알지 못하니 불법을 행하는 자들아, 내게서 떠나가라"(마 7:22-23).

브리지스는 이 두 번째 구별의 경계에 관해 이렇게 언급한다. "기독교적인 성품의 모든 측면에는 그에 상응하는 모조품이 있다. 공상이나 느낌에서 비롯한 착각은 은혜의 열매로 쉽게 오해된다. 어떤 이의 삶에서 참된 하나님의 사역이 나타나는지 여부는 그가 성경을 얼마나 아는지가 아니라, 그 지식이 그의 삶에 어떤 영향을 끼쳤는지에 따라 평가되어야 한다. 또 그가 얼마나 능숙하게 은사들을 활용하는지가 아니라, 과연 거룩함과 사랑으로 그 은사들을 실천하고 있는지를 두고 살펴야 한다."[9] 데이비드 브레이너드David Brainerd, 1718-1747는 이 점을 이렇게 표현했다. "우리는 종교적 체험과 감정들을 명확히 분별하는 데 힘써야 한다. 이는 '금'과 빛나는 '찌꺼기'를 서로 구분 짓기 위함이다(잠 25:4). 그리스도의 유능한 사역자가 되려면 이 일을 노력해야 한다."[10]

사역자들은 회중이 그들 자신을 바르게 살피도록 도울 필요가 있다. 고린도후서 13:5에서는 이렇게 말씀한다. "너희는 믿음 안에 있는가 너희 자신을 시험하고 너희 자신을 확증하라." 목회자들은 아이들을 비롯한 모든 교인이 당연히 구원을 받았을 것이라고 믿거나 지레 짐작해서는 안 된다. 또 목회자들은 교회 전체가 '중생하지 못한' 상태에 있으리라는 추측, 곧 그리스도께 신앙을 고백한 사람들 중의 소수만이 진정한 구원을 얻은 것처럼 여기는 생각 역시 피해야 한다. 그보다도 설교자들은 영적으로 거듭난 자들, 그리고 구원의 신앙과 순전한 회개를 통해 그리스도께 나아온 자들의 성경적인 표지를 회중에게 늘 제시해야 한다.

셋째로 브리지스에 따르면, 설교자들은 "교회 내에 다양한 유형의 신자가 있다는 점 역시 고려해야 한다.[11] 예수님의 말씀처럼, 설교자들은 싹과 이삭, 그리고 이삭에 열린 풍성한 곡식을 서로 구분해야 한다(막 4:28). 그리고 바울이 그랬듯이, 설교자들은 은혜 안에서 아직 어린 사람들과 성숙한 사람들을 서로 구별해야 한다(고전 3:1). 또한 요한이 그랬듯이, 설교자들은 다양한 신자들을 향해 설교해야 한다(요일 2:12-14). 그 중에는 은혜 안에서 아직 어린아이인 자들과 청년들, 그리고 아버지가 된

자들이 있다.

알렉산더는 구별하는 설교의 필요성을 주장하면서 이렇게 서술한다. "성경에 담긴 약속과 위협들은 그 약속과 위협의 대상이 될 만한 이들에게 적용되어야 한다. 우리는 설교자들이 하나님의 지극히 위대하고 귀중한 약속들에 담긴 풍성한 위로를 길게 늘어놓는 것을 종종 듣곤 한다. 그런데 그 설교의 내용을 살펴보면, 그런 위로가 과연 누구에게 적용되는 것인지 분간하기 어려운 경우가 많다. 많은 설교의 경우, 은혜 언약에 담긴 특별한 약속들을 아무 구별 없이 막연하게 적용하곤 한다. 마치 그 청중이 모두 참된 그리스도인이며, 그 설교에서 제공되는 위로를 마땅히 누려야 할 자들인 것처럼 간주하는 것이다." 그의 결론에 따르면, 참된 설교에서 "성도와 죄인은 성경의 결정적인 표지들에 의해 뚜렷이 구분된다. 그리하여 누구든지 자기가 어떤 쪽에 속하며, 또 자기 앞에 어떤 전망이 놓여 있는지를 파악할 기회를 충분히 얻게 된다." 곧이어 알렉산더는 이렇게 탄식한다.

> 몹시 유감스럽게도, 우리 시대의 설교에서는 이렇게 정확한 구별이 거의 사라졌다. 지금은 그리스도인들이 자신의 실제 위치를 파악하는 데 충분히 도움을 주는 설교를 접하기가 어렵다. 하지만 참된 설교는 위선자와 형식만 갖추는 이들을 식별해내며, 그들을 모든 거짓 은신처에서 몰아내는 역할을 한다. 과거 개혁교회들의 전성기에는 이처럼 성경의 빛 아래서 각 사람의 특성을 구분 지어 자세히 묘사하는 일이 거의 모든 설교의 중요한 요소였다. 그러나 이제 우리는 참된 종교의 표지보다 수사학의 법칙들에 더욱 관심을 쏟고 있다. 이전에 오웬Owen과 플라벨Flavel, 보스턴Boston과 어스킨Erskine의 경우, 참 신자와 거짓 신자를 구분 짓는 표지를 참으로 풍성하게 제시하지 않았던가? 그리고 미국의 가장 탁월한 설교자들, 매더Mather 가문

과 셰퍼드Shepherd 가문, 스토더드Stoddard 가문과 에드워즈 가문, 블레어Blair 가문과 테넌트Tennent 가문, 데이비스Davies 가문과 디킨슨Dickinson 가문 역시 진리의 말씀을 지혜롭게 분별했던 것이다. 그리하여 모든 이들은 적절한 때에 자신에게 꼭 필요한 메시지를 들을 수 있었다.[12]

간단히 말해, 구별하는 설교에서는 하나님의 말씀을 충실히 고수해야 한다. 이때에는 모든 사람에게 구별 없이 은혜를 제시하는 한편(마 13:24-30), 하나님이 자신의 백성 가운데서 나타내시는 신적인 행위와 표지, 은혜의 열매들을 제대로 설명해야 한다. 이는 선택된 백성이 자신들의 위치를 바르게 깨닫도록 격려하는 동시에, 위선자들이 품은 희망의 거짓됨을 드러내기 위함이다. 조지프 홀Joseph Hall, 1574-1656 주교는 목회자의 임무에 관해 이렇게 말한 바 있다. "목회자는 자신이 돌보는 양과 늑대를 지혜롭게 분별해야 하며, 그 양들 중에서는 건강한 이들과 그렇지 못한 이들을 분별해야 한다. 또 건강하지 못한 양들 중에서는 연약한 양과 병든 양을 분별해야 하며, 병든 양들 가운데서는 각 사람이 걸린 질병과 감염의 성격과 특질, 정도를 분별해야 한다. 그리고 목회자는 이 모든 자들에게 알맞은 말씀을 공급하는 법을 알아야만 한다. 그는 모든 시험에 대처하고, 의심하는 모든 자에게 권면하며, 모든 오류를 몰아내고, 약해진 모든 이에게는 격려를 베풀어야 한다."[13]

로버트 홀Robert Hall, 1764-1831은 "거짓 평안을 심어 주는 것과 마땅히 싸매 주어야 할 상처를 덧나게 하는 것 가운데, 우리가 더 염려하고 경계해야 할 일이 무엇인지"는 정하기 어렵다고 언급한다.[14] 그러므로 리처드 백스터Richard Baxter, 1615-1691가 이렇게 경고하는 것은 이상한 일이 아니다. 곧 설교자들이 영적인 의사로서 자신의 교인들에게 잘못된 처방을 내릴 때, 그들은 영혼의 살인자가 될 수 있다는 것이다. 이는 영원의 관점에서 심각한 결과를 낳는다.[15] 따라서 설교자들은 모든 사람의 영혼을 정직하게 대해야 하며, 그들이 성경의 시금석을 대면할 수 있도록 이끄는 일에 힘써야 한다.

이 같은 설교는 우리의 신앙이 참된 체험에 근거한 것이 아니라면 결국 멸망에 이르게 될 것임을 가르쳐 준다. 물론 경험 그 자체가 우리를 구원하는 것은 아니다. 하지만 우리는 구원자이신 그리스도께서 우리가 품은 영원한 소망의 토대가 되시는 것을 인격적으로 체험해야만 한다(마 7:22-27).

적용하는 설교

체험적인 설교는 적용하는 설교다. 이 설교에서는 본문의 내용을 회중이 겪는 삶의 모든 영역에 적용하며, '경건의 모양'뿐 아니라 하나님의 '능력'도 담겨 있는 신앙의 성숙을 촉진한다(딤후 3:5). 로버트 번즈Robert Burns, 1789-1869에 따르면, 체험적인 신앙은 곧 사람들의 일과 마음속에 생생히 와닿는 기독교다. 그는 이렇게 진술한다. "기독교는 알려지고 이해되며 믿어질 뿐 아니라, 사람들이 느끼고 누리며 실제로 적용하는 대상이 되어야 한다."[16]

바울은 그저 진리를 말로 선포하는 데 만족했던 적이 없다. 따라서 그는 데살로니가 교회에 이렇게 편지할 수 있었다. "우리 복음이 너희에게 말로만 이른 것이 아니라 또한 능력과 성령과 큰 확신으로 된 것임이라"(살전 1:5). 백스터의 표현을 빌면, 바울은 각 사람의 지성과 마음속에 진리를 '밀어 넣기' 원했던 것이다. 백스터는 이렇게 언급한다. "일부 목회자들이 훌륭한 교리를 간직하고 있음에도 그 내용을 세밀하고 생명력 있게 적용하지 못하여 그 교리가 힘을 잃는 것을 볼 때, 우리는 깊은 슬픔을 느낀다."[17] 또한 우리는 조나단 에드워즈Jonathan Edwards, 1703-1758의 설교를 이렇게 평가할 수 있다. "그의 모든 교리는 적용이었으며, 그의 모든 적용은 교리였다." 오늘날에도 더욱 많은 목회자의 설교를 이렇게 평가할 수 있다면 얼마나 좋겠는가!

체험적인 설교의 주된 강조점은 적용에 있다. 종교개혁자들과 청교도들은 구별보다 적용에 훨씬 더 노력을 쏟았다. 하지만 오늘날 많은 설교자들은 이 영역에서 매우 미흡한 모습을 보인다. 그들은 좋은 성경 강해자로 훈련되었지만, 교실에서든 성령님의 사역을 통해서든 청중의 마음속에 진리를 생생히 전달하도록 훈련 받지는 못했다. 바로 그 때문에, 우리는 어떤 이들의 설교를 들을 때 이런 생각을 품게 된다. "아, 저 설교자는 하나님의 말씀을 정말 잘 해석하는군! 하지만 그는 이제 막 적용을 시작할 거라고 여긴 바로 그 지점에서 멈추었어. 그는 그 말씀의 메시지를 내게 생생히 전달해 주지 않았어. 저 설교자는 내가 처한 상황을 전혀 파악하지 못했던 것 같아. 이제 나는 그 설교 내용을 어떻게 적용해야 할까?"

어떤 설교자들은 이렇게 말한다. "적용은 성령님이 하시는 일이지, 내가 하는 것이 아닙니다." 하지만 성경은 진리를 그렇게 다루지 않는다. 우리는 사람들에게 하나님의 말씀을 전할 때, 그 내용을 알기 쉽게 차근차근 제시해 줄 필요가 있다. 그리고 이는 강해뿐 아니라 적용에서도 그러하다. 우리는 자신이 무엇을 행해야 하는지, 또 그 일을 어떻게 행해야 하는지에 관해 진리가 함축하는 바를 깨닫도록 회중을 도와야 한다. 칼뱅의 설교문들을 읽어 보면, 그가 적용에 늘 관심을 보였던 것에 감탄하게 된다. 예를 들어 그의 신명기 설교집을 살펴보자. 이때 칼뱅이 매 설교마다 다음의 구절들을 열 번에서 스무 번 정도 반복하는 것은 그리 낯선 일이 아니다. "이제 이 말씀은 우리에게 다음의 내용을 가르치려는 것입니다." "우리는 그 말씀을 이런 식으로 다루어야 합니다." "우리는 이 말씀을 이렇게 실천해야 합니다."

다음과 같은 찰스 스펄전Charles H. Spurgeon, 1834-1892의 말은 그리 과장된 것이 아니다. "적용이 시작될 때, 비로소 설교가 시작된다."[18] 하지만 최상의 설교자들은 결론을 맺을 때뿐 아니라, 설교하는 **내내** 자신의 메시지 속에 적용을 포함시킨다. 브리지스는 이렇게 언급한다.

> 그 방법이 설교의 주제에 부합할 경우, 지속적인 적용의 방법은 아마도 가장 좋은 효과를 낼 것이다. 이는 설교의 각 항목에서 개별적인 적용을 제시한 뒤, 결말 부분에서 여러 계층[또는 집단]을 향해 각기 알맞은 권면이나 경고, 격려의 말씀을 전하는 것이다. [그 자체가 일련의 설교인] 히브리서는 이런 구도를 보여주는 완전한 본보기이다. 이 서신에서는 논증적인 어조를 내내 유지하면서 추론의 흐름을 이어가고, 논리적인 결론을 제시한다. 그리고 계속 진행되는 논증의 사이사이마다 인격적이며 설득력 있는 확신을 보여주곤 한다. 그런 가운데서도 논증의 연속성은 서신의 끝부분까지 온전히 보존된다.[19]

종교개혁자들에게 배운 청교도 설교자들은 적용의 대가였다. 그들이 숙달했던 이 적용의 기술은 공예배 지침서the Directory for the Public Worship of God의 '말씀의 설교에 관하여'라는 짧은 장에 아름답게 요약되어 있다. 이 지침서는 칼뱅주의적인 청교도였던 웨스트민스터 총회의 신학자들이 작성한 것으로, 그들은 이렇게 기록했다. "그[설교자]는 일반적인 교리를 전하는 데 그쳐서는 안 된다. 이는 그 교리가 아무리 명쾌하게 전달되고 확증되었을지라도 그러하다. 오히려 그는 교리를 청중의 삶에 적용함으로써, 그 내용이 청중의 마음속에 구체적으로 와닿도록 전달해야 한다."[20] 웨스트민스터 신학자들의 이 현명한 권고에 관해서는 이후의 장에서 탐구할 것이다.

끝으로, 적용하는 설교에는 종종 큰 희생이 따른다는 점을 언급해야겠다. 세례 요한이 **일반적인** 내용을 설교했을 때 헤롯왕은 그의 말을 달갑게 들었다. 하지만 요한이 (헤롯이 자기 동생의 아내와 불륜을 저지른 것을 비판하면서) 자신의 설교를 **구체적으로** 적용했을 때, 그는 목숨을 잃었다(막 6:14-29). 이처럼 하나님의 진리를 담대히 적용하는 일은 설교자의 양심이나 그가 섬기는 회중의 양심에 큰 대가를 요구한다. 하지만 우리에게는 그런 설교가 얼마나 필요한지 모른다! 언젠가는 모든 설교자가 하나님의 심판대 앞에 서서, 자신이 맡은 양 떼에게 그분의 말씀을 어떻게 전했는지를 보고하게 될 것이다. 그리고 이때 청중의 영혼과 양심에 하나님의 말씀을 생생히 전달하려고 애쓰지 않았던 이에게는 화가 있을 것이다.

설교자들이여, 나는 여러분이 청중**에게** 말씀을 전하는 자들임을 기억하기를 권면한다. 적용은 참된 설교의 본질적인 부분이며, 여러 측면에서 설교의 주된 과업이다. 그리고 하나님을 경외하는 신자들은 그분의 말씀이 자신들의 삶에 인격적으로 전달되기를 원할 것이다. 이 점에 관해, 대니얼 웹스터Daniel Webster(19세기 미국의 정치인—옮긴이)는 이렇게 언급했다. "복음의 가르침을 대할 때, 나는 그 말씀이 나를 위한 메시지로 다가오기를 바란다. **나를 위한, 나를 위한 메시지로.**"[21]

성경적이며 교리적이고, 체험적이며 실천적인 설교

체험적인 설교에서는, 구원을 베푸시는 성령의 능력을 통해 기독교 신앙을 체험하고 맛보며 그 안에서 살아가야 함을 가르친다. 이 설교에서는 성경의 진리를 아는 것을 강조하는데, 이는 곧 "능히 너로 하여금 그리스도 예수 안에 있는 믿음으로 말미암아 구원에 이르는 지혜가 있게 하[는]" 앎이다(딤후 3:15). 구체적으로, 이 설교에서는 살아 있는 말씀(요

1:1)이며 진리 자체이신 그리스도를 우리가 체험적으로 알고 받아들여야 한다는 것을 가르친다. 그리고 죄인들이 하나님을 그 아들의 인격 안에서 직접 만나고 체험해야 한다는 것을 선포한다. 요한복음 17:3에서는 이렇게 말씀한다. "영생은 곧 유일하신 참 하나님과 그가 보내신 자 예수 그리스도를 아는 것이니이다." 성경의 다른 본문들에서처럼, 이 구절에서 '안다'라는 표현은 그저 조금 아는 사이를 가리키는 것이 아니라 깊고 영속적인 관계를 나타낸다. 예를 들어 창세기 4:1에서는 이 표현을 통해 부부의 친밀한 관계를 나타낸다. "아담이 그의 아내 하와를 알매 하와가 임신하여 가인을 낳고."(개역개정판에는 '알다' 대신 '동침하다'가 쓰였다—옮긴이) 체험적인 설교에서는 그리스도 안에 계신 하나님을 인격적으로 친밀하게 아는 것을 강조한다.

성경적인 설교는 교리와 체험, 실천의 요소를 모두 갖추어야 한다. 이 주제는 존 뉴턴John Newton, 1725-1807을 비롯한 복음주의 목회자들이 1798년 런던에서 가졌던 절충주의 협회the Eclectic Society의 모임에서 논의된 바 있다. 당시 잉글랜드의 독립파 목회자였던 존 클레이턴John Clayton, 1754-1843은 이런 물음을 던졌다. "우리는 교리적 설교와 체험적 설교, 실천적 설교를 어떻게 이해해야 하는가?" 그에 따르면, 교리적인 설교는 논쟁을 좋아하는 사색가들을 만들어 내는 경향이 있었다. 또 체험적인 설교는 우리의 내적인 감정을 지나치게 강조함으로써 진리와 실천을 소홀히 여기게 만들 수 있으며, 실천적인 설교는 자칫 인간 중심적이고 독선적인 것이 되어 그리스도와 그분의 복음을 낮추는 결과를 가져올 수 있었던 것이다. 그러므로 클레이턴은 이 세 요소 모두가 설교에서 고유한 위치를 지녀야 한다고 언급하면서, 다음과 같은 토머스 브래드버리Thomas Bradbury, 1677-1759의 말을 인용했다. "우리의 신앙은 성경에서는 교리적인 성격을 띠며, 마음속에서는 체험적인 성격을 띠고, 삶 속에서는 실천적인 성격을 띤다."[22]

존 구드John Goode, 1738-1790는 이렇게 말했다. "우리가 돌보는 양 떼가 깨달음과 느낌, 순종의 열매를 맺어야 할 것이다. 그리고 이런 일들이 있기 위해서는 교리적인 설교와 체험적인 설교, 실천적인 설교가 모두 적절한 비율로 결합되어야만 한다." 또 뉴턴은 이 세 요소가 유기적이며 중대한 통일성을 지닌다는 것을 선언하면서 이렇게 언급했다. "교리는 나무의 줄기이고 체험은 가지이며, 실천은 그 열매이다." 그는 만일 그리스도의 가르침을 전하지 않는다면, 우리의 설교는 이교 철학자들의 말과 별반 다를 것이 없다고 경고했다.[23]

또한 토머스 스콧Thomas Scott, 1747-1821은 목회자들이 이런 설교의 측면들을 잘못 다룰 수 있다고 경고했다. 곧 우리가 전하는 교리들은 성경의 진리가 아니거나 절반의 진리에 그칠 수 있으며, 이 경우 교리는 사실상 거짓이 된다. 그리고 우리가 제시하는 체험들은 인간적인 지침에 따른 것이 되거나, 인위적인 환상이나 느낌, 도식에 근거한 것이 될 수 있다. 또한 우리는 복음적이고, 그에 힘입은 순종 대신 흔한 도덕을 장려하게 될 수 있다는 것이다.[24]

그러므로 체험적인 개혁파 설교는 교리적인 면과 체험적인 면, 실천적인 면을 하나로 결합하는 데 목표를 둔다. 물론 우리의 설교에서 그런 균형과 온전함에 이르지 못하는 때가 많다는 것을 겸허히 인정해야 한다. 하지만 여기서 강조할 점은, 성경적인 설교의 이 측면들 중 어느 하나를 무시할 경우에는 다른 측면들에도 반드시 손상을 입히게 된다는 것이다. 이는 각 측면이 다른 측면들 가운데서 자연스럽게 흘러나오기 때문이다.

우리의 구주이신 삼위일체 하나님과 함께 걷기

체험적인 개혁파 설교는 하나님의 말씀에 뿌리를 둔 것으로, 인간 중심적anthropocentric이기보다 하나님 중심적theocentric인 성격을 띤다. 어떤 이들은 경건한 체험에 열심을 쏟았던 청교도들을 두고 인간 중심적인 태도를 보였다고 비난한다. 하지만 J. I. 패커의 주장처럼, 청교도들은 그들 자신의 체험에 집착한 것이 아니라 삼위일체 하나님과의 친교에 들어가는 데 관심을 쏟았다. 패커에 따르면, 하나님과의 교제라는 개념은 우리를 청교도 신학과 신앙의 핵심으로 인도한다.[25] 청교도들은 거짓 신비주의에 빠지는 것을 피하기 위해, 객관적이며 하나님 중심적인 관점에서 하나님과의 교제에 접근했던 것이다. 그들은 하나님이 그리스도를 통해 죄인들을 구원하시는 방식에 관한 객관적인 진리에 기독교적 체험의 토대를 두었다. 또한 청교도들은 이런 체험을 삼위일체적인 형태로 표현했다. 복음에서 삼위일체 하나님을 계시하듯이, 자신들의 체험을 성부와 성자, 성령 하나님과의 관계 속에서 서술했던 것이다.[26]

이처럼 삼위일체 하나님과의 교제에 열심을 품는 것은 곧 체험적인 설교에서 신자들의 양심뿐 아니라 그들이 교회와 세상 속에서 타인과의 관계 또한 다룬다는 것을 의미한다. 만일 체험적인 설교가 우리로 하여금 자신의 체험이나 하나님과의 관계만을 살피도록 이끈다면, 우리의 가족이나 동료 교인, 사회에서 만나는 타인들과의 소통에는 영향을 끼치지 못할 것이다. 자기중심적인 설교는 자기중심적인 청중을 낳는다. 그러나 참된 체험적 설교는 신자들을 생명력 있는 기독교적 체험의 영역으로 인도한다. 곧 그들이 자신만을 생각하는 곳에서 벗어나, 하나님과 그분의 영광을 사랑하며 그 사랑을 주변 사람들에게 전하는 데 깊은 열심을 품도록 이끄는 것이다. 이렇게 가르침을 받은 신자들은 복음 전도에 나설 수밖에 없다. 생명력 있는 기독교적 체험과 선교를 향한 열심은 서로 뗄 수 없는 관계에 있기 때문이다.

달리 말해, 이때 내 삶은 하나님의 은혜를 널리 전하는 편지가 된다. 다른 이들에게 주님을 알리고 싶어질 것이다. 어떤 이가 체험적인 그리스도인이면서도 전도에 열심을 내지는 않는다는 말은 모순된 표현이다. 이 두 가지는 한데 속해 있기 때문이다. 체험적인 설교를 통해 온 회중이 구원으로 인도하는 하나님의 능력을 경험할 때, 그들은 전도에 마음을 쏟게 된다. 이제 진리의 귀중함을 알게 된 그들은 그 진리를 다른 사람들과 함께 나누기를 원하게 되는 것이다. 체험적인 설교를 들은 이들에게는 성부 하나님과 그리스도, 성령님의 존재가 생생히 다가온다. 이처럼 하나님의 영광이 그들의 마음을 채우고 움직이기 때문에, 그들은 전도 계획을 실행하며 아직 구원받지 못한 지인들에게 그리스도를 소개하게 된다. 곧 마음에 가득한 것을 입으로 말하는 것이다(눅 6:45).

요약하면, 체험적인 개혁파 설교에서는 기독교적인 삶의 전 영역을 세상의 구주이신 하나님과 연결시킨다. 그리고 그리스도의 구주 되심이 온전히 드러날 때, 그분은 또한 주님으로 섬김을 받으시게 된다. 성령님의 돌보심 가운데서, 우리의 과업은 신자들이 자신들의 구주를 점점 더 닮아가도록 그들의 모든 존재와 행실을 변화시키는 데 있다.

성경에 기반을 둔 체험

하나님을 아는 체험적인 지식은 성경과 분리되지 않는다. 이사야 8:20에 따르면, 우리의 체험을 비롯한 모든 신념은 성경의 증거를 통해 검증되어야 한다. 마르틴 루터는 만일 우리가 체험한 내용을 성경에서 찾아볼 수 없다면, 그 체험은 주님이 주신 것이 아니라 마귀에게서 난 것이라고 재치 있게 꼬집었다. 우리가 '경험적' experimental 이라는 단어를 통해 나타내려는 의미도 바로 여기에 있다. 과학 실험에서 일련의 증거에 비추어 어떤 가설을 검증하듯이, 경험적인 설교에는 하나님 말씀의 빛에서 우리의 체험을 살피는 일이 포함되어 있다.

물론 목회자들이 성경의 메시지를 구별하고 적용하면서도 그 본문을 주해하거나 해설하지 않을 위험도 있다. 이때 그들은 이른바 '체험주의'experientialism에 빠진 것이다. 이 경우에는 체험 자체가 구원자인 셈이다. (물론 이 점을 뚜렷이 드러내지 않는 경우가 많다.) 하지만 우리는 자신의 체험을 설교하는 것이 아니라, 성경에 근거해서 우리 주 예수 그리스도를 전파해야 한다(고후 4:5). 그러므로 이런 위험을 피하기 위해, 우리는 늘 성경의 구체적인 본문을 가지고 설교해야 한다. 그럼으로써 하나님이 그 본문에서 무엇을 말씀하셨으며, 그 진리가 회중에게 어떻게 적용되는지를 드러내야 한다. 그런데 나는 일부 목회자들이 설교할 때마다, 어떤 죄인이 회심할 때 겪게 되는 일정한 형태의 체험을 언급하는 것을 들었다. 그들은 자신이 해설하는 성경 본문에서 그 내용을 가르치든 아니든 간에, 그런 내용을 늘 집어넣곤 했다. 그런가 하면 다른 설교자들은 늘 체험의 특정한 측면에 관해 설교함으로써, 이와 비슷한 함정에 빠지곤 한다. 그러나 이런 것들은 참된 체험적인 설교가 아니다!

체험적인 설교자는 성경 전반에 걸쳐 설교하면서 기독교적 체험의 모든 영역을 다룬다. 그는 성경의 각 본문에서 기독교적인 체험을 이끌어 내는 법을 알며, 이는 그 체험이 인간의 비참함과 구원, 감사, 또는 타락의 유혹에 맞서는 씨름 중 어느 영역에 속했든 마찬가지다. 체험적인 설교자는 성경이 생명력 있는 신앙을 불러일으키는 방식을 안다. 그리고 바울은 그런 의미에서, 모든 성경은 하나님이 그분의 영을 통해 감동하신 것이므로 "교훈과 책망과 바르게 함과 의로 교육하기에 유익하[다]"고 언급한다(딤후 3:16).

설교자가 이렇게 말씀을 전할 때, 어떤 능력이 강단에서 신자들의 영혼 가운데로 전해진다. 하나님과 참된 관계 속에 있는 신자들은 이 설교에 생생한 영향력이 담겨 있음을 느끼게 된다. 곧 이 설교는 그들의 마음을 움직이고 도전하며, 권고하고 새롭게 빚어내는 것이다. 그들은 설교

가운데서 성령의 기름 부음이 실제로 나타나는 것을 느낀다. 그리고 이 설교는 "구원을 주시는 하나님의 능력"이 된다(롬 1:16).

이런 설교자들은 이를테면 지옥의 문 앞에 서서, 만일 거듭나지 않은 자들이 회개하지 않는다면 의지할 곳 없는 깊은 어둠속에 영원히 머물게 될 것이라고 선포한다. 그러나 이 설교자들은 동시에 하늘의 문 앞에 서서, 거듭난 자들, 곧 그들을 돌보시는 하나님의 은혜에 힘입어 끝까지 거룩한 길을 걷는 이들은 영원한 영광에 들어가고 하나님과 끝없는 교제를 누리게 될 것임을 전파한다.

옛 길을 찾고, 어느 곳이 선한 길인지를 물으라

제2부의 장들에서 언급하겠지만, 체험적인 설교는 16세기 종교개혁 때 이루어진 성경적 경건의 부흥을 통해 생겨난 광대한 전통의 일부이다. 19세기 중반까지는 많은 개혁파 목회자가 체험적인 설교를 전했다. 1857년, 침례교 목사이며 교육자였던 프랜시스 웨일랜드Francis Wayland, 1796-1865는 이런 글을 썼다.

> 우리네 목회자들의 사역 방식을 살필 때, 그들의 주된 목표는 사람들을 하나님께로 회심시키는 데 있었음이 분명하다.……그들의 주목할 만한 특징은 이른바 경험적인 설교에 있었다. 그들은 복음의 영향 아래서 인간의 영혼에 일어나는 일들에 관해 많은 것을 가르쳤다.
>
> - 죄를 깨닫게 하는 진리의 능력 아래서 죄인이 느끼는 감정.
> - 자신이 처한 위험을 모면하기 위해 죄인이 의존하는 여러 속임수.
> - 진리가 하나씩 적용되면서 속임수들에 의존하지 못하게 됨.

- 더 이상 숨을 곳이 없음을 깨달았을 때 영혼이 느끼는 절망.
- 마침내 하나님께 굴복하고 그리스도께 온전히 의존하게 됨.
- 새로 태어난 기쁨과, 처음 겪은 행복을 다른 이들에게도 전하려는 깊은 열망.
- 가장 깊이 사랑하는 자들에게 비난과 핍박의 대상이 되었을 때 겪는 시련.
- 성화의 과정.
- 죄를 범하도록 이끌려는 사탄의 책략들.
- 대적의 공격에 맞설 방법.
- 믿음을 잃고 타락할 위험성과 그 증거, 그리고 다시 회복될 수 있는 방편들.

웨일랜드는 서글픈 결론을 내린다. "이제는 이런 가르침들 속에서 나타났던 당시 설교자들의 모습이 사라져 가고 있다."[27]

체험적인 설교와 오늘날 우리가 자주 접하는 설교들 사이에는 얼마나 큰 차이가 있는지 모른다. 지금 내가 사는 이 도시에는 백여 곳 이상의 개혁교회가 있다. (이곳에는 아마 한국의 서울을 제외하면 다른 어느 도시보다도 많은 개혁교회가 있을 것이다.) 하지만 이곳의 목회자들을 전부 불러 모은 다음 이 중에서 체험적인 개혁파 설교를 전하고 있는 사람은 손을 들어보라고 한다면, 적어도 절반 정도는 이렇게 되물을 것이다. "그게 뭔가요?" 이처럼 19세기 중반 이후, 개혁파 교회 내의 상황은 극적으로 뒤바뀌었다.

오늘날 하나님의 말씀은 청중을 변화시킬 수 없는 방식으로 전파되는 경우가 너무 많다. 이는 설교자가 말씀의 메시지를 구별하고 적용하는 데 실패하기 때문이다. 그런 설교는 하나의 강의로 축소되어, 사람들이 선호하는 내용이나 성경 진리의 토대를 벗어난 주관주의만을 전달하게 된다. 곧 종교개혁자와 청교도들이 '핵심적인 신앙'vital religion 으로 부른 가르침을 성경적으로 설명하는 데 실패하는 것이다. 이는 죄인이 자기 의를 내버리고 오직 그리스도께 나아가 구원을 얻으며, 그분께 순전히 의존하는 즐거움을 누리게 되는 내용이다. 오늘날의 설교는 우리가 어떻게 자기 안에 자리 잡은 죄의 문제를 직시하고 타락의 유혹에 맞서 싸우며, 그리스도를 믿음으로써 승리하게 되는지를 알려주지 못하고 있다.

바르게 이해할 때, 체험적인 설교에는 듣는 이를 변화시키는 힘이 있다. 이는 하나님의 자녀들이 겪는 중요한 체험들을 정확히 보여주며(롬 5:1-11), 구원하는 은혜의 표지와 열매들을 뚜렷이 설명하기 때문이다(마 5:3-12, 갈 5:22-23). 이런 표지와 열매들은 신자의 삶에 반드시 필요한 것들이다. 그리고 이 설교에서는 신자와 불신자 모두에게, 그들이 각기 맞이할 영원한 미래(계 21:1-8)와 그들 앞에 놓인 부르심을 제시한다.

이러한 설교에는 영혼의 체험을 다루지 않는 오늘날의 많은 설교와 큰 차이점이 있다. 현재 많은 설교자는 다음과 같이 피상적인 수준에 늘 머무르곤 한다.

"당신은 믿어야 합니다."
"네, 저는 믿습니다."
"좋습니다. 당신은 이제 그리스도인입니다."

이런 오늘날의 설교에서는 자신의 생명을 잃고 자기 의에 대해 죽었다가, 그리스도의 '의' 안에서 생명을 다시 얻는 체험에 대해 언급하지 않는다. 오늘날의 설교에도 어느 정도의 가치가 있기는 하지만, 그런 설교는 사람들을 변화시키는 데 실패하는 경우가 많다. 이는 진리를 구별하고 청중의 마음속에 그 진리를 적용하는 일이 빠져 있기 때문이다.

영적인 미각을 만족시키는 설교

본질적으로, 체험적인 개혁파 설교는 하나의 설교 방식에 그치지 않는다. 오히려 그것은 우리 영혼의 갈망을 충족시키는 영적인 활동이다. 성경에서는 감각적 지각의 표현법을 써서, 영적인 실재들이 단순히 심리적인 개념들을 만들어 내는 데 그치지 않고 참된 영적 체험을 가져다준다는 것을 보여준다. 성경은 이렇게 말씀한다. "선을 행하는 자는 하나님께 속하고 악을 행하는 자는 하나님을 뵈옵지 못하였느니라"(요삼 11절 참조. 요일 3:6). 물론 눈으로 보고 파악한다는 문자적인 의미에서 하나님을 볼 수 있는 사람은 아무도 없다(요 1:18, 요일 4:12, 20). 여기서 요한은 영적인 '봄', 곧 그리스도 안에 있는 믿음을 통해 하나님의 은혜와 영광을 보게 되는 일을 언급하고 있다(요 1:14).

이와 비슷하게, 주님은 "귀 있는" 자에 관해 말씀하셨다.[28] 이는 신체적인 귀를 뜻하는 것이 아니라 우리의 영혼으로 "듣고 믿[는]" 일을 가리킨다(갈 3:2, 5). 복음은 멸망하는 자들에게는 사망의 고약한 냄새로, 구원 얻는 이들에게는 생명의 달콤한 향기로 비유된다(고후 2:15-16). 오직 성령님만이, 성경 안에서 하나님의 살아 계심을 느끼는 영적인 감각을 우리 속에 일으키실 수 있다.

영적인 체험을 가장 생생히 드러내는 감각적 은유는 아마도 미각에서 찾아볼 수 있을 것이다. 시편 119:103에서는 이렇게 말씀한다. "주의 말씀의 맛이 내게 어찌 그리 단지요. 내 입에 꿀보다 더 다니이다." 그리고 예레미야는 이렇게 고백한다. "만군의 하나님 여호와시여, 나는 주의 이름으로 일컬음을 받는 자라. 내가 주의 말씀을 얻어 먹었사오니 주의 말씀은 내게 기쁨과 내 마음의 즐거움이오나"(렘 15:16). 또 베드로전서 2:2-3에서는 이런 말씀을 읽게 된다. "갓난 아기들 같이 순전하고 신령한 젖을 사모하라. 이는 그로 말미암아 너희로 구원에 이르도록 자라게 하려 함이라. 너희가 주의 인자하심을 맛보았으면 그리하라."

에드워즈에 따르면, 하나님은 어떤 이를 구원하실 때 그로 하여금 "하나님과 예수 그리스도, 그리고 구속 사역이 지닌 탁월한 성격과 더불어 복음에 계시된 하나님의 방식과 그분의 일들을 생생히 느끼게 하신다." 이는 곧 '기쁨과 즐거움'을 가져다주는 '마음의 감각'이다. 이 점에 관해 에드워즈는 이런 예를 든다. "꿀이 달다고 이성적으로 판단하는 것과, 그 단맛을 직접 느끼는 것 사이에는 차이점이 있다."[29]

헤르만 훅세마Herman Hoeksema, 1886-1965는 이론적 지식과 체험적 지식의 차이점을 이렇게 설명한다.

> 영양사들은 어떤 메뉴에 포함된 모든 음식을 철저히 분석하고, 각 요리에 어떤 종류의 비타민이 얼마만큼 함유되어 있는지를 정확히 알려줄 수 있다. 그런데 만일 그 영양사가 위암에 걸렸다면 정작 자신은 음식을 맛보거나 즐기지 못하며, 음식을 소화해서 자신의 삶에 필요한 활력을 얻지도 못할 것이다. 이와 달리, 어떤 사람이 비타민에 관해서는 전혀 아는 것이 없지만 몹시 배고픈 상태로 영양사와 함께 식사 자리에 앉았다고 생각해 보자. 이때 그는 자기 식사를 주문한 뒤 맛있게 먹을 뿐 아니라, 그 음식을 적절히 소화해서 새로운 힘과 활력을 얻게 될 것이다.[30]

그리스도를 지적으로 이해하는 것과, 인격적이며 우리의 삶을 변화시키는 방식으로 그분을 아는 것 사이에도 이와 같은 차이점이 있다. 전자의 지식은 불신자들도 얻을 수 있지만, 후자의 앎은 오직 신자들에게만 가능하다. 체험적인 개혁파 설교는 단순히 사람들에게 메뉴판을 읽어 주고 영양상의 보고서를 제공하는 데서 그치지 않는다. 오히려 이 설교에서는 풍성한 맛과 향을 지닌 따끈한 음식을 차려냄으로써 굶주린 영혼을 만족시킨다.

마음에서 마음으로 전하는 설교

체험적인 설교는 설교자 자신의 죄와 슬픔 가운데서 그리스도의 은혜를 입은 경험을 통해 생겨날 때가 많다. 우리는 그리스도의 중보에 관해 설교한 뒤, 회중을 향해 이렇게 질문할 수 있다. "여러분, 예수님이 성부 하나님의 보좌 우편에서 매 순간 우리를 위해 중보하고 계신다는 사실이 놀랍지 않습니까?" 이 말 자체는 나쁘지 않다. 하지만 예배를 마치고 집으로 돌아가면서, 사람들은 서로 이렇게 이야기할지도 모른다. "아까 설교 말씀 멋지지 않았어? 그 말씀에 위로를 받았어." 그러나 기도의 한계에 부딪혔다는 말의 의미를 우리가 직접 영혼 깊은 곳에서 체험한다면, 우리의 설교는 얼마나 더 풍성해지겠는가? 우리 삶은 답이 없는 상황 속에서 속수무책일 때가 있다. 이때 우리는 전능하신 하나님께 부르짖는 법을 배우게 되며, 하나님은 그분의 말씀을 통해 성자께서 자신의 오른편에서 우리를 위해 중보하고 계신다는 확신을 주신다. 만일 여러분에게 그런 위로를 마음으로 아는 지식heart knowledge이 있다면, 그저 머리로 아는 지식일 때보다 훨씬 더 큰 능력과 열정을 품고 말씀을 전하게 될 것이다.

이 둘 사이의 차이점을 말로 설명하기는 어렵지만, 나는 이런 차이점을 직접 경험한 바 있다. 한때 몹시 어렵고 의지할 데 없는 상황을 겪은 뒤, 그리스도의 중보를 훨씬 더 자유로이 설교하게 되었기 때문이다. 당시 나는 어떻게 기도해야 할지를 몰랐기에, 그저 "그가 항상 살아 계셔서 그들을 위하여 간구하[신다]"는 약속을 붙잡을 수밖에 없었다(히 7:25). 그리고 이를 통해 이렇게 고백했던 것이다. "주님, 만일 그 말씀이 사실이라면 제가 기도할 수 없고 아무 손도 쓸 수 없는 바로 지금, 당신께서는 저를 위해 기도하고 계십니다!" 그러자 위로가 내 마음속을 가득 채웠다. 그 후에 나는 그리스도의 중보에 관한 지식을 내 머릿속에서 회중의 머릿속으로 전달하는 데 그치지 않고, 그 메시지를 내 마음속에서 그들의 마음속으로 전파하게 되었다.

이 과정의 중요한 점은 겸손을 배워 가는 데 있다. 천성적으로 교만한 우리는 늘 진실한 신앙을 밀어내고, 참된 신앙의 능력이 없는 피상적인 형태의 경건으로 그 자리를 대체한다. 우리는 본성상 성경을 아예 거부하거나, 그 속은 더러운 상태로 남겨둔 채 잔의 겉 부분만을 깨끗이 하는 쪽을 선호한다. 그러므로 우리가 하나님의 은혜를 진실로 체험하기 위해서는, 하나님이 우리의 회칠한 무덤 속에 들어오셔서 겸손의 은사를 베풀어 주셔야만 한다. 체험적인 개혁파 설교의 주된 특징은 하나님을 아는 지식이 설교자와 청중 모두를 겸손하게 만드는 데 있다. 칼뱅에 따르면, 그런 겸손은 주님의 참모습을 바라보는 곳에서 생겨난다.

> 다시 말하지만 먼저 하나님의 얼굴을 우러러보고 묵상한 뒤 자기 자신을 자세히 살피지 않는 한, 사람은 결코 자신을 제대로 알 수 없음이 분명하다. 스스로의 눈에는 자신이 늘 의롭고 올바르며 현명하고 거룩한 존재로 비춰지기 때문이다. 이런 교만은 우리 마음속에 천성적으로 뿌리 박혀 있다. 명확한 증거들로 인해 자신의 불의함과 사악함, 어리석음과 부정함을 깨닫게 되지 않는 한, 우리는 이런 상태에서 벗어날 수 없다. 그리고 우리가 자신만을 살피고 주님을 우러러보지 않을 경우에는 이 점을 깨닫지 못한다. 이 문제를 판단하는 일에서 주님은 유일한 표준이 되시기 때문이다.[31]

우리는 늘 자신의 부패한 본성과 그리스도의 의를 염두에 두어야 한다.

구주의 영광과 아름다움을 온전히 헤아리기 위해서는 이 둘을 대조하는 것이 꼭 필요하다. 물론 그분의 의가 우리의 불의를, 그분의 거룩하심이 우리의 뒤틀린 상태를 능가한다는 것을 우리가 선포하는 한, 우리의 모든 소망은 그리스도께 있는 것이 분명하다. 하지만 설교자가 자신의 설교 가운데서 우리의 죄 많은 부패성을 자주 강조하는 것은 매우 중요하다. 그런 설교를 통해, 성령께서는 죄에 대한 유일한 해결책이신 그리스도께로 우리를 계속 이끌어 가시기 때문이다. 이렇게 죄를 일깨우는 설교를 들을 때, 우리는 자신의 영혼에서 일어나는 일들을 더 깊이 들여다보게 된다. 곧 이기심과 교만, 불신앙과 불순종을 헤아리게 되는 것이다. 그리고 하나님의 부요하심과 영광, 아름다움과 죄인들에게 베푸시는 은혜를 더 깊고 온전한 의미에서 파악하게 된다. 그리하여 우리는 체험적으로 설교하는 동시에, 체험적인 신앙을 품고 살아가게 된다.

결론: 잠정적인 정의

그렇다면 체험적인 개혁파 설교란 무엇인가? 여기까지 우리는 몇 가지 요소를 간략히 살펴보았다. 체험적인 개혁파 설교는 다음의 특징을 지닌다.

- 성경의 표준에 근거하여, 이상적인 면과 현실적인 면, 그리고 낙관적인 면에서 어떤 체험이 과연 기독교적인 것인지를 시험하는 설교.
- 신자와 불신자를 구별 짓는 설교.
- 지혜로운 방식으로 우리의 삶에 진리를 적용하는 설교.
- 성경과 교리, 체험과 실천의 요소가 균형을 이루는 설교.
- 구주이신 하나님과 교제하는 삶으로 인도하는 설교.
- 하나님의 말씀인 성경의 토대 위에 우리의 체험을 구축하는 설교.

- 현대의 피상적인 태도를 벗어나서 옛 길의 심오한 지혜로 나아가는 설교.
- 신자의 영혼에 새롭게 깃든 영적 감각을 충족시킬 양식을 제공하는 설교.
- 죄의 쓰라림과 은혜의 달콤함을 전함으로써 듣는 이의 마음을 움직이는 설교.

이처럼 체험적인 개혁파 설교에는 다차원적인 풍성함이 있으며, 이는 그렇게 복잡한 것이 아니다. 여러 재료들이 한데 어울려서 성령과 고난의 불 속에서 구워지면, 한 조각의 맛있고 풍부한 빵이 만들어진다.

이 책의 남은 부분에서 이런 문제들을 더 자세히 살펴보려 한다. 여기서는 다음과 같이 잠정적인 정의를 제시할 수 있다. 체험적인 개혁파 설교는 하나님의 진리를 사람들의 마음속에 적용하는 설교로서, 그 목적은 하나님과 이웃에 대한 관계 속에서 그리스도인들의 체험이 어떤 모습을 띠어야 하며 실제로는 어떤 모습을 지니는지, 또 최종적으로는 어떻게 될 것인지를 보여주는 데 있다. 여기서 그 이웃에는 자신의 가족과 동료 교인들, 그리고 주변의 세상 사람들이 포함된다. 더 단순히 말하면, 체험적인 개혁파 설교자는 하나님의 말씀을 자신의 마음속에 흡수한 뒤 그 말씀을 회중의 지성과 마음, 삶 속에 전하는 자다. 이는 머리로 아는 지식을 전하는 설교자들이 쓸모없다는 말이 아니다. 전혀 그렇지 않다. 그런 설교자들도 회중에게 하나님의 진리를 정확히 가르치고 교회에 유익을 줄 수도 있다. 우리는 자신의 체험을 가지고 회중을 변화시키는 것이 아니라는 점을 기억해야 한다. 사람들을 변화시키는 것은 성령님이 하시는 일이며, 그분은 흠이 있는 설교까지도 이 일에 사용하실 수 있다(빌 1:15-18). 그런데 이 일이 그러하다면, 사랑의 열심을 품은 설교자들은 얼마나 더 많이 쓰임을 받겠는가! 성령님이 말씀을 듣는 자들의 마음속에 역사하실 때, 그분은 대개 그 말씀을 전하는 이의 마음속에 먼저 역사하신다. 바로

이 때문에, 지혜로운 설교자는 하나님의 백성이 자신의 성령 충만을 위해 기도해 주기를 간절히 구한다. 이는 그럼으로써 그가 힘 있는 설교를 전하게 되기 때문이다(행 4:8, 29-33, 엡 6:18-20).

이제는 성령께서 독자 여러분의 마음에 풍성히 임하시고, 이 책의 남은 부분을 읽어 나가는 동안 더욱 충만히 함께하시기를 빈다. 그리하여 그리스도께서 여러분의 신앙과 삶, 사역 가운데서 높임을 받으시기를 기도한다.

02장 머리에서 마음으로 설교하기

말은 중요하다. 어느 날 저녁, 한 남자가 친구들을 만나 시간을 보내고 있었다. 날이 어두워지면서 점점 더 쌀쌀해졌다. 마침 그는 한 여성이 외투를 걸치고 있지 않은 것을 보게 되었다. 그래서, 그는 순전히 염려하는 마음으로 이렇게 물었다. "춥지 않으세요?" Aren't you getting cold? 그런데 문제는 그 여성이 남자의 'c' 발음을 듣지 못했다는 데 있었다. 결국 그녀는 남자의 질문을 이렇게 받아들였다. "**늙지** 않으셨나요?" Aren't you getting old? 말할 필요도 없이, 그녀는 남자가 기대했던 방식대로 반응하지 않았다.

많은 설교자는 말씀을 전하고 난 뒤, 자신이 전했다고 여긴 메시지와 실제로 청중이 들은 내용 사이에 차이를 발견하게 된 경험을 가지고 있다. 우리는 자신이 쓰는 말에 주의해야만 한다. 지난 장에서는 '마음으로 아는 지식' heart knowledge과 '경험적', experimental '체험적' experiential 등의 용어를 언급했다. 이제 논의를 더 진행하기 전에, 먼저 이 용어들의 의미를 설명할 필요가 있다. 그런 뒤에는 체험적인 개혁파 설교가 필요한 이유를 더욱 뚜렷한 견지에서 파악할 수 있게 될 것이다.

'머리로 아는' 지식과 '마음으로 아는' 지식 사이의 차이점은 무엇인가?

이 두 표현은 학술 용어나 전문 용어가 아니다. 오히려 이 용어들은 사람들이 쉽게 이해할 수 있는 실제적인 표현이다. '머리로 아는' 지식은 단순히 지적이거나 이론적인 지식을 가리키며, '마음으로 아는' 지식은 영혼에 생생히 전달됨으로써 삶의 열매를 맺는 능력이 있는 지식을 뜻한다.

성경의 여러 본문은 우리에게 머리로 아는 지식이 필요함을 가르친다. 우리는 복음을 아는 지식 없이는 구원받을 수 없다. 바울은 이렇게 기록했다. "그런즉 그들이 믿지 아니하는 이를 어찌 부르리요. 듣지도 못한 이를 어찌 믿으리요. 전파하는 자가 없이 어찌 들으리요……그러므로 믿음은 들음에서 나며 들음은 그리스도의 말씀으로 말미암았느니라"(롬 10:14, 17). 그리스도는 우리에게 진리를 아는 지식과 분별력을 주기 위해 이 세상에 오셨다(요 18:37, 요일 5:20). 그리고 마음으로 아는 지식은 허공에 띄워 둘 수 있는 것이 아니다. 오히려 마음으로 아는 참 지식은 머리로 아는 지식에 뿌리를 둔다.

하지만 머리로 아는 지식만으로는 우리가 구원을 얻거나 거룩한 자들이 되기에 충분하지 않다. 이를 위해서는 성령님이 우리 마음속에 진리를 적용해 주셔야만 한다. 마음은 우리가 행하는 모든 선택과 행동의 원천이 된다. 잠언 4:23에서는 이렇게 말씀한다. "모든 지킬 만한 것 중에 더욱 네 마음을 지키라. 생명의 근원이 이에서 남이니라." 모든 죄의 근원은 우리의 마음에 있다(막 7:21-23). 그리고 마음은 구원을 얻는 신앙의 자리가 된다. "사람이 마음으로 믿어 의에 이르고"(롬 10:10). 지혜 역시 우리의 마음속에 머물며, 이는 "마음이 지혜로운 자"와 같은 성경의 표현들을 통해 뚜렷이 드러난다(잠 10:8; 11:29; 16:21).

이 두 지식의 차이점은 그 깊이와 지배력에 있다고 할 수 있다. 그리스도는 말씀의 전파를 씨 뿌리기에 비유하셨다(마 13:1-23). 어떤 씨는 흙이 단단히 다져진 길가에 떨어진다. 이때 진리는 우리 마음의 표면에 머무르지만, 우리는 그 진리를 받아들이지 않는다. 주님의 말씀에 따르면, 이는 "천국 말씀을 듣고 깨닫지 못[하는]" 자를 가리킨다(19절). 이때는 사탄이 와서 진리를 빼앗아가고, 그 진리는 우리의 마음 밭에 아무런 영향을 끼치지 못한다. 한편 또 다른 씨는 얕은 돌밭에 떨어져, 처음에는 좋은 출발을 보인다. 곧 우리는 자신이 들은 말씀을 어느 정도 이해하고, 심지어는 "기쁨으로" 그 말씀을 받아들이는 것이다(20절). 그러나 이때에는 진리가 온전히 "뿌리"를 내리지 못하며(21절), 이는 그 영향력이 우리 영혼의 깊은 부분까지 미치지 못했음을 나타낸다. 그 결과, 고난이나 핍박이 닥쳐올 때면 우리의 삶 속에서 그 영향력이 스러지게 된다.

또 예수님은 씨가 가시떨기 위에 떨어지는 세 번째 경우를 제시하신다. 여기서 이 가시떨기는 "세상의 염려"와 "재물의 유혹"을 상징하며(마 13:22), "염려"는 죄악된 감정을, "유혹"은 그릇된 믿음을 나타낸다. 이때에는 이런 잡초들이 여전히 우리 마음을 지배하면서 진리의 열매들을 파괴하게 된다. 그러나 씨가 좋은 땅에 뿌려져서 열매를 맺는다면, 이는 진리가 우리 마음속에 깊이 심겼으며 우리의 삶을 지배하게 되었음을 의미한다. 주님의 말씀에 따르면, 이것은 구원받지 못한 자가 지닐 수 없는("너희가 듣기는 들어도 깨닫지 못할 것이요", 14절) 종류의 지식이다("말씀을 듣고 깨닫는 자", 23절).

따라서 한편으로 우리는 씨를 뿌려야만 한다. 우리는 진리를 전파해야 한다. 복음을 전하는 설교가 없다면, 사람들은 구원을 받지 못할 것이다. 복음이 전파되지 않더라도 세상에서 하나님 나라가 진전해 가리라고 기대할 수는 없다. 이는 농부가 밭에 씨앗을 뿌리지 않고도 곡식을 거둘 것을 기대할 수 없음과 마찬가지다. 사람들에게는 머리로 아는 지식이 필요하다.

그러나 다른 한편, 단순히 씨를 뿌리는 것만으로 곡식을 거둘 수 있는 것은 아니다. 우리는 땅을 고르고 바위를 파내며, 무성한 수풀을 불태우고, 흙을 뒤엎어야 한다. "여호와께서 유다와 예루살렘 사람에게 이와 같이 이르노라. 너희 묵은 땅을 갈고 가시덤불에 파종하지 말라"(렘 4:3). 그리고 씨 뿌리기 전과 후에 잡초를 뽑아 주어야 한다. 또 비를 뿌려 주는 구름과, 따스한 햇살도 꼭 필요하다. 이 모든 방편을 통해 진리의 씨가 우리 마음속에 깊이 뿌리 내리고 주된 영향을 끼치게 되며, 마침내 생명력 있는 열매를 맺게 된다.

또한 머리로 아는 지식과 마음으로 아는 지식의 차이점은, 한 사람에 관해 무언가를 아는 것과 그 사람을 인격적으로 아는 일 사이의 차이점과 비슷하다. 성경에서는 가끔 '안다'라는 표현을 써서 어떤 사실에 관한 지식을 나타내지만(창 27:2), 단순히 어떤 사실에 관한 지식이나 정보가 아닌, 둘 사이의 관계를 나타내는 데 그 표현을 쓸 때도 많다(창 4:1). 이는 특히 주님과 그분의 백성 사이의 관계를 나타낼 때 그러하다.[1]

이에 관해 예화를 하나 들어 보자. 내 삶에 많은 영향을 준 한 작가인 목회자가 네덜란드의 한 서점에 들렀다. 그는 그 서점에 자신의 책들이 진열되어 있는 것을 보았다. 그리고 그 책들의 가격이 얼마인지 궁금했던 그는 한 권을 집어 들고 뒤표지를 살펴보았다. 그러는 사이, 서점의 점원이 그에게 다가와 혹시 그 책의 저자를 아는지 물었다. 그 목회자는 점잖게 대답했다. "네. 알고 있습니다." 그러자 점원은 자기도 그를 안다고 말했으며, 그 저자는 이렇게 답했다. "아뇨, 선생님은 모르실 겁니다." 이에 점원은 어리둥절한 표정을 지었고, 목회자는 다시 이렇게 말했다. "아마 그 저자를 아셨다면, 그가 이 문을 열고 들어왔을 때 반갑게 맞아주셨을 겁니다. 제가 바로 그 저자거든요!"

그 말을 들은 점원은 얼굴을 붉히면서 이렇게 더듬거리듯 말했다. "하지만 저는 선생님을 안다고 생각했습니다. 왜냐하면 선생님의 책을 읽었거든요."

이에 그 목회자는 답했다. "물론 그러셨겠지요. 하지만 저를 아시는 건 아닙니다."

이처럼 많은 사람들은 자신이 그분의 책인 성경을 읽었으므로 주님을 안다고 여기지만, 실제로는 그분을 잘 모르고 있다. 그러나 심판의 날이 임할 때, 주님은 이렇게 말씀하실 것이다. "내가 너희를 도무지 알지 못하니 불법을 행하는 자들아 내게서 떠나가라"(마 7:23). 이같이 단순한 지식은 우리를 우쭐하게 만들 뿐, 우리를 구원하거나 우리의 삶을 변화시킬 능력이 없다. 오히려 모든 일은 주님이 그분의 은혜와 사랑 가운데서 우리를 아시듯, 우리도 사랑과 감사의 마음을 품고 그분을 아는 데 달려 있다(고전 8:1-3, 갈 4:9).

나아가 그리스도인들은 주님에 관한 지식이 늘어나는 것을 경건의 향상으로 착각할 수 있다. 세상에는 성경과 신학, 역사에 관한 지식이나 사역 기술의 면에서 우리를 훨씬 능가하는 대학과 신학교 교수들이 있다. 그리고 교회 조직의 성공적인 운영 방법에 관해 놀라운 통찰력을 지닌 목회자들도 있다. 하지만 그런 이들이라 할지라도 실제로는 마음으로 아는 지식이 거의 없을 뿐 아니라, 위선자는 아니더라도 영적인 난쟁이 같은 상태에 머물 수 있다는 것이다. 머리로 아는 지식이 계속 늘어나는 가운데서도, "모든 신령한 지혜와 총명에 하나님의 뜻을 아는 것으로 채우게 하시고 주께 합당하게 행하여 범사에 기쁘시게 하[는]" 지식이 전혀 깊어지지 않는 일은 충분히 가능하다(골 1:9-10).

그렇다면 마음으로 아는 지식이란 무엇인가? 그것은 우리가 말씀을 통한 성령님의 사역 가운데 그리스도와 인격적으로 만남으로써 얻게 된 하나님을 아는 지식이다(고후 3:17-18; 4:6). 이 앎은 '구원에 이르는 지식' saving knowledge 이라 불리며, 우리의 마음을 뒤흔들고 변화시키는 지식이다. 이 지식은 우리로 하여금 하나님을 향해 열매를 맺게 한다. 우리는 이 지식을 통해 하나님의 선하심을 맛보고 알며, 그분을 신뢰하는 복된 상태에 이르게 된다(시 34:8). 마음으로 아는 지식은 곧 하나님을 향한 갈망이다. 하나님은 그분의 말씀 안에서 자신을 계시하심으로써 우리 속에 이 갈망을 일으키신다. 우리는 예레미야 15:16 하반절에서 이런 고백을 접하게 된다. "내가 주의 말씀을 얻어 먹었사오니 주의 말씀은 내게 기쁨과 내 마음의 즐거움이오나."

마음으로 아는 지식은 아무 내용이 없는 신비한 느낌이 아니다. 마음으로 아는 지식은 우리의 속사람에 심긴 진리를 통해 자라난다. 신자의 기쁨은 하나님 자신에게 있다(시 144:15; 146:5). 우리가 '구원에 이르게 하는, 마음으로 아는 지식' saving heart knowledge 을 체험할 때, 성경의 모든 진리는 생생히 다가온다. 이때 하나님은 우리의 삶 속에, 그 위에, 또 그 주변에 임하셔서 지배적인 영향력을 끼치게 되며, 죄는 견딜 수 없는 짐이자 혐오스럽고 악한 것이 된다. 그리고 그리스도는 온전히 사랑스러운 분이 되며, 우리는 그분이 이루신 구원의 사역이 우리에게 꼭 필요함을 느끼게 된다. 그리하여 그분의 은혜를 소중히 여기고 받아들이며, 그 안에서 기뻐하게 되는 것이다.

머리로 아는 지식 자체가 나쁜 것은 아니다. 위대한 목회자들이나, 종교개혁 시기와 그 이후 뛰어난 지도자들은 대부분 높은 수준의 교육을 받은 사람들이었다. 그들은 철저한 기독교 교육의 가치를 높이 평가했다.

하지만 이 교육은 우리 마음속에서 일하시는 성령님을 통해 거룩해져야 한다. 성령께서 우리의 마음속에 그 지식을 적용해 주시지 않는 한, 머리로 아는 지식만 가지고는 영적인 유익을 얻을 수 없다. 바로 이 점 때문에, 이전 시대의 저술가들은 독자들에게 머리로 아는 지식을 습득할 뿐 아니라 주님이 그 지식을 우리의 마음속에도 적용해 주시기를 기대하고 간구하도록 권고했다.

설교자들은 이렇게 자문해 보아야 한다. "나는 주로 사람들의 머리를 향해 설교하는 것이 아닌가?" 우리는 교회 안에서 차가운 지성주의를 부추겨서는 안 된다. 하지만 다른 한편, 우리는 이렇게도 자문해 보아야 한다. "과연 나는 머리로 아는 지식에 근거를 두고서 마음의 체험을 설교하고 있는가?" 그렇지 않다면, 우리는 회중을 위험한 형태의 신비주의로 이끌어 가고 있는지도 모른다. 이 경우에는 결국 성경이 주관주의로, 그리스도의 구원 사역에 의존하는 신앙이 단순한 체험의 추구로 대체되고 말 것이다. 성경적인 설교의 목표는 머리와 마음 사이에 다리를 놓는 데 있다. 이를 통해 지식과 감정이 날마다 영혼의 장터에서 교류하게 되며, 이 둘이 서로를 격려함으로써 우리는 은혜 안에서 자라가게 된다.

'경험적인' 것과 '체험적인' 것 사이에는 차이점이 있는가?

일반적으로 말해, 이 두 용어 사이에는 별 차이가 없다. 두 용어 모두 성경에서 계시되신 하나님에 관한 기독교적 체험을 나타내는 데 사용되어 왔다. 한 오래된 사전에서는 '경험적인 종교'를 '인간 영혼의 능력과 작용에 종교가 끼치는 영향력의 실제적인 체험'으로 정의했다.[2] 그러나 '경험적'이라는 단어의 이런 의미는 낡은 것으로, 이제는 사전에서 찾아볼 수 없다. 현대 영어에서는 '체험적'이라는 단어를 써서 그런 의미를 나타낸다. 하지만 개혁파의 선조들은 '경험적'이라는 단어를 자주 사용했으며, 그들이 그 단어를 선택한 이유를 알 때 영적 체험에 대한 우리의 관점은 더욱 풍성해질 수 있다.

'경험적'과 '체험적'이라는 두 단어 모두, 실생활에서 어떤 것을 시험함으로써 확증된 지식의 개념에 뿌리를 둔다. '경험적'experimental 라틴어로는 experimentalis이라는 용어는 '시험'을 뜻하는 라틴어 명사 '엑스페리멘툼'experimentum에서 유래했다. 그리고 이 '엑스페리멘툼'은 '시험하다, 실험하다, 입증하다'를 뜻하는 동사 '엑스페리오르'experior에서 유래한 단어다. 이 '엑스페리오르'는 '경험으로 알다'를 의미할 수도 있다. 그리고 이 동사를 통해 '엑스페리엔티아'experientia라는 명사가 생겨났으며, 이 단어는 '실험 또는 무언가를 시험하여 얻게 된 지식'을 뜻한다.

그러므로 체험적인 설교는 청중에게 큰 호소력을 지닌다. 사람들은 늘 실질적이며 효과가 있는 일, 그저 이론에 그치지 않고 직접 경험할 수 있는 일을 찾기 때문이다. 그리고 신실한 신자들은 모든 일을 성경에 근거해서 시험하거나 확증하려 한다.

장 칼뱅은 우리가 하나님에 관해 경험한 일의 진정성을 성경에 근거하여 시험하는 일을 언급할 때, '경험적인'experimentalis과 '체험적인'experientia이라는 표현을 서로 바꿔 가면서 썼다. 이사야 8:20의 말씀처럼, 성경은 모든 체험의 기준이 된다. "마땅히 율법과 증거의 말씀을 따를지니 그들이 말하는 바가 이 말씀에 맞지 아니하면 그들이 정녕 아침 빛을 보지 못하고."[3]

신앙은 우리에게 하나님의 말씀이 참됨을 확신시켜 주며, 체험은 하늘의 실재들을 우리 마음속에 가져다준다. 또 신앙은 우리에게 하늘을 바라볼 수 있는 창을 열어주는 한편, 체험적인 지식은 우리 영혼으로 하여금 하늘의 느낌을 미리 맛보게 한다. 칼뱅은 이렇게 말한다.

그런데 여기서 두 종류의 지식이 있음을 언급해야 한다. 하나는 신앙의 지식이며, 다른 하나는 이른바 경험적인 지식이다. 신앙의 지식을 통해, 경건한 이는 하나님이 참되시며 그분의 약속에는 의심의 여지가 없음을 확신하게 된다. 그리고 이 지식은 세상 너머를 꿰뚫어보며, 하늘 위 높은 곳을 살피고 헤아림으로써 숨겨진 일들을 파악한다. 이는 그곳에 우리의 구원이 감추어져 있기 때문이다. 바울 사도에 따르면, 우리가 소망하는 일들은 눈에 보이는 데 있지 않다(롬 8:24). 그러므로 이 선지자가 이렇게 말하는 것은 놀랍지 않다. 곧 성부께서 그리스도를 보내셨음을 그때에 신자들이 실제 경험을 통해, 진정으로 알게 되리라는 것이다. "너희가 만군의 여호와께서 나를 보내신 줄 알리라."[4]

또 칼뱅은 다른 본문을 주석하면서 이렇게 언급한다. "여기서 다윗은 하나님의 선하심을 옹호할 뿐 아니라, 자신이 직접 체험한 그 선하심에 깊이 매료되어 경탄하고 있다." 새로운 영적 감각의 결과물로서 주어지기 때문에 오직 신자들만이 누리게 되는 체험이 있다. 하나님의 선하심이 온 세상에 충만하지만, 불신자들에게는 그 일이 감추어져 있다. 오직 "성도들만이 그것을 체험할 수 있다. 이는 앞서 말했듯이, 그들만이 자신의 영혼에서 하나님의 선하심이 낳은 열매들을 경험하게 되기 때문이다."[5]

이는 신앙과 체험이 별개로 존재한다는 말이 아니다. 그보다 신앙은 체험의 뿌리며, 체험은 신앙의 열매다. 그러므로 칼뱅은 "신앙의 은혜로운 체험"에 관해 언급했으며,[6] 또한 경험적인^{experimentalis} 지식이 "가장 깊은 인상을 남긴다"고 진술한다.[7] 하나님께 의존하는 일은 곧 그분이 주신 은혜의 약속들을 "온 마음으로 받아들이고", "하나님의 선하심이 우리의 지성 전체에 스며드는 일을 체험하는 데 힘쓰는" 것을 의미한다. 이를 통해 우리는 매일 겪는 문제들에 굳건히 대처할 수 있게 된다.[8]

그러므로 경험적인 설교, 또는 체험적인 설교의 목표는 성경에 부합하는 방식으로 주님을 인격적으로 알게 하는 데 있다. 말씀을 저버리는 순간, 우리는 곧 그릇된 신비주의에 빠지게 된다. 이 점을 기억하는 것은 매우 중요하다. 우리가 체험적으로 설교할 때, 누군가는 이렇게 질문해 올 것이기 때문이다. "대체 이런 체험들이 왜 필요합니까? 그런 시도는 결국에는 체험 그 자체를 위한 것으로 끝나지 않을까요?" 이때 우리는 이렇게 대답해야 한다. "그렇지 않습니다. 우리는 그 체험들을 늘 하나님의 말씀 앞에 가지고 나아가서 그 진정성과 가치를 판단하니까요."

'경험적'과 '체험적'이라는 표현은 둘 다 장단점을 지닌다. '경험적'experimental이라는 단어는 좀 더 오래된 책들에서 발견되는데, 이 말의 장점은 그 속에 '실험'experiment이라는 단어가 포함되어 있다는 데 있다. 따라서 우리가 이 단어를 접할 때, 무언가를 시험한다는 개념이 머릿속에 곧 떠오르게 된다. 경험적인 기독교를 언급할 때, 우리는 성경의 현미경으로 자신의 경험을 들여다보면서 "과연 이 경험은 하나님의 말씀에 부합하는가?"라고 질문하는 모습을 상상할 수 있다.

하지만 '경험적'이라는 단어의 약점은 이제 이 단어를 위의 의미로 이해하는 사람이 거의 없다는 데 있다. 오히려 이 단어는 우리가 기독교나 말씀 전파에 관해 언급하기를 꺼리는 어떤 의미를 전달한다. 한 사전에는 이 단어에 관해 다음의 정의들이 열거되어 있다. "검증되지 않은 개념들에 근거한 것으로, 아직 확립되거나 최종적으로 인정되지 않은, 급진적일 정도로 새롭고 혁신적인, 과학적 실험에 속하거나 그에 연관된, 권위나 추정에 반대되는 것으로, 경험에 기초한."[9] 이와 반대로, 복음 설교는 신뢰할 만한 내용과 오래된 기원을 지닌다. 복음 설교는 하나님의 무오한 말씀이 지닌 절대적이며 불변하는 권위에 기초한다. 그러므로 이 설교는 위와 같이 현대적인 의미에서 '경험적인' 것이 전혀 아니다.

한편 '체험적'이라는 단어는, 우리가 위에서 언급한 의미를 나타내는 좀 더 현대적인 표현이다. 이 단어를 접할 때, 우리는 단순한 말이나 이론과는 반대되는 의미의 '체험'을 떠올리게 된다. 이 때문에, 나는 주로 '**경험적인** 설교' 대신에 '**체험적인** 개혁파 설교'로 표현하곤 한다. 어떤 저자들은 '실존적인'existential 이라는 표현을 사용하지만, 나는 그 단어를 꺼리는 편이다. 이는 독자들이 체험적인 기독교를 '실존주의'로 알려진 철학 사조들과 혼동하게끔 만들고 싶지 않기 때문이다. 그러므로 마음에서 마음으로 말씀을 전하는 설교를 나타내는 데에는 '체험적'이라는 단어가 가장 적절한 듯하다.

하지만 이 단어에도 약점이 있다. '체험적'이라는 단어에는 우리가 겪은 체험의 순전성과 성숙도를 객관적인 기준에 비추어 시험한다는 의미가 담겨 있지 않기 때문이다. 이 단어는 실험이나 시험의 의미를 전달하지 않는다. 따라서 우리는 이런 부분을 추가로 설명해 주어야 한다. 그러므로 이 경우에는 사람들이 '체험적'이라는 표현에만 관심을 두고, 자칫 그 속에 진리가 담겨 있지 않은 체험을 추구하게 될 위험 요소가 있다. 이때 그들은 이렇게 말하게 될지도 모른다. "더는 가르침이 필요하지 않습니다. 오히려 우리에게 필요한 것은 체험입니다."

그러므로 사람들은 또 다른 방향으로 나아갈 수 있다. 곧 말씀에서 제시된 길을 따르기보다, 하나님의 기이한 섭리에 의지하려 하는 것이다. 하지만 이 경우, 안타깝게도 미신에 사로잡히는 결과를 낳을 수 있다. 한 여인이 자신의 성찬 참여 여부를 놓고 온갖 의심과 씨름하고 있었다. 그녀는 자신의 죄악됨을 느꼈으며, 정말 자신이 구원을 받았는지 의문을 품었다. 그리하여 그녀는 하나님이 지혜 주시기를 구하면서 엎드려 기도하게 되었다. 하지만 마음에 답을 얻지 못하고 일어섰을 때, 그녀는 우연히 창밖으로 이웃집 창문에서 새어나오는 연기를 보게 되었다. 그녀는 다시 무릎을 꿇고 기도했다. 그런데 이번에 일어섰을 때에는, 이웃집 창문에서 연기가 보이지 않았던 것이다. 이때 그녀는 다시 한번 무릎을 꿇고 이렇게 기도했다. "주님, 만약 제가 한 번 더 이웃집 창문에서 나는 연기를 보게 되면, 그 일을 제가 성찬을 받아도 된다는 표시로 받아들일게요." 그리고 그녀가 다시 일어섰을 때, 그 연기가 한 번 더 모습을 드러냈던 것이다. 이에 그 여인은 자신이 하나님의 인도를 실제로 체험했다고 느꼈다.

하지만 체험적인 기독교는 그런 것이 아니다. 우리는 체험주의나 미신에 빠져서는 안 된다. 그보다는 성경을 우리의 생명으로 여기고 힘써 붙잡으며, 그 말씀에 비추어 자신의 삶을 점검하는 편이 훨씬 바람직하다. 자신의 성찬 참여 여부를 판단할 때, '마당에 둔 양털로' 그 답을 얻으려 해서는 안 된다(삿 6장에 기록된 기드온의 사례 참조—옮긴이). 오히려 우리는 자신의 영혼에서 성경적인 표지들이 드러나는지를 살펴야 한다(로마서를 보라). 곧 자신의 죄와 비참함, 그리고 그리스도 안에서 얻는 구원을 어느 정도 체험적으로 안다는 표지가 우리에게 있는지를 살펴야 하는 것이다. 또한, 우리를 구원해 주신 하나님께 감사하면서 거룩한 삶을 살려는 열망이 우리 안에 있는지를 살펴야 한다(하이델베르크 교리문답을 보라). 이것이 참된 체험적인 기독교이며, 체험적인 개혁파 설교의 목표는 이러한 신앙의 삶을 촉진하려는 데 있다.

이런 목표에 관심을 둘 때, 우리는 다시금 스스로를 돌아보게 된다. 말씀을 전하는 자는 이렇게 자문해 보아야 한다. "과연 내 설교는 회중이 실생활에서 하나님과 친밀히 동행하는 데 도움이 되는가? 혹시 나는 그들의 실제 경험과는 동떨어진, 그럴듯한 개념들의 세계만 펼쳐 보이는 것은 아닌가?" 만일 회중이 우리의 설교를 자신들의 삶과 동떨어진 메시지로 느낀다면, 그 이유는 단지 그들 자신이 영적으로 죽은 상태에 있으며 하나님과 전혀 교제가 없기 때문일 수도 있다. 아니면 그들은 믿음을 잃고 타락하여, 하나님과 거의 교제가 단절된 상태일 수도 있다. 하지만 우리가 체험적인 설교를 전한다면, 성숙을 향해 자라가는 신자들은 그 설교에 깊이 공감하게 될 것이다. 그러므로 우리는 이렇게 자문해 보아야 한다. "과연 나는 참된 신자들이 체험적으로 공감할 만한 설교를 전하고 있는가?"

그리고 다른 한편으로, 설교자는 이렇게 자문해야 한다. "과연 나는 성경에 근거해서 회중에게 자신들의 체험을 시험해 보고, 자기 성찰을 할 수 있도록 격려하고 있는가? 혹시 나는 그들 스스로 하나님과 친밀한 관계에 있다고 느끼는 한, 거의 무엇이든 하나님이 주시는 은혜의 체험으로 여기도록 방치하고 있는 것은 아닌가?" 우리는 체험 위주의 시대, 뚜렷한 경계나 내용, 기준이 없는 영성을 추구하는 시대를 살아가고 있다. 그러므로 우리는 성경에 담긴 진리의 빛을 회중의 영혼에 비춤으로써, 자신들의 체험이 과연 그리스도의 영에게서 온 것인지를 돌아보도록 늘 일깨워야 한다.

설교에 체험적인 측면이 필요한 이유는 무엇인가?

우리가 체험적인 개혁파 설교를 전해야 할 이유는 무엇일까? 말씀 사역을 수행할 때 이 요소는 너무나 중요하다. 체험적인 요소가 빠진 설교는 마치 김이 빠진 탄산음료나 치즈가 들어 있지 않은 피자와 다름이 없다. 아마 이 책을 다 읽고 나면, 여러분은 기독교적인 삶과 말씀 사역 가운데 체험적인 실재를 더 깊이 맛보려는 갈망을 품게 될 것이다. 다만 여기서는, 하나님 나라에서 체험적인 설교의 측면이 갖는 중요성에 관해 몇 가지 구체적인 근거를 제시하려 한다.

첫째, **성경은 체험적인 설교를 명령한다.** 바울은 디모데에게 이렇게 편지했다. "하나님 앞과 살아 있는 자와 죽은 자를 심판하실 그리스도 예수 앞에서 그가 나타나실 것과 그의 나라를 두고 엄히 명하노니 너는 말씀을 전파하라. 때를 얻든지 못 얻든지 항상 힘쓰라. 범사에 오래 참음과 가르침으로 경책하며 경계하며 권하라"(딤후 4:1-2). 바울의 이 명령에는 목회자들이 주님을 두려워하는 마음으로 설교해야 한다는 뜻이 담겨 있다. 주님은 주권적인 왕으로서 설교자와 회중을 모두 판단하실 것이기 때문이다. 설교자는 오직 "주의 두려우심"을 알 때, "사람들을 권면[할]" 힘을 얻게 된다(고후 5:11). 물론 이 두려움은 그분의 진노와 징벌을 겁내는 데서 오는 것이 아니다. 이는 그리스도께서 우리의 죄를 대신 짊어지시고, 자신의 의를 우리에게 주셨기 때문이다(21절). 오히려 이는 하나님의 마음을 상하게 할지 모른다는 두려움이며, 그리하여 우리는 모든 일에서 그분께 순종하려는 뜻을 품게 된다(9절). 만약 말씀에 담긴 주님의 영광에 사로잡히지 않는다면, 우리는 그저 사람들의 귀를 즐겁게 하는 데 그치고 말 것이다(딤후 4:3-4). 하지만 주님을 두려워할 때, 우리는 "주의 나타나심"이 임하는 날에 "주 곧 의로우신 재판장"이 가져다주실 면류관을 바라는 마음으로 수고하며 살아가게 된다(8절).

그러면 바울이 디모데에게 설교하도록 명령하는 요소들을 살펴보자. 먼저 하나님은 설교자들에게 "교리"를 가르치고 적용할 것을 요구하신다(개역개정판에는 "가르침"으로 번역되어 있다—옮긴이). 그리고 "경책하는" 일의 목적은 죄를 깨닫게 하는 데 있다. 곧 온갖 죄와 오류를 생생히 언급함으로써, 회중이 자신들의 죄와 추악한 모습을 직시하도록 이끄는 것이다. "경계하는" 일은 회중으로 하여금 자신들의 죄를 진심으로 뉘우치면서 하나님께로 돌이키도록 훈계하는 일을 뜻한다. "권하는" 일에는 성경의 진리들에 담긴 의무를 강조하고, 믿음과 순종으로 의무를 감당하도록 촉구하는 것이 포함된다.[10] 그런데 이 설교는 가혹하고 무정한 것이 아니라, "범사에 오래 참음"으로 행하는 설교다. 이때 설교자는 온유하며 오래 참는 마음으로 말씀을 전해야 한다(딤후 2:24). 하지만 이와 동시에, 이것은 진리를 힘 있게 적용하는 설교이기도 하다.

칼뱅은 "학교 수업"과 같은 방식으로 설교를 해서는 안 된다고 말한다. 설교 가운데 면밀한 적용을 배제해서는 안 된다는 뜻이다. (사실 학교 수업에서도 적용을 배제할 이유는 전혀 없다. 이는 그저 강조점의 문제다.) 그리고 이와 동시에, 교리를 소홀히 해서도 안 된다. 칼뱅은 이렇게 설교한다. "우리의 설교에는 교리가 꼭 포함되어야 한다. 여기서 바울의 말은, 우리가 회중에게 어떤 것을 권고할 때 반드시 충분한 근거를 제시해야 한다는 뜻이다. 그렇지 않으면 우리의 가르침은 공허한 것이 되어 버리기 때문이다. 그렇기 때문에 교리는 기초적인 토대이며, 위협과 권고를 비롯한 다른 일들은 그 토대 위에 세워 가는 것과 같다."[11]

또한 선지서에서도 체험적인 설교를 요구한다. 우리는 이사야 40:1-2에서 주님의 이런 말씀을 듣게 된다. "너희의 하나님이 이르시되 너희는 위로하라. 내 백성을 위로하라. 너희는 예루살렘에게 부드럽게 말하며."(여기 인용된 것은 KJV의 구절이며, 개역개정판에는 "마음에 닿도록 말하며"로 번역되어 있다—옮긴이) 본문의 맥락에서, 이는 곧 복음 전파를 가리킨다(9절 참조. 52:7-9). 여기서 하나님은 자신의 백성에게 가서 진리를 전할 것을 그분의 종들에게 명하시며, 그 목적은 그들을 "위로하는" 데 있다. 찰스 스펄전은 이렇게 말한다. "우리의 의무는 회중을 책망하고 권고하며 회개를 촉구하는 것이지만, 그 가운데는 그들을 위로하는 것 역시 포함된다. 목회자는 하나님이 성령을 부어 주시기를 구해야 한다. 이는 그가 위로자이신 그분의 능력으로 충만해지기 위함이다."[12]

여기서 "부드럽게 말하며"(사 40:2)는 문자적으로 '마음을 향해 말하는 것'을 뜻한다. 그러므로 하나님은 자신의 종들에게, 신자들의 마음에 복음을 적용함으로써 위로를 베풀도록 명령하시는 것이다. 조지프 알렉산더Joseph Alexander, 1809-1860는 이렇게 언급한다. "여기서 '마음에 닿도록 말하는' 것은 듣는 이의 마음이나 감정이 움직이도록, 또 듣는 이의 마음이나 소원에 부합하도록 이야기하는 일로 이해해야 한다. 곧 상대방이 듣기를 갈망하는 말, 또는 꼭 들어야 할 말을 전하는 것이다."[13] 우리에게 가장 절실히 필요한 일은 하나님과의 화목이며, 그 일이 없이는 평안할 수 없다(사 57:21). 영적인 위로는 하나님이 진노를 거두시고 우리의 구원자가 되셨다는 진리를 듣고, 기쁨으로 생기와 활력을 되찾게 될 때 생겨난다(사 12:1-3).

알렉 모티어Alec Motyer는 여기서 "너희는 위로하라. 내 백성을 위로하라"라는 반복적인 표현에는 "열렬한 감정"이 담겨 있다고 언급한다. 그에 따르면, 마음에 닿도록 말하는 것은 곧 위로를 나타낼 뿐 아니라, "설득하려 애쓰는 일, 사랑으로 응답하도록 간절히 권하는 일"을 시사한다.[14] 그러므로 여기서 설교는 설교자 자신이 먼저 진리를 마음속에 받아들여 깊은 감동을 받은 다음, 그 내용을 회중의 마음에 전달하여 그들이 사랑으로 응답하도록 인도하는 일로 표현되고 있다.

둘째, **성경은 체험적인 설교의 본보기를 제시한다.** 주 예수께서 말씀하신 팔복의 말씀을 생각해 보자(마 5:3-12). 이 중 첫 번째와 마지막 복에 관한 구절에서는 "천국이 그들의 것임이요"라고 말한다. 이 구절들은 영적인 구별을 나타내는 사례로서 참된 그리스도인의 표지를 제시해 준다. 이들은 이 표지를 통해 하늘나라 바깥에 있는 이들과 구별되며, 이는 그 바깥의 사람들이 아무리 종교적일지라도 그러하다(20절 참조). 이 본문의 중심부를 살피면, 네 번째 복에 관한 말씀(6절)에서는 참된 기독교적 체험의 핵심 정서가 의를 향한 주림과 목마름에 있음을 밝힌다. 그리고 다섯 번째 복에 관한 말씀(7절)에서는 참된 기독교적 활동의 본질이 다른 이들에게 긍휼을 베푸는 데 있음을 보여준다.

사도 바울 역시 체험적인 설교의 좋은 사례가 된다. 그의 설교는 자신의 마음에서 시작되었다. 바울은 로마서 1:9에서 이렇게 언급한다. "내가 그의 아들의 복음 안에서 내 심령으로 섬기는 하나님이 나의 증인이 되시거니와 항상 내 기도에 쉬지 않고 너희를 말하며." 바울은 기도로 하나님과 교제하는 데 전념했다. 그는 늘 하나님의 임재 안에 머물렀으며, 그분이 자신의 모든 생각과 말, 행동을 지켜보고 계신다는 것을 의식하고 있었다(딤전 5:21, 딤후 4:1 참조). 그리고 바울은 하나님께 기도할 때마다 동료 그리스도인들을 항상 마음에 품고 나아갔다.

다음과 같은 바울의 어구를 살펴보자. "내가 그의 아들의 복음 안에서 내 심령으로 섬기는." 이 구절에서 "섬기는"으로 번역된 단어latreuō는 종의 직무를 가리키는 것이 아니라 예배자의 경건 행위를 나타내는 표현이다.[15] 바울은 마치 성전의 제사장처럼 설교했으며, 이는 하나님께 기쁨을 드리기 위함이었다(롬 15:16). 모든 신자는 그리스도 안에서 제사장이지만, 여기서는 특히 바울이 자신의 말씀 사역에 관해 언급하는 것을 보게 된다. 그는 자신이 "하나님 앞에" 있는 듯이 말씀을 전했다(고후 4:2). 곧 자신이 마치 그분의 하늘 보좌 앞에 서 있는 것처럼 설교했던 것이다.

바울이 설교할 때 하나님의 말씀이 그의 마음에 영향을 주었으며, 그의 마음은 다시 자신의 설교에 영향을 끼쳤다. 바울의 복음 전파는 "심령"으로 드리는 예배 행위였다. 곧 영과 진리로 드리는 예배였던 것이다. 그는 하나님을 향한 열렬한 사랑을 품고 말씀을 전했다. 이에 관해 마틴 로이드 존스Martin Lloyd-Jones, 1899-1981는 이렇게 언급한다. "여러분도 보다시피, 바울은 자신의 심령으로 하나님을 섬깁니다. 그의 속사람, 곧 자기 삶과 존재의 중심에서 그분을 섬기는 것입니다.……그의 삶과 마음속에 담긴 가장 깊은 열망은 하나님을 섬기려는 데 있었습니다."[16] 바울의 서신들에 담긴 송영은, 그가 그리스도에 관해 언급할 때마다 하나님께 깊은 찬양을 드릴 수밖에 없었다는 것을 보여준다.[17] 그는 사람들에 대한 깊은 사랑과 연민을 품고 설교했으며, 때로는 멸망하는 이들을 보면서 눈물을 흘리기까지 했다.[18] 바울은 하나님의 능력에 관해 설교했을 뿐 아니라, 자기 안에서 "능력으로" 역사하시는 하나님의 능력에 힘입어 말씀을 전했다(골 1:28-29).

우리는 또한 바울 서신들의 내용에서도 체험적인 설교를 접하게 된다. 그의 로마서는 교리적인 논문으로 잘 알려져 있지만, 그 속에는 풍성한 체험 역시 담겨 있다. 로마서 5:3-5에서는 이렇게 말씀한다. "다만 이뿐 아니라 우리가 환난 중에도 즐거워하나니 이는 환난은 인내를, 인내는 연단을, 연단은 소망을 이루는 줄 앎이로다. 소망이 우리를 부끄럽게 하지 아니함은 우리에게 주신 성령으로 말미암아 하나님의 사랑이 우리 마음에 부은 바 됨이니." 여기서 우리는 일련의 기독교적 체험이 놀라운 방식으로 이어지는 것을 보게 된다. 그리고 이 모든 체험은 오직 그리스도를 믿음으로 얻는 칭의의 교리가 우리의 영혼에 적용됨으로써 이루어진다(롬 5:1; 6-8을 보라). 여기서 바울은 그저 이론적이거나 분석적인 태도로 교리에 관해 언급하는 것이 아니다. 오히려 그는 그리스도 안에서 기쁨을 품고 이 말씀을 전하고 있다.

로마서 7장에서는 하나님의 법을 기뻐하면서도 자신의 부패한 본성 때문에 신음하는 사람의 모습을 보여준다. "오호라 나는 곤고한 사람이로다"(24절). 이처럼 바울은 깊은 탄식 가운데 말씀을 전했다. 그러나 로마서 8장에서는 하나님의 자녀들을 인도하여 "아빠 아버지"라고 부르짖게 하시는 성령님의 사역이 선포된다(15절). 이 8장은 이렇게 기쁨에 찬 어조로 끝맺는다. "내가 확신하노니 사망이나 생명이나 천사들이나 권세자들이나 현재 일이나 장래 일이나 능력이나 높음이나 깊음이나 다른 어떤 피조물이라도 우리를 우리 주 그리스도 예수 안에 있는 하나님의 사랑에서 끊을 수 없으리라"(38-39절).

그리고 구약에서도 체험적인 설교가 나타난다. 예레미야가 설교할 수밖에 없다는 압박감을 느낀 것은 말씀이 자신의 뼛속에서 불일 듯 타올랐기 때문이다(렘 20:9). 미가는 "여호와의 영으로 말미암아 능력……[으]로 충만해져서" 야곱 족속의 죄를 책망하는 말씀을 전했다(미 3:8). 또 시편을 살필 때, 그 안에서 묘사되는 다양하고 세밀한 경험들에 경탄하지 않을 이가 누구인가? 탁월한 신학과 부드러운 찬미의 노래가 울려퍼지는 중간에, 시편 기자들은 거듭 자신의 속마음을 쏟아놓으면서 하늘을 향해 부르짖는 모습을 보인다. 우리는 시편에서 인간 영혼의 가장 깊은 심연이 묘사됨과 동시에, 인간의 가장 영광스럽고 높은 상태가 제시되는 것을 보게 된다. 이는 곧 "나의 큰 기쁨"이신 하나님을 아는 상태이다(시 43:4).

이처럼 우리는 성경 전체에서 경건한 이들이 그리스도의 진리를 자신의 마음속에 받아들인 뒤, 그 진리를 다른 이들의 삶에 와닿도록 전하는 모습을 보게 된다. 설교에 체험적인 측면이 필요한 두 번째 이유가 바로 여기에 있다.

셋째, **참된 종교는 지적인 개념이나 신체적인 활동의 수준을 넘어선다.** 지성주의는 기독교를 말과 개념에 불과한 것으로 만들며, 도덕주의는 신앙을 착한 행실의 문제로 바꾸어 놓는다. 이처럼 기독교를 개념과 행동의 수준으로 격하시킬 때, 우리는 신앙의 핵심을 빠뜨리게 된다. 기독교에는 단순한 말 이상의 것이 담겨 있다. "교만한 자들의 말"과는 달리, 바울은 이렇게 선언한다. "하나님의 나라는 말에 있지 아니하고 오직 능력에 있음이라"(고전 4:19-20). 또 기독교에는 외적인 행동 이상의 것이 담겨 있다. 바울은 이렇게 기록한다. "하나님의 나라는 먹는 것과 마시는 것이 아니요 오직 성령 안에 있는 의와 평강과 희락이라"(롬 14:17). 곧 하나님 나라는 그리스도의 의와 성령님의 강력한 사역을 통해 이루어진다는 것이다. 성령님은 우리의 영혼에 역사하셔서 열매를 맺게 하신다. 바울은 여기서 우리가 의식적으로 체험하게 되는 열매들을 강조하는데, 이는 평안과 기쁨이다.

만일 성경에서 정서적인 태도를 나타내는 구절을 전부 없앤다면, 무엇이 얼마나 남을까? 그리 많지는 않을 것이다. 이에 관해 조나단 에드워즈는 이렇게 말한다. "성경은 어디서나 신앙에서 정서의 위치를 매우 중시하는 모습을 보인다. 그런 정서에는 두려움과 소망, 사랑과 미움, 갈망과 기쁨, 슬픔과 감사, 연민과 열정 등이 있다."[19]

무엇보다도 "성령의 열매는 사랑"에 있다(갈 5:22). 하나님은 우리의 마음과 뜻, 힘을 다해 그분을 사랑하도록 명령하신다(신 6:5). 만일 그분의 영광에 마음을 쏟지 않는다면, 우리의 종교는 위선적인 것이 된다(마 15:7-8). 이 점에 관해 에드워즈는 이렇게 말한다. "신앙에 속한 일들은 참으로 위대하다. 그러므로 우리의 마음이 생생하고 역동적인 모습으로 움직이지 않는 한, 그 활동은 그 일들의 본성과 중요성에 걸맞은 것이 될 수 없다. 신앙에서만큼 우리 성향의 움직임에 활력이 요구되는 사안은 없으며, 이와 마찬가지로 신앙에서만큼 미적지근한 태도가 가증한 것[불쾌하고 혐오스러운 것]이 되는 경우도 없다."[20]

넷째, **체험적인 신앙이 없다면 우리는 영원히 멸망하게 된다.** 구원의 신앙은 "사랑으로써 역사하는 믿음"이다(갈 5:6). 그것은 "행함이 없[으며]……죽은" 믿음이 아니다(약 2:17). 때로 이렇게 체험적인 신앙은 '주님을 경외하는 일'로 불린다. 예레미야 32:40에서 주님은 이렇게 구원을 약속하신다. "내가 그들에게 복을 주기 위하여 그들을 떠나지 아니하리라 하는 영원한 언약을 그들에게 세우고 나를 경외함을 그들의 마음에 두어 나를 떠나지 않게 하고." 이 구절은 우리가 그리스도의 영광을 대면할 때 품게 되는, 기쁨과 두려움이 뒤섞인 경외심을 언급하고 있다. 또 시편 기자는 메시아적인 왕의 위엄과 승리를 선포한 뒤, 모든 나라를 향해 이렇게 복음의 초대를 전한다. "여호와를 경외함으로 섬기고 떨며 즐거워할지어다"(시 2:11). 그러나 이 초대를 거부할 경우에는, 그분의 진노를 마주할 수밖에 없다(12절).

이와 마찬가지로, 베드로는 그리스도에 관해 이렇게 언급한다. "예수를 너희가 보지 못하였으나 사랑하는도다. 이제도 보지 못하나 믿고 말할 수 없는 영광스러운 즐거움으로 기뻐하니 믿음의 결국 곧 영혼의 구원을 받음이라"(벧전 1:8-9). 구원의 신앙에는 무언가 형언하기 어려운 요소가 있다. 그 신앙이 가장 희미해진 순간에도, 구원의 신앙을 품은 이는 그리스도를 향한 사랑과 기쁨, 갈망을 간직하게 된다. 이 신앙은 "하나님과 우리 주 예수를" 아는 지식에서 생겨난다. 주님은 자신의 "신기한 능력으로" "은혜와 평강"을 더욱 풍성히 베푸시며, 그 능력은 하나님의 "보배롭고 지극히 큰 약속"을 통해 역사한다(벧후 1:2-4).

우리는 빌립보서 3:3에서 바울이 참된 하나님의 백성을 이렇게 정의하는 것을 보게 된다. "하나님의 성령으로 봉사하며 그리스도 예수로 자랑하고[또는 기뻐하고] 육체를 신뢰하지 아니하는 우리가 곧 할례파라." 여기서 그의 말뜻은 우리가 자신의 예배나 기쁨을 통해 구원받는다는 것이 아니다. 오히려 바울은 "그[그리스도] 안에서 발견되[기]"를 원했다. 그가 얻은 의는 "율법에서 난 것이 아니요 오직 그리스도를 믿음으로 말미암은 것이니 곧 믿음으로 하나님께로부터 난 의"였기 때문이다(9절). 우리는 오직 그리스도의 의를 믿음으로 받아들임으로써 구원을 얻게 된다.

우리는 자신의 체험 덕분에, 또는 일정 수준의 체험이나 감정을 소유함으로써 구원을 얻는 것이 아니다. 하지만 하나님은 우리가 의롭다 하심을 얻게 되는 신앙을 "내 주 그리스도 예수를 아는 지식"과 밀접히 연관시키셨다. 이는 다른 모든 것을 능가할 정도로 "고상[한]" 지식이다(빌 3:8). 만일 삶을 변화시키는 그리스도에 관한 영광스러운 앎이 없을 경우, 우리는 이 세상의 신에 의해 눈먼 채로 남아 자신의 죄 가운데서 멸망하게 된다(고후 3:18; 4:4-6).

그러므로 우리에게는 체험적인 설교가 필요하다. 하나님은 단순한 가르침을 통해서도 우리 안에 구원의 신앙을 심어 주실 수 있으며, 심지어는 성경책에 인쇄된 구절들만 가지고도 그 일을 행하실 수 있다. 그러나 일반적으로는 열정적인 설교자를 들어 쓰셔서 회중의 마음에 불을 붙이신다.

과연 여러분의 설교에는 뜨거운 신학이 담겨 있는가? 여러분의 신앙과 삶에서는 성경의 진리가 머리를 거쳐 마음으로 내려가는가, 아니면 그저 머릿속에만 갇혀 있는가?

03장 체험적인 개혁파 설교의 주된 요소들

교회는 놀라운 곳이다.[1] 이 공동체는 2천 년 전에 생겨났으며, 그 회원들은 전 세계 곳곳에 존재한다. 교회는 신랑을 기다리면서 아름답게 치장한 신부처럼 기품 있게 일어서며, 때로는 진리의 검과 믿음의 방패, 사랑의 갑옷을 갖추고서 악에 맞서 싸운다. 하지만 교회는 충격적인 어두움과 추함, 연약함 가운데로 타락하는 시기를 겪어 왔다. 교회는 늘 기형적인 질병, 곧 그 안에 남아 있는 죄와 거짓 가르침에 맞서 씨름하고 있다. 때로 교회는 죽음에 이르는 병에 걸린 것처럼 보인다. 하지만 자신의 교회를 세우시는 분은 예수 그리스도이시기에, 결국 음부의 권세는 교회 공동체를 이기지 못할 것이다(마 16:18). 인자이신 그분은 여전히 자신에게 속한 교회의 촛대들 사이를 거닐고 계신다(계 1:13).

사도들이 세상을 떠난 뒤 몇 세기 동안, 교회는 그리스도의 신성이나 삼위일체 같은 근본 진리들과 씨름하면서 조금씩 그 이해의 폭을 넓혀갔다. 그러나 시간이 흐르면서, 점점 더 여러 오류에 굴복하게 되었다. 그 가운데는 참된 신앙도 남아 있었지만, 중세의 가시적인 교회는 점차 그리스도만을 신뢰하는 데서 벗어나 인간일 뿐인 존재들에 의존하게 되었다. 그들을 교회의 통치자와 권위 있는 교사, 하나님의 자비를 전해 줄 중보자로 삼았던 것이다. 주교와 교황들이 그리스도의 보좌에 앉았으며, 전통이 성경을 밀어냈다. 미신이 예배를 부패하게 만들었고, 마리아와 성인들은 기도와 숭배의 대상이 되었다. 이렇게 복음의 빛이 가시적인 교회 내에서 희미해짐에 따라, 도덕적 부패와 쇠퇴가 어두운 그림자처럼 퍼져갔다.

하지만 16세기에 이르러, 주 예수 그리스도는 그분께 속한 교회에서 영적인 빛과 생명력이 폭발적으로 솟아나도록 인도하셨다. 이때 하나님은 마르틴 루터와 울리히 츠빙글리, 마르틴 부처와 하인리히 불링거, 장 칼뱅 등을 통해 종교개혁을 일으키셨다. 이를 통해 교회는 **고대의 뿌리**로 돌아가게 되었다. 이들 중 많은 이들은 오늘날 신학자로 기억되고 있지만, 그들은 무엇보다 먼저 하나님 말씀의 설교자들이었다. 하나님은 그들의 설교를 통해 개혁 운동을 일으키셨으며, 이 운동은 오늘날에도 지속되고 있다. 이처럼 교회가 인간의 죄와 부패로 사도적인 형태를 떠나 **기형적인** 것이 되었지만, 하나님은 그분의 말씀과 성령으로 교회를 **개혁하셨다.**

여러분은 아마 개혁파 교단에 속한 목회자일지도 모른다. 아니면 무심코 이 책을 집어 들긴 했지만, '개혁파'라는 용어의 의미에 관해서는 전혀 아는 바가 없는 상태일 수도 있다. 이 중 어떤 경우든지, 여러분은 여기서 언급하는 '체험적인 개혁파 설교'가 무엇을 뜻하는지 궁금할 것이다. 이제까지 우리는 체험적인 설교에 관해 어느 정도 논의해 왔다. 여기서 중요한 점은, 이 체험적인 설교가 개혁파 기독교의 큰 그림 안에 어떻게 들어맞는지를 살피는 일이다. 개혁파적인 설교는 단순히 특정 교단에 속한 교회에서 설교하는 일을 가리키는 것이 아니다. 개혁파 설교는 성경의 진리를 선포함으로써, 16세기 종교개혁 시대에 다시 회복된 성경적인 영성을 촉진하는 일을 가리킨다.

개혁파의 진리를 설교하기

개혁파 기독교 신앙에는 풍성한 지혜가 담겨 있다. 따라서 약간의 개요를 활용하는 것이 기본 개념을 소개하는 데 유익할 수 있지만, 그 교리의 풍성한 내용을 다섯 가지 항목의 개요로 압축하는 것은 불가능하다.[2]

웨스트민스터 신앙고백(1647)의 표제들만 간단히 살펴보아도, 그 속에 수많은 진리의 물줄기가 융합되어 있음이 드러난다. 성경, 하나님과 거룩한 삼위일체, 하나님의 영원한 작정과 창조, 섭리, 인간의 죄와 타락, 하나님과 인간 사이의 언약, 중보자 그리스도, 자유의지, 효과적인 부르심, 칭의, 양자됨, 성화, 구원의 신앙, 생명에 이르는 회개, 선행, 성도의 견인, 은혜와 구원의 확신, 하나님의 법, 그리스도인의 자유와 양심의 자유, 종교적인 예배와 안식일, 합법적인 맹세와 서약, 국가의 통치자, 결혼과 이혼, 교회, 성도의 교제, 세례와 성찬의 성례, 교회의 권징, 공의회와 협의회, 인간의 사후 상태, 죽은 이들의 부활, 최후의 심판.

여기에 우리는 개혁파의 교리문답들에서 나타나는, 하나님을 섬기는 삶(십계명)과 그분께 의존하는 일(주기도)에 관한 풍성한 해설을 덧붙일 수 있다. 그러면 개혁파의 진리는 신실한 설교자가 마땅히 선포해야 할 "하나님의 모든 경륜"이 담겨 있다는 것이 분명해진다(행 20:27).

설교자는 언제나 성경 진리의 전체적인 윤곽을 더 깊이 이해하는 일에 힘써야 한다. 만일 개혁파 기독교에 관한 여러분의 배경지식이 부족하다면, 하이델베르크 교리문답(1563) 또는 웨스트민스터 소교리문답(1647)을 처음부터 끝까지 읽어볼 것을 적극 추천한다. 이때 너무 서둘러 읽지는 말기 바란다. 증거 본문들이 모두 실린 좋은 판본을 구해서, 성경 본문과 함께 각 질문과 대답을 묵상해 나가는 것이 좋다. 그런 다음 개혁파 신앙고백서나 긴 분량의 교리문답을 하나 택하여 처음부터 끝까지 읽어 보기 바란다.[3]

만일 여러분이 개혁파 교리문답과 신앙고백서들에 익숙하다면, 더 깊은 단계로 나아가기 위해 교리문답 해설서를 한 권 택해서 읽기 바란다. 그런 책들로는 토머스 왓슨Thomas Watson, 1620-1686년경 또는 해딩턴의 존 브라운John Brown of Haddington, 1722-1787이 쓴 웨스트민스터 소교리문답 해설서[4]나, G. I. 윌리엄슨G. I. Williamson의 하이델베르크 교리문답 해설서 등이 있다.[5] 그런 다음에는 체험적인 개혁파 신학서들을 읽어 보기 바란다. 이를테면 이후의 장들에서 살펴보게 될 인물들의 저서가 여기 속한다. 그중에서도 특히 기독교 교리와 삶에 관한 빌헬무스 아 브라켈Wilhelmus à Brakel, 1635-1711의 탁월한 해설서를 추천한다.[6] 이 책에는 최상의 경건 신학이 담겨 있다.

그런데 여기서 체험적인 개혁파 설교를 논할 때, 나는 개혁파 진리의 두 가지 핵심 요소를 강조하려 한다. 이는 그리스도를 설교하는 일과 하나님의 주권을 설교하는 일이다.

그리스도를 설교함

체험적인 개혁파 설교는 그리스도 중심의 설교다. 이 설교는 하나님의 살아 있는 말씀이신 예수 그리스도께 초점을 두는데, 그분은 하나님의 기록된 말씀인 성경을 통해 우리에게 계시되셨다. 이에 관해 윌리엄 퍼킨스는 이렇게 지적한다. "그리스도는 성경 전체의 내용 또는 주제가 되신다."[7] 또 그는 이렇게 언급한다. "그리스도는 구속 사역을 홀로 감당하신다. 이 일에서는 그분의 동료나 동반자가 없으며, 대리인이나 대행자도 없다. 이는 구속 사역 전체에 관해서든, 그중 지극히 작은 부분에 관해서든 마찬가지다……그리스도의 이름 외에는 우리를 구원할 다른 이름이 없으며

(행 4:12), 그분은 자신에게 나아오는 모든 이를 온전히 구원하신다(히 7:25). 그리고 우리는 그분 안에서 충만하게 된다(골 2:10)."[8]

그리스도를 설교하는 것은 고통받는 이들에게 참된 위로를 제시하는 유일한 길이다. 하이델베르크 교리문답은 다음의 아름다운 고백으로 시작된다.

> **1문**: 삶과 죽음에서 당신의 유일한 위로는 무엇입니까?
>
> **답**: 살든지 죽든지 내 몸과 영혼은 나 자신의 것이 아니며, 신실하신 구주 예수 그리스도께 속해 있다는 것입니다. 그분은 자신의 보배로운 피로 내 모든 죄값을 온전히 치르시고, 나를 마귀의 모든 권세에서 건져 내셨습니다. 그리고 하늘 아버지의 뜻이 없이는 머리카락 하나도 상하지 않도록 나를 보호해 주십니다. 그리하여 모든 일은 반드시 내 구원에 유익한 것이 됩니다. 또한 그분은 자신의 성령 안에서 나에게 영원한 생명을 확증해 주시고, 이제부터는 진심으로 그분을 위해 살기를 원하고 다짐하도록 이끌어 주십니다.[9]

이처럼 개혁 신앙은 신실하신 구주께서 흘리신 피를 통해, 삼위일체 하나님과의 친밀한 교제로 우리를 초대한다. 죄인들은 그리스도 안에서 영원한 생명의 확증을 얻고, 기꺼이 하나님을 위해 살려는 마음을 품게 된다. 그렇기 때문에 우리는 그리스도를 설교해야만 한다.

그리스도를 설교하는 일은 곧 성경 본문을 구속적인 맥락에서 설교하는 것을 뜻한다. 한 본문을 건전한 주해와 해석학의 원리들에 따라 해설할 때, 그 본문에서 성경적인 설교가 흘러나오게 된다. 예레미야 3:15에서는 하나님이 자신의 백성을 "지식과 명철로……양육하[기]" 위해 설교자들을 보내셨다고 언급한다.

개혁파 설교는 문법-역사적인 주해에 근거를 두지만, 그 속에는 영적이며 실제적이고 경험적인 적용 역시 포함된다. 고린도전서 2:10-16에서 바울은 좋은 주해가 영적인 것임을 밝힌다. 성령님은 늘 예수 그리스도를 증언하시므로, 올바른 주해자들은 새 인약뿐 아니라 옛 언약에서도 그리스도를 발견하게 된다. 모든 길은 로마로 통한다는 고대 세계의 격언처럼, 오늘날에도 모든 본문의 설교는 결국 그리스도께로 이어져야 한다.

예수님은 친히 이렇게 말씀하셨다. "너희가 성경에서 영생을 얻는 줄 생각하고 성경을 연구하거니와 이 성경이 곧 내게 대하여 증언하는 것이니라"(요 5:39). 그리고 예수님은 부활하신 뒤에 제자들과 이야기하실 때에도 이렇게 말씀하셨다. "내가 너희와 함께 있을 때에 너희에게 말한 바 곧 모세의 율법과 선지자의 글과 시편에 나를 가리켜 기록된 모든 것이 이루어져야 하리라 한 말이 이것이라"(눅 24:44).

예수 그리스도는 체험적인 설교의 위대한 주제이자 지배적인 윤곽이 되신다. 그분은 하나님이 주신 계시의 으뜸가는 초점이며, 그 내용과 목표가 되시기 때문이다. 그러므로 참된 개혁파 설교자는 바울이 그랬듯이 "예수 그리스도와 그가 십자가에 못 박히신 것 외에는 아무것도 알지 아니하기로" 결심해야 한다(고전 2:2). 퍼킨스에 따르면 모든 설교의 핵심은 "한분이신 그리스도를 설교하는 데 있으며, 우리는 그리스도께 의존하면서 오직 그분만을 높이려는 마음으로" 그리해야 한다.[10] 뉴잉글랜드의 신학자였던 코턴 매더Cotton Mather, 1663-1728는 이렇게 표현했다. "참된 생명의 떡이신 그리스도께서 잊히지 않게 하십시오. 여러분은 그분의 영광을 회중 앞에 드러내 보이는 일에 온 힘을 쏟아야 합니다. 다음 구절을 여러분이 감당하는 모든 사역의 좌우명으로 삼기 바랍니다. **그리스도께서 전부가 되신다.**"[11]

그리스도는 모든 설교의 시작과 중간, 끝이 되셔야만 한다(눅 24:27,

요일 1:1-4). 설교자들은 죄인들을 흔들어 깨우시고 의롭다 하시며, 거룩하게 하시고 위로하시는 그분의 사역을 높이 받들어야 한다(엡 5:14, 고전 1:30, 사 61:2). 요한은 이렇게 기록했다. "그 안에 생명이 있었으니 이 생명은 사람들의 빛이라……말씀이 육신이 되어 우리 가운데 거하시매 우리가 그의 영광을 보니 아버지의 독생자의 영광이요 은혜와 진리가 충만하더라"(요 1:4, 14 참조. 시 36:9; 119:130).

우리는 주해를 통해 성경의 단어와 문법, 구문과 역사적 배경을 바르게 분석할 수 있다. 체험적인 설교에서는 이런 해석상의 측면들을 소홀히 여기지 않지만, 이 측면들만을 다루는 것으로 만족하지도 않는다. 어떤 목회자가 하나님 말씀의 문법-역사적인 의미만을 전달한다면, 그가 행한 것이 강의나 강연일 수는 있지만 설교는 아니다. 말씀은 영적으로 적용되어야만 한다. 그러므로 영적인 주해는 기독론적인 성격을 띠며, 이는 다시 그리스도를 통해 신론적인 것이 된다. 그리하여 우리는 삼위일체 하나님께 모든 영광을 돌리게 된다.

체험적인 개혁파 설교에서는 그리스도의 영으로서, 구원을 베푸시는 성령님의 능력을 통해 우리가 기독교 신앙을 체험하고 맛보며, 그 안에서 살아가야 한다는 것을 가르친다. 이 설교에서는 성경의 진리를 아는 일을 강조한다. 이는 성경이 그리스도의 말씀이며, 우리에게 그분을 믿음으로써 구원에 이르는 지혜를 줄 수 있기 때문이다(딤후 3:15). 구체적으로, 이 설교에서는 살아 계신 말씀(요 1:1)이며 진리의 본체이신 그리스도를 우리가 체험적으로 알고 영접해야 한다고 가르치며, 죄인들이 하나님의 어떠하심을 그분의 아들 안에서 체험해야 한다고 선포한다.

이런 설교는 회중뿐 아니라 설교자에게도 해방감을 준다. 물론 목회자들은 성령께 의존하면서 자신의 모든 은사를 활용하는 것이 옳다. 하지만 하나님이 어떤 이의 사역에 은혜를 베푸시는 것은 목회자 자신의 독창성이나 지성, 통찰력이나 설득력 때문이 아니라는 것을 깨달을 때, 그들은 진정으로 훌가분한 위안을 얻게 된다. 오히려 하나님이 은혜를 베푸시는 것은, 우리가 그분의 영광과 죄인들의 구원을 위해 그분의 말씀을 선포하면서 그분의 아들에 관해 선포하기 때문이다. 개혁파 목회자들은 자신을 그리스도의 사신으로 여긴다. 그들은 하나님이 선포하도록 주신 메시지를 전달하기 위해 부름받은 자들이다. 그들은 바로 이 과업에 마음을 두고, 때를 얻든지 못 얻든지 매주 살아 계신 하나님의 말씀을 회중에게 전하게 된다(딤후 4:2).

우리의 선지자와 제사장, 왕이 되시는 그리스도의 삼중 사역에 관한 칼뱅의 통찰은 그분에 관한 우리의 설교에 헤아릴 수 없는 풍성함을 더해 준다.[12] 우리는 이 통찰을 통해, 그리스도께서 우리 삶의 온갖 비참함 가운데서 위로를 베풀기에 충분하신 분임을 깨닫게 된다. 존 프레스턴 John Preston, 1587-1628이 언급했듯이, 그리스도 안에는 우리에게 필요한 모든 것이 담겨 있다. 잉글랜드의 왕 제임스 1세 앞에서 설교할 때, 그는 우리의 선지자이신 그리스도 안에 "지혜와 지식의 모든 보화가 충만히 담겨 있다"고 선포했다. 그러므로 하나님의 말씀을 전한 모든 사도와 선지자는 "바로 이 태양에서 자신들의 빛을 얻었던" 것이다. 그리고 하나님은 제사장이신 그리스도의 간구에 늘 귀를 기울이신다. 그리스도께서는 "긍휼의 마음으로 충만하여" 우리의 간청을 들으시며, 자신이 하나님께 구하는 것을 얻기에 "충분한 공로"가 있으시다. 또 왕으로서, 그리스도께는 "충만한 권세를 지니고 계신다.……그분께는 자기 종들을 보호하고 자신의 대적들을 물리치며, 마침내는 그 대적들을 자신의 발등상으로 삼기에 충분한 힘이 있다." 그리고 그리스도는 참으로 관대하신 왕으로서, 자신의 종들에게 필요한 것을 공급하시며 그들이 행한 일에 풍성한 상급을 내리신다.[13] 그러므로 우리는 그리스도께서 어느 누구에게든지 필요한 모든 것이 되신다고 설교할 수 있다.

그리스도를 제시하는 일은 체험적인 설교에서 어떤 역할을 할까? 만일 그리스도께서 설교의 핵심 주제이며 그분의 의가 구원의 중심에 놓인다면, 우리는 구주이신 그리스도와 그분의 의를 죄인들에게 값없이 제시해야 한다. 사람들을 그분께 나아오도록 초청하고 또 명령해야 한다. 그리고 그리스도의 아름다움과 온전하심, 그분의 자비를 보여줌으로써 죄인들의 마음을 매혹시켜 그분께로 이끌어 가야 한다. 이같이 그리스도를 제시하는 일은 설교의 마지막에 덧붙이는 부록 같은 것이 아니다. 오히려 체험적인 설교의 핵심은 그리스도를 선포하는 데 있다. 이처럼 기독교적 체험에 관한 설교는 항상 예수 그리스도와 그분의 십자가를 죄인들에게 제시하려는 더 큰 목표 아래 놓이게 된다.

이사야 55:1에서 하나님은 이렇게 외쳐 부르신다. "오호라 너희 모든 목마른 자들아, 물로 나아오라. 돈 없는 자도 오라. 너희는 와서 사 먹되 돈 없이, 값 없이 와서 포도주와 젖을 사라." 스코틀랜드의 설교자 윌리엄 거스리 William Guthrie, 1620-1665 는 이렇게 언급한다. "하나님이 복음의 말씀으로 임하실 때, 그분은 스스로 거부하는 이들 외에는 아무도 배제하지 않으신다. 그러므로 이 약속은 모든 이에게 주어지는 것이다……하나님은 그분의 약속을 받아들이는 모든 자들에게 값없이 그 약속을 베푸신다."[14]

뉴잉글랜드의 청교도였던 토머스 후커 Thomas Hooker, 1586-1647 는 이렇게 선포했다. "주님은 그분의 자비를 널리 선포하실 뿐 아니라 값없이 베풀어 주십니다. 그분은 진심으로 그 일을 원하시며, 우리에게 그 자비를 전할 때를 기다리고 계십니다. 주님은 끈기 있게 우리 영혼의 문을 두드리십니다. 그분께는 모든 유익을 베풀기에 충분한 능력이 있습니다. 불신을 거두십시오. 주님은 값없이 우리를 초대하십니다. 두려워하지 말고, 담대히 그분 앞에 나아가시기 바랍니다. 그분은 진심으로 그 일을 바라고 계십니다. 의심을 품지 마십시오. 주님은 지금도 우리를 기다리며 간절히 청하고 계십니다. 그러니 더 이상 미루지 말고 그분의 음성에 귀 기울이시기 바랍니다."[15]

이처럼 그리스도를 충실히 설교하며 고귀한 신앙의 대상으로 제시할 때, 우리는 성령님이 그 설교를 쓰셔서 믿음으로 반응하는 이들의 영혼에 은혜를 베풀어 주실 것을 기대할 수 있다. 성령께서 설교자의 사역 가운데 가장 바라시는 일은 무엇인가? 그분은 그리스도가 전파되는 것을 가장 기뻐하신다. 성령님은 그리스도의 영이시며(롬 8:9), 그분의 모든 과업은 그리스도께 속한 일들을 우리에게 알려 주시는 데 있다(요 16:13-14). 그러므로 우리가 그리스도를 아는 것은 우리 마음속에서 성령님이 행하시는 사역에 직접적으로 연관된다(엡 3:16-19).

목회자들이 그리스도를 자주 설교하지 않을 때, 회중에게서 체험적인 지식을 찾아보기 어렵다는 점은 놀랄 일이 아니다. 하지만 목회자들이 그리스도를 충실하게 설교하고 값없이 제시할 경우, 성령께서 회중의 삶 속에 풍성한 기독교적 체험을 심어 주시는 것을 자주 보게 된다. 그러므로 네덜란드 교회의 신자들은 때로 어떤 목회자를 두고 이렇게 묻곤 한다. "그는 그리스도를 설교하는 사람입니까?" 이때 그들은 단순히 설교자가 그리스도에 관한 교리들을 설교하는지를 묻는 것이 아니다. 오히려 이 질문의 뜻은 이러하다. "과연 그는 그리스도의 풍성함을 제시하고, 죄인들로 하여금 그분께 나아오도록 간절히 설득하는 사람입니까?" 이보다 더 중요한 질문은 없다.

하나님의 주권을 설교함

그리스도를 설교하는 것은 곧 하나님 나라를 설교하는 것이다. 그 일은 창조와 섭리, 은혜와 영광 가운데 나타난 하나님의 주권을 선포하는 일이다. **주권**은 '통치'를 뜻하며, 따라서 하나님의 주권을 말하는 것은 곧 그분의 통치를 나타낸다. 하나님의 주권은 그분의 으뜸 되심과 왕권, 그분의 신성 가운데 드러나며, 이 주권은 그분의 하나님 되심을 보여준다. 그분은 인간이 다 헤아릴 수 없는 삼위일체로 존재하며, 우리는 하나님이 자신을 우리에게 계시하기로 선택하신 정도까지만 그분을 알 수 있다. 하나님의 주권은 그분의 모든 속성을 통해 발휘되는 것으로, 그분이 모든 면에서 완전하며 모든 의와 거룩함을 소유하신 분임을 드러낸다. 그분은 은혜로우시며 전능하신 주권자 여호와, 곧 하늘의 군대와 땅의 거주민들 가운데서 자신의 뜻을 이루시는 지극히 높으신 하나님이시다(단 4:35). 또한 그분은 결코 인간적인 이해와 분석을 위해 시공간적인 범주로 축소될 수 있는 분이 아니다.

여기서 우리는 개혁 신앙의 정수를 발견하게 된다. 개혁파 그리스도인들은 하나님이 생명의 주이며 우주의 주권자이심을 믿는다. 그분의 뜻은 역사의 열쇠가 된다. 그들은 하나님이 어떤 외부의 세력에도 의존하지 않으시고 자신의 목적을 자유롭게 성취하신다는 것을 믿는다. 하나님은 시작부터 종말을 아시며, 만물을 창조하고 유지할 뿐 아니라 다스리고 인도하신다. 그분의 놀라운 계획은 역사의 마지막 때에 완전하고 충만한 모습으로 드러나게 될 것이다. "이는 만물이 주에게서 나오고 주로 말미암고 주에게로 돌아감이라. 그에게 영광이 세세에 있을지어다. 아멘"(롬 11:36).

그렇다고 해서 모든 설교가 하나님의 주권에 관한 것이어야 한다는 것은 아니다. 성경을 설교해 나갈 때, 우리는 본문의 내용에 맞게 그 주제를 결정해야 한다. 하나님의 주권과 개혁 신앙의 교리들을 설교하는 일에 관해, 존 뉴턴은 이렇게 말한다. "나는 무엇보다도 칼뱅주의자에 속한다. 하지만 내가 칼뱅주의의 신념을 글쓰기와 설교에서 활용하는 방식은 음식을 만들 때 설탕을 사용하는 방식과 똑같다. 나는 메시지 속에 그 신념만을 집어넣지 않고, 다른 요소들과 섞고 희석시켜 표현한다."[16] 하나님의 주권은 성경에서 바로 그런 역할을 한다. 곧 하나님의 주권은 성경의 이야기들 가운데 일어나는 모든 일의 배경이 된다. 이 점에 관해 찰스 하지Charles Hodge, 1797-1878는 이렇게 언급한다. "하나님의 주권과 다른 교리들 사이의 관계는, 지구의 화강암층과 다른 지층들 사이의 관계와 같다. 화강암층은 다른 지층들의 아래에서 그 지층들을 든든히 떠받치고 있지만, 스스로 지표면에 드러나는 경우는 얼마 되지 않는다. 이처럼 하나님의 주권 교리도 우리가 전하는 모든 설교의 바탕을 이루지만, 그 교리 자체는 가끔씩만 뚜렷이 강조되는 것이 바람직하다."[17]

하나님의 주권은 개혁파 교리의 정수이기도 하다. 이 주권은 우리 주 예수 그리스도의 아버지이신 하나님께 속한 것으로, 결코 변덕스러운 것이 아니다. 이에 관해 B. B. 워필드B.B.Warfield, 1851-1921는 이렇게 언급한다. "성경의 저자들은 늘 사건의 흐름과 자신들이 겪는 문제들의 결말이 의롭고 거룩하며, 신실하고 사랑이 많으신 하나님의 손에 달려 있다는 확신에서 위로를 얻는다."[18] 그리고 하이델베르크 교리문답에서는 이렇게 언급한다.

> **26문**: "나는 하늘과 땅의 창조주이신, 전능하신 아버지 하나님을 믿는다"고 고백할 때, 당신은 무엇을 믿습니까?
>
> **답**: 나는 우리 주 예수 그리스도의 영원한 아버지이신 하나님이, 그 아들이신 그리스도로 인해 나의 하나님이며 아버지가 되신다는 것을 믿습니다. (그분은 무로부터 하늘과 땅, 그 안의 만물을 창조하셨으며, 자신의 영원한 경륜과 섭리로 모든 것을 유지하고 다스리십니다.) 나는 그분께 전심으로 의존하며, 그분

이 내 몸과 영혼에 필요한 모든 것을 공급해 주실 것을 의심하지 않습니다. 그리고 이 눈물 골짜기 같은 세상에서 어떤 악한 일을 겪게 되든지 간에, 그분은 그 일을 결국 내게 유익한 것으로 만드실 것입니다. 그분은 전능하신 하나님이시기에 그렇게 행하실 수 있으며, 신실하신 아버지이시기에 기꺼이 그리 하기를 원하십니다.[19]

이것은 균형 있고 순전하며 변호할 수 있는 칼뱅주의이다. 이것은 이사야 9:6에서 드러낸 신앙으로, 이 구절에서는 통치 또는 주권이 "기묘자라, 모사라, 전능하신 하나님이라, 영존하시는 아버지라, 평강의 왕이라" 불리는 분의 손에 있다고 고백한다. 성경의 하나님은 그리스도 안에서 따스한 아버지 같은 손길로 자신의 주권을 행사하시며, 이는 다른 '신들'이 지닌 냉혹하고 변덕스러운 주권과는 크게 다르다. 이처럼 아버지 같은 손길로 행사하시는 주권은 그분의 모든 속성과 온전한 조화를 이룬다. 그러므로 신자는 모든 것을 아우르는 그분의 섭리 뒤에는 삼위일체 하나님의 온전한 합의가 있다는 확신에서 평안을 얻게 된다. 주권적인 은혜와 사랑으로 갈보리 언덕의 십자가에 오르셨던 그분은 지금도 온 세상을 주관하고 계신다. 하나님이 그리스도 안에서 아버지 같은 손길로 행사하시는 주권 속에는 그분의 본질적인 정체성이 담겨 있다.

개혁파를 따르는 것은 하나님 중심의 태도를 취하는 일을 의미한다. 개혁파의 진리를 설교하는 것은 곧 회중이 위대한 은혜의 왕이신 하나님을 바라볼 수 있도록 돕는 일이다. 그분은 모든 시간과 장소 가운데, 영원한 사랑이 담긴 자신의 지혜로운 계획을 성취하기 위해 일하신다. 이에 관해 워필드는 이렇게 언급한다.

칼뱅주의에 담긴 것은 바로 하나님에 관한 감각, 곧 그분의 임재와 능력, 그리고 모든 곳에서 나타나는 그분의 활동을 느끼는 감각이다. (이 활동은 무엇보다도 구원의 과정에서 뚜렷이 드러난다.)……한마디로, 칼뱅주의자는 하나님을 뵈옵는 사람이다.……그는 자연 속에 계신 하나님, 역사 속에 계신 하나님, 그리고 그분의 은혜 가운데 계신 하나님을 만나고 뵈옵는다. 그는 어디서든 하나님이 힘차게 발을 내딛고 강한 팔로 역사하시는 것을 느끼며, 그분의 우렁찬 고동 소리를 듣는다.[20]

하나님의 주권을 균형 있게 설교하는 방법에 관해서는 이 책의 끝부분에서 더 깊이 살펴보려 한다. 다만 여기서 언급할 점은, 이렇듯 삶의 모든 측면에 있어 하나님 중심의 접근방식을 취할 때 우리는 개혁파 설교의 위대한 목표를 숙고하게 된다는 것이다. 그 목표는 곧 하나님이 그분께 속한 백성의 경건을 통해 영광을 받으셔야 한다는 데 있다.

개혁파 영성을 위한 설교

가장 이른 시기부터, 개혁파 운동은 개인과 교회, 국가의 삶에서 거룩함을 추구했다. 개혁자들은 오직 믿음으로 얻는 칭의를 견고한 기초로 삼아, 성령님의 인도하심 아래서 경건의 공동체를 건설하는 일에 힘을 쏟았다. 개혁자들은 오직 하나님의 영광을 위해, 오직 은혜에 의존하여 노력했으며, 이때 그들은 단순한 교사나 교육자에 그치지 않았다. 칼뱅은 이렇게 언급한다. "엄밀히 말해, 신앙이나 경건이 없는 곳에서 하나님을 알 수 있다고 여길 수는 없다."[21] 칼뱅이 자신의 위대한 신학 서적을 집필한 목적은 오직 사람들을 "참된 경건에 이르도록" 도우려는 데 있었다.[22] 경건Godliness 또는 piety, 라틴어로는 pietas은 하나님을 향한 공경심이 담긴 사랑이다. 이런 사랑은 하나님의 은혜에 대한 체험에서 생겨나며, 이 사랑을 품은 이들은 모든 일에서 그분을 기쁘시게 하고자 하는 열망을 갖게 된다.[23] 칼뱅은 경건을 "우리 삶의 영혼"으로 불렀다.[24]

설교는 교회가 경건 안에서 자라가는 데 핵심 역할을 한다. 바울에 따르면, 승천하신 주 예수께서 "목사와 교사"를 주신 것은 "그리스도의 몸을 세우[기]" 위함이다. 그들의 사역은 모든 그리스도인이 성숙에 이르기까지, 곧 "온전한 사람을 이루어 그리스도의 장성한 분량이 충만[하게]" 될 때까지 지속된다(엡 4:11-13). 칼뱅에 따르면, 하나님은 "목회자들"이 전하는 "천상적인 교리의 설교"를 통해 자신의 백성이 "장성하게 되기를" 원하신다.[25]

이처럼 성경에 근거한, 하나님 중심적인 개혁파 영성의 성향은 이후에 청교도 운동의 핵심 특징이 되었다. 청교도들은 교리와 삶을 서로 갈라놓지 않았다. 윌리엄 에임스William Ames, 1576-1633에 따르면, 신학은 "하나님을 향해 살아가는 삶의 교리다."[26] 개혁파 설교의 목표는 회중으로 하여금 그리스도와의 연합 안에서 "하나님을 향하여" 살아가도록 인도하는 데 있다(갈 2:19-20 참조. 롬 6:11, 고후 5:15).

이런 관점은 설교자와 회중에게 각각 함축하는 바가 있다.

설교자의 거룩성

체험적인 설교는 거룩한 삶에 결부되어 있다. 참된 체험적 사역을 경건한 삶과 분리하는 것은 불가능하다. 목회자가 거룩한 마음을 품는 것은 그저 하나의 이상에 그치지 않는다. 우리의 사역을 효과적으로 감당하기 위해서는 그런 마음을 품는 것이 분명 필요하다. 우리는 거룩한 삶을 사는 데 깊은 관심을 쏟아야 한다.

체험적인 설교자들은 체험적인 설교의 고유한 통로가 된다. 바울은 데살로니가전서 2:4 상반절에서 이렇게 언급한다. "오직 하나님께 옳게 여기심을 입어 복음을 위탁 받았으니 우리가 이와 같이 말[하노라]." 참된 복음의 사역자들은 복음을 위임받기에 적합하다고 하나님께 인정받은 이들로서 말씀을 전파한다. 곧 하나님이 그들의 마음을 시험하시고, 자신의 풍성한 은혜를 선포하기에 적합한 그릇으로 인정하신 것이다. 이는 그들이 하나님의 은혜로 거룩하게 되었기 때문이다.

따라서 과연 어떤 이들이 거룩한 하나님의 사람으로 인정받고 복음 사역을 맡게 되는가 하는 질문은 결정적인 중요성을 지닌다. 이에 관해서는 세 가지 특성을 들 수 있다.

1. **그들은 하나님을 경외하며 복음을 믿는 이들이다.** 그들의 삶에는 복음의 능력이 충만하다. 그들은 다른 이들의 눈치를 살피면서 주위를 기웃거리기보다, 순전한 마음으로 하나님을 두려워하는 자들이다(살전 2:6). 이처럼 하나님을 경외하기에, 그들은 그분이 기뻐하거나 싫어하시는 일들을 사람들이 기뻐하거나 싫어하는 일들보다 훨씬 더 중요하고 가치 있게 여긴다.

2. **그들은 자신이 돌보는 회중을 깊이 사랑한다.** 바울은 데살로니가 교회의 신자들에게 이렇게 말할 수 있었다. "우리가 이같이 너희를 사모하여 하나님의 복음뿐 아니라 우리의 목숨까지도 너희에게 주기를 기뻐함은 너희가 우리의 사랑하는 자 됨이라"(살전 2:8). 체험적인 설교자는 냉담한 모습을 보이지 않으며, 직업적인 태도로 회중과 거리를 두지도 않는다. 리처드 백스터는 이렇게 언급한다. "우리는 자신이 돌보는 회중을 따뜻하게 사랑하는 마음으로 모든 사역을 수행해야 한다.……우리는 회중이 구원을 얻게 되는 일에 비하면 재물이나 자유, 명예나 생명 등의 외적인 일들에는 전혀 마음을 쏟지 않는다는 것을 보여주어야 한다."[27]

3. **그들의 삶에서는 하나님을 향한 체험의 열매가 점점 더 뚜렷이 나타난다.** 이에 관해 제임스 스토커James Stalker, 1848-1927는 이렇게 언급한다.

"어떤 목회자의 사역에 담긴 능력이 깊어지기 위해서는 그의 체험도 깊어져야만 한다.……우리의 사역을 위한 능력은 은밀한 체험 가운데서만 얻을 수 있다."[28] 한 설교자가 주님의 은혜와 그분을 아는 지식 가운데 자라가기를 멈출 때, 그의 설교는 활기를 잃기 시작한다. 스토커는 이렇게 말한다. "어쩌면 회중은 어떤 목회자가 온갖 은사를 지니고도 그들에게 신앙적인 감동을 주지 못하는 이유를 이해하지 못할지도 모른다. 하지만 그 이유는 바로 그 목회자에게 영적인 능력이 없기 때문이다."[29]

성경에 따르면, 하나님의 말씀을 선포하도록 부름받은 사람의 성품과 그가 전하는 메시지 사이에 불일치가 있어서는 안 된다. 예수님은 바리새인과 서기관들이 자신들의 설교대로 행하지 않는 것을 책망하셨다. 그분은 그들의 말과 행동이 다른 것, 직업적으로 선포하는 내용과 일상생활에서 실제로 행하는 모습이 다른 것을 지적하셨다. 전문적인 사역자들은 누구보다 다음과 같은 그리스도의 준엄한 말씀을 깊이 생각해야 한다. "서기관들과 바리새인들이 모세의 자리에 앉았으니 그러므로 무엇이든지 그들이 말하는 바는 행하고 지키되 그들이 하는 행위는 본받지 말라. 그들은 말만 하고 행하지 아니하며"(마 23:2-3). 목회자들은 강단에서 거룩한 모습을 보이는 것과 마찬가지로, 하나님과 은밀히 교제할 때, 가정에서 남편과 아버지로 살아갈 때, 그리고 회중을 양육하는 소명을 감당할 때에도 거룩한 삶을 체험적으로 드러내라는 부름을 받았다. 그러므로 그들의 소명과 삶, 고백과 실천 사이에 괴리가 있어서는 안 된다.

성경에 따르면, 어떤 이가 그리스도인으로 살아가는 삶의 모습과 목회자로서 그가 드러내는 역량 사이에는 분명한 인과관계가 있다(딤후 2:20-22). 하나님은 대개 어떤 사역자의 마음이 그분 앞에서 거룩하게 된 정도만큼 그의 사역에 은혜를 베푸신다. 그러므로 목회자들은 올바른 체험적 설교와 교리뿐 아니라 자신의 성화된 삶을 통해서도 하나님의 집을 건축할 수 있도록 은혜를 구해야 한다. 그들은 자신이 설교한 대로 살아야 하며, 또 자신의 삶을 통해 그 설교를 더욱 빛내야 한다.

에드워드 M. 바운즈Edward M. Bounds, 1836-1913는 이렇게 언급한다. "설교자는 설교보다 너 크다……우리가 설교하는 모든 내용에는 자신의 성품과 특질이 깊이 스며들어 있다……설교에 힘이 있다면 설교자 자신에게 힘이 있기 때문이고, 설교가 거룩하다면 설교자 자신이 거룩하기 때문이다. 그리고 설교에 하나님의 기름 부음이 충만하다면, 이는 설교자가 그런 상태에 있기 때문이다……설교의 생명력은 결코 설교자 자신이 지닌 생명력의 수준을 넘어설 수 없다."[30] 존 보이스John Boys, 1571-1625는 이 점을 잘 요약하면서 다음과 같이 재치 있게 언급한다. "가장 탁월한 설교자는 바로 가장 온전한 모습으로 살아가는 사람이다."[31] 이처럼 목회자들은 자신의 설교대로 사는 이들이 되어야 한다. 곧 어떤 본문의 내용을 전하는 데 몰입할 뿐 아니라, 그 내용을 자신의 삶에 온전히 적용해야 한다. 그렇지 않을 경우, 존 오웬John Owen, 1616-1683이 경고한 대로 이루어지고 말 것이다. "어떤 이가 바르게 가르치면서도 정작 자신은 굽은 길로 행할 경우, 그는 낮에 자신의 교리로써 회중에게 끼친 유익보다 더 큰 해악을 밤에 자신의 행실로써 끼치게 될 것이다."[32]

회중의 거룩성

체험적인 개혁파 설교를 통해 말씀과 성령의 역사가 일어날 때마다 회중이 변화된다. 성령님은 개혁과 부흥의 주님이시다. 주님이신 그분은 주권적으로, 자유롭게 행하신다(요 3:8). 그분은 조용하고 눈에 띄지 않는 방식으로 행하실 수도 있고, 거센 바람처럼 회중 위에 밀어닥치실 수도 있다. 그분은 불과 하루 만에 수천 명이 넘는 사람들에게 역사하실 수 있으며, 때로는 한 사람의 청중만을 감동시키실 수도 있다. 하지만 성령님은 언제나 거룩한 영이시며, 그분의 역사 가운데서는 늘 예수님의 모습이 드러난다. 그러므로 설교의 목표는 하나님의 영광을 위해 사는 거룩한 백성을 빚어내는 데 있어야만 한다.

어떤 이는 이렇게 반론을 제기할지 모른다. "그러면 회심은요?" 앞서 언급했듯이, 물론 개혁파 설교에서는 죄인들에게 그리스도를 제시하면서 회심을 촉구한다. 그런데 참된 회심의 표지는 중생한 이의 영혼에 심긴 거룩함의 씨앗에서 찾아볼 수 있다. 최초의 회심은 참된 영성의 시작점일 뿐이며, 그 영성이 자라감에 따라 점진적인 성화가 이루어지게 된다.

우리는 설교를 통해, 회중이 매일 하나님을 섬기는 삶을 살도록 훈련해야 한다. 거룩한 삶의 초점은 주일에 놓이지만, 동시에 그 삶은 바깥쪽으로 확장되어 간다. 그리하여 우리는 삶의 모든 영역을 주님 앞에 거룩한 것으로 드리게 된다. 곧 우리의 예배뿐 아니라 매일의 업무와 놀이, 휴식에서도 거룩한 모습을 취하게 되는 것이다. 개혁파 영성에서는 일상적인 삶의 거룩성을 강력히 옹호한다(슥 14:20-21). 이에 관해 휴즈 올리펀트 올드Hughes Oliphant Old는 이렇게 언급한다.

> 종교개혁은 신학을 개혁하는 것과 마찬가지로 영성을 개혁하려는 운동이었다. 중세 시대의 끝자락에 있던 수많은 그리스도인에게, 오래된 영성은 이미 무너진 상태였다. 그 영성은 여러 세기 동안 이미 수도원의 벽 안에 고립된 상태로 이어지고 있었다……그러나 개신교인들의 경우, 영성은 자신의 가정이나 바깥의 들판, 작업장이나 주방 또는 시장에서 어떻게 기독교적인 삶을 살아갈지에 관한 문제가 되었다.[33]

이런 개혁파 영성은 우리의 설교에 관해 시사하는 바가 크며, 특히 교리적인 적용의 측면에서 그러하다. 설교자의 임무는 회중으로 하여금 수도원에서 볼 수 있는 금욕적인 형태의 영성을 따르도록 촉구하는 데 있지 않다. 곧 자신에게 주어진 배우자나 부모, 자녀 또는 근로자, 시민의 역할을 저버리고 명상의 삶에 몰두하도록 이끄는 데 있지 않다는 것이다. 오히려 설교자는 성경의 교리들을 바르게 적용함으로써, 회중으로 하여금 삶의 모든 영역에서 그리스도의 영광을 드러낼 길을 깨닫게 해야 한다.

알리스터 맥그래스Alister McGrath에 따르면, 개혁파 영성은 "세상 속에서 하나님을 지향하는 삶과 연관되며, 이는 고전적인 영성이 세상을 벗어나 은둔하는 삶에 결부되어 있었던 것과는 다른 모습이다."[34] 또 토머스 맨턴Thomas Manton, 1620-1677은 이렇게 말한다. "그리스도인과 불신자들 사이의 차이점은, 전자의 경우 물건을 사고파는 일조차도 예배의 행위가 될 수 있다는 데 있다.……그는 사람들 가운데 어떤 일을 행하든지, 하나님을 위해, 그분을 사랑하고 두려워하는 마음으로 그 일을 행하게 된다."[35]

개혁파 설교에서 성령의 능력에 의존하여 만들어 내려는 것은 어떤 종류의 영성일까? 이미 살폈듯이 그것은 유일한 중보자이신 그리스도에 대한 믿음에 뿌리를 두며, 주권자이신 하나님을 향한 경외심 어린 사랑으로 열매를 맺는 영성이다. 아래에서는 올드가 개혁파 영성을 간략히 묘사하면서 제시한 개요에 근거하여, 이 영성의 모습을 좀 더 자세히 살펴보려 한다. 개혁파 설교는 아래의 특징들을 지닌 영성이 하나님 백성의 삶 속에 자라나도록 이끈다.

1. **말씀의 영성.** 그리스도 자신이 말씀이시며(요 1:1), 기독교적인 삶은 경건한 지혜로 이루어져 있다. 영성은 우리가 각 본문의 의미를 설명하고 적용하면서 성경을 설교해 나갈 때 생겨난다. 그리고 이 영성은 우리가 사적인 경건 시간과 가정예배에서 성경을 읽어나감에 따라 더욱 성숙해 간다. 또한 성경의 절과 단락들을 암송하는 것, 설교집과 교리 서적을 읽는 것도 이 일에 도움을 준다.

그런데 개혁파 영성의 경우, 말씀에 깊이 몰입하는 일은 단순히 목회자만의 과제가 아니라 모든 그리스도인에게 주어진 부르심이다.[36] 설교를 전할 때, 우리는 회중에게 그 말씀 속에 깊이 잠길 것을 권면해야 한다. 우리는 '시편 1편의 그리스도인'이 되도록 그들을 격려해야 한다. 이는 곧 밤낮으로 성경을 묵상하고, 그 말씀의 길을 기쁨으로 걷는 이들을 가리킨다. 칼뱅에 따르면, 이런 그리스도인들은 말씀 안에서 자라가는 것을 "그 무엇보다 기쁘고 소중한 일"로 여긴다. 이들의 삶에서는 하나님이 은밀히 베푸시는 은혜의 능력이 늘 나타나게 된다.[37]

2. **시편 기도의 영성.** 올드는 이렇게 언급한다. "개혁파 영성은 시편의 영성이다.……이 영성에 속한 이들은 시편으로 기도하고 노래하며, 그 내용을 묵상한다. 이 일은 교회에서뿐 아니라 날마다 드리는 가족 기도의 시간에도 이루어진다." 경건한 유대인이었던 그리스도께서는 늘 시편을 가지고 기도했으며, 칼뱅은 이 시편들을 '성령의 기도'로 불렀다.[38] 올드는 이렇게 덧붙인다. "모든 종류의 개신교 영성은 노래의 성격을 띤다. 특히 개혁파 개신교의 경우, 시편 찬송이 그 노래의 많은 부분을 차지하게 된다."[39]

설교자들은 교회 앞에 지속적인 기도와 찬미로 이루어진 삶의 방식을 늘 제시해야 한다(살전 5:17-18). 성령 충만한 삶은 함께 시편을 노래하며 화답하는 삶이다(엡 5:18-19). 우리 삶에서 온갖 다양한 일들에 부딪힐 때, 어떻게 시편들을 통해 하나님께 마음을 쏟아놓을 수 있는지를 회중에게 알려주어야 한다. 이에 관해 칼뱅은 이렇게 말한다. "이 속에 담겨 있는 온갖 휘황찬란한 [빛나는] 보물을 말로 표현하기는 쉽지 않다.……나는 이 책을 '영혼의 모든 부분을 위한 해부도'로 부르는 데 익숙하며, 내 생각에 그 표현은 그리 그릇된 것 같지 않다. 이 책에서는 어떤 이가 의식할 수 있는 모든 감정이 마치 거울을 대할 때처럼 뚜렷이 드러나기 때문이다."[40]

3. **주일의 영성.** 주일을 거룩히 지키는 것은 안식일 준수를 강조하는 율법주의가 아니다. 그 일은 하나님께 속한 백성이 평안과 안식을 누리며 새 힘을 얻고, 주님께 기도하면서 서로 사랑으로 교제할 수 있도록 하루를 떼어 놓는 것이다. 사순절의 경우 금욕과 신체적인 자기 부정이 거룩함을 낳는다는 신념에 따라 금식하는 절기인 반면(골 2:21, 23, 딤전 4:1-5), 주일은 그리스도의 부활을 즐겁고 기쁜 마음으로 경축하는 날이다. 이 날에 우리는 하늘을 미리 맛보게 되며(히 4:9), 이 날은 또한 자발적인 기부를 통해 가난한 이들을 돕는 날이기도 하다(고전 16:2).[41]

우리는 회중이 "안식일을……즐거운 날이라" 부르도록 가르쳐야 한다. 이를 통해 그들은 "여호와 안에서 즐거움을 얻[게]" 될 것이다(사 58:13-14). 우리는 안식일 준수가 그저 낡은 유대교의 규례가 아니며, 그 날이 실제로 "주의 날"임을 깨닫도록 회중을 도와야 한다(계 1:10). 곧 그 날은 안식일의 주인이신 그리스도께 가까이 나아가는 날이다(막 2:28). 세상의 연인들도 서로 만나 교제하기를 즐긴다면, 그리스도인인 우리는 살아 계신 하나님과 교제하는 일을 얼마나 더욱 기뻐해야 마땅하겠는가? 왓슨은 이렇게 말한다. "우리는 주일을 우리 영혼의 상급을 얻는 날, 하나님의 임재를 풍성히 누리는 날로 여기고 그날이 다가오는 것을 기뻐해야 한다."[42]

4. **구제 사역의 영성.** 집사의 직분은 목회적인 리더십의 위치로 올라서기 위한 디딤돌 같은 것이 아니다. 개혁파 전통의 경우, 집사는 가난한 자들을 섬기며 고아와 과부를 돌보는 고유한 직무를 수행한다(행 6:1-6). 17세기 네덜란드 기독교인들은 가난한 자와 장애인들을 돕는 활동에 아낌없이 시간과 돈을 들여 참여했다. 그리고 19세기 미국에서도 이처럼 기독교인들의 자선 사역이 활발히 진행되었다.[43]

설교자들은 하나님의 따스하고 놀라운 사랑을 언급하면서, 우리에게는 신체적인 고통과 영적인 비참함에 시달리는 주위 사람들을 사랑할 의무가 있음을 전해야 한다. 그럼으로써 하늘에 속한 교리와 이 땅에서 우리가 베푸는 긍휼을 서로 연관 지어야 한다. 스스로는 하나님의 은혜를 구한다고 하면서도 다른 이들의 어려움을 외면하는 사람들은 다음과 같은 구주의 말씀을 잊은 것이다. "긍휼히 여기는 자는 복이 있나니 그들이 긍휼히 여김을 받을 것임이요"(마 5:7). 그러니 다음과 같은 제러마이어 버로스Jeremiah Burroughs, 1600-1646년경의 말에 담긴 지혜를 회중에게 힘써 일깨워야 한다. "스스로에 대해 부유한 자가 되기보다, 다른 이들에게 긍휼을 베푸는 이가 되는 것이 훨씬 복되다."[44]

5. **성찬의 영성.** 올드는 이렇게 언급한다. "개혁파 영성에서는 성찬 예식을 통해 은혜 언약의 표지와 보증을 얻는다……이는 그 언약적인 관계를 회복하고 강화하는 예식이다." 이 성찬의 풍성한 경건은 먼저 성찬 예식이 거행되기 전에 이루어지는 묵상을 통해 함양된다. 이때 수여되는 은혜는 자동적인 것이 아니며, 우리는 오직 믿음을 통해 그 은혜를 받게 된다. 개혁파 그리스도인들은 이 예식을, 예수 그리스도께서 베푸신 구속의 사랑을 더 깊이 체험하며 그분에 대한 사랑과 충성을 서약할 수 있는 소중한 기회로 여긴다.[45]

우리는 성찬식을 거행하기 전에 전하는 설교를 통해, 신자들을 예수 그리스도 안에서 누리는 풍성한 잔치로 초대해야 한다. 신자들로 하여금 성찬의 떡과 포도주를 통해, 자신들을 향한 하나님의 사랑과 용서, 그리고 그분의 은혜에 담긴 능력을 바라볼 수 있도록 도와야 한다. 이 떡과 포도주는 마치 하늘을 향해 열린 창문과 같다. 매튜 헨리Matthew Henry, 1662-1714는 이렇게 언급한다. "이 성례는 우리를 그리스도께로 즉시 이끌어가며, 또한 그분을 통해 우리를 성부 하나님께로 인도한다……오라, 내 영혼이

여. 지극한 기쁨과 만족감을 품고 바라보라. 너를 지으신 하나님이 지금 너와 언약을 맺으시며, 너를 행복하게 해 줄 것을 보증하고 계신다."[46]

6. **청지기의 영성.** 그리스도의 비유들에서는 주인의 재산을 맡아 관리하는 충성된 종의 모습이 자주 묘사된다. 종교개혁 당시, 청지기 사상은 돈과 노동에 관한 신자들의 관점에 일대 변혁을 가져왔다. 상인이나 주부, 농부와 은행 직원, 노인을 돌보는 자들과 숙련공 같은 이들 모두 자신의 일이 주님을 위한 거룩한 소명 또는 천직으로 주어졌다고 여기게 되었다. 이른바 개신교 직업 윤리에서는 복음에 근거하여 열심히 일할 것을 가르쳤으며, 그 결과로 생겨난 재물은 하나님 나라와 이웃의 유익을 위해 긍정적으로 쓰여야 했다. 따라서 한 사람이 어떻게 돈을 벌고 지출할 것인지는 깊은 영적인 의미를 지닌 문제였다.[47]

우리는 주님을 위해 자신들의 돈과 시간, 재능을 드리고, 그들 자신의 재물에 휘둘리지 않도록 회중을 가르쳐야 한다(마 6:24). 조지 스윈녹 George Swinnock, 1627-1673년경의 말처럼, 의로운 자는 "참된 부를 얻기 위해 현세의 재물을 내어놓는 사람이다."[48] 계속해서 스윈녹은 이 세상이 그를 향해 미소 짓더라도, 경건한 사람은 그 미소를 신뢰하지 않는다고 언급한다. 세상이 그에게 온갖 보물을 베풀어 줄지라도, 그 보물에 마음을 두지는 않는다는 것이다. 그는 번영을 누릴 때, 재물을 더 축적하려고 애쓰기보다는 하나님께 깊이 감사하면서 자신이 얻은 재물을 바르게 사용하려는 소원을 품게 된다. 그리고 만일 세상이 그를 향해 얼굴을 찌푸릴 경우, 그는 이를 세상에 대한 애착을 끊을 기회로 여긴다. 이는 마치 연료를 없앨 때 불이 사그라드는 것과 같다.

7. **하나님이 행하신 일들을 묵상하는 영성.** 이 묵상은 단순한 성경 묵상을 뜻하는 것이 아니라, 하나님이 우리 삶에서 행하시는 일들을 성경의 렌즈로 묵상하는 일을 가리킨다. 아브라함과 요셉, 다윗과 그리스도, 그

리고 사도들의 생애는 은밀한 섭리에 의해 빚어지고 인도되었으며, 우리의 삶 역시 마찬가지다(잠 16:1, 4, 9, 33). 올드는 이렇게 언급한다. "우리 각자의 삶에는 주어진 목적이 있다. 경건한 삶은 바로 그 목적을 이루는 데 헌신하는 삶이다."[49]

하나님이 각자의 삶에서 은혜로 행하신 일들을 자주 회상하도록 인도할 때, 회중은 시련 가운데 큰 위로를 얻게 될 것이다. 그들은 다윗처럼 담대해질 것이다. 그는 사울을 피해 동굴에 숨었을 때 이렇게 기도했다. "내가 지존하신 하나님께 부르짖음이여. 곧 나를 위하여 모든 것을 이루시는 하나님께로다"(시 57:2). 존 플라벨은 이렇게 언급한다. "특히 환난[괴로움]을 겪게 될 때, 이제껏 자신이 지나온 모든 상태와 시기 가운데 하나님이 어떻게 섭리하셨는지를 돌아보는 것은 성도의 의무다."[50]

8. **전도와 선교의 영성.** 올드는 이렇게 언급한다. "하나님의 영원한 목적을 바라보는 영성은 자주 전도와 선교를 지향하는 영성으로 이어진다." 하나님은 그분의 언약으로 우리에게 복을 베푸셔서, 우리를 세상에 복을 끼치는 존재로 삼으신다. 개혁파 경건의 영웅들은 선교의 열심에 사로잡힌 경우가 많았다. 그들은 그 일을 위해 기도하고 선교사를 파송할 뿐 아니라 직접 선교지로 나아갔으며, 끝내는 고난을 받았다.[51]

그 고전적인 예로는 데이비드 브레이너드가 있다. 그는 미국 원주민들을 향한 선교 사역의 개척에 자신의 삶을 쏟았다. 그는 결핵에 걸려 짧은 일생을 마쳤지만, 조나단 에드워즈가 출간한 그의 일기는 체험적인 개혁파의 귀중한 서적 중 하나로 간주되고 있다. 이처럼 개혁파의 선조들은 온 마음과 영혼, 그리고 자신의 온 힘을 복음 전파에 쏟았으며, 오늘날 우리는 그들이 심은 결실을 수확하고 있다.[52] 개혁파 목회자는 그리스도의 지상 명령을 받들려는 마음으로 말씀을 전하게 된다(마 28:18-20). 우리는 회중이 그리스도를 본받도록 격려해야 한다. 성부께서 그분을 세상에 보내셨듯이, 그리스도께서도 자신의 교회를 세상으로 보내셨기 때문이다(요 17:18).

이제는 지금까지 제시한 올드의 목록에, 개혁파 영성의 두 가지 특징을 추가로 덧붙이려 한다.

9. **경건한 교제의 영성.** 개혁파 영성은 경건한 자들이 서로 교제하고 격려하는 일을 장려한다. 이 영성은 개인적인 것이 아니며, 오히려 관계 지향적인 성격을 띤다. 청교도 운동의 특징은 '영적인 유대 관계'를 구축하는 데 있었으며, 이는 곧 비슷한 신념과 경험을 지닌 사람들 사이의 협력을 위한 조직망이었다.[53] F. 에른스트 슈퇴플러F. Ernest Stoeffler에 따르면, 청교도 운동을 비롯한 여러 운동은 코이노니아koinonia로 불리는 신앙적 교제를 매우 중시했다.[54] 이는 우리의 영적인 삶을 인간적인 방식으로 뒷받침해 주는 교제이며, 이 교제는 인종과 계층, 교파와 국적, 시간 또는 공간, 그리고 삶과 죽음의 경계를 초월한다.[55]

우리는 그리스도께 속한 교회의 능동적인 지체가 되는 특권을 회중에게 가르쳐야 한다(고전 12장). 우리는 스스로를 고립시키거나 혼자 힘으로 해내려고 드는 것의 위험성을 경고하고, 영적인 우정과 서로 돌아보는 일을 격려해야 한다. 경건한 이들이 누리는 큰 기쁨 중 하나는 동일한 마음을 품은 자들을 만나 주님에 관해 이야기를 나누며, 함께 기도하고 예배하는 일에 있다(시 16:3; 84:4). 하나님은 특별히 그분께 속한 백성의 모임 중에 임하셔서 은혜를 베푸실 것을 약속하셨다(시 87:2, 마 18:20, 골 2:2; 3:16). 데이비드 클락슨David Clarkson, 1622-1686에 따르면, 하나님은 사적인 경건의 시간보다 공적인 예배 때에 "더욱 효과적이고 지속적이며 친밀한 방식으로" 임재하신다.[56]

10. **천상적인 마음에서 나오는 순종의 영성.** 개혁파 영성을 품을 때, 우리는 하나님의 법에 순종하며 세속적인 삶의 태도에 저항하는 일에 열심

을 내게 된다. 설교자들은 이런 영성이 율법주의에서 나온 것이 아님을 회중에게 보여주어야 한다. 이는 그 영성이 하나님을 향한 사랑에 뿌리를 두기 때문이다. 헤라르트 비세Gerard Wisse, 1873-1957에 따르면, "하나님께 매혹된 이의 영혼은 그분께 순종하기를 갈망하게 된다."[57] 하나님의 법에 순종하는 것은 곧 예수님이 가신 길을 좇아, 그분의 사랑을 기뻐하며 그 사랑 안에서 행하는 일이다(요 15:10-12). 그러므로 우리는 그리스도의 은혜로 율법에 순종할 것을 설교해야 한다. 물론 율법은 죄인들이 하나님 앞에서 의롭다 하심을 얻게 하는 방편이 될 수 없지만, 그렇다고 해서 은혜의 대적은 아니다.

은혜는 우리를 거룩한 나라의 시민으로 만든다. 하나님의 은혜와 그리스도의 구속적인 죽음, 그리고 장차 주님이 영광중에 임하실 일들은 우리에게 "경건하지 않은 것과 이 세상 정욕을 다 버리고 신중함과 의로움과 경건함으로 이 세상에[서] 살" 것을 가르친다(딛 2:12). 그리스도께 순종하는 것은 천상으로 나아가는 길이다. 칼뱅에 따르면, "이 세상은 순례의 여정이며, 현세의 삶은 그 과정일 뿐이다."[58] 참된 영성은 육신의 정욕과 안목의 정욕, 이생의 자랑에 매여 있던 우리를 해방시키고, 그런 정욕과 자랑을 부추기는 세상의 온갖 방편에서 벗어나게 한다. 우리는 참된 영성을 품을 때 위의 것들에 마음을 두게 되며, 그리하여 그리스도의 영광을 추구하는 일을 원대한 목표로 삼게 된다.

결론

개혁파 설교는 개혁파적인 영성을 전파하기 위해 개혁파의 진리들을 선포하는 일이다. 우리는 성경에서 계시되었으며, 위대한 개혁파 신앙고백과 교리문답들에 요약되어 있는 하나님의 경륜 전체를 설교해야 한다. 그리고 무엇보다, 그리스도를 설교해야 한다. 그분은 하나님이 주권적으로 세우신 은혜 언약의 중보자이시기 때문이다. 그러므로 설교자들은 이렇게 자문해 보아야 한다. "내 설교는 종교개혁 시대에 회복된 그리스도의 영광스러운 진리들에 뿌리를 두고 있는가? 나는 이 진리들을 제대로 알고 있는가? 과연 나는, 심지어 무관심과 적대감에 부딪힐 경우에도 이 진리들을 충실히 전하고 있는가?"

나아가 이렇게 자문해 보기 바란다. "내 설교는 주님이 그분의 영광을 위해 거룩한 백성을 빚으시기에 합당한 도구가 되고 있는가? 나는 불신자들에게 회개를 촉구하고 있는가? 과연 나는, 위에서 언급된 것처럼 견고하고 온전히 구비된 영성으로 나아가도록 회중을 인도하고 있는가? 혹시 다른 무언가에 설교의 목표를 두고 있는 것은 아닌가?" 설교자들은 그릇된 목표를 추구하는 경우가 너무 많다. 예를 들면 이렇다.

- 수많은 무리를 매료시키고 즐겁게 하는 일.
- 회중의 메마른 마음은 방치하면서 머리만 커지게 만드는 일.
- 그리스도를 믿겠다는 피상적인 결단을 회심으로 여기는 일.
- 하늘의 일에는 초점을 두지 않으면서 정치 사회 문제만을 부각시키는 일.
- 회중에게 따뜻한 느낌을 전달하려 하면서도 그들의 마음에 진리를 심어 주지는 않는 일.
- 설교자 자신의 명예와 영향력을 증진하는 일.

그러므로 우리는 전능하신 하나님 앞에서 자신을 낮추고, 우리가 잘못 설교한 죄들이 예수님의 피로 용서되며 우리 자신의 영혼이 변화되기를 구해야 한다. 그럼으로써 하나님이 말씀과 성령으로 개혁된 설교자들의 군대를 일으켜 주시기를 바란다!

04장 체험적인 설교자

오늘날의 설교가 지닌 주된 문제 중 하나는, 선포되는 메시지의 중대한 성격과 설교자들의 가볍거나 '일상적인' 태도 사이에 극명한 대조가 존재한다는 데 있다. 가벼운 태도로 말씀을 전하는 설교자들은, 그들의 메시지 속에 그리 중요한 내용이 없다는 인상을 준다. 따라서 그런 설교자들은 회중이 자신의 말을 경청하지 않더라도 놀라지 말아야 한다. 청교도 전통에서는 이를 저주할 만한 것으로 여겼을 것이다. 이것은 설교 방식상의 문제를 훨씬 넘어서는 사안이다.[1]

앞장에서는 설교자의 삶에서 거룩함이 지닌 중대한 우선순위를 다루었다. 이 장에서는 사역자가 어떤 마음을 품고 설교해야 하는지에 좀 더 초점을 맞추려 한다. 신비롭게도 어떤 설교자들이 강단에 설 때는 놀라우신 하나님의 영광과 은혜의 향기, 영원의 무게와 죄에 대한 혐오감이 느껴진다. 회중은 그러한 설교자가 입을 열기도 전에, 주님을 향한 경외심을 느끼게 된다. 곧 그런 설교는 그럴듯한 쇼가 아니다. 이때 설교자의 마음에 있는 그리스도의 영적인 생명이 그의 표정과 어조, 몸가짐을 통해 환하게 드러난다.

그러면 체험적인 설교자가 되기 위해서는 어떤 마음을 길러야 할까? 여기서는 그런 마음의 몇 가지 특징을 상조하려 한다.

열정적인 설교자

체험적인 개혁파 설교는 곧 중요하고 긴급한 메시지를 간절히 선포하는 일이다. 따라서 설교자는 다음과 같은 바울의 태도를 본받는 일에 힘쓰게 된다. "그러므로 우리가 이 직분을 받아 긍휼하심을 입은 대로 낙심하지 아니하고 이에 숨은 부끄러움의 일을 버리고 속임으로 행하지 아니하며 하나님의 말씀을 혼잡하게 하지 아니하고 오직 진리를 나타냄으로 하나님 앞에서 각 사람의 양심에 대하여 스스로 추천하노라"(고후 4:1-2).

간절한 마음으로 말씀을 전하는 체험적인 설교자는 경박한 태도를 피한다. 여기서 경박한 태도란 하나님께 속한 일들을 전할 때 그에 걸맞은 경외심을 품지 않고, 도리어 시시한 농담을 뒤섞는 자세를 가리킨다. 그 어근을 살필 때, '경박함'levity이라는 단어는 무게가 나가는 물건들을 마치 가벼운 물건처럼 다루는 일을 의미한다. 이에 관해, 리처드 백스터는 이렇게 말한다. "세상의 모든 설교 가운데, 나는 회중을 웃기려 드는 설교를 가장 싫어한다. 경박한 표현으로 흥미를 돋우려 하는 설교, 무대의 연극처럼 회중의 마음을 사로잡으려 하는 설교 역시 마찬가지다. 설교자들은 마땅히 회중이 하나님의 이름에 대한 거룩한 경외심을 품도록 이끌어야 한다."[2]

간절한 설교자는 사람들보다 하나님을 기쁘시게 하는 데 마음을 둔다. 이때 설교자는 하나님이 자신을 지켜보신다는 확신을 품고 메시지를 전한다. 그러므로 그는 모든 가면을 벗어 버리고 동시에, 어떠한 아첨도 끔찍한 것으로 여기게 된다. 다시 백스터의 말을 들어보자.

> 형제 여러분, 우리는 이같이 중대한 메시지를 얼마나 명확하고 철저한 태도로, 얼마나 간절한 태도로 전해야 하는지 모릅니다.……형제들이여, 하나님의 이름으로 권면합니다. 강단에 오르기 전에, 먼저 여러분 자신의 마음을 흔들어 깨우는 일에 힘쓰십시오. 그러면 죄인들의 마음을 흔들어 깨울 수 있게 될 것입니다. 기억하십시오. 그들은 흔들어 깨움을 받든지, 아니면 영원히 저주를 받아야만 합니다. 그런데 설교자 자신이 잠들어 있다면, 졸고 있는 죄인들을 흔들어 깨우기는 거의 불가능할 것입니다.……그러니 여러분의 회중을, 지금 이곳에서 깨어나지 않으면 장차 지옥에서 깨어나게 될 이들로 여기고 말씀을 전하십시오.[3]

체험적인 설교자는 설교와 강의의 차이점을 알아야 한다. J. I. 패커에 따르면, "설교는 본질적으로 가르침에 적용이 추가된 것이다."[4] 이 말에는 정보를 차갑고 건조하게 전달하는 것만으로는 설교가 될 수 없다는 뜻이 담겨 있다. 설교자는 단순히 화살을 들고 어떤 방향을 가리켜 보이는 데 그쳐서는 안 된다. 오히려 설교자는 그 화살을 시위에 걸고 힘껏 당긴 뒤, 회중의 마음에 그대로 꽂히도록 날려야 한다. 패커는 이렇게 말한다. "설교자는 하나님의 권위를 대변할 뿐 아니라, 그분의 임재와 능력 또한 드러내야 한다."[5] 물론 생각이 결여된 기독교는 뼈대가 없는 것이나 마찬가지다. 하지만 설교의 목표는 회중의 생각을 자극하는 데서 그치지 않는다. 오히려 우리의 목표는 말씀이 회중의 생각을 거쳐 그들의 마음속 깊이 전해지도록 메시지를 전하고, 이를 통해 그들의 전인격을 변화시키는 데 있다.

설교와 강의의 차이점은 그 내용의 단순성에서도 찾아볼 수 있다. 이

점은 특히 지금처럼 사람들이 논리적이며 비판적인 사고에 익숙하지 않은 시대에 그러하다. 청교도들은 대부분 페트루스 라무스Petrus Ramus, 1515-1572의 방법론에 의거한 교육을 받았다. 프랑스의 영향력 있는 인문주의자이자 교육 개혁가였던 라무스는 논증적인 의미를 여러 학문 분과의 가장 중요한 방법론적 기초로 삼았으며, 이를 통해 철학과 스콜라주의 교육에 질서와 단순성을 주입하려 했다. 그는 요약과 제목, 부제목, 인용과 사례 등을 활용하도록 권장했다. 따라서 청교도들은 세 개의 대지가 있고 각 대지마다 몇 개의 하위 요점이 있으며, 또 그 하위 요점마다 세부 요점이 딸려 있는 식의 설교를 경청할 수 있었다. 오늘날에도 잘 훈련된 회중은 대지와 하위 요점이 있는 설교의 흐름을 잘 따라갈 수 있다. 하지만 설교가 그보다 복잡하게 이어질 경우, 회중은 혼란에 빠지고 만다. 교리 설교에 익숙하지 않은 일부 회중은 서너 개의 대지와 하위 요점이 있는 설교를 복잡한 것으로 여기곤 한다. 복잡한 신학적 메시지에 어떤 유익이 있든 간에, 30초짜리 광고와 280글자의 '트윗', 두 단어로 된 문자 메시지에 익숙한 회중이 그 내용을 알아듣기 위해서는 대부분 훈련이 필요하다. 물론 이 말은 설교 내용을 체계적으로 조직해서는 안 된다는 뜻이 아니다. 사역자가 하위 요점들을 명시적으로 밝히지는 않을지라도, 그 내용 자체는 짜임새 있게 구성할 수 있다. 오늘날의 회중에게 필요한 것은, 성경 본문에서 이끌어낸 한 가지 주제를 체계적이며 인상 깊은 방식으로 힘 있게 전달할 수 있는 설교다. 이 설교에는 설교자 자신의 열정과 에너지, 그리고 적용이 담겨 있어야 한다.

그러므로 하나님의 영광과 회중의 필요는 우리로 하여금 진실한 마음과 거룩한 에너지를 품고 설교하도록 이끌어 간다. 그런데 이런 자세는 단지 우리의 목소리를 높이고 팔을 힘껏 내젓는 것만을 뜻하지 않는다. 여기서 말하는 에너지는 내적인 태도, 곧 그리스도를 섬기려는 갈망과 진지한 열심, 하나님과 사람을 향한 열렬한 사랑을 가리킨다.[6] 찰스 H. 스펄전은 이렇게 말한다.

> 누군가에게 이런 질문을 받는다고 생각해 보자. "기독교 사역자가 사람들의 영혼을 그리스도께로 이끌기 위해 꼭 갖추어야 할 자질은 무엇입니까?" 그러면 나는 '간절함'이라고 답할 것이다.……이는 곧 진지한 열심과 회중의 영혼을 향한 열정, 그리고 하나님의 뜻을 받들려는 깊은 열망이다. 어떤 경우든지 다른 조건이 전부 똑같다면, 사역자들은 자신의 마음이 거룩한 사랑으로 타오르는 정도만큼 성공을 거두게 된다.[7]

기도하는 설교자

체험적인 개혁파 설교의 특징은 기도하면서 성령께 의존하는 데 있다. 그렇지 않다면, 설교자들이 어디에서 진리에 관한 깨달음과 거룩한 열정을 얻을 수 있겠는가? 체험적인 개혁파 설교자들은 자신의 능력으로는 바르게 설교하고 사람들을 그리스도께로 인도하며, 성도들을 양육할 수 없다는 사실을 절실히 깨닫는다. 그들은 자신이 성령님의 사역에 전적으로 의존하고 있음을 안다. 곧 성령님은 그분이 원하시는 때에 그분이 원하시는 방식으로, 그분이 원하시는 사람에게 중생과 회심을 일으키시는 것이다. 설교자들은 오직 성령님만이 죄인들을 설득하고 그들의 부패한 의지를 새롭게 만드시며, 그들의 돌 같은 마음속에 성경의 진리들이 뿌리를 내리게 하신다는 것을 믿는다.

인위적인 영혼 전도에 관해, 패커는 이렇게 언급한다. "우리는 사람들의 '결단'을 재촉하기 위해 여러 방법으로 심리적 압력을 가하는 일을 삼가야 한다. 그런 일들은 사실상 주제넘게 성령님의 영역을 침해하려는 시도일 뿐이다." 패커에 따르면, 그렇게 압력을 가하는 일은 심지어 해로운 결과를 낳을 수 있다. 이는 압력으로 인해 사람들이 외적인 결단을 보일 수는 있지만, 결코 중생과 마음의 변화가 이루어질 수는 없기 때문이다. 그리고 그 결단이 힘을 잃을 때, 그들은 다시 복음에 대해 완고하며 적대적인 상태로 돌아가게 될 것이다. 그러므로 패커는 이렇게 결론을 내린다. "오히려 우리는 전도를 장기적인 과업으로 여기고, 끈기 있는 가르침과 지도를 이어가야 할 것이다. 하나님의 종들은 오직 복음의 메시지를 전파하고 그 내용을 사람들의 삶에 적용하는 일에 전념해야 한다. 그리고 그 메시지를 들은 자들을 믿음으로 인도하는 일은 성령께서 그분의 때에 그분의 방식대로 이루시도록 맡겨드려야 한다."[8]

이처럼 성령께 의존해야 함을 느끼므로, 체험적인 설교자들은 연약함 가운데서도 기도로 모든 설교를 준비하는 일에 힘을 쏟게 된다. 그러므로 그들은 무엇보다 '골방의 사람'이 되는 데 관심을 둔다. 백스터는 이렇게 말한다. "우리는 끊임없는 기도로 설교와 사역을 감당해야 한다. 회중을 위해 간절히 기도하지 않는 이는 진심 어린 설교를 전할 수 없다. 만일 우리가 회중을 믿음과 회개로 이끌어 주시도록 하나님을 설득하지 못한다면, 믿고 돌이키도록 회중을 설득할 수도 없을 것이다."[9]

토머스 보스턴Thomas Boston, 1676-1732에 따르면, 우리는 그리스도의 부르심을 좇아 사람을 낚는 어부가 되어야 하며(마 4:19), 이를 위해 그분이 열심히 기도하신 일을 본받아야 한다. 설교자는 마땅히 하나님이 주시는 참된 지혜를 구해야 하며, 단순히 자신이 머릿속으로 생각한 내용을 전해서는 안 된다. 그는 회중의 필요가 자신의 영혼에 생생히 와닿기를 기도해야 하며, 자신의 마음에 하나님의 영광을 향한 열심이 가득하게 되기를 구해야 한다. 이는 설교가 하나님과 회중을 향한 사랑에서 흘러나오기 때문이다. 서재에서든 강단에서든, 설교자는 자신이 준비한 메시지를 주님이 자신의 마음에 먼저 적용해 주시기를 기도해야 한다. 그리고 회중에게 진리를 온전히 선포할 수 있도록, 그는 은혜의 보좌에서 베푸시는 명쾌한 지성과 담대한 용기를 얻어야 한다. 또 그에게는 설교의 수고를 감당해 낼 체력도 요구된다. 그는 자신이 전한 설교가 불신자들에게는 "죄를 깨닫고 회심하게 하는 말씀"이 되고, 어린 그리스도인들에게는 교훈과 감화를 주는 말씀이 되며, 실망과 불평에 빠진 교인들에게는 하나님과의 관계를 회복하고 믿음을 되찾게 하는 말씀이 되기를 구해야 한다. 그리고 삶의 무거운 짐이나 유혹에 맞서 씨름하는 성숙한 그리스도인들에게는 적절한 격려의 말씀이 되고, 깊은 상심에 빠진 신자들에게는 '치유의 말씀'이 되게 하시기를 기도해야 한다.[10]

로버트 머리 맥체인Robert Murray M'Cheyne, 1813-1843에 관한 일화는 이 점을 잘 보여준다. 당시 맥체인이 담임하던 교회에는 한 늙은 관리인이 있었는데, 그 관리인은 어느 날 찾아온 방문객의 얼굴에 맥체인에 대한 존경심이 서린 것을 보고 그를 목회자의 서재로 안내했다. 그리고 방문객은 이렇게 질문했다. "노인장께서는 이 경건한 목사님의 설교를 죽 들어오셨지요. 과연 그분이 이처럼 성공적으로 사역한 비결은 어디에 있을까요?" 그러자 관리인은 그 방문객에게 서재의 책상에 앉아 고개를 숙여보라고 했다. 그러고는 울면서 자기 손으로 얼굴을 감싸보라고 청했다. 그러고 나서 두 사람은 교회당으로 걸어가 강단에 올랐다. 다시 관리인이 말했다. "이제 강단 위로 몸을 숙이십시오. 그리고 팔을 뻗은 채로 흐느껴 보십시오. 지금 선생님은 맥체인 목사님의 사역 비결을 배웠습니다."

오늘날의 교회에는 은밀한 기도로써 자신이 강단에서 선포하는 메시지에 힘을 싣는 설교자들이 절실히 필요하다. 그런 설교자들은 회중을 각성시키고 그들의 마음에 호소하여 삶을 변화시키는 설교가 자신의 유창한 언변이나 설득력, 인위적인 열정에 달려 있지 않음을 늘 되새긴다. 오히려 설교의 능력은 성령의 사역을 통해 주권적으로 역사하시는 하나님의 선하신 뜻에 달려 있다. 그러므로 우리는 하나님이 체험적인 신앙과 설교의 귀감이 되는 신학교와 교수들을 일으켜 주시기를 늘 기도해야 한다. 또한 이처럼 성령께 의존하는 많은 설교자를 "희어져 추수하게" 된 밭에 보내 주시기를, 그리하여 그들을 통해 전 세계의 곤고한 죄인들과 말씀에 굶주린 성도들에게 측량할 수 없는 예수 그리스도의 풍성함이 선포되기를 기도해야 한다(요 4:35).

진실한 설교자

거짓된 사람을 존경하는 사람은 아무도 없다. 과거의 신학자들은 목회자들이 하나님의 집을 건축할 때 양손을 사용해야 한다는 것을 강조했다. 이는 그들이 전하는 교리의 손(가르침과 설교)과, 그들이 실제로 보여주는 삶의 손이었다. 또 장로교인들은 이렇게 말하곤 했다. "진리의 목적은 선한 열매를 맺는 데 있다."[11] 우리가 전하는 교리는 그에 합당한 삶을 이끌어 내야 하며, 우리의 삶은 그 교리를 아름답게 꾸며 주는 것이 되어야 한다. 로버트 머리 맥체인의 말처럼, "사역의 생명력은 목회자의 삶을 통해 드러난다."[12]

아마 이 점을 가장 잘 표현한 사람은 맥체인일 것이다. "많은 부분에서, 사역의 성공은 목회자 자신의 순수성과 온전함에 달려 있다. 하나님은 사역자의 탁월한 재능보다, 오히려 예수님을 닮은 그의 인격을 통해 더 큰 은혜를 베푸신다. 거룩한 목회자는 하나님의 손에 들린 장엄한[훌륭한] 무기다."[13]

우리는 강단에서뿐 아니라 홀로 있을 때에도 거룩한 자들이 되어야 한다. 그리고 늘 깨어서 간절하고 진심 어린 열정으로 주님과 인격적인 교제를 지속해 나가야 한다. 바울은 디모데에게 이렇게 경계했다. “네가 네 자신과 가르침을 살펴 이 일을 계속하라. 이것을 행함으로 네 자신과 네게 듣는 자를 구원하리라”(딤전 4:16).

설교자는 성경 본문을 살피는 데 전념할 뿐 아니라, 그 내용을 자신의 삶에 적용해야 한다. 독일의 목회자이며 학자였던 요한 알브레히트 벵겔Johann Albrecht Bengel, 1687-1752은 이런 유명한 말을 남겼다. “본문에 온전히 몰두하고, 자신에게 그 내용을 온전히 적용하라.”[14] 그리고 가드너 스프링Gardiner Spring, 1785-1872은 이렇게 언급한다. “목회자의 마음은 자신이 행한 설교의 필사본이 되어야 한다.”[15] 거의 사십 년에 걸쳐 사역한 뒤, 스프링은 오직 경건한 사람만이 효과적인 설교자가 될 수 있다고 지적했다. 물론 경건하지 않은 사람이라도 사회에 유익을 끼칠 수 있고, 수치스러운 죄에 빠지는 일도 피할 수 있다. 또 그는 자신이 받은 교육과 양심으로 유익한 진리를 가르칠 수도 있다. 심지어 오만한 위선자나 거짓된 소망에 사로잡힌 사람일지라도, 평생 자신의 사역을 즐기면서 감당할 수 있다. 하지만 그는 마침내 죽음을 맞이하게 될 것이며, 어쩌면 장례식에 모인 사람들이 그를 칭송하는 동안에 지옥의 고통을 맛보게 될지도 모른다는 것이다.[16]

목회자가 경건을 잃을 때, 그는 마치 자신의 심장에 창이 꽂힌 것처럼 치명적인 타격을 입게 된다. 열의가 없는 경건은 그의 능력을 서서히 떨어뜨린다. 스프링은 이렇게 언급한다. “이때 설교자는 부끄러움으로 회중의 얼굴을 감히 쳐다보지 못하게 된다. 그는 양심의 가책으로 불안에 떨며, 자신의 수치심 때문에 더는 입을 열 수가 없다고 느낄지도 모른다. 그는 활력을 잃고 소심해지며[겁을 먹게 되며], 거룩한 담력도 잃어버린다. 그의 친절하고 따스한 성품도 사라지고 만다. 이는 자신이 전하는 말씀을 스스로도 공감하지 못하게 되기 때문이다.”[17]

하지만 경건한 마음을 품은 목회자는 더욱 힘을 얻어 하나님 나라를 구하게 된다. 스프링은 이렇게 말한다. "경건은 곧 하나님의 하나님 되심을 인정하고, 그분의 하나님 되심을 알기에 사랑하고 순종하며, 우리에게 율법을 주셨을 뿐 아니라 우리를 친히 구속하신 그분께 경배하는 마음의 상태와 도덕적인 느낌이 아니고 무엇이겠는가?"[18] 경건한 자는 머리를 높이 들고 사자처럼 담대히 전진하게 되며, 경건한 하나님의 종들은 내적인 능력을 얻어 간절한 열심을 품고 하나님을 섬기게 된다. "경건은 참으로 위대하고 놀라운 원리가 아니고 무엇이겠는가? 그것은 우리 마음속에 있는 활동의 '태엽'인 동시에, 도덕적인 인간의 모든 동맥과 정맥, 근육과 미세 신경을 통해 자신의 생기와 효력을 드러낸다."[19]

우리는 하나님 앞에서 겸손히 자신을 낮추고 그분이 주시는 힘과 능력을 얻는 대신, 주일마다 목회자의 가면을 쓰고 스스로 영적인 척 가장하기 쉽다. 이는 사람들이 우리에게 그러한 모습을 기대하기 때문이다. 그러나 이처럼 직업적인 목회자의 모습을 연기할 때, 우리의 사역은 활력을 잃으며 설교는 무력해진다. 존 파이퍼는 이렇게 말한다. "직업적인 태도는 기독교 사역의 본질 또는 핵심과 아무 관계가 없다.……직업적인 태도로 어린아이의 마음을 품을 수는 없으며(마 18:3), 직업적인 태도로 긍휼을 베풀거나(엡 4:32), 직업적인 태도로 하나님을 간절히 찾는 일 역시 불가능하기 때문이다(시 42:1)."[20]

진실한 사역자가 되기 위해서는 우리 자신의 약점을 솔직히 받아들여야 하며, 사람들 앞에서 강하고 자신감에 찬 모습만을 과시하는 일을 그쳐야 한다. 바울이 고린도후서에서 웅변적으로 언급하듯, 그리스도의 생명이 우리를 통해 승리를 거두실 때도 사역자인 우리 자신은 일종의 죽음을 맛보게 된다(고후 6:9). 파이퍼는 이렇게 말한다. "우리는 그리스도 때문에 어리석지만, 직업적인 사역자들은 지혜롭다. 우리는 약하지만 그들은 강하다. 그리고 그들은 높이 존경을 받지만, 우리는 나쁜 평판에 시달린다."[21]

직업적인 사역자들은 예수님이 매우 경멸하셨던 서기관이나 바리새인과 똑같은 자들이다. 예수님은 이렇게 말씀하셨다. "서기관들과 바리새인들이 모세의 자리에 앉았으니 그러므로 무엇이든지 그들이 말하는 바는 행하고 지키되 그들이 하는 행위는 본받지 말라. 그들은 말만 하고 행하지 아니하며"(마 23:2-3). 이처럼 예수님은 거룩한 소명과 거룩하지 않은 삶, 정통적인 설교와 위선적인 실천 사이의 분리를 미워하신다.

심지어 경건한 그리스도인들의 경우에도, 사역은 그리스도와의 일상적이고 생생한 교제를 대체하는 것이 되기 쉽다. 설교자들이 늘 직면하는 위험 요소들 가운데는 게으름과 성적 부도덕을 비롯한 여러 유혹이 있다. 하지만 스펄전은 이렇게 경고한다. "사역자에게는 이보다 더 은밀한 유혹들이 있으며, 이런 유혹들에서 벗어나기는 더욱 어렵다. 이 중 가장 위험한 것은 성직자주의의 유혹이다. 이는 곧 성직자의 태도로 성경을 읽고 기도하며, 신앙생활의 모든 부분을 인격적인 자세로 대하기보다는 오히려 직업적인 태도로, 자신의 일에 관련된 만큼만 수행하려는 경향을 가리킨다."[22] 그러나 우리는 하나님 말씀의 사역을 감당할 뿐 아니라, 또한 그분께 속한 자녀로서 살아가야 한다.

성장하는 설교자

매일 은혜의 방편에 의존하여 믿음과 회개를 실천할 때, 설교자는 그리스도의 성품을 점점 더 깊이 체험하게 된다. 신선하고 힘 있는 설교를 위해서는 그분을 늘 새롭게 체험하는 일이 필요하다. 제임스 스토커는 이렇게 언급한다. "우리가 감당하는 사역의 능력은 은밀한 체험을 통해서만 얻을 수 있다. 하나님과의 관계 속에서 광대하고 다양하며 고유한 삶을 누리는 사람만이, 늘 신선한 기대를 품고 그분께 속한 일들을 전할 수 있다."[23] 이제 스토커가 강조하는 세 가지 특성을 하나씩 살펴보자.

하나님과 함께 누리는 광대한 삶

베드로는 우리에게 이렇게 권고한다. "오직 우리 주 곧 구주 예수 그리스도의 은혜와 그를 아는 지식에서 자라 가라. 영광이 이제와 영원한 날까지 그에게 있을지어다"(벧후 3:18). 그리고 바울은 신자들이 성령님의 사역을 통해 영광의 한 단계에서 다른 단계로 진전해 가는 모습을 묘사한다(고후 3:18). 영적인 삶은 우리의 마음에서 시작되어 은혜와 지식을 통해 자라가는 역동적인 실체다. 만약 우리 마음이 하나님을 향해 점점 성화되어 간다면, 우리의 설교에는 자신의 영적 성숙을 드러내는 새로운 깊이와 어감이 담기게 될 것이다.

물론 우리는 전과 동일한 진리를 선포하고, 동일한 하나님에 관해 이야기하며, 동일한 은혜 언약을 전한다. 하지만 우리와 하나님 사이의 관계가 성장하면서, 우리의 설교는 더욱 풍성해진다. 이처럼 사역자가 하나님과 동행하며 영적으로 성숙해 갈 때, 지혜로운 회중은 이렇게 말하게 될 것이다. "목사님은 십 년 전이나 지금이나 동일하신 그리스도에 관해 전하지만, 현재 그분의 설교에는 더욱 풍성한 깊이와 충만함이 담겨 있어."

이는 마치 좋은 결혼 생활과 비슷하다. 신실한 부부는 세월이 흘러도 여전히 서로에게 충실하며 헌신하는 삶을 살아간다. 곧 죽음이 그들을 갈라놓기까지, 한 남자와 여자가 서로 단단히 결속되는 것이다. 다만 그렇다고 해서 그들의 관계가 늘 똑같은 모습을 지닌다는 것은 아니다. 오히려 그 관계에는 생생한 역동감이 넘친다. 남편과 아내는 서로를 알고 사랑하며 섬기는 일에 계속 자라가기 때문이다. 그들은 삶의 아픔과 실망을 같이 마주하면서, 또 서로의 결점을 참아주고 죄와 잘못을 용서하면서, 함께 은혜의 역사를 가꾸어 간다. 그러므로 십 년이 흐른 뒤, 그들의 관계는 신혼 때보다 더 달콤하고 견고한 것이 된다. 세월이 흐르면서 결혼 생활은 더욱 풍성해져 간다. 만약 평범한 사람들 사이의 관계에서도 이런 일이 가능하다면, 무한하신 주 하나님과 그분의 백성 사이의 관계에서는 얼마나 더욱 그러하겠는가?

그러므로 우리는 정체되어서는 안 된다. 물의 흐름이 멈춘 곳에는 탁한 연못이 생겨나며, 그 연못에는 박테리아와 모기들이 번식하게 된다. 설령 그 호숫가에 백만 달러짜리 집을 지을지라도, 물에서는 여전히 악취가 진동하기 마련이다. 슬프게도 큰 교회의 경우, 이처럼 정체된 설교자의 모습이 눈에 잘 드러나지 않을 수도 있다. 하지만 우리는 꼭 그런 길을 택할 필요가 없다. 예수 그리스도는 이렇게 말씀하신다. "누구든지 목마르거든 내게로 와서 마시라. 나를 믿는 자는 성경에 이름과 같이 그 배에서 생수의 강이 흘러나오리라"(요 7:37-38). 우리는 하나님의 은혜를 입어 광대한 생명의 원천에서 나오는 물줄기 아래 살아가고 있으며, 그 원천은 바로 하나님의 무한한 사랑이다.

아무리 오랫동안 주님을 섬겨왔든 간에, 우리는 여전히 그분을 알아가는 중이다. 우리는 바울이 그랬듯이 계속 전진해야 한다. "형제들아 나는 아직 내가 잡은 줄로 여기지 아니하고 오직 한 일 즉 뒤에 있는 것은 잊어버리고 앞에 있는 것을 잡으려고 푯대를 향하여 그리스도 예수 안에서 하나님이 위에서 부르신 부름의 상을 위하여 달려가노라"(빌 3:13-14). 그러니 하나님과 함께 누리는 광대한 삶을 추구하기 바란다.

하나님과 함께 누리는 다양한 삶

시편은 하나님과 동행하는 삶 속에 다양한 체험이 담겨 있음을 웅변적으로 증언한다. 어떤 이들은 그리스도인의 삶을 그저 기쁨과 승리의 연속으로 여기곤 한다. 하지만 그런 관점은 거의 절반에 이르는 시편들에 담긴 메시지를 부정하는 것이 된다. 시편들 가운데는 고통과 슬픔, 좌절과 외로움에 찬 부르짖음이 담겨 있기 때문이다. 시편은 우리에게 진실한 기독교적 체험의 신학을 보여준다. 앞장에서 언급했듯이, 장 칼뱅은 시편을 "영혼의 모든 부분을 위한 해부도"로 불렀다.[24] 이는 시편들 속에 하나님을 향한 인간의 모든 감정이 묘사되고 있기 때문이다. 따라서 우리는 시편을 잘 살펴야 한다. 이는 우리가 하나님과 동행하는 길에서 겪게 될 일들을 더 깊이 이해하기 위함이다. 시편은 우리가 이 땅에서 순례의 여정을 걸으면서 부르기에 알맞은 노래다.

하나님과 동행할 때, 우리는 여러 오르막과 내리막이 있는 구불구불한 길을 걷게 된다. 경건한 자들은 인간의 생각을 초월하는, 말할 수 없는 기쁨과 평안을 체험할 수 있다. 하지만 그들은 괴로움에 시달리며 번민하는 날들도 겪게 된다. 삶에는 모든 일이 잘 풀리는 시기와 혼란스러운 시기가 있으며, 활력이 넘칠 때도 있지만 연약함을 감내하게 될 때도 있다. 주님은 자신의 종을 건져 내고 영화롭게 하시지만, 때로는 그저 환난 당하는 종의 곁에 함께하신다(시 91:15).

목회자들은 온갖 체험을 겪을 때 시편의 언어를 가지고 기도할 필요가 있다. 때로 우리는 이렇게 외칠 수 있다. "골수와 기름진 것을 먹음과 같이 나의 영혼이 만족할 것이라. 나의 입이 기쁜 입술로 주를 찬송하되"(시 63:5). 그리고 때로는 이렇게 신음할 수도 있다. "주께서 영원히 버리실까, 다시는 은혜를 베풀지 아니하실까, 그의 인자하심은 영원히 끝났는가, 그의 약속하심도 영구히 폐하였는가, 하나님이 그가 베푸실 은혜를 잊으셨는가, 노하심으로 그가 베푸실 긍휼을 그치셨는가"(시 77:7-9).

설교자들은 누구보다 하나님의 자녀들이 겪는 다양한 체험을 적절히 헤아려야 한다. 그들은 그분의 자녀들에게 영적인 상담자의 역할을 하기 때문이다. 한 목회자가 참된 영성을 기쁨의 연속이라고 여긴다면, 그는 그런 비성경적인 수준의 기대 때문에 자신과 회중을 모두 지치게 만들 것이다. 또 어떤 목회자가 거룩함을 죄에 대한 지독한 슬픔과 동일시하는 경향을 보인다면, 그는 회중의 믿음을 약화시키게 될 것이다. 이는 주님을 기뻐하는 것이 우리의 힘이기 때문이다. 성경적인 사역은 그리스도의 죽으심과 생명을 모두 체험하는 데에서 나오며, 그렇기에 우리는 "근심하는 자 같으나 항상 기뻐하[게]" 된다(고후 4:10; 6:10). 이처럼 진정한 개혁파의 사역은 우리가 체험하는 비참함과 구원, 감사의 위대한 주제들이 한데 엮여 있다.[25] 그리고 이런 자세를 취할 때, 우리는 비로소 "하나님께 받는 위로로써 모든 환난 중에 있는 자들을 능히 위로"할 수 있게 된다(고후 1:4).

하나님과 함께 누리는 고유한 삶

성경에는 우리와 그리스도 사이의 연합, 그리고 온 성도와 함께 누리는 교제에 관한 가르침이 가득하다. 우리는 동일한 아버지께 속한 자녀들이며, 동일한 성령 안에서 영적인 성전을 이룬 살아 있는 돌들이다. 그리고 우리는 머리이신 그리스도의 몸에 함께 속한 지체다. 그런데 성경은 또한 이 지체들의 모습이 서로 다르며, 저마다 독특한 은사를 지니기에 꼭 필요한 존재들임을 강조한다(고전 12장). 우리는 "하나님의 여러 가지 은혜를 맡은 선한 청지기"들이다(벧전 4:10). 이처럼 다양한 우리의 모습에는 선한 유익이 있으며, 이는 그분의 주권적인 은혜로써 계획된 일이다. 성령님은 "그의 뜻대로" 우리에게 다양한 재능을 나누어 주신다(고전 12:11).

우리는 모두 같은 나무에 달린 잎사귀와 같다. 하지만 어떤 두 잎사귀도 서로 완전히 똑같은 것은 없다. 꽃 축제에 가면, 우리는 하나님이 창조하신 놀랍도록 다양한 형태와 색깔과 크기의 장미들을 만나게 된다. 그 꽃들 가운데는 아주 작고 붉은 미니어처 장미도 있고, 잎이 풍성하고 흰 알바 장미도 있다. 그리고 하나님은 하늘에서 눈이 내리도록 하신다. 눈송이들은 수백만 개의 결정체를 이루어 떨어지는데, 이들 중 서로 똑같은 것은 하나도 없다. 이처럼 주님은 모든 일을 세밀히 돌보기를 기뻐하신다. 마태복음 10:30에서 그리스도는 이렇게 말씀하신다. "너희에게는 머리털까지 다 세신 바 되었나니." 선한 목자이신 그분은 "자기 양의 이름을 각각 불러 인도하여" 내신다(요 10:3). 그분은 우리 각자의 이름을 아신다!

그렇기에 어떤 신자나 설교자도 서로 똑같지는 않다. 하나님은 이 일을 아시며, 친히 우리의 모습을 이같이 계획해 두셨다. 그분은 우리에게 지금과 같은 인격을 주셨으며, 그동안 겪어온 체험들을 통해 현재 우리의 모습을 빚으셨다. 그리고 하나님은 바로 지금, 이 지역과 회중에게 우리를 보내셨다. 그분은 우리가 이곳에서 행할 선한 일들을 예비해 두셨으며(엡 2:10), 우리의 사역을 통해 구원받게 될 이들이 누구인지 이미 알고 계신다(행 13:48; 18:10).

그러므로 우리는 하나님과 동행하면서 그분이 정해 두신 길을 가야 한다. 그리스도의 뒤를 좇아, 하나님이 우리를 위해 예비해 두신 길을 걸어야 하는 것이다. 그리스도인들은 마치 뉴욕에서 태평양을 건너 영국으로 향하는 배와 같다. 우리는 모두 같은 곳(거듭남)에서 출발하여 같은 곳(하늘)에 도착하지만, 어떤 배도 다른 배들이 따라올 경로를 만들어 줄 수는 없다. 저마다 자신만의 경로로 바다를 건너야 하기 때문이다.

앞서 간 위대한 인물들의 삶을 통해 교훈을 얻을 수는 있지만, 그들이 간 길을 똑같이 걸을 수는 없다. 여러분은 존 뉴턴의 회심 이야기를 좋아할지도 모른다. 하지만 우리에게는 자신만의 고유한 회심 이야기가 필요하다. 어쩌면 여러분은 마틴 로이드 존스의 사역 이야기를 듣고 감화를 받았을지도 모른다. 하지만 스스로 로이드 존스처럼 되려고 하거나, 그렇게 되지 못한다고 해서 자신을 탓해서는 안 된다. 여러분은 여러분 자신이 되어야 한다. 다른 누군가를 흉내 내려 해서는 안 된다. 물론 본보기로 삼을 인물들이 필요하지 않다는 뜻은 아니다. (다만 이런 인물들은 매우 신중히 선택해야 한다.) 결국 우리는 모방을 통해 배우기 마련이다. 하지만 점점 더 성숙해져 감에 따라, 우리는 마침내 자신만의 은사로 자신의 고유한 길을 개척해 나가야 한다. 그 과정에서 우리는 합당한 본이 되는 이들을 따르되, 오직 그들이 그리스도를 본받는 정도까지만 그리해야 한다(고전 11:1). 그들 중 아무도 우리의 우상으로 삼아서는 안 된다(고전 1:13). 우리의 눈을 예수님께 고정해야 한다.

하나님은 우리의 모든 날을 그분의 책에 기록해 두셨다(시 139:16). 우리는 매일 그 책을 한 장씩 넘기면서, 선한 일의 창조주께서 우리를 위해 기록해 두신 놀라운 이야기들을 발견해 가야 한다. 하나님은 그분을 섬기는 종들의 다양하면서도 하나된 모습을 통해 영광을 받으실 것이며, 이는 판에 박힌 듯 똑같은 설교자들을 통해 얻을 수 있었던 것보다 훨씬 더 큰 영광이다. 하나님은 자신의 영광을 위해 **우리를** 선택하셨다. 그러니 우리는 다른 이들을 시샘하지 말고, 오직 하나님이 각자에게 원하시는 모습에 이르는 데 힘을 쏟아야 한다.

그러므로 하나님과의 관계 속에서 광대하고 다양하며 고유한 삶을 가꾸어 가기 바란다. 우리의 사역에는 신비한 요소가 있다. 곧 우리의 사역은 그저 부품들을 제대로 조립함으로써 의도한 결과를 얻게 되는 기계적인 작업이 아니다. 오히려 우리는 하나님과의 지속적인 관계 가운데 이 사역을 수행해야 한다. "우리는 하나님의 동역자들이요"(고전 3:9). 우리가 그분과 친밀히 동행할 때, 하나님은 그분의 섭리와 은혜로써 우리에게 놀라운 복을 내리신다. 때로 우리 사역의 가장 효과적인 열매는 미처 계획하거나 예상하지 못했던 부분에서 얻게 된다.

쇠퇴하는 설교자

쇠퇴하는 설교자를 언급하는 것이 여러분에게 이상하게 들릴지 모른다. 앞서 우리는 활기차게 성장하는 영적인 생명을 누려야 한다는 것을 강조했기 때문이다. 하지만 어떤 의미에서, 우리는 오직 쇠퇴함을 통해서만 성장하게 된다. 세례 요한은 이렇게 말했다. "그는 흥하여야 하겠고 나는 쇠하여야 하리라"(요 3:30). 당시 요한의 제자들은 그의 사역이 쇠퇴하고 있다는 당혹스러운 소식을 가지고 세례 요한을 찾아왔다. 이는 사람들의 관심이 온통 예수라는 새로운 설교자에게 쏠리고 있었기 때문이다. 하지만 이에 대한 응답으로, 요한은 하나님의 주권과 그리스도의 으뜸 되심을 다음과 같이 인상 깊게 표현했다.

> 만일 하늘에서 주신 바 아니면 사람이 아무것도 받을 수 없느니라. 내가 말한 바 나는 그리스도가 아니요 그의 앞에 보내심을 받은 자라고 한 것을 증언할 자는 너희니라. 신부를 취하는 자는 신랑이나 서서 신랑의 음성을 듣는 친구가 크게 기뻐하나니 나는 이러한 기쁨으로 충만하였노라. **그는 흥하여야 하겠고 나는 쇠하여야 하리라**(요 3:27-30).

우리는 모두 혼합된 동기를 품고 사역의 길에 들어서게 된다. 우리는 불완전하기 때문이다. 슬프지만 자신의 영광을 위해 그리스도를 전하는 이들도 있다(빌 1:15). 그러므로 우리는 모두 자신의 자아에 대해 죽어야 한다. 하나님은 우리가 겪는 고난과 좌절을 통해 그 과정을 진행해 나가시며, 오히려 그런 징계가 없다는 것이 불안한 조짐일 수도 있다(히 12:5-7). 하나님은 고통을 연마지로 삼아 우리의 삶에서 오래된 광택제의 층을 벗겨 내고, 그 가운데 새로운 윤이 나게 만드신다. 때로 그분은 우리가 번영을 누리는 동안에도 내면의 괴로움을 겪게 하시며, 이를 통해 우리의 심령을 겸손히 낮추신다. 성령님은 자신의 사역 방식을 주권적으로 자유롭게 선택하시지만, 그분의 목적은 늘 한결같다. 곧 우리의 옛사람을 소멸시키고, 한때 우리를 신처럼 지배했던 자아를 십자가에 못 박으시는 것이다(롬 6:6; 8:13).

우리의 소명은 자기를 부인하면서 십자가를 지고 그리스도를 따르는 데 있다(눅 9:23). 하나님과의 관계 속에서 고유한 삶을 가꾸어 가는 것은 자아 성취를 뜻하지 않는다. 역설적으로 우리는 그리스도를 위해 자기를 버림으로써 생명을 얻게 된다(24절). 자기를 부인할 때 우리의 자아는 비로소 바른 위치에 놓이며, 성화와 변형을 거쳐 마침내 영화의 단계에 이르게 된다. 이처럼 그리스도의 죽으심에 담긴 효력을 성령께서 우리의 자아와 죄에 적용해 주시기를 구하고 또 그 손길에 복종할 때, 우리는 비로소 하나님이 의도하셨던 원래의 모습에 이를 수 있다.

스펄전은 이런 자기부인을 "자신이 소멸되는 달콤한 느낌"으로 불렀다. 물론 이런 표현이 너무 강조되어서는 안 될 것이다. 그리스도는 죄인들을 멸망시키러 오신 것이 아니라, 그들을 구원하러 오셨기 때문이다. 하지만 '자기 죽임'과 '십자가에 못 박힘'에 관한 성경의 표현들 가운데 우리가 새겨들어야 할 날카로운 진리가 있다. 스펄전은 이렇게 말한다. "이제 나는 모든 기도 제목을 하나로 집중시켰습니다. 그것은 바로 이 제목입니다. 곧 나 자신에 대해서는 죽고, 온전히 그분을 위해 살게 되기를 구하는 것입니다. 내가 보기에는 다음의 상태가 인간이 다다를 수 있는 최고의 단계입니다. 곧 그리스도 외에는 아무것도 기대하고 갈망하거나 생각하지 않으며……주인이신 그분께서 높임을 받으시기만 한다면, 자신은 어떻게 되든 상관없다고 느끼는 것입니다."[26]

스펄전의 비유 중 하나를 들자면, 우리는 석탄, 곧 땅에 묻힌 흑연 덩어리와 같아서 그 자체로는 별 가치가 없다. 우리는 땅속의 압력과 열기로 으스러져야만 주님이 쓰시기에 합당한 다이아몬드가 될 수 있다. 하지만 다이아몬드가 된 후에도, 우리는 여전히 거친 원석과 같은 상태이기에 깎이고 다듬어질 필요가 있다. 그러므로 우리는 늘 이렇게 기도해야 한다. "주님, 제가 철저히 깎이고 다듬어져서 저의 구주이신 당신의 왕관에서 빛나게 하옵소서!"

스펄전은 이렇게 말한다. "우리는 자기 마음대로 행하는 삶을 욕심내지 않습니다. 오히려 자기부인의 영이 부어지기를 갈망합니다. 이는 곧 자기 소멸의 영입니다. 그리하여 그리스도께서 우리 안에 거하시게 되며, 옛 **자아**, 곧 육적인 **나**는 철저히 죽임 당하기를 소원하는 것입니다. 그렇게 될 때 나는 갓 태어난 빛의 아들들처럼, 불같이 타오르는 그분의 사자들처럼 내 하나님께 순종하게 될 것입니다."[27]

우리는 늘 이렇게 기도해야 한다. "그리스도께서 흥하시고 저는 쇠하게 하옵소서. 신랑은 바로 그분이시며, 저는 단지 그분을 소개하는 신랑의 친구일 뿐임을 모든 이가 알게 하옵소서."

우선순위가 뚜렷한 설교자

목회자들은 사역자가 많은 일을 감당해야 하며, 그 일들 모두가 중요하다는 것을 안다. 전에 나는 8백 명의 교인이 있는 교회에서 홀로 전임 사역을 감당하면서 어떤 신학교를 세우는 데 동참했던 적이 있다. 여러분도 상상할 수 있겠지만, 당시 나는 심한 중압감에 시달렸다. 그때 나는 매주 백 시간 정도 업무를 수행했으며, 할 수만 있다면 백 시간 정도를 더 업무에 쏟았을 것이다. 이에 (교회 직분자들로 구성된) 당회는 내 상태를 염려하기 시작했으며, 당시 내가 감당하고 있던 업무들의 목록을 제출해 줄 것을 요청했다. 그래서 나는 그때 진행 중이던 사역과 수업, 위원회 활동에 관해 긴 명단을 작성했다. 우리는 저녁 내내 그 일을 함께 논의했으며, 마침내 당회에서는 내가 오직 **한 가지 사역**만을 내려놓으면 된다고 결정했다. 그리고 이는 바로 당회가 모일 때마다 내가 했던, 교회 직분의 효율적인 수행 방법에 관한 30분간의 강의였다!

여기서 요점은 목회자들이 힘겨운 과업을 감당하고 있으며, 교회들은 종종 그들에게 많은 것을 기대한다는 점이다. 이런 사정은 큰 교회뿐 아니라 작은 교회에서도 마찬가지며, 작은 교회들의 경우에는 어려움이 더 클지도 모른다. 여기서 이런 사역 중 대부분은 그다지 중요하지 않다고 주장하지는 않겠다. 이혼 위기에 처한 부부를 위한 상담의 가치를 누가 헤아릴 수 있겠는가? 청년들에게 신앙의 기초를 가르치는 교리문답 교육에 누가 값을 매길 수 있겠는가? 그렇기 때문에 우리 목회자들은 교인들을 위해 자신의 삶을 아낌없이 쏟아 붓게 된다. 하지만 교인들은 여전히 의아심을 품곤 한다. "목사님은 주중에 그 많은 시간 동안 무슨 일을 하고 계시지?"

한 경건한 목회자가 주님을 섬기는 데 열심을 낼지라도, 성경적인 우선순위를 고수하지 않는다면 말씀 전파의 주된 소명을 감당하는 데 실패할지도 모른다. 올바른 우선순위의 고전적인 본보기는 사도행전 6장에서 볼 수 있다. 본문에서 언급되는 시기에는 사역상의 매우 중대한 필요가 생겨난 상태였다. 노인 연금이나 사회 보장 제도, 정부의 빈민 구제 프로그램이 없던 시대에 한 무리의 그리스도인 과부들이 제대로 돌봄을 받지 못하고 있었던 것이다. 그들은 음식을 공급받지 못했으며, 자칫 굶어 죽을 수도 있었다. 당시 예루살렘 교회를 이끌던 사도들은 곧 주도적으로 이 문제에 대처했다. 하지만 이 문제 해결의 책임을 그들 자신이 감당한 것은 아니었다. 오히려 그들은 일곱 명의 경건한 신자에게 이 문제를 위임했던 것이다.

그러면 사도들은 왜 이 귀중한 구제 사역을 직접 관리하지 않았을까? 최소한 열두 사도 중 몇 명이라도 이 일을 감당할 수 있지 않았을까? 그들이 게으르고 이기적인 사람들이어서 그랬던가? 아니면 하찮은 일을 맡기에는 너무 자긍심이 강한 이들이었던가? 그렇지 않다. 이 사도들은 위험한 박해 앞에서도 복음을 위해 자신들의 생명을 아끼지 않았던 사람들이다(행 5:29-33). 그러면 혹시 그들은 냉담하고 쌀쌀맞은 이들이었기 때문에, 신자들의 삶에 직접적으로 관여하기를 꺼렸던 것인가? 그렇지 않다. 그들은 "성전에 있든지 집에 있든지" 사람들을 늘 가르쳤다(행 5:42). 그러면 사도들은 왜 이 사역을 다른 이들에게 위임했던 것일까? 그들에 따르면 그 이유는 이러했다. "우리가 하나님의 말씀을 제쳐 놓고 접대를 일삼는 것이 마땅하지 아니하니……우리는 오로지 기도하는 일과 말씀 사역에 힘쓰리라"(행 6:2, 4).

이처럼 사도들이 보여준 본보기는 기도와 말씀 사역에 가장 높은 우선순위를 둔다. 그리고 이 우선순위는 오늘날 말씀 사역자들에게도 전해져 내려왔다. 사도행전 6:4의 본문을 문자적으로 해석하면 이러하다. "하지만 우리로서는 그 기도와 말씀의 사역에 부지런히 전념하려 한다." 여기서 "그 기도"라는 관용구를 통해, 우리는 이것이 정해진 시간에 공적인 집회의 기도를 인도하는 일이었음을 알 수 있다(행 1:14; 2:42; 3:1). 그러므로 목회자의 가장 중요한 우선순위는 교회의 공적인 예배를 준비하고 인도하며 말씀 사역에 전념하는 데 있다.

이 말은 우리에게 주어진 사역의 다른 측면들을 무시하라는 뜻이 아니다. 다만 우리의 핵심 사역인 말씀 전파에 지장을 끼치는 어떤 일에 관해서는, "아뇨" 또는 "조금만 기다려 주세요"로 답할 것을 권고하는 것이다. 이는 우리가 말씀의 사역자이기 때문이다. 그러면 하나님은 어떤 이를 좋은 사역자로 여기실까? 성경에 따르면, 좋은 사역자는 다른 이들을 먹이기 위해 스스로 먼저 말씀을 잘 섭취하는 사람이다. "네가 이것으로 형제를 깨우치면 그리스도 예수의 좋은 일꾼이 되어 믿음의 말씀과 네가 따르는 좋은 교훈으로 양육을 받으리라"(딤전 4:6).

그러므로 관심을 쏟아야 할 과제들이 가득하며 온갖 어려움에 처한 자들이 시간을 내달라고 호소하는 상황에서도, 우리는 말씀 사역에 집중해야 한다. 다른 일들이 더 긴급하기 때문에 말씀 연구는 뒤로 미루어도 된다고 스스로를 속여서는 안 된다. 만일 이 부분에서 절제력과 용기를 발휘하지 못한다면, 여러분의 사역은 서서히 힘을 잃게 될 것이다. 그러니 가끔은 말씀과 기도에 전념할 시간을 얻기 위해, 부끄러움을 감수하고 약속된 일정을 변경해야 할 때도 있다. 우리는 인터넷 서핑이나 시시한 책들을 읽는 데 시간을 허비하지 말고, 체계적인 연구에 마음을 쏟아야 한다. 때로 사역을 위한 연구는 힘겹고 피곤한 일이 될 수 있지만, 교인들 중에는 그런 사실을 헤아리지 못하는 사람들이 많다. 하지만 이 연구는 우리의 사역에 꼭 필요하며, 우리의 영혼은 이 연구를 통해 새로운 활력을 얻게 된다. 그러므로 이 연구는 우리가 섬기는 회중에게도 꼭 필요한 유익을 끼치게 될 것이다.

이처럼 다른 직무들을 수행하는 가운데서도 말씀과 기도에 충실히 전념할 때, 주님은 우리의 모든 사역에 놀라운 은혜를 베풀어 주실 것이다. 시간 관리는 마치 십일조를 드리는 것과 비슷하다. 십일조를 꾸준히 드리는 자들은 자기 소득의 백 퍼센트를 소비하던 때보다, 이같이 구십 퍼센트 이하만을 쓰면서 더 풍족한 생활을 누리는 것을 체험하게 된다. 이는 하나님이 그들에게 필요한 것을 공급해 주시기 때문이다. 이와 마찬가지로 우리가 그분의 말씀에서 명하신 우선순위에 순종할 때, 하나님은 복을 베풀어 주신다. 만일 설교에서 좀 더 구체적인 적용을 제시한다면, 개인 상담의 필요성은 줄어들게 될 것이다. 그리고 그리스도의 말씀이 설교자와 회중 가운데 풍성히 거하기를 좀 더 기도한다면, 교회 안의 문제들이 줄어들 뿐 아니라 우리는 더 큰 지혜와 능력으로 그 문제들에 대처하게 될 것이다. 그러니 우리는 기도하지 **않을** 수 없다.

위에서 언급했듯이, 때로는 우리가 감당하는 사역의 직무들을 종이에 적어 보는 것이 도움이 된다. 그리고 그 직무들에 우선순위를 매겨보는 것이다. 우리에게 주어진 일들은 세 가지 범주 중 하나로 분류될 수 있다. 꼭 해야 할 일, 어느 정도 필요한 일, 하고 싶은 일. 현실적으로, 세 번째 범주에 속한 일들을 할 시간이 나는 경우는 거의 없다. 그리고 두 번째 범주에 속한 일들은 종종 뒤로 미루거나 다른 이들에게 맡겨야 할 것이다. 하지만 첫 번째 범주에 속한 일들은 꼭 우리 손으로 감당해야 한다. 목회자가 반드시 감당해야 할 일은 기도와 연구로 말씀 설교를 준비하는 것이다.

이처럼 말씀 사역을 우선시하는 일의 핵심에는 성경의 능력에 대한 확신이 있다. 켄트 휴스Kent Hughes는 이렇게 언급한다. "성경의 권세를 신뢰하는 이를 제외하고는, 아무도 성경 강해에 일생을 바치려 하지 않을 것이다."[28] 만일 설교 준비를 제쳐둘 정도로 모임을 주관하거나 사회적인 행사에 참여하는 일을 더 중요시한다면, 과연 우리는 자신이 하나님의 말씀에 관해 실제로 무엇을 믿는다고 할 수 있겠는가? 어쩌면 여러분은 이렇게 반박할지도 모른다. "나는 성경이 무오하며 영감된 하나님의 말씀임을 믿습니다." 물론 그 말은 옳다. 하지만 여러분은 진정으로 그 말씀의 능력을 신뢰하고 있는가?

여러분은 다음과 같은 성경의 진술들에 온전히 동의할 수 있는가?

- "내가 복음을 부끄러워하지 아니하노니 이 복음은 모든 믿는 자에게 구원을 주시는 하나님의 능력이 됨이라. 먼저는 유대인에게요 그리고 헬라인에게로다"(롬 1:16).
- "하나님의 말씀은 살아 있고 활력이 있어 좌우에 날선 어떤 검보다도 예리하여 혼과 영과 및 관절과 골수를 찔러 쪼개기까지 하며 또 마음의 생각과 뜻을 판단하나니"(히 4:12).
- "이는 비와 눈이 하늘로부터 내려서 그리로 되돌아가지 아니하고 땅을 적셔서 소출이 나게 하며 싹이 나게 하여 파종하는 자에게는 종자를 주며 먹는 자에게는 양식을 줌과 같이 내 입에서 나가는 말도 이와 같이 헛되이 내게로 되돌아오지 아니하고 나의 기뻐하는 뜻을 이루며 내가 보낸 일에 형통함이니라"(사 55:10-11).
- "그런즉 그들이 믿지 아니하는 이를 어찌 부르리요. 듣지도 못한 이를 어찌 믿으리요. 전파하는 자가 없이 어찌 들으리요.……그러므로 믿음은 들음에서 나며 들음은 그리스도의 말씀으로 말미암았느니라"(롬 10:14, 17).

만일 이런 진술들에 진심으로 동의할 수 있다면, 우리는 또한 이렇게 고백할 수 있을 것이다. "물론 다른 유익한 일들도 많지만, 내가 꼭 감당해야 할 일이 하나 있습니다. 그것은 기도하는 마음으로 말씀을 전하는 일입니다." 우리는 바로 그 일을 위해 하나님과 그분께 속한 교회의 부르심을 입었다.

종교개혁자들은 이런 우선순위를 알았기에 평생 그 일에 헌신했다. 그들은 성경 연구와 설교, 가르침에 시간과 노력을 쏟았다. 그리고 이 우선순위는 그들의 건축 양식에서도 드러났다. 곧 성상이나 성찬상 대신에 강단을 예배당 안의 가장 중요한 위치에 두었던 것이다. 또 그들은 자신들의 교리문답에서도 오늘날 많은 이들을 놀라게 할 표현을 써서 이 우선순위를 고백했다. 곧 성령님이 "복음의 설교를 통해 우리 마음속에 믿음을 일으키신다"라고 선포했던 것이다.[29] 만일 그렇다면, 소모임 양육이나 개인 경건의 시간, 빈민 구제의 사역이나 좋은 책들을 읽는 일, 우정을 통한 전도는 어떻게 되는 것일까? 물론 이 일들에도 각기 고유한 위치가 있다. 하지만 하나님이 잃어버린 자들을 구원하며 구원받은 이들을 성화시키는 데 쓰시는 주된 방편은 바로 말씀의 설교다.

그러므로 만약 여러분이 말씀 설교의 부르심을 받았다면, 이 일에 삶의 가장 귀한 시간을 드리기 바란다.

결론

그러면 체험적인 설교자는 어떤 사람일까? 그는 다음과 같은 설교자다.

- 하나님과 사람을 향해 열정적인 사랑을 품은 자.
- 기도로 하나님께 의존하면서 분별력과 능력을 주시기를 구하는 자.
- 하나님에 관해 이야기를 늘어놓는 데 그치지 않고, 진정으로 그분을 알아가려고 노력하는 자.
- 자신의 죄와 그리스도의 은혜를 점점 더 깊이 체험하는 자.
- 고집과 자만심, 자부심과 자기 의가 점점 더 쇠퇴해 가는 자.
- 시간 사용에 우선순위를 두고서 기도와 말씀 사역에 전념하는 자.

나는 여러분이 하나님의 은혜로 그런 설교자가 되기를 간절히 권한다. 이렇게 체험적인 설교자와 그가 행하는 설교의 실제 모습을 그려보기 위해, 다음 장부터는 지난 여러 세기 동안 활동했던 위대한 개혁파 설교자들의 생애와 본보기를 살펴보려 한다.

2부 | 체험적인 개혁파 설교의 사례들

05장 종교개혁 설교자들 : 츠빙글리, 불링거와 외콜람파디우스

오직 그리스도를 믿음으로 얻는 구원의 복음이 종교개혁의 중심 메시지였다면, 성경의 설교는 종교개혁의 주된 방편이 되었다. T. H. L. 파커T.H. L.Parker,1916-2016 는 종교개혁자들이 산출한 방대한 양의 설교를 그 앞 세대의 빈약한 결과물과 대조하면서 이렇게 언급한다. "종교개혁 시대에 설교는 5세기 이후로 누리지 못했던 위치를 차지했다. 그들의 복음은 아우구스티누스를 거쳐 신약성경으로 돌아가는 것이었으며, [설교의] 형태 면에서는 교부들의 설교로 돌아갔다."[1]

인쇄기를 써서 자신들의 설교를 기록으로 남길 수 있었던 이점을 감안하더라도, 우리는 종교개혁자들이 앞선 세대의 어떤 사역자들보다 하나님의 말씀을 더 많이 설교했음을 의심 없이 단언할 수 있다. 설교는 종교개혁 초기부터 사역자의 주된 임무로 간주되었으며, 미사를 드리던 관행은 그 과정에서 폐지되었다.

설교는 개혁파의 사역 체계에서 중심적인 것이 되었으며, 그리하여 말씀을 전하는 이들은 종종 "말씀의 사역자" 또는 "복음의 전파자"로 불리곤 했다. 그리고 사역자들의 모든 직무는 설교 행위에 근거해서 규정되었다. 이처럼 설교의 위치가 다시금 강조되면서, 곧 교회 건축에도 그 중요성이 반영되었다. 이제는 예배당 앞쪽의 중앙부에 강단이 배치되었으며, 그것은 교회에서 가장 중요한 기구가 되었다. 또 성찬 예식을 거행하지 않더라도 설교는 전할 수 있었지만, 그 반대의 경우는 불가능했다. 그리고 개혁파의 예배는 "말씀" 또는 "설교"로 불리기 시작했다. 당시에는 이렇게 묻는 말을 흔히 들을 수 있었다. "그 설교 들으러 갔었습니까?" 또는 "말씀 들으러 갔었어?"

종교개혁 초기부터, 교회의 존재는 설교에 토대를 두고 있었다. 설교는 구원을 베푸시는 하나님의 은혜와 사랑을 각 사람의 의식에 생생히 전달하는 주된 방편, 사실상 거의 유일한 방편으로 여겨졌다. 진정한 개혁파가 된다는 것은 곧 설교를 불신자들을 그리스도께로 초청하며 성도들을 양육하는 주된 방편으로 여기고, 그 일에 높고 중요한 위치를 할애하는 것을 뜻했다. 설교는 청중을 용서하거나 정죄하는 일에 방편이 되었다.

체험적인 개혁파 설교는 종교개혁자들의 설교에 깊이 뿌리를 둔다. 그리고 성경 강해를 강조하는 태도가 지속적인 적용과 결합되면서 청교도들의 설교 양식이 생겨났다. 그러므로 이제는 체험적인 개혁파 설교의 실례를 보여주기 위해, 이전 시대에 활동했던 위대한 개혁파와 청교도 설교자들을 소개하려 한다.

앞서 1부에서는 체험적인 개혁파 설교의 성격을 살피면서 기본적인 틀을 제시했다. 이제 2부에서는 과거 설교자들의 사역 가운데서 그 설교가 구체적으로 어떻게 나타났는지를 살피려 한다. 우리는 먼저 16세기의 몇몇 종교개혁자를 다룰 것이다.

울리히 츠빙글리와 하인리히 불링거

울리히 츠빙글리 Ulrich Zwingli, 1484-1531는 그해 첫날에 태어났으며, 이는 마르틴 루터가 태어난 지 7주 후였다.[2] 그는 베른과 비엔나에서 공부했고, 이후 바젤 대학에 입학했다. 이곳에서 그는 인문주의 연구에 매혹되었으며, 또한 개혁자 토마스 비텐바흐 Thomas Wittenbach, 1472-1526의 영향을 받게 되었다.[3] 이에 관해 H. H. 호워스 H.H.Howorth는 이렇게 언급한다. "비텐바흐는 새로운 견해[종교개혁]의 열렬한 옹호자였다. 그는 바젤에서 면벌부 판매를 비난했을 뿐 아니라, 그리스도의 죽음만이 구원의 길임을 공개적으로 가르쳤다. 또한 그는 성직자 독신 제도를 반대했다."[4] 비텐바흐의 격려를 통해, 츠빙글리는 마침내 개혁파의 기본 교리인 '솔라 스크립투라' sola Scriptura를 받아들이는 쪽으로 나아가게 되었다. 그리고 (적어도 그 초기 단계에서) 오직 믿음을 통해 은혜로 의롭다 하심을 받는 교리를 받아들이도록 츠빙글리를 인도한 이도 비텐바흐였다.

츠빙글리는 1506년부터 1516년까지 스위스의 작은 주인 글라루스 Glarus 지역교회의 사제로 봉직했으며, 이어 1516년부터 1518년까지는 아인지델른 Einsiedeln에서 설교했다. 당시 스트라스부르에서 활동했던 개혁자 카스파 헤디오 Caspar Hedio, 1494-1552는 츠빙글리가 이 시기에 행한 설교를 이렇게 묘사했다. "그의 설교에는 우아함과 해박한 지식, 무게감과 풍성한 깊이, 그리고 예민한 통찰력과 복음적인 성향이 담겨 있었다. 그 설교를 듣는 이들은 마치 고대 신학자들의 강론을 듣는 듯한 인상을 받았다."[5]

츠빙글리는 1516년경 데시데리위스 에라스뮈스가 펴낸 그리스어 신약성경을 연구하면서 상당 기간에 걸쳐 (아마도 몇 달간) 자신의 죄와 연약함을 놓고 씨름하다가, 일종의 복음적인 돌파구를 체험하게 되었다. 그 일은 루터가 겪었던 것처럼 극적인 돌파구는 아니었지만 같은 종류에 속했으며, 흥미롭게도 루터가 영적인 자유를 얻게 된 때와 거의 같은 시기에 일어났다. 츠빙글리는 이 돌파구를 겪은 뒤 성경에 더욱 관심을 쏟았으며, 중세의 고해 제도와 유물 숭배를 적대시하게 되었다. 그리하여 그는 1518년부터 강단에서 이런 제도들을 공격하기 시작했다.

루터가 자신의 95개 논제를 게시한 것은 1517년 가을이었다. 츠빙글리를 연구하는 학자들은 루터가 츠빙글리에게 얼마나 많은 영향을 주었는지에 관해 많은 논의를 벌여 왔다. 츠빙글리 자신은 자신이 루터의 영향을 그리 크게 받지 않았다고 언급했다. 곧 츠빙글리 자신도 루터와 동일한 시기에 동일한 일들을 겪고 있었으며, 루터와는 별개로 동일한 결론에 이르렀다는 것이다. 이는 약간 과장된 말일 수 있다. 츠빙글리가 어느 정도 루터의 영향을 받은 것은 분명하지만, 다만 이 시점에는 루터의 신학도 아직 충분히 발전되지는 않은 상태였다. 그러므로 츠빙글리가 루터의 추종자일 뿐이었다는 생각 역시 지나친 추측임이 틀림없다.

종교개혁의 가장 중대한 계기 중 하나였던 일이 1519년에 일어났다. 이때 츠빙글리가 '그로스뮌스터'Grossmünster의 설교자로 사역을 시작했던 것이다. (이는 큰 '성당' 또는 '교회 건물'을 뜻하며, 이 아름다운 건축물은 지금도 여전히 남아 있다.) 그는 회중에게 자신이 주해 설교를 전할 것이며, 마태복음 1장부터 시작해서 복음서의 내용을 죽 살핀 뒤 신약의 나머지 부분을 계속 다루어 나갈 것임을 공표했다. 이 점에서, 그는 요한 크리소스토무스John Chrysostom, 347-407년경의 선례를 따랐다. 츠빙글리는 이같이 종교개혁 초기에 '렉티오 콘티누아'lectio continua라고 불리는 관행을 대중화시켰으며, 이는 곧 '연속적인 공적 낭독'을 뜻한다. 오늘날의 경우, 이는 '연속적인 순서로 진행되는 성경 본문의 강해 설교'에 해당할 것이다.[6]

츠빙글리의 설교 방식은 고대 초기 교부들의 설교 방식과 비슷했다. 이런 방식을 따르는 사역자들은 강단에 올라 지난번에 강론을 중단했던 부분부터 설교를 다시 이어갔다. 이때 그 사역자의 설교에 꼭 주제나 요점이 있어야 할 필요는 없었다. 그는 시간이 마칠 때까지 설교를 이어간 뒤 한두 가지 적용을 제시했으며, 그 다음번에는 이때 중단했던 부분에서 설교를 재개했다. 일반적으로, 한 번의 설교에서는 신약의 경우 두 개에서 네 개의 절, 구약의 경우에는 네 개에서 일곱 개의 절을 다루었다. 이런 설교 방식을 정착시킨 것은 츠빙글리였으며, 이후에 살피겠지만 장 칼뱅도 이와 똑같이 행했다.

이후 츠빙글리는 열두 해 동안 성경의 여러 책을 충실히 설교해 나갔으나, 1531년 로마 가톨릭에 속한 스위스의 주들과의 전투에서 취리히 측의 군목으로 종군하다가 숨을 거두었다. 츠빙글리는 고결한 성품을 지닌 이로서 성경의 권위에 굳게 헌신했으며, 자신이 인도하는 예배와 설교를 통해 복음적인 개혁을 부지런히 전파했다. 그의 이런 특성과 활동들은 당시 그의 저술보다 더 큰 영향을 끼쳤으며, 덕분에 그는 종교개혁 초기의 가장 호소력 있는 지도자 중 한 사람이 되었다. 츠빙글리는 매우 인기 있는 설교자였다. 그가 잠시 사역했던 아인지델른과 이후 취리히의 시민들은 교회당에서 그의 설교를 듣고 난 뒤 길거리에 모여 자신들이 들은 내용을 서로 주고받곤 했다. 그들은 흔히 방문객들에게 이렇게 이야기하곤 했다. "우리는 방금 놀라운 설교를 듣고 오는 길입니다. 당신도 가서 울리히 츠빙글리의 설교를 꼭 들어보세요." 이렇게 소문이 퍼지면서 수많은 지역민과 여행객들이 그의 설교를 들으러 가게 되었으며, 교회는 점점 더 성장하고 번성했다. 그러므로 주 예수 그리스도에 관한 다음의 말씀이 츠빙글리의 경우에도 해당되었다. "많은 사람들이 즐겁게 듣더라"(막 12:37).

츠빙글리의 사역이 지닌 가장 놀라운 점은 그가 성경을 설교했다는 데 있었다. 당시의 사람들은 아마 이렇게 이야기를 주고받았을 것이다.

"지금 저 사람이 성경을 설교하고 있어!" 오늘날 우리로서는 이 점에서 당시의 사람들이 느꼈을 흥분을 파악하기가 어렵지만, 그들의 경험상 이 일은 전례가 없지는 않더라도 매우 예외적인 것이었다. 츠빙글리는 단순한 인간의 전통이나 신학 논증을 설파하지 않고, 오히려 성경을 전했기 때문이다. 그는 말씀의 메시지를 권위 있게 선포한 뒤 그 내용을 회중의 심령에 적용했으며, 이런 방식은 그들에게 강력한 영향을 끼쳤다. 그가 "주께서 이같이 말씀하십니다"라고 선포할 때, 청중은 깊은 인상을 받곤 했다. 이렇게 주해와 적용이 담긴 설교가 오늘날의 교회에서는 거의 당연한 것으로 간주되지만, 츠빙글리의 활동 당시에는 혁명적인 것이었다. 그리고 그는 하나님의 말씀이 중심에 놓이도록 예배의 구조를 재편했다. 설교는 예배의 가장 중요한 부분이었으며, 대략 50분에서 한 시간 정도를 차지했다.

츠빙글리에게는 하인리히 불링거Heinrich Bullinger, 1504-1575라는 유능한 조력자가 있었다.[7] 불링거는 쾰른 대학에 재학 중이던 1522년에 종교개혁 신앙으로 회심했으며, 이후 카펠 수도원 학교의 교장이 되었다. 그리고 불링거가 신약성경을 강의하면서, 이 수도원에서는 마침내 미사가 폐지되었다. 이후 1531년에 츠빙글리가 세상을 떠나자, 불링거는 그의 뒤를 잇게 되었다. 츠빙글리가 죽은 뒤 불링거가 취리히의 그로스뮌스터에서 첫 설교를 전했을 때, 사람들은 흥분에 압도되었다. 오스발트 미코니우스Oswald Myconius, 1488-1552에 따르면, "불링거는 천둥 같은 목소리로 말씀을 선포했으며, 이에 많은 사람들은 츠빙글리가 죽지 않고 불사조처럼 다시 살아났다고 믿었다." 그 결과, 취리히 시는 방문 설교자에 불과했던 불링거를 즉시 목회자로 청빙했다.[8]

불링거가 강단에서 보여준 생산성은 놀라웠다. 그는 성경의 66권 가운데 53권을 적어도 한 번 이상 처음부터 끝까지 설교했다. 어떤 책들의 경우에는 두 번에 걸쳐 처음부터 끝까지 설교했으며(이사야, 다니엘, 호세아, 아모스, 나훔, 마태복음, 마가복음, 바울의 서신들, 베드로후서), 어떤 책들은 세 번(요엘, 오바댜, 요나, 하박국, 스바냐, 학개, 스가랴, 말라기, 누가복음, 요한복음, 사도행전, 베드로전서와 요한일서), 심지어 네 번에 걸쳐 설교한 책도 있었다(히브리서).

또한 불링거는 계시록을 제외한 신약성경 전체를 다룬 13권의 주석을 집필했다. 그는 이후 계시록에 관한 백 편의 설교를 출판했으므로, 계시록에 대해서도 많은 연구를 했다고 여길 수 있다. 또한 그는 구약의 몇몇 책에 관한 설교들을 출판했으며, 그 가운데는 예레미야서를 다룬 170편의 설교와 다니엘서를 다룬 66편의 설교, 이사야서를 다룬 190편의 설교가 있다. 그가 출판한 설교는 도합 618편에 이르지만, 그중 어떤 것도 『데카데스』(*Decades*)라는 제목으로 출판된 설교들만큼 유명하게 된 것은 없었다. 이 『데카데스』는 50편의 설교를 모은 것으로, 이 책에서 불링거는 개혁과 조직신학의 전 영역을 살펴 나가고 있다. 이 50편의 설교는 그의 가장 유명한 저서 중 하나가 되었다. 불링거가 이 책에 『데카데스』라는 제목을 붙인 이유는 그 속에 각기 열 편의 설교로 구성된 다섯 개의 '묶음'decades이 담겨 있었기 때문이다. 그는 각 설교마다 하나의 교리를 다루었으며, 이 설교 모음집은 당시 칼뱅의 『기독교 강요』보다 더 큰 인기를 누렸다. 그의 메시지는 전반적으로 온화하고 논쟁적이지 않으며, 그렇기에 이 『데카데스』는 오늘날에도 개혁신학의 유익한 개론서로 쓰일 수 있다.

오늘날의 학자들은 불링거가 칼뱅만큼이나 종교개혁에 많은 영향을 끼쳤다고 본다. 실제로 당시 불링거가 다른 이들과 주고받았던 편지들 가운데 현재 남아 있는 것은 만 이천 통에서 만 삼천 통에 이른다. 이에 비해, 루터와 칼뱅, 테오도뤼스 베자Theodore Beza, 1519-1605가 다른 이들과 주고 받았던 편지는 전부 합쳐도 구천오백 통 정도이다. 불링거는 칼뱅만큼이나 유럽 전역에서 진행된 종교개혁의 중심에 서 있었다. 또 불링거는 종교개혁의 성과를 안정시키는 데 기여했다. 그의 저서들은 강력하고 유익했으며, 특히 잉글랜드를 비롯한 유럽 전역에서 널리 쓰였다. 1575년에 세상을 떠나기까지, 불링거는 베자와 함께 종교개혁의 원로로 인정을 받았다. (불링거는 칼뱅보다 오 년 먼저 태어났지만 그보다 십일 년을 더 살았다.)

불링거는 또한 150편의 논문을 집필했다. 그의 저작들은 세 가지 범주로 나뉠 수 있다. (1)신앙고백적인 저작들. 이중에는 일부 중요한 신앙고백 문서가 포함되어 있다. 이를테면 제2 스위스 신앙고백서가 그런 경우로, 이는 거의 대부분 그의 손에서 나온 문서였다. (2)일부 논쟁적인 저작들. 쉽게 예상할 수 있듯이, 그는 재세례파와 루터파, 로마 가톨릭의 입장을 반박하는 책들을 썼다. 그러나 그의 저작 중 대부분은 (3)목회적인 글이었다. 이런 저작들은 성경 주석집과 신학 교리들에 관한 강의록, 그리고 인쇄된 설교문의 형태를 띠었다.

서로 취한 방식은 달랐지만, 츠빙글리와 불링거는 모두 성경을 충실히 선포하고 그 메시지를 회중의 마음에 생생히 적용했던 위대한 설교자였다. 당시 츠빙글리는 아마 매일 말씀을 전했을 것이다. 그리고 불링거는 사십 년이 넘게 매 주일 설교했으며, 주중에 세 번 정도 말씀을 전했을 것이다. 1532년, 취리히 시에서는 그 시의 모든 목회자가 주일에 두 번, 그리고 주중에 한 번씩 설교해야 한다고 결정했다. 따라서 모든 목회자는 매년 적어도 150편의 새로운 설교를 준비해야 했다. 취리히의 개신교 목회자들에게는 정해진 시간마다 성경의 세 가지 부분을 살피는 일이 일반적인 관행이 되었다. 이를테면 그들은 주일 아침에는 시편을, 주일 저녁에는 바울 서신을, 그리고 평일 저녁에는 사복음서 중 하나를 살펴나갈 수 있었다. 하지만 그들이 어떤 책이나 순서를 선택했든 간에, 중요한 점은 사람들이 매주 설교를 통해 하나님의 말씀을 공급받을 수 있었다는 것이다. 이는 그들의 삶에 깊은 영향을 끼쳤다.

이 둘의 설교 방식은 꽤 달랐지만, 실제 설교의 내용은 상당히 비슷했던 듯하다. 불행히도 츠빙글리의 설교는 많이 남아 있지 않지만, 우리는 그들의 설교가 지녔던 특징을 다음과 같이 분류해 볼 수 있다.

먼저 첫 번째 특징을 살피면, 츠빙글리와 불링거의 설교 모두에서 성령에 대한 명백하고 뚜렷한 강조점이 나타난다. 그들의 설교를 대할 때, 우리는 성령의 사역에 의존해야 한다는 언급을 거듭 발견하게 된다. 루터는 이런 강조점의 의미를 석연치 않게 여겼으며, 그들이 실제로는 신비주의자들신령주의자들, Spiritualists일 것이라는 그릇된 의심을 품었다. 그리고 루터가 그들을 이런 식으로 간주하게 된 것은, 마르부르크 대학에서 루터와 츠빙글리 사이에 '마르부르크 회담'the Marburg Colloquy(1529년 10월 1-3일)으로 알려진 유명한 논쟁이 벌어진 뒤였다. 당시 이 회담에서, 그들은 성찬 예식에 그리스도께서 임재하시는 방식을 두고 서로 의견이 대립했다. 하지만 츠빙글리나 불링거의 설교를 간단히만 살펴보아도, 둘 중 누구의 설교에서도 '신령주의'의 흔적을 찾아볼 수 없다는 점을 알 수 있다.

둘째, 츠빙글리와 불링거는 종교개혁의 위대한 원리인 '솔라 스크립투라'를 강조했다. 이 두 목회자 모두, 오직 성경만을 설교해야 한다는 확신을 품고 있었다. (당시에 이런 견해가 얼마나 급진적이었겠는지를 기억하기 바란다.) 그리고 하나님의 경륜 전체를 적절히 선포할 수 있도록, 그들은 이 성경의 설교를 연속적인 방식으로 수행해 나가는 것이 바람직하다고 여겼다.

휴즈 올리펀트 올드는 츠빙글리의 설교를 이렇게 설명한다.

츠빙글리는 크리소스톰의 '렉티오 콘티누아' 설교에서 영감을 얻고, 자신의 사역 기간 내내 이 체계를 따랐다. 그는 먼저 일 년에 걸쳐 마태복음을 매일 설교한 뒤, 사도행전, 디모데전서와 베드로전후서, 히브리서를 차례로 다루어 나갔다. 그리고 1524년에는 요한복음을 처음부터 끝까지 설교한 뒤, 바울 서신의 나머지 부분을 끝마쳤던 것으로 알려져 있다. 이렇게 칠 년에 걸쳐 매일 설교하고 나서, 그는 신약성경의 대부분에 관한 해설을 마치게 되었다. 그런 다음 그는 구약으로 방향을 돌려, 먼저 시편을 설교했다. 1526년 7월 중순에 오경을 설교하기 시작했다. 그는 1528년 3월까지 구약의 역사서를 설교해 나간 것으로 보이며, 그 이후에는 이사야서 설교에 들어갔다. 일정 기간 동안 구약의 선지서들을 설교해 나갔지만, 그 기간이 어느 정도였는지는 알 수 없다. 취리히에서는 체계적인 츠빙글리의 성경 해설을 열렬히 환영하는 태도로 받아들였으며, 동료 목회자들 역시 깊은 관심을 품고 그의 설교를 지켜보았다. 그리고 기독교 인문주의 성향을 지닌 북부 라인란트의 설교자들이 하나씩 그가 보여준 모범을 따르기 시작했다. 남부 독일의 경우, 사람들을 종교개혁의 추종자로 만든 것은 바로 이같이 체계적인 성경 설교였다.[9]

올드에 따르면, 츠빙글리는 가끔씩 자신의 '렉티오 콘티누아'를 벗어나서 특별한 경우를 위한 메시지를 전했다. 한 예로, 그는 2차 취리히 논쟁이 벌어졌을 때 목회자의 직무에 관해 설교했다. 그는 우텐바흐Outenbach에서 도미니코회의 수녀들에게 하나님 말씀의 명료성과 확실성에 관해 설교한 적도 있었다. 그는 교회력의 주요 절기에도 그 절기에 관한 설교를 전했으며, 논쟁이 생겨날 경우에는 시간을 들여 그 문제를 다루었다.[10] 이처럼 츠빙글리는 자신의 체계를 맹목적으로 고집하지 않고, 눈앞의 상황을 살피면서 현실적인 태도로 사역을 감당해 나갔다. 다만 전반적으로, 그는 성경의 각 책들을 하나씩 다루어 나갔다.

츠빙글리는 성경이 하나님의 말씀으로서 고유한 명료성(명확성)과 권위를 지닌다고 믿었다. 그는 이렇게 언급한다. "하나님 말씀의 빛이 인간의 지성에 비추일 때, 우리의 지성은 그 말씀으로 깨달음을 얻어 그 내용을 이해하고 고백하게 되며, 그 말씀의 확실성을 알게 된다."[11] 이에 관해, 시편 119:130을 인용한다. "주의 말씀을 열면 빛이 비치어 우둔한 사람들을 깨닫게 하나이다." 그에 따르면, 어떤 선지자에게 하나님의 말씀이 임할 때 그 선지자는 "그 말씀이 다른 누군가가 아닌 하나님 자신에게서 온 것임을" 확신하게 되었던 것이다.[12] 성경은 자신의 참됨을 스스로 확증하는 책이고 그 속에 하나님의 음성이 담겨 있기 때문이다. 하나님의 말씀은 "참으로 뚜렷한 보증과 함께 임하며, 따라서 우리는 그 말씀을 분명히 알고 믿을 수 있다."[13] 그는 이 신념을 통해, 사람의 생각이 아니라 오직 성경만을 설교해야 한다는 확신을 얻었다. 그는 이렇게 언급한다. "한 사람이 어떤 인물이든 간에, 만일 그가 자신의 생각과 판단대로 가르친다면 그의 가르침은 거짓되다. 그러나 만일 그가 하나님의 말씀대로 우리를 가르친다면, 이때 우리를 가르치는 분은 그가 아니라, 바로 그에게 가르침을 주신 하나님이시다."[14] 그리하여 설교자들은 주님의 권위를 받드는 겸손한 종의 위치에 서게 된다. 츠빙글리는 1519년에 페스트에 걸려 거의 죽을 뻔한 고비를 겪고 난 뒤, 하나님께 기도하면서 이런 글을 남겼다. "그저 당신의 뜻대로 행하시옵소서. 저는 당신께서 사람들을 회복시키거나 무너뜨리는 데 쓰시는 도구일 뿐입니다."[15]

츠빙글리의 개인적인 체험이 그의 설교에 어느 정도 영향을 끼쳤는지를 파악하기는 어렵다. 다만 분명한 것은, 그가 점점 더 성경을 사랑하게 된 사람이었다는 점이다. 그는 성경에 깊이 매혹되어 그 내용을 꾸준히 연구했으며, 그 결과로 자신의 손에 든 성경을 매우 잘 아는 사람이 되었다. 이 점은 그의 설교에 큰 도움을 주었다. 이는 그가 설교하는 동안, 성경의 여러 책에서 인용한 본문에 의존하면서 호소할 수 있었기 때문이다. 그의 저작들이 오늘날에도 권위 있게 다가오는 이유 역시 여기에 있다. 성경의 권위는 늘 우리가 살아가는 시대와 문화를 초월한다. 우리가 성경의 사람일 때, 우리의 설교는 영속적인 가치를 지니게 된다. 베드로의 말처럼, 하나님의 말씀은 "살아 있고 항상 있는" 말씀이기 때문이다(벧전 1:23). 츠빙글리는 자신이 성경 속에서 발견한 생명을 보면서 기뻐했다. 이는 곧 하나님의 자유롭고 주권적인 능력을 통해 자신의 모습을 드러낸 생명이었다. 그는 이렇게 언급한다. "하나님의 말씀은 참으로 살아 있고 강력하며 힘이 있으므로 만물이 그 말씀에 복종하게 된다. 이 일은 하나님이 친히 정하신 때에, 그리고 그분이 명령하실 때마다 이루어진다.……만일 어떤 일이 우리가 원하는 때에 이루어지지 않는다면, 이는 하나님의 능력에 어떤 결함이 있어서가 아니라 그분이 자신의 뜻대로 자유롭게 행하시기 때문이다."[16]

츠빙글리와 불링거는 '솔라 스크립투라'의 원리가 옳음을 굳게 확신했으며, 다른 이들에게 성경의 권위 있는 가르침을 훈련시키기 위해 개혁파 개신교 최초의 신학교를 설립했다. 이 신학교는 '프로페차이'Prophezei라 불렸는데, 이는 고대의 선지자들과 기독교의 설교자들 사이의 연속성을 보여주는 명칭이었다. 1525년에 이 학교가 설립된 뒤, 츠빙글리와 불링거는 이곳의 가장 중요한 교수들 중 일부가 되었다. 그리고 당시 이 학교에서 시행된 신학 교육의 성격에 관해서는 현재 학문적인 논의가 진행되고 있다. 피에트로 마르티레 베르미글리Peter Martyr Vermigli, 1500-1562와 테오도르 비블리안더Theodor Bibliander, 1509-1564를 비롯해서 당시의 주요 신학자들이 집필한 주해 작품들이 이 신학교의 교재로 쓰였다. 이곳의 학생들은 또한 고대의 언어들을 연마했으며, 교수들의 연구와 출판 작업을 도왔다. 어떤 점에서, 이 학생들은 학업을 수행하는 동시에 교수들을 돕는 조교로 봉사했던 것이다. 당시 학생들이 수행했던 흥미로운 과업 중 하나는 교수진의 성경 번역을 도운 일이었으며, 그 결과로 이른바 취리히 역본이 만들어졌다. 비록 그 영향력이 나중에 줄어들기는 했지만, 이 역본은 루터의 역본보다 더욱 정확한 것이었다. 루터가 능숙한 시인의 솜씨로 성경을 번역했다면, 취리히의 학자들은 고대의 언어들에 숙달된 연구자들로서 이 역본을 만들어 냈다.

셋째, 츠빙글리와 불링거의 설교는 그리스도 중심적이었다. 그들은 '솔라 스크립투라'의 원칙에 사역의 근거를 두었으며, 이에 따라 자연스레 '솔루스 크리스투스'를 설교했다. 올드는 이렇게 언급한다. "츠빙글리는 무엇보다 그리스도를 설교하면서, 그분의 죽음과 부활이 지닌 구원의 능력을 선포했다."[17] 츠빙글리는 그리스도께서 우리의 죄에 대한 하나님의 공의를 만족시키기 위해 대신 죽으심으로써 속죄를 이루셨다는 것을 강조했다. 사실 츠빙글리가 유명한 설교자가 된 이유는 바로 여기에 있었다. 당시 사람들은 이런 식으로 이야기를 나누곤 했다. "츠빙글리는 하나님의 말씀을 전할 뿐 아니라, 마리아나 성인들에 관해서는 일절 언급하지 않으면서 예수 그리스도만을 선포한다네. 그의 말로는 우리가 예수 그리스도를 통해 하나님께 직접 나아갈 수 있다는데, 자네도 그 사실을 알고 있었나?" 다시 언급하지만, 오늘 우리에게는 평범하고 자연스러운 것이 당시의 사람들에게는 혁명적이며 급진적인 가르침이었다. 츠빙글리는 명료하게 복음을 가르칠 뿐 아니라 기독론적인 강조점과 초점을 확립함으로써 종교개혁기의 설교자들이 본받을 선례를 남겼으며, 이 점에서 우리는 그에게 많은 빚을 지고 있다.

한편 츠빙글리와 불링거가 남긴 저서들의 표지에서 흥미로운 점을 발견하게 된다. 당시의 책 제목은 대개 길었으며, 그 제목 가운데 사실상 그 책의 줄거리를 요약하는 내용이 담겨 있었다. 이는 마치 오늘날 우리가 책의 뒤표지에서 보게 되는 것과 비슷했다. 그리고 저자의 이름 아래에는 대개 그가 직접 고른 문구가 하나 실려 있었으며, 이는 그 책의 주된 강조점을 요약해 주는 글귀였다. 그런데 츠빙글리와 불링거가 쓴 책들의 표지에는 거의 늘 기독론적인 문구가 실려 있었다. 츠빙글리의 책 중 하나에는 마태복음 11:28이 기록되어 있었다. "수고하고 무거운 짐 진 자들아, 다 내게로 오라." 그리고 불링거는 자신이 쓴 어느 책의 표지에 실을 본문으로 마태복음 17:5을 골랐다. "이는 내 사랑하는 아들이요 내 기뻐하는 자니 너희는 그의 말을 들으라."

츠빙글리의 저작에는 그리스도 중심적인 진술과 원리들이 가득 담겨 있다. 그의 67개 논제는 루터의 95개 논제보다 훨씬 더 그리스도 중심적인 성격을 띤다. 아래의 구절은 츠빙글리의 글 결론 부분의 첫머리에서 가져온 전형적인 진술이다. "복음을 요약하면 다음과 같다. 곧 참 하나님의 아들이신 우리 주 예수 그리스도께서 하늘 아버지의 뜻을 우리에게 알리셨으며, 자신의 무죄함을 통해 우리를 죽음에서 속량하시고 하나님과 화목하게 하셨다는 것이다."[18] 츠빙글리는 자신의 논제 전체에 걸쳐 예수 그리스도의 의를 강조하며, 동시에 우리의 모든 구원이 예수 그리스도 안에 있다는 것, 그리고 우리가 그분을 믿음으로써 모든 은덕을 받게 된다는 것을 역설한다.

불링거가 전한 설교들의 핵심 역시 그리스도께 있었다. 불링거의 기독론은 그가 1528년에 쓴 책 『스투디오룸 라티오』(*Studiorum ratio*)에서 이미 초기적인 형태로 나타났다. 이 책에서 그는 이렇게 언급한다. "나는 성경에서 그리스도께서 십자가에 달리셨다는 말씀을 읽게 된다. 그러므로 나는 그리스도께서 모든 신자의 죄를 담당하셨음을 믿는다. 또 나는 성경에서 그리스도께서 죽은 자들을 다시 살리신 일들을 읽게 된다. 그렇기에 나는 우리가 모든 위험 가운데 오직 그분께 도움을 청해야 한다고 가르친다. 그리고 나는 성경에서, 그리스도께서 세상적인 일들을 물리치고 순결과 자비를 가르치셨음을 읽게 된다. 따라서 하나님을 향한 예배는 순전한 삶과 더불어 순결과 자비의 실천으로 이루어지며, 그 예배는 결코 외적인 제사나 절기, 의복 등에 의존하지 않는다는 것이 내 결론이다."[19]

이런 기독론적 초점은 불링거의 설교집 『데카데스』에서 더욱 뚜렷이 나타난다. 『데카데스』에 실린 설교들의 목적은 독자들을 예수 그리스도께로 인도하는 데 있었으며, 따라서 이 설교집에는 전체적으로 기독론이 깊이 스며들어 있었다.

요하네스 외콜람파디우스

요하네스 후스건Johannes Huszgen, 1482-1531은 탁월한 학자이자 바젤에서 활동했던 중요한 종교개혁자였다.[20] 그의 성은 라틴어식으로 '외콜람파디우스'Oecolampadius였는데, 이는 '집의 등불'을 뜻한다. 올드는 그를 "종교개혁의 정신적 지주 중 하나였던 인물"로 불렀다.[21] 팔라티네이트에서 태어난 그는 법률과 신학을 공부했으며, 인문주의 학자인 야콥 윔펠링Jakob Wimpfeling, 1450-1528의 영향을 받았다. 이후 그는 팔라티네이트 공국을 다스리던 필립Philipp, 1448-1508 선제후의 아들들을 맡은 가정교사로 일한 뒤, 자신의 고향인 바인스베르크Weinsberg에서 설교하기 시작했다. 그 후 학교로 돌아와 그리스어와 히브리어를 공부했으며, 이곳에서는 볼프강 카피토Wolfgang Capito, 1478-1541년경를 만났다. 카피토는 이후 바젤과 마인츠, 스트라스부르에서 사역하게 될 인물이었다. 또 외콜람파디우스는 필립 멜란히톤Philip Melanchthon, 1497-1560의 스승이 되었으며, 이후 멜란히톤은 외콜람파디우스가 "이것은 내 몸이니라"라는 그리스도의 말씀이 지닌 상징적 의미에 관해 쓴 논문의 영향을 받았다. 외콜람파디우스는 에라스뮈스가 그리스어 신약성경의 주석을 완성하는 일을 도왔으며, 또한 그리스 교부들의 글들을 번역하고 그리스어 문법서를 출판했다.

1518년 말에 외콜람파디우스는 아우크스부르크 대성당으로 사역지를 옮겼는데, 이곳은 독일 전역에서 가장 중요한 설교단 중 하나였다. 이때는 루터가 자신의 논제들을 게시한 지 불과 몇 달이 지난 때였으며, 외콜람파디우스는 루터의 논제들을 둘러싼 논쟁의 경과를 깊은 관심을 품고 지켜보았다. 1520년, 그는 아우크스부르크를 떠나 알토뮌스터 수도원의 고해사제가 되었다. 이곳에서 그는 혼자만의 시간을 보내며 교부들과 루터의 저작을 숙고했고, 마침내 루터가 "그의 어떤 대적자들보다도 복음의 진리에 더 가깝다"는 것을 발견했다.[22] 이후 그는 루터, 멜란히톤과 연락을 주고받았으며, 츠빙글리와도 우정을 키워 갔다.

종교개혁자들에 대한 박해는 곧 가열되기 시작했다. 1521년에 열린 보름스 의회에서는 루터를 이단자로 선언하는 칙령을 공표했고, 이에 루터는 잠시 몸을 숨길 수밖에 없었다. 그리고 외콜람파디우스는 저명한 학자였지만 일자리 없이 떠도는 망명자가 되어야만 했다. 그러나 하나님의 섭리 가운데, 그는 1522년 바젤로 돌아와 대학 교수로서 성경을 가르치는 동시에 생 마르탱 교회에서 설교 사역을 감당하게 되었다. 1523-1524년에 그는 사백 명의 청중에게 이사야서를 강론했으며, 그 내용을 주석으로 출판하여 루터와 칼뱅의 칭송을 받았다(1525). 그는 이사야서 55:3을 주석하면서 하나님이 세우신 영원한 은혜 언약의 토대로서 성부와 성자 사이의 협약을 언급하는데, 개혁파 측에서 이런 관점을 제시한 사람은 아마 그가 최초일 것이다.[23] 또한 그는 스무 권에 이르는 성경의 다른 책들에 관해 주석을 집필했는데, 이 중 어떤 것도 아직 영어로 번역되지는 않았다.[24]

1528년, 외콜람파디우스는 스물여섯 살 된 과부 비브란디스Wibrandis와 결혼했다. 그러나 그가 세상을 떠나자 그녀는 카피토와 재혼했으며,

카피토가 죽은 후에는 마르틴 부처Martin Bucer, 1491-1551와 재혼했다.

1529년, 바젤 시 정부는 종교개혁을 지지하는 입장을 공식적으로 선언했다. 이때 공표된 종교개혁 법령의 제1조는 이렇게 언급했다. "이제부터는 오직 거룩한 하나님의 말씀, 곧 예수 그리스도의 복음만을 설교해야 한다. 설교자들은 이 기쁜 소식을 순전하고 명료하며 단순한 태도로 신자들에게 전파해야 하며, 그 목적은 하나님께 영광을 돌리고 신자들 간의 형제애를 견고히 다지는 데 있다."[25] 그리고 외콜람파디우스는 바젤 대성당의 설교자로 승격되었다. 여기서 그는 마가복음을 설교해 나갔으며, 그 설교 가운데 131편이 여전히 남아 있다. 또한 그는 골로새서를 비롯해 다른 성경 본문들을 강해해 나갔지만, 이 설교들은 남아 있지 않다.[26]

외콜람파디우스는 강력한 지도력과 더불어 불필요한 논쟁을 피하는 외교적 수완을 발휘했으며, 이는 바젤의 종교개혁이 하나로 연합되어 진척되는 데 기여했다. 그는 1529년에 열린 마르부르크 회담에 참석하여, 그리스도께서 성찬에 장소적, 물질적으로 현존하신다는 루터와 멜란히톤의 신념에 맞서 츠빙글리의 편을 들었다. 그리고 그는 교회에 대한 정부의 통제를 약화시킴과 동시에, 교회가 신자들을 징계할 정당한 권한을 지니도록 만들기 위해 노력했다.

외콜람파디우스는 1531년에 세상을 떠나기까지 계속 바젤에서 사역했다. 그리고 그의 저술과 개혁 활동은 칼뱅에게 큰 영향을 끼쳤다. 외콜람파디우스가 죽은 지 불과 몇 년 뒤 칼뱅은 바젤에서 자신의 『기독교 강요』 초판을 집필했으며, 여러 해 동안 외콜람파디우스가 남긴 주석들을 계속 숙고했다. 그러므로 이 독일계 스위스인 개혁자는 참으로 하나님의 집에 거하는 수많은 자를 환히 비춘 '등불'이었음이 입증되었다.

다이앤 포이트레스Diane Poythress는 외콜람파디우스의 이사야 설교에 담긴 메시지를 주의 깊게 연구한 뒤, 그의 설교에서 나타나는 네 가지 체험적인 주제에 관해 다음과 같이 언급했다.

1. "외콜람파디우스는 탁월한 솜씨로 악의 실체를 드러낸다."[27] 외콜람파디우스는 자신의 설교에서, 사탄의 책략을 파악하고 그 속임수들을 물리칠 방법에 관해 많은 것을 가르친다. 이는 그의 설교에서 주로 언급되는 체험적인 주제 중 하나로서, 우리의 영혼이 사탄의 세력에 맞서 싸울 방법을 제시하고 있다. 그는 사탄이 거룩한 하나님의 일들까지 악용하여 자신의 거짓말을 하나님의 진리와 뒤섞는다는 것을 지적한다. 사탄은 경건한 이들을 중상하고, 공의를 왜곡하며, 근심에 빠진 자들을 끊임없는 의심으로 괴롭힌다. 그러므로 신자들은 마귀가 자신들을 공격해 올 것을 마땅히 대비해야 한다. 외콜람파디우스는 이렇게 질문한다. "그[사탄]는 감히 그리스도를 공격하는 것도 겁내지 않았던 자입니다. 그런 그가 우리를 가만히 놓아두겠습니까?" 특히 사탄의 목표는 하나님이 그들을 버리셨다고 속임으로써 신자들을 낙심시키려는 데 있다. 이 바젤의 개혁자는 이렇게 언급한다. "이처럼 우리가 깊은 시련 속에 있을 때, 마귀는 얼마나 자주 우리의 믿음이 헛되며, 우리가 저주받은 자들 중에 속한다고 속삭이는지 모릅니다.……우리가 하나님의 은혜를 확신할 때 양심의 기쁨을 누리듯이, 그분이 우리에게 진노하신다고 느낄 때에는 가장 깊은 두려움에 빠지게 됩니다. 실로 이것은 지옥 그 자체입니다."[28] 그러나 마귀의 유혹은 결국 승리할 수 없다. 이는 그리스도께서 우리의 주님이 되시기 때문이다.

2. 외콜람파디우스에 따르면, 역사의 완성을 기억하는 일은 우리의 영혼이 경건을 향해 나아가도록 유익한 자극을 준다.[29] 신자들은 이 일을 통해 여러 가지로 격려를 받게 된다. 우선 우리는 결국 하나님의 공의가 승리하고 그분께 속한 백성의 대적들은 엄한 징벌을 받게 될 것임을 확신하게 된다. 이 일은 하나님이 언젠가는 우리 속에 있는 죄를 완전히 짓밟으시고, 우리 내면의 "바벨론"을 허물어뜨리실 것이라는 위안을 준다.

심판의 날을 내다볼 때, 그리스도인들은 더욱 힘을 얻어 그리스도의 영광을 바라보게 된다. 그리하여 그들은 하나님이 어디로 인도하시든지, 자신의 온 마음과 영혼으로 그분의 뒤를 따르게 된다.[30]

3. 외콜람파디우스는 신자들에게 경건한 삶을 살도록 격려한다. 그는 율법을 기독교적인 삶의 지침으로 제시하며, 그리스도에 대한 믿음이 이런 삶의 동력이 된다고 언급한다. "하나님의 계명들은 어려운 것이 아닙니다.……형제들을 위해 자신의 생명을 내어놓거나 원수들에게 선을 행하는 것, 또 세상에 속한 모든 일을 포기하는 것은 마치 험한 산을 오르는 것처럼, 가장 힘겨운 오르막길을 애써 걷는 것처럼 보입니다. 그러나 믿음이 있는 자에게는 그 어떤 일도 어렵지 않습니다."[31] 외콜람파디우스는 신자들에게 순종의 능력을 얻으라고 권면하며, 이는 우리가 하나님의 능력과 그분이 주신 약속들의 신뢰성을 더 깊이 알아갈 때 가능하다고 역설한다. 그는 성경에 나오는 영웅들의 예를 들면서 청중의 경건을 자극하고, 하나님의 이름들이 지닌 의미가 우리에게 어떤 위로를 주는지를 보여준다. 한 예로, "만군의 주"라는 이름을 들면서 이렇게 언급한다. "하늘에 속한 군대든 땅의 군대든, 모든 군대는 하나님의 뜻을 받드는 종들입니다. 그리고 주님은 그들을 보내어 자신의 백성을 도우실 수 있습니다." 외콜람파디우스는 신자들에게 서로 복음을 나누고 전하면서 격려를 얻도록 권고한다. "여러분이 마땅히 선포해야 할 말씀이 여기 있습니다. 이는 곧 그리스도의 자비와 능력, 그분의 임하심에 관한 것입니다.……우리는 참된 선포자로서 이렇게 외쳐야 합니다. '여러분의 하나님을 바라보십시오.'"[32]

4. 외콜람파디우스는 무엇보다 설교를 그리스도에 대한 인격적 선포로 보았다. 이런 관점은 그의 성경관에서 유래한 것으로, 그는 이렇게 언급한다. "하나님의 말씀을 영감하신 분은 성령님이시므로, 나는 성경의 영이신 그분이 모든 본문에서 자신의 목적과 목표, 방법을 결정할 때 그

리스도 예수를 염두에 두셨다고 단언하지 않을 수 없다." 따라서 학생이 무엇보다 먼저 할 일은 그리스도를 찾는 마음으로 성경 앞에 나아오는 것이다. "성경의 의미는 오직 그리스도를 찾는 이들, 또한 그리스도께서 친히 자신을 계시해 주시는 이들에게만 임하게 된다."[33] 이런 자세는 우리를 겸손히 낮추는 일과 밀접히 연관되어 있다. 하나님이 자신을 계시해 주시는 것은 그분 자신의 영광을 위함이며, 우리는 그분을 더 알아갈수록 자신의 "부정함"을 더 깊이 깨닫게 되기 때문이다.[34]

결론

이 장에서는 츠빙글리와 불링거, 외콜람파디우스의 생애와 사역을 간략히 살펴보았다. 이를 통해 하나님이 16세기에 일으키셨던 성경적이며 체험적인 설교를 조금이라도 맛볼 수 있었기를 바란다. 오늘날 종교개혁의 계승자들은 주로 신학적인 측면에서 그 운동을 기억하고 있으며, 이는 마땅한 일이다. 그러나 다른 한편으로, 그 신학이 각 나라로 퍼져 나가 사람들의 마음을 사로잡은 것은 바로 마음에서 마음으로 전해지는 하나님 말씀의 설교를 통해서였다. 성경 강해에 토대를 둔 이 설교는 한 번에 한 책씩 다루어 나가는 방식으로 진행되었으며, 그 설교의 목표는 단순히 사람들에게 지식을 전해 주는 데 그치지 않았다. 이 설교의 목표는 또한 회중의 마음에 불을 붙여 그들로 하여금 자신의 죄를 애통하게 하며, 구주의 영광을 사모하게 하는 데 있었다. 이후에는 사람들에게 잊혀질 때도 많았지만, 이 세 인물은 하나님이 임무를 맡기신 곳에서 환하게 타오르는 빛처럼 충실하게 그분을 섬겼다. 그 결과, 그들은 오백 년이 흐른 지금도 교회를 향해 자신들의 메시지를 생생히 전하고 있다. 하나님이 우리에게 은혜를 베푸셔서, 이 세 사람이 그랬듯이 우리도 현시대에 충성된 사역자들이 되기를 바란다.

06장 종교개혁 설교자들 : 칼뱅

장 칼뱅은 설교의 위치를 중시했다.[1] 그는 설교의 직무를 "모든 일 가운데 가장 탁월한 사역"으로 불렀다. 이 직무는 하나님이 우리에게 위임하신 것으로, 지극히 높임을 받아 마땅했다. 칼뱅의 결론에 따르면, 교회 안에서 이 복음의 사역보다 더 중요하거나 영광스러운 것은 없다.[2] 이사야 55:11을 주석하면서, 그는 이렇게 언급한다. "하나님이 입을 열어 말씀하실 때, 그 말씀은 동시에 사람의 입을 통해 전달된다. 이는 그분이 하늘에서 직접 말씀하지 않으시고, 사람들을 자신의 도구로 사용하시기 때문이다."[3]

칼뱅은 설교를 하나님이 구원과 은총을 베푸시는 정상적인 방편, 또는 일반적인 방편으로 보았다. 그에 따르면, "내적인 사역자"이신 성령님은 우리를 "외적인 사역자"로 쓰셔서 말씀이 전파되게 하신다. 외적인 사역자들은 회중의 귀에 들리도록 소리 내어 말씀을 전하는 한편, 그 선포되는 메시지의 내용이 실제로 전달되게 하시는 분은 바로 내적인 사역자이신 성령님이시다. 그리고 그리스도께서 그 내용이 되신다.[4] 하나님은 친히 그분의 성령으로, 자신이 세운 종들의 입을 통해 말씀하신다. 칼뱅은 이렇게 언급한다. "복음이 설교되는 곳마다, 마치 하나님이 친히 우리 중에 임하시는 듯한 일이 나타나게 된다."[5] 이같이 성령님이 죄인들을 일깨우고 회심시키며 약속의 인을 치는 구원 사역을 이루어 가실 때, 우리의 설교는 그분의 사역을 위한 도구와 방편으로 쓰임받게 된다. "성령님이 회중에게 자신의 능력을 드러내실 때, 그분의 내적인 효력이……나타난다. 그리하여 그들은 그 강론[설교]을 '믿음'으로 받아들이게 된다."[6]

칼뱅은 설교된 말씀과 성령의 내적 증언이 서로 구별되지만 분리될 수는 없다고 가르쳤다. 말씀과 성령은 유기적으로 결합되어 있다. 그러므로 성령님의 사역이 없이는, 불신자들이 설교를 들을지라도 그들이 당할 정죄의 무게만 더 커질 뿐이다. 다른 한편, 칼뱅은 말씀을 떠나서, 또는 말씀을 희생하면서 성령의 사역만을 강조하는 이들을 책망했다. 그에 따르면, 기록된 말씀에서 스스로를 분리시키는 것은 사탄의 영뿐이다.[7]

칼뱅은 이처럼 설교를 중시했기에, 스위스의 제네바에서 이십육 년간 사역하면서 몇 가지 영역에서 적극적으로 설교의 중요성을 드러내 보였다. 첫째, 칼뱅은 자신의 삶을 통해 그런 확신을 보여주었다. 칼뱅은 주일 아침에 신약을 설교했으며, 주일 오후에는 시편을, 주중에는 하루나 이틀 정도 새벽 여섯 시에 구약을 설교했다. 그는 1541년부터 1564년까지 제네바에서 사역하던 기간에 이런 일정을 따랐으며, 그리하여 거의 사천 편에 이르는 설교를 전했다. 이는 한 해에 백칠십 편이 넘는 횟수다. 임종을 맞을 때, 칼뱅은 자신의 설교가 자신의 저서들보다 더 중요한 의미를 지닌다고 술회했다.[8]

둘째, 칼뱅은 회중이 하나님의 말씀을 바르게 경청할 책임에 관해 자주 설교했다. 그는 회중이 어떤 마음으로 설교를 들으러 와야 하며 설교의 어떤 부분에 귀를 기울여야 하는지, 또 그 내용에 어떻게 응답해야 하는지를 가르쳤다. 칼뱅에게 참된 설교는 모두 성경적인 설교였으며, 목회자들은 성경을 펼친 다음 하나님이 명하신 내용만을 설교해야 했다. 그리고 회중은 이 잣대에 따라 설교들을 평가해야 했다. 곧 그들은 비성경적인 설교를 거부함과 동시에, 성경적인 설교는 하나님의 말씀으로 받아들이고 순종해야 했다. 칼뱅의 목표는 회중에게 설교의 중요성을 이해시키는 동시에 설교를 지극한 은총의 통로로 여겨 사모하도록 가르치고, 그들로 하여금 설교자 자신만큼이나 설교의 내용에 진지하게 참여하도록 이끄는 데 있었다. 회중은 기본적으로 하나님께 온전히, 그리고 망설임 없이 순종하려는 태도를 품어야 했다.[9]

칼뱅이 이처럼 말씀의 유익한 경청을 강조한 것은 그렇게 경청할 줄 아는 사람들이 거의 없다고 여겨졌기 때문이다. 일반적으로 칼뱅은 회중의 상태를 이렇게 평가했다. "이를테면 백 명의 청중에게 설교를 전할 경우, 그중 스무 명은 기꺼이 순종하려는 믿음으로 그 말씀을 받아들이지만 나머지 사람들은 그 내용을 무가치하게 여기고 비웃거나, 혹은 야유하면서 혐오감을 드러낸다."[10] 칼뱅의 설교들(특히 신명기 설교)과 주석(예를 들어 시 119:101과 행 11:23의 경우), 그리고 『기독교 강요』(특히 3.21-24)에서, 나는 이 같은 언급을 마흔 번이 넘게 찾아볼 수 있었다. 이처럼 회중이 바른 자세로 설교를 경청하게 하는 일이 칼뱅의 사역 당시에도 문젯거리였다면, 목회자들이 회중의 주의를 끌기 위해 매일 우리 앞에 쏟아지는 온갖 대중매체와 경쟁해야 하는 지금은 얼마나 더욱 그러하겠는가?

셋째, 칼뱅은 자신이 확립한 제네바의 교회 제도에서도 설교를 강조했다. 당시 제네바 교회의 규례Ordinances에 따르면, 매 주일 세 곳의 교회에서 새벽과 아침 아홉 시에 말씀이 전파되어야 했다. 그리고 정오에 아이들을 대상으로 교리문답 교육을 행한 뒤, 오후 세 시에는 각 교회에서 세 번째 설교가 전달되어야 했다. 그리고 주중에는 월요일과 수요일, 금요일에 세 곳의 교회에서 각기 다른 시간대에 말씀이 선포되어야 했다. 이는 사람들이 그 교회들을 차례로 찾아가 설교를 들을 수 있게 하려는 것이었다. 그러므로 당시의 사람들은 마음만 있으면 하루에 세 번의 설교를 모두 들을 수 있었다. 칼뱅이 세상을 떠날 무렵에는 각 교회에서 날마다 적어도 한 번의 설교가 이루어졌다.

이처럼 칼뱅이 설교의 은사를 지녔던 점, 또 그가 신학적인 면에서나 실제적인 면에서 설교를 중시했던 점은 우리에게 그의 설교를 연구할 동기를 부여해 준다. 이 장에서는 먼저 칼뱅의 설교를 폭넓게 개관해 보려 한다. 그런 다음에는 그가 어떻게 체험적인 설교를 전했으며, 그런 설교가 관련 교리들, 또는 그 결과로 따라 나오는 교리들에 어떻게 접목되었는지에 초점을 맞추어 자세히 살필 것이다. 그 교리들로는 신앙의 확신과 선택, 자기 성찰 등이 있다.

칼뱅의 설교

칼뱅은 성경의 여러 책을 연속적으로 설교하면서, 각 본문의 의미를 드러내는 한편 그 의미가 회중 자신의 삶에 어떻게 적용되는지를 보여주려고 노력했다. 칼뱅은 고대 교회의 강론과 비슷한 설교 방식을 취했으며, 그의 설교에는 본문에서 나타나는 것 외의 구분이나 요점이 담겨 있지 않았다. 파울 푸어만Paul Fuhrmann에 따르면, 칼뱅의 설교는 고대 교회의 강론과 매우 유사했다. 그는 문법과 역사의 빛에서 성경의 본문들을 강해하고, 회중이 처한 삶의 정황에 그 내용을 적용했다.[11]

칼뱅은 주의 깊은 성경 해석자이자 유능한 강해자이며, 말씀을 충실히 적용하는 설교자였다. 그의 설교 목표는 하나님을 영화롭게 하고 신자들로 하여금 그리스도 예수를 아는 지식과 은혜 가운데 자라게 하며, 죄인들을 그리스도께 연합시키는 데 있었다. 그리고 이 연합을 통해 "사람들이 값없이 죄 사함을 받고, 하나님과 화목을 이루게" 하려는 것이 그의 목표였다.[12] 그의 설교에서, 죄인들을 구원하려는 이 목표는 성경의 교리들에 대한 강조와 적절히 조화를 이루었다. 그에 따르면, 목회자들은 하나님의 진리를 맡은 관리자들이다. 진리 가운데는 그분의 고귀한 형상이 담겨 있으며, 이는 곧 우리의 구원에 관한 숭엄한 교리들과 이 세상의 삶에 관한 내용이다.[13] 칼뱅은 목회자들에게, 이 보물이 무사히 보존되도록 하나님의 말씀을 주의 깊게 다룰 것과 늘 순전한 자세로 성경적인 가르침을 전하려고 애쓸 것을 자주 권고했다. 그러나 다른 한편으로, 칼뱅은 당시 회중의 삶에서 생겨나는 사건들에 관해 말씀이 주는 의미를 무시하지 않았다. 지금 강설하는 본문의 내용이 당시 제네바에서 벌어지던 사건들에 밀접히 연관될 경우, 칼뱅은 본문의 메시지를 그런 사건들에 자유롭게 적용했다. 이 적용은 실제적이며 체험적이고 도덕적인 방식으로 이루어졌다.[14]

칼뱅은 설교자를 교사로 여겼으며, 따라서 세심한 설교 준비의 중요성을 강조했다. 그의 빈번했던 설교 횟수와 막중한 업무량을 감안할 때, 칼뱅 자신의 경우에 어떻게 그 목표를 달성할 수 있었는지는 수수께끼로 남아 있다. 그러나 칼뱅은 자신이 강설할 본문을 주의 깊게 연구함과 동시에, 다른 이들이 그 본문에 관해 논한 내용을 폭넓게 살폈던 것이 분명하다. 칼뱅은 자신의 놀라운 기억력에 의존하면서 즉흥적인 방식으로 설교했다. 당시 그는 하나님의 능력이 이처럼 즉흥적인 설교를 통해 가장 잘 나타나게 된다고 자주 언급했다.

지금 칼뱅의 설교 원고가 남아 있지 않은 이유는 바로 여기에 있다. 우리가 아는 한, 당시 그는 한번도 설교 원고를 작성했던 적이 없다. 그럼에도 현재 이천 편이 넘는 칼뱅의 설교문이 남아 있는 이유는 드니 라구에니어 Denis Raguenier 라는 필경사가 1549년부터 1560년에 자신이 죽기까지 그 내용을 속기로 받아 적었기 때문이다. 하지만 칼뱅은 그 설교가 책으로 출판되기를 원하지 않았던 것이 분명하다.

칼뱅은 설교할 때 구약의 경우 네다섯 절, 신약의 경우 두세 절 정도를 다루곤 했다. 그의 설교는 대개 삼십오 분에서 사십 분 정도 이어졌으며, 당시의 기준에서 이는 상당히 짧은 편이었다. (부분적으로 그 원인은 그가 앓았던 천식 때문이었을 수도 있다.) 어떤 이들에 따르면 그는 "신중하게 말씀을 전했으며, 사람들에게 생각할 시간을 주기 위해 종종 오랫동안 말을 멈추곤 했다." 다만 칼뱅이 설교를 제시간에 마치기 위해 말을 빠르게 이어갔을 것이라고 보는 이들도 있다.[15]

칼뱅의 설교 방식은 단순하고 명료했다. 그는 '순전한 말씀 전파'라는 제목의 설교에서 이렇게 언급했다. "우리는 무익한 말들을 장황하게 늘어놓는 일을 피하고, 단순한 가르침을 전하는 데 집중해야 합니다. 그런 가르침에는 힘이 있기 때문입니다."[16] 그에 따르면 수사학 자체를 위한 수사학은 피해야 하지만, 복음의 단순성을 받들면서 진실한 마음으로 유창하게 설교하는 것은 바람직한 일이다. 요아힘 베스트팔Joachim Westphal이 그의 설교를 두고 "장황하다"고 비난하자, 칼뱅은 자신이 성경 본문의 요점을 고수할 뿐 아니라 '주의 깊은 간결성'의 원칙을 지킨다고 응수했다.[17]

칼뱅의 설교에는 처음부터 끝까지 풍성한 적용이 담겨 있었다. 어떤 경우에는 본문의 강해보다 적용에 더 많은 시간이 소요되었다. 그는 설교 내내 짧고 예리한 적용을 제시했으며, 죄인들이 하나님의 말씀에 순종하도록 끊임없이 재촉하고 권면하며 요청했다. 칼뱅이 강조한 바에 따르면, 우리가 설교를 들어야 할 이유는 자신이 미처 알지 못했던 내용을 접하기 위함이 아니라, 우리의 마땅한 의무를 수행하도록 자극을 받기 위함이다.[18]

T. H. L. 파커는 칼뱅의 설교가 다음의 순서대로 진행되었다고 언급한다.

1. 기도.

2. 이전 설교를 요약함.

3a. 본문의 첫 번째 요점을 주해하고 강설함.

3b. 첫 번째 요점을 적용하고, 의무에 순종할 것을 권면함.

4a. 본문의 두 번째 요점을 주해하고 강설함.

4b. 두 번째 요점을 적용하고, 의무에 순종할 것을 권면함.

5. 마침 기도. 이곳에는 설교 내용의 간결하고 암시적인 요약이 담겨 있음.[19]

존 거스트너John Gerstner, 1914-1996에 따르면, 칼뱅은 자주 이런 구조적인 순서를 따르기를 원했다. 하지만 칼뱅은 이 순서를 종종 벗어나곤 했는데, 이는 그가 적용에 관해 다루기를 무척 고대했기 때문이다. 그는 자주 본문 내용을 해설하는 도중에 적용에 관해 언급하곤 했다. 달리 말하면 장 칼뱅의 설교에서는 적용이 지배적인 요소였으며, 다른 요소들은 전부 그 내용에 종속되어 있었다.[20]

설교에서 경건을 강조한 칼뱅

칼뱅은 참된 종교를 하나님과 인간 사이의 교제로 이해했다. 칼뱅은 하나님의 편에서 인간에게로 나아가는 교제의 움직임을 **계시**로, 인간의 편에서 하나님께로 나아가는 교제의 움직임을 **경건**으로 불렀다. 그리고 이 경건에는 그분을 향한 우리의 순종과 응답이 담겨 있었다. 경건은 하나님의 은혜를 통해 믿음으로 작용하며, 그 속에는 하나님을 어린아이처럼 신뢰하면서 겸손히 경배하는 일, 그분을 신실하게 경외하며 변함없이 사랑하는 일 등의 헌신적인 섬김이 포함되어 있었다. 칼뱅은 자신의 설교에서, 종종 이런 섬김을 격려하는 데 적용의 목표를 두었다.

칼뱅에게 설교자의 목표는 경건을 장려하는 데 있었다. 물론 설교자는 회중 스스로가 경건을 만들어 낼 수 없음을 깊이 인식해야 했다. 회중은 성령님의 은혜로 경건을 받아들일 뿐, 경건의 창시자가 아니기 때문이다. 칼뱅은 성령님이 말씀과 함께 임하셔서 회중에게 경건한 은혜의 은사들을 베풀어 주신다고 보았다.

칼뱅의 경건은 그의 신학과 마찬가지로 하나님을 아는 지식에서 분리될 수 없다. 하나님을 아는 참된 지식은 경건한 섬김을 낳으며, 그런 섬김의 목표는 단순히 개인이 구원받는 수준을 넘어서서 하나님의 영광을 추구하는 데 있다. 그러므로 회중이 하나님의 영광을 받들지 않는 곳에서는 참된 경건이 존재한다고 할 수 없다. 이같이 하나님을 알 때, 신자들은 삶의 모든 영역에서 절제와 순종, 사랑으로 그분께 응답하게 된다. 칼뱅에 따르면, 율법은 우리에게 사랑을 명령하며, 생각과 말, 행동으로 그 사랑을 어떻게 나타낼 것인지를 보여준다. 그리고 이에 따라 우리는 절제된 삶을 통해 하나님께 순종하며, 그분의 영광을 위해 살아가게 된다. 실로 사랑은 율법의 완성이다. 그러므로 칼뱅에게 참된 경건은 사랑과 율법이 서로 관계 맺는 가운데 나타나며, 이 일은 하나님을 향한 **수직적인** 측면과 인간을 향한 수평적인 측면 모두에서 이루어진다.

그러므로 은혜와 율법 모두 칼뱅의 신학과 설교에서 중요한 위치를 차지한다. 율법을 준수하는 것은 특히 중요한데, 이는 율법의 으뜸가는 목적이 우리로 하여금 자신의 삶 전체를 하나님께 바치도록 이끄는 데 있기 때문이다. 라이어널 그리브Lionel Greve는 이렇게 언급한다. "칼뱅의 사상에서는 이처럼 은혜가 우선순위를 지닌다. 따라서 칼뱅의 경건은 신자들의 삶이 지닌 특질인 동시에, 하나님이 베푸신 은혜에 대한 응답으로 간주될 수 있다. 이 은혜는 율법을 초월하는 성격을 지니지만, 동시에 그 안에 율법도 내포되어 있다." 나아가 그는 이렇게 결론짓는다. "칼뱅의 경건은 '초월적인 경건'으로 언급될 수 있다. 이 경건은 은혜에 기초한 것이기에 피조물인 우리의 수준을 초월하는 성격을 지니지만, 동시에 그 속에는 우리 자신도 포함되어 있다. 이는 바로 우리가 그 신실함을 드러낼 주체이기 때문이다. 경건의 주체인 우리는 결코 자신의 번영을 우선시해서는 안 된다.……전반적으로 칼뱅의 경건은 늘 하나님을 향해 나아간다. 하나님이 베푸시는 선을 통해 우리가 얻는 유익은 경건의 주된 목적을 받들 때 따라오는 부산물일 뿐이다. 그 주된 목적은 곧 하나님을 영화롭게 하는 데 있다."[21]

칼뱅은 하나님의 영광과 더불어 성령께서 사역하신 결과로 나타나는 신자의 경건을 강조했으며, 이를 통해 기독교적인 체험의 신학을 수립했다. 그에게 체험은 신학적으로나 영적으로 꼭 필요한 요소였다. 칼뱅이 신자의 삶에서 이루어지는 성령님의 사역을 강조한 점, 이를 통해 '성령의 신학자'라는 호칭을 얻게 된 점을 고려할 때, 이 점은 충분히 이해할 만하다. 그러므로 칼뱅의 설교에서 성령론적이며 체험적인 경건을 강조하는 표현들이 나타나는 것 역시 놀랄 일이 아니다. 여기서 다룰 질문은 과연 그가 체험적인 설교자였는지에 관한 것이 아니다. 이는 그의 설교와 주석, 심지어는 『기독교 강요』에서도 명백히 드러나는 특징이기 때문이다. 오히려 우리가 살필 질문은 이것이다. 칼뱅의 신학과 설교에서 체험은 어떤 역할을 했는가?

칼뱅과 체험

칼뱅은 자신의 글들에서 체험을 높이 평가하지만, 그 체험이 성경에 근거를 두고 신앙의 생생한 실재에서 흘러나올 경우에만 그러하다. 그는 신자들의 체험을 언어적인 표현을 넘어서는 것으로 거듭 정의한다. 예를 들어, 그는 이렇게 언급한다. "그렇다면 그것(신앙의 체험—옮긴이)은 근거를 요구하지 않는 확신이며, 가장 탁월한 이성으로 동의할 수 있는 지식이다. 우리의 지성은 그 안에서 참된 안식을 누리며, 이는 어떤 이성적인 근거에 의존할 때보다 더 견고하고 변함없는 인식이다. 끝으로, 그것은 오직 하늘의 계시를 통해서만 생겨날 수 있는 감정이다. 지금 나는 신자들이 각자 자신의 내면에서 체험하게 되는 일을 언급할 뿐이다. 다만 내 말만 가지고 이 문제를 제대로 설명하기에는 지극히 미흡하다."[22] 칼뱅은 계속해서, 신자들이 무익하고 과장된 사변보다는 생생한 체험을 통해 하나님을 알게 된다고 언급한다. 그리고 그는 서둘러 이렇게 덧붙인다. "체험을 우리의 교사로 삼을 때, 우리는 그분의 말씀 안에서 자신을 선포하시는 하나님과 동일한 분을 만나게 된다."[23]

거짓 체험은 성경의 가르침과 일치하지 않는 신을 꾸며내지만, 참된 체험은 언제나 성경의 진리들 가운데 흘러나오며 그 진리들의 옳음을 확증한다. 성경의 가르침은 성령의 사역을 통해 생겨나는 거룩한 체험과 조화를 이룬다. 칼뱅에 따르면 성경에 담긴 것은 추상적이며 스콜라주의적인 교리들이 아니라, 오히려 생생한 삶의 실재에 근거를 둔 가르침이기 때문이다. 이 같은 성경의 가르침들은 우리의 일상적인 삶을 인도하며 변화시킨다. 체험은 칼뱅의 주해에서 중요한 역할을 했다. 빌럼 발크Willem Balke는 이렇게 언급한다. "우리가 성경을 해설할 때, 체험은 해석의 열쇠가 될 수 있다. 성경은 우리를 하나님 앞에서coram Deo 벌어지는 신앙의 씨름 한가운데로 이끌고 가기 때문이다. 따라서 칼뱅은 시편 주석의 서문(1557)에서 그랬듯 주석가로서 자신의 자격을 옹호할 수 있었다. 이는 성경에서 증언하는 내용을 그가 직접 체험했기 때문이다."[24]

칼뱅은 자신이 종교개혁자로서 겪은 다양한 체험을 하나님 말씀의 해석과 설교를 위한 중요한 자격 요건으로 여겼다. 특히 시편 해설에 연관 지어 이런 자격 요건을 언급했는데, 시편이 칼뱅의 말처럼 영혼의 모든 부분에 관한 해부도인 동시에 고난받는 하나님 백성의 삶에 가장 밀접히 연관되는 책이었기 때문이다. 칼뱅의 모든 설교와 주석들은 그가 성경의 어떤 책도 단순한 교리로 축소될 수 있다고 믿지 않았음을 보여준다.

칼뱅은 이처럼 자신의 성경 주해와 설교에서 체험에 중요한 비중을 두었지만, 동시에 체험에는 뚜렷한 한계가 있다는 것을 이해하고 있었다. 이는 말씀과 분리될 때, 우리의 체험은 불완전하고 신뢰할 수 없는 것이 되기 때문이다. 신비주의자들은 늘 인간의 깊은 내면에 관심의 초점을 두지만, 칼뱅은 우리가 자신의 마음속을 깊이 들여다볼지라도 하나님께로 나아가는 길을 발견할 수는 없다고 결론지었다. 오히려 그는 마르틴 루터의 견해에 동의하면서, 우리가 하나님께로 나아가는 유일한 길은 말씀에 중심을 둔 신앙뿐이라고 언급했다. 칼뱅에 따르면, 신자들이 경험 그 자체를 통해 하나님의 뜻을 파악할 수는 없다. 우리가 그분의 뜻을 알아갈 수 있는 길은 오직 성경의 증언을 통해서다.[25]

만일 우리의 신앙 체험이 성경에 기초하지 않는다면, 우리에게는 아무 기반이 없는 모호한 느낌만 남게 될 것이다. 그러나 참된 신앙은 기록된 말씀에 기반을 둔다. 자신의 체험만 가지고 우리의 삶에 하나님이 함께하시는지 여부를 판가름하려 해서는 안 된다. 그럴 경우, 우리는 금세 절망에 빠지게 될 것이기 때문이다. 칼뱅은 이렇게 언급한다. "만일 우리 자신의 느낌을 좇아 하나님이 우리를 도우시는지 여부를 분간한다면, 우리의 신앙은 곧 흔들리며 우리에게는 아무 용기나 희망도 남지 않게 될 것이다."[26]

그러므로 칼뱅은 체험주의자, 곧 신비적이거나 주관적인 태도를 품고 자신의 체험에만 관심을 쏟는 이가 되지 않으려고 주의했다. 그는 우리의 체험이 기록된 말씀의 증언을 좇아 규정되어야 한다는 것을 잘 알고 있었다.

칼뱅은 체험주의와 메마른 스콜라주의를 모두 피하려 했다. 그는 성경을 추상적인 교리들의 모음집으로 간주하기보다, 성경의 교리들을 "교회와 신자 개개인의 신앙과 삶 속에 깊이 심긴 것"으로 여겼다. 칼뱅에 따르면, "그리스도인과 교회의 활동 가운데 신앙의 확증이 자연스럽게 이루어지는 곳은 바로 이런 영역들"이었다.[27]

신앙의 체험 또는 신앙의 감각

칼뱅에 따르면, 신앙의 체험 또는 감각은 성령님의 사역에서 분리될 수 없다. 성령님은 우리 영혼의 중심을 새롭게 하시며, 그분의 사역 속에는 일깨우심과 인치심이 포함된다. 그러므로 우리의 지성을 일깨우시는 사역과 우리의 마음속에서 효과적으로 행하시는 인치심의 사역이 서로 연합되는 것이다. 이 인치심의 사역을 통해, 성령님은 말씀의 권위를 확증하고 자신의 구원 사역을 실제로 드러내신다. 우리는 이런 성령님의 사역을 통해 하나님이 그분의 자비로써 베푸신 약속들을 확신하게 되며, 그 약속들을 직접 체험하게 된다. 칼뱅에 따르면, 이 교리는 말에 속한 것이 아니라, 우리의 삶에 속한 것이다. 이 교리는 다른 학문 분과들처럼 우리의 이해력과 기억력만으로 파악할 수 없다. 오히려 우리는 온 영혼이 이 교리에 사로잡힘으로써 그것을 받아들이게 되며, 이를 통해 그 교리는 우리 내면의 가장 깊은 정서 속에 자리 잡고 뿌리를 내리게 된다.[28]

이 같은 '신앙의 체험'은 신자 자신의 능력에 속한 것이 아니라, 성령께서 말씀을 통해 이끌어 내시는 창조적인 결과물이다. 이런 체험에는 객관적인 진리와 주관적인 진리가 모두 담겨 있다. 성령님은 하나님의 말씀 안에서뿐 아니라 신자의 마음속에서도 진리를 증언하시며, 신자들은 그분의 이러한 증언을 실제로 듣고 체험하게 된다. 그리고 이같이 객관적이며 주관적인 성령님의 증언을 통해, 신자들은 하나님과 그분의 말씀이 절대 진리임을 체험적으로 확신하게 된다. 성령님의 강력한 역사를 체험할 때, 우리는 삼위일체 하나님께 자발적인 신앙과 순종으로 응답하면서 자신의 마음과 의지, 감정을 드려 헌신하게 된다. 성령님은 성자의 영이시며, 그분의 중요한 과업은 신자들을 그리스도께로 인도하고 다시 그리스도를 통해 그들을 성부께로 이끌어가는 데 있다. 그러므로 사도 요한이 언급하듯, 우리가 겪는 신앙 체험의 중심은 "아버지와 그의 아들 예수 그리스도와 더불어 누[리는]" 교제에 놓이게 된다(요일 1:3). 이같이 참된 체험은 언제나 우리를 참된 친교로 인도해 가며, 동시에 이 체험은 '프락시스 피에타티스' praxis pietatis, 곧 경건의 실천을 낳는다.

이는 우리가 참된 체험을 늘 쉽게 이해하고 파악할 수 있다는 뜻이 아니다. 신앙의 체험에는 수많은 역설이 담겨 있다. 예를 들어 하나님이 우리를 버리셨다고 느껴지는데도 불구하고 그분이 우리와 함께 계심을 믿어야만 할 때, 우리가 겪는 신앙의 삶 속에는 하나의 역설이 생겨나게 된다. 하지만 이런 역설이 존재하지 않는다면, 이런 상황 가운데 하나님이 우리에게 선한 뜻을 품고 계신다는 것을 어떻게 신뢰할 수 있겠는가? 때로 하나님은 그분의 선하심에 대한 감각을 우리의 삶 속에서 모두 거두어 가시며, 그분의 자비로운 약속이 성취되는 것을 깊은 섭리 가운데 연기(延期)하고 계시는 것처럼 보인다.[29]

칼뱅에 따르면, 신자들은 날마다 그런 외관상의 모순을 체험할 수 있다. 곧 신자들은 마음속 깊은 곳에서는 그렇지 않음을 알면서도, 스스로 하나님께 버림받았다고 느낄 수 있다(사 49:14-16). 이를테면 두려움과 희망의 경우처럼, 서로 엇갈리는 체험들이 우리 마음속에서 부딪히면서 서로를 상쇄하는 것처럼 보인다. 그러나 칼뱅에 따르면, 두려움이 더 힘을 얻을 경우에는 우리 자신을 하나님의 약속에 온전히 내어 맡겨야 한다.[30] 이 약속들은 우리에게 그분의 선하심을 의심하려는 유혹을 물리치고 계속 전진하도록 용기를 준다. 나아가 하나님을 볼 수도, 그분의 선하심과 능력을 느낄 수도 없음에도 불구하고 그분이 우리와 함께 계심을 믿음으로 고백할 때, 우리는 하나님의 주 되심과 그분의 말씀을 진정으로 높이게 된다.[31] 물론 경험하는 일들이 그분의 약속들을 무효로 만드는 것처럼 보일 때도 하나님을 신뢰하기 위해서는 큰 신앙이 필요하다. 하지만 신자들은 바로 이 신앙의 체험을 통해, 온 세상이 요동치는 듯이 여겨질 때도 평온한 마음을 유지하게 된다.[32]

체험과 신앙의 확신

칼뱅은 자신의 확신 교리에서 루터와 울리히 츠빙글리의 기본적인 가르침이 옳았음을 인정하는 동시에, 자신만의 강조점 역시 제시하고 있다.[33] 루터나 츠빙글리와 마찬가지로 칼뱅은 신앙이 그저 어떤 사실에 관한 동의assensus에 그치지 않으며, 그 안에는 지식cognitio과 신뢰fiducia 역시 포함되어 있다고 지적한다. 신앙은 하나님의 말씀 위에 굳건히 기초하며, 신자들은 성경의 가르침에 늘 아멘으로 응답하게 된다.[34] 그러므로 우리는 말씀 **안에서** 신앙의 확신을 얻어야 하며, 확신은 늘 말씀**으로부터** 흘러나와야 한다.[35] 태양과 빛을 분리할 수 없듯이, 말씀과 확신도 서로 분리될 수 없다.

신앙과 확신 또한 **그리스도와 그분의 약속**에서 분리될 수 없다. 기록된 말씀은 모두 살아 있는 말씀이신 예수 그리스도에게서 나오며, 모든 하나님의 약속은 그분 안에서 "예[와]……아멘"이 되기 때문이다(고후 1:20).[36] 칼뱅은 우리가 지닌 확신의 근거로서 하나님의 약속들을 중요하게 여긴다. 이런 약속들은 거짓말을 하실 수 없는 그분의 본성에 토대를 둔 것이기 때문이다. 이 약속들은 그리스도 안에서 성취된다. 따라서 칼뱅은 죄인들을 그리스도에게로, 또 그 약속들을 향해 이끌어 가며, 이 둘을 마치 동의어처럼 여긴다.[37] 신앙의 성격은 그것이 근거하는 약속의 성격에 따라 결정되며, 이때 우리의 신앙에는 하나님이 친히 주신 말씀의 무오한 인장이 찍히게 된다. 그러므로 신앙의 본성 가운데는 확신이 포함된다. 확신과 확실성 그리고 신뢰, 바로 이런 요소들이 신앙의 본질이다.

더 구체적으로, 칼뱅에 따르면 신앙에는 하나님의 약속을 객관적으로 믿고 받아들이는 것 이상의 일이 수반된다. 곧 개인적이며 주관적인 확신이 포함되는 것이다. 참된 신자는 죄인들을 향한 하나님의 약속을 믿고 받아들일 때, 그분이 자신에게 은혜와 자비를 베푸신다는 것을 깨닫고 찬양하게 된다. 신앙은 곧 "**우리를** 향한 하나님의 자비"를 확신하는 지식으로, 이 자비는 "**우리의** 지성에 계시되었으며……**우리의** 마음에 인친 바"된 것이다.[38] 이에 관해 칼뱅은 이렇게 언급한다. "신앙의 중심 요점은 여기에 있다. 곧 하나님이 베푸시는 은혜의 약속들을 그저 우리 바깥에서만 참될 뿐, 우리 자신에게는 전혀 해당되지 않는 일들로 여겨서는 안 된다는 것이다. 오히려 우리는 그 약속들을 바로 우리 자신에게 주어진 것으로 여기고 마음속 깊이 받아들여야 한다."[39]

그러므로 로버트 켄들Robert Kendall의 지적처럼, 칼뱅은 신앙을 다음과 같이 거듭 묘사한다. "확실성certitudino, 견고한 확신solido persuasio, 보증securitas, 견고한 보증solida securitas, 그리고 온전한 보증plena securitas."[40] 신앙은 지식을 통해 형성되는 것이지만, 그 가운데는 진심 어린 확신 역시 담겨 있다. 이는 하나님이 약속하신 일들을 우리가 확실하고 안전하게 소유하고 있다는 확신이다.[41]

칼뱅은 자신의 주석들에서도 확신이란 신앙의 필수 요소임을 늘 강조한다.[42] 고린도후서 13:5을 강해하면서, 칼뱅은 자신이 그리스도와 연합했다는 사실을 의심하는 자들은 곧 버림받은 자들이라고까지 언급한다. "바울의 선언에 따르면, 자신이 과연 그리스도를 고백하는 사람인지,

그리고 그분의 몸에 속한 지체인지를 의심하는 이들은 모두 **버림받은** 자들이다. 그러므로 우리는 다음의 신앙만을 올바른 것으로 여기도록 하자. 이는 곧 하나님의 선하신 뜻 안에 안전히 머물도록 우리를 인도하는 신앙이다. 이때 우리는 어떤 의견의 동요도 없이, 늘 견고한 확신을 품고 그 안에 거하게 된다."[43]

그러나 칼뱅은 신앙의 교리를 탁월하게 해설하면서, 다음의 주제들을 거듭 언급한다. 곧 불신앙은 끈질기게 살아남고, 우리의 확신은 종종 의심에 시달리게 된다는 것이다. 혹독한 시험과 씨름, 투쟁은 늘 있는 일들이다. 사탄과 육신의 소욕이 우리의 신앙을 맹렬히 공격하며, 하나님을 향한 신뢰는 두려움의 장벽에 가로막히게 된다.[44] 칼뱅은 불신앙과의 격렬한 투쟁이 없이는 신앙을 간직할 수 없으며, 그때에도 우리는 의심과 불안에서 온전히 자유로울 수 없다는 것을 기꺼이 인정한다. 그는 이렇게 언급한다. "어떤 사람의 경우든, 신앙은 늘 불신앙과 뒤섞여 있다.……우리 마음속에는 불신앙이 깊이 뿌리 박혀 있으며 우리는 너무나 그 쪽으로 기울어 있기 때문에, 힘겨운 투쟁이 없이는 우리 모두가 입으로 고백하는 내용, 곧 하나님이 신실하신 분이라는 것을 온전히 확신하기가 어렵다. 특히 현실의 문제에 부딪히게 될 때에는, 누구든지 마음의 동요를 보이면서 숨겨진 연약함을 드러내기 마련이다."[45]

요한복음 20:3을 강해할 때, 칼뱅은 참된 신자들은 스스로 그런 존재임을 안다는 자신의 주장에 모순되는 말을 하는 것처럼 보인다. 그는 여기서, 당시 제자들에게는 신앙이 있었지만 그들이 빈 무덤에 다가갈 때 그들은 그 사실을 모르고 있었다고 언급하기 때문이다. "당시의 제자들이나 여인들의 경우에는 신앙이 매우 약하거나 거의 없었으므로, 이 일에 그렇게 큰 열심을 보인 것은 놀라운 일이다. 실로 그들이 자신들의 종교적인 감정 때문에 그리스도를 찾으러 갔을 가능성은 없다. **그러므로 당시 그들의**

마음속에는 신앙의 씨앗이 다소 남아 있었던 것이 분명하다. 하지만 그 씨앗은 잠시 억눌려 있는 상태였으며, 따라서 그들은 자신들의 마음속에 그런 씨앗이 있음을 미처 알지 못했던 것이다. 이처럼 하나님의 영께서는 선택된 이들 가운데 종종 은밀한 방식으로 역사하신다."[46]

이런 점을 살필 때, 우리는 다음과 같이 질문하게 된다. 칼뱅은 어떻게 신앙의 특징이 그 온전한 확신에 있다고 말하면서도, 확신이 결여된 신앙이 존재할 수 있음을 인정하고 있는가? 이 두 종류의 진술은 서로 상반되는 것처럼 보인다. 확신은 의심에서 자유롭지만, 동시에 자유롭지 않다. 확신을 품은 이는 망설이지 않지만, 동시에 그는 망설일 수 있다. 확신을 얻은 이는 안도감을 누리지만, 동시에 근심에 휩싸일지도 모른다. 곧 신자는 확신을 소유한 가운데서도 두려움에 떨며 동요할 수 있다는 것이다.

칼뱅은 적어도 네 가지 원칙에 근거하여 이 복잡한 문제를 논하고 있다. 그리고 이 각각의 원칙들은 언뜻 보기에 모순으로 여겨지는 그의 주장들을 이해하는 데 도움을 준다.

첫째, 칼뱅은 **신앙의 정의**와 **신자의 실제 체험**을 서로 구분한다. 『기독교 강요』에서 신앙을 가리켜 "큰 확신"을 품는 일로 설명한 뒤, 칼뱅은 이렇게 언급한다.

> 아마 어떤 이는 이렇게 지적할 것이다. "하지만 신자들은 이와 전혀 다른 일을 **체험하게 된다.** 그들은 자신을 향한 하나님의 은혜를 헤아리면서도 자주 찾아오는 불안에 시달릴 뿐 아니라, 깊은 두려움에 빠져 마음이 요동치곤 한다. 또 그들의 마음을 괴롭히는 유혹이 너무 격렬해서, 신앙의 확실성과는 함께 갈 수 없을 것처럼 보이곤 한다." 그러므로 우리가 위에서 언급한 교리를 견지하기 위해서는 이 난점을 해결해야만 한다. 우리는 신자들이 신앙의 확실성과 확신을 품는 것이 **마땅하다고** 가르치지만, 다른 한편으로는

의심 없는 확실성이나 흔들리지 않는 확신을 상상할 수 없다.[47]

간단히 말해, 칼뱅은 신앙의 **이상적인 모습**과 우리의 삶에서 자주 나타나는 신앙의 **실제 모습**을 서로 구분한다. 그가 내린 신앙의 정의는 신자들이 "신앙에 관해 마땅히, 그리고 일반적으로" 어떻게 생각해야 하는지에 관한 본보기가 된다.[48] 우리가 실제로 그 지점에 도달하지는 못할지라도, 신앙의 목표는 늘 온전한 확신에 이르는 데 있어야 한다. 원칙적으로 볼 때, 신자들은 이미 승리를 거두었다(요일 5:4). 그러나 실제적인 면에서 살필 때, 우리는 자신이 아직 그 약속된 승리를 온전히 쟁취하지 못했음을 시인하게 된다(빌 3:12-13).

그러나 말씀을 신뢰하는 신앙의 정당성은 그 실천을 통해 입증된다. 칼뱅은 체험 자체보다는 말씀에 근거한 신앙이 옳음을 입증하는 데 관심을 더 쏟았다. 그에 따르면, 우리의 신앙은 체험을 통해 확증된다. 신앙에는 온전하고 불변하는 확실성이 요구된다. 이는 마치 사람들이 어떤 일들을 체험하고 입증할 때 얻게 되는 확실성과 같은 성격을 띤다.[49]

그러므로 칼뱅의 목표는 '체험 그 자체'nuda experientia에 있는 것이 아니라, 오히려 말씀에 근거한 체험, 성취된 말씀을 통해 흘러나오는 체험에 있었다. 따라서 말씀에 대한 체험적인 지식은 꼭 필요한 것이었다.[50] 칼뱅에 따르면, 두 종류의 지식이 요구되었다. 곧 "아직 모든 일이 온전히 드러나지는 않았으나" 말씀을 통해 얻게 되는 신앙적인 지식scientia fidei과, "성취된 말씀에서 흘러나오는" 체험적인 지식scientia experientiae이 그것이다.[51] 하나님의 말씀은 이 두 지식 모두에게 있어 으뜸가는 중요성을 지닌다. 이는 곧 체험이 우리에게 가르치는 것은 그분의 말씀에서 스스로를 드러내신 하나님과 동일한 분이기 때문이다.[52] 성경과 일치하지 않는 것은 참된 신앙의 체험이 아니다. 간단히 말하면 신자들이 실제로 얻게 되는 참된 신앙의 체험은 그들이 기대했던 것보다 훨씬 연약하지만, 신앙의 인식(신앙의 **이상적인** 수준)과 체험(신앙의 **실제적인** 수준) 사이에는 말씀 안에서 본질적인 일치가 존재한다.

신앙의 확신 문제에서 칼뱅의 사상에 담긴 긴장을 이해하는 데 도움이 되는 두 번째 원칙은 '육신 대 영'의 원리이다. 칼뱅은 이렇게 언급한다.

> 여기서는 앞서 언급했던 육신과 영의 분열 문제를 다시 살필 필요가 있다. 이 부분에서 그 문제가 가장 뚜렷이 드러나기 때문이다. 그러므로 경건한 자는 마음속에서 분열을 느끼게 된다. 한편으로 그는 하나님의 선하심을 맛보면서 충만한 기쁨을 누리지만, 다른 한편으로는 자신의 비참한 상태를 느끼면서 쓰라린 비통에 젖게 되기 때문이다. 또 그는 한편으로 복음의 약속에 의존해서 힘을 얻지만, 다른 한편으로는 자기 마음속에 있는 죄의 흔적들을 보면서 두려움에 떨게 된다. 그리고 한편으로는 생명을 기대하면서 기뻐하지만, 다른 한편으로는 죽음의 두려움에 몸서리치게 되는 것이다. 이렇게 다양한 모습은 우리 신앙의 불완전함 때문에 생겨난다. 우리가 이 땅에서 걷는 삶의 여정 가운데는, 이 불신앙의 질병이 온전히 치유되고 신앙으로 충만해지며 그 안에 머물게 되는 복된 일이 아직 실현될 수 없기 때문이다. 그러므로 우리의 육신에 아직 남아 있는 불신앙이 일어나서 우리 마음속의 신앙을 공격할 때, 이런 갈등이 생겨나게 된다.[53]

루터가 그랬듯이, 칼뱅은 이 영과 육신 사이의 대립을 배경으로 삼아 '이상과 실제'의 이분법을 제시한다.[54] 그리스도인들이 이 영과 육신의 갈등을 격렬히 경험하게 되는 것은 성령께서 이런 갈등을 불러일으키시기 때문이다.[55] 체험적인 신앙에 깊이 자리 잡은 여러 역설(예를 들어 롬 7:14-25에 대한 고전적인 개혁파 해석의 경우)은 바로 이 갈등에서 그 답을 얻게 된다. "그런즉 내 자신이 마음[영]으로는 하나님의 법을 육신으로는 죄의 법을 섬기노라"(25절).

칼뱅은 확실한 영적인 위로와 더불어 우리 육신의 불완전함을 언급한다. 이는 신자들이 자신의 마음속에서 이 둘을 모두 체험하게 되기 때문이다. 육신에 대한 영의 최종 승리는 장차 그리스도 안에서만 실현될 일이므로, 그리스도인들은 이 땅을 살아가는 동안 끊임없는 투쟁 속에 놓이게 된다. 신자는 영적으로 "하나님의 선하심을 맛보는 기쁨"을 충만히 누리지만, 다른 한편으로는 육신적인 성향 때문에 불신앙을 향한 본능적인 충동의 힘을 얻게 된다.[56] 그러므로 아직 육신 안에 머무르는 동안, 우리는 "날마다 양심의 투쟁에" 시달리게 된다.[57] 칼뱅에 따르면, 신자들은 "장차 하나님의 자녀들이 누리게 될 영광에 훨씬 못 미치는 상태"에 있다. "물리적으로 우리는 먼지와 그림자에 불과하며, 우리 눈앞에는 늘 죽음이 놓여 있다. 우리는 수천 가지 불행에 노출되어 있다.……그러니 우리의 마음속을 들여다보면 늘 지옥을 발견하게 될 뿐이다."[58] 육신에 머무르는 동안, 신자들은 심지어 복음을 전부 의심하려는 유혹을 겪게 될 수도 있다.

그러나 신자들은 이처럼 육신적인 의심에 시달리는 동안에도, 영적으로는 하나님의 자비를 신뢰하면서 기도로 그분께 간구하고 성례들을 통해 그분께 의존하게 된다. 그리고 이런 방편들을 통해, 우리의 신앙은 마침내 불신앙을 누르고 우세한 위치에 서게 된다. "신자들은 궁극적으로 자신의 신앙을 공격하며……위험에 빠뜨리는 이런 난관들을 꺾고 승리하게 된다. 신앙은 마치 자신을 짓누르는 모든 무거운 것들을 이겨내고 계속 위로 자라가는 종려나무와 같다."[59]

간단히 말해 칼뱅은 신자의 **영**에서는 기쁨, 소망, 확신이, 신자의 **육신**에서는 의심, 두려움, 환멸이 생겨난다고 가르친다. 그런데 영과 육신이 동시에 역사하는 것은 맞지만, 불완전함과 의심은 신앙에 속한 것이 아닌 오직 육신에만 속하는 것들이다. 그리고 육신에 속한 일들이 종종 신앙에 **동반되기는** 하지만, 이 둘이 서로 **혼합되는** 것은 아니다. 따라서 신자들이 삶의 여정을 걷는 동안 몇 번의 영적인 전투에서 질 수는 있지만, 결코 육신에 맞선 궁극적인 전쟁에서 패배하게 되는 일은 없다.

셋째로 신앙의 정의와 실제 체험, 또 영과 육신 사이에 이와 같은 긴장이 있기는 하지만, 칼뱅에 따르면 신자들의 삶에 확실성 대신 막연한 가능성만 남게 될 정도로 신앙과 확신이 불신앙과 뒤섞이는 일은 없다.[60] 신앙의 가장 미약한 단계일지라도 그 본질에는 확신이 있으며, 이는 신자가 자신의 연약함 때문에 이런 확신을 늘 붙잡지는 못할지라도 동일하다. 그리스도인들이 혼란과 의심에 빠져 이리저리 요동할 수는 있지만, 성령님이 그들 안에 심어 주신 신앙의 씨앗은 소멸할 수 없다. 이처럼 성령님이 그 씨앗을 심어 주셨으므로, 신앙 안에는 늘 확신이 담겨 있다. 이 확신은 우리의 신앙이 성장하거나 쇠퇴함에 따라 자라기도 하고 줄어들기도 하지만, 그 씨앗 자체는 사라질 수 없다. 칼뱅은 이렇게 언급한다. "경건한 신자의 가슴속에 뿌리 내린 신앙이 근절될 수는 없다. 오히려 그 신앙은 우리의 마음 가장 깊은 곳에 견고히 뿌리를 내린 채로 남게 된다. 그리하여 아무리 우리의 신앙이 흔들리거나 이리저리 요동치는 것처럼 보일지라도, 그 신앙의 빛은 결코 꺼지거나 스러지지 않는다. 적어도 그 빛은 잿더미 아래에 남아 있는 불씨처럼 깊이 잠재해 있기 마련이다."[61]

그러므로 칼뱅은 "신앙과 확신 사이의 연관성을 약화시키지 않고, 오히려 연약한 신앙의 관점에서 약한 확신의 문제를" 설명한다.[62] 우리는 신앙의 확신을 품는 것이 마땅하지만, 그 확신을 느끼는 정도나 지속성 면에서는 저마다 차이가 있다. 그러므로 어떤 신자가 약한 확신을 보일 때, 목회자가 할 일은 신앙과 확신의 유기적인 연관성을 부정하는 것이 아니다. 오히려 우리는 그런 신자에게, 성령께 의존하여 은혜의 방편들을 활용함으로써 더 견고한 신앙에 이를 것을 권면해야 한다.

체험, 삼위일체, 선택

이제 칼뱅은 포괄적인 네 번째 원칙, 곧 신앙과 확신의 교리에 관한 **삼위일체적 틀**을 제시함으로써, 신자들이 의심에 빠지지 않고 계속 전진할 수 있도록 격려한다. 성부 하나님의 선택이 사탄의 역사를 누르고 승리하며 성자 하나님의 의가 신자들의 죄악을 압도하듯, 우리 영혼의 연약함은 우리 마음에 확증을 주시는 성령 하나님의 증언을 통해 극복된다. 그러므로 이같이 분명한 확증을 얻은 우리는 신앙으로 불신앙을 물리쳐야 하며, 또한 이 일은 반드시 이루어지게 되어 있다.

칼뱅이 집필한 『기독교 강요』 제3권의 구조에서는 우리에게 신앙을 베푸시는 은혜의 움직임이 드러난다. 이 움직임은 하나님에게서 사람에게로, 그리고 다시 사람에게서 하나님께로 나아가는 형태를 띤다. 우리에게 신앙을 베푸시는 은혜는 성부 하나님으로부터 나와서 성자 하나님 안에 머물며, 성령 하나님을 통해 우리에게 주어진다. 그리고 신자는 다시 성령 하나님을 통해 성자 하나님과 교제하며, 결과적으로 성부 하나님과 화목을 이루고 그분과 동행하며 교제하게 된다.

칼뱅에 따르면, 신앙의 확신은 일련의 복잡한 요소들을 통해 생겨난다. 그리고 이때 그 중요한 요소들 중 하나는 그리스도 안에서 신자들을 선택하고 보존하시는 성부 하나님의 행하심에 있다. 그러므로 칼뱅은 이렇게 언급한다. "바르게 살필 때, 예정의 교리는 우리의 신앙을 요동시키는 것이 아니라 오히려 그 신앙을 가장 견고히 확증해 주는 것이 된다."[63] 이는 특히 부르심의 맥락에서 예정을 살필 때 그러하다. "우리가 받은 선택의 견고함은 우리의 부르심에 결합되어 있으며, 이 선택의 교리는 우리의 확신을 굳게 다져 주는 또 하나의 방편이 된다. 실로 우리는 그리스도께서 맞아 주시는 모든 이에 관해, 성부 하나님이 친히 그리스도께 그들을 맡기고 위탁하셨다는 말씀을 듣게 되기 때문이다. 그 목적은 그들을 영생에 이르도록 보존하시려는 데 있었다."[64]

하나님의 작정에 근거한 선택은 보존과 확신의 견고한 토대가 된다. 그 선택은 결코 차가운 인과관계에 기반을 둔 것이 아니다. 고든 케디 Gordon Keddie는 이렇게 언급한다. "칼뱅의 사상에서는 선택을 그저 결정론적인 관점에서 이해하는 법이 없다. 만일 우리가 후자의 관점을 따를 경우에는 하나님을……'기계적이며 결정론적인 인과성'에 속한 '무시무시한 우상'으로 여기게 되며, 기독교적인 체험은 우리를 움츠리게 만드는 수동적인 상태나 광적인 행동주의로 격하되고 만다. 그리고 우리는 각자를 향한 하나님의 은밀한 작정이 어떤 식으로든 '계시'되기를 기다리게 된다. 그러나 칼뱅의 경우, 하나님의 선택은 우리가 얻은 구원의 확실성을 위협하는 대신 오히려 견고히 지탱해 주는 것이 된다. 이는 성경의 가르침에도 부합한다."[65]

그런데 이런 토대는 오직 그리스도 중심의 맥락에서만 찾아볼 수 있다. 칼뱅은 그리스도께서 선택의 거울이 되심을 늘 강조한다. "우리는 자신이 받은 선택을 그분 안에서 묵상해야 하며, 그리할 때 비로소 자기기만에 빠지는 일이 없이 그 문제를 살필 수 있게 된다."[66] 이 선택의 교리를 받아들일 때, 우리는 어떤 구원의 조건도 충족할 수 없는 자신의 절망적인 무능력에서 눈을 돌려 예수 그리스도 안에 있는 소망을 바라보게 된다. 하나님은 그분 안에서 아무 자격 없는 우리에게 사랑과 자비를 베풀어 주겠다고 약속하셨기 때문이다.[67]

우리가 그리스도와 연합할 때, "구원의 확신은 선택의 확신과 마찬가지로 생생하고 효과적인 것이 된다."[68] 곧 그리스도께서 우리의 것이 되심으로써, 우리를 구속하며 다시 살리시려는 하나님의 결정이 성취되는 것이다. 그러므로 우리는 그리스도를 "우리에게서 멀리 떠나 계시며, 결코 우리 안에 거하지 않으시는 분"으로 여겨서는 안 된다.[69] 오히려 그리스도는 우리를 위해 계시는 분이므로, 그분을 바르게 묵상하는 길은 그분이 우리에게 베풀고자 하시는 은혜가 이루어지는 것을 살피는 데 있다. 그리고 그런 은혜들 중에는 무엇보다 그분 자신이 있다. 칼뱅에 따르면 하나님은 "그리스도 안에서" 자신을 "낮추셨으며", 그 이유는 우리로 하여금 그리스도를 알고 그분께로 피신하게 하시려는 데 있었다. 이는 그분만이 우리의 양심에 평안을 주실 수 있기 때문이다.[70] 우리의 신앙은 그리스도 안에서 시작하고 그 안에 머물며, 끝을 맺어야 한다. 이에 관해 칼뱅은 말한다. "참된 신자는 오직 그리스도 안에 머물며, 그분 외에는 다른 무언가를 알지도, 알려 하지도 않는다."[71] 그러므로 "그리스도를 우리에게서 갈라놓거나, 우리 자신을 그분에게서 떼어 놓으려 해서는 안 된다."[72]

칼뱅은 이같이 기독론적인 방식으로, 우리를 선택하시는 하나님의 객관적인 작정과 이에 신자가 느끼는 주관적인 확신의 결핍 사이의 간격을 좁혀 나간다. 칼뱅의 경우, 선택의 교리는 우리의 확신에 이의를 제기하기보다 오히려 그 문제에 해답을 주는 것이 된다. 신자는 그리스도 안에서 자신이 선택된 것을 보며, 복음을 통해 자신이 선택된 것을 듣게 되기 때문이다.

하지만 질문이 남는다. 선택된 자들은 그리스도와 어떻게 교제를 나누며, 그 교제는 어떤 식으로 신앙의 확신을 가져다주는가? 이에 관해 칼뱅은 성령론적인 대답을 제시한다. 성령님이 그리스도와 그분의 은덕들을 선택받은 죄인들의 마음과 삶 속에 적용해 주신다. 그리하여 그들은 구원의 신앙을 품게 되며, 그리스도께서 그들에게 속하고 그들도 그분께 속한다는 것을 확신하게 된다. 특히 성령님은 하나님이 그리스도 안에서 주신 약속들의 신뢰성을 신자들의 마음속에 확증해 주신다. 그러므로 인격적인 확신은 성부 하나님의 선택과 성자 하나님의 구속, 성령 하나님의 적용에서 분리되지 않으며, 이때 구원의 신앙은 그 도구와 방편이 된다.

칼뱅에 따르면, 성령님은 구속의 적용에서 중대한 역할을 수행하신다. 성령님은 인격적인 보혜사이자 약속의 보증이 되시는 분이며, 신자들에게 그들이 은혜로써 입양되었음을 확증해 주신다. 하나님의 영이 우리 안에 생생히 증언하시므로, 그분이 인도자이며 교사로 계실 때 우리의 영은 하나님이 우리를 입양하셨음을 확신하게 된다. 그리고 이 같은 성령님의 증언이 먼저 주어지지 않는다면, 우리의 힘으로는 이런 확신을 만들어 낼 수 없다.[73] 성령님의 사역은 모든 구원의 확신에 대한 토대가 되지만, 이 때문에 그리스도의 역할이 손상되는 것은 아니다. 이는 성령님이 **그리스도의** 영이시기 때문이다. 성령님은 우리를 그리스도께로, 또 그분의 은덕들을 향해 인도해 가시며, 우리 안에서 친히 이런 은덕들을 나타내 보이신다. 그리고 우리는 이를 통해 신앙의 확신을 얻게 된다.[74]

체험과 자기 성찰

칼뱅은 어떤 이가 성부 하나님이 자신을 그리스도께 맡기고 의탁하셨다고 믿을지라도, 실상은 그와 다를 수 있다는 점을 민감하게 의식하고 있었다. 물론 우리는 삼위일체적인 구원의 경륜에서 그리스도가 수행하시는 과업을 강조해야 한다. 그분은 선택된 자들을 맞아주시고 보호하시며 선택의 중심, 창시자, 토대가 되신다. 또한 그리스도는 신자에게 주어지는 선택과 구원의 보증이며, 약속이자 거울이 되신다. 이와 동시에, 우리는 어떤 이가 과연 참된 신앙으로 그분께 연합되었는지를 질문해야 한다. 이는 그리스도께 속한 것처럼 보이지만 실상은 그분을 떠나 있는 자들이 많기 때문이다. 칼뱅은 이렇게 언급한다. "우리는 날마다 그리스도께 속한 것처럼 보였던 자들이 그분에게서 떨어져 나가는 모습을 보게 된다.……그런 자들은 진심 어린 신뢰를 품고 그리스도께 굳게 연합되어 있었던 적이 없는 자들이다. 그러나 우리를 위한 구원의 확실성은 오직 그런 신뢰 속에 자리 잡고 있다."[75]

칼뱅은 결코 자신의 설교에서, 회중에게 그릇된 구원의 확신을 심어주려 했던 적이 없다.[76] 그는 신앙과 선택이 주관적, 체험적으로 우리 안에 이루어져야 한다는 점을 강조했다. 많은 학자들은 칼뱅이 자신의 회중을 이미 구원받은 자들로 여기며 대했다고 언급하면서 이 점을 경시하지만, 이는 그릇된 생각이다. 비록 칼뱅은 '자비의 판단' a judgment of charity 을 따랐지만(이는 겉보기에 인정할 만한 생활 방식을 유지하는 교인들을 구원받은 이들로 간주하는 것을 가리킨다), 우리는 앞서, 설교된 말씀을 구원의 신앙으로 받아들이는 이는 얼마 되지 않는다고 그가 자주 언급했던 것을 살핀 바 있다. 칼뱅은 이렇게 말한다. "모든 이가 설교된 하나님의 말씀을 통해 가르침을 받지만, 그 말씀의 의미를 실제로 맛보는 사람은 거의 열 명에 한 명도 되지 않는다. 그뿐 아니라, 말씀으로 유익을 얻고 끝까지 올바른 길로 나아가는 자는 백 명에 한 명도 되지 않는다."[77]

칼뱅의 관점에서는, 어떤 사람이 신앙을 지닌 듯하지만 실제로는 그의 신앙에 구원의 성격이 결핍된 경우가 많다. 그러므로 그는 다음과 같은 신앙의 모습들에 관해 언급한다. 미숙한 신앙과 맹목적인 신앙, 현세적인 신앙과 허상일 뿐인 신앙, 그릇된 신앙과 실체가 없는 신앙, 일시적인 신앙과 위선과 가식에 덮인 신앙.[78] 칼뱅에 따르면, 우리가 자기기만에 빠질 가능성은 늘 존재한다. 버림받은 자들도 종종 선택된 이들에게 주어진 신앙과 흡사한 것을 느끼게 되므로,[79] 우리에게는 자기 성찰이 꼭 필요하다. 그는 이렇게 언급한다. "우리는 자신을 점검하고, 다음의 내적인 표지들이 우리 안에 있는지 살피는 법을 배워야 한다. 이 표지들은 곧 경건과 신앙의 생명력 있는 뿌리를 나타내며, 하나님은 이 표지들을 통해 그분의 자녀들을 타인들과 구분 지으신다."[80] 다행히, 진정으로 구원받은 신자들은 성령님의 인도하심 아래 자신을 바르게 돌아봄으로써 이 같은 상태에서 벗어나게 된다. 칼뱅은 말한다. "그러는 가운데, 신실한 성도들은 깊은 관심과 겸손을 품고 자신을 살피도록 가르침을 받게 된다. 이는 신앙의 확신 대신에 육신적인 안정감이 우리 마음속에 교묘히 파고들지 않도록 하기 위함이다."[81]

칼뱅은 자기 성찰에서도 그리스도를 강조한다. 그에 따르면, 우리 자신을 돌아볼 이유는 과연 우리가 **오직 그리스도만을** 신뢰하고 있는지를 파악하려는 데 있다. 바로 이곳에 성경적인 체험의 열매가 있기 때문이다. 앤서니 레인Anthony Lane에 따르면, 칼뱅에게 자기 성찰은 "나는 그리스도를 **신뢰하고** 있는가?"보다도 "나는 **그리스도를** 신뢰하고 있는가?"에 관한 문제였다.[82] 우리는 자기 성찰을 통해 늘 그리스도께로, 그리고 그분의 약속들을 향해 이끌림을 받아야 한다. 그리고 성령님의 도우심이 없이는 이런 자기 성찰을 수행할 수 없다. 이는 오직 성령님만이 신자들의 영혼에 그리스도의 구원 사역이 지닌 의미를 비추어 주실 수 있기 때문이다. 칼뱅에 따르면, 그리스도와 성경, 그리고 성령님을 떠나서 우리 자신을 돌아볼 경우에는 명백한 정죄만이 있을 뿐이다.[83]

결론

칼뱅은 체험적인 신학자이자 설교자였다. 그는 그리스도인의 삶에서 영적인 일들이 어떻게 이루어져야 하며, 실제로는 어떻게 나타나며, 그 일들의 최종 목표는 어디에 있는지를 균형 있게 다루기 위해 노력했다. 또한 그는 자신의 설교와 저술에서 늘 성경의 한계 안에 머물렀으며, 성령님의 체험적인 사역을 성경의 가르침에 결부시키곤 했다. 그는 이를 통해 극단에 빠지지 않도록 늘 경계했다. 칼뱅은 신자들의 필요를 돌보기 위한 방편이자 신자들을 불신자들과 구분 짓는 수단으로 체험적인 설교를 활용했다. 무엇보다 칼뱅은 이 모든 체험적인 강조점에 의존함으로써, 결국에는 신자들이 예수 그리스도를 통해 삼위일체 하나님께 영광을 돌리도록 이끌어 가는 일에 힘을 쏟았다.

07장 종교개혁 설교자들 : 베자

테오도뤼스 베자는 신분이 낮은 귀족 가문 출신으로, 제네바에서 장 칼뱅의 사역을 이어받은 인물이다.[1] 베자는 칼뱅보다 열 살밖에 젊지 않았지만, 칼뱅보다 사십일 년을 더 살았다. 나중에 베자는 종교개혁 운동의 원로가 되어, 여든이 넘기까지 설교하고 가르쳤다.

베자는 프랑스에서 태어났지만, 1534년 법학을 공부하기 위해 독일로 떠났다. 이 일은 그의 아버지가 품었던 기대에 따른 것이었으며, 이런 기대는 칼뱅의 아버지가 자기 아들에게 품었던 것과 동일했다. 베자는 1539년에 법학 학위를 받은 뒤, 파리로 돌아와 법률 사무소를 개업했다. 하지만 그는 여전히 인문주의, 곧 고전 연구에 마음을 두고 있었다. 그의 관심사는 특히 라틴 시와 문학에 있었다.

울리히 츠빙글리의 경우처럼, 베자는 몸과 마음, 정신의 위기를 겪은 뒤 개신교로 개종하게 되었다. 이 위기는 1546년과 1548년 사이의 어떤 시기에 찾아왔다. 그러고는 베자가 건강을 되찾았을 때, 그가 죄에 맞서 내적인 싸움을 벌인 뒤 자신이 그리스도 안에서 해방되었음을 깨닫고 느낀 기쁨의 열매들이 뚜렷이 드러났다. 이 일에 관해 그는 이렇게 언급한다. "마침내 병상에서 일어나게 된 순간, 나는 그때까지 자신을 속박해 왔던 모든 멍에를 벗어버렸다. 그리스도를 따르기 위해, 나는 모든 소유물을 챙겨서 내 조국과 가문, 친구들을 등지고 떠났다. 그러고는 아내와 함께 제네바로 향했다." 이때 그는 문학적인 명성과 부를 포기했다. 곧 베자는 그리스도를 알게 되었을 때, 이전의 모든 삶을 뒤로 한 채 아직 알려지지 않은 미래를 내다보면서 발길을 옮겼던 것이다. 아브라함이 그랬듯이, 그는 미처 갈 바를 알지 못한 채로 하나님의 명령을 받아 앞으로 나아갔다.

베자는 1548년 10월 말 제네바에 도착했으며, 칼뱅의 따뜻한 환대를 받았다. 베자가 그곳에 도착한 뒤, 프랑스 당국은 세 가지 이유를 들어 그를 프랑스에서 추방하는 조치를 내렸다. 그 이유들은 그가 이단이라는 것과 베자의 집안에서 그를 재정적으로 지원하기 위해 마련했던 두 개의 성직록을 팔아버렸다는 것, 그리고 제네바로 도주했다는 것이었다. 그리고 이 년이 지난 1550년에 프랑스 정부는 남아 있는 베자의 재산을 전부 몰수하고(그는 상당히 부유했다), 만일 그가 프랑스로 되돌아올 경우에는 화형에 처해질 것이라고 선고했다. 한편 베자는 제네바에 잠시 머무른 뒤 로잔으로 떠났으며, 1549년부터 1558년까지 그곳에 머물면서 그리스어 교수로 재직했다. 베자는 이십 년 동안 칼뱅과 줄곧 친밀한 관계를 유지했으며, 그의 승인 없이는 거의 어떤 글도 출판하지 않았다.

1558년 가을, 새로 설립된 제네바 아카데미의 교수로 사역해 달라는 요청을 받아들인 베자는 제네바로 돌아왔다. 그는 죽을 때까지 제네바에 머물렀으며, 1559년부터 1599년까지 거의 사십일 년에 걸쳐 신학 교수로 재직했다. 그는 또 1559년부터 1563년까지 아카데미의 학장으로 봉직하기도 했다. 베자는 제네바의 설교자들 가운데서도 매우 적극적인 활동을 펼쳤다. 그는 1564년부터 1580년까지 제네바 목사회의 의장을 맡았다.

비록 베자가 칼뱅만큼 많은 글을 쓰지는 않았지만, 그와 같이 다양한 문학 작품을 남긴 종교개혁자는 드물었다. 베자는 신학적인 글들을 썼을 뿐 아니라, 라틴어로 된 시와 희곡, 풍자의 글과 논쟁적인 논문들을 남겼다. 그는 또 그리스어와 프랑스어 문법서들을 집필하고, 전기와 정치 논문들을 저술했다. 그리고 베자의 가장 유명한 공헌으로는 그리스어 신약성경의 본문들을 편집하고 주석을 단 일이다. 그는 가장 귀중한 고대의 신약 사본 중 하나를 케임브리지 대학에 남겨 주었으며, 후에 이 사본은 '베자 사본'Codex Bezae 으로 불리게 되었다.

탁월한 변론가였던 베자는 여러 회담에 참석해서 개혁파 교리를 옹호했다. 그는 1561년부터 1562년까지 열린 푸아시Poissy 회담에서 로마 가톨릭 측에 맞서 복음적인 대의를 변호했으며, 이후 1586년에 열린 뭄펠가르트Mumpelgart 회담에서는 루터파와 개혁파 사이의 일치를 추구했다. 그리고 1587년에 열린 베른 회담에서는 타락 전 예정의 교리를 옹호했다.

베자의 생애 말년은 다소 조용하게 흘러갔다. 그는 1605년에 세상을 떠났는데, 이는 다른 모든 개혁자보다 수십 년을 더 산 것이었다. 칼뱅이나 마르틴 루터, 마르틴 부처, 하인리히 불링거와 피에트로 마르티레 베르미글리, 윌리엄 파렐 등은 이미 제네바 시민들의 기억 속에 이름으로만 남아 있었지만, 베자는 17세기 초엽까지 대단히 영향력 있는 인물로 생존해 있었다. 베자는 평생 제네바에서 사역해 온 인물답게, 임종을 맞을 때 곁에 있던 친구에게 이렇게 마지막 말을 남겼다. "지금 이 도시는 정말 안전하고 고요한 상태라네." 이 말에는 제네바를 아끼며 그 도시가 평안하기를 바라는 그의 마음이 담겨 있었다.

그리스도를 전하는 설교자

지금까지 학자들은 주로 베자의 타락 전 예정설에 초점을 두고 살피면서, 그의 설교는 소홀히 여기는 경향을 보여 왔다. 하지만 스콧 매네치Scott Manetsch는 베자의 제네바 사역에서 설교가 중심 역할을 했음을 보여주었다. 매네치는 이렇게 언급한다. "1558년 가을 제네바에 도착한 이후부터 건강 문제로 1600년에 완전히 강단을 내려오기까지, 베자는 자신이 섬겼던 생 피에르 교회에서 아마 사천 편에 이르는 설교를 전했을 것이다."[2]

이 수천 편의 설교들 가운데 지금 남아 있는 것은 여든일곱 편뿐이다. 매네치에 따르면, 지금 남아 있는 이 설교들은 "아가서 설교(1586)와 예수 그리스도의 수난에 관한 설교(1592), 그리고 예수 그리스도의 부활에 관한 설교(1593)이다."[3] 이 설교들 가운데 프랑스어에서 영어로 번역된 것은 거의 없다.[4]

베자는 제네바에 온 뒤 아카데미의 교수 겸 학장이 되었을 뿐 아니라, 복음 사역자의 직책도 감당하게 되었다. 1564년 칼뱅이 세상을 떠나자 베자는 제네바 시에서 가장 큰 전도구 교회의 담임 목회자가 되었으며, 목사회의 의장도 맡게 되었다. 그리하여 베자는 생 피에르 교회에서 삼십년 이상 말씀을 전했다. 그를 돕는 다른 한두 명의 목회자가 있긴 했지만, 제네바에서 성경이 선포되는 데 중심 역할을 감당한 것은 베자였다.[5]

제네바의 교회들은 엄격하고 규칙적인 설교 일정을 준수했다. 매주 드리는 주일 예배뿐 아니라, 주중에 특별 새벽 예배가 종종 열리곤 했다. 칼뱅의 생애 말엽에는 제네바의 목회자들이 일주일에 스물일곱 편의 설교를 전한 적도 있었다. 설교는 보통 한 시간 정도 지속되었으며, 설교자들이 이 시간을 준수할 수 있도록 모래시계가 사용되었다. 다만 앞서 언급했듯이, 칼뱅 자신은 상당히 짧은 분량의 설교를 전했다. 어른과 아이들 모두 적어도 주일 예배에는 참석하도록 규정되었으며, 그렇게 하지 않을 경우에는 공식적인 책망을 받았다.[6]

베자는 대개 주일에는 신약을 본문 삼아 한두 차례 설교했고, 주중에는 구약에 관한 설교를 꾸준히 전했다. 지금 우리는 베자가 당시에 전했던 설교들의 전반적인 연대표를 칼뱅에 관해 아는 것처럼 자세히 알지는 못한다. 다만 베자가 1574년에 히브리서와 야고보서 전체를 설교한 사실은 알 수 있다. 베자는 1578년에 이사야서 전체를 설교해 나갔으며, 1583년에는 아가서 연속 설교를 끝마쳤다. 그 후 한두 해 동안 그리스도의 죽음과 부활에 관해 설교해 나갔다. 베자는 또한 시편(1579)과 전도서(1588), 욥기(1589)에 관해 설교했다.[7]

하나님이 선택받은 죄인들에게 자신의 아들을 전해 주시는 방식에 관한 베자의 이해를 살필 때, 우리는 그가 설교를 높이 평가하는 것을 볼 수 있다. 베자에 따르면, 성령님은 "그분의 선하심과 신적인 자비로 우리 안에 '신앙'을 창조하심으로써" 우리를 그리스도께 연합시키신다. 그리고 성령님은 "우리 안에 이 신앙의 수단을 창조하시며, 그 신앙을 양육하고 더욱 강건하게 만드시기 위해 두 가지의 통상적인 방편을 사용하신다. 다만 이런 방편들 자체에 자신의 능력을 부여하시는 것은 아니며, 오직 그 방편들을 통해 역사하신다. 이 두 방편은 곧 하나님 말씀의 설교와 성례의 시행이다."[8] 이때 성례는 하나님 말씀과는 별개로 작용하는 것이 아니다. 오히려 베자에 따르면, "성례는 확실한 징표이자 눈에 보이는 표지로서,……하나님이 그분의 말씀 안에서 들려주시는 내용을 우리의 외적인 감각에 전달해 준다."[9] 성례는 "하나님 말씀에 속하며, 그 말씀에 의존한다.……말씀이 없이는 성례가 정당하게 시행될 수 없다."[10]

그러므로 베자는 말씀 설교가 신앙의 삶에서 중심 역할을 한다고 믿었다. 율법의 설교는 우리 영혼에 두려움과 죄의식을 주고 상처를 입히지만, 복음의 설교는 그 상처를 그리스도의 은혜로 치유한다. 베자에 따르면, "성령님은……이 외적인 설교를 하나의 경로 또는 방편으로 사용하신다. 곧 그분은 이 설교를 통해 임재하시며, 우리 영혼의 깊은 곳에 침투하시는 것이다."[11] 그러고 난 뒤 신자들에게는 율법의 설교가 회심 이전과는 다른 방식으로 다가오게 된다. 즉 하나님이 우리를 위해 계획해 두신 선한 일들을 우리에게 가르쳐 주는 안내자로 다가오는 것이다.[12]

우리는 베자를 성경보다는 그리스 철학에 의존하여 신적인 심연을 들여다보는 냉담한 신학자로 여겼던 이미지를 떨쳐버려야 한다. 베자는 욥기 1장에 관한 강의에서 하나님의 예정을 옹호하면서도, 스토아주의자들이 드러내는 냉혹한 성향과 무감각한 태도를 거부했다. 오히려 베자는 욥이 하나님께서 의문을 제기하지 않으면서도 자신의 슬픔을 적절히 드러냈다고 언급하면서, 욥의 자세를 칭찬했다.[13] 베자는 당시 아카데미의 학생들 앞에서 이렇게 강의했으며, 이때는 제네바가 사보이 공작의 포위 공격 아래 놓였던 시기였다. 베자는 이를 통해 하나님의 주권적인 목적들에 대한 신앙을 확증하는 한편, 우리가 삶 속에서 겪게 되는 상실에 대한 슬픔을 인정했던 것이다.

베자는 따뜻하고 목회적이며, 단순하고 복음적인 설교자였다. 회중은 그의 설교를 쉽게 이해할 뿐 아니라 즐겁게 듣곤 했다. 우리는 현재 영어로 번역되어 있는 그의 책들에서 그 느낌을 파악할 수 있다. 이를테면 『기독교 신앙』(*The Christian Faith*) 같은 책이 그러한데, 이 책은 약 백 페이지에 걸쳐 기독교의 모든 교리를 해설하는 짧고 대중적인 서적이다. 예정을 설교하는 이들은 흔히 차갑고 냉담하며 사람들과 거리를 두는 지식인으로 희화화되곤 하는데, 이런 이미지는 이 베자의 사례를 통해 반박될 수 있다. 그리고 이후에 살필 것처럼, 이는 윌리엄 퍼킨스의 사례 역시 마찬가지다.

숀 라이트Shawn Wright는 베자의 글들을 면밀히 살핀 뒤, 그의 사역이 지닌 특징은 사람들로 하여금 치열한 영적 전쟁 가운데서도 소망을 간직하며 신앙을 통해 위로를 얻게 하는 데 있었다고 결론지었다. 그중 영적인 전쟁 가운데서도 소망을 품게 하는 일에 관해, 라이트는 이렇게 언급한다. "베자의 삶에서 주된 관심사는 베자 자신과 그의 회중, 또 그가 가르치는 학생들이 사방에서 벌어지는 격렬한 영적 싸움 가운데서 믿음을 굳게 지키고, 영원히 복된 그 나라에 무사히 도달하게 되는 데 있었다." 라이트는 또한 이렇게 말한다. "테오도뤼스 베자에 따르면, 하나님의 온전한 주권은 우리에게 깊은 위로를 주는 교리였다."[14]

한편 이런 논의는 베자가 예정 교리를 가르쳤음을 부인하는 것이 아니다. 그의 저서 『베자의 예정론』(*Tabula Praedestinationis*, 1555)에는 구원의 순서를 다룬 영향력 있는 도표가 담겨 있다. 이 책은 아마 제롬 볼섹Jerome Bolsec, 1524-1584년경의 주장을 반박하기 위한 논쟁적인 논문으로 집필되었을 것이다. 볼섹은 칼뱅의 견해를 강력히 반대한 프랑스의 의사였다. 베자의 도표는 하나님의 작정으로 시작한다. 그리고 그 작정에서 흘러나오는 것으로서, 그는 선택된 이들과 버림받은 이들이 겪게 될 두 가지 운명을 열거한다. 그 가운데는 부르심과 회심, 은혜와 신앙, 칭의, 성화, 영화 등 구원의 주요 교리들이 모두 담겨 있으며, 결국에는 신자들의 경우에는 천상으로, 사악한 자들에게는 지옥으로 끝이 난다.

현대의 일부 학자들은 이 『베자의 예정론』에 근거하여, 베자가 성경에 근거하며 그리스도 중심적인 성격을 띠었던 칼뱅의 경건에서 벗어났다고 비판한다. 하지만 그 학자들은 당시 『베자의 예정론』이 지녔던 기능상의 성격을 미처 헤아리지 못했다. 이 책은 교회를 위해 작성된 설교가 아닌, 개혁파의 예정 교리에 대한 공격에 대응하기 위해 기록한 논쟁적인 논문이었다. 만일 그의 의도가 목회적인 데 있었다면, 베자가 쓴 이 글의 성격 역시 달라졌을 것이다.[15] 그뿐 아니라 베자를 비판하는 자들은 때로 도표에만 치중한 나머지, 정작 논문의 내용은 제대로 살피지 못하는 모습을 보인다. 그러나 실제 논문은 대단히 그리스도 중심적인 성격을 띤다. 베자는 『베자의 예정론』의 5장에서 이렇게 언급한다. "그리스도는 하늘에서 오신 두 번째 아담이며, 선택된 이들이 얻게 될 구원의 토대이자 그 내용 자체다."[16] 이처럼 베자는 예정에 관한 학문적 논쟁에서도, 그리스도를 그 중심에 두었다.

그리스도가 예정의 중심에 놓이는 이유는 부분적으로 우리의 구원이 중보자이신 그분의 속죄 사역에 의존하기 때문이다. 베자가 다른 곳에서 언급했듯이, 하나님은 단순한 주권의 행사를 통해 우리를 구원하시는 것이 아니라, 오히려 그리스도 안에서 자신의 주권적인 의와 자비가 하나로 연합되게 하신다. 하나님이 구원을 베풀기로 작정하신 이들을 구원하기 위해 구주께서는 하나님 자신이셔야만 했으니, 이는 구주께서 친히 하나님의 진노를 온전히 짊어지고 치르시기 위함이었다. 타락한 인류를 위한 보증이 되기 위해, 그분은 참된 아담의 자손이 되셔야만 했다.[17] 우리는 그리스도에 대한 살아 있는 신앙을 통해 자신이 영원한 생명으로 예정된 것을 알게 되며, 이 신앙은 선한 행실을 통해 뚜렷이 드러난다. 베자는 이렇게 언급한다.

> 이는 곧 그리스도를 붙드는 신앙이다. 우리는 그분을 통해 의롭다 하심을 얻고 거룩하게 되며, 마침내는 영광을 누리게 된다. 그리고 우리는 이 세상이 창조되기 전에 이 영광을 얻도록 예정되었다(롬 8:30, 엡 1:3, 4).……우리는 신앙을 통해 자신이 영원한 생명을 얻었음을 확신하게 된다. 곧 이 신앙을 통해, 하나님이 이 세상을 창조하기 전에 우리를 예정하셔서 그리스도 안에서 이같이 위대한 구원과 탁월한 영광을 얻게 하셨음을 알게 되는 것이다.[18]

우리의 체험에 호소하는 설교자

매네치에 따르면, 베자는 목회자의 소명을 회중에게 지식을 전해 주는 것으로 이해했다. 다만 이때 목회자가 취해야 할 태도는 신학 교수의 것과는 달랐다.[19] 베자는 설교자를 그저 신학적 원리들을 설명해 주는 자로 여기지 않고, 자신의 양 떼를 돌보는 목자로 보았다. 베자는 이렇게 언급한다.

> 선지자들과 예수 그리스도, 사도들은 늘 보통 사람들이 쓰는 말로 자신의 메시지를 전했으며, 그리하여 그 나라의 모든 사람이 그 내용을 이해할 수 있었다.……그러므로 우리가 말하고 실천하는 바에 따르면, 목회자들은 자신의 양 떼에게 생명의 말씀을 공급해야 하며, 이를 통해 그 양 떼는 자신들에게 선포되는 메시지의 내용을 이해하고 파악할 수 있어야 한다. 그래야만 그들이 그 메시지를 통해 양육 받고 위로를 얻을 수 있으며, 깨어 늑대나 거짓 선지자들을 경계할 수 있다.[20]

설교자의 목표는 자신이 인격적으로 알고 교제하는 실제 사람들에게 진리를 적용하는 데 있다.[21] 베자는 이렇게 말한다. "하지만 목회자들은 교리를 가르치는 데서 한 발짝 더 나아가야 한다. 설교할 때 그들은 교리를 자신의 교회가 처한 형편에 적용하게 되며, 이를 위해 공적으로나 사적으로 회중을 가르치고 책망하며, 위로하고 권면하게 되기 때문이다.……또한 그들은 공적인 기도를 인도해야 한다. 간단히 말해 목회자들은 자신의 양 떼를 밤낮으로 돌보고, 그 양 떼에게 공적으로나 사적으로 생명의 말씀을 공급하게 된다(행 20:20)."[22]

베자는 목회자가 그리스도의 진실한 제자이자 성경의 주의 깊은 학생이 되어야 한다고 믿었다. 설교자의 첫 번째 자격 요건은 개인 경건과 모범적인 삶이다. 그 다음에 성경 원문의 의미를 파악하는 데 힘쓰고, 성경 본문들을 서로 비교하면서 올바른 해석을 찾아가야 한다.[23] 베자에 따르면, 우리가 "진정으로 겸손한 자세"를 갖추기 위해서는 우리의 타락한 정신에 매력적으로 다가오는 것뿐 아니라 성경에서 가르치는 모든 내용을 온전히 받아들이고 따르는 일이 요구된다.[24] 그리고 이 연구를 통해, 설교자들은 "성령님이 우리 각자의 마음에 깊이 새겨 주시려는 교리들을" 발견하게 된다.[25] 설교자는 사람들의 비판이 두렵다는 이유로 단순히 자신이 택한 본문 내용을 설명하고 몇 가지 교리상의 문제를 풀이하는 데 그쳐서는 안 된다. 오히려 그는 "부드러운 위로"와 강력한 "책망"을 통해, 자신이 돌보는 환자들에게 성경의 약을 실제로 발라 주어야 한다. 설령 죄악된 이들이 그런 책망을 "모욕"으로 받아들일지라도, 우리는 그 일을 묵묵히 감당해야 한다.[26]

베자는 한 젊은 목회자에게, 성경을 꾸준히 읽으면서 영적인 분별력을 키울 것을 조언했다. 그리고 성경을 단순하고 진실하게 설교할 것을 권면했다. 자신만의 사변이나 견해를 내세우는 일을 피하며, 자신의 화려한 언변이나 재능으로 회중을 감동시키려 하지 말라는 것이다. 베자에 따르면, 목회자가 죄인들을 훈계할 때에는 말을 조심해야 한다. 이는 주님을 향한 열심에서 한 말이라고 여겼던 것이 실은 자신의 어리석은 열정에서 나온 가혹한 말이었음을 깨닫게 될 수 있기 때문이다. 무엇보다, 목회자는 강단에서든 사적인 만남을 통해서든 성경의 진리를 회중의 삶 속에 부지런히 적용해야 한다. 베자는 자신의 이 권면을 인격적인 어조로 다음과 같이 끝맺고 있다. "이 모든 조언을 그대를 아끼는 이가 보낸 것으로 여겨 주기 바랍니다."[27]

신자들은 복음을 있는 그대로 받아들여야 한다. 그러나 그리스도를 이용해서 세속적인 "위엄"을 누리며 원수들을 굴복시키고 "승리"를 얻으려 하는 자들의 경우에는, 복음의 단순성을 불쾌한 것으로 여긴다. 베자에 따르면, 우리는 성경에서 뚜렷이 증언하는 바를 온전히 신뢰해야 한다. 이는 그 안에서 "모든 믿는 이를 구원하시는 하나님의 강력한 방편"을 선포하고 있기 때문이다(롬 1:16). 설령 세상이 그 메시지를 어리석은 것으로 여길지라도, 우리는 그 말씀을 굳게 붙들어야 한다.[28]

베자의 경우, 설교에서 수사학의 기술을 사용하는 것을 전부 반대하지는 않는다. "여기서 나는 자신의 메시지를 질서 있게 배열하며, 바르고 의미 있는 단어와 표현들을 써서 우아하고 기품 있게 전달하는 일을 비판하려는 것이 아닙니다. 우리가 누군가를 가르칠 때든, 권면하거나 책망할 때든, 혹은 연설할 때든 그런 일들은 꼭 필요하기 때문입니다."[29] 그는 가식적인 겉치레를 피하면서도 하나님께 속한 일들을 전하기에 걸맞은 "무게"와 "열심"(또는 강렬한 에너지)을 드러내는 어법을 "거룩한 수사"로 불렀다.[30]

한편, 베자 자신은 매우 직접적이고 실천적인 형태의 설교를 전했다. 매네치는 이렇게 언급한다. "우리는 베자가 설교 사역을 통해 성경 해석자와 신학자, 사회 비평가와 개인 상담자, 그리고 공적인 지식 전달자의 역할을 감당한 것을 보게 된다. 베자는 직접적이고 열정적인 설교를 전했으며, 그의 설교 방식은 우아하거나 사변적인 것과는 거리가 멀었다. 그의 의도는 회중의 관심을 일으키고 확신을 심어 주며, 변화를 이끌어 내려는 데 있었다."[31] 실제로 그는 제네바 시의 죄악과 영적인 무관심을 질타했으며, 그의 그런 비판은 때로 교인들과 정부 당국자들 모두의 반감을 샀다.[32]

베자는 또한 청교도들이 나중에 '양심의 사례들'cases of conscience로 부르게 될 내용을 다루었다. 이는 곧 옳은 행동과 죄악된 것을 분별하는 일에 관한 문제들이었다. 한 예로 누가복음 24장의 부활 기사에 관해 설교하다가,[33] 베자는 잠시 거짓말(이는 죄악된 행동이다)과 자신의 속마음을 모두 드러내지 않는 일(설령 이 때문에 사람들이 잘못된 추측을 하게 될지라도, 이는 정당한 행동이다) 사이의 차이점을 다루었다. 베자는 이런 구분을 가지고 주님이 사람들을 다루시는 방식에 관한 성경 본문들을 해석했을 뿐 아니라, 전쟁과 첩보 활동에 관한 사례들도 설명했다.[34] 이런 사례들을 다룸으로써, 베자는 회중의 양심에 성경적인 실천 윤리와 도덕적 지혜의 체계를 제공해 주었다.

옳고 그름을 구별하며 죄를 힘 있게 질타할 때는 용기와 분별력이 요구된다. 베자는 죄에 맞서야 할 충성된 설교자의 직무를 다음과 같이 서술했다.

> 만일 사람들을 기쁘게 하기 원한다면, 그는 더 이상 하나님의 종이 아닙니다(갈 1:10). 그러므로 우리는 어떤 죄를 알게 되었을 때, 먼저 분별의 영을 주시기를 하나님께 구해야 합니다. 이는 지금 우리가 다루는 사안을 제대로 헤아리지 못한 채로 경솔하게 꾸짖는 일이 없도록 하려는 것입니다. 그리고 하나님의 말씀을 바르게 다룰 수 있게 해주시기를 구해야 합니다. 이는 우리가 그저 입을 여는 것으로 그치지 않고, 마땅히 할 말을 그대로 전하기 위함입니다(엡 6:20). 그러고는 사람들의 위협에 귀를 닫고 모든 인간적인 고려를 배제한 채, 이사야서의 방식대로 우리를 일깨우시는 주님께 귀를 기울여야 합니다. "크게 외치라. 목소리를 아끼지 말라. 네 목소리를 나팔 같이 높여 내 백성에게 그들의 허물을, 야곱의 집에 그들의 죄를 알리라"(사 58:1).[35]

이와 동시에, 베자는 단순한 말만 가지고는 그 말이 아무리 참되든 간에 인간의 타고난 눈멂 상태를 극복하기에 충분하지 않다는 것을 이해했다.

심지어 신자들의 경우에도, 그들이 지닌 지식이 참된 앎으로 성장하기 위해서는 더 큰 은혜가 필요하다. 따라서 베자는 이렇게 언급한다. "형제 여러분, 우리는 하나님이 은혜를 주셔서 어둠에서 그분의 놀라운 빛으로 불러내신 이들 중에 속합니다(벧전 2:9).……이제는 우리가 그분의 빛을 아는 이 참된 지식 가운데 더욱 자라가게 되기를 구해야 할 것입니다."[36] 베자는 회중에게 내면의 영적인 빛과 열기를 얻도록 기도할 것을 권고한다. "비록 그분의 진리에 관해서는 우리가 죽은 자와 같은 상태에 있을지라도, 주님께서 우리의 이성을 변화시키며 바로잡아 주시기를 구해야 합니다. 주님은 처음부터 끝까지 우리에게 움직일 힘과 마음을 주시며, 이를 통해 생명을 주십니다." 지금은 "신앙의 눈"이 있는 이들조차도 "흐릿한 시력을 지녔거나, 매우 좁은 시야를 품고서" 바라볼 뿐이다.[37]

베자는 참된 체험적인 균형을 유지하면서, 회중에게 마음과 행실 모두를 통해 기독교 신앙을 드러내 보일 것을 요구한다. 그는 이렇게 언급한다. "주님은 그저 우리가 믿기를 원하시는 데 그치지 않고, 우리가 진심으로 믿기를 바라십니다.……우리가 주님을 마음속으로 믿고 그 신앙을 사람들 앞에서도 드러내 보이지 않는 한, 하나님이 우리를 그리스도인으로 인정해 주시는 일은 없을 것입니다."[38]

결론

베자는 커다란 변화와 시련의 시기에 제네바의 사역과 국제적인 개혁파 운동을 이끌어 나갔다. 그는 두 번째 세대의 으뜸가는 개혁자 중 하나였던 칼뱅의 사역을 이어받은 인물이었다. 베자는 제네바 아카데미의 사역을 관할했으며, 이곳에서 많은 개혁파 목사가 훈련을 받고 세상으로 나가 복음을 전파했다. 1572년에는 로마 가톨릭 세력이 수천 명의 프랑스 개혁파 그리스도인들을 학살했다는 끔찍한 소식이 찾아오고 수많은 개혁파 난민이 제네바로 몰려들었으며, 이때 그는 목회자로서 회중을 위로하고 격려해야 했다.[39] 하지만 베자는 이 모든 일 속에서도, 매주 하나님의 말씀을 설교하는 놀라운 사역을 지속해 나갔다. 이는 곧 복음에는 하나님의 능력이 담겨 있다는 그의 흔들림 없는 확신을 보여주는 일이었다. 베자는 1600년 1월 13일 생 피에르 교회에서 마지막 설교를 전했으며, 이때 그는 적절하게도 "당신의 뜻이 하늘에서 이루어진 것 같이 땅에서도 이루어지이다"를 본문으로 삼았다.[40]

08장 청교도 설교 서론

청교도 운동은 16세기 중반부터 17세기 후반까지 지속되었으며, 이 시기는 설교의 황금기로 불려 왔다.[1] 청교도들은 설교 사역과 설교문 출판을 통해, 교회와 사람들의 일상적인 삶을 개혁하려 했다.[2] 그들은 비록 교회 개혁에는 실패했지만, 사람들의 일상생활을 변화시키는 것에는 성공을 거두었다. 그리고 이를 통해, 알렉산더 F. 미첼Alexander F. Mitchell의 말처럼 "영국 교회의 역사에서 일어났던 것 가운데 가장 깊이 있고 광범위한 영적 부흥의 시기"가 찾아왔다.[3]

청교도 목회자들은 대부분 위대한 설교자들이었다. 그들은 진지한 열정을 품고 성경에서 제시되는 하나님의 경륜 전체를 성실히 선포했다. 교회 역사상 어떤 목회자들의 무리도 그들만큼 성경적이며 교리적이고, 체험적이며 실천적인 설교를 깊이 있게 전했던 이들은 없었다.[4]

평범한 사람들은 청교도 목회자들의 설교를 기쁘게 들었다. 헨리 스미스Henry Smith, 1560-1591는 때로 '청교도들 가운데 황금의 입을 지닌 크리소

스토무스였던 인물'로 불린다. 그는 매우 인기 있는 설교자였다. 토머스 풀러Thomas Fuller에 따르면, "유력한 인사들이 예배당 통로에 줄 지어 서서 그의 설교를 듣곤 했다."[5] 그러니 이 청교도 목회자가 "16세기 청교도 운동의 영웅"으로 불렸던 것은 이상한 일이 아니다.[6]

청교도들의 설교에는 회중의 삶을 변화시키는 힘이 있었으며, 이는 지금도 그러하다. 이들에 관해, 브라이언 헤지스Brian Hedges는 이렇게 언급한다. "청교도 설교자들은 우리로 하여금 눈을 들어 하나님의 위대하심과 복되심을 바라보게 한다. 그들은 우리의 눈을 열어 그리스도의 아름답고 사랑스러우신 모습을 바라보게 한다. 그리고 그들은 우리의 양심을 자극하여, 죄의 교활함과 악함을 깨닫게 하며, 우리의 심령으로 하여금 은혜의 능력과 영광을 맛보면서 충만한 기쁨을 누리게 한다. 그들은 심오한 성경적, 실천적, 심리적인 통찰력을 품고서 인간 영혼의 깊이를 파헤친다. 그리고 그들은 하나님의 주권 교리를 해설함으로써, 고통받는 이의 영혼을 격려하고 힘을 북돋아 준다. 그들은 우리로 하여금 영원의 세계에 시선을 고정하며 마음을 쏟게 한다."[7]

이제 9장부터 청교도들의 설교를 한 사람씩 구체적으로 살피기 전에, 여기서는 먼저 청교도들의 설교를 전반적으로 소개하려 한다. 이번 장의 개관에서는 다음의 다섯 가지 주제에 국한해서 논의를 진행할 것이다. (1)설교의 으뜸가는 중요성에 관한 청교도들의 관점, (2)그들의 설교 프로그램, (3)설교에 대한 열심, (4)그들의 설교에 담긴 능력, (5)그들의 설교가 지녔던 단순성이 그것이다.

설교의 으뜸가는 중요성

청교도들은 하나님이 설교를 주된 방편으로 삼아 그분의 교회를 세워 나가신다는 점을 깊이 의식하고 있었다. 그리고 이런 인식 아래, 설교를 예배와 헌신의 중심에 두는 경향이 생겨났다.

설교의 요지는 하나님 말씀을 사람들에게 선포하는 데 있었다. 존 프레스턴은 설교에 관해 다음과 같이 기본 정의를 제시하는데, 이는 단순하면서도 청교도들의 전형적인 태도를 잘 보여주는 표현이다. "설교는 하나님 말씀을 공적으로 해석하거나 분별하는 행위로서, 이 일은 그분께 보냄 받은 대사인 목회자가 수행하게 된다. 그는 곧 그리스도의 이름으로, 하나님의 말씀을 회중에게 대언하는 자다."[8]

앤서니 버지스Anthony Burgess, 1664년 사망가 강조한 바에 따르면, 목회자들은 "설교할 때마다 말씀의 유리[거울] 앞에서 그 내용에 옷을 입혀야 하며, 자신이 성경에서 읽은 내용을 그대로 전해야 한다."[9] 그에 따르면, 목회자들은 다음의 세 가지 이유에서 오직 말씀만을 전파해야 한다. (1)**하나님을 위해.** 목회자들이 선포하는 것은 바로 **그분의** 말씀이기 때문이다. 여기서 문제가 되는 것은 그분의 명예이며, 하나님은 어떤 사역자가 그분의 말씀 대신 자신의 생각을 늘어놓는 것을 결코 사소한 일로 여기지 않으신다. (2)**사람들을 위해.** 만일 강단에서 전파되는 것이 하나님의 말씀이 아니라면, 그 설교는 사람들에게 끼칠 유익과 능력을 잃고 그저 지푸라기와 건초더미에 불과한 것이 된다. 그리고 (3)**목회자 자신을 위해.** 설교자에게 부여된 역할은 사역이지, '주인 노릇'이 아니기 때문이다. 곧 그는 주인으로 부름받은 것이 아니라, 주인을 섬기기 위한 종으로 부름을 받았다. 그는 자신의 생각대로 설교함으로써 자신의 영혼을 위태롭게 만들어서는 안 된다. 오히려 그는, 회중에게 필요한 말씀을 가장 잘 아시는 분은 설교자 자신이 아니라 하나님이시라는 것을 늘 기억해야 한다.[10]

청교도들은 설교를 목회자의 "주된 사역"이자, 회중이 "유익을 얻는 주된 통로"로 여겼다.[11] 그들에 따르면, 설교는 하나님이 제정하신 위대한 "회심의 예식"converting ordinance 이었다. 그러므로 설교 없이 회심하는 사람은 거의 찾기가 어려웠던 것이다. 윌리엄 에임스는 이렇게 언급한다. "설교는 하나님이 제정하신 예식이다. 그분이 이 예식을 거룩하게 만드셨으니, 이는 이 예식을 통해 사람들의 마음속에 신앙을 일으키며 그들의 지성을 일깨우고, 그들의 의지와 애착을 그리스도께로 이끌어 가시기 위함이다."[12] 토머스 카트라이트Thomas Cartwright, 1535-1603 에 따르면, 평범한 성경 읽기와 비교할 때 설교는 훨씬 더 필요하다. 그는 이렇게 말한다. "불을 휘저으면 열기가 더욱 살아나듯, 말씀의 경우에도 설교로 입김을 불어넣으면 그저 읽기만 할 때보다 회중의 마음속에서 더욱 생생히 타오르게 된다."[13]

청교도들은 평범한 사람에 불과한 존재가 전능하신 삼위일체 하나님의 대변자이자 대사로 쓰임받을 수 있다는 점에 경외심을 느꼈다. 이 점에 관해, 리처드 백스터는 이렇게 말한다. "회중 앞에 서서 그들을 구원이나 저주로 인도하는 메시지를 전하는 것은 결코 사소한 일이 아닙니다. 그 말씀은 살아 계신 하나님께로부터 온 것이며, 우리는 우리를 구속하신 분의 이름으로 그 말씀을 전하기 때문입니다."[14]

리처드 십스Richard Sibbes, 1577-1635 에 따르면, 승천하신 그리스도께서 이 땅에 있는 신약 시대의 교회에 내려 주시는 은사 가운데 성령님을 제외하고는 설교의 부르심보다 더 큰 것이 없다. "설교의 예식은 모든 은사 가운데서도 가장 귀한 은사이다. 하나님이 친히 그렇게 여기시며, 그리스도께서도 그렇게 여기신다. 따라서 우리도 그렇게 여겨야 마땅하다."[15] 그러므로 청교도들은 제단 대신 설교단을 예배당의 한가운데 두었으며, 성례 대신 설교를 예배의 중심으로 삼았다. 그리고 사역을 향한 개인적인 부르심을 설교자의 필수 요건으로 여겼다.[16]

그런 관점에서 볼 때, 모든 설교는 중대한 순간이 된다. 이에 관해 프레스턴은 이렇게 언급한다. "우리가 어떤 설교를 듣게 되든, 그 설교는 우리를 천국 또는 지옥으로 좀 더 가까이 이끌어 가기 마련이다."[17] 존 코턴 John Cotton, 1584-1652의 회중에 속했던 한 교인은 언젠가 그의 설교를 듣고 나서 이렇게 언급한 적이 있다. "코턴 씨가 전하는 말씀에는 뚜렷한 설득력과 권세, 생명력이 담겨 있다. 그렇기에 코턴 씨가 어떤 선지자나 사도가 기록한 본문을 설교할 때면, 그의 말을 듣는 것이 아니라 마치 그 선지자나 사도의 목소리를 듣는 듯한 생각이 들 정도다. 그때 나는 실로 주 예수 그리스도께서 친히 내 마음속에 말씀하시는 음성을 듣게 된다."[18]

청교도들은 진지한 설교자로서, 사람들보다 하나님을 기쁘시게 하는 데 목표를 두었다. 그들은 하나님이 자신을 늘 지켜보고 계신다고 여겼다. 그러므로 모든 가면을 벗어 버리고, 어떤 아첨이든 간에 끔찍한 것으로 여겨야 마땅했다. 백스터는 이렇게 언급한다. "형제 여러분, 하나님의 이름으로 권면합니다. 여러분이 강단에 오르기 전에, 그리고 말씀을 전하는 동안에 먼저 자신의 마음을 흔들어 깨우는 일에 힘쓰십시오. 그러면 여러분은 죄인들의 마음을 흔들어 깨울 수 있게 될 것입니다. 기억하십시오. 그들은 흔들어 깨움을 받든지, 아니면 영원히 저주를 받아야만 합니다. 그런데 설교자 자신이 잠들어 있다면, 그들을 흔들어 깨우기는 거의 불가능할 것입니다……여러분의 회중을, 지금 이곳에서 깨어나지 않으면 장차 지옥에서 깨어나게 될 자들로 여기고 말씀을 전하십시오."[19]

설교의 프로그램

청교도들은 설교가 으뜸가는 중요성을 지닌다고 여겼으며, 이런 측면에서 교회의 광범위한 개혁을 위해 인상적인 프로그램을 수립했다. 그들은 그리스도를 열렬히 사랑했으며, 말씀을 선포하는 일에 삶을 드려 헌신했다. 십스에 따르면, "설교는 이 세상 곳곳으로 그리스도를 모시고 다니는 전차"였다.[20] 청교도들은 자신들의 설교로써 사람들에게 감화를 끼치며 목회적인 개혁을 추진하기 위해, 기본적으로 다섯 가지 요소로 이루어진 접근법을 활용했다.

첫 번째 요소는 설교 자체를 개혁하는 일이었다. 이 일은 주로 하나님이 그들에게 설교의 기회를 주실 때마다 자주 말씀을 전함으로써 실행되었다. 우리는 뒤에서 청교도들의 이상적인 설교 방식, 또는 '단순한' 설교 방식에 관해 살펴볼 것이다.

청교도들이 실천한 설교 프로그램의 두 번째 요소는 **강의 제도** lectureships였다. 이는 학술적인 강의를 뜻하는 것이 아니라, 특별히 지정된 설교 시간을 가리키는 것이었다. 전도구의 성직자들과 달리, 강사들은 대개 부유한 개인 후원자나 시 의회, 또는 '인스 오브 코트'the Inns of Court, 런던의 법률 학교들에서 고용한 사역자들이었다. 이들을 고용하는 목적은, 청교도적인 성향을 지닌 교회 혹은 다른 여러 교회에서 설교하고 가르치도록 하려는 데 있었다. 이는 전도구의 목회자들이 무미건조하고 그다지 본이 되지 못할 경우, 회중의 영적인 갈망을 채워 주기 위함이었다.[21]

청교도 운동이 시작된 뒤 백 년 동안, 강의 제도는 점점 더 인기를 끌게 되었다(1560-1662). 이 강의 제도들은 잉글랜드 전역에서 생겨났으며, 그 가운데는 각 마을과 도시들, 케임브리지와 옥스퍼드, 그리고 물론 런던도 포함되어 있었다. 17세기의 첫 삼십 년 동안, 런던에서는 백 개 이상의 강의 제도가 유지되었다. 다수의 위대한 청교도들이 강사로 활동했으며, 그중에는 에임스와 폴 베인스Paul Baynes, 1573-1617년경, 카트라이트와 로런스 채더턴Laurence Chaderton, 1536-1640년경, 존 '십계명' 도드John "Decalogue" Dod, 1549-1645년경와 존 필드John Field, 1545-1588, 리처드 그린엄Richard Greenham, 1542-1594년경과 아서 힐더섬Arthur Hildersham, 1563-1632, 윌리엄 퍼킨스와 프레스턴, 그리고 십스 등이 있었다.[22]

청교도들이 실천한 설교 프로그램의 세 번째 요소는 **예언 집회** prophesyings였다. 이 예언 집회는 '실습' exercises 또는 '경건의 실습' godly exercises 이라고도 불렸으며, 목회자들의 재교육을 위한 일종의 성경 사경회였다.[23] 이 집회에서는 세 명에서 여섯 명 남짓의 목회자가 같은 본문을 놓고 설교했으며, 그 순서는 나이가 어린 사람부터 연장자순으로 진행되었다. 이때 마지막 설교자는 집회의 결론을 요약하고, 그곳에서 해설된 교리들의 실제적인 '쓰임새'를 강조했다. 그런 다음에는 나이 많은 의장이 각 설교자의 설교를 비평하는 순서를 주관했다. 그리고 '철이 철을 날카롭게 하는' 이 순서를 통해, 목회자들은 성경 주해와 설교의 기술을 연마할 수 있었다.

이런 예언 집회는 1520년대에 취리히에서 시작되었으며, 1550년대 초기의 청교도들이 잉글랜드로 들여왔다. 그 뒤 채더턴이 크라이스트 칼리지에서 이 집회를 광범위하게 열었으며, 곧 잉글랜드의 몇몇 주로 급격히 확산되었다. 이는 설교를 개선하려는 청교도 목회자들의 필요 때문에 생겨났지만, 때로는 주교들이 '무지한 설교'를 바로잡으려는 필요를 느끼고 그런 집회를 개최하는 경우도 있었다. 예언 집회는 1570년대 중반 절정에 달했으며, 일반 대중도 참여하도록 권장되었다. 1577년, 여왕 엘리자베스 1세는 예언 집회를 국가와 교회에 대한 자신의 통치권에 대한 위협으로 여기고 주교들에게 이 집회를 금지하도록 권고했다.[24] 이는 캔터베리 대주교 에드먼드 그린달 Edmund Grindal 의 조언과는 반대로 벌어진 일이었다. 하지만 그녀는 이 문제에서 부분적인 성공만을 거두었다. 일부 예언 집회의 경우, 제임스 1세의 통치 가운데서도 지속되었기 때문이다. 이는 특히 주교들이 그런 집회를 묵인했던 지역들에서 그러했다.[25]

넷째, 청교도들의 설교는 **설교문의 인쇄와 출판**을 통해 널리 보급되었다. 청교도들은 수많은 설교문을 책으로 인쇄했으며, 이는 은혜를 소통하는 주된 방편이 되었다. 1560년대에는 아홉 권의 청교도 설교집이 출판되었으며, 1570년대에는 예순아홉 권이, 1580년대에는 백십삼 권이, 그리고 1590년대에는 백사십 권이 출판되었다.[26] 이에 관해, A. F. 헤어A.F. Herr는 이렇게 언급한다. "엘리자베스 통치의 잉글랜드에서 설교문을 출판하는 일은 상당히 큰 규모의 사업이었다. 학자들은 당시의 전체 출판물 가운데 사십 퍼센트 이상이 종교적이거나 철학적인 성격을 띠었던 것으로 추산해 왔다. 그리고 이런 종교적 출판물 중에서는 설교문이 많은 부분을 차지했던 것이 분명하다."[27] 많은 청교도 설교집이 수십 차례에 걸쳐 영어판으로 출판되었으며, 수백 권의 설교집이 네덜란드어를 비롯한 여러 다른 유럽 언어로 번역되었다.[28] 이런 책들은 사람들에게 자주, 그리고 널리 읽혔으며, 하나님은 이 책들을 통해 많은 사람들을 회심으로 이끌 뿐 아니라 수많은 그리스도인이 은혜 안에서 성장하도록 인도하셨다.

다섯째, 청교도들의 설교 프로그램은 좋은 설교를 장려하는 **목회자 훈련**의 형태를 띠었다. 청교도들은 성직자들이 대학 교육을 받아야 한다고 여겼다. 그리고 이 목표를 달성하기 위해, 청교도들은 케임브리지나 옥스퍼드 대학, 더블린의 트리니티 칼리지, 그리고 하버드 칼리지 같은 곳에서 교육을 받았다. 이런 학교들은 젊은이들에게 설교의 측면에서 뚜렷한 청교도적 확신을 심어 주는 데 깊은 영향을 끼쳤다.[29]

설교를 향한 열심

청교도들의 광범위한 설교 프로그램을 이끌어간 동력은 성령께서 그들 안에 심어 주신 내적인 열심에 있었다. 존 F. H. 뉴John F.H.New는 이렇게 지적한다. "청교도들은 설교를 생명과 같이 여겼으며, 이는 말로 전하든, 글로 전하든 마찬가지였다."[30] 청교도들은 그리스도의 복음을 사랑했으며, 그 복음의 전체 경륜을 선포하기 원했다. 패커에 따르면, 그중에는 현재 인간이 처한 곤경과 죄의 문제를 진단하는 일, 은혜의 목표를 강조하는 일과 그리스도께서 자신의 낮아진 상태와 높아진 상태 가운데 온전히 충분하신 분임을 역설하는 일, 그리고 은혜를 제시함과 더불어 복음적인 회개와 신앙의 요구를 선포하는 일이 포함된다.[31]

청교도들은 자신들의 설교에서 구속을 선포하면서, 삼위일체의 세 위격이 각기 행하시는 구원 사역에 초점을 두어 살피곤 했다. 또 그들은 신앙과 헌신의 삶으로 죄인들을 초청하는 한편, 완고하게 불신앙을 고집하는 자들은 복음에 의해 영원히 정죄받게 될 것이라고 경고했다. 토머스 맨턴은 이 점을 이렇게 표현한다.

> 복음의 요지는 이러하다. 곧 육신과 세상, 마귀에 등을 돌리고 참된 회개와 신앙으로 성부와 성자, 성령 하나님께 헌신하는 이들, 성 삼위 하나님을 자신의 창조자이자 구속자, 그리고 거룩하게 하시는 분으로 여기고 따르는 이들은 하나님이 아버지로서 그들과 화해하시며, 그들을 자신의 자녀로 받아 주시는 것을 경험하게 될 것이다. 하나님은 그리스도의 이름에 근거하여 그들의 죄를 용서하시며, 그분의 성령 안에서 그들에게 은혜를 베푸신다. 그들이 끝까지 인내하면서 이 길을 걷는다면, 하나님은 마침내 그들을 영화롭게 만드시고 영원한 복락을 내려 주실 것이다. 그러나 불신자들, 자신의 죄를 뉘우치지 않고 불경건하게 살아가는 자들은 결국 정죄를 받아 영원한 형벌에 처해지게 될 것이다.[32]

청교도들은 그리스도를 설교하는 일을 사랑했으며, 이런 설교는 성경적으로, 교리적으로, 그리고 예표론적으로 이루어졌다.[33] 청교도 설교자의 핵심적인 과업은 그리스도를 아름답고 품위 있게 설교하는 데 있었다. 새뮤얼 러더퍼드Samuel Rutherford, 1600-1661는 자신이 그리스도 다음으로 기뻐하는 "한 가지 일"이 있는데, 그것은 바로 "그리스도를 설교하는 일"이라고 언급했다.[34]

청교도 목회자들은 **설교 준비하는 일**을 사랑했다. 그들은 성경 본문의 의미를 문맥 안에서 깊이 살피는 데 오랜 시간을 쏟았다. 그들은 강해 설교자인 동시에 교훈적인 설교자들이었다. 그리고 종종 이어지는 본문들을 곧바로 설교해 나갔다.

청교도 설교자들은 무엇보다 **스스로에게 설교하는 일**을 사랑했다. 그들은 냉담한 직업주의를 경멸했다. 그들에 따르면, 최상의 설교는 설교자가 먼저 자신의 마음을 향해 전하는 설교였다. 존 버니언은 이렇게 기록했다. "나는 자신이 겪은 내용, 곧 참으로 쓰라리고 고통스럽게 체험한 내용을 전했다. 나는 마치 죽은 자들 가운데 그들에게 보냄 받은 자와 같았다. 사슬에 매인 자로서, 나는 속박되어 있는 그들에게 나아가 말씀을 전했다. 그때 나는 양심에 불을 품고 나아갔으며, 그들에게 그 불을 주의하라고 설득했다."[35] 또 백스터는 이렇게 언급한다. "회중에게 설교하기 전, 먼저 여러분 자신에게 설교하기 바랍니다. 이때 더욱 큰 열심을 품어야 합니다. 주님, 당신의 교회를 세속적인 목회자들에게서 건져 주옵소서. 그들은 기독교 신앙과 사역의 기술을 배우고 익혔으나, 거룩하고 그리스도인다운 성품은 갖추지 못한 자들입니다. 그들에게서는 그 인격과 섬김을 죽은 자들에게서 구별해 주는 생명의 원리를 찾아볼 수 없습니다."[36]

또한 청교도들은 **설교의 행위**를 사랑했다. 이때 그들은 그 행위 자체를 사랑한 것이 아니었다. 청교도들이 그 행위를 소중히 여긴 이유는 하나님이 설교를 쓰셔서 그분을 믿어야만 하는 이들을 구원하신다고 여겼기 때문이다. 퍼킨스의 말을 빌리면, 그들은 하나님이 설교를 통해 "교회를 모으고 선택된 자들의 수를 채우신다"고 여겼다.[37] 그러니 버니언을 비롯한 많은 청교도가 설교를 포기하느니 차라리 감옥에 가겠다고 말한 것도 이상한 일이 아니다. 당국자들이 버니언에게 만약 설교를 그만두는 데 동의한다면 감옥에서 석방될 수 있다고 회유했을 때, 버니언은 자신이 풀려난다면 다음날부터 바로 설교를 전할 것이라고 대답했다.

나아가 청교도들은 자신들이 돌보는 회중을 사랑했다. 그들은 자신의 회중을 회심시키며 양육하는 데 끊임없이 노력을 기울였다. 청교도 설교자들은 어떤 목회자가 뛰어난 설교의 은사를 지니고 있다 해도, 정작 회중을 사랑하지 못한다면 자신의 소명을 감당하는 데 참담한 실패를 겪게 되리라는 점을 헤아리고 있었다. 그들은 회중을 사랑하는 데 실패하는 것은 곧 모든 일에 실패하는 것이라고 생각했다.

청교도들은 목회자들이 자신의 회중에게 설교하며 그들을 양육할 때, 마치 성부 하나님이 보여주신 사랑처럼 풍성한 사랑을 품고 그리할 수 있도록 노력해야 한다고 말했다. 그 하나님의 사랑은 탕자의 비유에서 돌아온 둘째 아들을 맞아주면서 큰아들을 달랬던 아버지의 모습에서 드러난 사랑과 같다(눅 15:11-32). 청교도들은 연약하며 의심에 시달리는 그리스도인들에게, 그리스도를 통해 성부 하나님께 나아갈 것을 부드럽게 권면했다.[38] 백스터는 이렇게 언급한다. "우리는 모든 사역을 수행할 때, 회중을 향해 부드러운 사랑을 나타내야 합니다.……우리가 거짓 없이 진실하게 그들을 사랑하는 것을 알게 될 때, 회중은 우리의 말에 귀를 기울일 뿐 아니라 어떤 어려움도 감수하면서 우리가 인도하는 대로 따라갈 것입니다."[39]

설교의 능력

잉글랜드 국교회인 성공회 측의 성직자들은, 청교도들이 구원에서 설교의 역할을 지나치게 과장하면서 다른 은혜의 방편들을 경시한다고 여겼다.[40] 엘리자베스 여왕이나 성공회 성직자들의 경우, 즉흥적인 방식의 설교보다 설교문집books of homilies, 목회자가 예배 시 낭독할 설교문을 모아둔 책들에 근거한 설교를 더 선호했다. 그들은 이 후자의 경우, 그 내용이 더 주의 깊게 작성되었을 뿐 아니라 설교의 흐름을 통제하기도 더 쉽다고 생각했다.

이와 반대로, 청교도들은 성공회 성직자들의 설교가 지나치게 화려하고 수사적이며, 형이상학적이고 도덕론적인 성격을 띤다고 불평했다. 그들은 성공회 성직자들의 설교가 충분히 복음적이거나 체험적, 실제적인 모습을 보이지 않는다고 여겼다.[41] 백스터는 설교를 "죽어가는 자가 죽어가는 자들에게 호소하는 일"[42]로 절박하게 묘사한 데 비해, 성공회의 설교들은 비판적인 견지에서 다음과 같이 묘사되고 있다. "그들이 속한 교회의 탁월한 규약 또는 수동적인 순종에 관한 해설, 또는 분열을 질타하는 외침이나 도덕률에 관한 강론, 또는 자연의 빛 아래서 정죄되는 악덕들을 규탄하는 연설."[43] 성공회 설교의 과장된 문체를 묘사한 뒤, 존 오웬은 이렇게 언급한다. "그런 말투는 본문 속에서 말씀하시는 분의 권위와 위엄, 그분의 위대하심과 거룩하심에 어울리지 않는다.……그분은 곧 하늘과 땅의 주인이신 위대하신 하나님이시다!"[44]

청교도 설교자들은 **회중의 지성에 명쾌하게 호소했다.** 그들은 회중을 이성적인 존재로 여기고 메시지를 전했다. 청교도들은 우리의 지성을 신앙이 머무는 거처로 여겼다. 따라서 그들은 인간의 생각과 마음을 서로 대립시키지 않고, 성령님은 지식의 토양 속에 중생의 씨앗을 심으신다고 가르쳤다. 프레스턴은 우리가 회심할 때 이성도 더욱 높은 단계로 향상된다고 강조했으며, 코턴 매더는 무지가 헌신이 아닌 이단을 낳는다고 덧붙였다. 그리하여 청교도들은 회중에게 성경적인 지식을 전했으며, 성경의 논리에 근거하여 회중을 설득하려 했다.[45] 그들은 지성이 결여된 기독교는 뼈대가 없는 신앙을 낳는다는 점을 알고 있었다.

청교도 설교자들은 **회중의 양심을 예리하게 일깨웠다.** 그들은 죄인들의 양심을 '본성의 빛'으로 여겼다. 그들은 단순한 설교를 통해 구체적인 죄들을 열거하고, 어른과 아이 모두 죄에 대한 책임을 깊이 통감할 수 있도록 예리한 질문을 던졌다. 청교도 설교자들은 우리 자신의 죄를 깨닫게 하는 율법의 능력에 의존해서, 죄인들이 벌거벗은 모습 그대로 하나님 앞에 나아갈 것을 촉구했다(히 4:12). 이는 오직 그럴 때에만 그들이 그리스도의 의로 옷 입혀 주시기를 간절히 호소하게 되기 때문이다. 그러므로 청교도들은 회중의 양심을 향해 **절박하게, 직접적으로, 그리고 구체적으로** 말씀을 전했다. 그들은 "그의 이름으로 죄 사함을 받게 하는 회개가…… 전파되어야" 한다는 그리스도의 명령을 진지하게 받아들였던 것이다(눅 24:47).

청교도 설교자들은 **회중의 마음에 열정적으로 구애했다.** 그들의 설교는 다정하고 열정적이며 낙관적인 성격을 띠었다. 월터 크래독Walter Cradock, 1606-1659년경은 자신의 회중에게 이렇게 설교했다. "주님이 우리를 보내신 것은 갤리선에서 노를 저을 노예들을 모으거나, 말뚝에 묶어 놓을 곰을 구하기 위함이 아닙니다. 주님은 우리를 통해 여러분에게 구혼을 하려 하십니다. 곧 여러분이 그분 자신과 혼인하도록 이끄시려는 것입니다."[46] 청교도들은 힘 있는 설교와 개인적인 호소, 간절한 기도와 성경적인 설득, 엄숙한 경고와 기쁨에 찬 삶의 모습 등 가능한 모든 방편을 동원하여, 죄인들이 파멸의 길에서 하나님께 돌이키도록 인도하려 했다. 그리고 이때 권면의 순서는 지성과 양심, 마음의 순서로 진행되었다. 새뮤얼 윌라드Samuel Willard, 1640-1707는 이 점을 이렇게 표현한다.

우리는 먼저 말씀의 진리를 회중의 이해력에 적용해야 한다. 인간의 모든

> 행동이 여기서부터 시작되기 때문이다. 이때 회중은 그 말씀의 의미를 깨닫고, 진리의 근거들을 식별하게 된다. 회중이 이성적으로 그 진리에 동의한 다음에는, 이에 관해 선택[결단]을 내릴 수 있도록 그 진리를 그들의 의지에 전달해야 한다. 이를 통해 그들은 우리가 권면한 그 진리를 받아들이고, 그 아래에 순복하게 된다. 그리고 이 진리는 다시 회중의 마음 깊은 곳에 새겨진다.[47]

청교도들은 하나님이 죄인들을 굴복시키며 회심으로 인도하는 일에 자신들의 힘 있는 설교를 무기로 사용하실 것이라고 믿었다. 그러므로 에임스는 이렇게 언급했다. "그러므로 우리는 무미건조하지 않게, 생생하고 효과적인 방식으로 말씀을 전해야 한다. 그리하여 신자들의 회중 가운데 참석한 불신자들이 감동을 받고, 그 마음이 말씀에 완전히 사로잡혀 하나님께 영광을 돌리도록 인도해야 한다."[48]

설교의 단순성

설교 방식의 측면에서, 청교도들은 단순한 설교를 선호했다. 다만 이런 단순성은 반(反)지성주의와는 달랐다. 설교의 단순성은 성경의 메시지를 알기 쉽고 분명한 방식으로 전달하되, 먼저는 회중의 지성에, 그러고는 그들의 마음에 와닿도록 전하는 것을 뜻했다. 마침내는 그들의 외적인 삶에 영향을 끼쳐, 회중이 그 가르침을 행실의 지침으로 삼게 하는 데 목표가 있었다. 헨리 스미스는 이렇게 언급한다. "단순한 설교는 무식하거나 혼란스러운 설교가 아니다. 오히려 그것은 꾸밈없고 명쾌한[분명한] 설교다. 그러므로 지식수준이 낮은 사람이라도, 마치 누군가 자기 이름을 부르는 것을 듣고 대답할 때처럼 그 내용을 듣고 이해할 수 있게 된다."[49]

인디언들에게 복음을 전한 위대한 청교도 선교사 존 엘리엇John Eliot, 1604-1690에 대한 추모의 글에서, 코턴 매더는 이렇게 언급했다. "그의 설교 방식은 매우 단순했다. 그리하여 이런 본문과 주제들에 대한 그의 강설 속에서는, **어린양**이 뛰어놀 뿐 아니라 **코끼리**가 헤엄을 치는 일도 가능했다(내용이 단순해서 누구나 쉽게 이해할 수 있었지만, 동시에 심오한 깊이가 그 속에 담겨 있었다는 의미—옮긴이)."[50] 또 인크리스 매더Increase Mather, 1639-1723는 아버지 리처드 매더의 설교에 관해 이렇게 기록했다. "아버지의 설교 방식은 단순했다. 그분의 목표는 회중의 머리를 향해 화살을 날리는 것이 아니라, 오히려 그 화살이 그들의 마음과 양심에 깊이 꽂히도록 하는 데 있었다."[51]

청교도들이 전한 설교의 첫 부분은 주해와 해설이었으며, 두 번째 부분은 교리와 가르침, 그리고 세 번째 부분은 적용의 성격을 띠었다.[52] 첫째로 청교도들의 설교는 **성경적인** 성격을 띠었다. 그들의 설교에는 성경 본문에 대한 해설이 담겨 있었는데, 이에 관해, 청교도 에드워드 더링Edward Dering, 1540-1576년경은 이렇게 언급한다. "신실한 목회자는 그리스도께서 그러셨듯이 오직 하나님의 말씀만을 전하는 자다."[53] 오웬도 이 점에 동의한다. "목회자의 으뜸가는 의무는 말씀을 부지런히 전하여 양 떼를 먹이는 데 있다."[54] 밀러 맥클러Millar Maclure는 이렇게 언급한다. "청교도들의 경우, 설교는 그저 성경에 관련된 것이 아니었다. 그들의 설교는 말 그대로 하나님의 말씀 안에 자리 잡고 있었다. 설교에 성경 본문이 포함된 것이 아니라, 설교 자체가 그 본문 안에 머물고 있었던 것이다.……간단히 말해, 그들의 설교를 듣는 것은 곧 성경 안에 거하는 것과 같았다."[55]

둘째, 청교도들은 성경 해설을 통해 뚜렷하고 명확한 **교리들**을 발전시켰다. 퍼킨스는 교리를 "영원히 복되고 유익하게 사는 법에 관한 학문"으로 불렀으며,[56] 에임스는 "하나님을 섬기는 삶에 관한 교리 또는 가르침"에 관해 언급했다.[57] 싱클레어 퍼거슨Sinclair B.Ferguson은 청교도들을 두고 이렇게 언급한다. "청교도 목회자들에게 조직신학은 마치 의사가 지닌 해부학 지식과 같은 것이었다. 이는 한 목회자가 죄와 사망의 고통에 시달리는 이들의 영적 실병을 진단하고 처방하며 치료하기 위해서는, 전체적인 신학의 체계에 의존해야 했기 때문이다."[58]

패커는 당시 청교도들의 확신을 이렇게 묘사한다. "누군가 '교리를 꼭 설교해야 합니까?'라고 묻는다면, 청교도들은 이렇게 답했을 것이다. '아니, 그것 말고 설교할 다른 내용이 있습니까?' 위선자들은 교리 설교를 따분히 여길 것이 분명하다. 그러나 그리스도께 속한 양들을 구원할 수 있는 것은 교리 설교뿐이다. 설교자의 임무는 불신자들에게 오락 거리를 제공하는 것이 아니라, 신앙의 내용을 선포하는 데 있다."[59]

청교도 설교자들은 그리스도께서 성경에서 가르치는 모든 교리의 초점이 되심을 알고 있었다.[60] 이에 관해, 토머스 애덤스Thomas Adams, 1583-1652는 이렇게 언급한다. "그리스도는 성경 전체의 요점이 되신다. 그분은 성경에서 예언되고 상징과 예표를 통해 표현되며, 널리 드러나는 동시에 예증되고 있다. 그러므로 우리는 성경의 모든 장, 거의 모든 절에서 그분을 발견할 수 있다. 이를테면 성경은 아기 예수를 감싼 강보와 같다."[61] 또 아이작 앰브로즈Isaac Ambrose, 1604-1664는 이렇게 말한다. "우리는 그리스도를 성경 전체의 내용이자 정수, 그 영혼과 목적이 되시는 분으로 이해해야 한다."[62] 그리고 로버트 볼턴Robert Bolton, 1572-1631도 이 점에 동의한다. "우리는 매 주일 말씀을 전할 때마다, 예수 그리스도를 모든 자에게 아낌없이 제시해야 한다."[63] 청교도들은 이처럼 그리스도에 관한 교리들을 전하면서, 자연스레 다른 교리들도 그분께 연관 지어 설교하게 되었다. 그런 교리들 가운데는 삼위일체 하나님에 관한 교리와 함께 죄와 성화, 자기부인에 관한 교리들이 있다.[64]

셋째, 교리적인 가르침은 **적용**으로 이어졌다. 이 적용 부분은 종종 본문의 '쓰임새'uses로 불렸으며, 목회자가 다양한 청중을 상대로 성경을 적용함에 따라 그 분량이 늘어날 수 있었다. 이 부분의 목표는 하나님의 말씀을 회중의 마음속에 생생히 전달하거나, 또는 백스터의 표현처럼 "그들의 지성에 진리를 밀어 넣고, 그들의 마음에 그리스도를 심어 주는" 데 있었다.[65]

이런 적용은 반드시 올바른 대상을 향해 제시되어야 했다. 그렇지 않으면, 회중에게 영적인 유익을 주기보다 오히려 해를 끼칠 수 있었기 때문이다. 따라서 청교도 설교의 특징 중 하나는 그리스도인들과 비그리스도인들에게 각기 **구별되는 방식으로** 진리를 **적용**하는 데 있었다. 청교도 설교자들은 은혜의 표지들을 식별하는 데 많은 노력을 쏟았으며, 이는 곧 교회를 세상과, 참된 신자들을 그저 이름뿐인 신자들과, 구원의 신앙을 일시적인 신앙과 구분 지어 주는 표지들이었다.[66] 여러 청교도들은 참된 신자들을 거짓 신자들과 구별 짓기 위해 많은 작품을 남겼으며, 그런 작품으로는 토머스 셰퍼드Thomas Shepard, 1605-1649의 『열 처녀』(*The Ten Virgins*)와 매튜 미드Matthew Mead, 1629-1699의 『유사 그리스도인』(*The Almost Christian Discovered*), 그리고 조나단 에드워즈의 『신앙감정론』(*Religious Affections*) 등이 있다.[67]

청교도 설교자들은 회중을 변화시키는 데 목표를 두었다. 제임스 더럼James Durham, 1622-1658년경에 따르면, "설교의 생명"은 바로 적용에 있었다. 그러므로 설교는 설득이나 증언, 간청 또는 탄원, 당부 또는 훈계로 불린다.[68] 청교도들은 하나님의 말씀이 체험적으로 선포될 때, 성령께서 그 말씀을 통해 각 개인과 나라들을 변화시키신다고 가르쳤다.[69] 캡틴 존 스필먼Captain John Spilman의 고백은 체험적인 청교도 설교에 담긴 변혁의 능력을 보여주는 한 가지 사례가 된다.

> 과거에 육신적인 상태에 있을 때, 나는 그리스도의 사역자들, 특히 말씀을 장시간에 걸쳐 전하는 자들을 경멸했었다. 이는 오래 설교하는 사람들을 견딜 수 없었기 때문이다. 마침내 그는 어떤 이의 설교에 사로잡히게 되었는데, 그것은 그리스도 안에서 이루어신 새 언약을 다룬 히브리서 8:8, 10에 관한 설교였다. 당시 그 설교는 내 삶에 생생히 적용되었으며, 내 마음 깊은 곳을 흔들어 놓았다.[70]

회중을 오직 하나님의 영광만을 위해 사는 사람들로 변화시키기 위해, 청교도 설교자들에게는 주님을 두려워하는 마음으로 처신할 것이 요구되었다. 그들은 자신의 능력을 과시하지 않고, 오히려 겸손한 태도로 행해야 했다. 이 점에 관해, 존 플라벨은 이렇게 언급한다. "십자가에 못 박히신 그리스도를 전하는 설교자들에게는 십자가에 못 박힌 어조가 가장 잘 어울린다.……우리의 말은 내용을 전달하기 위한 방편일 뿐이다. 열쇠 구멍에 잘 맞는 쇠로 된 열쇠가, 보물 창고의 문을 열지 못하는 황금 열쇠보다 더욱 쓸모 있다."[71]

결론적인 설교의 필수조건

끝으로, 청교도적인 설교는 목회자가 취하는 삶의 방식과 뗄 수 없는 관계에 있었다. 그 삶의 방식에서는 설교 사역을 감당하기 위한 세 가지 필수 조건이 반드시 나타나야만 했다. 그것은 성령께 의존하는 자세, 거룩한 인격, 열렬한 기도의 영이다.

첫째, 목회자들은 자신의 모든 말과 행동에서 성령께 깊이 의존하는 자세를 보여야 한다. 그들은 회심의 중요성과 더불어, 자신에게 어떤 이를 그리스도께로 이끌 능력이 없음을 절실히 느껴야 한다. 윌리엄 거널

William Gurnall, 1616-1679은 목회자들에게 이렇게 권면했다. "하나님은 회중을 회심시킬 책임을 우리에게 떠넘기지 않으셨다. 우리에게 맡겨진 의무는 다만 복음을 선포하는 것뿐이다."[72] 청교도들은 설교자와 청중 모두 성령님의 사역에 온전히 의존해야 한다는 것을 확신했다. 이는 그분이 자신의 뜻대로 각 사람의 마음속에서 중생과 회심을 일으키시기 때문이다.[73] 토머스 왓슨은 이렇게 언급한다. "회중의 마음 문을 두드리는 것은 목회자들이지만, 열쇠를 가지고 임하셔서 그 문을 친히 여시는 분은 바로 성령님이시다."[74]

둘째, 목회자들이 성령께 의존하기 위해서는 그들 자신의 삶에서 거룩함을 추구해야 한다. 백스터는 이렇게 언급한다. "우리는 바른 설교 방식만큼이나 바른 삶의 방식 역시 열심히 연구해야 한다.……날마다 우리 자신의 마음을 살피며 부패한 본성을 굴복시키는 일, 또 하나님께 의존하여 사는 일에 힘써야 한다. 만일 우리가 이런 일들을 주된 관심사로 삼아 늘 마음을 쏟지 않는다면, 모든 일이 어긋나게 됨과 동시에 우리의 청중[회중]은 영적인 굶주림에 시달리게 될 것이다."[75] 그리고 오웬은 이렇게 언급했다. "어떤 이가 바른 가르침을 전하면서도 정작 그 자신은 굽은 길로 행할 경우, 그는 낮에 자신의 교리로써 끼친 유익보다 더 큰 해악을 밤에 자신의 행실로써 끼치게 될 것이다."[76]

끝으로, 목회자들은 자신의 삶과 사역을 위해 늘 기도에 힘써야 한다. 이에 관해, 로버트 트레일Robert Traill은 이렇게 언급한다. "때로는 초라한 은사와 재능을 지닌 목회자들이 훨씬 뛰어난 역량을 지닌 자들보다 더 큰 성과를 거두기도 한다. 이는 그들의 기도가 더 우월해서라기보다, 기도에 더 많은 시간을 쏟았기 때문이다. 목회자들이 자신의 서재에서 깊이 기도하지 않기 때문에 설교의 유익을 잃게 되는 경우가 많다."[77]

09장 청교도 설교자들 : 퍼킨스

새뮤얼 클라크Samuel Clarke는 윌리엄 퍼킨스가 품었던 복음 전도의 열심에 관해 인상적인 사례를 소개한다.[1] 어느 날, 한 사형수가 교수대로 올라가고 있었다. 그는 이미 "반쯤 죽은" 상태로 보였다. 그때 죄수를 본 퍼킨스가 이렇게 소리쳤다. "오, 형제여! 무슨 일입니까? 죽음이 두렵습니까?" 이에 그 죄수는 죽음보다는 그 이후에 벌어질 일들이 무섭다고 고백했다. 그러자 퍼킨스가 말했다. "형제여, 그렇다면 잠시 아래로 내려오십시오. 하나님이 그분의 은혜로 형제를 어떻게 도우실 수 있는지를 알게 될 것입니다." 이에 곧 죄수가 교수대 밑으로 내려왔고, 그들은 함께 무릎을 꿇고 손을 마주 잡았다. 퍼킨스는 "우리의 죄를 생생히 고백하는 기도"를 드렸으며, 그 불쌍한 죄수는 하염없이 눈물을 흘렸다. 이에 퍼킨스는 그 죄수가 "지옥문 앞에 이를 정도로 충분히 낮아졌음"을 확신하고, 자신의 기도를 통해 복음이 모든 자에게 값없이 주어지는 선물임을 그에게 전했다. 클라크에 따르면, 이때 그 죄수의 영적인 눈이 열렸다. 그리하여 그 죄수는 자신의 모든 죄가 종이 위에 검은 글씨로 기록되어 있었지만, 이제는 그 위에 십자가에 못 박히신 구주의 보혈이 붉은 글씨로 그어지면서 그 죄들이 무효가 되는 것을 보게 되었다. 곧 주님의 보혈이 그의 상처 입은 양심에 깊은 은혜로써 작용했던 것이다. 이제 그는 다시금 눈물을 쏟으면서, 자신이 얻은 내적인 위로를 기뻐하게 되었다. 그런 다음 죄수는 일어서서 기쁜 마음으로 교수대의 계단을 올라갔다. 그는 자신이 그리스도의 피로 구원받았음을 증언하고, 자신의 죽음을 참을성 있게 견디었다. 이때 그는 마치 자신이 두려워하던 지옥에서 건짐을 받고, 또 그의 영혼을 영접하기 위해 하늘이 열린 것을 실제로 목격한 듯 보였다. 그 모습을 바라보던 이들은 큰 기쁨을 얻었다.[2]

윌리엄 퍼킨스는 엘리자베스 여왕 치하의 잉글랜드에서 활동했던 으뜸가는 청교도 설교자이며, '청교도 운동의 아버지'로 불린 인물이다. 그는 제네바에서 사역했던 장 칼뱅과 테오도뤼스 베자의 개혁파 사상을, 자신의 뒤를 이은 잉글랜드의 청교도들에게 전해 주는 연결 고리의 역할을 했다.

퍼킨스는 1558년 워릭셔Warwickshire에서 태어났다. 그는 무분별하고 불경건하게, 술에 빠진 채로 어린 시절을 보냈으며,[3] 1577년 케임브리지 대학의 크라이스트 칼리지에 입학했다. 이후 1581년에 학사 학위를, 1584년에 석사 학위를 취득했다. 그는 재학 시절에 강력한 회심을 체험했는데, 이 회심은 길에서 한 여인이 버릇없는 자기 아이를 향해 "그러다 술주정뱅이 퍼킨스처럼 된다"고 혼내는 말을 우연히 들었을 때 시작되었다.[4] 이때 그는 죄를 회개하여 자신의 삶을 그리스도께로 돌이키고, 이전에 매혹되었던 흑마술과 주술에서 벗어나 신학에 관심을 쏟게 되었다.[5] 그는 곧 케임브리지 대학에서 로런스 채더턴이 이끌던 청교도들의 영적인 공동체에 합류했으며, 그곳에서 실천적인 적용에 지향점을 둔 개혁파

교리를 배웠다.[6]

퍼킨스는 1584년부터 신장 결석 합병증으로 세상을 떠난 1602년까지, 케임브리지에 있는 그레이트 세인트 앤드류Great St. Andrew's 전도구의 교회에서 강사와 설교자로 사역했다. 이 교회는 크라이스트 칼리지의 길 건너편에 위치한 곳으로, 당시 가장 영향력 있는 설교단이었다. 그는 또한 1584년부터 1595년까지 크라이스트 칼리지의 펠로fellow로 재직했다. 당시의 펠로들은 설교와 강의, 개인 지도를 수행했다. 그들은 "배움의 안내자인 동시에, 재정을 관리하며 학생들의 품행과 예절을 감독하는" 역할을 했다.[7] 그리고 퍼킨스는 주일 오후마다 영적인 고통에 처한 자들을 위해 상담 사역을 수행했다. 마크 쇼Mark Shaw에 따르면, "당시에 상처 입은 자들이 찾아와 자신의 영적인 불안을 털어놓을 때, 퍼킨스가 가장 자주 알려준 해답은 바로 하나님의 예정에 관한 교리였다."[8]

시간이 흐르면서, 퍼킨스는 수사학자이자 성경 강해자, 신학자이며 목회자로서 갓 생겨난 청교도 운동의 주된 지도자가 되었다. 그는 탁월한 설교의 은사와 함께, 단순한 설교와 신학적 가르침으로 평범한 사람들에게 다가갈 수 있는 비범한 능력을 지닌 사람이었다. 퍼킨스가 세상을 떠날 무렵, 그의 책들은 잉글랜드에서 칼뱅과 베자, 하인리히 불링거의 책들을 전부 합친 것보다 더 많이 팔리고 있었다.[9] H. C. 포터H.C.Porter에 따르면, 퍼킨스는 "당시 온 나라의 경건을 빚어낸" 인물이 되었다.[10] 1635년을 기준 삼아 볼 때 퍼킨스의 사후에 출판된 그의 전집은 열한 질에 달했으며, 그 책들 가운데는 거의 오십 편에 이르는 논문이 담겨 있었다.[11] 그의 글들은 네덜란드어와 독일어, 스페인어와 프랑스어, 이탈리아어와 아일랜드어, 웨일스어와 헝가리어, 체코어로 번역되었다.[12] 그리고 퍼킨스의 영향력은 윌리엄 에임스와 리처드 십스, 존 코턴과 존 프레스턴 같은 신학자들을 통해 지속되었다. 퍼킨스가 세상을 떠난 뒤에도 많은 설교자가 케임브리지 대학에서 훈련을 받았으며, 그중에는 뉴잉글랜드로의 이주를 주도한 청교도들이 포함되어 있었다. 이들은 곧 온 세상이 볼 수 있게 '언덕 위의 도시'를 세우려고 떠난 자들이었다.[13]

그리스도 안에서 이루어지는 실천적인 예정

퍼킨스는 사람들을 회심으로 이끄는 일과, 이후 그들이 경건 안에서 자라가게 하는 일에 주로 관심을 쏟았다. 그는 우리가 영적인 위로와 확신을 얻기 위해서는, 예정 안에서 이루어지는 하나님의 주권적인 은혜에 대한 성경적인 이해가 필요하다고 믿었다. 그것은 참된 신자에게 구원의 소망과 기대, 그리고 보증이 되는 은혜였다.

퍼킨스는 라틴어로 된 저서 『*Armilla Aurea*』(1590)에서 자신의 예정 교리를 서술했으며, 이 책은 『황금 사슬』(*A Golden Chaine*, 1591)이라는 제목 아래 영어로 번역되었다.[14] 『황금 사슬』의 가장 주목할 만한 특징은 이 책에서 퍼킨스가 타락 전 예정설에 근거한 이중 예정의 교리를 제시한다는 데 있다. 그 교리는 다음의 제목이 붙은 그의 유명한 도표에서 요약적으로 소개된다. "하나님의 말씀에 따라, 구원이나 정죄에 이르게 하는 원인들의 순서를 밝힌 개관 혹은 도표."[15] 베자의 도표와 마찬가지로(다만 퍼킨스의 것이 좀 더 자세하다), 이 도표는 하나님과 그분이 작정하신 예정에서 출발한다. 그 흐름은 선택과 유기의 실행을 위한 두 가지 원인들의 사슬로 분리된다. 이 도표에서는 선택과 유기의 실행 과정이 각기 순서대로 제시되며, 그 흐름은 하나님의 영원한 작정에서 시작하여 최후의 극치에 이르기까지 이어진다. 그리고 마지막 부분에서는 모든 일이 하나님을 영화롭게 하는 것으로 끝맺게 된다.

퍼킨스는 하나님이 예정을 방편으로 삼아 자신의 영광을 인류에게 드러내 보이신다고 믿었다. 하나님은 선택된 자들에게는 자비를 베풀고, 유기된 자들에게는 공의를 시행하심으로써 그 영광이 다시 그분 자신에게로 돌아오게 하신다는 것이다. 이 일들은 모두 그분의 주권에서 흘러나오는 것이었다. 선택은 하나님의 작정으로, 이를 통해 그분은 자신의 자유로운 뜻에 따라 어떤 이들이 구원을 얻도록 정하셨다. 이는 우리로 하여금 그분이 베푸시는 은혜의 영광을 찬송하게 하시려는 것이다. 그리고 유기는 예정의 한 부분으로, 이를 통해 하나님은 자신의 지극히 자유롭고 공정한 뜻과 목적을 좇아 어떤 이들을 영원한 파멸과 비참에 던져 버리기로 결정하셨다. 그 이유는 그분의 공의가 찬송을 받도록 하시려는 데 있다.[16]

유기의 교리는 해로운 것이 아니다. 그 교리는 오히려 하나님이 품으신 목적들을 보여주는 유익한 가르침이다. 퍼킨스에 따르면, 우리는 하나님이 토기장이로서 행하시는 유기의 일을 설교해야 한다(롬 9:21-24). 이는 불경건한 자들을 향해, 죄에서 떠나 은혜를 구하고 계시된 하나님의 뜻에 순종하도록 경고하기 위함이다. 그리고 이 설교는 선택된 자들의 유익을 위해서도 필요하다. 유기에 관한 이 설교 가운데는, 유기된 자들이 겉으로는 얼마나 그럴듯하게 '은혜에 속한 일들'을 행할 수 있는지를 보여주는 것 역시 포함된다. 이때 설교자들은 선택된 자들에게 더욱 은혜를 추구할 것과, 이를 통해 그들 자신이 그리스도 안에서 받은 부르심과 선택을 확증할 것을 애정 어린 마음으로 권고해야 한다(벧후 1:10). 이같이 유기에 관해 설교할 때, 경건한 자들은 과연 자신의 삶 속에 선택의 표지가 있는지를 돌아보게 된다. 그리고 이 설교는 우리가 자칫 빠질 수 있는 교만에 대한 교정책을 제공하며, 주님 앞에서 겸손한 감사의 토대가 된다. 이는 주님이 순전히 주권적인 은혜로써 자신의 백성을 선택하시기 때문이다.[17]

어떤 자의 경우든, 영원한 생명으로의 선택이 예수 그리스도의 사역과는 상관없이 영향을 미치는 경우는 없다. 그러므로 퍼킨스는 하나님의 시각에서 볼 때, 유기된 자에게는 아무런 구원의 가망이 없다고 언급한다. 이는 황금 사슬에서 그리스도와 그 사이에는 아무런 연결 고리가 없기 때문이다. 그리스도가 없다면, 사람에게는 아무 가망이 없다.

그리스도는 선택의 토대가 되신다. 그분은 중보자로 예정되셨으며, 선택된 자들에게 약속되셨다. 그분은 은혜의 선물로서 선택된 자들에게 주어진다. 끝으로, 그분은 자신의 모든 유익과 본성, 직무와 상태 가운데 그들의 영혼에 인격적으로 적용되신다.[18] 퍼킨스가 제시한 도표의 중심에는 "선택된 자들의 중보자"가 되시는 그리스도의 사역이 놓여 있다. 퍼킨스는 그리스도의 사역과, 그리스도인들의 삶이 진전되는 과정 사이에 여러 개의 선을 그어 둘 사이의 연관성을 표시했다. 이를 통해 신자들이 어떻게 그리스도를 알게 되며, 또 그분 안에서 칭의와 성화에 이르게 되는지를 보여주려 했다. 퍼킨스는 신자들이 영적인 전투에 직면할 때 어떤 느낌을 갖게 되는지를 잘 알고 있었다. 선택과 마찬가지로, 그리스도인들의 결단과 신실한 순종 역시 그리스도 안에서만 의미 있는 것이 된다. 그렇기에 그리스도는 예정의 중심에 계신다.

하나님은 그분의 사랑 때문에, 그리스도 안에서 여러 단계에 걸쳐 자신의 작정을 시행하신다. 여기서 퍼킨스의 가르침에서 설교의 중심적인 위치를 볼 수 있다. 이 과정의 첫 단계는 효력 있는 부르심으로, 이를 통해 "죄인을 세상에서 끌어내어 하나님의 가족 안으로 인도하는" 구원의 은혜가 나타나게 된다.[19] 이 효력 있는 부르심의 첫 부분은, 죄로 죽은 상태에 있는 자들이 하나님 말씀을 올바른 마음으로 듣게 되는 데 있다. 그리고 이때 성령께서 저항할 수 없는 진리를 그들의 마음에 비추어 주신다. 이 하나님 말씀의 설교를 통해, 두 가지 일이 성취된다. "어떤 이가 율법을 통해 자신의 죄와 그에 대한 영원한 사망의 징벌을 깨닫는 일", 그리고 "복음을 통해 그리스도 예수 안에 있는 구원을 깨닫고, 그분을 믿게 되는 일"이 그것이다.[20]

이 과정의 두 번째 단계는 죄인들의 마음이 깨어지는 일에 있다. 이때 죄인의 마음은 산산조각이 나고, 이를 통해 하나님이 베푸시는 구원의 은혜를 받기에 합당하게 된다. 하나님은 죄인들로 하여금 그분의 율법에 관한 설교를 듣게 하시며, 죄에 대한 그분의 진노를 깊이 깨닫게 하신다. 하나님은 그들의 마음이 그분 앞에서 산산이 깨어지도록 이끄신다.[21]

이 효력 있는 부르심을 통해, 우리 속에는 구원의 신앙이 생겨난다. 퍼킨스는 구원의 신앙을 이렇게 정의한다. "이 신앙은 마음의 기적적이며 초자연적인 기능이다. 이때 우리는 성령님의 역사를 통해 그리스도 예수를 알게 되며, 그분을 자신의 마음속에 받아들이게 된다."[22] 또 찰스 먼슨Charles Munson은 이렇게 언급한다. "그러므로 선택된 이는 신앙을 통해 구원받는다. 이는 그 신앙이 완전한 미덕이어서가 아니라, 우리가 그 신앙을 통해 알게 되는 대상이 완전한 성격을 띠기 때문이다. 그것은 바로 그리스도의 순종이다. 그러므로 누군가의 신앙이 강한지 약한지는 중요하지 않다. 우리가 구원을 얻는 것은 오직 하나님의 자비와 약속에 달려 있기 때문이다."[23] 퍼킨스에 따르면, 하나님은 처음에 나타나는 신앙과 회개의 작은 씨앗과 이파리까지도 기꺼이 받아 주시며, 이는 그런 씨앗과 이파리가 그 크기에 있어서 겨자씨 한 알 정도일 뿐일지라도 그러하다.[24]

퍼킨스가 보기에, 신앙은 하나님이 주신 초자연적인 은사였다. 그리고 이 믿음을 통해, 죄인인 우리가 그리스도와 더불어 구원의 모든 약속들을 소유할 수 있었다.[25] 신앙의 대상은 죄인인 우리 자신도, 우리의 체험도, 신앙 그 자체도 아니다. 신앙의 대상은 오직 예수 그리스도 한분뿐이다. 신자는 먼저 그리스도를 우리의 죄 사함을 위해 십자가에 달리신 희생 제물로 바라보게 된다. 그런 다음 그분이 유혹에 맞서 싸울 힘을 주시는 것과, 거센 시련 가운데 위로자가 되시는 것을 체험하게 된다. 그리고 마침내 그리스도께서 이 세상과 다음 세상에서 우리에게 필요한 모든 것이 되심을 깨닫게 된다.[26] 요약하자면, 신앙이 그 모습을 드러내는 것은 바로 "각 사람이 마음에 감화를 받아 그리스도와 그분의 공로를 자기 자신에게 해당하는 것으로 적용하게 될 때이다. 그리고 이런 마음의 감화는, 오직 그리스도 예수 안에 있는 하나님의 자비를 성령께서 효과적으로 확증해 주실 때 생겨나게 된다."[27] 예수 그리스도를 떠난 신앙은 아무 의미를 갖지 않는다. 퍼킨스에 따르면, "신앙은……하나님이 우리에게 베푸시는 주된 은혜다. 신자들은 이를 통해 그리스도께 접붙여지며, 그로 인해 그들은 그리스도와 하나가 되고 그분 역시 그들과 한 몸을 이루시게 된다."[28] 퍼킨스는 구원 얻는 신앙의 다섯 단계를 다음과 같이 개략적으로 열거한다. (1)성령님의 조명으로 복음을 알게 됨, (2)죄 사함받기를 소망함, (3)그리스도 예수 안에 있는 은혜를 주리고 목마른 마음으로 갈망함, (4)그리스도를 소유하기 위해 은혜의 보좌로 나아감, 그리고 (5)성령님의 감화를 통해 복음의 약속들을 자기 삶에 적용함.[29]

이렇게 하나님을 믿고 따르도록 효과적인 부르심을 입은 뒤, 우리는 그 신앙을 통해 의롭다 하심을 입게 된다. 퍼킨스에 따르면, 칭의는 하나님의 자비로운 선포이며 그 안에는 그분을 믿는 자들이 하나님 앞에서 그리스도의 순종을 통해 의로운 자로 간주된다는 내용이 담겨 있다. 칭의의 근거는 그리스도의 순종으로, 이 순종은 곧 "그분이 자신의 삶과 죽음을 통해 받은 고난과 더불어 율법을 성취하신 일"로서 표현되었다. 그리스도는 선택된 자들을 율법 성취의 부담에서 해방하신다. 이 부담은 "모든 사람이 태어날 때부터 매 순간 짊어지게 되는 것으로, 우리는 순결한 본성과 행위로 그 짐을 감당해야만 한다." 그리고 그분은 우리를 "율법을 어긴 일에 관해 보상해야 할" 부담에서도 놓아 주신다. 그리스도는 이런 부담들에 관해 우리의 보증이 되시며, 하나님은 우리를 위한 그분의 순종을 기꺼이 받아 주신다. 이는 그분의 순종이 우리의 허물을 온전히 보상하기 때문이다. 그러므로 칭의에는 "우리의 죄를 사함받는 일과, 그리스도의 의를 전가 받는 일"이 포함된다.[30] 이 칭의는 한 죄인이 하나님의 심판대 앞에서 자신의 죄를 시인하며, 그 죄를 사함받기 위해 유일한 피난처이신 그리스도께 의존할 때 이루어지게 된다.[31] 칭의는 곧 하나님이 그분의 영원하고 선하신 기쁨을 좇아 행하시는 사법적이며 주권적인 행위다.

성화는 이 과정의 세 번째 부분으로, 퍼킨스는 다른 어떤 것보다 성화에 더 많은 관심을 쏟았다. 이 성화는 구원의 필수 요소다. 어떤 이가 신앙을 받아들일 때에는 회개도 함께 이루어지며, 진정으로 회심한 사람은 새로운 순종의 삶을 살아가게 된다.[32]

퍼킨스에 따르면, 성화는 한 그리스도인이 지적인 면과 의지적인 면, 정서적인 면에서 죄와 사탄의 압제에서 벗어나게 되고, 그리스도의 영 안에서 조금씩 선한 것을 갈망하고 시인하며 그 길로 행하게 되는 일을 가리킨다. 이 성화는 두 부분으로 구성되어 있다. "첫 번째는 죽임 mortification 의 과정으로, 이때에는 죄의 권세가 조금씩 약해지고 줄어들며 희미해져 간다. 그리고 두 번째는 살림 vivification 의 과정으로, 이를 통해 본래적인 의가 신자들 안에 실제로 자리를 잡고 꾸준히 자라가게 된다."[33] 그리고 이 모든 과정은 그리스도께 의존하는 가운데 이루어져 간다. 이에 관해, 빅터 프리비 Victor Priebe 는 이렇게 언급한다. "성화는 매 순간 신자가 새롭게 되는 데 달려 있다. 이 일은 우리가 자신의 존재와 행위에서 눈을 돌려, 그리스도의 인격과 사역을 바라볼 때 이루어진다. 이 죽임과 살림은 가장 중대하고 결정적인 실재인 그리스도와의 연합을 나타내는 증거로서 존재한다. 우리가 누리는 모든 은혜는 바로 이 연합에 근거한 것이다.……

성화는 우리 안에서 하나님이 나타내시는 은혜의 결과물이라는 점 역시 분명하다."[34]

성화 이후의 마지막 단계는 바로 영화glorification다. 퍼킨스에 따르면, 하나님이 행하시는 사랑의 역사 가운데 이 부분은 곧 성도들이 하나님 아들의 형상으로 온전히 변화되게 하시는 일을 뜻한다. 우리의 영화는 최후의 심판이 이루어질 때를 기다리며, 그때에는 선택된 이들이 "복락을 누리고……하나님은 그분의 모든 선택된 백성 가운데 온전히 거하시게" 된다. 이때에는 하나님의 주권적인 은혜를 통해, 선택된 자들이 온전한 영광 안으로 들어가게 될 것이다. 이는 "놀랍도록 탁월한 상태"이며, 그 가운데는 우리가 하나님의 영광과 위엄을 뵙는 일과 그리스도의 형상으로 온전히 변화되는 일, 그리고 "새 하늘과 새 땅"을 물려받게 되는 일이 포함된다.[35]

이 영화를 제외한 모든 단계에서, 하나님은 그분이 택하신 백성을 구원하기 위해 여러 방편을 사용하신다. 그리고 그중에서도 주된 방편은 바로 말씀의 설교다.

예정론적인 설교

퍼킨스는 설교를 선택된 백성을 향해 펼치시는 "하나님의 강한 팔", 또는 구원을 싣고 신자들의 마음속으로 달려오는 전차로 보았다. 그에 따르면, 설교는 곧 그리스도의 이름과 그분의 능력으로 예언하는 것이다. 이를 통해 사람들이 은혜의 상태로 부름을 받으며, 그 안에 머물게 된다.[36] 본질상, 퍼킨스는 설교자들 자신에게 하나님의 도구로서 회중에게 선택과 언약을 해설할 책임이 있음을 깨닫도록 돕는 데 목표를 두었다. 설교자들이 성경적으로 균형 잡힌 설교를 전하는 것은 대단히 중요한 일이었다. 말씀의 설교는 사람들을 구원에 이르게 하는 하나님의 능력이며, 설교가 없이는 구원도 이루어질 수 없기 때문이다.[37] 이처럼 설교의 위치를 높이 평가했기에, 퍼킨스는 설교를 공예배의 절정에 두어야 한다고 주저 없이 주장했다.

설교는 한 인간이 수행할 수 있는 가장 숭엄한 과업이다. 설교가 설교자와 청중 모두에게 진지한 관심사가 되는 이유는, 영원의 문제들이 이 일에 달려 있기 때문이다. 그러므로 참된 설교자는 자신의 설교를 세심하게 준비하는 일도, 그 설교를 단순하고 효과적인 방식으로 전하는 일도 소홀히 할 수 없다.

선택된 자들이 누구인지 아시는 분은 하나님뿐이므로, 퍼킨스는 설교를 듣는 자는 누구든 복음의 은혜 안으로 들어올 가능성이 있다고 여긴다. 그러므로 그는 모든 죄인을 향해, 하나님이 그리스도 안에서 베푸시는 구원을 받아들일 것을 강권한다. 퍼킨스에 따르면, 이 복음의 약속은 모든 이에게 "귀중한 보석"처럼 값없이 제시되어야 한다.[38] 이와 동시에, 그는 선택을 이해하는 두 가지 방식이 있다고 설명한다. "하나는 하나님이 특별히 자신에게 속한 자들을 아시는 방식이다. 그리고 다른 하나는 좀 더 일반적인 것으로, 우리는 이를 통해 그리스도에 대한 신앙을 고백하는 모든 자들을 선택된 백성으로 간주하는 한편 은밀한 판단은 하나님께 맡기게 된다. 그러므로 바울은 에베소나 빌립보 교회의 신자들을 모두 선택된 백성으로 여기면서 편지를 썼던 것이다. 이처럼 우리 말씀의 사역자들도 자신의 회중을 선택된 하나님의 백성으로 여기고서 설교해야 한다."[39]

따라서 한 설교자가 자신의 회중 가운데 선택된 이들과 유기된 이들을 분간할 필요성은 실질적으로 해소된다. 다만 설교자들은 성령님의 도우심에 의존하면서, 구원의 은혜를 나타내는 표지들을 뚜렷이 제시해야 한다. 그럼으로써 죄인들이 자신의 영원한 운명에 관한 하나님의 심판을 마음으로 깨닫게 되기 때문이다.

퍼킨스는 설교를 두고 "우리가 그리스도를 소유할" 방편이자 "우리 안에 하나님의 형상을 회복시키는" 방편, "모든 신자의 마음속에 그리스도가 자리 잡게 하는" 방편으로 불렀다.[40] 선택된 이들은 그저 설교를 통해 부름을 받은 뒤 그대로 방치되는 것이 아니었다. 오히려 설교는 신자의 마음속에 하나님의 형상을 회복시키는 일에서 지속적인 '동력'이 되었다.

퍼킨스에 따르면, 구원의 황금 사슬(효력 있는 부르심과 칭의, 성화와 영화)이 선택된 자들에게 적용되는 것은 하나님의 언약에 관한 설교를 통해서였다. 따라서 그는 하나님이 영원 전부터 선택하신 자신의 백성에게 베푸시는 주권적인 은혜뿐 아니라, 하나님이 인간의 역사와 개인의 체험 가운데 행하시는 구원의 언약적인 행동에도 관심을 두었다. 이는 하나님의 이 언약적인 행동을 통해 선택이 실제로 성취되기 때문이다. 퍼킨스는 이렇게 인격적인 구속의 과정이 우리의 체험 속으로 침투하는 방식에 깊은 관심을 쏟았다. 곧 하나님이 제안하시며 행하시는 일들에 선택된 이들이 어떻게 응답하고, 그분의 뜻은 선택된 자들의 마음속에서 어떻게 실현되는지에 관한 물음들이 그 관심의 대상이 되었다.[41]

체험적인 개혁파 설교의 기술

청교도들 가운데 퍼킨스보다 설교에 더 깊은 관심을 품었던 인물은 없다. 유창한 연설이 '사람들에게 잊힌' 설교의 기술을 대체하는 흐름에 반대하면서, 퍼킨스는 설교 개혁의 방향으로 청교도 운동을 이끌어 갔다. 이런 그의 설교 개혁은 케임브리지 대학에서 신학생들을 가르치는 일을 통해서나 그의 설교 지침서인 『설교의 기술』(*The Arte of Prophecying*, 라틴어판 1592년, 영어판 1606년)을 통해 수행되었으며, 이 설교 지침서는 청교도들 사이에서 곧 고전이 되었다. 그는 자신의 강단 사역에서도 단순한 설교 방식과 방법론을 실천했으며, 무엇보다 예정 교리의 체험적인 적용을 강조함으로써 이 같은 설교의 개혁을 주도했다.

조지프 피파Joseph Pipa는 퍼킨스가 설교 지침서를 집필한 이유를 세 가지로 든다. 첫째, "엘리자베스 시대의 잉글랜드에는 유능한 설교자가 거의 없었다."[42] 윌리엄 틴들의 시대처럼 이른 시기부터 설교자 훈련의 필요성이 제기되었지만, 1583년에는 잉글랜드의 성직자 중 육 퍼센트만이 설교자의 자격을 얻었을 뿐이었다. 그리고 1603년에 이르러서도 설교자의 숫자는 전체 전도구 숫자의 절반에 불과했다. 둘째, 당시 대학의 교육과정에는 상당한 허점이 있었으며, 이는 특히 신학과 설교, 영적인 지도의 분야에서 그러했다. 따라서 퍼킨스는 실천신학 분야의 허점을 메꾸기 위해 이 교과서를 집필했던 것이다. 셋째, 퍼킨스는 고교회에 속한 성공회 측 성직자들의 화려한 설교에 맞서 '단순한' 설교 방식을 널리 보급하려 했다.[43] 당시 화려한 설교 방식을 따랐던 성직자들의 경우에는 고대의 권위 있는 작품에서 라틴어나 그리스어 문구를 자주 인용할 뿐 아니라, 여러 익살스러운 말재간이나 기발하고 과장된 비유, 또는 두운이나 각운을 언급하곤 했다. 이같이 '재치 있는' 설교자들은 기교로써 회중의 귀를 즐겁게 하고, 철학을 거론하면서 그들의 마음에 인상을 남기려는 성향을 보였다. 그리고 이런 설교 방식은 주로 성례를 통해 하나님의 은혜가 임한다는 신념과 나란히 유지되었다. 하지만 이에 반해, 청교도들은 하나님의 말씀이 핵심적인 은혜의 방편임을 강조했다.[44]

퍼킨스의 설교 방식은 이후의 여러 세대에 영향을 끼쳤다. 이언 브레워드Ian Breward는 그의 설교에 관해 이렇게 언급한다. "퍼킨스가 단순한 설교를 강조한 것, 그리고 설교를 교리의 내용과 근거, 쓰임새의 순서로 구성해야 한다고 주장한 것은 17세기 말엽 이전까지 설교학 분야에서 당연한 정통 견해로 받아들여졌다."[45]

우리는 퍼킨스의 『설교의 기술』에서, 체험적인 개혁파 설교의 발전에 기여한 몇 가지 주제를 보게 된다. 여기서는 그의 갈라디아서 주석에 나타난 설교의 사례들을 통해 이런 주제들을 다루어볼 것이다. 그는 자신의 설교들을 편집해서 이 주석을 출판했다.

첫째, 퍼킨스는 하나님의 말씀을 매우 권위 있게 여기는 견해를 제시했다. 그에 따르면, 하나님의 말씀은 충족성을 지닌다. 그 말씀은 참으로 완전하므로 무언가를 그 속에 추가할 수 없으며, 그 말씀의 합당한 취지에 속한 어떤 것을 그 속에서 삭제할 수도 없다. 그리고 하나님의 말씀은 순수하다. 그 가운데는 거짓이나 오류가 없다. 하나님의 말씀에는 권위가 있다. 교회 안의 논쟁들을 판정할 절대적이며 으뜸가는 권한은 마땅히 그 말씀에 주어져야 한다. 또 하나님의 말씀에는 능력이 있어서, 각 사람의 영을 분별하며 우리의 양심을 규제할 수 있다. 그리고 이 하나님의 말씀은 바로 성경이다. "성경은 기록된 하나님의 말씀이다……이것은 곧 성령님의 비서 또는 서기로 부르심을 받은 자들이 남긴 책이다." 그리고 그 메시지의 핵심에는 성육신하신 그리스도와 그분이 행하신 구원 사역이 있다. 따라서 설교자는 오직 성경만을 자신의 설교 내용으로 삼아야 하며, 그렇게 할 때 그는 "하나님의 음성"을 전하는 자가 된다.[46]

퍼킨스는 『갈라디아서 주석』(*Commentary on Galatians*)에서, 성경에 지극히 높은 권위를 부여하는 자신의 관점을 유지한다. 한 예로, 그는 이렇게 언급한다. "선지자와 사도들이 자신들의 글이나 설교에서 오류를 범할 수 없었다는 것은 의심할 수 없이 분명한 원리다."[47] 사도들의 가르침은 "직접적이고 순전한 하나님의 말씀"이 되었으며, 이는 그 "내용과 어휘" 모두에서 그러했다.[48] 그러므로 퍼킨스에 따르면, 바울이 전한 복음은

"사람에게서 나온 것이 아니라 하나님께 속한 것이며, 그는 이 메시지를 자신의 인간적인 권위가 아닌 하나님의 권위로써 전파했다."[49]

둘째, 퍼킨스는 성경을 정확하고 지혜롭게 연구할 것을 설교자들에게 권고한다. 그가 쓴 설교 지침서의 많은 부분에는 성경 해석의 원리들을 가르치는 내용이 담겨 있다. 그의 해석 방법론은 이러하다. (1)**신학적 해석.** 이는 기독교 교리에 관한 근본 지식에 근거한 해석이다. 그런 교리들은 사도신경과 십계명, 그리고 다른 주요 신학적 가르침들에서 찾아볼 수 있다. (2)**폭넓은 의미의 성경적 해석.** 이는 주어진 본문을 성경 전체의 가르침에 비추어 이해하는 해석이다. 이때에는 특히 창세기와 시편, 이사야서와 요한복음, 로마서 등의 주요 책들에 담긴 가르침을 중심으로 살피게 된다. (3)**역사적 해석.** 이는 여러 시대에 걸친 교회의 저작들에 근거를 둔 해석이다. 여기서는 설교자들이 꼭 읽어야 할 책들을 중심으로 다루게 된다. (4)**기도에 의존하는 해석.** 이는 하나님이 설교의 영적인 눈을 열어 주시기를 구하는 해석이다(시 119:18). 이 일이 필요한 이유는 "성령께서 성경의 주된 해석자가 되시기" 때문이다. (5)**문자적이며 문법적인 해석.** 이는 단어와 문장들의 자연스러운 의미를 파악하는 해석으로, 이때에는 자신만의 추측에 근거한 독법을 피해야 한다. (6)**문맥적인 해석.** 이는 본문의 정황과 등장인물에 관해 질문을 던지는 해석이다. 그리고 (7)**수사학적인 해석.** 이는 본문에 사용된 비유법을 살피는 해석이다. 그런 비유법 가운데는 은유나 반어법, 또는 하나님에 관해 언급하면서 사람의 특질에 빗대어 이야기하는 사례들이 포함된다.[50] 이런 원리들의 목표는 모두 "성경의 단어와 문장들을 해석함으로써 본문의 자연스럽고 온전한 의미가 드러나게" 하는 데 있다.[51]

여기서 퍼킨스가 갈라디아서 5:24의 해설에 이 원리들을 어떻게 적용하는지 살펴보자. "그리스도 예수의 사람들은 육체와 함께 그 정욕과 탐심을 십자가에 못 박았느니라." 그는 먼저 이 구절의 의도가 어떤 율법도 영적인 신자를 정죄나 속박 아래 가두지 못하는 이유를 드러내는 데 있음을 밝힌다. 그럼으로써 그는 이 본문을 바로 앞의 "이 같은 것을 금지할 법이 없느니라"(갈 5:23)와 직접 연관 짓고 있다. 퍼킨스는 본문의 의미를 다음과 같이 해석한다. (1)"그리스도인은 그리스도께 속한 사람이다." (2)육신은 곧 "우리의 본성 전체에서 나타나는 부패성"을 뜻한다. 이런 성향은 특히 "세상에 속한 일들을 좇는 무절제하고 지칠 줄 모르는 갈망" 가운데 드러난다. 그리고 (3)"그리스도인의 과업은 육신을 십자가에 못 박는 데" 있다.[52]

셋째, 퍼킨스는 설교자들에게 성경 본문의 의미를 교리나 뚜렷한 가르침으로 구체화할 것을 권면했다. 어떤 본문들에는 하나의 교리가 뚜렷하게 담겨 있다. 그리고 다른 본문들의 경우에는, 설교자가 건전한 논리와 추론을 통해 교리들을 이끌어낼 수 있다. 또 성경에서 묘사되는 인물들의 사례를 통해, 우리는 가정이나 국가, 교회에서 그와 유사한 위치에 있는 자들에게 적용되는 원리를 파악할 수 있다. 그런데 이처럼 "정당한 귀결로서" 성경에서 이끌어낸 교리들은, 다른 성경 본문들에서 가져온 몇 가지 증거로 확증되어야만 한다. 이와 달리 그저 인간적인 증거들은, 어떤 교리가 옳음을 입증할 권위를 지니지 못한다.[53]

우리는 위에서 퍼킨스가 갈라디아서 5:24을 해설하면서 세 가지의 명확한 교리를 이끌어 내는 것을 살폈다. 이제 그는 성경의 더욱 폭넓은 가르침에 의존해서 이 교리들을 발전시킨다. 한 예로, 그는 그리스도인이 다음의 다섯 가지 방식으로 그리스도께 속한다는 점을 언급한다. (1)창조에 의해, (2)구속에 의해, (3)성부 하나님의 선택과 효력 있는 부르심에 의해, (4)그리스도의 피로 씻김을 받음에 의해, 그리고 (5)세례로써 우리 자신을 그분께 드림에 의해.[54]

여기서 퍼킨스는 우리가 그리스도의 십자가 죽으심에 참여하는 일에 관한 성경적인 교리를 발전시킨다. 이 일은 먼저 그리스도의 행하심을 통해 이루어진다. 그리스도는 우리를 위해 십자가에 달려 죽으셨으며, 이때 우리도 그분과 함께 십자가에서 죽었다(갈 2:20). 또한 그리스도는 자신의 죽음에 담긴 능력을 그분께 연합한 자들의 마음에 적용하시며, 세례를 통해 이런 영적인 실재들을 신자들의 삶 속에 인쳐 주신다. 한편 이 일은 우리 자신의 행함을 통해 이루어지는 것이기도 하다. 이때 우리는 자신의 영혼을 이끌고 심판대 앞으로 나아가며, 스스로 자신의 죄를 정죄하게 된다. 이와 동시에 우리는 그리스도께서 우리를 위해 죽으시고 우리도 그분과 함께 죽었음을 믿고 받아들임으로써, 그분이 행하신 일들을 우리 자신의 삶에 적용하게 된다. 또 우리는 하나님의 말씀으로 우리의 죄악된 욕망들을 쳐서 복종시키고, 모든 유혹을 떨치고 피하며, 죄가 처음 요동치기 시작할 때 그 싹을 곧바로 잘라버리게 된다.[55] 간단히 정리하자면, 여기서 퍼킨스는 우리가 그리스도 안에서 죄에 대해 죽는 일에 관한 교리를 탁월한 솜씨로 요약하고 있다.

넷째, 퍼킨스는 설교자들이 교리를 회중의 삶에 적절히 적용하도록 가르친다. 적용의 문제에서 근본적인 질문은 그 본문에서 다루는 내용이 율법에 관한 것인지, 아니면 복음에 관한 것인지에 있다. 율법에서는 의가 무엇인지를 정의하고 죄를 드러내며, 죄에 대한 하나님의 저주를 선언한다. 반면 복음에서는 그리스도를 계시하며, 우리가 열매 맺는 신앙을 통해 그분이 베푸시는 유익들을 얻게 됨을 알려준다.[56] 또한 교리의 긍정적인 적용은 진리를 전함으로써 이루어지며, 교리의 부정적인 적용은 오류를 반박함으로써 이루어진다. 그리고 실천적인 측면의 긍정적 적용은 회중에게 올바른 삶을 살도록 권고함으로써, 또 그 부정적 적용은 사악한 삶에서 돌이키도록 촉구함으로써 이루어진다.[57]

퍼킨스는 갈라디아서 5:24에 관한 설교에서, 우리가 그리스도께 속하게 되는 일에 관한 자신의 첫 요점을 다루면서 세 가지 '쓰임새'를 제시했다. 또 육신에 관한 두 번째 요점을 다룰 때에는 한 가지 '쓰임새'를, 그리스도와 함께 십자가에 못 박힘으로써 자신의 육신을 죽이는 세 번째 요점에 관해서는 네 가지 '쓰임새'를 언급하고 있다. 마지막으로는 본문의 적절한 적용에 관해 간략한 세 가지 지침을 제시하면서 논의를 마친다. 그러므로 여기서 그는 성경의 한 구절에 관해 열한 가지의 적용을 열거하고 있다. 일부 청교도들과 달리, 퍼킨스는 교리적인 논의를 길게 이어간 후 마무리 부분에서 언급하기 위해 적용점들을 끝까지 아껴두지 않았다. 오히려 그는 지혜롭게도, 성경 본문을 해설하는 동안에 이곳저곳에서 그 적용점에 관해 언급하는 모습을 보인다.[58]

이제는 우리가 그리스도께 속하게 되는 일에 관해 퍼킨스가 제시한 첫 번째 '쓰임새'를 살피면서, 복음이 우리 그리스도인들에게 어떤 식으로 실천적이며 체험적인 요구를 제시하는지를 헤아려 보기로 하자.

> 우리는 이 진리를 통해, 그리스도께 우리 자신을 내어드리는 법[또는 굴복하는 법], 그리고 그분이 우리 마음속에서 행하시는 통치에 따르는 법[또는 순응하는 법]을 배워야만 한다. 하지만 안타깝게도, 우리 중 많은 경우에는 이와 정반대의 일이 벌어지고 있다. 어떤 이들은 본성의 법 자체를 거스르는 모습, 복음을 받드는 것과는 거리가 먼 모습으로 살아간다. 그리고 다른 이들은 본성의 가르침을 좇는 것으로 충분하다고 여긴다. (그들에 따르면) 그저 흔히들 하는 방식으로 하나님께 예배하고 평화롭게 살아가며, 남을 해치지 않고 좋은 뜻을 품는다면 아무 문제 될 것이 없다는 것이다. 그리고 그들에 따르면, 이에 만족하지 않고 또 다른 의무를 부과하려 하는 일은 지나치게 까다롭고 엄격한 태도[또는 완전함을 고집하는 율법주의]가 된다.……이런

> 사람들은 그리스도가 자신들의 것임을 믿는다. 하지만 정작 그들 자신은 그리스도의 것이 되려 하지 않으며, 자신들의 삶에 대한 그분의 주권을 인정하려 들지도 않는다.[59]

적용의 문제를 파악하는 또 다른 열쇠는 설교를 듣는 이들의 영적 상태를 살피는 데 있다. 퍼킨스는 청중의 성격을 일곱 가지로 분류한다.[60] 그의 이 분석에는 우리가 앞서 언급한 '구별하는 설교'의 특징이 담겨 있으며, 이는 곧 서로 다른 영적 상태에 놓인 회중에게 각기 다른 적용점을 제시하는 설교를 가리킨다. 설교를 듣는 회중은 다음 중 하나에 속할 수 있다.

1. **무지하고 가르치기 힘든 불신자들.** 이런 이들에게는 하나님의 말씀에 관한 교리를 분명하고 조리 있게 제시할 필요가 있다. 또한 그들의 양심을 자극하고 책망하는 일 역시 필요하다.

2. **무지하지만 가르칠 수 있는 불신자들.** 이들에게는 기독교 신앙의 근본 교리들을 가르쳐야 한다. 퍼킨스는 이들에게 자신의 책 『기독교의 기본 원리』(*Foundations of the Christian Religion*)에 담긴 내용을 가르칠 것을 추천한다. 그는 이 책에서 회개와 신앙, 성례, 하나님 말씀의 적용과 부활, 최후의 심판 등의 주제를 다루었다.

3. **약간의 지식은 있지만 아직 낮아지지 않은 자들.** 이들의 경우에는 특히 율법을 선포하고, 그럼으로써 자신들의 죄를 슬퍼하며 회개하도록 이끌어야 한다. 그런 다음에는 복음을 제시할 필요가 있다.

4. **낮아진 자들.** 설교자는 이들에게 너무 성급하게 위로의 메시지를 전해서는 안 된다. 오히려 그는 먼저 이들의 겸손해진 태도가 신앙에 뿌리를 둔 하나님의 구원 사역에서 흘러나온 것인지, 아니면 그저 일반적인 죄책감에서 유래한 것인지를 잘 판단해야 한다. 어떤 이들이 부분적으로만 낮은 마음을 품고 아직 자신의 의를 내려놓지 못한 경우, 설교자는 율

법의 가르침을 더욱 힘 있게 선포해야 한다. (다만 이때에는 복음을 함께 제시함으로써 그 강도를 조절할 필요가 있다.) 이를 통해 그들은 자신들의 죄와 하나님의 심판을 생각하면서 두려움을 느끼고, 복음의 위로를 받아들이게 된다. 그리고 온전히 낮아진 이들에게는 "신앙과 회개의 교리와 함께, 복음이 주는 위로를 공표하고[선포하고] 전해 주어야 한다."[61]

5. **믿는 자들.** 이들에게는 칭의와 성화, 견인의 핵심 교리들을 가르쳐야 한다. 이와 더불어 더 이상 양심의 가책과 저주를 주는 것이 아닌, 삶의 규범이 되는 율법을 제시해야 한다. 아직 신앙을 받아들이기 이전인 사람들에게는 율법과 저주를 함께 설교해야 하지만, 그들이 회심한 후에는 저주 없이 율법만을 전하면 된다.

6. **신앙이나 실천의 측면에서 타락한 자들.** 이들은 신앙이나 지식에 있어서, 또는 그리스도를 붙드는 일에 있어서 퇴보한 자들이다. 어떤 이들이 지적으로 타락한 경우, 그들은 자신들이 오류를 범한 그 교리를 다시 가르침 받아야 한다. 또 어떤 이들이 그리스도를 붙드는 데 실패한 경우, 그들은 자기 안에 은혜의 표지들이 있는지 점검하고 복음의 교정책이 되시는 그리스도께로 나아가야 한다. 그리고 실천적인 면에서 타락한 자들은 죄악된 행실에 빠진 자들이다. 설교자들은 율법과 복음을 선포함으로써, 그들이 다시 회개하도록 인도해야 한다.

7. **뒤섞인 상태에 있는 자들.** 이는 한 회중 안에 신자와 불신자들이 뒤섞여 있는 상태를 가리킨다. 혹은 개별적인 신자의 경우, 그의 마음속에 위의 여섯 가지 성향이 뒤섞여 있는 상태를 나타낼 수도 있다. 만약 퍼킨스가 언급한 것이 후자의 경우라면, 그들에게 율법과 복음을 어느 정도의 비율로 제시해야 할지를 파악하기 위해서는 많은 지혜가 요구된다.

퍼킨스는 갈라디아서 5:24의 메시지를 적용하면서, 청중을 구별하기 위한 어구들을 덧붙인다. 그런 어구들로는 "만약 여러분이 그리스도께 속했다면", "우리는 이를 통해 육신적인 사람의 모습을 봅니다", "이 교리는 우리 세대의 나태한 개신교도들을 꾸짖고 있습니다" 등이 있다.[62] 앞서 우리는 그리스도께 속하게 되는 일에 관한 퍼킨스의 첫 번째 적용을 살피면서, 그가 각기 다른 종류의 불신자들을 구별해서 언급하는 것을 보았다. 첫째는 본성의 법조차 거스르면서 중대한 죄를 짓는 이들이며, 그 다음으로는 자신의 외적인 교양과 종교심을 구원의 신앙으로 착각하는 자들이다. 그런데 여기서는, 퍼킨스가 위의 일곱 가지 분류를 모두 활용하지는 않는다는 점 역시 드러난다. 이는 우리가 설교할 때마다 모든 청중에게 모든 종류의 적용을 다 제시할 필요는 없다는 점을 일깨워 준다. 오히려 그 적용의 방향은 본문의 내용과 회중의 구체적인 필요에 따라 결정되어야 한다.

다섯째, 퍼킨스는 설교자들에게 성령님의 역사로 나타나는 자유와 진정성, 능력에 힘입어 말씀을 전할 것을 권면한다. 또 그는 자신이 전할 설교의 개요를 암기하고, 개개의 단어들에는 그리 신경 쓰지 말 것을 권하고 있다. 목회자들은 자신의 학식을 겸손히 숨기고, 오직 성령님의 능력에 의존해서 설교해야 한다(고전 2:1-5). 이에 관해, 퍼킨스는 이렇게 설명한다. "어떤 사역자가 설교하는 동안에 성령님의 능력이 나타날 경우, 모든 이, 심지어 무지한 자들과 불신자들까지도 지금 말씀을 전하는 것은 사역자 자신이 아니며, 오히려 하나님의 영이 그의 안에서, 그를 통해 말씀하고 계신다고 느끼게 된다." 영적인 설교자는 하나님의 엄위하심을 경외하는 마음과 회중을 향한 사랑을 품고, 단순하고 명료한 어조로 말씀을 전한다. 이때 그는 그리스어 또는 라틴어 단어들을 나열하거나, 익살맞은 이야기와 농담을 늘어놓는 일을 피하게 된다. 오히려 그런 설교자는 진지한 기품과 가르침의 은사, 하나님의 사자다운 권위를 드러낸다. 그는 또 "하나님의 영광을 무엇보다 열렬히 사모하며, 그로 인해 사람들을 구원하시려는 그분의 선택과 작정이 자신의 사역을 통해 성취되고 시행될 수 있도록 힘써 노력하게 된다."[63] 이같이 성령님의 인도 아래 있을 때, 설교자는 하나님이 뜻하신 선택의 작정을 시행하는 도구로 쓰임받게 된다.

퍼킨스는 이 갈라디아서 주석에서 본문의 내용을 차분하고 진지하게, 또 단순하고 권위 있게 해설하는 동시에 여러 가지 적용을 제시하고 있다. 토머스 굿윈Thomas Goodwin, 1600-1680에 따르면, 퍼킨스가 세상을 떠난 지 십 년 뒤 그가 케임브리지 대학에 입학했을 때, 그곳에는 윌리엄 퍼킨스 씨가 행했던 사역의 능력에 관한 이야기들이 생생히 남아 있었다.[64] 실로 퍼킨스는 성령님의 능력을 힘입어 말씀을 전했던 것이다.

끝으로, 퍼킨스는 목회자들에게 그리스도를 전할 것을 권고했다. 그는 이렇게 자신의 논의를 끝맺는다. "가장 중요한 요점은 이것입니다. **그리스도께 힘입어, 그분을 찬송하는 마음으로 한분 그리스도만을 설교하십시오.**"[65] 퍼킨스는 갈라디아서 5:24을 해설하면서, 구원받은 신자의 영혼에 대한 그리스도의 주권을 설교했다. 그는 또 그리스도께서 우리의 죄를 대속하기 위해 죽으셨다는 것과, 그분이 자신의 백성을 섭리로써 돌보신다는 것, 그리고 우리 자신을 그분께 드려 헌신해야 한다는 것을 전했다. 그리스도는 십자가 위에서 우리의 죄를 정복하셨으며, 지금도 우리의 마음속에서 그 죄를 정복하고 계신다. 그리고 우리는 그분이 이미 완수하신 사역을 믿고 따름으로써 그분을 닮아가게 된다. 이처럼 퍼킨스의 설교에는 그리스도의 중심성과 으뜸 되심이 깊이 자리 잡고 있으며, 이 점에서 그는 우리 모두의 본보기가 된다.

결론

퍼킨스는 '스콜라적인 고도의 칼뱅주의자', '경건주의의 아버지'라는 칭호를 얻은 인물이다.[66] 그는 신학적으로 하나님의 주권을 확언했으며, 이는 곧 성부 하나님이 세우신 예정의 작정과 그리스도께서 선택된 이들을 위해 이루신 속죄, 그리고 성령님의 구원하시는 사역을 통해 드러나는 것이었다. 하지만 이와 동시에 퍼킨스는, 각 신자에게 자신의 구원을 이루어 나갈 책임이 있다는 실천적이며 복음적인 강조점을 손상시킬 정도로 이 주권의 개념을 강조하는 우를 범하지 않았다. 이는 각 신자들이 하나님의 말씀을 듣는 자로서, 그리스도를 따르는 자로서, 그리고 양심을 좇아 투쟁하는 전사로서 이 같은 책임을 마땅히 감당해야 하기 때문이다. 오히려 퍼킨스는 하나님의 주권과 신자 개인의 경건, 구원을 위한 복음 제시를 서로 연관 지었다.

퍼킨스는 건전한 교리와 영적인 개혁을 강조했으며, 이를 통해 자신이 세상을 떠난 뒤에도 청교도 운동에 오랫동안 영향을 끼쳤다.[67] J. I. 패커는 이렇게 언급한다. "청교도 운동에는 성경과 경건, 교회와 개혁, 변증과 문화 방면의 복잡한 관심사가 얽혀 있었다. 그리고 우리는 이 운동이 퍼킨스의 사역을 통해 성숙에 이르게 되었다고 말할 수 있다. 그 이후로 이 운동은, 이전에는 찾아볼 수 없었던 온전한 영적 비전과 성숙한 기독교적 인내를 특징적으로 드러내게 되었다."[68]

퍼킨스의 설교는 이처럼 말과 글의 형태로 전파되었으며, 여러 나라의 사람들에게 놀라운 영향을 끼쳤다. 토머스 풀러에 따르면, 그의 설교에는 다양한 색채가 담겨 있었다. 곧 청중들의 저마다 다른 필요에 따라, 그의 설교들은 전부 율법처럼 들리기도, 복음처럼 다가오기도 했다. 그리고 때로는 전부 다정한 권면으로 들리기도 했으며, 또는 모두 통렬한 책망처럼 느껴지기도 했던 것이다.[69] 퍼킨스는 다양한 계층에 속한 온갖 유형의 사람들에게 다가갈 수 있었으며, 체계적이고 학문적이며, 충실하고 단순한 모습을 동시에 드러내 보일 수 있었다.[70] 풀러에 따르면, "그가 섬기는 교회는 대학 구성원들과 마을 주민들로 이루어져 있었는데, 학자들에게는 퍼킨스의 설교보다 더 박식한 것이 없었으며, 마을 주민들에게는 그의 설교보다 더 단순한 것이 없었다." 그리고 가장 중요한 점으로, 퍼킨스는 자신의 설교 내용을 삶에서 직접 실천했다. "그의 설교가 자신이 택한 본문에 대한 주석이었듯이, 그가 삶에서 보여준 모습은 자신의 설교에 대한 주석이었다."[71]

10장 청교도 설교자들 : 로저스, 십스와 프레스턴

퍼킨스에 관한 앞 장에서 살폈듯이, 16세기 후반 케임브리지 대학에서는 '영적인 공동체'가 형성되었다. 이 공동체는 개혁파 교리와 경건을 널리 전파하려는 공동의 관심사 아래 연합된 모임이었다.[1] 이 공동체에 속한 많은 사람들은 영적인 가계도를 공유했는데, 이는 서로에게 영향을 끼친 가족의 흐름도를 뜻한다.

로런스 채더턴은 퍼킨스의 스승이 되었다. 그리고 퍼킨스의 뒤는 폴 베인스가 계승했으며, 에임스에 따르면 이 일은 마치 엘리사가 엘리야의 뒤를 이으면서 갑절의 영감을 받은 것과 같았다.[2] 이어 베인스의 설교는 리처드 십스의 회심을 낳았고, 하나님은 십스의 사역을 통해 존 코턴을 회심시키셨다. 코턴은 단순한 설교 방식을 따라야 한다는 신념을 품고 그대로 실천했으며, 이는 존 프레스턴이 자신의 죄를 깨닫고 그리스도께 자신을 의탁하는 복된 결과를 가져왔다. 다시 십스와 프레스턴의 설교는 토머스 굿윈에게 영향을 주었으며, 굿윈은 또 다른 케임브리지 대학의 구성원이었던 토머스 베인브리지Thomas Bainbridge, 1646년 사망가 어느 장례식에서 행한 설교를 듣고서 그리스도께로 나아오게 되었다. 1622년에는 채더턴이 임마누엘 칼리지의 학장직을 내려놓았고, 프레스턴이 대신 그 직책을 맡게 되었다.

앞 장에서는 퍼킨스의 설교를 살폈으니, 이제는 케임브리지 대학 공동체에 속했던 다른 두 인물, 곧 십스와 프레스턴의 사역을 다루어 보려 한다. 또한 여기서는 그들보다 좀 더 나이가 많은 목회자였던 리처드 로저스Richard Rogers, 1551-1618의 사역도 함께 다룰 것이다. 로저스는 퍼킨스가 케임브리지 대학에 입학하기 전에 그곳을 졸업했으며, 이후에는 베인스가 사역자로 훈련 받는 데 관여했다.

리처드 로저스

로저스는 에식스Essex 출신으로, 케임브리지 대학의 크라이스트 칼리지에서 교육을 받고 1571년에는 학사를, 1574년에는 석사를 취득했다.[3] 당시 채더턴은 1567년부터 크라이스트 칼리지의 펠로fellow, 즉 교사로 봉직하던 상태였으며, 그는 자신의 가르침과 더불어 케임브리지의 성 클레멘트 교회에서 전한 설교로 로저스에게 영향을 끼쳤다. 이후 로저스는 몇 년간 에식스에서 부사제로 성실히 봉직했으며, 그런 뒤에는 웨더스필드Wethersfield에서 강사로 사십 년간 사역했다. 베인스는 로저스가 웨더스필드에서 사역할 때 제자로서 그의 집에 얼마 동안 머물렀는데, 이는 로저스가 영적인 말씀의 설교자들을 길러내는 데 끼친 영향을 잘 보여주는 사례다.[4]

로저스는 위대한 학식과 경건을 갖춘 인물로서, 겸손하고 평화롭게 처신했다. 그리고 이후에 그의 아들 둘과 의붓아들 셋이 청교도 목회자가 되었다. 로저스의 손자 윌리엄 젠킨William Jenkyn, 1613-1685은 그를 성경의 인물 에녹에 견주었는데, 이는 그가 하나님과 동행하면서 하늘을 소망하는 삶을 살았기 때문이다.

그러나 로저스는 자신의 비국교도적인 견해 때문에 어려움을 겪었다. 1583년에 캔터베리 대주교 존 위트기프트John Whitgift, 1530-1604가 성공회 기도서의 사용에 복종할 것을 명령했을 때, 로저스와 다른 스물여섯 명의 목회자들은 자신들에게 그 의무를 면제해 줄 것을 간청했다. 그리고 그들은 그 명령에 온전히 동의하며 복종하겠다는 의사를 밝히기 전까지 자신들의 사역에서 배제되었다. 이후 귀족인 로버트 로우스 경Sir Robert Wroth이 중재에 나섰으며, 이를 통해 로저스는 다시 설교의 자격을 허락받았다.

그러나 로저스는 1603년에 다시 설교권이 정지되었으며, 대주교 앞에 출두하라는 소환 명령을 받았다. 이때 그는 일기에 이렇게 썼다. "몹시 괴로운 일은, 내가 삼십 년이 넘게 사역자로 수고해 왔음에도 설교할 자격이 없는 자로 여겨지게 되었다는 점이다. 반면에 저 게으르고 악한 설교자들은 자신들의 자유를 손쉽게 만끽하고 있다."[5] 그러나 하나님의 섭리 아래, 그 대주교는 로저스가 출두하기로 정해진 날 세상을 떠났다. 그리고 로저스는 자신의 혐의에서 풀려났다.

잘 알려진 이야기에 따르면, 로저스는 언젠가 한 신사와 자리를 함께 한 적이 있었다. 그때 그 신사는 로저스에게 이런 말을 건넸다. "로저스 씨, 저는 당신이 마음에 듭니다. 당신과 함께 있는 이 자리도 그렇고요. 다만 당신은 너무 꼼꼼하시군요." 이에 로저스는 이렇게 대답했다. "선생님, 그건 제가 꼼꼼하신 하나님을 섬기기 때문입니다."[6] 1618년에 로저스가 세상을 떠나자, 스티븐 마셜Stephen Marshall, 1594-1655년경이 그의 뒤를 이어 웨더스필드의 강사가 되었다.

실천적이며 체험적인 사사기 설교

오늘날 로저스는 방대한 사사기 주석의 저자로 잘 알려져 있다.[7] 이 주석은 그가 웨더스필드에서 전했던 백삼 편의 실천적이며 체험적인 설교를 모은 책이다. 한 예로 사사기 14:1-4에 관한 일흔네 번째 설교에서, 로저스는 성령께서 우리의 심령에서 행하시는 내적인 회심의 사역을 이렇게 묘사한다. "주 예수께서는 자신의 교리를 단순하고 올바르게, 그리고 힘 있는 방식으로 우리에게 가르치십니다. 우리가 그 교리에 주의를 기울일 때, 주님은 성령의 은혜와 능력으로 우리의 심령을 비추어 주십니다. 에스겔 36장에서 말씀하셨듯이 우리에게 새로운 마음을 주셔서, 이전과는 다른 뜻을 품고 그분을 섬기게 하십니다."[8]

여기서 우리는 다시 개혁파의 예정 교리가 개인의 구원 체험에 적용되는 것을 보게 된다. 로저스는 퍼킨스와 마찬가지로 로마서 8:30의 '황금 사슬'을 언급하면서, 효력 있는 부르심을 통해 주어진 신앙의 은사와 우리를 거룩하게 만드시는 성령이 없이는 우리가 선택받았다는 확신을 얻을 다른 길이 없다고 주장한다. 로저스에 따르면 예정의 사실은 시간의 흐름 가운데서 드러나게 되며, 이는 주님이 우리 마음을 조명하시고 그 마음 문을 열어 복음의 기쁜 소식을 받아들이도록 이끄심으로써 이루어진다. 그리하여 우리는 "믿음으로 그리스도를 받아들이게" 되며, 이때에는 성령님이 신자들에게 임하셔서 그분의 영적인 은혜로써 그들의 마음을 소생시키신다. 하나님은 각 사람에게 각기 다른 은혜를 주시지만, 구원의 사역 자체는 본질적으로 동일한 성격을 지닌다.[9]

하나님은 여러 방편을 통해 일하시며, 우리가 겪는 회심의 체험은 단계적으로 이루어진다. 구원을 얻는 신앙의 시작에 관한 로저스의 가르침은 퍼킨스의 경우와 동일하다. 로저스에 따르면, 하나님은 먼저 우리 안에 이런 은혜들을 간절히 사모하는 마음을 일으키신다. 은혜들에 대해 특별한 굶주림과 목마름을 느끼게 하시는 것이다. 이런 갈망은 하나님이 마침내 우리로 하여금 "구원의 확실성과 확신"에 이르게 하실 때까지 지속된다. 하나님은 신자들 안에 그분의 은혜를 향한 열망이 계속 유지되고 깊어지게 하시며, 이를 통해 그들이 점점 더 성장하고 그분을 더 잘 섬기게 되도록 이끌어 가신다.[10]

또한 이 설교에서, 로저스는 배우자를 찾는 일에 관해 부모와 자녀들 모두에게 매우 실제적인 조언을 제시한다. 여기서 그는 우상숭배자와 혼인하지 말 것을 권고하고 있다. (그의 경우, 이는 곧 로마 가톨릭 신자를 뜻했다.) 로저스에 따르면, "이처럼 다른 멍에를 짊어진 이들이 혼인의 주된 유익을 누리는" 일은 불가능하기 때문이다. 이런 유익들은 곧 "그들이 모든 선한 일에 관해 뜻을 같이 하며 마음을 나누는 일, 이를테면 모든 일을 서로 의논하고, 함께 성경을 읽고 기도하며, 한 마음을 품게 되는 일"에 있었다. 각 사람이 이런 유익을 얻기 위해서는 같은 신앙을 따르는 이와 혼인할 뿐 아니라, "주 안에서" 혼인해야 했다(고전 7:39). 곧 "불량하거나 문란한" 외관상의 기독교인이 아니라, 진실로 경건한 그리스도인을 만나서 가정을 이루어야 한다는 것이다.[11]

이때 자녀들이 어리고 미숙한 생각대로 배우자를 선택했다가는 깊은 아픔을 겪을 수 있으므로, 그들은 마땅히 "부모의 동의를 구해야" 했다. 그리고 이와 동시에, 부모들은 자녀가 원치 않는 배우자와 혼인하도록 강요하기 위해 "폭압적인 힘을 행사하는" 일을 삼가야 했다. 그리고 사람들은 겉으로만 진실한 척 꾸밀 수 있으므로, 배우자를 선택하는 일에는 많은 지혜가 요구되었다. 곧 미혼 청년들은 외모의 아름다움과 감정적인 자극에만 치중하지 말고, 상대방의 "품성과 행실을 알아가는" 일에 노력해야 했다. 다만 그는 이런 말도 덧붙인다. "혼인은 평생 지속되는 관계이므로, 부부가 서로 호감을 품는 것이 바람직하다. 그래야만 자신들에게 닥쳐오는 모든 훼방[문제들]과 시련, 역경을 잘 헤쳐 나갈 수 있기 때문이다. 그러나 유익한 가정을 꾸리기 위해서는, 서로를 향한 호감과 함께 좋은 성품과 미덕도 필요하다."[12]

여기까지 우리가 다룬 것은 로저스의 설교에서 가져온 한 가지 작은 사례일 뿐이다. 그러나 이 사례는 로저스가 성경의 한 책을 살펴 나가면서, 어떤 식으로 그 내용을 자신의 청중에게 체험적으로 또 실제적으로 적용했는지를 보여준다.

실천적인 기독교

로저스의 사역 당시에 가장 널리 알려졌던 그의 저서는 『일곱 논문』(*Seven Treatises*, 1603)으로, 1630년에는 이 책의 제5판이 인쇄되었다. 1618년에는 이 책의 요약판인 『기독교의 실천』(*The Practice of Christianity*)이 출간되었으며, 이 책은 1635년에 제5판이 인쇄되었다. 다만 안타깝게도, 두 책 모두 17세기 말 이후에는 다시 출간되지 않았다.

로저스의 이 유명한 저서는 이후 기독교적인 삶을 다룬 수많은 청교도 지침서들이 따르게 될 토대를 놓았다. 현대어로 된 이 책의 완전한 제목은 이러하다. 『현세와 내세의 삶에서 우리를 참된 행복으로 인도하고 안내하는 성경의 지침들이 담긴 일곱 논문. 기독교의 실천이라 불릴 수 있음』(*Seven Treatises Containing Such Direction as Is Gathered out of the Holy Scriptures, Leading and Guiding to True Happiness, Both in This Life and in the Life to Come, and May be Called the Practice of Christianity*).[13] 우리는 이 책을 통해, 로저스의 설교가 지녔던 실제적이며 체험적인 특성을 또 다른 각도에서 느낄 수 있다. 윌리엄 할러William Haller는 이렇게 언급한다. "『일곱 논문』에는 잉글랜드 칼뱅주의자들, 또는 더 넓게는 청교도들이 전반적으로 품었던 영적이며 도덕적인 삶의 개념이 담겨 있다. 이 책은 그런 관점에서 신자들이 마땅히 취할 몸가짐을 기술한 최초의 주요 해설서였다. 그러므로 이 책은 하나의 문학적인 장르를 창시했으며, 이 장르가 당시 신자들이 살아가는 삶의 전 영역에 끼친 광범위한 영향력은 대단히 큰 것이었다."[14]

이 『일곱 논문』에는 참된 구원의 신앙에 관해 설명하는 일곱 편의 글이 담겨 있었다. 이 중 첫 번째 논문에서, 로저스는 누가 참된 하나님의 자녀인지를 보여주는 표지들을 서술한다. 여기서 그는 회심의 의미를 정의하고, 참된 구원의 신앙을 분별하는 법을 제시한다. 그리고 두 번째 논문에서는 경건한 삶의 모습을 제시하는데, 이는 곧 하나님의 약속을 신뢰하면서 그분의 계명을 준수하는 삶이다.

로저스는 세 번째 논문에서, 참된 경건을 돕고 양육하는 방편들에 관해 가르친다. 그에 따르면 이 일의 공적인 방편으로는 말씀의 설교와 성례전, 공중 기도가 있으며, 사적인 은혜의 방편들 역시 존재한다. 이에 관해 어보뉘 모건Irvonwy Morgan은 이렇게 언급한다. "로저스는 경건에 유익이 되는 사적인 방편 일곱 가지를 열거한다. 먼저는 혼자서 실천하는 일들이 있는데, 경계와 묵상, 그리고 이른바 '그리스도인의 갑옷'the armour of a Christian(이는 에베소서 6장에서 언급되는 "하나님의 전신 갑주"를 뜻한다—옮긴이)을 입는 일이 여기에 속한다. 그리고 다른 이들과 함께 실천하는 일들로는 회합conference, 경건한 대화과 가정 예식family-exercise, 가정예배이 있다. 끝으로 위의 두 가지에 모두 해당하는 일들이 있는데, 이는 기도와 독서다."[15] 또한 하나님의 섭리에 응답하기 위한 특수한 방편 두 가지가 있다. 놀라운 축복의 시기에 얼마 동안 엄숙히 감사를 드리는 일과, 심각한 고난의 시기에 얼마 동안 엄숙히 금식을 행하는 일이 그것이다.

네 번째 논문에서는 그리스도인들이 매일 경건을 훈련해야 할 여덟 가지 이유를 제시하고, 독자들에게 날마다 아홉 가지 의무를 실천하면서 하나님과 동행할 것을 권면한다. 그리고 다섯 번째 논문에서, 로저스는 우리가 하나님과 동행하는 것을 막는 방해물들을 살핀다. 그런 방해물로는 사탄의 훼방이나 하나님에 대한 첫사랑을 잃어버리는 일, 악하고 세속적인 정욕의 유혹 등이 있다. 그리고 여섯째 논문에서는 신자들의 특권을 사랑스럽게 묘사하고, 그런 특권을 누릴 수 있는 방법을 제시한다. 끝으로 일곱째 논문에서, 그는 예상되는 반론에 응수하면서 이 책의 논의를 마무리하고 있다.

로저스는 자신의 『일곱 논문』에서, 개혁파적인 동시에 체험적인 기독교 신앙을 우리에게 추천한다. 그가 소개하는 이 신앙은 스스로를 단련하며 전투적인 성향을 지닌 것이 특징으로, 영적인 분별을 통해 작용한다. 이런 신앙을 지닌 그리스도인들은 영원의 관점에서 매일의 삶을 살아가며, 늘 하나님 나라와 그분의 의를 먼저 구하고 찾게 된다. 로저스는 이처럼 우리가 영적인 싸움에 참여하고 또 승리하게 되는 주된 경기장이 바로 우리 자신의 마음속임을 강조했다. 그는 이 책에서 663페이지에 이르는 분량에 걸쳐, 이런 사안들을 자세히 탐구하고 있다.

여기서 우리는 체험적인 개혁파 설교의 균형 잡힌 이상주의를 접하게 된다. 이런 설교자들은 높은 곳을 바라보면서 천상적인 목표를 설정한다. 하지만 이와 동시에, 이 설교에서는 우리 앞의 장애물과 내적인 투쟁에 관해서도 언급한다. 흥미롭게도 로저스의 일기를 살펴보면, 그 역시 이런 이상들을 좇아 자신의 삶을 다스리는 데 늘 성공하지는 못했다. 예를 들어 1587년 9월 12일자의 일기에서, 그는 이렇게 언급한다. "하지만 오늘 오후, 나는 최근에 자제해 왔던 일부 헛된 일들에 관해 더 마음껏 생각하고 싶다는 강한 충동을 느꼈다. 내가 예전에 즐거워했던 그 일들을 누릴 수 없는 것은 무거운 속박처럼 느껴졌다.……그러므로 나는 주님을 늘 경외하면서 그분을 위해 선한 의무들을 감당하는 일, 적어도 악에 물들지 않도록 자신을 강하게 단속하는 일이 얼마나 어려운지를 깨닫게 된다."[16] 이처럼 로저스 역시 세속적인 생각과 번민 때문에 어려움을 겪었다. 하지만 그는 늘 그리스도께 마음의 중심을 두려고 노력했다.

로저스는 거룩한 행실을 유지하기 위해, 삶의 방식을 주의 깊게 가다듬었다. 이처럼 실천적인 그의 경건은, 사람들에게 높은 수준의 거룩함을 요구하는 동시에 우리 자신이 늘 그 이상에 이르지 못한다는 것을 인정하는 말씀 선포로 이어졌다. 오늘날의 사람들은 이같이 말하곤 한다. "그런 가르침은 율법주의입니다. 그 기준은 너무 높아서 따를 수가 없습니다." 사람들은 쉽게 따를 수 있는 기독교를 원하며, 그리스도께서 자신들의 모든 욕구를 금세 채워 주시기를 바란다. 때로 사람들은 자신의 현세적인 목표를 달성하기 위해서라면, 외적인 삶에서 얼마간의 단련을 기꺼이 감수할 것이다. 그러나 영적인 삶의 경우, '오직 은혜'라는 구호 아래서 적절한 열쇠만 발견하면 어떠한 고난이나 악에 대한 씨름 없이도 쉽게 복을 누릴 수 있다고 주장하는 사람들을 흔히 볼 수 있다.

그러나 그들은 우리가 "하나님의 은혜"를 좇을 때 "경건하지 않은 것과 이 세상 정욕"을 부인하게 되며, 대신에 그리스도의 임하심에 대한 "복스러운 소망"에 마음을 두고 "선한 일[에]" 열심을 내면서 "신중함과 의로움과 경건함으로" 살아가게 된다는 바울의 교훈을 잊고 있다(딛 2:11-14). 청교도들은 이처럼 은혜를 통한 연단과 소망 안에서의 절제를 가르쳤으며, 그들의 설교는 성경적이며 체험적인 개혁파 설교의 본보기가 된다.

리처드 십스

십스는 자신이 활동했던 시대의 가장 위대한 청교도 중 한 사람이었다.[17]

그는 잉글랜드와 미국에서 청교도들이 전한 설교의 내용과 방향에 깊은 영향을 끼쳤다. 십스는 서퍽 주 태생이었는데, 이 주는 청교도적인 성향을 띤 지역으로서 다른 어떤 주보다 더 많은 인물이 이곳에서 뉴잉글랜드로 건너갔다. 어린 시절, 십스는 공부와 독서를 좋아했다. 그의 아버지는 십스로 하여금 자신이 종사했던 수레바퀴 제조업을 잇게 하려 했지만, 십스는 용돈을 받을 때마다 책을 사곤 했다.

케임브리지 대학에 입학한 십스는 1599년에 학사를, 1602년에 석사 학위를 취득했다. 그리고 1603년, 그는 폴 베인스의 설교를 듣고 회심하게 되었다. 십스는 자신이 속한 칼리지의 펠로로 재직했으며, 1610년에는 신학 학사를 취득했다. 그런 다음 1611년부터 1616년까지 케임브리지의 홀리 트리니티 교회에서 강사로 사역했다. 앞서 언급했듯이, 이 교회에서 그가 행한 설교는 코턴과 굿윈에게 깊은 영향을 끼쳤다. 그리고 1617년부터 1635년까지, 그는 런던에 있는 그레이스 인Gray's Inn 법률 학교의 교회에서 강사로 사역했다. 1626년에는 케임브리지 대학 성 캐서린 홀의 학장이 되었으며, 다음해에는 이곳에서 신학 박사 학위를 받았다. 십스의 경건한 설교와 고결한 처신 때문에, 사람들은 그를 '천상의 박사'the heavenly Doctor로 부르곤 했다. 아이작 월턴Izaac Walton, 1594-1683년경은 십스에 관해 이렇게 언급한다.

> 우리는 이 복된 인물을 이렇게 칭송하는 것이 합당하리라.
> 그가 하늘에 올라가기 전, 이미 하늘이 그의 안에 머물고 있었다고.[18]

십스의 지도 아래 여러 청교도가 훈련을 받았는데, 그 가운데는 웨스트민스터 총회의 신학자들인 존 애로스미스John Arrowsmith, 1602-1659와 윌리엄 스퍼스토우William Spurstowe, 1605-1666년경, 그리고 윌리엄 스트롱William Strong, 1654년 사망이 포함되어 있었다.

마크 데버Mark Dever는 이렇게 언급한다. "십스에게 기독교는 하나의 사랑 이야기였다." 기독교는 자신의 백성을 향한 하나님의 사랑에서 생겨난 이야기였던 것이다.[19] 십스는 결혼한 적이 없었지만, 종교 지도자들뿐 아니라 정치 지도자들과도 놀라울 정도로 폭넓은 우정을 쌓으면서 하나의 영적인 가족을 이끌어 나갔다. 그는 온화하고 신사적인 인물로서 논쟁에 나서기를 꺼렸지만, 로마 가톨릭 교회와 아르미니우스주의를 논박하는 데에는 망설이지 않았다. 무엇보다 십스는 사람들이 그리스도께 나아오도록 사랑으로 인도하는 일을 기뻐했다.[20]

데버는 십스의 구원론에서 설교가 지녔던 중심 위치를 이렇게 설명한다.

> 십스는 그리스도께서 선택된 백성이 구원을 얻도록 그들의 마음을 준비시키기 위해, "복음의 사역"을 주된 방편으로 사용하신다고 가르쳤다[1:23-24; 2:63, 216; 7:404]. "신앙은 들음을 통해 깨달음에 이르게 된다. 태초에 사람의 귀를 통해 사망이 임했다. 아담이 뱀의 말을 듣지 않았어야 함에도 그 말을 귀담아 들었을 때, 그의 귀를 통해 죽음이 찾아왔던 것이다. 이와 마찬가지로, 생명 역시 우리의 귀를 통해 임하게 된다[4:251-252 참조. 3:367, 377, 386; 6:353, 380, 409; 7:198, 404-405, 434, 476].[21]

십스는 하나님이 그리스도의 구원 사역에 관한 열정적인 설교를 주된 방편으로 쓰셔서, 우리의 마음속에서 경건한 열심을 일으키며 또 자라가게 하신다고 믿었다. 그리스도의 직분과 지위에 관한 설교는 우리의 지식을 일깨우며 우리의 마음과 뜻을 그분께로 이끌어 가기 위해 하나님이 정해 두신 방편이었다. 그러므로 설교는 하나님이 주신 귀중한 은사이며, 우리

는 마땅히 그 일의 중요성을 높이 평가해야 한다.[22]

십스는 탁월한 설교자로서, 체험적인 동시에 그리스도 중심적인 설교를 전했다. 이에 관해, 존 밀턴의 전기 작가인 데이비드 메이슨David Masson은 이렇게 언급한다. "1630년부터 그 후 이십여 년간, 잉글랜드의 경건한 중산층 가운데 십스의 책들보다 더 널리 읽힌 실천신학 작품은 없었던 듯하다."[23] 할러에 따르면, 십스의 설교는 "청교도들이 치열한 투쟁 중에 전한 설교들 가운데 가장 탁월하고 널리 알려진 것에 속했다."[24]

모든 나라 가운데 전파되는 그리스도

십스의 설교관은 디모데전서 3:16에 관한 그의 설교집인 『열린 샘』(*The Fountain Opened*)에서 살펴볼 수 있다. 이 성경 본문의 내용은 이러하다. "크도다 경건의 비밀이여, 그렇지 않다 하는 이 없도다. 그는 육신으로 나타난 바 되시고 영으로 의롭다 하심을 받으시고 천사들에게 보이시고 만국에서 전파되시고 세상에서 믿은 바 되시고 영광 가운데 올려지셨느니라."[25] 십스는 특히 "만국에서 전파되시고"라는 어구를 다루면서 설교자의 직무를 논하고 있다.[26]

만일 어떤 왕이 즉위하게 될 경우, 그의 통치 아래 있는 귀족과 평민들 모두에게 이 사실을 알려야 한다. 그러므로 그리스도께서 "천사들", 곧 하늘에 있는 그분의 귀족들에게 "보이[신]" 바 되는 것만으로는 충분하지 않다. 그리스도의 나라는 또한 온 세상에 선포되어야 하며, 그분께 복종하라는 부름이 모든 사람에게 전달되어야만 한다. 십스에 따르면, 그리스도께서 "세상에서 믿은 바 되시[기]" 위해서는 먼저 그분의 이름이 전파되어야 한다. 신앙은 곧 "설교의 열매이자 결과물"이기 때문이다.[27] 십스는 이렇게 언급한다. "설교는 우리 안에 신앙과 지식을 일깨우고, 우리의 의지와 정서를 그리스도께로 이끌어가기 위해 하나님이 정해 두신 방편이다. 이를 위해, 그분은 이 방편을 거룩하게 만드셨다." 이는 곧 하늘에 이르는 사다리와 같으며, 우리는 한 번에 하나씩 그 계단을 올라가야 한다. 그 사다리는 먼저 설교로, 그다음에는 신앙으로, 그러고는 기도로 이어지는 것이다(롬 10:14-17).[28]

십스의 시대 당시 다른 대륙들에 대한 잉글랜드 측의 탐험은 아직 걸음마 단계였지만, 그는 담대히 세계 선교를 주창했다.[29] 십스는 "만국에서 전파되시고"라는 구절을 다루면서 이렇게 주장했다. "우리에게는 모든 민족에게 복음을 널리 전할 이유가 있다. 이제는 이방인들도 그리스도와 관계가 있기 때문이다. 그리고 상인이나 탐험가들은 모든 민족에게 복음을 전하는 데 상당한 성공을 거둘 수 있다." 복음은 마치 태양과 같이 동쪽에서 서쪽으로 계속 이동하면서, 마침내는 모든 나라를 환히 비추게 된다는 것이다.[30] 설령 어떤 민족이 "아주 미개한 야만인들"일지라도, 그리스도인들은 "그들이 그리스도께로 나아오도록 이끄는 데" 노력해야 한다. 그뿐 아니라, 십스는 상인과 탐험가들에게 다른 민족들을 강제로 기독교로 개종시키려 하지 말 것을 권고한다. "신앙만큼 자발적인 성격을 띤 일은 없습니다. 신앙을 전하는 일은, 폭력이 아닌 설득을 통해 이루어져야 합니다."[31] 그러므로 잉글랜드에서든 인도에서든, 민족들을 그리스도께로 이끄는 방편은 칼이 아닌 설교에 있었다.

설교는 구속의 적용을 위한 수단이다. 이때 그리스도는 우리가 꼭 처방 받아야 할 약인 동시에, 우리가 입어야 할 옷이 되신다. 그분은 우리가 그 위에 세움받을 토대가 되시며, 파내야 할 보물과 널리 드러낼 빛, 그리고 섭취할 양식이 되신다. 그러므로 설교자는 그분의 본성들 속에 담긴 "그리스도의 신비를 펼쳐 보여야" 하며, 선지자와 제사장, 왕으로서 그분이 소유하신 직무들의 의미를 전해야 한다. 우리는 그리스도께서 우리의 구원을 이루시기 위해 낮아진 상태에 계셨던 것과, 이제는 그 구원을 우리에게 적용하기 위해 높아진 상태에 계신 것을 알려야 한다. 그리고 우리는 그분의 약속들을 전해야 하며, 이 약속들은 "그리스도의 은혜가 여러 접시에 나누어 담긴 것"과 같다.[32] 이같이 설교의 성격에 관한 십스의 가르침을 살필 때, 우리는 그가 그리스도의 중심되심을 강조하는 동시에 풍부한 상상력과 열정이 담긴 표현의 유익을 역설하는 모습을 보게 된다.

십스는 누군가 이렇게 질문하리라고 예상한다. "그런데 오직 그리스도에 관해서만 설교해야 한다는 말씀입니까?" 그리고 그의 대답은 이러하다. "네. 오직 그리스도만을 전하거나, 우리를 그분께로 이끌어가는 내용만을 전해야 합니다." 이때 율법은 그리스도의 뜻을 섬기는 것이 된다. 사람들은 율법의 위협 아래 겸비하게 되며, 이를 통해 그리스도께서 그들을 높여 주시기 때문이다. 성경의 도덕적인 의무들은 그리스도께 합당하게 행하는 일이 무엇인지를 보여준다(골 1:10). 십스는 이렇게 언급한다. "우리가 이런 의무들을 이행하기 위해서는 그리스도께서 베푸시는 은혜를 얻어야만 한다. 우리가 기독교적으로 처신할[또는 행동할] 이유와 동기 역시 그리스도께로부터 와야 하며, 그분이 우리를 이끌어 두신 상태로부터 흘러나와야 한다." 복음에 관해 논할 때, 우리는 그리스도 외의 무언가를 덧붙여서는 안 된다. 그럴 경우 자신의 공로에 의지하는 가운데 그분과 멀어지기 때문이다. 십스가 로마 교회에 반기를 든 이유도, 이처럼 그가 '오직 그리스도'solus Christus에 마음을 두었기 때문이다. "로마 교회가 이같이 오류에 빠진 까닭은, 그리스도를 제쳐둔 채 다른 일들에만 마음을 쏟았기 때문이 아니고 무엇이겠는가?"[33]

십스의 관점에서 볼 때, 설교는 단순히 가르침을 전달하는 일에 그치지 않는다. 설교는 하나님의 사랑을 드러내어 표현하는 일이다. 그에 따르면, 사람들에게 성경의 교리들을 가르치는 것만으로는 그리스도를 설교하는 일이 충분히 이루어지지 않는다. 거기에 더하여, 그들을 달래고 구슬리는 일이 필요하다. 우리의 설교는 사람들에게 구애하는 일이기 때문이다.[34] 십스는 설교자를 신랑의 친구, 곧 사람들을 설득하여 그리스도와 혼인을 맺도록 인도하는 자로 묘사한다.[35] 우리는 어떤 이와 결혼할 때 눈을 크게 뜨고 배우자가 될 사람에 관한 정보들을 자세히 살펴야만 한다. 그러므로 이때 신랑의 친구인 설교자는 사람들에게 그들 자신의 비참한 처지를 일깨우고, 천상의 구혼자이신 그리스도께서 얼마나 고귀한 분인지, 또 그분께는 얼마나 풍성한 유익이 있는지를 보여준다.[36] 하지만 이것은 그저 지적인 수준에 머무는 문제가 아니다. 그러므로 설교자는 회중에게 그리스도와 "혼인을 맺기를 간청한다." 곧 그들이 자신을 그리스도께 신부로 드리도록, 설교자 자신의 모든 힘과 능력을 동원해서 호소하는 것이다.[37]

십스가 볼 때, 이처럼 혼인에 관한 표현법을 쓴다고 해서 율법과 죄인들에 대한 그 저주를 설교할 필요성이 사라지는 것은 아니다. 다만 이 같은 표현법은 자칫 엄격한 분위기를 띨 수 있는 설교에 달콤한 목적을 부여하게 될 수도 있다. 곧 우리의 죄와 비참함을 일깨우는 것 자체에 설교의 목적이 있지는 않다는 것이다. 오히려 그런 우리의 모습을 보여주는 것은 "그리스도를 설교하기 위한 예비 단계"였다. 이는 어떤 사람이 배부른 상태에 있을 경우, 가장 맛있는 음식까지도 귀찮은 것으로 여기게 되기 때문이다(잠 27:7). 십스는 이렇게 묻는다. "그리스도가 우리에게 꼭 필요한 분임을 깨닫는 자가 아니라면, 과연 누가 그분께 관심을 두겠습니까?" 그런데 이렇게 하나님의 두려운 심판을 선포할 때, 우리는 부드럽고 겸손한 마음으로 그리해야 한다. 곧 설교자들은 죄인들이 하나님과 화목하게 되기를 "탄원하거나" 간청해야 한다(고후 5:20). 이는 그리스도께서 친히 거지처럼 자신을 낮추셨으며, 하늘과 땅의 주인이신 위대하신 하나님이 우리에게 사랑을 간청하시기 때문이다. 그분이 이렇듯 우리의 사랑을 구하는 이유는 우리로 하여금 자신의 영혼에 관심을 쏟게 하고, 그럼으로써 우리가 그분과 화목하게 되도록 이끄시려는 데 있다. 그런데 실상 자비를 간구해야 할 이들은 우리이며, 그렇기에 하나님이 우리에게 다정하게 간청하시는 일은 더욱 마음 깊이 다가오는 것이 된다.[38] 그리스도의 십자가에 대적하는 자들을 보면서 눈물을 흘렸던 바울처럼(빌 3:18), 목회자들은 하나님을 떠난 죄인들을 향해 "연민과 긍휼"을 품고 설교해야 한다. 이는 "우리를 이끄시는 분은 그리스도의 영이시며, 그분께는 온전한 긍휼이 있기 때문이다."[39]

이처럼 설교를 하나님의 구애로 간주할 때, 말씀 사역에는 다른 은혜의 방편들을 능가하는 능력이 있다는 것 역시 강조된다. 십스는 신자들에게 개인 성경 읽기를 통해 진리를 알아갈 것을 권면했지만, 이와 동시에 "해명된 진리에는 더욱 큰 효력이 있음"을 역설했다.[40] 설교자의 말씀 전파를 통해 그리스도에 관한 메시지가 제시될 뿐 아니라, 그 설교를 통해 그리스도께서 친히 회중의 마음속에 임하시게 된다. 그러므로 "우리의 설교를 통해 하나의 능력이 흘러나가 모든 일을 이루게 된다. 이는 곧 설교의 예식에 옷을 입히시는 성령님의 능력이다." 바울이 복음의 설교를 "영의 직분"으로 부르는 이유가 바로 여기에 있다(고후 3:8).[41]

물론 어떤 이들은 자신의 지식이 이미 충분하며, 더는 가르침이 필요하지 않다고 이의를 제기할지도 모른다. 그러나 십스는 이렇게 언급한다. "하나님의 말씀에 관한 설교의 목적은 단순히 우리에게 가르침을 주려는 데 있지 않다. 오히려 그 말씀이 설교될 때 임하시는 성령님을 통해 은혜의 역사가 일어나며, 이는 '우리의 속사람이 강건해지기' 위해 꼭 필요하다(고후 4:16)." 하나님의 일들에 관해 바르게 말하고 생각하는 법을 배우는 것은 결코 쉽지 않으며, 사실 이것은 사람들이 여러 해에 걸쳐 받는 직업 훈련보다 훨씬 어려운 일이다. 그러나 참된 신앙은 그저 적절히 말하고 생각하는 능력에 그치지 않는다. 신앙은 우리 마음속에 자리 잡은 신비로운 지식이다. 하나님의 은혜가 우리 안에 거하시기 전까지, 우리는 그 은혜가 어떤 것인지를 진정으로 깨달을 수 없다. 그리고 이처럼 하나님의 은혜가 우리 안에 자리 잡는 일은 설교를 통해 이루어진다. "설교는 이 세상 곳곳으로 그리스도를 모시고 다니는 전차다. 그리고 오직 그 설교를 통해, 우리는 그리스도께서 베푸시는 유익을 입게 된다."[42] 설교의 역할은 우리에게 지식을 제공하는 데 그치지 않는다. 하나님의 은혜가 역사할 때, 설교는 우리를 그리스도께 연합시킨다.

설교는 깊은 관계 맺기를 통해 이루어지는 행위로서, 설교자와 회중은 그리스도 안에서 하나로 결합된다. 하나님이 평범한 사람들에게 그분의 말씀을 설교하는 직무를 맡기신 한 가지 이유도 바로 여기에 있다. 이는 설교자가 자신의 개인적인 매력에 근거해서 회중을 설득해야 한다는 뜻이 아니다. 오히려 그는 회중이 "진리에 순종하도록" 이끌어 가야 한다. 다만 그럴지라도, 하나님은 우리의 설교를 통해 사람과 사람을 사랑의 끈으로 이어 주는 데 목표를 두신다. 하나님은 불길 같은 구름이나 하늘에서 내려온 천사들을 통해 우리를 두려움에 빠뜨리지 않으시고, 오히려 우리와 똑같이 연약한 사람들을 통해 역사하심으로써 자신의 능력을 더욱 힘 있게 드러내신다. 복음을 설교하는 자들이 자신들의 체험에서 우러나온 말씀을 전하는 것은 우리의 연약함을 격려하는 데 도움이 되니, 이는 "그들 자신이 복음의 위로를 경험한 사람들이기" 때문이다. 바울과 베드로의 경우에도, 자신의 죄로 인해 낮아진 상태에 처했다가 놀라운 하나님의 자비를 체험한 자들로서 말씀을 전했던 것이다. 이처럼 구속받은 죄인들이 전하는 설교는 자신의 죄를 깨닫고 두려움에 떠는 자들에게 큰 소망을 준다.[43]

그러므로 십스는 설교를 처음부터 끝까지 체험적인 과업으로 여겼다.

이는 그리스도와 설교자, 회중이 삼각형을 이루면서 밀접히 연관되는 설교였다. 설교는 모든 나라를 한데 모으기 위해 넓게 펼친 그물이었으며, 천상의 연인이 자신의 전령을 보내 사람들의 영혼을 설득하는 행위였다. 설교자는 교리를 가르칠 뿐 아니라, 회중의 감정에 호소하면서 그들 자신의 내밀한 의지를 주님께 드리고 헌신할 것을 촉구해야 했다. 그리고 이 모든 일에서, 말씀 사역은 자신의 백성을 주권적으로 선택하고 은혜를 베푸시는 하나님의 손에 들린 도구가 되었다.

존 프레스턴

프레스턴은 노샘프턴셔Northamptonshire에서 태어났으며, 그는 열두 살 되던 해 농부였던 자기 아버지를 잃었다.[44] 프레스턴은 케임브리지 대학에서 철학과 의학을 공부했고, 1607년에 학사를, 1611년에 석사를 취득했다. 대학 시절 어느 날, 그는 친구들과 함께 코턴의 단순한 설교 방식을 조롱하려고 몰려갔다. 당시 코턴은 귀족들이 선호했던 화려한 설교 방식을 거부하면서 어려움을 감내하고 있었다. 그날 밤 늦게, 코턴을 다시 찾아온 프레스턴은 자신의 영혼이 구원을 받으려면 어떻게 해야 할지 진지하게 물었다. 이후 두 사람은 평생에 걸쳐 우정을 유지하는 사이가 되었다.

이후 프레스턴은 신학으로 전공을 바꾸고, 1620년에 졸업하면서 신학 학사를 취득했다. 당시 그는 1618년부터 이미 케임브리지 대학의 퀸즈 칼리지에서 학장과 교리 문답 교사로 재직하고 있었다. 그리고 1620년 어간에, 프레스턴은 당시 웨일스의 젊은 제후였던 찰스 1세의 궁정 사제가 되었다. 그는 궁정에서 자신이 지닌 영향력을 활용하여 청교도들의 권익을 증진하려 했다. 그리고 1622년부터 1628년에 세상을 뜨기까지, 프레스턴은 케임브리지 대학의 임마누엘 칼리지에서 학장으로 봉직했다.

같은 시기에, 그는 시인 존 던John Donne, 1573-1631의 뒤를 이어 런던의 링컨스 인Lincoln's Inn(잉글랜드의 유서 깊은 변호사 협회 중 하나—옮긴이)에서 설교자로 사역하기도 했다. 그리고 1624년, 프레스턴은 홀리 트리니티 교회의 강연자로 청빙되었다. 이로써 케임브리지의 가장 영향력 있는 설교단을 청교도 측이 되찾게 되었다. 이 설교단은 십스의 사역을 통해 처음 세워졌던 것이었다. 이 일은 청교도 세력이 궁정에서 거둔 마지막 승리 중 하나였다.

프레스턴은 다른 설교자들을 길러내는 데 중요한 역할을 했으며, 젊은 설교자들에게도 많은 영향을 끼쳤다. 굿윈과 토머스 셰퍼드, 새뮤얼 페어클러프Samuel Fairclough, 1594-1677 등이 그의 설교에 깊은 영향을 받았다.[45]

프레스턴은 마흔한 살 정도의 젊은 나이로 세상을 떠났지만, 자신의 설교로 풍성한 유산을 남겼다. 1627년 더럼의 주교였던 리처드 닐Richard Neile, 1562-1640은 프레스턴의 설교를 듣고, 그가 "마치 하나님과 잘 아는 사이인 양" 너무 큰 확신을 품고 설교한다고 불평했다.[46] 프레스턴은 무엇보다 그리스도를 전하는 설교자였으며, 그분을 향한 신앙을 널리 전파하는 인물이었다. 그는 이렇게 언급한다. "집에서 일하는 하인들은, 식탁에 어떤 요리들이 있든 간에 빵과 소금을 늘 가져다 놓곤 합니다. 우리도 이와 같은 자세로 자신의 직무를 수행해야 합니다. 곧 우리는 늘 그리스도에 관해 설교하며, 그분을 믿고 따르도록 여러분을 설득해야 합니다."[47] 그리스도는 이처럼 우리가 전하는 설교의 주된 요소이자 기본 재료가 되신다. 프레스턴이 세상을 떠난 뒤 그의 설교집 열한 권이 출간되었으며, 그중 일부는 열 차례 이상 재판되었다. 다만 당시 어떤 출판사도 여러 권으로 된 그의 전집을 출간하지 않았던 것은 다소 놀라운 일이다.

위대한 복음의 주제들에 관한 설교

장 칼뱅이 자신의 설교에서 성경 본문을 한 구절씩 해설해 나간 데 비해,

프레스턴의 설교는 좀 더 주제 중심적이었다. 그의 설교는 신학적인 범주와 질문들에 근거하여 조직되어 있었다. 휴즈 올리펀트 올드는 이렇게 언급한다.

> 프레스턴은 본문을 간략히 살핀 뒤, 그 속에서 특정한 가르침이나 주제를 이끌어 내곤 했다. 그런 다음 이 주제를 몇 가지 요점으로 나누어 발전시켰으며, 대부분 성경에서 이끌어 낸 여러 논증을 통해 각 요점을 옹호했다. 그리고 이런 요점들은 다시 몇몇 사례를 통해 예증되거나, 또는 몇 가지 비유로써 묘사되었다. 그는 마지막으로 그 요점들을 회중의 삶에 적용했다. 이런 측면에서, 프레스턴의 설교들은 중세 스콜라 신학자들의 설교와 유사한 성격을 띠었다.……프레스턴은 대개 성경의 한 구절을 본문으로 택한 뒤, 그 내용에 근거해서 하나 또는 여럿의 주제를 이끌어 내곤 했다.[48]

우리는 이런 방법론의 실제 사례를 청교도 영성의 고전인 『믿음과 사랑의 흉배』(*The Breast-Plate of Faith and Love*, 1630)에서 보게 된다.[49] 이 책의 첫 부분에는 프레스턴이 로마서 1:17의 "복음에는 하나님의 의가 나타나서 믿음으로 믿음에 이르게 하나니 기록된 바 오직 의인은 믿음으로 말미암아 살리라 함과 같으니라"를 본문 삼아 전한 네 편의 설교가 실려 있다. 여기서 그는 세 가지 교리를 제시한다. (1)복음에는 하나님의 의가 계시되어 있으며, 원하는 자는 누구든지 그 의를 받아 누릴 수 있다. (2)우리는 신앙을 통해 이 의를 얻게 된다. (3)신앙에는 여러 단계가 있으며, 모든 그리스도인은 낮은 단계에서 높은 단계로 계속 자라가야 한다.[50] 여기서 우리는 프레스턴이 위의 성경 본문에서 이 교리들을 이끌어 내는 모습을 보게 된다. 하지만 그는 자신의 설교에서 이 본문 자체의 의미를 살피는 데에는 거의 시간을 쏟지 않는다. 오히려 프레스턴은 각 교리들에 관해 질문을 던지는 쪽으로 곧장 넘어가며, 다른 성경 본문들에 근거한 질문들의 답을 제시한다. 복음에 계시된 의에 관한 첫 요점을 살피면서, 그는 이렇게 질문한다. (1)이 의가 계시된 이유는 무엇인가? (2)이 의는 어떻게 구원을 이루는가? (3)이 의는 어떤 방식으로 제시되는가? (4)이 의는 누구에게 제시되는가? (5)이 의는 어떤 전제조건 아래 제시되고 있는가? (6)이 의는 어떻게 우리의 것이 되는가? (7)우리가 이 의를 얻게 될 때, 우리에게는 무엇이 요구되는가?[51] 이런 질문들이 이어진 뒤에는, 그리스도를 거부하거나 그분을 영접하기를 미루는 이들에 대한 두 가지 경고가 뒤따른다. 그런 다음 프레스턴은 그리스도를 영접할 것을 세 가지로 권고하고 있다.[52]

이런 노력의 결과물은 곧 복음을 적용하는 설교였다. 올드는 이렇게 언급한다. "그의 설교들은 복음 전도를 위한 것으로 간주될 수 있다. 그 설교들의 목표는 청중을 회심시키는 데 있었다. 프레스턴은 자신의 설교를 듣는 회중이 세례 받은 기독교인들임을 잘 알았다. 하지만 그는, 자신의 회중이 세례의 약속과 징표 속에 담긴 온전한 실재 안으로 들어가게 되기를 원했다."[53] 프레스턴은 교회 안에 있는 자들에게 복음을 가르칠 때, 회심의 의미에 초점을 맞추었다. 이를 통해 그는 참된 신자와 명목상의 기독교인들을 서로 구분 지으려 했다.

디모데후서 1:13에 근거한 '건전한 말의 본'이라는 일련의 설교에서, 프레스턴은 설교자의 사역에 관한 자신의 견해를 얼마간 드러낸다. 모건에 따르면, 여기서도 프레스턴이 먼저 하나의 교리를 제시한 뒤 여러 질문과 반론에 응답하면서 그 교리를 발전시켜 나가는 모습을 볼 수 있다. 설교자들은 대체로 고대 교부들의 말을 인용하는 일을 피해야 한다는 것이 프레스턴의 입장이다. 다만 그는, 칼뱅과 같이 근래의 저술가들이 남긴 글을 언급하는 것은 어느 정도 예외가 될 수 있다고 여긴다. 하지만 설교자들은 일반 학문을 폭넓게 연구해야 하며, 그 내용을 잘 소화함으로써 말씀의 진리를 더욱 단순하고 유익하게 전달할 수 있어야 한다. 이는 마치 가축들이 건초를 먹고 나서 사람에게 필요한 양털과 우유를 생산해내는 일과 같다는 것이다.[54]

설교자는 하나님의 보내심을 받은 대사로서, 그분의 공적인 대변자가 되어 사람들에게 그분의 말씀을 전달하게 된다. 이때 그는 하나님의 말씀을 해석해야 하며, 이 일은 곧 성경 본문에서 하나의 교리를 이끌어 낸 뒤 다른 성경 본문들에 근거해서 그 교리를 옹호하고, 다양한 청중에게 그 내용을 적용함으로써 이루어진다. 그는 올바른 문법에 따라 본문을 해석하고, 은유와 같은 수사학적 장치들을 파악하며, 본문의 목적 또는 의도를 살핌과 동시에 본문에 나타난 신앙의 유비를 헤아려야 한다. 그리고 본문의 내용을 회중에게 적용할 때는 그 본문의 본래적인 쓰임새에서 지침을 이끌어 내야만 한다. 이런 점들을 살필 때, 프레스턴의 견해는 퍼킨스가 자신의 저서 『설교의 기술』에서 표현한 것과 매우 비슷해 보인다. 우리는 프레스턴의 설교관을 살피면서, 그 배경에 자신이 받은 의학적인 훈련이 있음을 감지하게 된다. 이는 그가 설교자의 자세에 관해 논하면서, 설교자는 정욕의 열병과 교만의 혹, 분노의 마비 상태와 나태의 무감각, 허영의 기질과 안일함의 늑막염, 그리고 악한 말의 악취에 관해 각기 다른 치료법을 적용해야 한다고 주장하기 때문이다.[55] 그는 회중에게 말씀을 적용할 때, 일반적인 문제를 지적하기보다는 구체적인 죄들에 관해 언급하는 것이 더 유익하다고 여긴다.

목회자는 하나님의 말씀을 설교해야 한다. 설교자들은 자신의 양 떼를 돌보아야 하며, 매 주일 적어도 두 번씩 말씀을 전하는 동시에 교리문답 교육도 시행해야 한다. 모건에 따르면, "하나님의 말씀을 전할 때는 영적인 태도로, 사람들이 쉽게 이해할 수 있도록 단순하고 꾸밈없는 방식으로 설교해야 한다."[56] 그러나 이때 설교자는 본문의 내용을 하나씩 주석해 나갈 것이 아니라, 분명한 요점들이 담긴 강론을 체계적으로 전달해야 한다. 한 이야기에 따르면, 비잔티움Byzantium 성벽의 돌들은 서로 꼭 들어맞아서 그 벽이 마치 한 개의 돌로 된 것처럼 보였다고 한다. 하지만 프레스턴은 이 말을 언급하면서, 그것이 "성벽에 관해서는 칭찬이지만, 설교의 경우에는 그렇지 않다"고 지적하고 있다.[57] 또한 우리는 성경과 무관한 내용들로 자신의 설교를 채우는 일 역시 경계해야 한다. 어린아이들은 밀밭의 잡초들을 예쁘다고 여길 수도 있지만, 농부들은 그 잡초들 때문에 수확량이 줄어든다는 것을 안다. 그리고 설교자들이 예화를 들 경우에도, 최상의 자료들은 성경 자체에서 찾아낼 수 있다. 다만 그 밖의 예화들이라도, 단순히 연약하고 변덕스러운 사람들의 마음을 즐겁게 하는 용도로만 쓰이는 것이 아니라면 허용될 수 있다. 앞서 우리는 이미 프레스턴이 성경 바깥에서 가져온 몇몇 예화를 살펴본 바 있다.[58]

설교자는 이 모든 일 가운데 성령님의 도구로 쓰임받게 된다. 우리가 설교를 통해 유익한 결실을 이루기 위해서는, 주님께 온전히 의존해야 한다. 프레스턴은 이렇게 언급한다.

> 그리스도께서 여러분에게 그분 자신을 친히 나타내시면, 목회자들이 그분에 관해 증언하거나 여러분이 혼자 성경을 읽고 그분에 관해 생각할 때와는 다른 일이 생겨납니다. 그분이 자신의 영을 통해 스스로를 드러내실 때, 우리는 마음으로 이끌림을 받아 그분을 사모하며 갈망하게 되기 때문입니다. 우리가 긴 설교를 통해 이런 영적인 일과 특권들이 그리스도 안에서 여러분을 위해 마련되어 있음을 애써 전할지라도, 그 진리들을 여러분의 마음속에 새겨 주실 분은 성령님밖에 없습니다. 우리는 다만 그 진리들을 여러분의 머릿속에 전해줄 수 있을 뿐이지요.[59]

11장 웨스트민스터 총회의 공예배 지침서와 설교

나는 두 차례에 걸쳐 예루살렘 실the Jerusalem Chamber을 방문할 기회를 누렸다. 이는 런던의 웨스트민스터 사원에 있는 방으로, 웨스트민스터 총회가 회집했던 곳이다. 이 방의 규모는 놀랄 정도로 작으며, 따라서 당시 수십 명의 사람들이 그 안에 가득 모여 앉았을 때 그 토론의 열기가 얼마나 뜨거웠겠는지를 상상해 볼 수 있다. 지금은 '웨스트민스터 총회의 신학자들'로 알려진 그 회원들이 1643년 7월 1일에 처음 모였을 때, 아마 그들은 자신들의 회집이 그리 오래 지속되리라고 생각하지 않았을 것이다. 잉글랜드 의회에서 그 총회를 소집한 이유는 단지 잉글랜드 국교회에서 따르는 39개조 신조의 수정 작업을 맡기려는 데 있었기 때문이다. 의회의 목표는 '엄숙 동맹과 언약'the Solemn League and Covenant으로 알려진 잉글랜드 의회와 스코틀랜드 의회 사이의 협약에 따라, 두 나라 사이의 신학적 일치를 더욱 견고히 확립하려는 데 있었다. 하지만 당초의 예상과는 달리, 웨스트민스터 총회는 거의 육 년에 걸쳐 지속되었다. 1649년 2월 22일에 마지막으로 전체 회합이 열렸을 때, 총회의 회원들은 이미 천 번이 넘는 회합을 가진 상태였다. 그리고 이 총회를 통해 완전히 새로운 신앙고백서와 대소교리문답, 장로교 교회 정치 양식과 공예배 지침서가 작성되었으며 새롭게 운율을 단 시편의 판본도 승인되었다.[1]

'웨스트민스터 표준문서'the Westminster Standards로 알려진 이 문서들은 지금까지 하나님의 특별한 은총을 누려 왔다. 웨스트민스터 총회의 결과물인 이 문서들은, 지난 370여 년간 영어권에서 형성된 개혁파 기독교 신앙의 국제적인 흐름을 이끌어 왔던 것이다. 벤저민 워필드에 따르면, 이 웨스트민스터 표준문서는 "복음적인 신앙의 핵심이 담긴 결정체"와 같다. 신학적인 측면에서 볼 때, 이 문서들에는 복음적인 신앙의 모든 내용에 관해 우리가 지닌 것 중 가장 풍성하고 엄밀하며, 조심성 있는 진술이 담겨 있다. 곧 이 문서들에 담긴 내용은, 복음적인 신앙이 세상에서 존속하기 위해서는 반드시 보존되어야 할 성질의 것들이다. 경건의 측면에서 볼 때, 이 문서들 속에는 "생명력 있는 신앙의 정수가 담겨 있다."[2]

이 장에서, 우리는 특히 그 문서들 중 하나에 관심을 두고 살피려 한다. 공예배 지침서the Directory for the Public Worship of God가 바로 그것이다.[3] 이 지침서의 초안을 만든 것은 네 명의 스코틀랜드 사절단과 다섯 명의 잉글랜드 신학자(그중 한 명은 스코틀랜드 태생이었다)로 구성된 소위원회였다. 이 지침서는 1644년 12월 27일에 완성되었으며, 이로써 웨스트민스터 총회에서 작성된 첫 문서가 되었다. 이어 1645년 초, 이 문서는 잉글랜드 의회와 스코틀랜드 교회의 총회, 그리고 스코틀랜드 의회에 의해 차례로 채택되었다. 1645년 4월 17일, 잉글랜드 의회는 기존의 성공회 기도서the Book of Common Prayer를 대신하여 이 문서를 공식적인 공예배 지침서로 삼았다.[4] 그리고 이 변화는 1660년의 왕정복고와 1662년의 일치령the Act of Uniformity에 의해 다시금 없던 일이 되었다. 그러나 1690년대에 이르러,

이 지침서는 단순하고 성경적인 예배 안내서로서 잉글랜드의 비국교도들 사이에서 다시 영향력을 얻게 되었다.[5]

성경적이며 영적인 예배를 향한 열심

당시 내전과 거대한 신학적 격변의 한가운데 있으면서도, 웨스트민스터 총회의 신학자들이 신앙고백과 교리문답들을 작성하기에 앞서 예배의 문제를 논했던 일은 인상적이다. 그들은 이 짧은 지침서를 작성하기 위해 일흔 번 이상의 전체 회합을 가졌으며, 이에 더하여 수많은 소위원회 모임이 개최되었다.[6] 실질적인 면에서 볼 때, 예배의 문제는 늘 종교개혁의 중심에 놓여 있었다. 이 점에 관해, 이언 머리는 이렇게 언급한다. "개혁자들과 청교도들에 따르면, 기독교의 메시지는 단순히 우리가 구원받는 방법에 관한 것이 아니었다. 오히려 그 메시지는, 하나님이 우리를 구원하심으로써 어떻게 **영광을 받으시게** 되는지에 관한 것이었다.……칼뱅에 따르면, '사람과 천사들이 안전히 거하는 것보다 하나님께 경배하는 일이 더 우선시된다.'"[7]

개혁자들과 청교도들의 근본 관심사는 성경에만 근거를 둔 예배를 드리는 데 있었다. 그들은 사람들이 만들어 낸 관습이 아닌, 오직 하나님의 뜻만을 좇아 예배하기 원했다(마 15:9). 이 지침서의 서문에서는 이렇게 언급한다. "우리는 모든 예식에서 하나님이 세우신 규정들을 제시하는 데 관심을 두었다. 그리고 이와 다른 일들의 경우, 기독교적인 분별의 규칙들에 따라 기준을 정하려고 노력했다. 이런 규칙들은 곧 하나님 말씀의 일반적인 규범에 부합하는 것들이다."[8] 우리의 예배는 늘 하나님의 말씀을 향한 응답이 되어야 한다는 것이다. 우리는 거룩하신 하나님 앞에 그분이 명하신 일들만을 가지고 나아와야 하며, 그렇지 않을 경우 감히 그분의 거룩하심을 거슬러 범죄하는 것이 된다. 이 점에 관해, 웨스트민스터 신앙고백(21.1)에서는 이렇게 언급한다. "참되신 하나님께 예배하는 합당한 방식은 그분이 제정하신 지침을 따르는 데 있으며, 이 방식은 하나님이 계시하신 그분 자신의 뜻에 의해 제약을 받는다. 따라서 인간이 상상하거나 고안해 낸 방식에 따라 그분께 예배해서는 안 되며, 사탄의 궤계를 좇거나, 어떤 눈에 보이는 형상들을 사용하거나, 성경에서 규정되지 않은 방식들을 따라서도 안 된다."[9]

예배에서 하나님 말씀이 지니는 중심성은 설교에 관한 공예배 지침서의 풍성한 가르침에서도 드러난다. 스탠리 홀Stanley Hall에 따르면, 이 지침서의 구도에서 설교는 "예배를 하나로 통합하는 중심"이 된다.[10] 이 지침서에서는 열다섯 가지 주제를 다루는데, 그 전체 분량 가운데 십분의 일 이상이 '말씀의 설교'에 할애되고 있다. 이 문서에서 설교보다 더 많은 내용이 할애되는 것은 설교에 앞서 드리는 목회자의 기도뿐이며, 이 부분은 긴 모범 기도문으로 이루어져 있다. 예배의 순서를 살필 때, 이 지침서에서는 예배로의 부름, 하나님의 도우심과 복 주심을 비는 개회 기도, 구약과 신약 본문의 연속 낭독,[11] 시편 송영, 그리고 목회자의 구체적인 기도가 이루어진 후에 설교의 순서가 온다. 설교가 끝난 후에는 또 한 번의 기도와 시편 송영이 이어지며, 필요시에는 성례를 시행한 뒤 축도로 마치게 된다. 우리는 이 모든 예배의 지침 가운데 성경의 진리와 지혜가 풍성히 드러나는 것을 볼 수 있다. 다만 여기서는, 그중에서도 설교에 초점을 맞추어 살펴보려 한다.

그런데 여기서, 설교 전에 드리는 목회자의 기도를 다루지 않고 넘어가서는 안 될 것이다. 이 기도에서는 설교자가 주님께 의존해야 한다는 총회 신학자들의 깊은 인식이 드러나기 때문이다. 이 지침서에 따르면, 예배 때의 설교는 마치 기도로 감싸여 있는 것과 같다. 이때 목회자는 말씀을 전하기 전에, 먼저 하나님을 거스른 회중의 죄와 더불어 그리스도께서 온전한 희생제물과 중보자 되심을 공적으로 고백했다. 또한 그는 하나님이 회중에게 성령을 부어 주시기를 기도했으며, 이뿐 아니라 모든 민족에게 복음이 전해지기를, 하나님이 각 통치자와 권세자들에게 복을 내려 주시기를 기도했다. 그리고 목회자는 사모하며 갈망하는 마음을 품고 은혜의 보좌 앞에 나아가, 회중이 "하나님과 교제할 수 있게" 해주시기를 구했다. 또 그는 하나님이 "효과적인 도움과 은혜의 손길을 베푸셔서 회중이 주일을 그분의 안식일로 거룩히 지키게 하시고, 이에 필요한 의무들을 온전히 감당하게" 해주시기를 간구해야 했다.[12]

그런 다음 목회자는 구체적으로 말씀을 선포하고 듣는 일에 관해 하나님의 도우심을 구했다. 그는 먼저 "우리가 과거에 하나님의 말씀을 듣고도 열매 맺지 못했음과, 이제는 하나님께 속한 심오한 일들을 마땅히 깨달아야 함에도 불구하고 그럴 힘이 없음"을 고백해야 했다. 그런 다음 하나님이 "은혜의 영을 부어 주셔서" 회중으로 하여금 그리스도를 알며 또 그분을 무엇보다 존귀히 여기게 하시고, 장차 그분과 함께 하늘에 거할 때 누리게 될 기쁨을 사모하게 하시기를 기도했다. 이때 목회자는 하나님이 "그분의 종"인 자신에게 특별한 도움을 베푸셔서, 자신이 각 회중에게 필요한 생명의 말씀을 전할 수 있기를 구했다. 이는 곧 "지혜와 성실성, 열심이 담긴 말씀……성령과 능력의 증거와 나타남이 그 속에 있는 말씀"이었다. 또 그는 말씀을 듣는 회중을 위해 기도하면서 하나님이 그들의 마음과 귀에 "할례를 베풀어" 주시기를, 그들로 하여금 좋은 밭 같은 마음으로 하나님 말씀을 받아들이고 모든 선한 일에 열매 맺게 하시기를 구했다.[13]

이처럼 웨스트민스터 총회의 신학자들은 설교를 그저 인간적인 행위로 여기지 않고, 하나님이 친히 인간을 통해 이루시는 사역으로 보았던 것이 분명하다. 그러므로 이 일을 감당하기 위해서는 겸손하면서도 열정적인 준비 기도가 요구되었다. 이제는, 이 지침서에서 어떤 종류의 설교를 전하도록 권고했는지를 살펴보기로 하자.

설교에 관한 웨스트민스터 총회의 지침

총회의 신학자들은 설교에 관한 지침의 서두에서, 성경에 근거한 다음의 인상적인 진술을 제시한다. "말씀의 설교는 구원으로 인도하는 하나님의 능력으로, 복음 사역에 속한 가장 위대하고 탁월한 과업 중 하나다. 따라서 사역자들은 부끄러움 없이, 자신과 말씀을 듣는 이들 모두가 구원을 얻도록 담대히 이 말씀을 전파해야 한다."[14]

간략히 살필 때, 이 지침서에서는 하나님 말씀의 공적인 선포를 위한 일련의 인상적인 원리들을 제시한다. 우리는 이 지침서에서 언급되는 내용들을 이렇게 분류해 볼 수 있다. (1)설교의 준비, (2)설교의 도입부, (3)설교 시의 가르침, (4)설교 시의 적용, (5)설교 시의 조절, (6)설교자의 헌신, (7)설교자와 교사들의 협력.[15] 이 설교의 측면들을 하나씩 살펴보기로 하자.

설교의 준비

설교를 준비하기 전, 설교자 자신이 먼저 준비되어야 한다. 이 지침서에서는 한 사람이 중대한 설교의 과업을 수행하기 위해 갖추어야 할 은사들을 열거하는데, 그 은사들은 히브리어와 그리스어에 관한 지식으로 시작해서 "신학의 시녀"인 학문과 기술에 관한 지식들, 그리고 오늘날의 조직신학에 해당하는 "신학의 전체 체계"the whole body of theology에 관한 지식으로 이어진다. 이 중 마지막 유형의 지식에 관해, J. A. 케이저J. A. Caiger는 이렇게 언급한다. "여기서 우리는 하나님의 경륜을 하나의 신학 체계로 여기는 청교도들의 특징적인 견해를 보게 된다. 이는 모든 부분이 바르게 구성되고 배분되며 서로 밀접하게 연관되어 있는 체계였다. 복음의 사역자는 마땅히 그 전체적인 모습을 헤아릴 수 있어야 했다."[16] 이 지침서에 따르면 설교자는 무엇보다 성경의 내용을 잘 알며, 지적인 면이나 체험적인 면에서 그 내용을 다루는 데 평범한 신자들의 수준 이상으로 훈련되어 있어야 했다. 이러한 지식에는 "성령님의 조명과 더불어 회중에게 유익을 끼치기 위한 다른 은사들"이 동반되어야 했으며, 이는 공적인 사역자로서 하나님의 진리를 전달하기 위한 영적인 은사들이었다.

공예배 지침서는 "목사 안수의 규칙"을 언급한다. 총회의 신학자들은 목회자 후보생들에게 상당히 높은 자격을 요구했다. 이 지침서와 같은 해에 장로교 교회 정치 양식이 출간되었는데, 이 양식에 따르면 노회에서는 안수 후보자에게 히브리어와 그리스어 성경 본문을 해석하고 그 일부를 라틴어로 번역할 것을 요구해야 했다. 그리고 후보자에게 논리학과 철학에 숙달되어 있음을 증명하는 일 역시 요구되었던 듯하다. 또 그 후보자는 주요 신학 저자들의 글에 관한 지식을 입증해야 했으며, 정통 교리를 해설하고 당대의 그릇된 사상들을 논파할 수 있어야 했다. 그는 성경의 한 본문을 주해하고 양심의 사례들cases of conscience, 즉 윤리와 확신에 관한 문제들에 답할 뿐 아니라, 성경 역사와 기독교 역사의 연대표를 파악하고 있어야 했다. 이에 더하여 그 후보자는 회중 앞에서 설교하고, 노회에서 제시한 교리들에 관해 라틴어로 강론해야 했다.[17] 17세기에 라틴어는 목회 현장과 대학을 비롯한 각급 학교, 학술적 글쓰기와 학문, 그리고 정부의 영역에서 국제적인 공용어였다.[18]

이후 후보자는 회중 앞에 서서, 과연 그가 그리스도를 온전히 믿고 따르는지, 또 성경에 근거한 개혁파적 신념을 품고 있는지에 관해 검증을 받아야 했다. 이런 검증의 대상에는 그가 "기도와 성경 읽기, 묵상과 설교, 성례의 집행과 권징, 그리고 그 밖의 사역 직무"를 순전하고 부지런한 태도로 수행하는지 여부도 포함되었다. 그뿐 아니라 그가 진리와 일치의 문제에 관해 충성된 열심을 품고 있는지, 개인과 가정의 삶에서 회중에게 본을 보이려는 자세가 있는지, 상급자들의 지적에 겸손히 복종하는지, 끝으로 "어떤 어려움이나 핍박"이 있든 간에 자신의 소명을 완수하려는 의지가 있는지 등도 검증의 대상이 되었다.[19] 이처럼 영적인 면과 학문적인 면에서, 총회 측은 이 고귀한 소명을 감당할 수 있도록 훈련되고 은사를 지닌 자들을 찾기 위해 엄격한 자격요건을 제시했다.

또 지침서에 따르면, 하나님의 사람인 목회자는 이전에 받은 훈련에만 의존해서는 안 되었다. 그는 "말씀 읽기와 연구"에 계속 힘써야 했으며, 설교 준비 과정에서 "겸손한 마음으로 기도하면서" 더 깊은 지식과 깨달음을 얻게 되기를 구해야 했다. 곧 설교자는 성경을 교과서로, 성령님을 스승으로 모시고 늘 배우는 학생이 되어야 한다는 것이다. 목회자는 공예배에서 성령님의 도우심을 구하는 기도를 드리기에 앞서, 자신의 사적인 기도를 통해 그 기도를 뒷받침해야 했다.

모든 설교는 성경 본문을 다루는 것이 되어야 했다. 이때 설교자는 어떤 교리나 상황을 논하기 위해 특정 주제가 담긴 본문을 택할 수 있었으며, 또는 성경의 한 장이나 한 책을 계속 설교해 나갈 수도 있었다. 이 지침서에서는 둘 중 어느 한 방법만을 따르도록 요구하지 않고, 설교자에게 "자기 생각에 적합한 대로" 행할 자유를 주었다. 여기서 우리는 설교의 주제와 본문 선정에 있어서 목회자에게 선택의 자유가 부여되는 것을 보게 된다. 다만 케이저의 지적처럼, "특정한 상황에 관해 설교할 때에도 성경 본문의 강해가 요구된다는 점은 주목할 만하다."[20]

이제는 설교 자체의 내용에 관해 살펴보려 한다. 이 지침서에서는 도입부와 가르침, 적용의 세 측면에서 설교의 내용을 다루고 있다.

설교의 도입부

총회의 지침서에서는 길고 복잡한 도입부를 권장하지 않고, 성경 본문에 초점을 맞추어 짧고 명확한 도입부를 제시할 것을 요구했다. 이때 목회자는 본문 자체 또는 그 주위의 문맥, 병행 본문이나 성경 전반의 가르침을 배경으로 삼아 도입부의 내용을 전개할 수 있었다. 이를 달리 표현하면, 설교의 도입부는 성경에 근거해서 그 본문을 소개하는 내용이 되어야 한다는 것이다. 다만 내가 보기에는, 현재 청중이 겪는 문제나 상황을 다루면서 본문을 소개하는 것도 유익할 듯하다. 그러나 웨스트민스터 총회의 경우에는, 도입부에서도 곧바로 성경을 논하면서 내용을 풀어나갈 것을 권고하고 있다.

따라서 설교자는, 이 도입부에서 청중에게 본문의 내용을 소개해야 한다. 이때 (역사적인 이야기나 비유처럼) 그 분량이 많다면 내용을 요약해서 제시할 수 있으며, 분량이 짧을 경우에는 내용을 자신의 말로 풀어서 전달할 수도 있다. 설교자는 마땅히 본문의 "시각", 곧 그 문맥에서 본문이 지니는 목적 또는 저자가 염두에 둔 의도를 뚜렷이 드러내야 한다. 그런 다음에는 본문에 담긴 교리상의 주된 요점들을 제시해야 한다. 한편 본문의 내용을 너무 세밀히 구분하거나 "모호한 용어"를 사용할 경우, 구분된 내용과 용어들을 파악하고 기억해야 할 회중의 부담만 커질 뿐이다. 이렇게 설교의 도입부를 제시함으로써, 목회자는 본문의 가르침을 선포하기 위한 토대를 마련하게 된다.

설교 시의 가르침

설교의 핵심은 성경에서 교리들을 이끌어 내는 데 있다. 목회자들이 설교하는 교리들은 다음의 세 가지 기준에 부합해야 한다. 첫째, 그것은 "하나님께 속한 진리", 곧 성경에서 가르치는 내용이어야 한다. 둘째, 그 교리는 "성경 본문에 근거한 것으로, 청중들이 설교를 듣고서 하나님이 본문을 통해 그 내용을 어떻게 가르치고 계신지를 분별할 수" 있어야 한다. 모든 교리는 그 내용을 뚜렷이 가르치는 본문에 근거해서 수립되어야 한다는 점에서, 주제 중심의 설교까지도 성경 강해의 성격을 띠는 것이 마땅하다. 그리고 셋째, 그 교리는 본문에서 "주로 의도된 교리들" 중 하나로서, "청중에게 가장 많은 유익을 끼치는" 것이어야 한다. 이를 달리 표현하면, 설교자는 설교의 방향을 정할 때 본문의 내용과 회중의 필요를 핵심 기준으로 삼아야 한다. 그러므로 이 지침을 따를 때, 설교자는 본문의 내용에 오직 부수적으로만 연관되는 교리를 선포할 수 없게 된다. 이는 본문의 주된 취지를 설교하는 것이 마땅하기 때문이다. 그는 학계에서는 논의의 대상일지 모르지만, 회중의 영적 필요와는 전혀 상관이 없는 사변적인 주제들을 다루는 것 역시 삼가게 된다.

또한 지침서에서는 이렇게 언급한다. "설교 시에는 단순한 방식으로 교리를 표현해야 한다." 곧 설교자는 청중이 명확히 이해하기 어려운 내용들을 풀어서 설명해야 한다. 만일 자신이 전하는 교리가 본문에서 명백히 언급된 것이 아니라 그 내용을 통해 추론된 것일 경우, 설교자는 그 교리가 어떻게 본문의 내용에서 유추되는지를 설득력 있게 보여주어야 한다. 여기서 목표는 회중으로 하여금 본문의 요점이 교리에 있음을 납득하게 하며, 그 내용을 하나님이 자신들에게 주시는 권위 있는 메시지로 각자의 양심에 받아들이게 하는 데 있다.

설교자는 이처럼 교리가 본문의 내용에 근거한 것임을 밝힌 뒤, 회중의 지성과 마음이 마침내 그 교리에 깊이 몰입되기까지 내용을 발전시켜 나가야 한다. 총회의 신학자들은 이 작업의 수행을 위한 몇 가지 방안을 제시한다. 그런 방안 가운데는 현재 논의하는 진리의 참됨을 입증하기 위해 "적절하고 명백한 성경의 병행 구절"들을 제시하는 일도 포함될 수 있다. 현명하게도, 이 신학자들은 지엽적인 구절을 많이 언급하는 것보다 그 문제에 뚜렷하고 직접적인 답을 주는 몇몇 결정적인 구절을 인용하는 편이 더 낫다고 지적한다. 또한 어떤 교리가 옳음을 입증하기 위해서는 "견고하며 설득력 있는 논증 또는 근거"를 제시할 수도 있다. 설교자는 만일 그 속에 "빛이 가득하며", "청중의 마음에 그 진리를 전달하면서 영적인 기쁨을 주는" 것이라면, "어떤 종류의 예화든 간에" 그것을 자신의 설교에 활용할 수 있다. 이때 사람들을 즐겁게 해주려는 뜻에서 그 예화를 인용할 것이 아니라, 손님들의 식탁에 맛있는 영적 음식을 가져다 놓는 겸손한 종과 같은 자세를 취해야 한다. 그리고 설교자가 성경에 담긴 외관상의 모순이나 이성과 충돌하는 내용, 또는 인간적인 편견을 통해 생겨나기 쉬운 "의심"을 다루는 것 역시 도움이 될 수 있다. 설교 시 흔히 제시되는 반론에 응답하는 것 역시 바람직할 수 있지만, 반면에 이런 설교는 회중에게 그리 유익이 되지 않는, 끝없는 논증의 연속이 될 수도 있다. 그러므로 이런 문제를 다룰 때에는 절제와 분별이 요구된다.

청교도들은 교리 설교에 탁월했으며, 각 설교에서 성경의 진리를 탐구하곤 했다. 하지만 교리를 전개하면서 자칫 본문의 내용을 간과하는 실수를 범하게 될 수 있다. 그러므로 우리는 본문의 흐름을 충실히 따라가면서, 그 내용 자체에서 설교의 요점을 발전시켜 나가는 편이 더 바람직하다. 이렇게 할 경우에는 성경에 근거해서 설교의 방향을 정할 수 있게 된다. 청교도들은 이런 작업을 잘 수행했으며, 이런 예는 윌리엄 퍼킨스의 『갈라디아서 주석』이나 토머스 맨턴의 야고보서 설교에서 찾아볼 수 있다. 하지만 때로 청교도들의 설교는 성경 본문과의 밀접한 연관성을 잃어버리기도 했다. 사도행전 2:37에 관한 토머스 후커의 긴 연속 설교가 그런 경우다. 후커의 이 설교들은 수백 쪽에 달하는 분량으로, 그의 저서 『구속의 적용』(*Application of Redemption*), 제10권에 실려 있다. 특정 주제를 다루는 신학 논문의 경우, 이런 식으로 논의해도 무방하지만 본문의 메시지를 전하는 설교일 경우에는 균형을 잃게 될 때가 많다.

설교 시의 적용

총회의 지침서에서는 이렇게 권고한다. "설교자는 그저 일반적인 교리를 전하는 데 그쳐서는 안 된다. 이는 그 교리를 명백하게 입증했을지라도 그러하다. 오히려 교리를 청중의 삶에 적용함으로써, 그 내용을 구체적인 쓰임새에 생생히 접목해야 한다." 이것은 분명히 어려운 작업이며, 이 일을 위해서는 많은 분별력과 열심, 묵상이 요구된다. 설교자는 자신의 육신적인 성향 때문에 영적인 적용을 꺼리게 되며, 타락한 본성을 지닌 청중들은 적용에 초점을 둔 설교를 불편하게 받아들일 것이다. 그러나 성령님은 이처럼 적용이 담긴 설교를 통해, 죄인들을 구원하시고 하나님께 영광을 돌리도록 인도하시곤 한다. 따라서 설교자는 자신의 청중들로 하여금 하나님 말씀이 살아 있고 활력이 있어 마음의 생각과 뜻을 판단한다는 것을 느끼도록, 힘써 말씀을 전해야 한다.[21]

한편 이 지침서에서, 적용의 문제가 차지하는 비중은 설교를 다루는 부분의 사십 퍼센트에 이른다. 그러므로 우리는 웨스트민스터 총회의 설교 방법론에서 이 문제가 주된 관심사임을 분명히 알 수 있다. 총회는 성경 본문의 적용 또는 '쓰임새'에 관해 여섯 가지 항목을 제시한다.

1. **가르침 또는 지식의 전달.** 설교자는 "자신이 전한 교리로부터" 어떤 논리적인 결론을 이끌어낸 뒤, "몇 가지 확고한 논증을 통해 그 결론을 입증할" 수 있다. 이는 각 교리가 하나님의 전체적인 경륜에 속한 한 부분임을 회중이 파악하는 데 도움을 준다. 이런 추론은 여러 진리를 견

고히 연결 지어 주며, 이를 통해 회중은 삶의 전 영역에 관해 포괄적이며 통합적인 관점을 형성하는 데 도움을 얻게 된다.

2. **거짓 교리들에 대한 논박.** 총회의 신학자들은 오래된 이단을 무덤에서 되살려 내거나, 회중에게 악한 사상을 불필요하게 소개해서는 안 된다고 경계했다. 하지만 그들에 따르면, 회중이 어떤 오류에 빠질 위험성이 있을 경우, 설교자는 그 거짓된 가르침을 건전한 방식으로 논박해야 한다. 그리고 예상되는 모든 반론에 맞서, 회중의 분별력과 양심을 만족스럽게 설득하도록 노력해야 한다. 마크 데버는 이렇게 언급한다. "청교도들의 목회관에 따르면, 설교자들이 논란의 대상이 되는 문제를 다루는 것은 단순히 권장 사항이 아니라 필수적인 의무였다."[22]

3. **의무를 행하라는 권고.** 설교자는 청중에게 하나님의 명령들을 지킬 것을 권고할 뿐 아니라, "그 일의 수행에 도움이 되는 방편들" 역시 설명해야 했다. 즉 설교자는 회중이 행해야 할 일들을 제시할 뿐 아니라, 그들이 그리스도 안에서 어떻게 그 일을 행할 수 있는지, 또 그리스도께서 우리에게 은혜를 베푸시는 수단들은 무엇인지를 가르쳐야 했던 것이다. 싱클레어 퍼거슨은 이렇게 언급한다. "현대 문화에서 '의무'라는 단어는 많은 오해의 대상이며, 율법주의의 냄새를 풍기는 표현이 되었다. 그러나 청교도 목회자들은 은혜가 늘 의무로 이어지며, 그런 은혜를 받은 우리는 마땅히 그 의무들을 행해야 한다는 것을 알고 있었다. 그런 의미에서 그들은 바울주의자였다. 이는 그들이 제시하는 모든 명령법이 은혜의 직설법에 뿌리를 둔 것이었기 때문이다. 그리고 이와 동시에, 그들의 설교에서 제시되는 모든 은혜의 직설법은 곧 은혜로 충만한 순종의 명령법을 낳았다."[23]

4. **공적인 훈계.** 목회자는 구체적인 죄들에 관해 설교해야 했으며, 이 일에는 "특별한 지혜"가 요구되었다. 설교자는 "우리가 짓는 죄의 본성과

그 심각함, 그리고 그에 따르는 비참한 결과"를 보여주어야 했다. 그는 회중으로 하여금 죄의 유혹이 어떻게 우리의 마음을 사로잡는지, 그리고 이로 인해 우리가 어떤 위험에 직면하게 되는지를 깨닫도록 도와야 했다. 그리고 설교자는 "이런 유혹을 예방하고 벗어날 최상의 방책"을 제시해야 했다.

5. 위로의 적용. 또한 설교자는 일반적인 위로를 전하거나, "어떤 시련이나 두려운 일에 관해 구체적인" 위로의 메시지를 전할 수 있다. 이 일을 위해 목회자는 능숙한 영혼의 의사가 되어야 하며, 성경과 경험으로부터 사람들이 겪는 마음의 고통에 관해 많은 것을 습득해야 했다. 또 설교자는 각 사람이 겪는 고통에 걸맞은 위로를 전할 뿐 아니라, 심령에 고난을 겪는 사람이 제기할 만한 반론들에 응답해야 했다. 이는 본성상 죄인인 우리는 하나님이 베푸시는 위로에 저항하게 되며, 우리가 그분께 굴복하고 그 위로를 받아들이게 되기 위해서는 외부의 도움이 필요하기 때문이다.

6. 검증, 곧 회중이 스스로를 점검하도록 돕는 일. 이런 형태의 적용이 이루어질 때, 회중은 자신들의 상태에 관해 여러 질문을 던지게 된다. 나는 은혜의 상태에 이르렀는가? 나는 의무를 수행했는가? 혹시 죄를 짓지는 않았는가? 나는 심판의 대상이 될 위험에 처해 있지 않은가? 나는 그런 위로들이 마땅히 내게 속한다고 여길 수 있는가? 성경에 숙달된 설교자가 이런 검증을 지혜롭게 제시할 때, 적용은 유익한 결실을 맺게 된다. 이때 각 회중은 진리를 추상적으로 살피는 것에서 더 나아가, 자신의 상태에 진리를 구체적으로 대입해 보게 된다. 그리고 청중들은 성령님의 은혜로써 말씀에 순종하도록 자극을 받으며 자신의 죄 때문에 겸손해지게 된다. 또 그들은 자신이 처한 위험을 깨닫고 괴로움을 겪거나, 말씀의 위로를 통해 새 힘을 얻게 된다. 이 모든 일은 각자에게 필요한 대로 적절히

이루어진다.

이런 적용들은 논리와 추론을 통해 본문의 교리와 연결된다. 그리고 이 적용들은 아래와 같은 방식으로 구성되어 있다. 본문에서 이끌어 낸 교리가 참되므로, 설교자는 청중에게 다음의 일들을 촉구해야 한다. (1)진리가 함축하는 부가적인 진리들에 관해서도 확신을 품을 것. (2)진리에 어긋나는 여러 오류를 떨쳐버릴 것. (3)진리에 의해 요구되는 선행은 무엇이든 행할 것. (4)진리에 의해 금지되는 악행은 무엇이든 피하거나 그칠 것. (5)진리가 주는 격려를 자신의 삶 속에 받아들일 것. 그리고 (6)진리에 비추어 자신의 영적인 상태를 살피고, 그 진리를 좇아 살려는 자신의 결심이 어느 정도인지를 헤아려 볼 것.

총회의 신학자들이 염두에 두었던 것은 많은 시간을 적용에 할애하는 설교였음이 분명하다. 청교도들은 대개 한 시간 정도 설교하는 것에 익숙했는데, 위에서 다룬 두세 가지 정도의 적용을 발전시키는 것이 메시지의 상당 부분을 차지하곤 했다.

설교 시의 조절

이 지침서에서는, 성경의 교리를 설교하고 영적으로 적용하는 일에 관해 자세하고 철저한 일련의 지침을 제시하고 있다. 그리고 웨스트민스터 총회는 유연한 어조가 담긴 다음의 조언을 덧붙인다. 설교자들은 이 지침서의 방법론을 엄격히 따를 것이 아니라, 자신의 양 떼를 돌보는 데 유익한 방식으로 그 지침들을 조절하는 편이 바람직하다는 것이다.

한 목회자가 어떤 본문에서 세 가지 교리를 이끌어낸 뒤, 각 교리를 퍼킨스가 열거한 일곱 가지 청중에게 제시한다고 해보자. 그리고 각각의 청중에게 제시한 교리들을 본문의 여섯 가지 '쓰임새'에 따라 전부 적용한다고 해보자. 이 경우, 매 설교에는 무려 126가지의 적용점이 담긴다.

이런 점 때문에, 지침서에서는 "본문의 모든 교리를" 발전시키지는 말 것을 권고하고 있다. 또한 설교자는 교리들을 회중에게 적용할 때에도, 자신의 개인적인 지식에 근거해서 그 내용을 선별해야 한다. 이는 "그가 양 떼와 함께 머물고 교제하면서" 얻게 된 지식이다. 여기서 우리는 설교 사역과 관계 맺기의 사역 사이에 본질적인 연관성이 있음을 보게 된다. 만일 설교자가 자신의 회중을 잘 모른다면, 그들에게 가장 필요하고 유익한 것이 무엇인지를 어떻게 알 수 있겠는가? 설교자는, 빛과 거룩함, 위로의 근원이신 그리스도께로 그들의 영혼을 가장 가까이 이끌 수 있는 적용을 제시하는 데 특히 관심을 쏟아야 한다. 설교자는 그리스도께서 성경의 중심이며 우리의 필요에 대한 답이 되심을 믿고서, 자신의 적용을 통해 회중에게 생명의 떡이신 그분을 제공할 수 있게 노력해야 한다.

지침서에서는 이렇게 언급한다. "이 방법은 모든 이에게, 또는 모든 본문에 대해 필수적인 지침으로 부과되는 것이 아니다." 총회의 신학자들은 그리스도를 섬기는 종들이 각기 고유한 개성을 지님을 인식했으며, 하나님의 말씀에 따라 어떤 법칙이 제시되지 않는 곳에서는 그리스도인들에게 선택의 자유가 있음도 헤아리고 있었다. 퍼거슨이 언급하듯, "그들의 의도는 설교학적인 자기 복제에 있지 않았으며, 이는 우리의 경우에도 마찬가지다."[24] 다만 총회의 신학자들에 따르면, 그들이 제시한 가르침과 적용의 방법론은 "실제적인 경험을 통해 하나님께 큰 은총을 입은 것으로 입증되었으며, 신자들의 이해와 기억을 돕는 데에도 매우 유익한 것으로 확증되었다." 그렇기에 그들은 이 방법론을 추천했던 것이다.

그런데 설교의 방법보다 더 중요한 것은 설교자 자신이다. 그는 "그리스도를 섬기는 종"이기 때문이다. 따라서 총회의 신학자들은, 곧이어 경건한 사역자의 특질을 개략적으로 제시하고 있다.

설교자의 헌신

웨스트민스터 총회의 신학자들은 경건한 설교자의 "사역 전반"에 걸쳐 나타나야 할 일곱 가지 특질을 언급하고 있다. 이들에 따르면, 설교자는 다음의 방식으로 그리스도를 섬겨야 한다.

1. **수고스럽게, 태만하지 않게.** 당시의 신학자들이 썼던 어법에서, "수고스럽게"painful는 "수고와 노력을 쏟으면서, 열성적으로"with labor, toil, and hard work를 뜻한다. 오늘날의 경우에는 "수고를 아끼지 않고"painstakingly로 표현할 수 있을 것이다. 그들은 목회자가 게으름을 피우거나, 다른 일들에 관심을 쏟느라 본래 부르심을 받은 말씀과 기도의 사역을 소홀히 하는 일을 관대히 여기지 않았다. 이런 사역 윤리는 그들이 제시한 목회자의 자격 요건에서 분명히 나타나는데, 이는 앞서 "설교의 준비"라는 제목 아래의 단락에서 살펴본 바와 같다.

2. **단순하게.** 설교자는 배우지 못한 자들도 알아들을 수 있도록, 말씀의 진리를 단순 명료하게, 그리고 직접적으로 전달해야 한다. 청교도들에 따르면 이는 단지 교육적인 효과를 얻기 위한 지침이 아니라, 사도 바울이 본을 보인 하나의 영적인 원리였다. 그렇기에 그들은 바울의 말을 인용함으로써 이 원리를 뒷받침하고 있다. "설교자는 진리를 전할 때 인간의 지혜에서 나온 말로 설득할 것이 아니라, 오직 성령의 나타나심과 능력으로 말씀을 전해야 한다. 이는 그리스도의 십자가가 헛되지 않게 하기 위함이다."[25] 그러므로 설교자는 자신의 서재에서 히브리어와 그리스어, 라틴어를 활용해야 하지만, 강단에서는 낯선 언어들을 불필요하게 사용하는 일을 삼가야 한다. 당시의 귀족들 사이에서는 단어나 의미, 소리를 가지고 언어유희를 펼침으로써 자신의 총명함을 과시하는 설교 방식이 인기를 끌었으나, 참된 설교자는 그런 방식을 좇지 않는 편이 마땅했다. 또한 다른 저술가들의 글을 인용할 경우, 그 저자가 누구이든 간에 그

런 인용은 "제한적으로만" 이루어져야 했다.

조지프 피파에 따르면, 이 지침서에서 설교자가 외국어 단어와 인용문을 제한적으로 가져다 쓰도록 허용한 것은 상당히 신중하면서도 논란의 여지가 있는 방침이었다. 퍼킨스의 경우에는 얼마간의 인용을 허용했지만, 외국어 단어를 언급하는 것은 금지했다. 그리고 지침서 작성에 관여한 소위원회의 일부 학자들은 인용을 금지하려 했는데, 그 이유는 청중이 자기 신앙의 근거를 인간적인 권위가 아닌 오직 성경에 두어야 한다는 데 있었다. 또 어떤 이들은 설교 시에 히브리어나 그리스어, 라틴어 단어를 언급하는 것은 필요하지도 않고 그리 유익도 없는 일이라고 주장했다. 전해지는 바에 따르면, 새뮤얼 러더퍼드는 우리가 수프를 큰 솥에 끓이지만 식탁에 차릴 때에는 작은 접시에 담아 내오듯이, 설교자 역시 본문 연구 시에는 학문적인 연구에 몰두하더라도 말씀을 전할 때에는 지극히 단순한 어조로 그 일을 감당하는 것이 마땅하다고 주장했다. 그리고 다른 이들은 인용문과 고대의 언어들을 제한적으로 활용하게 하는 편을 지지했다. 그들에 따르면, 설교자가 다른 사람의 글을 인용하는 것은 청중으로 하여금 그가 새로운 사상이나 자신만의 견해를 전파하고 있지 않음을 알게 하는 데 유익했다. 외국어 단어와 구절들 역시 교육받은 이들이 설교의 내용을 더 자세히 파악하게 하는 데 도움이 된다는 것이다. 목회자는 자신의 설교 시에 사용하는 모든 단어가 반드시 모든 청중에게 유익을 끼쳐야 한다는 조건에 매일 필요가 없다는 것이 이들의 입장이었다. 결국 총회의 신학자들은 하나의 절충안을 받아들여, 설교자는 "외국어를 불필요하게 사용하는" 일을 삼가고 다른 이들의 글로부터는 "제한적으로만" 인용해야 한다고 규정했다.[26]

3. 신실하게. 총회의 신학자들은 목회자가 순전한 동기에서 말씀을 전해야 한다고 규정했다. 곧 설교자는 그리스도의 영광을 구하는 동시에

회중의 구원과 성화에 목표를 두어야 하며, 자신의 유익이나 영광을 추구해서는 안 된다는 것이다. 그는 하나님의 전체적인 경륜을 전파하고, 거룩한 목적들을 이루는 데 도움이 되는 것이라면 그 어떤 내용도 감추어 두지 않아야 했다. 그리고 설교자는 강단에서 편파적인 태도를 취하지 않고 오직 청중에게 "그들 각자의 몫"을 전해 주어야 했다. 즉 가난하고 연약한 자들을 무시해서도, 지체 높은 자들을 책망의 대상에서 제외해서도 안 된다는 것이다. 달리 말하면, 그는 사람을 기쁘게 하는 자가 아니라 그리스도의 종으로서 말씀을 전파해야 했다(갈 1:10).

4. **슬기롭게.** 설교자가 "성공을 거둘 가능성이 높도록" 교리와 적용을 구성하기 위해서는 숙련된 기술이 요구된다. 이런 기술 또는 요령은 특히 죄를 책망할 때 꼭 필요하다. 가르침과 책망, 바로잡음이나 의로 양육하는 것 가운데 어떤 내용을 준비하든 간에, 목회자는 성경을 연구할 뿐 아니라 자신의 청중이 지닌 특성도 파악해야 한다. 그러므로 그는 끊임없이 이런 질문을 던지게 된다. "어떻게 하면 그들이 말씀의 구애를 받아들이게 될까? 어떻게 하면 그들의 영혼을 얻을 수 있을까?"

지혜로운 목회자는 담대히 말씀을 전하는 동시에, 청중을 무시하는 태도를 보이거나 "격정 또는 분노"에 사로잡힌 채로 설교하지 않는 법을 터득하게 된다. 그러므로 청교도 설교자는 한편으로는 사람을 기쁘게 하는 자가 되지 않으면서도, 다른 한편으로는 하나님을 경외하는 마음으로 모든 사람을 존중할 뿐 아니라 특히 권위를 지닌 자들에게 그리해야 했다. 그는 자신의 설교에서 사람들의 죄를 지적해야 했지만, 동시에 자신의 죄악된 분노나 좌절감을 쏟아내는 일은 삼가야 했던 것이다.

5. **진중하게.** 오래된 의미에서, '진중함'gravity이라는 표현은 사안의 중대성에 들어맞는, 진지하거나 엄숙한 태도를 가리킨다. 이는 어떤 일을 가볍거나 하찮은 것으로 대하는 '경박함'levity과 반대되는 단어다. 성경의

메시지에는 하나님의 권위가 담겨 있으며, 따라서 그 메시지를 전하는 자 역시 위엄 있는 태도를 보이는 것이 마땅하다. 그는 궁정의 어릿광대나 코미디언, 연예인 같은 모습을 보여서는 안 되며, 사람들이 그를 낮추어 보게 만들 수 있는 모든 동작이나 음성, 표현을 삼가야 한다. 이후 총회의 신학자들이 대교리문답(112문)에서 언급한 바에 따르면, 제3계명에서는 모든 자에게 "하나님의 이름과 그분의 칭호들, 그분의 속성과 규례들, 말씀과 성례, 기도"와 더불어 그분이 자신을 알리시는 다른 방편들을 거룩하고 겸허한 자세로 다룰 것을 요구하고 있다.[27] 그리고 이 계명에 따르면, 사역자들은 더욱 겸허한 자세를 취하는 것이 마땅하다. 하나님께 속한 거룩한 일들을 다루는 것이 그들의 할 일이기 때문이다.

6. **애정 어린 태도로.** 목회자는 자신의 모든 사역이 경건한 열심과, 그들에게 유익을 끼치려는 진심 어린 갈망에서 나온 것임을 회중에게 보여주어야 한다. 만일 한 교회의 지체들이 어떤 사안에서 목회자와 의견을 달리함에도 불구하고 다음과 같이 말할 수 있다면, 이는 아름다운 일이 될 것이다. "나는 목사님이 나를 아끼신다는 걸 알아. 그분은 진심으로 내게 유익을 끼치기 원하시지. 그분은 특히 내가 영원한 유익을 얻기를 바라셔." 이것은 바로 선한 목자이신 주님의 성품이며, 그러므로 주님께 속한 양 떼가 그분의 음성을 듣고 그 뒤를 따르는 것은 결코 우연한 일이 아니다(요 10장).

7. **간절하게.** 설교자는 공적인 면과 사적인 면 모두에서, 간절한 열망을 품고 진실한 자세로 사역을 감당해야 한다. 그는 하나님께 배운 대로, 자신이 가르치는 모든 내용이 그리스도의 진리임을 마음속으로 확신하면서, 또 자신의 양 떼 앞에서 본이 되도록 처신하면서 모든 사역을 수행해 나가야 하는 것이다.

웨스트민스터 총회의 신학자들은 이처럼 설교자의 요건에 관해 높은 기준을 제시했지만, 이와 동시에 그런 설교자가 성취할 수 있는 결실에 관해서도 큰 기대를 품고 있었다. "이를 통해 진리의 가르침이 온전히 보존되며, 많은 사람들이 회심하고 믿음 안에서 자라가게 될 것이다. 그리고 설교자는 이 세상의 삶에서도 자신의 수고에 대해 많은 위로를 얻을 것이며, 장차 올 세상의 삶에서는 그를 위해 예비된 영광의 면류관을 누리게 될 것이다."

설교자와 교사들의 협력

마지막으로, 이 지침서에서는 같은 교회에서 사역하는 목회자들에게 사역을 적절히 나누어 맡을 것을 권고한다. 그럼으로써 각 사역자가 자신의 역량을 최대한 유익한 방식으로 활용하게 되기 때문이다. 이 지침서에 따르면, 어떤 사역자들은 "가르침"의 영역에서, 또 어떤 사역자들은 "권면"의 영역에서 더 많은 은사를 지닌다. 둘 이상의 설교자가 같은 교회에서 사역할 경우, 그들은 각자의 은사를 어떻게 활용할지에 관해 적절히 합의해야 한다.

장로교 교회 정치 양식에서는 이 개념을 다음과 같이 자세히 설명한다.

> 주님은 말씀의 사역자들에게 각기 다른 은사를 주셨으며, 이에 따라 다양한 직무를 맡기셨다. 물론 한 목회자가 이런 은사들을 모두 소유하고 사용하는 것도 가능하다. 그러나 한 교회에 여러 목회자가 있을 경우, 이들은 각자의 은사에 따라 서로 다른 직무를 감당할 수 있다. 그리고 말씀을 적용하는 것보다 성경을 강해하며 바른 교리를 가르치는 일, 반대자들을 설득하는 일[변증]에 더 뛰어난 이에게는 그에 걸맞은 사역이 주어져야 하며, 이때 그는 '교사' 또는 '박사'로 불릴 수 있다……하지만 어떤 회중을 섬기는 목회자가 한 명뿐일 경우, 그는 가능한 한 최선을 다해 모든 분야의 사

역을 감당해야 한다.[28]

총회의 신학자들은 이런 언급을 통해, "목회자와 교사들" 사이에 적절한 협력 관계를 설정했다. 이는 그들을 "그리스도의 몸을 세우[는]" 일에 함께 수고하도록 이끌기 위함이다(엡 4:11-12). 물론 가르침과 권면이 서로 분리될 수는 없지만(딤후 4:2), 각 사람에게 저마다 다른 은사를 나누어 주시는 성령님의 뜻을 분별하는 것은 지혜로운 일이다(고전 12:11). 그러므로 각 사역자에게는 자신의 은사에 걸맞은 직무가 주어져야 한다.

결론

웨스트민스터 총회는 성경적이며 개혁파적인 기독교 신앙의 탁월한 진술을 후대에 남겨준 회의로 기억된다. 이 장에서는, 당시의 신학자들이 비교적 적은 분량의 서술을 통해 체험적인 개혁파 설교에 관해 풍성한 지혜를 제시한 것을 살펴보았다. 그들이 설교의 위치를 높이 평가했던 이유는 하나님 말씀의 권위를 높이 존중했기 때문이다. 성령님은 그 말씀을 통해 그리스도의 유익을 각 사람의 영혼에 적용하시며, 이를 통해 구원으로 부름받은, 선택된 죄인들로 이루어진 교회를 생명력 있게 세워 나가신다. 그리고 이 신학자들에 따르면, 설교는 하나님의 신비한 뜻에 의해 그분의 말씀이 우리에게 전달되는 여러 방편 가운데 탁월한 위치를 차지하게 된다.

이에 관해, 소교리문답(90문)에서는 이렇게 언급한다. "하나님은 성경 읽기와 함께 **특히 말씀의 설교를** 효과적인 방편으로 쓰셔서, 죄인들로 하여금 자신의 죄를 깨닫고 회심하게 하신다. 그리고 이를 통해 그들은 신앙 안에서 구원에 이르도록, 거룩함과 위로 가운데 자라가게 된다."[29]

이런 이유로, 또한 신학자들은 각 회중에게 설교를 귀히 여길 것을 권고했다. 이에 관해, 대교리문답(160문)에서는 이렇게 언급한다. "설교를 듣는 자들에게는 부지런한 마음으로 준비하고 기도하면서 그 말씀을 경청할 것이 요구된다. 또 자신들이 들은 내용을 성경에 비추어 살피고, 그 내용이 참될 경우에는 신앙과 사랑, 온유하고 열린 마음으로 그 가르침을 하나님의 말씀으로 받아들여야 한다. 또한 진리를 묵상하고 함께 나누며, 그 내용을 마음속에 간직하고, 자신들의 삶에서 그 열매를 드러내야 한다."[30]

하나님이 우리들의 교회 안에, 이 웨스트민스터 총회에서 언급된 것과 같은 설교자와 청중들을 더욱 많이 일으켜 주시기를 기도한다. 그리하여 교회가 하나님 말씀의 충실한 설교와 부지런한 경청을 통해 더욱 번성하게 되기를 바란다.

12장 청교도 설교자들 : 굿윈과 셰퍼드

청교도들은 성경에 담긴 교리적인 진리들을 설교했다. 하지만 그들은 거기에만 머물지 않았다. 그들은 불타는 마음을 품고 그 진리들을 설교했기 때문이다. 존 로저스John Rogers, 1572-1636년경는 데덤Dedham에서 얼마나 열정적으로 설교했던지, 사람들은 흔히 이렇게 이야기할 정도였다. "우리 데덤에 가서 불을 좀 받고 오세."[1] 시드라크 심프슨Sidrach Simpson, 1600-1655년경은 이렇게 기록했다. "어떤 책들은 마치 서리가 내린 날과 비슷하다. 그 책들의 내용은 명확하면서도 차갑고 무미건조하기 때문이다." 하지만 로저스의 설교는 달랐다. 그는 환하게 타오르는 빛이었다. 그의 마음에는 그리스도와 진리, 사람들의 영혼을 향한 사랑이 타오르고 있었으며, 그가 전하는 메시지는 마치 불꽃과도 같았다.[2] 당시 케임브리지 대학의 젊은 학생이었던 토머스 굿윈은 말을 타고 데덤에 가서 로저스의 설교를 들었다. 이후 굿윈은 이때 겪은 일을 존 하우John Howe, 1630-1705에게 들려주었으며, 하우는 그 내용을 이렇게 기록했다.

설교하는 동안, 그[로저스]는 성경을 소홀히 하는 청중의 잘못을 훈계하기 시작했다. 내가 보기에, 우리 시대에는 이런 잘못이 더욱 널리 퍼진 듯하다. 그는 하나님의 모습을 의인화해 나타내면서 청중을 이렇게 꾸짖었다. "자, 나는 참으로 오랫동안 내 성경을 너희 손에 맡겨 두었다. 하지만 너희는 그 책을 소홀히 여겼고, 이제 그 책은 먼지와 거미줄에 뒤덮인 채로 너희 각 사람의 집구석에 처박혀 있다. 그리고 너희는 그 책을 들춰 볼 생각조차 하지 않지. 감히 너희가 내 성경을 그런 식으로 대하느냐? 좋다. 그러면 이제는 너희가 더 이상 내 책을 간직하지 못하게 될 것이다." 그런 다음에 로저스는 성경책을 방석 위에서 집어 들고, 마치 영영 떠나 버리려는 듯한 동작을 취했다. 하지만 금세, 그는 다시 돌아서서 이번에는 하나님 앞에 선 청중의 모습을 나타내 보였다. 그는 무릎을 꿇고 엎드려 울부짖으면서, 다음과 같이 간절히 애원했다. "주님, 저희에게 어떤 일을 행하셔도 좋습니다. 하지만 당신의 성경만은 거두어 가지 말아 주십시오. 저희의 자녀를 거두어 가셔도, 저희의 집과 재산이 불타고 사라지게 하셔도 좋습니다. 다만 성경만은 저희에게 남겨 주십시오. 제발 그 책만은 가져가지 말아 주십시오." 그러고 나서, 그는 다시 청중 앞에서 하나님의 모습을 의인화해 나타내면서 이렇게 훈계했다. "너희의 뜻이 그러하냐? 좋다. 그러면 얼마간 시간을 더 주겠다. 너희에게 주는 성경이 여기 있다. 이제 너희가 그 책을 어떻게 다루는지 지켜보겠다. 과연 너희가 그 책을 지금보다 더 사랑하고 아끼는지, 그 계명을 지켜 행하는지, 그 가르침을 좇아 살아가는지 한번 두고 보겠다." 박사 굿윈의 말에 따르면 이런 로저스를 보면서, 온 회중은 지금껏 박사가 한 번도 보지 못했던 기이한 태도를 취하게 되었다. 곧 그 예배의 자리는 마치 사사 시대의 보김과 같은 곳이 되었던 것이다[삿 2:4-5, 당시 이스라엘 백성이 하나님의 말씀을 듣지 않았던 것을 뉘우치면서 통곡했던 곳—옮긴이]. 그곳에 모인 회중의 눈에서는 눈물이 홍수처럼 흘러내렸다. 그리고 박사 자신도 예배당 밖으로 나와 집에 가려고 말을 찾았을 때, 말의 목을 붙잡고 십여 분간 눈물을 쏟은 후에야 그 위에 오를 수 있었다고 한다. 이처럼 성경을 소홀히 한 일에 관해 책망을 들었을 때, 박사 자신도, 온 회중도 기이한 감동을 받았던 것이다.[3]

이처럼 로저스의 설교를 듣고 눈물을 쏟았던 굿윈 자신도, 후에 힘 있는 말씀의 설교자가 되었다. 이 장에서는 굿윈과 토머스 셰퍼드의 사역을 살피고, 그들의 본보기에서 배울 점을 찾고자 한다. 그리고 우리 자신의 설교에도 "작은 불"이 임하기를 함께 구하기로 하자.

토머스 굿윈

굿윈은 1600년 10월 5일, 노퍽Norfolk 주의 야머스Yarmouth 근처에 있는 롤즈비Rollesby에서 태어났다. 당시 이 지역은 정부의 박해에 저항하는 청교도 세력의 영향 아래 있는 곳으로 알려져 있었다.[4] 이런 분위기는 하나님을 경외했던 굿윈의 부모, 리처드 굿윈과 캐서린 굿윈에게도 영향을 끼쳤다. 그들은 굿윈을 장차 목회자로 양육하려고 최선을 다해 인격적인 본을 보였으며, 굿윈으로 하여금 당시 그 지역의 학교들에서 시행되었던 최상의 고전 교육을 받게 했다. 한편 어린 시절 그는 자신이 죄인임을 깨달았고, 하나님께 속한 일들에 관해 샘솟는 기쁨을 체험했다.

열세 살이 된 굿윈은 케임브리지 대학의 크라이스트 칼리지에 입학했다. 당시에는 윌리엄 퍼킨스에 대한 기억이 여전히 그 대학 안에 자리 잡고 있었으며, 리처드 십스가 홀리 트리니티 교회에서 설교를 하고 있었다. 그런데 당시 굿윈의 지도 교수는 그가 성찬을 받기에는 아직 어리고 미숙하다고 여겨, 그로 하여금 성찬 예식에 참여하지 못하게 했다. 이에 반감을 느낀 굿윈은 십스의 설교와 강의에 참석하는 것을 중단하고 기도를 그쳤으며, 성경과 청교도들의 글을 읽는 것도 그만두었다. 오히려 그는 인기 있는 설교자가 되어, 청교도들의 설교를 하찮게 여겼던 잉글랜드 국교회 내부의 사람들에게 호응을 얻는 데 목표를 두게 되었다.

굿윈은 1617년 크라이스트 칼리지에서 학사 학위를 취득했다. 이후 1619년부터는 케임브리지 대학의 세인트 캐서린 홀에서 학업을 이어갔으며, 1620년 그곳에서 석사 학위를 취득하고 선임 연구원과 강사로 임명되었다. 이곳에서 함께 사역한 다른 연구원들로는 존 애로스미스와 윌리엄 스퍼스토우, 윌리엄 스트롱이 있었는데, 나중에 이들은 모두 굿윈과 함께 웨스트민스터 총회에 참여했다. 당시 이들은 모두 십스와 존 프레스턴의 설교를 통해 힘을 얻고 있었다. 이들은 굿윈의 양심을 자극하면서, 강단에서 공허한 수사적 기교를 과시하는 데서 벗어나 그리스도를 온전히 따르도록 설득했다. 그리고 자신의 스무 번째 생일을 조금 앞둔 1620년 10월 2일, 굿윈은 회개에 관한 토머스 베인브리지의 설교를 듣고 회심하게 되었다. 당시 그 설교를 듣고 묵상하는 가운데, 다음과 같은 에스겔 16:6의 말씀은 굿윈의 심령에 영적인 생명력을 심어 주었다. "살아 있으라. 다시 이르기를 너는……살아 있으라." 그는 1620년부터 1627년까지 계속 의심과 씨름했지만, 마침내 한 경건한 목회자의 조언을 통해 굳건한 확신에 이르게 되었다.

이 확신을 얻기 얼마 전인 1625년, 굿윈은 설교자의 자격을 얻었다. 그리고 이듬해 십스가 세인트 캐서린 홀의 학장으로 취임하는 일을 도왔다. 1628년 굿윈은 십스와 프레스턴의 뒤를 이어 스물일곱 살의 나이로 홀리 트리니티 교회의 강사가 되었다. 이어 1632년부터 1634년까지는 이 교회의 교구 목사로 사역했다. 이때 많은 사람들이 케임브리지에서 행한 굿윈의 설교와 강의를 듣고 회심했으며, 그중에는 이후 영향력 있는 청교도 목회자가 된 자들도 몇몇 포함되어 있다. 하지만 굿윈은 자신의 직무를 내려놓아야 했는데, 이는 당시 캔터베리 대주교였던 윌리엄 로드가 내린 순응령articles of conformity에 복종하기를 원치 않았기 때문이다. 그래서 굿윈은 케임브리지를 떠났다.

1630년대 중반에 굿윈은 독립파의 교회 정치 원리를 받아들이게 되었는데, 이는 주로 존 코턴의 영향 아래 이루어진 일이었다. 1634년부터 1639년까지, 굿윈은 런던에서 분리파의 설교자로 사역했다. 그러나 설교에 대한 규제가 점점 강화되고 벌금과 투옥의 위협도 더욱 커졌으며, 1639년에 그는 네덜란드로 피신하게 되었다. 그는 다른 유명한 독립파 목회자들과 함께 아른험Arnhem에서 사역했으며, 로드의 박해를 피해 네덜란드로 온 백 명 이상의 잉글랜드인들로 구성된 교회를 섬겼다.

그러나 1641년에는 로드가 탄핵되었고, 잉글랜드 의회는 비국교도Nonconformist들에게 본국으로 돌아올 것을 권유했다. 굿윈은 이 부름에 응답했고, 1642년 4월 27일 의회 앞에서 말씀을 전했다. 그는 이후 웨스트민스터 총회의 회원으로 임명되었으며, 이 총회에서는 장로교와 구별되는 독립파의 대변자로서 자주 의견을 제시하곤 했다.

1650년에 굿윈은 옥스퍼드 대학에 있는 모들린 칼리지의 총장이 되었으며, 존 오웬은 같은 대학에 있는 크라이스트 처치 칼리지의 학장이 되었다. 그리고 이때 국교회 측에 속했던 클래런던 경까지도, 당시 옥스퍼드 대학이 "모든 학문의 영역에서 비범할 정도로 우수하고 건전한 지식의 결과물을 만들어 냈다"는 점을 인정할 수밖에 없었다.[5] 유명한 성경 주석가 매튜 헨리의 아버지였던 필립 헨리Philip Henry, 1631-1696는 과거 이곳에서 수학했던 시절을 돌아보면서, 굿윈의 재임 당시 모들린 칼리지에 진지한 경건과 기도에 전념하는 분위기가 자리 잡고 있었던 것을 회상했다.[6]

굿윈에게 1650년대는 분주하면서도 열매가 풍성했던 시기였다. 그는 한 독립파 교회를 개척하고 옥스퍼드 대학에서 신학 박사 학위를 받았으며, 목회자 후보생들을 심사하는 여러 위원회에 관여했다. 또 사보이 신앙 선언문Savoy Declaration of Faith, 1658의 편집을 도왔는데, 이는 회중주의의 관점에서 웨스트민스터 신앙고백서를 수정한 문서였다. 그리고 그는 당시 호국경Lord Protector이었던 올리버 크롬웰Oliver Cromwell의 개인 목사로도 사역했다.

그러나 1660년에 찰스 2세가 즉위하고 청교도 세력이 힘을 잃으면서, 굿윈은 옥스퍼드를 떠나야만 한다는 압박감을 느꼈다. 이에 그는 자신이 섬기던 독립파 교회의 교인 대다수와 함께 런던으로 옮겨 또 다른 교회를 개척하게 되었다. 새로 즉위한 찰스 2세는 앞서 했던 약속과는 달리, 엄격한 순응령을 시행하도록 승인했다. 그로 인해 1662년, 이천 명 가량의 경건한 목회자들이 국교회에서 추방되었다. 다만 굿윈 자신은 독립파 교회 소속이었고 정부에서 임명한 직책을 맡고 있지 않았으므로, 이 '대추방'Great Ejection의 영향을 거의 받지 않았다. 그러므로 그는 찰스 2세의 통치 아래서 여러 해에 걸쳐 탄압이 이어지는 동안에도 설교 사역을 감당해 나갔다. 또한 그는 무서운 전염병이 런던에 퍼졌을 때에도 그곳에 머물면서 자신의 회중을 돌보았는데, 당시 국교회 측의 성직자 대다수는 이미 런던을 버리고 떠난 상태였다. 생애 말년에 굿윈은 설교와 저술, 목회 사역에 전념했다.

굿윈은 런던에서 여든 살의 나이로 세상을 떠났다. 그의 아들은 자신의 경건한 아버지에 관해 이런 글을 남겼다. "아버지는 이제 곧 자신이 세상을 떠나 하나님과 온전하고 다함이 없는 교제를 누리게 될 것을 생각하면서 기뻐하셨다. 그분은 이렇게 말씀하셨다. '이제 나는 세 위격이 계신 곳으로 간다. 그분들은 이제껏 내가 늘 교제해 왔던 분들이지.'"[7]

우리를 긍휼히 여기시는 그리스도에 관한 설교

굿윈은 그리스도 중심의 자세를 지닌 심오하고 열정적인 설교자였다. 그가 행한 설교의 여러 본보기는 지금도 남아 있으며, 그 가운데 에베소서 1장에 관한 서른여섯 편의 설교문이 포함된다.[8] 이에 관해, 휴스 올리펀트 올드는 이렇게 언급한다. "굿윈의 설교들은 그리스도 안에서 나타난 하나님의 사랑을 기리는 찬미의 노래와 같다. 자신의 설교에서, 그는 하나님의 구속적인 목적에 담긴 경이로움을 펼쳐 보인다. 굿윈은 바로 이 맥락에서 예정의 교리를 제시하고, 송영의 표현들을 써서 그 교리를 발전시켜 나간다.……굿윈은 탁월한 주해자이다. 그의 설교들에는 그리스어 성경 본문에 관한 세밀한 해설이 가득 담겨 있다."[9]

이제는 독자들이 굿윈이 전한 설교의 한 예를 살필 수 있도록, 그의 설교 '하늘에 계신 그리스도께서 땅 위의 죄인들을 향해 품으시는 마음'The Heart of Christ in Heaven to Sinners on Earth을 다루어 보려 한다.[10] 이에 관해, 존 브라운John Brown, 1830-1922은 이렇게 언급했다. "자신의 설교에서, 굿윈은 우리가 감지할 수 있는 영역을 넘어서서 하늘로 오르신 그리스도의 모습을 청중에게 생생히 전달하려 했다. 곧 그분의 얼굴을 들여다볼 수 있을 정도로 그리스도께서 그들 곁에 가까이 계시며, 또 그들을 긍휼히 여기시고 인격적인 도움의 손길을 베푸신다는 점을 청중에게 전하려 했던 것이다."[11]

굿윈은 하늘에 계신 그리스도께서 품으신 긍휼을 논할 때, 히브리서 4:14-15의 내용에 그 중심을 둔다. "그러므로 우리에게 큰 대제사장이 계시니 승천하신 이 곧 하나님의 아들 예수시라. 우리가 믿는 도리를 굳게 잡을지어다. 우리에게 있는 대제사장은 우리의 연약함을 동정하지 못하실 이가 아니요 모든 일에 우리와 똑같이 시험을 받으신 이로되 죄는 없으시니라." 굿윈에 따르면, 이 본문에는 그리스도를 향한 우리의 신앙이 지닌 난점과 그 해답이 모두 담겨 있다.

굿윈은 죄악된 본성을 지닌 우리가 "큰 대제사장이 계시니 승천하신 이……시라"라는 말씀 앞에서 불신을 품게 될 수 있다는 점을 잘 알고 있었다. 그에 따르면, 설령 하늘에 계신 그리스도께서 우리를 기억하실지라도 어떤 자들은 다음과 같이 우려하게 될 수 있다. "이제 그분은 이 땅에 계실 때 짊어지셨던 육신의 연약함을 벗어던지고, 자신의 인간 본성에 놀라운 영광을 덧입으셨다. 그러니 이제는 낮은 이곳에 함께 거하실 때처럼 우리를 불쌍히 여기실 수 없을 것이다. 또 우리의 비참한 상태를 깊이 공감하거나, 안타깝게 여기지도 않으실 것이 분명하다." 즉, 그리스도께서 모든 연약함과 고통의 기억을 이곳에 내려놓고 하늘로 오르셨다는 것이다.[12]

굿윈은 이런 생각을 "사람들의 마음속에서 신앙으로 나아가는 길을 가로막는 (그러나 눈에 띄지 않은 채로 남아 있는) 커다란 걸림돌"로 여겼다. 이는 곧 그리스도께서 우리 곁에 계시지 않는다는 생각이다. 만일 마리아와 베드로가 그랬듯이 우리도 그분과 이 땅에서 직접 대화할 수 있다면 유익할 것이다. 당시 그리스도는 그들을 매우 너그럽게 대해 주셨기 때문이다. "그러나 이제 그분은 먼 나라로 떠나셨으며, 영광과 불멸의 옷을 입으셨다."[13] 지금 그리스도는 하늘에 오르셔서 하나님의 보좌 우편에 왕으로 좌정하고 계신다. 그분의 인간적인 본성은 영광으로 환히 빛나고 있다. 이처럼 높으신 왕 앞에 우리가 어떻게 담대히 나아갈 수 있겠는가? 과연 온전한 능력과 거룩함을 지니신 분이, 이같이 연약하고 어리석을 뿐 아니라 죄악되기까지 한 우리를 인내심 있게 받아주시리라고 기대할 수 있겠는가? 하지만 굿윈에 따르면, 이 본문에서는 그리스도께서 높아지신 것을 언급할 뿐 아니라 그분이 우리를 향해 품으신 긍휼 역시 보여준다는 것이다.

여기서 굿윈은 성령의 검인 하나님의 말씀을 사용하여 이런 신앙의 장애물을 제거하고 있다. 그에 따르면, 히브리서 4:15에서는 "우리에게 있는 대제사장은 우리의 연약함을 동정하지 못하실 이가 아니요"라고 언급한다. 곧 그리스도가 자비를 베푸실 것이 너무도 분명하기에, 성경에서는 이중 부정의 용법을 써서 긍정적인 진리를 힘 있게 선포한다는 것이다. "우리에게 있는 대제사장은……동정하지 **못하실** 이가 **아니요**."

그리스도는 우리의 연약함을 보면서 긍휼의 마음을 품으신다. 히브리서의 문맥을 살피면서, 굿윈은 이 구절에서 언급하는 "연약함"에는 우리의 죄와 곤경이 모두 포함된다고 주장한다. 히브리서는 핍박과 압력에 직면한 자들을 위해 기록된 서신이다. 그러므로 이 "연약함" 가운데는 우리가 이 땅에서 겪는 어려움이 분명히 포함된다. 그런데 굿윈에 따르면, 이 속에는 우리의 죄들 역시 포함되어 있다는 것이다. 히브리서 5:2에서 우리는 대제사장이 "무식하고 미혹된 자를 능히 용납할 수 있는" 사람이어야 한다는 것을 읽게 된다. 그러므로 우리의 어리석음과 죄악된 선택까지도 그리스도의 긍휼을 불러일으키는 것이다.[14]

여기서 굿윈은 자신의 요점을 생생히 전달하기 위해 하나의 비유를 든다. 그는 신자들을 향해 이렇게 언급하고 있다. "우리가 죄를 범할 때, 그리스도는 진노하기보다 연민을 품으신다……이는 한 아버지가 불쾌한 병에 걸린 자녀를 대할 때, 또는 한 사람이 나병에 감염된 자신의 신체 부위를 살필 때 품게 되는 마음과 같다. 그분은 자기 몸의 일부인 우리보다 그 질병 자체를 미워하신다. 오히려 그리스도는 병든 부위와도 같은 우리를 더욱 불쌍히 여겨 주신다."[15] 만약 자녀가 몹시 아플 경우, 그 아이를 야단치면서 외면해 버리는 부모는 없다. 오히려 우리는 그 아이와 함께 아파하며 정성껏 돌보아 주게 된다. 이처럼 그리스도께서도 우리의 죄는 미워하시지만, 그분의 지체인 우리에게는 긍휼로써 응답하시는 것이다.

그리스도께서 이같이 베푸시는 긍휼은 그분 자신의 인간적인 경험을 통해 생겨난 것이다. 히브리서 4:15에서는 그분이 "모든 일에 우리와 똑같이 시험을 받으신 이로되 죄는 없으시니라"라고 말씀한다. 그리고 앞선 2:18에서는 "그가 시험을 받아 고난을 당하셨은즉 시험받는 자들을 능히 도우실 수 있느니라"라고 선포하고 있다. 굿윈에 따르면, 그리스도는 이 땅에 계시는 동안에 "자신이 겪는 모든 일을 마음속 깊이 받아들이고 감내하셨다. 그 고난이 하나님에게서 온 것이든, 사람들이 가져다준 것이든 간에 그분은 결코 그 일들을 외면하지 않으셨다. 오히려 그 고난을 극심한 정도까지 직접 감당하고 맛보셨다. 그렇다. 그분은 우리 중 어느 누구보다 더욱 온전한 마음을 품게 되셨으며, 이는 특히 사랑과 연민에 있어서 그러했다. 그러므로 그분은 '슬픔의 사람'이 되셨으며, 그분이 겪은 슬픔은 그 이전이나 이후의 어떤 자들이 경험했던 감정보다도 더욱 강렬한 것이었다."[16]

하늘에 오르신 지금도, 예수님은 자신의 인간적인 본성을 통해 이 땅에 있는 그분의 지체들이 겪는 모든 일을 알고 계신다. 이 땅에 있는 자신의 교회를 향해, 그분은 이렇게 말씀하신다. "내가 네 행위와 수고와 네 인내를 알고"(계 2:2). 이 일이 가능한 이유는 그리스도의 인간적인 본성이 성령으로 무한히 충만하며, 성령께서 온 땅 가운데서 그분의 눈 역할을 하시기 때문이다(계 5:6). 그리스도는 이처럼 우리의 괴로움을 아시며, 자신이 그렇게 비참한 상태를 겪었을 때 느꼈던 감정들을 생생히 기억하신다.[17] 친히 십자가에 못 박히셨던 그분은, 죄책을 짊어지는 경험이나 죄에 대한 하나님의 진노에 직면하는 일이 얼마나 두려운 것인지도 알고 계신다. 비록 스스로는 아무 죄가 없으셨지만, 그분은 자기 백성의 모든 죄를 친히 감당하셨기 때문이다.[18] 그리스도는 우리가 겪는 아픔을 아시며, 자신이 친히 겪으셨던 고통을 기억하신다. 그렇기 때문에 그분은 우리를 향해 넘치는 긍휼을 품으시는 것이다.

영화롭게 되신 그리스도께서는 인간적으로도 영광스러운 애정을 품고 계신다. 그분은 우리의 처지에 공감해 주신다. 그런데 이는 그분이 하늘에서도 여전히 고통받고 계신다는 뜻이 아니다. 굿윈은 주의 깊은 신학자로서, 그리스도의 낮아지심이 그분의 십자가와 무덤을 통해 마침내 완성되었음을 알고 있었다. 이제 그분은 높임을 받으셔서, 이 땅의 어떤 권세보다 훨씬 더 높은 곳에 오르신 것이다. 이제 그분의 인성은 영화롭게 되었으며, 모든 고통에서 벗어나게 되었다. 만약 그렇다면, 어떻게 그리스도께서 "우리의 연약함을 동정하[신다]"고 언급할 수 있을까?

굿윈에 따르면, 그리스도의 이런 행하심에 담긴 것은 인간적인 연약함이 아니라 천상적인 사랑의 능력이었다. 그는 이렇게 언급한다. "한편 그분의 이런 행동은 자신의 연약함을 보여주는 것이라고 반박하는 이들이 있을지도 모른다. 하지만 사도의 확언에 따르면, 이는 그분의 능력과 더불어 그분이 품으신 사랑의 힘과 그 온전함을 보여주는 행동이었다. 이는 '능히'라는 단어에 담긴 의미와 같다. 곧 그리스도는 이런 사랑을 품으심으로써, 우리의 비참한 형편을 자신의 마음속에 능히 담아두실 수 있다는 것이다. 이는 그분이 영화롭게 되신 지금의 상태에서도 마찬가지다. 또한 그리스도께서는, 마치 자신이 함께 고통을 받고 계시는 것처럼 우리의 형편에 깊은 영향을 받으신다."[19]

한편으로, 우리는 그리스도께서 이 땅에서 고난받으셨던 것처럼 하늘에서도 고난을 받고 계신다고 여겨서는 안 된다. 물론 그분은 지금도 인간의 감정과 육신을 지닌 사람으로 존재하신다. 그분은 하나의 유령이나 혼에 불과한 존재가 아니다. 하지만 그리스도는 전에 이 땅에서 겪으셨던 것처럼, 인간의 연약함이나 죽어야 할 운명, 수고와 슬픔, 곤고함이나 두려움 아래 놓여 계시지 않는다. 그분이 감내하셨던 연약함은 광대하게 확장된 능력과 우리를 향한 사랑의 힘으로 대체되었다. 이제는 그분의 인간 본성이 높임을 받았기 때문이다. 그리스도는 하나님이신 동시에 사람이시다. 하나님으로서 그분은 무한하고 영원하며 불변하신다. 그리고 사람으로서, 그분은 모든 면에서 새로운 수준의 영광으로 높임을 받으셨다. 굿윈은 이렇게 언급한다. "그리스도께서 영광 안에 들어가실 때 그분의 지식이 넓혀진 것처럼, 그분이 품으셨던 인간적인 사랑과 연민 역시 그 견고함과 능력, 생생함의 측면에서 더욱 확대되었다.……하나님이신 동시에 사람이신 '그리스도의 사랑은 지식을 능가한다'(엡 3:19)."[20] 그러므로 그리스도는 우리의 고난 때문에 상처를 입지 않으신다. 오히려 우리가 고난받는 것을 보면서, 그분의 인간적인 영혼이 아름답고 영광스러운 동정심으로 응답하시는 것이다.

고든 크럼프턴Gordon Cromption은 굿윈의 가르침을 이런 식으로 요약한다. "우리의 대제사장이신 그리스도는 이 땅에 계실 동안 우리의 연약함을 동정하시다가, 하늘로 오르실 때 그 기억만을 가지고 가신 것이 아니다. 오히려 지금 영광스러운 상태에 계신 하늘에서도, 그분은 마음 깊은 곳에서 우리를 동정하고 계신다. 그리스도께서 품으시는 이런 감정은 어떤 종류의 연약함이 아니다. 이처럼 우리의 처지에 공감하실 수 있는 것은 그분이 소유하신 능력의 한 부분이다. 이는 곧 온전한 사랑과 은혜의 능력인 것이다."[21]

이어 굿윈은 그리스도께서 자비의 마음으로 베푸신 여러 약속을 살핀다. 먼저 그는 주 예수께서 **죽음을 겪기 전에** 주신 긍휼의 약속들을 논한다. 요한복음 13-17장의 내용을 숙고하면서, 이 본문이 다음의 구절로 시작된다는 점을 일깨워 준다. "유월절 전에 예수께서 자기가 세상을 떠나 아버지께로 돌아가실 때가 이른 줄 아시고 세상에 있는 자기 사람들을 사랑하시되 끝까지 사랑하시니라"(요 13:1). 굿윈에 따르면, 그분 자신이 지극한 영광 가운데로 높임 받게 될 것을 생각하실 때, 예수님의 마음은 오직 '자기 사람들'을 향한 사랑으로 가득 차게 되었다.……'자기 사람들'이라는 표현은 그들이 그분의 소유임을 [또는 소유권을] 나타내며, 이를 통해 지극한 친밀감과 애착, 각별한 관심을 드러낸다.[22] 그리고 예수님이 제자들의 발을 씻기신 것은 바로 이때였다. 이런 일들을 통해, 우리는 그리스도께서 영화롭게 되실 때에도 자기 백성을 향한 그분의 사랑과 은혜는 감소하지 않고 오히려 더욱 깊어졌음을 보게 된다.

요한복음 14-16장에서, 예수님은 자신이 하늘로 오르셔서 신자들이 누리게 될 복락을 보증하겠다고 말씀하신다. 그분은 우리가 거할 처소를 마련하기 위해 하늘로 오르신 것이다. 그리고 예수님은 사랑하는 자신의 신부를 최종적인 거처로 인도하기 위해 신랑의 모습으로 다시 오실 것이다. 하지만 그 사이에도, 그리스도는 자신의 신부를 마치 고아처럼 이 세상에 홀로 버려두지 않으신다. 그분은 자신의 신부인 우리를, 그분의 "가장 친밀한 벗"인 보혜사 성령님의 돌봄 아래 맡기신 것이다. 굿윈의 표현을 빌면, 예수님은 성령님이 "오직 너희를 향한 내 사랑의 이야기"를 들려줌으로써 우리를 위로해 주실 것이라고 말씀하셨다. 이는 성령께서 자신의 뜻대로 말씀하지 않으시고, 오직 그리스도께 보냄을 받은 자로서 증언하시기 때문이다. 그리고 요한복음 17장에서 보듯, 예수님은 당시에도 자기 백성을 위해 중보하심으로써 우리를 위해 기도하겠다는 자신의 약속을 입증하셨다.[23]

또한 그리스도는 **부활하신 후에도** 우리를 향한 자신의 긍휼을 확증하셨다. 굿윈은 이렇게 질문한다. "그리스도께서 저 다른 세상, 곧 죽은 자들이 머무는 곳에서 다시 살아나셨을 때, 그리고 하늘에서 덧입게 될 그 몸과 마음을 취하셨을 때, 그분이 제자들에게 가장 먼저 주신 말씀은 무엇이었던가?" 이 질문의 답은 요한복음 20:17에 담겨 있다. 우리는 여기서 예수님이 제자들을 "내 형제들"로 부르시고, "내가 내 아버지 곧 너희 아버지……께로 올라간다"고 말씀하시는 모습을 보게 된다. 이 얼마나 달콤한 은혜의 말씀인가! 이들은 예수님이 가장 어두운 시간을 겪으실 때 그분을 부인하고 저버렸던 자들이다. 예수님은 한 자녀가 나머지 가족들을 위해 아버지에게 간청하듯, 그분 자신도 우리를 위해 중보하시겠다고 약속하셨다. 이후 예수님이 제자들에게 나타나셨을 때, 그분이 먼저 하신 말씀은 이것이었다. "너희에게 평강이 있을지어다"(요 20:19, 21). 부활하신 후에도, 그분의 마음에는 죄인들을 향한 자비와 연민이 가득했던 것이다.[24]

물론 그리스도는 자신의 제자들을 책망하기도 하셨다. 그런데 그 이유는 무엇이었을까? 누가복음 24:25에서는 이렇게 말씀한다. "이르시되 미련하고 선지자들이 말한 모든 것을 마음에 더디 믿는 자들이여." 굿윈은 이렇게 언급한다. "이는 제자들이 그분을 믿으려 하지 않았기 때문이다.……사람들이 예수님 자신을 믿도록 하는 것이 그분의 가장 큰 바람이었다. 이는 그분이 영화롭게 되신 지금도 마찬가지다." 예수님이 실족한 베드로를 회복시키셨을 때, 그분은 이렇게 명령하셨다. "내 어린 양을 먹이라"(요 21:15). 그리스도께서 베드로에게 이 일을 요구하신 것은, 이를 통해 베드로가 그분을 향한 자신의 사랑을 표현하도록 하시려는 것이었다. 굿윈은 이렇게 말한다. "그분은 자신의 양들, 또 회심해야 할 영혼들을 향해 온전히 마음을 쏟으신다."[25] 그리스도께서 영화롭게 되신 지금도, 그분의 마음은 여전히 죄인들을 향해 고동치고 있다.

그다음으로, 굿윈은 그리스도가 **승천하시면서** 주신 긍휼의 약속들을 제시한다. 그에 따르면, 예수님이 하늘로 오르시기 전에 이 땅에서 취하신 마지막 행동은 제자들에게 복을 선포하시는 것이었다(눅 24:50-51). 그리고 예수님이 하늘 보좌에 앉으신 왕으로서 맨 처음 취한 공적인 행동은 자신의 교회에 성령을 부어 주시는 일이었다(행 2:33). 그러므로 성령께서 행하시는 모든 사역은 그리스도께서 자신의 교회를 향해 나타내시는 사랑을 증언한다. 지금 어떤 목회자가 성령께 의존해서 복음을 선포하고 있다면, 이는 그리스도께서 죄인들을 향해 품으신 마음 때문이다. 또 성령님이 우리를 감동해서 기도하도록 이끄시는가? 그것은 그리스도께서 친히 우리를 위해 기도하고 계시기 때문이다. 그리고 신약성경을 통해, 죄인들을 향한 그리스도의 사랑이 드러나고 있는가? 그 책들이 기록된 이유는 곧 "하늘에 계신 그리스도께서 자신의 성령으로" 저자들에게 영감을 주셨기 때문이다.[26]

굿윈은 그리스도께서 다메섹을 향해 가던 바울에게 영광 중에 나타나셨을 때, 죄인들에게 주셨던 또 다른 약속을 언급한다. 디모데전서 1:15-16에서, 바울은 예수님이 자신을 구원해 주신 이유를 이렇게 설명한다. "미쁘다 모든 사람이 받을 만한 이 말이여, 그리스도 예수께서 죄인을 구원하시려고 세상에 임하셨다 하였도다. 죄인 중에 내가 괴수니라. 그러나 내가 긍휼을 입은 까닭은 예수 그리스도께서 내게 먼저 일체 오래 참으심을 보이사 후에 주를 믿어 영생 얻는 자들에게 본이 되게 하려 하심이라." 굿윈은 이렇게 언급한다. "이 구절에는 세상 끝 날까지 그리스도께서 모든 죄인을 향해 품고 계시는 마음을 보증하려는 의도가 담겨 있다."[27]

굿윈이 언급하는 그리스도의 마지막 약속은 성경의 끝부분에 기록된 그분의 최종적인 말씀에서 찾아볼 수 있다. 이 구절에서 성령님과 신부인 교회는 그리스도께서 이 땅에 다시 오시기를 간구하며, 이에 예수님은 이렇게 대답하신다. "목마른 자도 올 것이요 또 원하는 자는 값없이 생명수를 받으라"(계 22:17). 굿윈은 이렇게 언급한다. "신자들이 그리스도의 임재를 갈망하는 것보다, 신자들이 그분께로 나아오기를 바라시는 그분의 마음이 훨씬 더 간절하다.……이 구절에서는 그리스도께서 그들을 향해 품고 계신 깊은 바람이 드러난다."[28]

우리는 위의 사례를 통해, 굿윈의 설교가 그 내용과 방법 면에서 주해적이며 신학적인 것이었음을 알 수 있다. 실로 인상적인 부분은, 이처럼 높이 되신 그리스도가 하늘에서 행하시는 사역을 논할 때에도 그의 설교에서는 깊은 정서와 체험이 드러난다는 점이다. 이런 점에서, 굿윈의 설교는 하나님 말씀의 체험적인 설교를 위한 좋은 본보기가 된다. 그리고 이같이 선포되는 말씀을 들을 때, 회중은 이렇게 찬탄하게 된다. "주의 말씀의 맛이 내게 어찌 그리 단지요. 내 입에 꿀보다 더 다니이다"(시 119:103).

토머스 셰퍼드

셰퍼드는 1605년 11월 5일, 노샘프턴셔에서 태어났다.[29] 이 날은 잉글랜드 정부에서 '화약 음모 사건'Gunpowder Plot을 적발했던 날이다. 이는 상원을 폭파하고 국왕인 제임스 1세를 시해하며, 이를 통해 로마 가톨릭교를 좇는 군주를 새로이 옹립하려는 음모였다. 셰퍼드의 아버지는 식료품 상인이었다. 그가 네 살 때 어머니가 세상을 떠났으며, 아버지도 그가 열 살 되던 해에 숨을 거두었다. 안타깝게도 그의 계모는 셰퍼드를 가혹하게 대했으며, 그가 처음 만난 학교의 교사 역시 매우 난폭한 사람이었다. 이 시기에는 셰퍼드의 형이 그를 돌보아 주었다.

이후 셰퍼드는 케임브리지 대학의 임마누엘 칼리지에 진학했다. 그는 얼마 동안 신앙을 경시했으며, 다른 학생들과 어울리면서 정욕과 교만, 노름과 술에 빠져 지냈다. 이후 그는 프레스턴의 설교를 듣고 양심에 찔림을 받았으며, 고린도전서 1:30을 통해 하나님께는 충만한 은혜가 있다는 말씀을 듣고 그리스도를 영접하게 되었다. 당시에는 굿윈이 이 대학의 연구원으로 재직하고 있었는데, 셰퍼드는 그에 대해서도 큰 존경심을 품었다. 그는 이 두 사람에 관해 이렇게 언급했다. "프레스턴 박사와 굿윈 씨는 근래의 세대에 그리스도를 가장 능력 있게 설교하는 분들이었다."[30] 셰퍼드는 1624년 이 학교에서 학사 학위를 받았으며, 1627년에는 석사 학위를 취득했다. 이후 그는 몇 년간 목회 사역에 종사하면서 강사로도 활동했다. 하지만 당시 로드 대주교는 그를 계속 소환하여 비국교도가 아닌지를 힐문하곤 했다. 이후 셰퍼드는 토머스 후커의 영향을 받았으며, 1635년에는 그를 따라 대서양을 건너 뉴잉글랜드로 이주했다. 하지만 그의 아내는 넉 달 뒤 결핵으로 숨을 거두었고, 셰퍼드는 1637년 후커의 딸인 조애나와 재혼했다. 그리고 셰퍼드 자신도 만성적인 건강 악화로 어려움을 겪었다.

셰퍼드는 매사추세츠 주의 뉴타운Newtown에 정착했으며, 1636년에는 하버드 칼리지의 설립에 관여했다. 그의 주도 아래, 당시 식민지에서는 이곳 학생들을 위한 장학 기금을 마련하는 활동이 추진되었다. 셰퍼드는 또한 반율법주의 논쟁에서도 중심적인 역할을 감당했다. 이 논쟁은 코턴이 담임하던 교회의 일부 교인들에 의해 촉발되었으며, 그 주동자는 앤 허친슨Anne Hutchinson이었다. 또한 셰퍼드는 인근에서 북미 원주민들을 상대로 선교하던 존 엘리엇의 사역을 격려하기도 했다. 비록 셰퍼드는 마흔세 살의 젊은 나이로 세상을 떠났지만(1649년 8월 25일), 그는 자신의 글들을 통해 후대에 계속 영향을 끼쳤다. 이후 조나단 에드워즈는 참된 회심을 다룬 자신의 대작 『신앙감정론』(*A Treatise on the Religious Affections*)에서, 일흔다섯 번이 넘게 그의 글을 인용했다.[31]

이후 셰퍼드의 저작들은 세 권의 전집으로 묶여 출간되었다.[32] 그의 가장 잘 알려진 글들로는 『진실한 회심자』(*The Sincere Convert*, 1640)

와 『바른 신자』(*The Sound Believer*, 1645), 그리고 『열 처녀의 비유』(*The Parable of the Ten Virgins*, 1660)가 있다.[33] 또한 그의 자서전과 일지의 일부, 그리고 그가 담임하는 교회에 가입하려 했던 자들이 남긴 공적인 회심의 고백문들 역시 출판된 형태로 남아 있다.[34] 셰퍼드는 신자들이 담대히 맞서 싸울 수 있도록, 우리를 미혹하는 죄와 사탄의 궤계를 밝히 드러내는 일에 전념했다. 그는 이 일을 두고, 자신의 생일이 지닌 역사적 의미에 빗대어 이렇게 말했다. "일단 폭파 음모가 발각되고 나면, 위기는 이미 지나간 것이나 다름없다."[35]

한편 셰퍼드의 글들에 관해서는 몇 가지 주의할 점이 있다. 첫째, 그의 일부 저서는 어떤 이들이 그의 설교를 받아 적은 다음 셰퍼드 자신의 검토를 거치지 않고 책으로 낸 것들이다. 따라서 우리는 인쇄된 책에 실린 표현들이 그가 실제로 말했던 내용을 정확히 반영하는 것인지를 살펴야만 한다. 둘째, 셰퍼드의 책들은 신자들에게 영적으로 까다로운 요구를 제시하며, 이는 우리를 낙담시킬 수 있다. 곧 그의 책들을 읽을 때, 양심이 연약한 자들은 불필요한 자기 정죄에 빠질 수 있다는 것이다. 그리고 셋째, 셰퍼드의 책들에는 대다수의 청교도가 강하게 반대했던 교리가 담겨 있다. 이는 곧 어떤 사람이 구원받기 전에, 그는 먼저 자신을 향한 하나님의 심판에 기꺼이 만족하고 복종해야 한다는 개념이다. 심지어 그분이 자신을 지옥에 보내려 하실지라도 그러해야 한다는 것이다. 물론 일반적인 청교도들 역시, 어떤 자가 그리스도만을 구원자로 신뢰하기 위해서는 먼저 자신의 죄 때문에 하나님께 정죄를 받고 지옥에 떨어져야 마땅함을 시인해야 한다고 가르쳤다. 하지만 이런 청교도들의 경우, 어떤 자가 지옥에 떨어지게 될 자신의 처지에 만족할 수 있다는 생각을 모순되는 개념으로 여겼던 것이다.

하지만 이런 문제점들에도 불구하고, (에드워즈도 그렇게 여겼듯이) 셰퍼드의 설교에는 귀중한 요소가 많이 담겨 있다. 그러므로 이제는 그의 전도 설교를 살펴보려 한다.

진실하고 바른 회심

그의 책 『진실한 회심자』와 『바른 신자』를 살필 때, 이 책들은 신자 개개인의 구원을 다룬 전체적인 작품의 두 부분인 것처럼 보인다. 셰퍼드는 여섯 가지 원리에 근거해서 『진실한 회심자』의 내용을 구성했으며, 이때 그는 단순히 독자들의 이해를 넓히는 것이 아니라 주로 그들의 정서를 자극하는 데 목적을 두었다. 이 원리들은 다음과 같다.

1. 가장 영화로우신 한분 하나님이 계신다.
2. 하나님은 처음에 아담 안에서 온 인류를 가장 영광스러운 모습으로 지으셨다.
3. 그러나 온 인류는 그 상태에서 타락했고, 한없이 깊은 죄와 비참의 수렁에 빠졌다.
4. 주 예수 그리스도는 우리를 비참한 형편에서 구속하시는 유일한 방편이 되신다.
5. 그리스도를 통해 탄식하는 상태에서 구원받는 자들의 숫자는 매우 적으며, 이들은 많은 어려움을 거쳐 구원받게 된다.
6. 많은 사람들이 이렇게 비참한 상태로 죽고 멸망하는 가장 큰 원인은 그들 자신에게 있다.[36]

특히 셰퍼드는 사람들이 그리스도께 나아오는 일을 피하기 위해 드는 여러 핑곗거리를 제거하려 했다. 필리스 존스Phyllis Jones와 니컬러스 존스Nicholas Jones는 이렇게 언급한다. "그는 자신의 설교에서 각 사람이 무수히 많은 방식으로 자신이 구원받을 가능성을 망쳐버릴 수 있음을 자세히 강조하며, 이로 인해 마지막 두 원리가 책 내용의 절반을 차지하고 있다."[37] 더 정확히 말하면, 여섯 번째 원리가 책 내용의 사십 퍼센트를 차지하고 있다. 셰퍼드는 이 부분에서, "멸망하는 각 사람은 스스로를 도살하거나 살해하는 자와 같다"라는 개념을 네 가지 측면에서 전개해 나간다. 그런 사람들은 자신의 영적인 상태에 대한 "캄캄한 무지"나 죄에 속박된 상태에서 느끼는 "육신적인 안정감", 또는 선행을 통해 스스로를 구원할 수 있다는 "육신적인 자신감"이나 거짓된 신앙으로 얻은 "대담한 교만"을 통해 멸망하게 된다.[38]

이뿐 아니라, 셰퍼드는 『바른 신자』에서 다음의 세 가지 원리를 추가로 제시하고 있다.

1. 그리스도께서 그분의 능력으로 행하시는 구원의 일들 가운데는 우리로 하여금 자신의 죄를 깨닫고 양심의 가책을 느끼게 하며, 우리를 낮추실 뿐 아니라 참된 신앙으로 이끌어 가시는 일들이 포함된다. 이 일들은 사람들이 스스로 정죄를 향해 나아가는 위의 네 가지 방편에 각기 상응한다.
2. 신자들이 누리는 복된 상태 가운데 그들이 얻은 칭의와 화목, 양자됨과 성화, 기도로써 하나님께 나아가는 일, 그리고 영화가 포함된다.
3. 모든 신자는 사랑과 순종의 삶을 살아가야 한다.[39]

이 책의 거의 절반 정도는 우리가 자신의 죄를 깨닫고 양심의 가책을 느끼게 되는 일, 또 우리가 낮아지는 일과 우리를 구원의 신앙으로 인도하기 위한 하나님의 예비하심에 관한 논의들로 이루어져 있다.

위의 두 책에서, 우리는 셰퍼드가 복음의 필요성과 본질, 신자들이 복음을 영접하는 방식과 그 유익을 개략적으로 제시하는 것을 보게 된다.

이 개략적인 진술은 셰퍼드의 설교가 지닌 은혜롭고 그리스도 중심적인 성격을 보여준다. 이와 동시에, 우리는 셰퍼드가 회심하지 않은 죄인들로 하여금 자신들의 죄악됨을 깨닫도록 인도해야 할 필요성을 강조하는 것을 보게 된다. 이는 그들로 하여금, 자신들이 받을 정죄의 책임이 전적으로 그들 자신에게 있는 동시에 그들 자신에게는 스스로를 구원할 힘이 전혀 없음을 깨닫도록 하기 위함이다. 아직 회심하지 않은 자들로 하여금 이같이 자신의 죄책과 무능력을 깨닫도록 강권하는 것은 체험적인 개혁파 설교의 고전적인 특징이다. 이런 설교는 청중을 스스로에 대해 절망하며 오직 그리스도만을 바라보도록 이끌어 간다. 후커나 셰퍼드 같은 설교자들이 탁월한 능력을 보인 것은 바로 이 영역에서였다. 하지만 그들은 이 부분에서 너무 지나치게 나아가는 경향을 보이기도 했다. 곧 회심을 위한 준비 과정으로서, 하나님의 뜻에 아주 철저하게 복종할 것을 요구했던 것이다. 그리하여 성숙한 신자들까지도 자기 신앙의 진정성을 의심하게 될 정도였다. 이 점에 관해서는, 이후 자일스 퍼민Giles Firmin, 1614-1697 같은 다른 청교도들이 비판을 제기하게 된다.[40]

이제 멸망하는 죄인들이 심지어는 잃어버린 바 된 자신들의 상태를 어느 정도 알면서도 "육신적인 안정감"을 유지해 가는 방식들을 셰퍼드가 어떻게 지적하는지를 살펴보기로 하자. 이런 방식들을 통해, 사람들은 머리로는 자신의 비참함을 헤아리면서도 마음으로는 "강퍅하거나 잠든" 상태에 머물게 된다. 그리하여 그들의 영혼이 그런 상태에서 벗어나는 데 큰 관심을 두지 않게 되는 것이다. 아래에서는 사람들이 육신적인 안정감을 유지하는 열 가지 방편을 살펴보려 한다. 그럼으로써 우리는 셰퍼드가 회중의 마음속에 있는 악한 자기 합리화를 벗겨 내고 그들에게 심판을 선언할 때, 자기만족에 빠진 위선자로서 그 자리에 앉아 있는 것이 어떤 느낌이었겠는지 상상해 보기로 하자.

1. **멸망하는 죄인들에게는 하나님의 진노가 실제적인 것으로 다가오지 않는다.** 하나님의 진노가 온전히 드러나는 것은 심판의 날을 위해 예비되어 있다. 그러나 지금 시행되는 더 작은 심판과 말씀의 경고들을 통해서는, 죄인들이 장차 임할 심판의 불을 그다지 두려워하지 않게 된다. "하나님의 화살이 사람들의 마음속에 날아가 꽂히기 전까지, 그들은 결코 자기 자신에게서 벗어나 예수 그리스도께로 나아가려고 하지 않을 것이다(전 8:11)." 바로의 경우가 그랬듯이, 하나님이 재앙을 내리실 때 죄인들은 일시적으로 그분의 자비를 간구할 수 있다. 하지만 그 재앙이 그치면, 그들의 마음은 금세 다시 강퍅해지고 만다.[41]

2. **죄인들은 진노의 날을 멀리 떨어진 것으로 간주한다.** 그들은 아직 많은 시간이 있으니, 먼 훗날에 회개해도 무방할 것이라고 여긴다. "그러므로 그들은 이렇게 말한다. '내 영혼이여, 먹고 마시라. 네가 원하는 술과 여흥, 여자들을 좇으라. 아직 오랜 세월이 흘러도 다하지 않을 만큼 많은 시간이 남아 있다'"(사 22:12-13). 불의 열기가 없이는 밀랍이 녹지 않듯이, 하나님의 진노가 임박했다고 여기지 않는 한 죄인들의 마음 역시 부드러워지지 않는다.[42]

3. **죄인들은 자신이 하나님의 진노를 감당할 수 있다고 여긴다.** 그들은 격노하신 공의의 하나님을 "실제의 모습처럼 참으로 두려우신 분"으로 바라보지 않는다. 죄인들은 하나님의 진노를 우리가 감히 감당할 수 없는 것으로 묘사하는 선지자들의 경고를 있는 그대로 받아들이지 못한다(예. 나 1:6). 그러므로 그들은 어리석게도 마음대로 죄를 즐길 것이라고 주장하며, 설령 하나님이 자신들을 정죄하실지라도 그것을 대수롭지 않은 일로 간주한다.[43]

4. **죄인들은 지금보다 더 나은 상태에 관해 체험적인 지식이 없다.** 남편의 성품과 자신을 향한 사랑을 아는 아내는 그 남편이 먼 여행길에 오를

때 아쉬움의 눈물을 흘리지만, 죄인들은 하나님이 그들을 떠나 계실 때에도 애통하지 않는다. 그렇다면 그 이유는 무엇일까? 셰퍼드는 이렇게 설명한다.

> 이는 그들이 하나님의 달콤한 임재를 경험해 보지 못했기 때문이다. 사람들이 그리스도 안에서 말씀과 기도, 묵상으로 하나님과 교제하기보다 술과 카드놀이, 흡연과 사냥에서 만족을 얻곤 하는 것은 참으로 기이한 일이다. 오히려 그들은 말씀과 기도, 묵상과 같은 은혜의 방편들을 버겁고 답답한 짐처럼 여기곤 한다. 과연 그 이유는 무엇일까? 창녀와 사귐으로써 얻는 더러운 쾌락보다, 그리스도 안에서 우리에게 미소를 지으시는 하나님의 임재를 통해 얻는 기쁨이 더욱 달콤하지 않은가? 물론 그러하다. 다만 그들이 하나님의 존귀하심과 그분의 임재가 주는 달콤함, 우리에게 깊은 만족을 주시는 그분의 선하심을 전혀 깨닫지 못하는 것뿐이다.[44]

5. **죄인들은 죄의 쾌락에 미혹되어 있으며, 그들의 게으른 영혼은 회심의 수고를 혐오한다.** 과거의 이스라엘 백성이 그랬듯이, 그들 역시 약속의 땅 가나안으로 분투하면서 나아가기보다는 양파와 마늘을 즐겼던 애굽의 노예 생활로 돌아가는 편을 더 선호한다. 어쩌면 그들은 기도하거나 말씀에 귀를 기울이려고 해보았을지도 모른다. 하지만 그들에게는 그런 일들이 버겁게 느껴졌으며, 이제 그들은 "짜증과 불만을 품고" 다시 정욕의 쾌락을 추구하는 쪽으로 돌아서게 된 것이다. 그러므로 사람들은 넓은 길로 걸어가게 된다. 이는 생명에 이르는 다른 길이 좁고 험하기 때문이다. 그 길에는 재앙과 수고, 답답함이 가득하며, 그것은 실로 엄격한 길이다. 그렇기에 그들은 한 시간 동안 기도하기보다는, 차라리 한 시간 동안 족쇄를 차고 있는 편을 택한다.[45]

6. **죄인들의 영혼은 "기이하고 강력한 죄의 권세" 아래 놓여 있다.** 마치 간수에게 복종하는 죄수들처럼, 그들은 그 권세에 굴복하게 된다. 그들은 죄의 군사로서 (그것이 주는 쾌락으로) 이미 그 삯을 받은 자들이며, 자신들의 대장을 좇아 "영원한 멸망으로" 나아갈 수밖에 없다. 그들은 "자신들의 정욕을 섬겨야만 하며 또 기꺼이 그리하려 하고", 이는 심지어 "심판의 날이 내일 닥쳐올지라도" 그러하다. 그들은 마치 천사들의 손에 의해 눈이 멀어버린 뒤에도 롯의 집 문을 더듬어 찾으려 했던 소돔 주민들과 같다.[46]

7. **멸망하는 죄인들은 자신이 하나님의 자비를 얻게 될 가능성에 대해 절망한다.** 가인이 그랬듯, 이들은 "하나님의 낯을 피해 유리하는 자들"이 된다. 하나님은 그들이 순복하면 생명을 주겠다고 약속하셨지만, 그들은 그 약속이 참일 리 없다고 굳게 믿는다. 그 결과, 그들은 영적인 자살을 통해 자신의 생명을 내던져 버리는 것이다. 이런 기이한 절망 때문에, 그들은 끝까지 죄악의 길을 고수하게 된다.[47]

8. **그들은 "하나님이 베풀어 주실 자비에 관해 맹목적이고 그릇되며 허황된 희망을 품는다."** 곧 그들은 자신의 처지에 심각함을 느끼지만, 하나님이 어떻게든 자신을 건져 주시리라는 기대를 놓지 않는 것이다. 이는 심지어 그들이 "안일한 자세로" 죄에 빠져 있는 경우에도 그러하다. 그런 자들은 하나님의 자비를 소망하면서 부지런히 회개의 길로 나아가는 것이 아니라, 오히려 기대에 안주하면서 사악하고도 수동적인 자세를 굳혀 나간다. "그들은 하나님이 여전히 자비를 베푸실 것이라고 기대하며, 그렇지 않을 경우에는 자신도 어떻게 할 방법이 없다고 믿는다."[48] 여기서 우리는 예정을 가르치는 설교자가 사람들의 수동적인 태도를 용납하지 않는 한 사례를 보게 된다. 그는 오히려 그런 태도를 취하는 자들을 향해, 하나님의 자비를 얻기 위해 최선의 노력을 기울이지 않는다고 책망하는

것이다.

9. **죄인들은 오만한 자세로 성경에 다가간다.** 그들은 내용에 귀를 기울이면서 하나님의 음성을 들으려 하지 않는다. 사람들은 하나님 말씀의 망치 아래서 부수어지도록 자신의 마음을 내어놓지 않으며, 그 아래서 쪼개지도록 자기 양심을 내어놓지도 않는다……사람들은 스스로를 말씀보다 높은 자로 여기며, 자신의 마음이 그 망치의 권세보다 위에 있다고 믿는다. 그들이 교회를 찾는 이유는 목회자가 전하는 설교를 통해 겸손해지기 위함이 아니다. 오히려 그들은 목회자를 판단하려 든다. 말씀에서 무언가 지극히 사소한 일들을 끄집어내려 하며, 이런 식으로 평생 안일하게 술주정뱅이와 같은 상태에 머무르려 한다. 사람들이 지나다니는 길이 시간이 지남에 따라 점점 더 단단해지듯이, 그들의 마음 역시 거듭해서 설교를 듣는 동안 "그 말씀으로 인해 점점 더 굳어지고 만다."[49]

10. **이같이 멸망하는 죄인들은 하나님의 진노나 죄의 끔찍한 본성에 관해 자주 묵상하지 않는다.** 그들은 이런 질병을 위해 하나님이 주신 약을 진지하게 씹고 삼키지 않으며, 그렇기에 그 약은 효과를 보이지 못한다. 그들은 성경 말씀을 지극히 피상적인 태도로 대하며, 그 가르침은 그들의 생각 속에서 금세 잊히고 만다.[50]

셰퍼드는 경고의 나팔소리를 발한다.

그러니 안일한 상태에 있는 자들이여, 깨어나십시오. 지금 처한 상태에서 벗어날 수 있도록, 여러분 자신의 비참함을 생생히 느껴 보기 바랍니다. 여러분은 자신이 실로 고약한 상태에 있으며, 이대로 멸망할 경우에는 무서운 심판을 받게 될 것임을 알고 있습니까? 그런데도 여러분은 은밀하게 안일한 마음을 품으며, 그 마음이 지독하게 죽어 있고, 참으로 절망스럽게 굳어져 있어, 결국 그 상태에서 벗어날 뜻이 없다는 말입니까? 정말 그렇습니

> 까! 그렇기 때문에 한숨을 쉬지도, 눈물을 흘리지도 않는다는 말입니까? 정말 여러분은 도시의 성문을 등에 짊어지고도 가볍게 여겼던 삼손처럼, 그 모든 죄를 능히 감당할 수 있습니까? 여러분은 자기 눈앞에 타오르는 지옥불을 보고도 그 속에 감히 뛰어들 수 있겠습니까? 과연 여러분은 할 수만 있다면 매를 맞더라도, 억지로 끌려가더라도 불 속에 들어가려 하지 않는 짐승들보다도 못한 존재들입니까? 오, 여러분의 마음을 다해 애곡하고, 자신의 비참한 상태를 인하여 울부짖기 바랍니다. 그러면 주님이 여러분을 불쌍히 여기실지 누가 알겠습니까? 강퍅한 마음을 품은 자들이여! 당신들은 자신이 입은 손실이나 역경에 관해, 또 자신의 집과 재산이 불타는 일에 관해서는 애통할 줄 압니다. 하지만 하나님이 여러분을 떠나시고 여러분 안에 있는 그분의 형상이 소멸되었으며, 그 결과로 모든 것을 잃게 되었는데도 여러분은 애통해 하지 않습니다.[51]

이같이 단순하고 간절한 태도로 죄인들을 향해 호소하는 셰퍼드의 설교는 많은 이들에게 영향을 끼쳤다. 사람들이 죄의 쓰라림을 깨달을 때 그리스도는 진실로 사랑스러우신 분이 되었으며, 그의 설교를 통해 많은 사람들이 그리스도께로 나아오게 되었던 것이다.

결론

이 장에서는 굿윈과 셰퍼드의 설교를 간략히 살폈다. 이를 통해 우리는 청교도들이 하나의 교리 체계를 가르치는 데 그치지 않고, 청중으로 하여금 죄의 무서운 어둠을 깨닫고 그리스도의 아름답고 환한 빛 가운데로 나아가도록 인도하려 했다는 점을 확증하게 된다. 또한 굿윈의 경우에는 그리스도만을, 셰퍼드의 경우에는 죄만을 설교했다고 여겨서는 안 된다.

셰퍼드 역시 하나님의 영광과 그리스도의 구속, 모든 자에게 값없이 주어지는 복음과 그리스도를 향한 믿음, 그리스도와의 연합이 주는 유익에 관해 설교했다.[52] 그리고 굿윈은 죄의 사악한 본성과 죄책에 관해 550페이지 분량의 논문을 출간했다.[53] 그러므로 이 두 사람 모두 하나님의 경륜 전체를 선포했으며, 다만 각각의 설교 또는 일련의 설교들이 지녔던 강조점이 다양했을 뿐이다.

굿윈과 셰퍼드에게는 설교자로서 지녔던 공통점이 있었다. 이는 그 둘 모두 열정적인 태도로 교리를 설교했다는 것이다. 굿윈은 하늘에 계신 그리스도의 마음을 전하면서, 고난받는 자신의 백성을 향해 그분이 베푸시는 영광스러운 긍휼을 묘사했다. 그의 설교에는 깊은 열심이 담겨 있었다. 굿윈은 자신의 설교에서, 회중이 머리로만 아는 지식의 수준을 넘어서서 자신들을 향한 그리스도의 사랑을 지극히 생생하게 체험하도록 인도해 갔다. 이와 마찬가지로 셰퍼드가 죄인들의 핑곗거리를 다룬 설교들을 살필 때에도, 우리는 그가 성경의 통찰에 힘입어서 우리 자신의 마음속을 어느 정도 꿰뚫어 보고 있다고 느끼게 된다. 셰퍼드는 자신의 설교에서, 우리가 하나님을 알고 그리스도께 순종하는 일을 가로막는 모든 장애물과 죄의 속임수에 맞서 싸우는 모습을 보인다(고후 10:4-5). 물론 설교의 효력은 늘 성령께 달려 있는 것이 분명하다. 그러나 설교자 자신이 성경에 계시된 하나님의 마음에 붙잡히고, 또 그 마음을 청중들의 마음속에 전달하려 할 때에 체험적인 설교는 그 일을 위한 중요한 방편이 된다.

13장 청교도 설교자들 : 버니언

존 버니언은 하나님의 영광 앞에서 겸손해진 마음, 그분의 은혜로 새롭게 된 마음을 품고 설교했다.[1] 한편으로, 버니언은 하나님이 "헤아릴 수 없이 존귀하신 왕으로서, 그분에 비하면 모든 나라는 양동이의 물 한 방울보다도 못하다"는 것을 깊이 의식하고 있었다.[2] 하지만 버니언은 이와 동시에 위대하신 하나님이 우리에게 베푸시는 자비를 보면서 경탄했고, 따라서 이렇게 기록했다. "한 제후가 걸인에게 자신의 적선을 받아달라고 간청하는 모습을 보는 것은 기이한 광경일 것이다. 그리고 한 왕이 반역자에게 자신의 자비를 받아달라고 간청하는 모습은 이보다 더욱 기묘한 광경이리라. 그런데 하나님이 죄인에게 간청하시는 모습, 그리스도께서 '내가 문밖에 서서 두드리노니' 하고 말씀하시면서 그 문을 여는 자에게 베풀어 주실 하늘의 은혜로 가득 찬 마음을 가지고 기다리시는 모습을 보는 것은 천사들까지 눈부시게 할 정도로 찬란한 광경이다."[3]

설교에서 이같이 하나님을 향한 경외심과 그분의 사랑에 대한 소망을 결합시키는 것은 대단히 중요하다. 오늘날 우리는 성경적인 설교의 쇠퇴 현상을 목도하고 있다.[4] 자신이 쓴 조지 윗필드George Whitefield, 1714-1770의 전기에서, 아놀드 델리모어Arnold Dallimore, 1911-1998는 성경적인 설교자들의 필요성을 이렇게 강조한다.

> 우리에게는 성경을 잘 아는 자들, 삶이 하나님의 위대하심과 엄위하심, 거룩하심에 대한 감각에 사로잡혀 있는 자들이 필요하다. 이는 곧 그 마음과 생각이 은혜의 교리들 속에 담긴 위대한 진리들로 환히 빛나는 자들이다.……이들은 그리스도를 위해 바보가 되는 일도 마다하지 않으며, 온갖 비난과 중상을 견디면서 고난과 수고를 감당하는 자들이다. 이들의 지극한 갈망은 이 세상에서 칭송을 받는 데 있지 않고, 장차 주인 되신 하나님의 엄위하신 보좌 앞에 서게 될 때 그분의 인정을 얻는 데 있다. 이들은 상한 마음으로 눈물을 쏟으며 설교하는 자들이다.[5]

지금 우리에게는 그런 목회자들이 필요하다. 한편 교회가 쇠퇴하고 강단이 냉랭해질지라도, 지금까지의 기독교 역사는 주님이 자신의 교회를 결코 버리신 적이 없다는 것을 보여준다. 각 세대마다, 주님은 하늘의 단순한 지혜를 가지고 지옥의 문을 공격하는 자들을 일으키셨다. 그러므로 과거는 지금 우리가 처한 세대에 격려를 줄 수 있는 소망의 등대가 된다.

여러 건전한 청교도 설교자 가운데서도, 특히 버니언은 과거로부터 우리를 비추는 소망의 등대에서 가장 높은 위치에 자리 잡고 있다. 이는 하나님이 그에게, 설교를 통해 청중의 생각뿐 아니라 그들의 마음까지도 감화시킬 수 있는 능력을 주셨기 때문이다. 여기서는 설교자로서 버니언의 모습에 초점을 두고 살펴보려 한다. 우리는 특히 청중의 마음을 향해 설교했던 그의 태도에 집중할 것이다.

설교자 버니언

한번은 왕 찰스 2세가 '청교도의 황태자' 존 오웬에게, 베드퍼드Bedford의 무식한 땜장이인 버니언의 설교를 들으러 가는 이유를 질문한 적이 있다. 이에 오웬은 이렇게 답했다고 한다. "전하, 만약 그 땜장이가 지닌 설교의 능력을 얻을 수만 있다면, 저는 지금껏 얻은 모든 학식을 기꺼이 포기하겠습니다."[6]

1655년에 스물일곱 살이었던 버니언은, 같은 교회에 속한 몇몇 형제의 요청에 따라 베드퍼드의 여러 교회에서 말씀을 전하기 시작했다. 당시 그는 자신의 영원한 상태에 관한 의심으로 깊이 고통받고 있었다. 이 초기의 설교 사역에 관해, 그는 이렇게 회상했다. "율법의 공포와 내가 범한 죄들에 대한 가책이 내 양심을 무겁게 짓눌렀다. 나는 당시 통렬하게 느꼈던 일들, 심지어는 내 가련한 영혼을 짓누르고 경악할 만한 두려움에 떨게 했던 일들까지도 그대로 전했다.……나는 마치 사슬에 매인 자와 같은 모습으로 속박된 상태에 있는 그들에게 찾아가 설교했다. 이때 나는 양심에 격렬한 번민의 불을 품고 나아갔으며, 그들에게 바로 그 불을 조심할 것을 권고했다."[7]

당시에는 수백 명의 사람들이 버니언의 설교를 들으러 나아오곤 했으며, 그는 이 일에 크게 놀랐다. 이에 관해, 올라 윈즐로Ola Winslow는 이렇게 언급한다. "처음에 버니언은, 하나님이 자신을 사용하셔서 '누군가의 마음'을 향해 말씀하실 수 있다는 것을 믿지 못했다. 그러나 이제 그는 그 일이 가능할 수도 있겠다는 결론을 얻었으며, 이런 그의 생각은 자신이 거둔 성공을 통해 더욱 확증되었다."[8] 또 앤 아넛Anne Arnott은 이렇게 언급한다. "당시 버니언은 은혜로 구원받은 죄인이었으며, 자신이 겪은 어두운 경험을 통해 다른 죄인들에게 말씀을 전했다. 이에 관해 버니언 자신은 이렇게 술회한다. '나는 마치 죽은 자들 가운데서 그들에게 보냄 받은 자와 같았다. 내가 말씀을 전하기 시작한 지 오래 지나지 않아 몇몇 사람이 그 내용에 감동을 받았고, 자신들의 중대한 죄와 예수 그리스도를 영접할 필요를 깨닫고서 깊은 괴로움을 느꼈다.'"[9]

이후 이 년 동안, 버니언은 자신의 설교에서 죄에 관한 지적을 줄이는 한편 그리스도에 관해서는 훨씬 더 많이 언급하기 시작했다. 이에 관해, 고든 웨이크필드Gordon Wakefield는 이렇게 서술한다.

> 버니언은, 그리스도가 소유하신 '직무'들에 관해 전했다. 그는 그리스도께서 우리의 영혼과 온 세상을 위해 행하실 수 있는 모든 일을 증언했던 것이다. 그분은 우리의 구원자로서, 돈을 벌고 쓰는 일에서 얻는 거짓된 안정감이나 무신론적으로 자신만의 관심사를 추구하는 철학 사조들에 대한 대안이 되시는 분이었다. 그리고 그 결과, "하나님은 나를 다소 신비스러운 그리스도와의 연합 가운데로 인도해 가셨다."[버니언 자신의 표현] 이제 버니언은 그리스도와의 연합을 설교하게 되었으며, 이는 칼뱅주의 영성의 핵심이 되는 개념이었다.[10]

버니언은 자신의 설교에서 "경고의 소리"를 외칠 뿐 아니라, 신자들을 향한 교훈과 위로의 메시지도 전하게 되었다. 이를 통해, 그의 내적인 소명의식이 크게 강화되었다. 버니언 자신이 진리를 선포하고 있음을 확신하는 데 큰 격려를 얻었던 것이다.

하나님은 버니언이 설교자로서 좀 더 성숙하면서 복음 안에서 율법과 복음의 균형을 적절히 이루어 가도록 인도하셨다. 그리하여 그는 그리스도께 속한 교회에서는 "예배당 안에도 음악이 있으며, 우리의 마음속에도, 또 하늘에서도 음악이 울려 퍼지고 있다"는 것을 체험하게 되었던 것이다. 이는 "바로 우리가 여기에 함께 있다는 기쁨" 때문이었다.[11] 이때 그는 율법주의에서 반율법주의로 입장을 바꾸었던 것이 아니다. 오히려 복음을 통해 생겨난 기쁨을 맛보면서, 버니언은 하나님의 장엄한 영광을 더욱 깊이 체험하게 되었다. 그분이 베푸시는 은혜는 영광스러운 것이었기 때문이다. 버니언에 따르면, "하늘과 땅 그 어디에도, 하나님의 은혜만큼 우리에게 **경외심**을 심어 줄 수 있는 것은 없다."[12] 우리가 그리스도를 믿고 따를 때, 죄에 대한 태도가 느슨해지는 것이 아니다. 오히려 그럼으로써, 우리는 끝까지 죄에 맞서 싸우려는 다짐을 새로이 가다듬게 된다. 이에 관해, 버니언은 이렇게 언급한다. "신앙은 삶의 원리다……그것은 우리가 지닌 힘의 원리다. 우리의 영혼은 이를 통해 자신의 정욕이나 마귀, 세상과 대적하게 되며, 마침내 그런 세력들을 물리치게 된다."[13]

버니언이 하나님의 말씀을 선포하기 시작한 지 오 년이 지난 1660년, 그는 한 농장에서 설교하다가 정부 당국의 손에 체포되었다. 그의 죄목은 국왕의 허가 없이 설교를 했다는 것이었다. 버니언은 분명히 반역자도, 정치적인 인물도 아니었다. 하지만 베드퍼드셔의 지주들은 그의 설교를 "위험한 대중 선동"으로 간주하고, 이를 통해 버니언이 당시 "회복된 왕권과 교회를 향해 많은 사람들이 품고 있던 불만을 부추겼다"고 여겼던 듯하다.[14] 당시 그 지역의 판사였던 헨리 체스터 경은 버니언에 대한 자신의 주장을 더욱 강하게 밀어붙였다. "그는 마치 전염병과 같은 존재다. 이 나라에 그만큼 위험한 자는 없다."[15] 그리하여 버니언은 감옥에 갇히게 되었으며, 이곳에서 그는 십이 년 반의 기간 동안 구두끈을 만들면서 수많은 글을 집필했다(1660-1672).

한편 버니언은 그 이전에 여러 해 동안 이름이 알려지지 않은 한 여인과 결혼 생활을 지속해 왔으며, 이들 사이에는 네 명의 자녀가 있었다(그 중 한 아이는 앞을 보지 못했다). 그런데 그 아내는 1658년에 세상을 떠났고, 버니언은 당국에 체포되기 전에 엘리자베스라는 이름의 젊고 경건한 여성과 재혼했다. 그녀는 버니언의 석방을 당국에 계속 탄원했으며, 이때 자신이 홀로 네 명의 어린 자녀를 돌보고 있다는 점과 최근에 유산했다는 점을 근거로 들었다. 그러자 재판장은 버니언을 설득하여 설교 사역을 중단시킬 것을 그녀에게 권고했다. 이에 엘리자베스는 이렇게 대답했다. "재판장님, 제 남편은 입을 열 힘이 남아 있는 한 결코 그 일을 그만두지 않을 것입니다."[16] 버니언은 자신의 모든 설교 노트를 사법 당국에 넘겨, 자신이 어떤 식으로든 반역을 부추기는 설교를 하지 않았음을 입증하겠다고 밝혔다. 하지만 이 일 역시 아무 소용이 없었다. 그리하여 버니언은 모든 성인 남녀에게 적어도 한 달에 한 번은 잉글랜드 국교회의 예배에 참석할 것"간헐적인 순응", occasional conformity을 요구하는 법령과 국교회의 승인을 받지 않은 종교적 회합'conventicles'을 금하는 법령을 어겼다는 죄목으로 감옥에 머무르게 되었다.[17]

투옥 기간 내내, 버니언은 설교 사역을 향한 애착과 열심을 잃지 않았다. 그는 이 일에 관해 이렇게 언급한다. "당시 나는 하나님의 선하신 손길에 힘입어, 대여섯 해 동안 아무런 방해도 받지 않고 우리 주 예수 그리스도의 복음을 자유롭게 전파했다.……그러나 우리 영혼의 오랜 원수인 마귀는 기회를 틈타 자신을 따르는 수하들의 마음에 불을 붙였다.……그래서 나를 체포하라는 판사의 영장이 발부되었으며, 마침내 나는 감옥에 갇히게 되었다."[18] 만일 감옥에서 석방된다면 무슨 일을 하겠느냐는 질문을 받았을 때, 버니언은 이렇게 대답했다. "오늘 이곳에서 풀려나게 된다면, 나는 하나님의 도우심을 힘입어 내일부터 다시 복음을 전할 것입니다."[19] 그리고 다른 상황에서도, 그는 이렇게 언급했다. "내 죄의 무게든, 지옥의 권세든 간에 아무것도 내게서 이 사역을 빼앗아 가지는 못한다."[20] 나아가 그는 이렇게 고백하기도 했다. "만일 하나님이 주신 은사를 사용하지 못한다면, 나는 결코 만족할 수 없다."[21]

이같이 온갖 역경을 겪는 동안, 그의 가슴속에서는 하나님의 말씀이 불처럼 타올랐다. 심지어 그는 말씀을 위해 목숨을 잃는 일마저도 각오하고 있었다. 그는 이렇게 기록했다. "내가 이런 상태에 놓이게 된 것은 바로 하나님의 말씀과 그분께 속한 일들을 위해서였다. 나는 그 위치에서 털끝만큼도 물러서지 않으려 했다.……내 의무는 하나님의 말씀을 받드는 데 있었으며, 이는 그분이 나를 돌보아 주시든 그렇지 않든, 건져 주시든 그렇지 않든 마찬가지였다. 그러므로 나는 눈을 가린 채로 사다리를 박차고 영원의 세계로 뛰어내릴 수 있다고 믿었다. 끝내 그 아래 깊은 곳으로 가라앉든, 혹은 무사히 헤엄쳐 나오든, 천상에 이르든 지옥에 떨어지든 간에, 주 예수께서 나를 붙들어 주신다면 그것으로 족했다. 그러나 그렇게 해주시지 않을지라도, 나는 그분의 이름을 위해 모든 일을 기꺼이 감수하겠다고 다짐했다."[22]

1661년, 그리고 1668년부터 1672년까지의 기간에, 버니언은 몇몇 간수의 허락 아래 이따금 감옥 바깥으로 나가서 설교를 전하곤 했다. 조지 어퍼George Offor, 1787-1864에 따르면, "당시 베드퍼드셔에 생겨났던 여러 침례교 회중의 기원은 그가 한밤중에 전했던 설교에 있었다."[23] 그러나 버니언이 감옥에 갇혀 있던 기간은 고된 역경의 시기였다. 버니언은 자신의 책 『천로역정』에 등장하는 **크리스천**과 **신실**이 절망 거인의 손 아래서 받았을 법한 고난을 직접 체험했다. 이 절망 거인은 순례자들을 "더럽고 냄새 나는, 아주 깊은 지하 감옥"에 처넣는 자였다.[24] 버니언은 특히 자기 아내와 자녀들에게서 격리된 것 때문에 심한 고통을 겪었다. 그가 특히 염려한 것은 가엾게도 앞을 못 보는 딸, 메리였다. 그는 이 아픔을 "내 뼈에서 살을 잡아 뜯는" 고통으로 묘사했다.[25]

설교자로서 버니언의 인기는 그의 생애 말년에도 수그러들지 않았다. 당시 그는 자주 런던을 방문해서 말씀을 전했는데, 로버트 사우디 Robert Southey, 1774-1843에 따르면 이 지역에서 그의 평판은 참으로 대단했다. 그가 온다는 소식이 하루 전에 전파될 경우, 그가 자주 설교했던 서더크 Southwark의 집회소에는 사람들이 몰려들어 그중 절반도 채 수용할 수 없을 정도였다. 당시 약 삼천 명에 이르는 인파가 그곳에 모여들곤 했다. 그리고 평일이나, 아직 어둑어둑한 겨울철 아침 일곱 시 무렵에도 천이백 명이 넘는 사람들이 모여들었다.[26]

버니언은 청중의 생각뿐 아니라 그들의 마음을 향해서도 말씀을 선포했다. 이 일이 가능했던 이유는 우리가 마주치는 죄와 유혹, 두려움을 그가 직접 겪어 알고 있었으며, 예수 그리스도 안에 있는 하나님의 은혜 역시 놀라울 정도로 강력하게 체험한 바 있었기 때문이다. 그의 책 『복음의 일부 진리들에 관한 해명』(*Some Gospel Truths Opened*)에 부친 서론에서, 존 버턴John Burton은 버니언에 관해 이렇게 언급한다. "그는 은혜로써 천상에 속한 세 가지 학위를 얻었다. 이는 그리스도와의 연합과 성령의 기름 부음, 그리고 사탄의 유혹들에 대한 체험이다. 어떤 사람이 이런 자격들을 갖출 때, 그는 이 땅에서 받을 수 있는 모든 대학 교육과 학위 과정을 마쳤을 때보다 복음 전파의 놀라운 사역에 훨씬 적합한 자가 된다."[27]

버니언은 설교자의 직무를 높이 평가했다. 『천로역정』에서 크리스천이 해석자의 집에 이르렀을 때, 그는 한 설교자의 모습이 담긴 그림을 보게 된다. 그 설교자는 매우 진중한 인물로서, 그의 손에는 가장 탁월한 책이 들려 있었으며 그 눈은 하늘을 향하고 있었다. 버니언은 이렇게 기록한다. "그는 세상을 등지고 있었으며, 그 입술에는 진리의 법이 새겨져 있었다. 머리에 황금 면류관을 쓴 그는 마치 사람들에게 간절히 탄원하는 듯한 자세로 서 있었다." 이때 크리스천은 해석자에게서 이 그림이 의미하는 바를 듣게 된다. "이 그림은 설교자의 직무가 감추인 일들을 파악하고 그 일들을 죄인들에게 풀어서 전해 주는 데 있음을 보여줍니다.……이 설교자는 자신의 주인 되신 분을 깊이 사랑하고 섬기며, 이 세상에 속한 일들을 멸시하고 가볍게 여깁니다. 그러므로 그는 장차 임할 세상에서 영광스러운 상급을 누리게 될 것입니다."[28] 버니언이 생각한 이상적인 설교자의 모습은 바로 여기에 있었다. 버니언이 볼 때, 설교자는 하나님께 세움을 받아 회중을 인도하는 영적인 안내자였다. 이에 관해, 웨이크필드는 이렇게 언급한다.

> 여기서 해석자는 신약의 은유들을 통해, 설교자가 영적인 자녀들을 낳기 위해 해산의 수고를 쏟으며 또 그들이 태어난 후에는 양육자가 된다는 것을 설명한다. 설교자의 자세와 그의 손에 든 성경, 그 입술에 새겨진 진리는 그의 "직무가 감추어진 일들을 파악하고 그 일들을 죄인들에게 풀어서 전해 주는" 데 있음을 분명히 보여준다. 설교자는 하나님의 은밀한 심판과 자비를 펼쳐 보이는 사람이다. 이 일을 행할 때, 그는 이 세상을 부인하고 자신의 상급이 장차 임할 세상에서 주어질 것임을 굳게 믿어야만 한다. 지금 이곳에서, 그는 심한 조롱과 핍박, 중상을 받게 될 수 있기 때문이다. 이는 버니언을 비롯한 많은 사람들이 스튜어트 왕조 아래서 겪었던 일과 같다.[29]

설교자로서 버니언이 품은 애착은 단순히 자신이 전하는 메시지에만 국한되지 않았다. 그는 청중의 영혼에 관해서도 지극한 열심을 품고 있었다. 버니언은 설교와 **더불어** 사람들의 영혼을 사랑했던 것이다. 그는 이렇게 언급한다. "설교할 때, 나는 사람들이 하나님의 자녀로 다시 태어나도록 인도하기 위해 생생한 고통과 해산의 수고를 치르곤 했다. 그리고 그런 사역의 열매가 나타나기 전까지는 결코 만족하지 않았다."[30] 또 다른 구절에서, 그는 이렇게 언급했다. "만일 어떤 이가 내 사역을 통해 일깨움을 받고 나서 다시 실족할 경우, 나는 친자녀 중 하나가 죽어서 땅에 묻힐 때보다 더 큰 상실감을 느끼게 된다. 그리고 때로는 그런 자들이 너무 많았다."[31] 또한 버니언은 인간 영혼의 위대한 가치에 압도되어 있었다. "사람의 영혼과 구원의 문제는 위대한 일, 실로 놀라우리만큼 위대한 일입니다. 그러므로 여러분 각자의 영혼만큼 중대한 문제는 없으며, 또 마땅히 그래야만 합니다. 여러분의 영혼이 구원 얻는 문제에 비길 때, 집과 토지, 직업과 명예, 지위와 승진 같은 것들이 무슨 의미가 있겠습니까?"[32]

복음 사역으로 부름받은 자가 있다면, 그것은 바로 버니언이었다. 성령께서 그에게 신적인 은혜를 주셨으며, 그 은사들을 그대로 버려두는 것은 버니언 자신의 양심에 중대하게 어긋나는 일이었다. 감옥에 갇혀 있을 때조차, 그는 이전에 설교한 내용들을 책으로 펴내는 데 많은 시간을 쏟았다. 그러므로 크리스토퍼 힐은 이렇게 결론짓는다. "그의 『넘치는 은혜』(*Grace Abounding*) 이전에 출간된 모든 글은 설교에서 유래한 듯하며, 그 책 이후에 출간된 대부분의 글 역시 그러할 것이다." 힐에 따르면, 버니언이 실제로 전한 설교는 그가 책으로 펴낸 글들보다 훨씬 더 개인적이고 솔직한 어조를 띠었을 것이다. 또 힐은 이렇게 덧붙이고 있다. "출간된 책들의 점잖은 문체 속에서도 버니언의 일상적이고 꾸밈없는 어조들이 간간이 드러나는 것을 보게 된다. 그러므로 그가 실제로 전한 설교에서는 그런 표현들이 더욱 많은 비중을 차지했으리라고 볼 수 있다."[33]

하나님의 말씀을 향한 경외심

버니언에게 성경은 사람의 말들을 기록한 것이 아니라 하나님의 말씀이라는 확신이 있었으며, 이는 그가 전한 설교의 견고한 토대를 이루었다.[34] 선지자와 사도들은 "하나님께 영감을 받아 말씀을 전한" 자들이었던 것이다.[35] 버니언은 이렇게 기록했다. "모든 성경은 하나님의 말씀이다"(딤후 3:16, 벧후 1:21).[36] 그에 따르면, 성경은 마치 하나님이 하늘에서 구름 아래로 우리에게 직접 말씀하신 것과 같은 생생한 진리였다.[37]

버니언이 성경을 경외한 이유 중 하나는 그 책이 하나님의 말씀으로서 무오한 진리임을 이해했기 때문이다. 그는 이렇게 언급한다. "성경은 '두려운 말씀'으로 간주되어야 한다. 이는 그 말씀이 실로 참되며 믿을 만한 것이기 때문이다." 그리스도는 성경이 폐하여지지 않는다고 가르치셨다(요 10:35). 성경은 곧 "진리의 글"이며, "하나님의 참되신 말씀"이다(단 10:21, 계 19:9).[38] 그리고 사도들은 "성령으로 충만케 된" 자들이었다. 따라서 "그들이 전한 교리는 무오하다. 즉 그들이 이 문제에서 오류를 범하는 것은 불가능하다는 뜻이다. 그렇기 때문에 그들이 전해 준 교리를 멸시하는 자는 곧 하나님을 멸시하는 것이 된다."[39]

그러므로 성경 말씀에서는 하나님 자신의 위엄이 생생히 울려 퍼지고 있다. 버니언은 성경 본문들을 거침없이 살피면서, 이렇게 언급한다. "왕이 선포하는 음성은 사자의 울부짖는 소리와 같다. 그가 명령을 내리는 곳에서는 권세가 나타난다. 그렇다면 하나님, 우리 위대하신 하나님이 시온에서 부르짖으며 예루살렘에서 목소리를 발하실 때에는 어떤 일이 벌어지겠는가? 그분의 음성은 이 땅뿐 아니라 온 하늘까지도 진동시키신다……주님의 음성은 강력하며, 그분의 목소리에는 충만한 위엄이 담겨 있다"(잠 19:12, 전 8:4, 욜 3:16, 시 29:4).[40]

하나님의 말씀을 믿고 따르는 것은 곧 그분을 향한 예배의 행위다(행 24:14).[41] 그러므로 버니언은 이렇게 조언한다. "늘 여러분의 양심으로 하나님 말씀의 권위를 긴밀히 받드십시오. 그 말씀의 계명들을 영광과 권능의 하나님이 주신 명령으로 알고 경외하는 동시에, 우리를 사랑하며 불쌍히 여기시는 긍휼이 충만하신 아버지의 당부로 알고 따르기 바랍니다."[42]

우리가 하나님을 바르게 섬길 방법을 알게 되는 것은 오직 그분이 주신 권위 있는 말씀을 통해서다. 버니언은 이렇게 언급한다. "지식이 없는 열심은 마치 앞을 보지 못하고 날뛰는 말이나, 미친 사람의 손에 들린 칼과 같다." 하나님의 말씀이 없는 곳에는 지혜도 없다(사 8:20).[43] 사람들로 하여금 성경을 낮추어 보게 하고, 그들 자신의 마음과 생각대로 행하도록 부추기는 것은 곧 마귀의 역사다.[44] 또한 하나님의 섭리로 우리 앞에 주어지는 상황과 기회들에만 근거해서 무엇이 옳은지를 결정하려 해서도 안 된다. 우리가 안전하게 나아갈 수 있는 유일한 길은 오직 하나님의 말씀을 좇아 행하는 데 있다.[45]

버니언은 성경이 영적인 일들에서 우리의 충분한 안내자가 된다는 점을 옹호했다. 구원의 문제를 두고, 그는 이렇게 언급했다. "그리스도인들이여, 여러분은 이 문제에서 자신의 감각과 느낌에 의존해서는 안 됩니다. 여러분은 오직 하나님의 말씀만을 붙들어야 합니다.……하늘과 땅에 있는 모든 천사와 성인보다, 여러분은 기록된 복음의 말씀에 담긴 한 음절에 더 큰 신뢰를 두어야 합니다."[46] 그러므로 하나님의 말씀은 우리가 드릴 "예배의 규칙"이며, 이를 대신하여 인간적인 전통을 예배의 안내자로 삼는 것은 그분의 뜻을 크게 거스르는 일이 된다.[47] 버니언에 따르면, 성경 자체만으로도 하나님의 종들을 온전히 구비시키기에 충분하며, 어떤 인간적인 관습이 여기에 덧붙여질 필요가 없다. 또 성경은 길을 잃은 자들을 인도하여 그리스도 예수를 믿음으로써 구원에 이르는 지혜를 얻게 하며, 그 내용은 하나님을 합당하게 예배하는 법과 사람들 앞에서 의롭게 행하는 길을 가르치는 데에도 충분하다는 것이 그의 주장이다(딤후 3:14, 17).[48]

우리의 마음과 삶, 행실, 또한 교회 내에서 일어나는 모든 무질서의 원인은 하나님의 말씀을 경외하지 않는 데 있다는 것이 버니언의 생각이었다. 곧 모든 죄는 "하나님의 말씀을 떠나 방황하는" 데에서 시작된다는 것이다. 이에 관해, 그는 다음과 같은 잠언 13:13의 말씀을 인용하고 있다. "말씀을 멸시하는 자는 자기에게 패망을 이루고 계명을 두려워하는 자는 상을 받느니라." 하나님의 말씀은 우리에게 생명이자 피난처가 된다(시 17:4, 잠 4:20-22). 각 시대마다 사악한 자들은 하나님의 말씀을 외면하고 자신들의 정욕과 교만한 마음을 좇아 행하지만, 그들은 마침내 멸망하고 어리석은 자로 여김을 받게 된다(렘 8:9; 44:16).[49]

만약 성경이 하나님의 말씀임을 믿는다면, 우리는 사람들이 대적할 때에도 마땅히 말씀에 순종하고 그 내용을 선포해야 한다. 이에 관해, 버니언은 이렇게 언급한다. "따라서 하나님의 말씀보다 인간의 말과 행동을 더 중시하는 사람들은 책망을 받게 된다. 그들은 인간적인 쾌락이나 위협 때문에, 하나님의 말씀을 존경하고 순복하는 길에서 벗어난 자들로 간주되는 것이다." 단순히 성경의 신적인 권위를 인정하는 것만으로는 충분하지 않다. 오히려 그 말씀에 따르기 위해서는 기꺼이 세상과 맞설 수 있어야만 한다. 그렇지 않을 경우, 다음과 같은 그리스도의 두려운 말씀이 우리에게 적용될 것이다. "누구든지 이 음란하고 죄 많은 세대에서 나와 내 말을 부끄러워하면 인자도 아버지의 영광으로 거룩한 천사들과 함께 올 때에 그 사람을 부끄러워하리라"(막 8:38).[50]

이처럼 하나님의 말씀을 경외할 때, 설교자는 비로소 자신의 위치를 찾게 된다. 설교자는 그분의 진리를 전달하는 통로일 뿐이다. 그는 마치 "바다에서" 물을 끌어다가 땅 위에 비가 되어 쏟아지게 하는 "구름"과 같다. 목회자들은 하나님이 주시는 교리를 받아서 전해야 하며, 자신이 그분에 관해 아는 내용들을 세상에 전달해야 한다.[51] '기쁨의 산' the Delectable

Mountains (『천로역정』에 나오는 지명—옮긴이)에 있었던 양치기들처럼, 신실한 설교자들은 "지식과 체험, 경계와 신실함"의 이름을 지녀야만 한다. 그들은 마땅히 균형 잡힌 관점을 제시하여, 회중으로 하여금 거짓된 가르침과 세속적인 삶이 지닌 위험성을 깨닫고 영광스러운 하늘 소망을 바라보도록 인도해야 한다.[52]

말씀을 전할 때, 버니언은 "교만하고 높은 마음을 품도록 자주 유혹을 받았다." 하지만 주님은 다양한 방식으로 자비를 베푸셔서, 그로 하여금 유혹들에서 벗어날 수 있게 하셨다. 버니언에 따르면, 하나님은 날마다 마음의 악한 부분들과 그 안에 있는 온갖 부패와 연약함을 그에게 보여주셨다. 그리고 하나님은 성경의 가르침을 통해, 사랑이 없이는 은사와 능력이 아무것도 아님을 그에게 일깨워 주셨다(고전 13:1-2). 그리하여 버니언은 자신의 설교를, 그리스도께서 교회를 위한 음악을 연주하기 위해 쓰시는 "악기"로 여기는 법을 배우게 되었다. 과연 악기에 불과한 존재가 교만한 마음을 품을 수 있겠는가? 버니언은 또한 영적인 은사들은 언젠가 소멸되겠지만, 사랑은 영원히 지속되리라는 점을 기억했다(고전 13:8). 어떤 자들은 유능한 설교 사역을 감당하고서도 결국에는 지옥에 가는 것으로 끝맺게 될 수 있다. 그리고 지식이나 언변에 있어서 하찮은 은사를 지닌 자들이 마치 천사처럼 설교하는 자들보다 천 배나 많은 은혜를 소유하고 있는 경우도 있다. 따라서 이런 사람들은 하나님 앞에 훨씬 더 큰 기쁨을 드리는 존재가 된다. 그러므로 버니언은 이렇게 결론짓는다. "온갖 은사를 지닌 것보다, 오히려 약간의 은혜와 사랑, 하나님을 향한 참된 경외심을 간직하고 있는 편이 더 낫다."[53]

또한 버니언은 교회가 지닌 필요와 다가올 심판의 날에 비추어 자신의 설교를 살피는 법을 배웠다. 설교자가 "자신의 은사는 자신의 것이 아니라 교회의 소유라는 점, 이를 통해 자신이 교회를 섬기는 종이 되었으며 마지막 날에는 주 예수님 앞에 서서 그 일을 어떻게 감당했는지를 고백해야 한다는 점, 그리고 이때 선한 고백을 드릴 수 있다면 복을 얻으리라는 점"을 기억할 때, 그는 "스스로를 작은 자로 여기는" 데 도움을 얻게 된다. 그러므로 버니언은 이렇게 언급한다. "모든 자들로 하여금……주님을 향한 경외심을 소중히 여기도록 하자. 은사는 실로 사모할 만한 것이지만, 큰 은사를 갖고도 은혜가 없는 것보다는 은사는 적더라도 큰 은혜를 소유하는 편이 더 낫다." 이는 오직 은혜만이 우리를 영광으로 인도하기 때문이다.[54]

마음을 이해하기

물론 버니언은 말씀 선포에 필요한 은사들을 지니고 있었지만, 그가 이처럼 능력 있는 설교자가 된 것은 단순히 수사적인 기술이나 열정 덕분이 아니었으며, 케임브리지를 비롯한 어느 대학에서 받은 학위 덕분도 아니었다. 이는 그가 그런 학위를 받은 적이 없었기 때문이다. 버니언은 생동감 있고 체험적인 신앙의 소유자였으며, 온갖 종교적 문제와 감정들에 친숙해질 수 있었다. 그는 교과서를 통해서는 배울 수 없는 일들, 오직 생명력 있는 신앙의 제자로서만 깨달을 수 있는 일들을 체험했던 것이다. 버니언이 하나님의 손에 의해 적의 요새를 허물어뜨리는 강력한 무기로 사용될 수 있었던 이유도 바로 여기에 있었다. 그 자신도 인정했듯이, 버니언은 자신이 실제로 경험하고 느낀 내용을 설교했다.[55] 버니언의 영적인 삶에 관해서는 훨씬 더 많은 것을 언급할 수 있지만, 여기서는 그 중에서 몇 가지 영역만을 염두에 두고 살펴보려 한다. 이 부분에 관심이 있는 독자들은 버니언의 자서전인 『죄인의 괴수에게 넘치는 은혜』(*Grace Abounding to the Chief of Sinners*)를 추가로 읽어 보기 바란다. 이 자서

전에서 그는 독자들에게 자신의 마음과 생각을 펼쳐 보이고 있다.

공포

버니언은 그가 겪어 온 영적인 상태를 살피면서, 사신은 어린 시절부터 거의 필적할 사람이 없을 정도로 불의한 삶을 살았다고 술회한다.[56] 아홉 살 무렵에 그는 잠을 자다가 마귀와 사악한 영들이 주는 두려움에 시달린 적이 있었다.[57] 하지만 이렇게 불안한 꿈을 꾸었음에도 불구하고, 그는 계속 불경건한 친구들과 어울리고 죄 짓기를 즐기면서 살아갔다. 그러다 청년이 되어 결혼했을 때, 버니언은 자신이 죄인임을 깨닫게 되었다. 이는 특히 그가 안식일을 하찮게 여겨 왔던 점에서 그러했다. 하지만 이런 깨달음이 참된 변화를 가져오지는 못했고, 오히려 그의 마음이 은혜에 대해 더욱 완고하게 굳어졌을 뿐이었다. 버니언은 이렇게 언급하고 있다. "당시 나는 죄악된 행위를 통해 얻는 것 외에는 다른 위로를 결코 누릴 수 없을 것이라고 믿었다."[58]

이후 버니언은 한 경건치 못한 여인에게 책망을 듣고, 또 믿음을 고백하는 어떤 그리스도인과 교류하게 되었다. 이를 통해 그의 삶에는 외적인 변화가 생겨났으며, 어떤 자들의 눈에는 버니언이 새 사람이 된 것처럼 보였다. 이는 그가 그때까지 즐겨 왔던 일부 죄들에서 벗어났기 때문이다. 하지만 버니언에 따르면, 이때에도 그는 여전히 "그리스도도, 은혜나 신앙, 그리고 소망도 전혀 모르는" 상태에 있었다.[59] 당시 겉으로는 칭찬을 받았지만, 버니언은 자신이 위선자임을 알고 있었다. 그는 두려움에 압도되어 있었으며, 특히 죽음에 대한 공포에 시달리고 있었다. 그의 자서전에서, 버니언은 언젠가 교회의 종이 울리는 것을 보러 갔던 때에 관해 기록하고 있다. 당시 그는 종탑 아래에 서 있었는데, 곧 그 종이 아래로 떨어져 자신을 짓뭉갤지 모른다는 두려움에 사로잡히게 되었다. 그래서 그는 종탑의 대들보 아래로 자리를 옮겼다. 하지만 그곳에서도 그 들보가 무너져 내릴지 모른다는 불안감에 빠지게 되었으며, 다시 교회 첨탑의 문 앞으로 옮겨갔다. 그리고 이때에도 버니언은 첨탑 전체가 무너져 내릴지 모른다고 믿게 되었으며, 마침내는 아예 건물에서 멀리 떨어진 곳으로 도망쳐 버렸다.[60]

또한 버니언은 회심하기 전 어느 날, 베드퍼드에 사는 네 여인이 사탄의 유혹과 새로 태어남의 소망에 관해 이야기하는 말을 들었던 때를 회상한다. 당시 이 대화를 엿들으면서, 버니언은 영적으로 깊은 고뇌를 체험하게 되었다. "나는 그때, 이제껏 신앙과 구원의 문제를 숙고해 왔지만 새로 태어남에 관해 생각해 본 적은 한 번도 없었음을 깨달았다. 당시 나는 말씀이 주는 위로와 약속을 알지 못했으며, 내가 얼마나 사악하고 거짓되며 신뢰할 수 없는 자인지도 미처 헤아리지 못하는 상태에 있었다."[61] 그 후, 버니언은 종종 베드퍼드를 찾아가서 그리스도인들이 성경과 영적 체험에 관해 나누는 대화에 귀를 기울이곤 했다. 그 결과 그는 "마음이 대단히 부드럽고 민감하게 되는 것을 느꼈으며, 그들이 성경에 근거해서 이야기하는 내용들이 옳음을 확신하게" 되었다.[62] 하지만 율법이 주는 공포와 자신이 범한 악행들에 대한 죄의식은 여전히 버니언의 양심을 짓누르고 있었다.[63]

의심

버니언은 무수한 유혹 속에서도 자신을 보호하시는 주님의 손길을 경험했다. 성경은 그에게 점점 더 소중한 책이 되었지만, 버니언은 그 내용을 읽어 갈수록 자신의 무지를 더욱 절감하게 되었다. 이런 불신앙의 상태 가운데, 버니언은 자신이 스스로의 믿음 없음을 인정하기를 두려워한다는 점을 깨닫게 되었다. 하지만 그는 확실한 신앙의 지식에 이르기까지는 결코 만족할 수 없었다. 버니언은 이렇게 언급했다. "이런 생각은 내 마음 속에 늘 맴돌고 있었다."[64] 자신과 씨름하는 동안, 그는 영원한 상태에 관한 염려에 깊이 사로잡혔다. "나는 자신의 영혼이 스스로의 복된 미래에 관해 새롭게 싹트는 의심들에 시달리는 것을 경험하게 되었다. 나를 괴롭힌 것은 특히 '과연 나는 선택받은 자인가? 만일 은혜의 때가 이미 지나가 버렸다면, 내가 어떻게 그런 자들 중에 들 수 있겠는가?' 하는 번민이었다."[65]

은혜가 그의 심령에서 역사하는 동안에도, 버니언은 계속 의심에 시달렸다. "나는 하나님이 내게 자비를 베풀어 주시기를 애타는 심정으로 간구해야만 했다. 그때 나는 다음과 같은 생각에 다시 시달리게 되었다. 하나님이 기도하는 내 모습을 내려다보면서 이렇게 비웃으실 거라고 상상하곤 했다.……'이 무지하고 어리석은 자가 감히 내게 자비를 구하다니! 내가 그와 같은 자에게 자비를 베풀 만큼 할 일이 없는 줄로 착각하고 있구나!'" 그러므로 버니언은 이렇게 탄식한다. "아, 어리석고 불쌍한 자여! 너는 얼마나 바보같이 속고 있었던가!"[66]

은혜

공포와 두려움의 시간들이 있었지만, 버니언은 조금씩 하나님의 은혜를 체험하게 되었다. 그는 이렇게 언급한다. "주님은 더욱 온전하고 은혜로운 방식으로, 그분 자신을 나에게 나타내 보이셨다. 그분은 이런 일들 때문에 짓눌려 있던 양심의 죄책에서 나를 건져 내셨을 뿐 아니라, 그로 인해 더럽혀진 내 심령도 정결케 해주셨다. 곧 유혹은 제거되었으며, 나는 다시 온전한 마음 상태를 되찾았다."[67] 이때부터, 버니언은 마음의 사악함과 불경함을 느낄 때마다 그리스도의 보혈 아래로 피신하게 되었다. 이는 하나님이 그분의 피를 통해 버니언과 화목의 언약을 맺으시고, 친히 그의 친구가 되어 주셨기 때문이다.

1651년, 하나님을 경외하는 몇몇 여인들이 버니언을 자신들의 목회자인 존 기퍼드John Gifford에게 소개했다. 버니언은 특히 기퍼드가 아가서 4:1의 "내 사랑 너는 어여쁘고도 어여쁘다"를 본문 삼아 전한 설교를 듣고 큰 도움을 받았다. 그는 또한 마르틴 루터의 갈라디아서를 읽으면서 큰 유익을 얻었다. 이때 버니언은 이 책에서 자신의 체험이 "폭넓고 깊이 있게 다루어지는" 것을 발견했다. 그에 따르면, 이는 마치 "루터의 책 내용이 내 마음속에서 나온" 듯한 느낌이었다.[68] 그리고 어느 날 버니언이 들판을 걷고 있을 때, 그리스도의 의가 그의 영혼에 계시되었다. 그는 이때 영원히 자유하게 되었다. 버니언은 이 잊지 못할 경험에 관해 이렇게 기록하고 있다.

> 어느 날, 들판을 걷고 있을 때였다. 당시 내 마음에는 어떤 부담감이 남아 있었다. 이는 아직도 모든 일이 온전한 상태에 있지 않을까봐 염려했기 때문이다. 그런데 갑자기 내 영혼 속에 이런 문장이 부딪혀 왔다. "너의 의는 하늘에 있다." 그리고 나는 영혼의 눈을 들어 예수 그리스도가 하나님의 보좌 우편에 앉아 계신 것을 보게 되었다. 그분이 내 의로움이 되셨던 것이다. 그러므로 내가 어디에 있든, 무엇을 행하고 있든 간에 하나님은 더 이상 내게 이렇게 말씀하실 수 없었다. "나는 너에게 의를 요구한다." 이는 그 의가 바로 그분의 눈앞에 계셨기 때문이다. 뿐만 아니라 나는 자신의 바람직한 마음 상태 때문에 그 의가 더 나아지는 것도 아니며, 좋지 않은 마음 상태 때문에 그 의가 악화되는 것도 아님을 깨닫게 되었다. 이는 예수 그리스도께서 친히 내 의가 되어 주셨기 때문이다. 그분은 어제나 오늘, 그리고 영원히 동일하신 분이었다.
>
> 그러므로 이제는 내 다리를 얽어매고 있던 사슬들이 끊어졌다. 자신을 짓

누르던 괴로움의 족쇄에서 풀려났던 것이다. 나는 여러 유혹에서도 벗어나게 되었다. 이때부터는 나를 괴롭히던 하나님의 두려운 계명들이 사라졌으며, 나는 그분의 사랑과 은혜로 인하여 기뻐하면서 집으로 돌아가게 되었다.……

그 뒤로 얼마 동안, 그리스도를 통해 얻게 된 하나님과의 화목을 누리면서 행복하게 살아갔다. 그리스도, 그리스도! 당시 내 눈에 보이는 것은 오직 그리스도뿐이었다. 이제 나는 주님이 주시는 여러 유익, 곧 그분이 피를 흘리시고 무덤에 묻히신 일, 부활하신 일 등이 주는 유익들을 서로 동떨어진 것으로 여기지 않았다. 오히려 나는 주님을 한분의 온전하신 그리스도로 바라보게 되었던 것이다!……

내가 이처럼 그분의 높아지신 모습을 뵈옵고, 그분이 베푸시는 모든 유익의 가치와 광대함을 깨달을 수 있었던 것은 참으로 영광스러운 일이었다. 그 이유는 바로 여기에 있었다. 곧 나는 자신에게서 눈을 돌려, 그분을 바라볼 수 있었던 것이다. 내 안에서도 하나님의 은혜들이 활기 있게 나타나고 있지만, 그런 은혜들은 이를테면 부자들이 지갑에 넣어 가지고 다니는 은화 조각이나 하찮은 동전에 불과한 것임을 깨닫게 되었다. 실상 이 부자들이 소유한 진짜 금은 자신의 집에 있는 상자들 속에 보관되어 있는 것이다! 오, 이제 나는 집에 있는 상자 속에 진정한 금이 보관되어 있음을 깨닫게 되었다. 곧 내 보화는 나의 주님이며 구주이신 그리스도 안에 간직되어 있었던 것이다! 이제는 그리스도께서 나의 전부가 되셨다.[69]

이처럼 버니언은 죄와 양심의 가책, 유혹과 의심, 두려움과 사탄, 용서와 은혜를 체험적으로 알고 있었다. 그는 이렇게 언급한다. "만일 하나님이 어떤 사람에게 그가 지어 온 죄들과 그가 마땅히 가게 될 지옥의 실체, 또 그가 잃어버린 천국의 모습을 보여주신다고 하자. 그리고 이와 동시에,

그에게 아직도 그리스도를 고백하고 은혜와 용서를 누릴 기회가 있음을 알려 주신다고 하자. 그러면 그 사람은 몹시 진지한 태도를 품게 될 것이며, 마침내는 그 마음이 녹아내리고 허물어지게 될 것이다.……그는 자신의 귀중하고 불멸하는 영혼이 영원한 구원을 얻는 문제에 자신의 마음과 삶, 모든 행실에 초점을 두게 될 것이다."[70] 이처럼 버니언이 직접 체험한 일들은 그의 설교에 깊은 생명력을 부여했다. 설교 시에 그가 전한 말들은 그저 수사적인 기교에 그치지 않았다. 오히려 버니언은 죄의 깊은 사악함과 은혜의 복음에 담긴 영광스러운 진리들을 직접 목도한 사람으로서 그 말씀을 증거했다. 그는 하나님께 감화를 받은 사람으로서 메시지를 전했던 것이다. 그는 은혜로써 예수 그리스도를 대면하게 되었으며, 그분은 참으로 아름답고 영광스러우신 분이었다. 그러므로 누구든지 그분을 마주하는 자는 그분을 사랑하는 동시에 두려워할 수밖에 없었다.[71]

마음을 향한 설교

이러한 체험적 지식 때문에, 버니언은 자신의 설교에서 청중들의 마음을 겨냥하게 되었다. 우리는 자신의 마음을 통해 이해하고 결단하며, 어떤 것을 느끼고 추론하며 또 판단하기 때문에,[72] 버니언은 자신의 설교에서 청중의 이해력과 의지, 감정과 이성, 판단력을 "일깨우는" 메시지를 전달하려 했다.[73] 이에 관해, 윈슬로는 이렇게 언급한다. "버니언에게는 자신의 말에 정서적인 힘을 실어 보낼 수 있는 은사가 있었다. 그리고 그는 지금 이곳에서 결단해야 할 절박한 필요성을 청중에게 일깨우는 방법을 알고 있었다."[74]

버니언은 주로 성경과 성구 사전을 가지고 설교를 준비했으며, 성경에 깊이 뿌리를 둔 말씀을 증거했다. 이때 버니언은 자신이 직접 체험한 일들, 청중들도 체험하게 되기를 소원하는 일들을 전했다. 그는 이렇게 언급한다. "아, 오늘 내가 전하는 말씀을 듣는 자들이 죄와 사망, 지옥과 하나님의 저주에 관해 내가 알고 있는 내용을 깨닫게 되기를! 또한 그들이 예수 그리스도를 통해 주어지는 하나님의 은혜와 사랑, 사비를 깨닫게 되기를 소망한다."[75] 버니언이 어떤 식으로 청중의 마음을 향해 설교했는지를 자세히 파악할 수 있도록, 이제는 그의 설교가 지녔던 세 가지 특징을 살펴보려 한다. 한 마디로 요약하면, 그의 설교는 청중의 참여를 유도하고, 그들에게 간청하며, 그리스도를 높이는 것이었다.

청중의 참여를 유도하는 설교

버니언은 설교를 듣는 자들이 구경꾼에 그치지 않고, 그 설교의 내용에 직접적으로 참여해야 한다고 믿었다. 이를 위해 그는 친밀한 태도로 청중에게 말을 건넸으며, 이인칭의 표현을 자주 사용하곤 했다. 또한 양심의 여러 사례를 묘사하면서 직접적인 태도를 취했으며, 그의 설교는 단순할 뿐 아니라 그 속에 여러 예화가 담겨 있었기 때문에 평범한 사람들도 즐겁게 듣곤 했다.[76] 이에 관해, 웨이크필드는 이렇게 언급한다. "그는 청중에게 생명과 사망, 천국과 지옥의 문제를 가지고 나아갈 때, 친근하고 일상적인 태도를 취하곤 했다." 이때 버니언은 성경의 내용을 거룩한 상상력에 근거해서 확장시킨 표현들을 자주 사용하곤 했다. 예를 들어 성부께서 그리스도에게 주신 자들이 그분께 나아올 것이라는 요한복음 6:37의 본문에 관해 설교할 때, 버니언은 이 '나아올 것'shall come이라는 어구를 가지고 그 이름을 지닌 하나의 등장인물로 삼았다. 곧 그는 두려움에 빠져 의심하는 자들의 반론에 응답하면서, '나아올 것'이 그 모든 질문에 이미 답했으므로 더 이상 염려할 필요가 없다고 그들을 안심시켰던 것이다.[77] 이외에도 다양한 방식을 통해, 버니언은 청중이 설교의 내용에 참여할 수 있도록 그들을 인도했다.

버니언이 자신의 설교에서 직접적인 태도를 취했던 사례들은 넘쳐난다. '예루살렘 죄인들'Jerusalem sinners, 즉 예루살렘에서 그리스도를 배척하고 십자가에 못 박았던 자들에 비길 만큼 지독한 죄인들을 향해 전한 설교에서, 그는 이렇게 말씀을 전하는 베드로의 모습을 묘사했다.

베드로: 여러분은 모두 회개하고, 그분의 이름으로 죄 사함을 위한 세례를 받으십시오. 그러면 여러분은 모두 성령을 선물로 받게 될 것입니다.

항변하는 자: 하지만 나는 그분의 생명을 빼앗으려고 모의했던 자들 중 하나입니다. 그런 나를 그분이 구원해 주시겠습니까?

베드로: 이 말씀은 여러분 모두를 위한 것입니다.

항변하는 자: 하지만 나는 그분을 거슬러 거짓으로 증언했던 자들 중 하나입니다. 과연 내가 은혜를 입을 수 있겠습니까?

베드로: 이것은 여러분 모두를 위한 말씀입니다.

항변하는 자: 하지만 나는 "그를 못 박으시오! 그를 못 박으시오!" 하고 외쳤던 자들 중 하나입니다. 나는 그분보다 오히려 살인자 바라바가 풀려나기를 바랐던 자입니다. 그러면 나는 어떻게 되겠습니까?

베드로: 나는 여러분 모두에게 회개와 죄 사함을 선포하기 위해 이곳에 있습니다.

항변하는 자: 하지만 나는 그분이 자신을 고발하는 자들 앞에 서 계실 때, 그 얼굴에 침을 뱉었던 자들 중 하나였습니다. 또 나는 그분이 십자가에 달려 피 흘리며 고통받으실 때, 그분을 조롱하며 비웃었던 자들 중 하나입니다. 그런 나에게도 구원의 가망이 있겠습니까?

베드로: 이 말씀은 여러분 모두를 위한 것입니다.

항변하는 자: 하지만 나는 그분이 극심한 고통을 겪으실 때, "그에게 쓸개즙

과 식초를 주어 마시게 하라"고 말했던 자들 중 하나입니다. 그러니 고통과 죄책이 나를 짓누를 때, 나 역시 똑같은 대접을 받는 것이 마땅하지 않겠습니까?

베드로: 여러분의 사악함을 회개하십시오. 그러면 여러분 모두 죄 사함을 얻게 될 것입니다.

항변하는 자: 하지만 나는 그분을 욕하고 저주했습니다. 또 나는 그분을 증오하고, 다른 자들이 그분을 조롱하는 것을 보면서 즐거워했습니다. 과연 그런 나에게도 소망이 있겠습니까?

베드로: 여러분 모두에게 소망이 있습니다. 여러분은 모두 회개하고, 예수 그리스도의 이름으로 죄 사함을 위한 세례를 받으십시오. 그러면 여러분은 성령을 선물로 받게 될 것입니다.[78]

버니언의 글들을 살필 때, 그는 자신의 설교에서 청중 앞에 죄와 은혜의 실체에 관해 강력한 증거를 제시한 뒤 그들에게 결정을 내리도록 요청했다. 물론 버니언이 말씀의 설교를 청중의 판단에 종속되는 것으로 여기지는 않았다. 다만 그는 청중에게 그들이 처한 죄와 비참함의 상태를 있는 그대로 보여주고, 그다음에는 영광스러운 하나님의 은혜를 제시함으로써 그들의 마음을 무장 해제하려 했다. 이런 식으로, 버니언은 자신의 청중과 친밀한 관계를 구축해 나갔던 것이다. 그는 이렇게 언급한다. "하나님이 내 마음속에 그들의 영혼을 향한 깊은 연민과 동정심을 주신 것을 감사하게 된다. 이런 연민과 동정심 때문에, 나는 하나님의 은혜에 의존하면서 그들의 양심을 사로잡고 일깨울 표현들을 찾으려고 간절히 노력하게 되었다."[79]

버니언은 청중들을 향해 죄와 심판에 대한 진리, 은혜와 용서의 약속들에 응답할 것을 열렬히 설득했다. 그는 이렇게 호소했다. "불쌍한 죄인이여, 깨어나십시오. 영원의 세계가 다가오고 있습니다. 하나님과 그분의 아들 되신 분께서 이 세상을 심판하기 위해 오고 계십니다. 그러니 깨어나십시오. 불쌍한 죄인이여, 아직도 잠들어 있습니까? 그렇다면 당신의 귓가에 다시 한번 이 나팔 소리를 울려야 하겠습니다! 머지않아 하늘이 불길에 휩싸일 것이며, 땅과 그 안의 모든 것 역시 타 버리고 말 것입니다. 그리고 사악한 자들은 영원한 멸망의 상태에 들어가게 됩니다. 죄인이여, 지금 이 말을 듣고 있습니까?"[80] 이처럼 버니언은 단순히 진리를 옹호하는 것으로 만족하지 않았다. 나아가 그는 청중들의 귀에 힘찬 "나팔 소리"를 울렸으며, 이를 통해 그들이 복음의 메시지에 응답하도록 강권하려 했다. 그는 이렇게 설교했다. "죄인이여, 권고를 들으십시오. 자신의 마음을 향해 다시금 이렇게 질문해 보기 바랍니다. '나는 과연 예수 그리스도께로 나아온 사람인가?' 이 하나의 질문, 곧 '나는 그분께 나아온 사람인가, 아닌가?' 하는 질문에 천국과 지옥 중 그대가 가게 될 곳이 어디인지가 달려 있습니다. 만일 그대가 '나는 그분께 나아온 사람입니다.' 하고 고백하며 하나님이 그 고백을 확증해 주신다면, 그대는 진정 복된 사람입니다! 그러나 반대로 그대가 그분께 나아오지 못했다면, 무슨 수로 복을 누릴 수 있겠습니까? 실로 그렇습니다. 만일 그대가 예수 그리스도께로 나아와서 생명을 얻지 못했다면 장차 지옥에서 정죄를 받게 될 터인데, 과연 복을 누리게 될 이유가 어디 있겠습니까?"[81]

버니언은 스스로의 마음을 들여다보면서 살필 것을 청중에게 권고했다. 그는 청중이 그저 좋은 말씀을 듣는 데 만족하지 않고, 그들 각자의 마음속에서 그 진리를 깨닫도록 촉구하려 했다. 그러므로 그는 이렇게 경고했다. "벗들이여, 생각해 보십시오. 지금은 자비를 얻을 소망이 있지만, 그때에는 사라지고 말 것입니다. 지금은 그리스도께서 여러분에게 자비의 손길을 내밀어 주시지만, 그때에는 그 손길을 거두시게 될 것입니다.

또 지금은 그분의 은혜를 받아들일 것을 그분의 종들이 여러분에게 간곡히 호소하고 있지만, 여러분이 그 기회를 놓친다면 이후에는 아무리 간청하더라도 자비를 얻지 못할 것입니다."[82]

버니언은 모든 설교에서, 청중을 향해 말씀의 내용에 응답할 것을 촉구했다. 그에게 설교는 교실 안 강의가 아니었다. 설교는 죄인들을 감화시켜 그들의 마음을 움직이고 응답을 이끌어 내는 사역이었다. 따라서 버니언의 설교에는 간절함과 절박함이 담겨 있었다. 그가 보기에, 진리를 선포하고 난 뒤 언젠가는 그 메시지가 열매를 맺게 되리라고 여기는 것만으로는 충분하지 않았다. 마치 쇠가 달구어 졌을 때 두들겨야 한다는 것을 아는 대장장이처럼, 버니언은 청중에게 즉각적인 응답을 요구했다. 자신의 설교를 들은 자들이 모두 응답하기 전까지, 그는 결코 만족할 수 없었다. 그는 자신의 회중이 바로 그 순간에 결단해야 할 일을 뒤로 미룬 채 집으로 돌아가는 모습을 무심히 바라볼 수 없었던 것이다. 그가 청중들에게 제시한 요구는 이것이었다. "오늘 너희가 그의 음성을 듣거든 너희 마음을 완고하게 하지 말라"(히 4:7).

간청하는 설교

버니언은 사탄의 유혹이 얼마나 강력한지를 느끼고 이렇게 언급했다. "오, 이 사자가 얼마나 분노에 차서 울부짖고 있는지! 그 자는 주 예수님을 향해, 그분이 피로 값 주고 사신 이들을 향해 얼마나 격렬한 증오를 품고 있는지 모릅니다!"[83] 어떻게 보면, 우리 목회자들은 사탄이 취하는 태도에서 배울 점이 있다. 지금 사탄의 존재 목적은 오직 사람들의 영혼을 괴롭히고 우리 마음을 미혹시켜 그리스도를 저버리게 하며, 죄와 유혹을 좇아가도록 이끄는 데 있다. 버니언에 따르면, 설교자들이 이런 사탄의 유혹에 대처하는 최선의 방책은 마귀가 취하는 방법들을 더욱 탁월하게 활용하는 데 있다.[84] 그러므로 그는 단순히 청중의 눈앞에 생명과 사망을 제시하는 데 그치지 않고, 가능한 모든 방편을 동원하여 그들에게 죄를 버리고 그리스도 안에 있는 생명을 받아들일 것을 호소했다.

이같이 호소할 때, 버니언은 영원한 정죄의 끔찍한 두려움을 자신의 말로써 생생히 묘사했다. 그는 이렇게 언급한다. "말씀을 설교할 때, 나는 이 한 가지 사실에 특히 주의했다. 이는 주님이 나로 하여금 그분의 말씀이 죄인들을 다루기 시작하는 곳에서 시작하도록 이끄신다는 점이었다. 나는 모든 육체를 정죄하고, 율법에 따른 하나님의 저주가 온 세상의 모든 자에게 속하며 그들을 지배한다는 점을 밝히 드러내어야 했다. 이는 모든 자가 죄 아래 있기 때문이다."[85] 그는 또 이렇게 언급했다. "잃어버린 바 된 자의 영혼은 다시 건짐을 받지 못하며, 회복되거나 속량되지도 못할 것입니다. 곧 그 영혼은 하나님에게서 영원히 추방된 것입니다. 장차 그 영혼은 영영히 꺼지지 않는 불 속에서 고통을 받게 될 것입니다. 이는 참으로 두려운 일입니다." 버니언은 이렇게 말을 이어간다. "이제 별들의 숫자를 세어 보십시오. 또 온 땅에 있는 물방울의 숫자와, 사방으로 자라난 풀잎의 개수를 헤아려 보십시오. 만일 여러분이 할 수 있다면 말입니다. 하지만 정죄당한 영혼이 지옥에서 보내게 될 수억만 년의 세월을 헤아리기보다는, 차라리 이런 것들의 숫자를 세어보는 편이 더 빠를 것입니다."[86]

버니언은 죄인들에게 그리스도께로 돌이켜 생명을 얻을 것을 탄원하면서, 하나님과 그리스도, 그리고 지옥에 떨어질 죄인의 모습을 종종 의인화해서 나타내곤 했다. 이런 모습은 특히 스스로는 그리스도인이라 하면서도 아무런 삶의 열매가 없는 자들을 열매 없는 무화과나무에 비유한 그의 설교에서 잘 드러난다. 이 설교에서 버니언이 호소하는 내용에 귀 기울여 보자.

"사망이여, 이리 와서 내가 명하는 무화과나무를 베어라." 그리고 주님은 이 죄인을 잡아 흔드신 다음, 쓰러져 병상에 눕게 만드십니다. 그리고 이렇게 말씀하십니다. "사망이여, 저 자를 데려가라. 그는 내 인내와 오래 참음을 업신여긴 자다. 이는 내가 베풀어준 관용을 통해 자신이 회개하고 그에 합당한 열매를 맺어야 한다는 것을 잊었기 때문이다. 사망이여, 저 무화과나무를 데려다가 불 속에 던져라. 저 무익한 신자를 지옥에 던져 버려라!" 이에 사망이 음울한 낯을 하고 방 안으로 들어옵니다. 그러고는 지옥이 그 뒤를 따라 침대 맡에 모습을 드러냅니다. 이 둘은 그 신자의 얼굴을 들여다보면서, 그에게 조용히 손을 뻗치기 시작합니다. 먼저는 사망이 그의 몸에 고통을 가합니다. 그리하여 그 죄인은 머리와 가슴, 등에 통증을 느끼고, 호흡이 가빠지며, 의식을 잃거나 현기증에 시달리며, 관절이 경련을 일으키고, 심장이 멎을 듯한 충격을 느낍니다. 곧 회복 불능의 상태에 빠진 사람이 보이는 거의 모든 증상을 나타내는 것입니다. 그리고 이처럼 사망이 그의 몸을 괴롭히는 동안, 지옥은 그의 마음과 양심에 역사합니다. 그 마음과 양심에 고통의 불꽃을 일으키며, 깊은 슬픔과 상처를 주고, 이 불쌍한 피조물의 영혼에 영원한 정죄의 공포를 심어 주는 것입니다. 이제 그 죄인은 지나온 삶을 뉘우치면서, 하나님께 자비를 간구하기 시작합니다. "주여, 나를 건지소서! 주여, 제발 나를 건져 주소서!" 그러나 하나님은 이렇게 말씀하십니다. "안 된다! 지난 삼 년간 너는 나를 늘 노엽게 해왔다. 네가 나를 실망시킨 적이 몇 번인 줄 아느냐? 네가 헛되이 보낸 계절들의 숫자는 또 어떠하냐? 내가 그토록 오래 참으면서 너로 하여금 수많은 설교를 듣게 하고, 그 밖에도 여러 자비를 입게 하지 않았더냐? 하지만 다 소용없는 일이 되었다. 자, 사망이여, 저 자를 끌고 가라!"[87]

이처럼 열매 없는 신자의 죽음을 생생히 묘사하는 버니언의 설교를 접하면서, 우리는 마치 임종을 맞은 그 사람의 병상 옆에 서 있는 듯한 느낌을 받게 된다. 에롤 헐스Erroll Hulse, 1931-2017가 말했듯이, "여기서 버니언은 베임 당하는 무화과나무의 예화를 실로 생생히 전달한다. 그리하여 우리는 메아리치며 울리는 도끼질 소리와 함께 회개하지 않고 죽어가는 자의 음울한 신음소리, 숨 막힘에 헐떡이는 소리가 귓전에 울리는 것을 경험하게 된다."[88]

버니언은 청중을 향해 이처럼 죄와 지옥의 두려움을 깨닫도록 간청하는 동시에, 하나님의 자비를 바라볼 것을 간절히 권고했다. 그는 이렇게 호소했다. "눈을 들어 저 높은 곳을 바라보십시오. 그곳에는 하나님이 계신 은혜의 보좌와 시은소가 있습니다. 여러분은 그 앞으로 나아가 구원을 얻어야만 합니다."[89] 또 버니언은 이렇게 덧붙였다. "죄인이여, 오십시오. 그대가 그리스도의 말씀에서 어떤 약속을 접하게 될 때, 그것을 최대한 비틀어 보십시오. 그럴지라도 그 약속은 흔들리지 않을 것이며, 그분의 공로와 보혈은 모든 문제에 답을 줄 것입니다. 우리는 그 말씀의 어떤 내용이든, 또는 그로부터 추론되는 어떤 옳은 결론이든 간에 온전히 신뢰하면서 자신을 맡길 수 있습니다……그러니 그대가 어떤 죄인이든 간에, 만일 그분 앞에 나아오기를 원한다면 얼마든지 그렇게 할 수 있다는 것을 조금도 의심하지 말기 바랍니다."[90]

만일 사탄이 사람들의 영혼을 미혹하는 일을 한 순간도 멈추지 않는다면, 설교자들 역시 그들의 영혼에 호소하는 중대한 임무를 잠시도 소홀히 해서는 안 된다. 이같이 청중에게 호소할 때, 우리는 죄의 추악함과 가증함을 드러내는 동시에 온전히 사랑스러우신 그리스도의 모습을 보여주어야 한다(아 5:16). 우리의 대적이 이와 상반되는 일을 행하는 데 온힘을 쏟고 있기 때문이다. 이처럼 청중의 마음에 호소할 수 있었던 버니언의 능력은 주로 그 자신이 겪어 온 영적인 여정에 근거한 것이었다. 자신이 직접 죄와 가책의 무게를 체험했으므로, 그는 죄의 고뇌 아래 있는 자들을 상대로 호소할 수 있었다. 그리고 그 자신이 하나님의 은혜를 맛보았으므로, 버니언은 그리스도 안에 있는 하나님의 자비를 받아들일 것을 청중에게 간곡히 권면했던 것이다. 버니언은 자신의 사역을 요약하면서 이렇게 언급한다.

> 나는 이 년여에 걸쳐 사람들의 죄를 지적하고, 그로 인해 그들이 두려운 지경에 처해 있음을 역설했다. 그런데 이 시기가 지난 후에 주님이 내 영혼에 임하셨고, 그리스도를 통해 흔들림 없는 평안과 위로를 누리게 하셨다. 곧 당시 하나님은 나로 하여금, 그분이 그리스도를 통해 베푸시는 복된 은혜를 자주 체험하고 달콤하게 누리도록 인도하셨던 것이다.……물론 나는 그 후에도 직접 깨닫고 체험한 내용들을 설교했다. 하지만 나는 예수 그리스도의 모든 직무와 더불어 그분이 우리와 맺으시는 관계, 또 그분이 우리에게 베푸시는 유익들을 세상에 전파하는 일에 더 많은 힘을 쏟게 되었던 것이다.[91]

버니언은 어떤 중대한 죄인의 모습을 연기하듯 보여주면서 이렇게 언급했다. "그대가 무릎 꿇고 기도할 때, 이렇게 간구하십시오. '주님, 여기에 예루살렘 죄인이 있나이다! 저는 가장 흉악한 죄인이며, 저의 짐은 가장 크고 무겁습니다! 당신의 붙드시는 손길이 없이는 지옥에 떨어지고 말 것입니다.'……당신의 이름을 모들린이나 므낫세와 함께 언급하십시오. 그러면 당신은 모들린이나 므낫세 같은 죄인들이 행했던 것처럼 회개하게 될 것입니다!(모들린은 복음서의 막달라 마리아를, 므낫세는 히스기야의 뒤를 이었던 유다의 악한 왕을 가리킨다—옮긴이)"[92]

그리스도를 높이는 설교

은혜의 다스림을 받는 설교자는 오직 예수 그리스도를 높이고 영화롭게 하는 데 초점을 둔다. 그리고 이때 그는 계시된 말씀뿐 아니라, 그 말씀에 근거한 자신의 체험을 통해서도 그리스도를 높이게 된다. 버니언은 이 두 가지 측면 모두에서 탁월한 설교자였다.[93] 그는 특히 그리스도와 그분이 베푸시는 은혜의 풍성함에 초점을 두고, 청중들로 하여금 자신들의 구주이신 그분을 높이도록 인도해 갔다. 그는 이렇게 설교했다. "오, 하나님의 아들이시여! 당신이 흘리신 모든 눈물에는 은혜가 가득했습니다. 당신의 옆구리에서 피가 쏟아질 때, 그 속에서 은혜가 솟구쳐 나왔습니다. 당신이 입을 열어 귀한 음성을 내실 때마다 은혜가 흘러 나왔습니다. 그리고 채찍에 맞거나 가시에 찔리실 때, 손과 발에 못 박히고 창에 찔리실 때에도 은혜가 샘솟았습니다. 오, 복되신 하나님의 아들이시여! 이것은 참으로 은혜이며, 헤아릴 수 없이 풍성한 은혜입니다! 이는 천사들을 경탄하게 만들기에 충분한 은혜이며, 죄인들을 복되게 하고 마귀들을 경악시키기에 충분한 은혜입니다."[94] 버니언에게 이것은 우리를 끝까지 붙들어 주는 은혜였다. 이는 그 은혜가 결코 소멸하지 않기 때문이다.[95]

버니언이 무엇보다 사랑했던 일은 웅대한 신학적 열정을 품고 그리스도를 교리적으로 선포함으로써 그분을 높이는 일이었다.

> 설교할 때, 그중에서도 특히 우리의 행위가 아니라 그리스도를 믿음으로써 생명을 얻는다는 교리를 전할 때, 나는 마치 하나님의 천사가 등 뒤에 서서 힘을 북돋아 주는 듯한 느낌을 받곤 했다. 오, 그 메시지는 얼마나 강력한 힘과 천상적인 증거를 가지고서 내 영혼에 임해 왔는지 모른다! 그러므로 그 메시지를 해명하고 입증하며 다른 자들의 양심에 심겨 주려 할 때, 나는 "그것이 진리임을 믿고 확신합니다"라고 말하는 데 그칠 수 없었다. (만일 이렇게 표현할 수 있다면) 당시 나는 자신이 전한 이 가르침들이 진리임에 관해, 확신 이상의 신뢰를 품고 있었기 때문이다.[96]

한편 버니언은 신앙의 중대한 문제들을 다루면서 교리적인 설교를 전하는 데에만 치중하지 않았다. 그의 설교는 또한 송영의 성격을 지니기도 했다. 곧 그는 자신의 설교에서 하나님을 찬미할 뿐 아니라, 일깨움을 받은 회중 역시 마음으로 그분을 찬양하도록 인도해 갔던 것이다. 오늘날의 설교 역시 이런 송영의 성격을 띠는 것이 마땅하다. 곧 윌리엄 퍼킨스의 표현을 빌리자면, 우리는 그리스도께 힘입어, 그분을 찬송하는 마음으로 한분 그리스도만을 설교해야 한다.[97]

버니언이 볼 때, 그리스도를 높이는 일에는 단순히 우리를 회심으로 이끄셨기 때문에 그분을 찬양하는 것보다 더욱 깊은 의미가 담겨 있었다. 궁극적으로 그가 마음에 두었던 일은, 장차 구원받은 자들이 영광 가운데서 예수 그리스도를 영원히 높이게 되리라는 것이었다.

> 우리는 하나님과 그분의 복되신 아들 예수 그리스도를 온전히, 그리고 영원히 바라보게 될 것입니다.……그때에 우리의 뜻과 마음은 하나님과 그 아들 예수 그리스도를 향한 사랑으로 변함없이 타오르게 될 것입니다.……그때 우리의 양심은 어떤 천사나 사람의 말이나 글로도 표현할 수 없는 평안과 기쁨을 누리게 될 것입니다.……그때에는 우리의 기억력이 무한히 넓어져서 이 땅에서 겪었던 모든 일을 간직하게 될 것이며……하나님이 친히 그분 자신의 영광과 우리의 유익을 위해 모든 일을 주관하신 것을 기억하면서, 영영한 마음의 기쁨을 누리게 될 것입니다.[98]

버니언에 따르면, 이처럼 그리스도를 높이는 일은 오직 신자의 영혼에 내주하시는 성령님의 은혜로운 사역을 통해서만 가능하게 된다.

> 성령님을 통해, 우리는 그리스도의 아름다우심을 바라보게 됩니다. 그리스

도의 모습을 깨닫지 않고서는 그분을 사모할 길이 없으며, 오히려 그리스도를 무시하는 채로 살다가 멸망하게 되기 마련입니다. 그리고 우리는 성령님을 통해, 하나님이 받으실 만한 찬양을 드리게 됩니다. 그러나 반대로 그분이 역사하시지 않는다면, 우리가 말씀을 듣고 구원에 이르게 되는 일은 불가능합니다. 바로 이 복되신 성령님의 사역을 통해 하나님의 사랑이 우리의 마음속에 널리 부어지며, 우리의 마음 또한 그분을 향한 사랑으로 이끌림을 받게 됩니다.[99]

끝으로 버니언은 이처럼 영광스럽고 그리스도를 높이는 방식으로 구원이 주어졌으므로, 우리는 마땅히 하나님을 사모하고 간절히 소망하는 마음을 품어야 한다는 것을 늘 강조했다. 그의 강조점은, 특히 그리스도께로 나아와서 이처럼 영광스러우신 구주와 연합할 것에 대한 그의 진실하고 따뜻한 권면에서 뚜렷이 드러나고 있다. 버니언은 이렇게 설교한다.

오, 죄인인 그대여! 이제 어떻게 답하겠습니까? 그대는 자신이 구원을 받는 일에 관해 어떻게 생각합니까? 이 일을 생각할 때, 그대의 입술에 침이 고이지 않습니까? 구원받게 될 일을 생각할 때, 그대의 가슴이 두근거리지 않습니까? 그렇다면, **오십시오!** "성령과 신부가 말씀하시기를 오라 하시는도다. 듣는 자도 오라 할 것이요 목마른 자도 올 것이요 또 원하는 자는 값없이 생명수를 받으라 하시더라"(계 22:17).[100]

결론

버니언은 그리스도인의 삶에서 겪는 승리와 패배를 모두 경험했다. 그의 영혼이 죄의 무게에 깊이 눌려 있던 때도 있었지만, 동시에 그는 예수 그리스도의 풍성한 은혜를 깊이 체험했다. 이런 영적인 여정을 거친 덕분에, 버니언은 죄인과 성도들이 제각기 처한 상황 가운데로 다가갈 수 있었다. 그러므로 우리는 이 유명한 청교도 설교자에게서 많은 점을 배울 수 있다. 현재 미국에서는 설교단이 재담가와 이야기꾼, 대중 심리학자들을 위한 무대가 되면서 교회가 점점 힘을 잃어가고 있다. 하지만 이 베드퍼드의 땜장이 출신 설교자는 영적인 나태와 무감각의 시대에도 성령께서 강력히 역사하실 수 있음을 보여주는 놀라운 기념비로 남아 있다. 하나님이 세상의 약하고 어리석은 것들을 들어 쓰셔서 지혜로운 자들을 부끄럽게 하시는 모습을 볼 때, 우리는 참으로 경탄하게 된다. 버니언이 나온 대학은 지하 감옥이었으며, 그가 공부한 책은 성경이었다. 버니언은 에베소서 6장의 갑옷을 갖춰 입고, 어둠의 군주와 맞서 싸우기 위해 힘있게 나아갔다.

순전히 인간적이고 자연적인 수준에서 볼 때에도, 버니언에게는 하나님이 주신 비범한 능력이 있었다. 당시 잉글랜드에는 수많은 땜장이가 있었으며, 그 가운데는 물론 매우 경건한 그리스도인들도 존재했다. 하지만 버니언처럼 뛰어난 설교자는 오직 그 하나뿐이었다. 버니언의 언어적인 재능과 상상력, 그리고 독학을 통해 거둔 놀라운 성취는 하나님의 섭리적인 손길이 그와 함께하셨음을 보여준다. 곧 그는 하나님의 손길을 통해 평균적인 설교자의 수준보다 훨씬 더 풍성한 능력을 소유하게 되었으며, 이를 통해 죄인과 성도들의 마음과 생각에 효과적으로 다가갈 수 있었던 것이다. 설교자로서 그가 거둔 성공과 열매가 반드시 이런 은사들을 통해서만 설명되는 것은 아니지만, 그의 은사들이 아무 의미가 없었던 것 역시 아니다.

버니언의 예리한 설교에는 단순하면서도 다채로운 어조가 담겨 있었다. 그리하여 그의 설교는 평범한 사람들에게도 호소력 있는 것이 되었다. 이와 동시에 그의 말에는 강력한 달변이 담겨 있어서, 가장 훌륭한 웅변가까지도 머쓱하게 만들 정도였다. 버니언은 복음으로 사람들을 낚는 어부였으며, 탁월한 체험적인 설교자였다. 그는 그리스도께 나아오도록 죄인들을 따스하게 초청했으며, 그리스도인들이 마땅히 체험해야 할 일들과 영적인 순례의 여정에서 실제로 체험하게 되는 일들을 힘 있게 선포했다. 여기서 우리는 그의 설교가 지녔던 세 요소, 곧 청중의 참여를 유도하고, 간청하며, 그리스도를 높이는 특성들을 살펴봤는데, 이는 버니언이 사람들의 마음에 호소하기 위해 사용했던 강력한 무기의 일부일 뿐이다. 버니언의 설교에 그처럼 강력한 하늘의 힘이 담겨 있었던 이유는 부분적으로 이런 특성들에 있었으며, 성령님의 복 주심을 통해 그의 설교는 큰 열매를 거두었다.

버니언의 설교가 낳은 풍성한 결실에 관해서는 많은 이야기가 있다. 당시 그의 사역을 통해 사람들의 놀라운 회심이 일어났던 것이다. 아넛은 그중 한 사례를 소개한다. "한번은 버니언이 어느 마을의 교회에서 설교할 예정이었다. 당시 술에 취한 상태였던 케임브리지 대학의 한 교수는 '그 땜장이가 지껄이는 말을 들으러 가 보기로' 마음을 먹었다고 한다. 그래서 그 학자는 버니언을 실컷 비웃어 주려고 교회당에 갔다가, 그의 설교를 끝까지 앉아서 듣게 되었다. 그는 결국 회심하게 되었고, 마침내 그 자신도 설교자가 되었던 것이다."[101]

물론 버니언은 예외적인 은사를 지닌 설교자였음이 분명하다. 하지만 그가 의존하고 따랐던 성령님은 지금도 예수 그리스도께 속한 교회 안에서 역사하고 계신다. 버니언의 삶과 사역은, 우리가 전하는 말씀의 설교가 하나님의 손에 붙잡힐 때 강력한 무기로 쓰일 수 있음을 일깨워 준다. 존 해리스John Harris에 따르면, 버니언이 보기에 우리의 싸움은 사람들의 마음을 얻으려는 데 있었다. 이는 그들의 마음이 대적에게 사로잡혀 있으며, 그 결과로 그들의 생각 역시 어두움에 빠져 있기 때문이다. 이처럼 암담한 사람들의 상태를 절실히 느꼈기에, 버니언은 자신의 모든 무기를 동원해서 그 요새를 깨부수고 사람들의 깊은 마음속으로 뚫고 들어가려 했던 것이다.[102] 버니언은 사람들의 마음을 향해 설교했다. 찰스 H. 스펄전의 말처럼 이 차가운 땅의 영혼을 따스하게 덥히고 오류의 숲을 다 태워 버릴 불길을 일으키기 원한다면,[103] 우리의 등 뒤에는 지옥의 불을, 우리의 눈앞에는 하늘의 영광을 두고 설교해야 한다. 우리는 모든 방편을 동원해서 청중들로 하여금 그들의 영혼을 사랑하시는 하나님의 이야기에 동참하도록 초청하고, 그들이 그리스도와 함께 연합함으로써 왕이신 예수님을 영원히 높이게 되기를 간곡히 권면해야 한다. 나는 성령께서 우리에게도 버니언 같은 설교자들을 보내 주시기를 바란다. 그들은 곧 자유롭고 주권적인 하나님의 은혜로 다스림을 받아 그분의 진리로 환히 빛나는 자들이며, 그리스도를 위해 어리석은 자가 되고 감옥에 갇히며 사망의 권세에 맞서는 일들도 기꺼이 감수하는 자들이다.

14장 네덜란드의 '진전된 종교개혁' 서론

처음에 종교개혁이 네덜란드로 침투한 것은 루터파의 영향을 통해서였으며(1517), 그 후에는 재세례파가 영향을 끼쳤다(1531). 하지만 1545년 이후부터, 네덜란드의 종교개혁은 전반적으로 개혁파 또는 칼뱅파의 흐름을 좇아갔다.[1] 하이델베르크 교리문답은 체험적인 개혁파의 신념을 뚜렷이 진술한 문서로서, 1563년에 독일어로 작성되었다. 그리고 이 문서는 같은 해 네덜란드어로 번역되었으며, 1566년에 운율을 붙인 시편집과 함께 출간되었다. 불과 몇 달이 지난 뒤, 네덜란드의 교회들은 이 문서의 내용을 규칙적으로 설교하게 되었다. 1568년, 이 교리문답은 베젤 회의에서 정식으로 채택되었다.

하지만 네덜란드의 개혁파 운동이 원숙한 열매를 맺게 된 것은 '나데러 레포르마시'Nadere Reformatie, 진전된 종교개혁를 통해 그 운동이 숙성되고 난 후의 일이었다. 이 '나데러 레포르마시'는 주로 17세기와 18세기 초반에 일어난 운동으로, 잉글랜드의 청교도 운동[2]에 견줄 만한 것이었다. 그리고 이 운동은 도르트 회의를 통해 강화되었다(1618-1619). 이제 우리는 네덜란드의 몇몇 체험적인 개혁파 설교자들을 살피기 전에, 먼저 네덜란드의 '나데러 레포르마시' 운동과 도르트 회의를 개관해 보려 한다.

네덜란드의 '진전된 종교개혁'

'나데러 레포르마시' 운동은 빌럼 떼일링크Willem Teellinck, 1579-1629의 사역을 통해 시작되었으며, 그는 종종 이 운동의 창시자로 불린다. 그리고 이 운동이 막을 내린 것은 최후의 탁월한 기여자들인 알렉산더 꼼리Alexander Comrie, 1706-1774와 테오도루스 판 데어 흐루Theodorus van der Groe, 1705-1784가 활동했던 시기였다. 학자들은 이 운동을 이렇게 정의한다.

> '나데러 레포르마시'는 17세기와 18세기 네덜란드 개혁교회 안에서 일어났던 운동이다. 이 운동은 생명력 있는 신앙의 쇠퇴 또는 부재에 대한 반발로 일어났으며, 인격적인 신앙의 체험과 경건을 핵심 사안으로 여겼다. 이 운동은 이런 관점에 토대를 두고, 내용과 절차상의 개혁을 향한 동기를 구축했다. 그러고는 그 동기를 교회와 정치, 사회 영역의 각 기관들에 적용했으며, 말과 행동 모두에서 교회와 국가, 사회의 진전된 개혁을 추구함으로써 이 동기를 발전시켜 나갔다.[3]

여기서 '나데러 레포르마시'라는 용어는 영어 사용자들에게 문젯거리를 안겨 준다. 이는 네덜란드어의 '나데러'nadere가 지닌 의미에 정확히 상응하는 영어 번역어가 없기 때문이다. 문자적으로 '나데러 레포르마시'는 '더 가까운, 더 긴밀한, 또는 더 엄밀한' 종교개혁을 뜻한다. 이 운동의 강조점은 각 개인의 삶과 교회의 예배, 그리고 사회 전반에서 종교개혁의 열매를 더욱 뚜렷이 드러내는 데 있었다. 어떤 자료들에서는 이 운동을 네덜란드의 '2차 종교개혁'Second Reformation으로 지칭하지만, 이 운동은 네덜란드의 '진전된 종교개혁'Further Reformation으로 부르는 편이 가장 유익하다. 후자의 용어는, 이 운동의 주창자들이 앞서 네덜란드에서 진행되어 왔던 종교개혁의 역사를 생각하면서 느끼고 강조했던 심원한 연속성을 잘 드러내 준다.

또한 네덜란드의 '진전된 종교개혁'은 '네덜란드의 청교도 운동'으로 불리기도 한다. 언뜻 보기에, 이 명칭은 다소 유익한 것처럼 여겨진다. '나데러 레포르마시'는 잉글랜드의 청교도 운동에 상응하는 네덜란드의 운동이었기 때문이다. 이 두 운동 사이에는 역사적으로나 신학적으로 견고한 연결 고리가 있다. 키스 스프렁거Keith Sprunger에 따르면, 17세기 동안에 청교도적인 성향을 지닌 이들로서 네덜란드에서 거주했던 잉글랜드와 스코틀랜드 출신의 신자들은 수만 명에 이르렀다. 이 신자들은 약 마흔 개의 회중을 이루었으며, 그 가운데는 삼백오십 명의 목회자들이 있었다.[4]

잉글랜드의 청교도 운동과 네덜란드의 '진전된 종교개혁' 운동에 속했던 신학자들은 서로를 존중했다. 그들은 개인적인 접촉과 각자의 글들을 통해 서로 풍성한 영향을 끼쳤으며, 그런 글들 가운데는 라틴어로 쓴 논문들과 영어에서 네덜란드어로 번역된 여러 책이 포함되어 있었다. 빌럼 얀 옵트 호프Willem Jan op't Hof에 따르면, 1598년부터 1622년까지 육십 편에 이르는 잉글랜드 청교도들의 작품이 네덜란드어로 번역되었으며, 총 백십사 개의 판본으로 인쇄되었다. 그리고 이런 부분에서 윌리엄 퍼킨스는 잉글랜드의 다른 모든 저자를 능가했다. (그의 저서 중 스물아홉 권이 일흔한 개의 판본으로 번역되었다.) 네덜란드의 신학자 기스베르투스 푸치우스Gisbertus Voetius, 1589-1676의 경우, 라틴어로 된 청교도들의 작품 서른 권과 영어로 된 작품 이백칠십 권을 소장하고 있었다. 옵트 호프의 추산에 따르면, 1623년부터 1699년까지 이백육십 권의 번역본이 오백팔십 개의 판본으로 새롭게 출간되었던 것으로 보인다.[5] 17세기에는 다른 모든 나라에서 인쇄된 숫자를 전부 합친 것보다 더 많은 개혁파 신학 서적이 네덜란드에서 출간되었다. 또한 잉글랜드의 청교도 신학자들과 네덜란드의 '진전된 종교개혁'에 속한 신학자들은 서로 유사한 목표를 품고 있었다. 이는 각 개인과 교회, 나라들 가운데 하나님께 영광을 돌리는 체험적인 경건과 윤리적인 엄밀성을 북돋우는 일이었다.

잉글랜드의 청교도 운동과 '나데러 레포르마시'는 이처럼 서로 유사한 전망을 품고 있었지만, 역사적으로나 신학적으로 서로 구별되는 정체성을 발전시켜 갔다. 물론 잉글랜드의 청교도 운동이 '진전된 종교개혁'에 주된 영향을 끼친 것은 사실이다. 이는 특히 각 개인과 회중이 실천적인 경건의 삶을 살아갈 필요성을 강조한 점에서 그러했다. 하지만 청교도 운동이 '진전된 종교개혁'에 배타적인 영향을 끼친 것은 아니었다. 후자의 운동이 형성되는 데에는 잉글랜드의 것과 무관한 요소들 역시 기여했기 때문이다.

어떤 면에서, 이 네덜란드의 개혁 운동은 잉글랜드의 청교도 운동보다 더욱 청교도적인 성격을 지닌 것이었다. 이에 관해, 조너선 거스트너 Jonathan Gerstner는 이렇게 언급한다. "정통 개혁파의 관점에서 잉글랜드를 살필 때, 그곳에는 크롬웰 통치 당시의 짧은 시기를 제외하고는 언제나 맞서 싸워야 할 비성경적인 문제들이 산적해 있었다. 주교직의 존재나 성공회 기도서에 담긴 미신적인 예식들, 성직자가 예복을 입는 일 등이 그런 문제들이었다. 하지만 네덜란드의 경우에는 이런 문제들을 찾아볼 수 없었으며, 따라서 이곳에서는 개혁의 과제가 좀 더 미묘한 성격을 띠게 되었다. 네덜란드의 경우, '현 상태'를 옹호하는 자들은 잉글랜드에서처럼 명확히 비개혁적인 성격을 지닌 세력이 아니었던 것이다. 참된 청교도 운동의 정신이 더욱 뚜렷이 부각된 것은 바로 이런 맥락에서였다."[6]

네덜란드의 '진전된 종교개혁'에 속했던 신학자들의 경우, 잉글랜드의 동료 신학자들보다 정부와 교회의 개혁을 향한 관심이 덜했다. 또 잉글랜드의 청교도들은 신학의 실천적인 측면을 강조한 데 반해, 네덜란드의 신학자들은 신학의 학문성을 좀 더 중시하는 성향을 보였다. 다만 그럼에도 불구하고, '진전된 종교개혁'의 정신은 참된 개혁과 영성의 실천을 강조했던 잉글랜드 청교도 운동의 성격에 본질적으로 상응하는 모습을 보였다.

감사하게도, '진전된 종교개혁' 운동에 속한 몇 권의 책이 최근에 '개혁파 영성의 고전' the Classics of Reformed Spirituality 시리즈로 묶여서 영어로 출간되고 있다.[7] 그리고 이 운동에 속한 문헌 가운데서도 '정수 중의 정수'인 빌헬무스 아 브라켈의 책 『그리스도인의 분별력 있는 예배』(*The Christian's Reasonable Service*) 역시 영어로 출간되었다.[8]

네덜란드에서 이루어진 체험적인 목회 사역

'진전된 종교개혁' 운동에서는 정통적이며 성경적인 신념과 더불어 따스하고 인격적인 영성을 장려했다. 이는 곧 생명력 있는 순종의 실천을 낳는 영성이었다. 우리는 빌헬무스 스코팅후이스 Wilhelmus Schortinghuis, 1700-1750 가 제시했던 신앙과 선행의 정의들에서도 이 운동의 체험적인 강조점을 찾아볼 수 있다.

> **질문**: 참된 신앙은 무엇으로 이루어져 있습니까?
>
> **답**: 참된 신앙에는 (1)복음과 하나님, 자기 자신과 그리스도, 그리고 은혜받는 길에 대한 문자적인 지식과 특히 체험적인 지식(사 53:11), (2)따스하고

자발적인 동의(요 3:33), 그리고 (3)그리스도 안에 계신 하나님에게서 자신의 피난처를 찾는 신뢰(사 27:5, 잠 8:10, 시 2:12)가 포함되어 있습니다.[9]

질문: 선한 행실의 표지로는 어떤 것들이 있습니까?

답: 우리 자신의 뜻과 만족을 위해 행한 일들은 하나님을 진실로 기쁘시게 하는 선한 행실이 될 수 없습니다(마 15:9). 오히려 그리스도와의 연합을 통해(롬 14:23, 요 15:1-3), 하나님의 율법을 좇아(시 119:4-5, 사 8:20, 갈 6:16), 그리고 하나님의 영광을 위해(고전 10:31) 믿음으로 행한 일들이라야 그런 행실이 될 수 있습니다.[10]

장 타펭Jean Taffin, 1529-1602년경은 '진전된 종교개혁'의 선구자였던 인물이다. 그는 하나님이 신자들 사이에서 행하시는 사역 가운데 설교의 중심성을 강조했다. 그에 따르면, 참된 교회의 두드러진 표지는 "하나님 말씀의 순전한 설교"에 있다. 바로 이 성경의 설교를 통해, 양 떼인 우리는 목자이신 주님의 음성을 듣게 된다(요 10:27). 타펭은 이렇게 언급한다. "하나님은 이처럼 그분의 말씀이 시행됨을 통해, 우리에게 평안과 은혜, 구원과 생명을 베풀어 주시는 것이 분명하다."[11] 하나님은 설교자를 통해 생생한 음성으로 말씀하시며, 죄인들을 구원하시려는 자신의 뜻을 드러내신다. 하나님은 진리 자체이시며, 그분은 복음의 설교를 통해 우리의 구원과 양자됨에 관한 자신의 경륜과 의지를 계시하신다.[12]

스코팅후이스에 따르면, "의로운 사역자"는 하나님의 은사와 부르심을 입은 사람이다. 그는 "왕이신 주님을 위해 사람들의 영혼을 얻는 일"에 힘쓰며, "그리스도의 능력 안에서 그들을 돌아본다. 그리고 이 일은 그가 긍휼의 마음을 품고 모든 영역에서 진지하고 신실하게 섬김으로써 이루어진다"(요 21:15-17, 딤전 3:1-7). 따라서 그는 자신과 교회를 위해

"간절히 기도할" 뿐 아니라, 신실한 분별력을 품고 "성령과 능력"의 나타남에 의존하여 성경을 설교하게 된다.[13]

헤르만 비치우스Herman Witsius, 1636-1708에 따르면, 가장 참되고 포괄적인 의미에서 모든 신학생과 목회자는 한 사람의 "신학자", 곧 하나님에 관해 이야기하는 사람이다. 그는 이렇게 언급한다. "참된 신학자는 성경의 겸손한 제자이다. 성경은 신앙의 유일한 규범으로, 신학자가 그 내용을 영적이며 구원에 합당한 방식으로 이해하기 위해서는 성령님의 내적인 가르침에 온전히 복종해야 한다. 그러므로 성경의 제자인 사람은 또한 성령님의 제자가 되어야만 한다."[14] 이를 통해, 그는 하나님께 가르침을 받은 자로서 다른 사람들을 가르칠 수 있게 된다. 이때 그가 얻은 배움은 "단순한 사변이 아니라 생생한 체험을 통해" 주어진 것이다. 그리하여 그는 땅속 깊은 곳에 흐르는 하나님 말씀의 물줄기를 찾아내게 되며, 이를 통해 영생에 이르는 샘물이 솟아나서 동료 신자들의 갈증을 해소하게 된다.[15]

설교자들은 교사일 뿐 아니라 복음의 위로자이기도 하다. 푸치우스에 따르면, 말씀의 사역자들은 양심의 가책으로 고통받는 자들에게 가장 좋은 벗이 되어 주어야 하며, 무엇보다도 마땅히 위로의 은사와 기술을 갖추어야 한다.[16] 그의 제자 요하네스 호른베이크Johannes Hoornbeeck, 1617-1666에 따르면, 낙심한 영혼들에게는 그들의 마음에 와닿도록 이야기해 줄 누군가가 필요하다.[17] 영혼의 깊은 밤을 겪는 자들은 경건한 사람들과의 교제를 통해 큰 도움을 받게 된다. 이는 특히 "위로에 능할" 뿐 아니라 "성경에도 통달한" 목회자가 그 옆에 있어 줄 때 그러하다.[18] 푸치우스의 말처럼, 목회자들은 "지식과 결합된 경건"에 이르도록 훈련되어야 한다. 위트레흐트 대학의 신학 교수로 재직하던 시절, 푸치우스는 "신학을 확실하고 정통적인 학문으로 여기고, 그 학문을 실제적인 측면에서 다루는" 것을 자신의 임무로 삼았다. 이는 그 학문이 "본질상 실천적인 것"이기 때문이다.[19] 그러므로 이 신학자들은 주의 깊은 연구와 영적인 경건을 서로 결합시키고, 마음이 없는 신학과 숙고가 없는 활동을 모두 거부했다. 이는 호른베이크의 말처럼, "이론이 없는 실천은 없기" 때문이다.[20]

현대의 경우, '신학'이라는 용어는 종종 추상적이고 철학적이며, 우리의 삶과는 무관한 논쟁의 의미를 지닌다. 하지만 이 신학자들은 신학을 생명력 있는 삶의 방식으로 여겼다. 비치우스는 이렇게 언급한다. "내가 말하는 신학자란, 거룩한 일들에 관한 지식을 실제로 부여받은 사람이다. 그리고 이런 지식은 곧 하나님이 친히 주신 가르침에서 유래한다. 그는 자신의 말뿐 아니라 삶의 모든 과정 가운데 하나님의 경이롭고 놀라운 일들을 선포하고 찬미하며, 온전히 그분의 영광을 위해 살아가게 된다." 그런 신학자들은 억지로 이끌어낸 "진기하고 미묘한 질문들"에 관심을 두지 않고, 오직 "하나님과 그분의 그리스도를 경건하게 묵상하는" 데 마음을 쏟는다. 이런 마음의 자세를 지닌 목회자들은 청중의 지성 가운데 거룩한 일들을 정확히 재현하는 방식으로 설교했으며, 또한 사랑으로 청중의 영혼에 불을 붙였다.[21]

이 같은 가르침의 사역을 위해서는 하나님을 체험적으로 아는 자들이 필요하다. 비치우스는 이렇게 언급한다. "만일 어떤 이가 예수님 안에 있는 진리를 안다면, 그가 그분의 사랑으로 불붙지 않고 그분의 진리로 거룩해지지 않는 일이 어떻게 가능하겠는가?" 목회자는 그리스도의 형상 속에 있는 하늘의 일과 행실들에 관해 "진실한 열정"을 품어야만 한다. 그는 마땅히 위에 속한 영원한 일들을 사모하고, 세상적인 부와 명예, 쾌락을 향해서는 경멸의 시선을 보내야 한다. 모든 설교자는 하나님이 맡겨 주신 이 거룩한 부르심 앞에서 겸손한 마음을 품어야 한다. 하지만 비치우스가 언급하듯이, 이와 동시에 그들은 "용기를 잃거나", "올바른 의무의 기준을 낮춰서도" 안 된다. 오히려 그들은 하나님의 은혜에 의존하면

서 주님의 충성된 종이 되기 위해 아낌없이 노력해야 한다.[22]

복음의 설교 안에는 죄인들을 향해 그리스도의 구원 사역을 전달하시는 하나님의 손길이 담겨 있다. '진전된 종교개혁'의 설교자들은 하나님이 말씀의 설교를 통해 그리스도 안에서 주권적인 자비를 베푸신다는 생각에 깊이 잠겨 있었다. 이에 관해, 타펭은 이렇게 언급한다.

> 오, 은혜로우신 하나님. 우리가 진노의 자녀, 당신의 원수로서 온갖 악에 굴복했을 때, 당신께서는 불행하고 비참한 죄인인 우리에게 긍휼을 베푸셨습니다. 당신은 자비와 호의의 눈길을 우리에게 돌리셨습니다. 당신은 우리를 위해, 당신의 존귀하고 사랑스러운 아들이신 예수 그리스도를 치욕스럽고 저주받은 십자가의 죽음에 넘기셨습니다. 그리고 당신은 거룩한 복음, 곧 우리의 구원에 관한 기쁘고 복된 메시지를 보내 주셨습니다. 또 당신은 그 복음과 함께 당신의 성령을 보내 주셨으며, 이를 통해 우리의 마음을 밝히시며 우리를 당신께로 인도하시고, 또 당신의 나라와 영생의 보화를 누리게 하셨습니다. 당신은 하늘로부터 지옥의 가장 깊은 곳까지 친히 손을 내어 뻗으셨으니, 이는 우리를 건져 내어 당신의 복된 자녀로 삼으시기 위함이었습니다. 당신은 자신의 선하시고 기뻐하시는 뜻을 따라 이 모든 일을 행하셨으며, 당신께서 자비를 베풀고자 하시는 이들에게 그 자비를 나타내셨습니다.[23]

여기까지 우리는 네덜란드의 '진전된 종교개혁' 운동과 그 체험적인 강조점을 개괄적으로 살펴보았다. 이제는 이 시기에 네덜란드에서 작성된 주요 교리 문서인 도르트 신조를 살피고, 말씀의 사역에 관해 그 내용이 주는 의미를 생각해 보려 한다.

도르트 신조

도르트Dort, 또는 Dordrecht는 남부 홀란트 주의 한 도시이며, 도르트 회의the Synod of Dort는 당시 네덜란드 교회들 가운데 벌어졌던 한 논쟁을 종식시키기 위해 소집된 회의였다. 당시 레이던 대학의 교수였던 야코부스 아르미니우스Jacob Arminius, 1560-1609는 몇 가지 측면에서 개혁 신앙을 벗어난 자신의 주장을 제시했다. 그의 이런 주장들은 광범위한 호응을 얻었으며, 정부의 몇몇 주요 지도자들 역시 그를 지지했다. 그리고 이들은 아르미니우스의 견해에 따르도록 각 지역 교회들을 압박하기도 했다. 아르미니우스가 죽은 후에 '항론파'로 불리는 그의 추종자들은 '항론서'Remonstrance를 작성했는데, 이는 개혁 신앙의 가르침에 대한 자신들의 반론을 다섯 가지 항목으로 정리한 문서였다. 그들은 1610년에 이 문서를 정부에 제출하고, 벨직 신앙고백과 하이델베르크 교리문답의 수정에 나서려 했다. 이 논쟁은 정치적인 어조를 띠게 되었으며, 곧 내란이 일어나 네덜란드 전체의 안정을 위협하게 되었다. 이에 1617년, 네덜란드 의회Staten-Generaal에서는 이 항론파의 도전을 다루기 위해 국가적인 회의를 소집했다.

도르트 회의는 1618년 11월부터 1619년 5월까지 소집되어 백오십사 차례에 걸친 회합을 가졌다. 이 회의는 네덜란드 전역의 교회들에서 파견한 예순두 명의 대표자가 참석한 국가적인 회의였지만, 그 참석자들 가운데는 여덟 개 나라의 개혁교회를 대표하는 스물일곱 명의 외국인 대표단도 포함되어 있었다. 이 회의에서는 도르트 신조를 작성했는데, 이때 신조canon는 교회의 교리나 권징에 관한 사안에서 내려진 권위 있는 결정을 가리킨다.

이 신조는 흔히 '칼뱅주의 5대 조항'으로 불리는데, 이는 몇 가지 측면에서 잘못된 명칭이다. 첫째, 그 대표자들은 스스로를 '칼뱅주의자'로 여기기보다 개혁파 그리스도인으로 간주되는 편을 택했을 것이다. 이는 그들이 장 칼뱅을 다만 종교개혁 운동의 여러 좋은 교사 중 하나였던 인물로 보았기 때문이다. 둘째, 이 회의에서는 다섯이 아닌 네 가지 표제에 따라 이 신조를 구성했다. 이는 그들이 인간의 죄악됨과 중생의 은혜를 함께 다루어야 한다고 믿었기 때문이다. 따라서 신조의 세 번째 교리와 네 번째 교리("교리의 표제들")는 하나로 병합되어 있다. 그리고 셋째로 이 신조는 개혁신학의 완전한 진술을 나타낸 것이 아니라, 오직 항론파의 오류들에 대한 정통 신학 측의 응답을 제시한 것일 뿐이다. 곧 도르트 신조는 아르미니우스주의의 다섯 가지 항목에 대한 개혁파 측의 응답이며, 따라서 구원론soteriology, 또는 구원의 교리로 그 내용이 제한되어 있다.

아르미니우스주의자들이 자신들의 항론서를 통해 선언하고, 또 도르트 회의에 참석하여 명백히 밝힌 주장의 항목들은 다음과 같다.

1. 하나님은 끝까지 그리스도 안에 거하는 신자들을 구원하심과 동시에 불신자들은 정죄하시기로 영원히 작정하셨다. 그분이 어떤 이들로 하여금 영생을 얻도록 선택하시는 것은 오직 그들이 보여줄 믿음과 순종, 그리고 최종적인 인내를 미리 내다보셨기 때문이다. 하나님께는 일부의 사람들만을 구원하시겠다는 어떤 은밀한 의지가 없으며, 오직 모든 사람을 구원하겠다는, 복음을 통해 선포된 그 의지만이 존재한다.

2. 그리스도는 모든 사람을 위해 죽으셨으며, 이를 통해 모든 자를 위한 구원을 이루셨다. 하지만 실제로는 오직 신자들만이 이 구원을 받아 누리게 된다. 그분의 죽으심을 통해, 온 인류가 하나님과 화목하게 되었다. 그 결과로 성부 하나님께서는 죄인들이 그리스도께서 자신들을 위해 죽으셨음을 믿는다는 조건으로, 자신의 의로움을 간직하시면서도 그들을 상대로 은혜 언약을 세우실 수 있게 되었다.

3. 인간은 자신의 자유의지로써 신앙이나 어떠한 구원의 은혜를 만들

어 낼 수 없다. 그는 성령으로 거듭나야만 한다. 다만 죄인은 하나님의 말씀을 듣고 자신의 죄를 애통해 하며, 은혜를 사모함으로써 신앙과 중생에 이를 수 있다. 코르넬리스 베네마Cornelis Venema에 따르면, 항론파는 이렇게 가르쳤다. "죄악된 인간이 구원을 얻기 위해서는, 하나님의 은혜를 받고 또 그 은혜와 더불어 협력할 수 있도록 자신을 미리 준비시켜야만 한다."[24]

4. 하나님의 은혜가 없이는, 사람이 어떤 선한 일도 행할 수 없다. 하지만 그 은혜는 저항할 수 없는 것이 아니다. 하나님은 자신의 말씀과 성령을 통해, 그분을 믿을 힘을 우리에게 주신다. 그러나 인간은 이 은혜를 멸시하고 신앙을 거부하며, 마침내는 멸망에까지 이르게 될 수 있다. 하나님의 말씀을 듣는 모든 자에게는, 만일 그가 그렇게 하기로 선택하기만 한다면 그분을 믿고 구원에 이르기에 충분한 은혜가 주어진다.

5. 신자들에게는 그리스도 안에서 그들이 끝까지 결실하기 위해 필요한 모든 것이 주어져 있다. 하지만 만약 그들이 해이한 자세를 취한다면, 그들은 하나님이 주신 은혜를 잃고 세상으로 떨어져 나가게 될 수도 있다. 이처럼 신자들이 죄에 빠져서 자신들이 얻었던 신앙과 칭의를 잃고 마는 것은 흔히 있는 일이다. (다만 그들도 그 상태에서 돌이켜 다시금 구원을 얻을 수는 있다.) 그러므로 어떤 신자도 자신이 신앙에서 떨어져 나가 최종적으로 정죄를 받게 되는 일은 없으리라는 것에 관해 확실한 보증을 얻을 수는 없다.[25]

그들의 주장에 관해, 도르트 회의에서는 탁월한 목회적 지혜와 신학적인 균형이 담긴 응답을 제시했다. 이 회의에서 작성된 신조에는 성경적인 깊이와 복음적인 열심, 그리고 따스한 감사가 담겨 있다. 그러므로 이 신조는 우리가 읽고 숙고해 볼 만한 문서이다. 위와 같은 아르미니우스주의자들의 주장에 맞서 이 회의에서 선언한 내용을 요약하면 다음과 같다.

1. 하나님은 그분의 자비로 죄인들을 구원하기 위해 자신의 아들을

보내셨다. 그분은 누구든지 회개하고 그리스도를 믿는 자는 구원을 얻게 될 것임을 선포하기 위해, 우리에게 설교자들을 보내 주셨다. 하지만 오직 하나님이 선택하신 자들만이 진정으로 회개하고 믿음으로 나아오게 된다. 이는 그들의 회심 자체가 하나님의 선물이기 때문이다. 그들이 그분을 믿기 때문에 하나님이 그들을 선택하신 것이 아니다. 오히려 하나님이 그들을 선택하셨기 때문에 그들이 그분을 믿게 되는 것이다.

2. 하나님이 자신의 아들을 주신 것은, 택함받은 자들의 죄에 관해 그분 자신의 의를 만족시키기 위함이었다. 그리스도의 죽으심에는 무한한 가치가 있으며, 따라서 복음의 약속은 모든 사람에게 전파되어야 한다. 그러나 하나님의 뜻은 오직 택함받은 자들만이 그분의 죽으심을 통해 속량을 얻게 하시려는 데 있었다. 그리고 이들의 경우, 죄와 사탄의 공격에도 불구하고 확실하며 온전한 구원을 얻게 된다.

3/4. 사람에게는 지금도 지성과 의지가 남아 있지만, 그들의 영혼은 죄로 철저히 죽은 상태에 있다. 그러므로 그들은 하나님께 나아올 힘이 없고 또 그럴 의사도 없으며, 그렇게 하려고 준비하지도 않는다. 하나님이 사람들에게 그분을 믿을 능력을 주시는 것은 그들이 먼저 선택했기 때문이 아니다. 오히려 하나님은 먼저 사람들을 죄로 죽은 상태에서 살려내시고, 그들의 마음과 의지를 새롭게 만드신다. 그럼으로써 그들이 그분을 믿는 쪽을 기꺼이 선택하게 하시는 것이다.

5. 지금 신자들에게는 수많은 연약함이 남아 있으며, 따라서 그들은 안타깝게도 죄에 빠질 수 있다. 그러나 하나님은 그분이 품으신 영원한 사랑의 목적 때문에, 그들에게 여전히 자비를 베푸신다. 그분은 그들을 보존해 주심으로써, 그들이 신앙에서 떨어져 나가지 않고 마침내 결실을 맺도록 이끄시는 것이다. 비록 신자들이 자신들의 구원 여부를 의심하게 될 때도 있지만, 그들이 견고한 위로를 누리며 구원과 영생의 확신을 얻

는 일은 분명히 가능하다.

도르트 회의의 이 같은 결정으로, 아르미니우스주의를 좇는 목회자들은 강단에서 쫓겨나게 되었다. 시몬 에피스코피우스Simon Episcopius, 1583-1643의 인도를 따르던 이 목회자들은 국가 교회 바깥에서 자신들의 사역을 이어갔으며, 1625년에는 네덜란드 내에서 관용의 대상으로 다시 인정을 받았다. 그리고 시간이 흐르면서, 이들 중 많은 자들이 더욱 중대한 오류인 소키누스주의와 유니테리언주의에 빠지게 되었다. 이런 사조들은 삼위일체 교리와 그리스도의 피를 통한 대리 속죄의 교리를 부정한다.

이 책의 목적이 도르트 회의의 가르침을 설명하고 옹호하는 데 있는 것은 아니지만, 나는 독자들이 그 회의의 가르침을 좀 더 공부해 볼 것을 적극 추천한다. 우선은 도르트 신조의 본문을 읽어 보기 바란다. 그 안에는 성경적인 진리와 지혜가 가득 담겨 있다. 그런 다음에는 이 신조에 대한 좋은 연구 자료들을 찾아보기 바란다.[26] 이번 장의 목적은 체험적인 개혁파 설교의 사례를 살피는 데 있으므로, 이제는 이 회의에서 말씀 사역에 관해 어떻게 가르쳤는지를 다루어 보려 한다.

도르트 신조와 말씀의 설교

도르트 신조는 하나님이 죄인들에게 베푸시는 주권적인 은혜에 관한 교리적 선언으로 유명하다. 하지만 피터 더 용Peter De Jong에 따르면, 당시 이 회의에서 수행했던 작업을 신학의 영역에만 국한시키는 것은 "명백한 오해"이다. 아르미니우스주의를 다루기 전이나 그 후의 기간에, 이 회의에서는 교회들이 제기한 다른 몇 가지 문제를 논의했다. 그리고 "교회에서 전파되는 설교의 문제는 그 주된 관심사 중 하나였다."[27]

첫째, 도르트 회의에서는 하이델베르크 교리문답을 설교하는 관행의 정당성을 재확인했다. 이 교리문답 설교는 1566년 피터르 가브리엘Pieter

Gabriël, 1573년 사망에 의해 도입되었으며, 1586년에는 각 교회에서 따라야 할 의무 사항이 되었다. 이 교리문답 자체도 오십이 주에 걸쳐 다룰 분량으로 분할되었고, 이를 통해 매 주일 강설할 수 있도록 배분되었다. 하지만 이 회의가 열릴 당시에는 회중의 무관심과 목회자들의 과중한 사역 부담 때문에 이 관행이 사라질 위기에 처한 상태였다. 이에 도르트 회의에서는 이렇게 규정했다. "각 교회의 목회자들은 주일마다, 일반적으로는 오후 설교 시간에, 현재 네덜란드 교회에서 채택하고 있는 교리문답에 담긴 기독교 교리의 핵심을 간략히 설명해야 한다. 그리고 이에 맞게 분할된 교리문답 자체의 구조에 맞추어, 이 교리적인 설명은 매년 한 번씩 이행되어야 한다."[28] 또 이 회의에 따르면, 이때 목회자들은 교육받지 못한 자들도 이해할 수 있도록 쉽고 간결하게 설교해야 했다.[29] 이처럼 도르트 신조에서는, 규칙적인 교리문답 설교를 통해 회중에게 교회의 교리적 표준을 가르치는 데 관심을 나타냈다. 그리고 앞선 장들에서 살폈듯이, 하이델베르크 교리문답은 체험적인 개혁파 기독교 신앙을 대단히 심오하고 따스한 방식으로 전달하는 문서다.

둘째, 도르트 회의에서는 예정 교리의 설교를 권장한다. 도르트 회의의 신학자들은 예정 교리가 우리의 삶과 무관하거나 추상적인 개념이라는 생각, 또는 (더욱 심각한 주장으로서) 그대로 방치해 두는 편이 최선인 해로운 개념이라는 생각을 거부했다. 오히려 이 교리는 구약의 선지자들과 신약의 사도들뿐 아니라 그리스도께서도 친히 가르치신 것이었다. 그러므로 이 신조에서는 목회자들이 선택의 교리를 마땅히 전해야 한다고 규정했다. 다만 이때에는 경외하는 마음을 품고, 분별력 있고 경건한 자세로 그 일을 감당해야 했다. 그리고 그 목적은 하나님의 지극히 거룩한 이름을 영화롭게 하며 그분의 백성을 소생시키고 위로하는 데 있으며, "지극히 높으신 이가 은밀히 행하시는 일들을 들여다보려고 헛되이 시도하는" 일은 삼가야 했다(1.14).[30] 설교자들은 성경 본문의 내용을 충실히 고수하고, 회중의 마음에 와닿도록 그 내용을 전달해야 했다. 이때 선택과 유기의 교리는 죄나 절망, 운명론을 부추기는 것이 아니었다. 오히려 이 신조에서 결론적으로 언급하듯, 목회자들은 하나님의 영광스러운 이름과 성도들의 거룩한 삶을 위해, 그리고 고난받는 심령들을 위로하기 위해 이 교리들을 전할 수 있었으며, 또 마땅히 그리해야 했다.

이 점에 관해, 베네마는 이렇게 언급한다. "하나님은 자기 백성의 구원과 유익을 위해, 그리스도 안에서 그들을 선택하신 자신의 은혜에 관한 진리를 성경 가운데 계시하시기를 기뻐하셨다. 따라서 말씀이 이 주제에 관해 가르치는 바를 우리가 전하지 않는다면, 그것은 충성되지 못하며 배은망덕한 행동이 될 것이다." 다만 그는 이런 경계의 말을 덧붙인다. "선택에 관해 설교할 때, 우리는 하나님의 말씀에 따라 주의 깊게 자신을 통제해야 한다. 이는 하나님이 그 말씀을 통해 우리에게 계시하기를 기뻐하신 내용만을 있는 그대로 선포해야 하기 때문이다."[31]

셋째로 이 회의에서 선언한 바에 따르면, 도르트 신조에서 다섯 가지 표제에 걸쳐 해설한 은혜의 교리들은 설교에 관해 중대한 함의를 지닌다. 이 신조는 우리를 구원하시는 하나님의 은혜에 관해 성경적인 관점을 제시하며, 이 관점은 우리가 말씀을 전하는 이유와 그 방식에 깊은 영향을 끼친다. 이제 아래에서는 설교에 관한 도르트 신조의 교훈 중 일부를 세 가지 항목으로 나누어 살펴보려 한다.

설교는 주권적인 은혜의 방편이다

도르트 신조에서는 이렇게 언급한다. "모든 사람이 아담 안에서 죄를 범하고 저주 아래 놓였으며, 영원한 사망을 받아 마땅한 존재가 되었다. 따라서 하나님이 그들 모두를 멸망에 이르도록 버려두시고, 그들의 죄로 인해 마땅히 받게 될 정죄에 넘기시더라도 불의한 일은 아니었을 것이다."(1.1) 하지만 하나님의 마음에는 죄인들을 향한 자비가 가득하셨으므로, 그분은 그들을 구원하시기 위해 자신의 아들을 보내셨다(1.2). 나아가 이 신조에서는 이렇게 언급한다. "하나님은 사람들이 신앙으로 인도될 수 있도록 그분의 자비로써 이처럼 기쁜 소식을 전하는 전령들을 보내시며, 이 일은 그분이 기뻐하시는 때에, 그분이 원하시는 사람을 상대로 이루어진다. 이 전령들의 사역을 통해, 사람들은 회개하고 십자가에 못 박힌 그리스도를 믿도록 부르심을 받게 된다."(1.3) 이같이 도르트 신조에서는 처음부터, 하나님이 길을 잃은 인간들의 필요를 그리스도 안에서 자비롭게 채우시는 방편으로써 설교의 위치를 높이 존중하고 있다. 이에 관해, 코르넬리스 프롱크Cornelis Pronk는 이렇게 언급한다. "하나님의 선택을 논할 때, 우리는 먼저 사람들에게 지금 그리스도가 전파되고 있다는 것, 그리고 그분이 길을 잃은 죄인들에게 값없이 제시되고 있다는 것부터 다루어야 한다."[32]

택함받은 자들이 다른 사람들과 구별되는 것은 그들의 본성이나 양육에 근거한 어떤 우월성 때문이 아니다. 오히려 그 이유는 그분의 말씀이 그들에게 끼친 효력에 있다. 하나님은 그분이 택하신 자들을 그리스도께 내어 주시기로, 그리고 "자신의 말씀과 성령을 통해, 그들을 그분과의 교제로 효력 있게 부르며 이끌어 들이기로" 작정하셨다(1.7). 그러므로 우리가 그리스도께로 효력 있는 부르심을 받는 과정에서, 성령 충만한 말씀의 설교는 중심 역할을 수행한다. 말씀의 설교는 또한 신자들이 끝까지 결실할 수 있도록, 하나님이 그들 안에 있는 자신의 은혜를 보존해 주시는 방편이기도 하다(5.14). 신자들이 죄에 빠질 때, 하나님은 "자신의 말씀과 성령을 통해 그들의 심령을 확실하고 효력 있게 갱신하셔서 그들을 회개로 이끄신다"(5.7). 이 같은 말씀과 성령의 결합은, 우리의 설교를 통해 복음 전도와 양육을 효과적으로 감당하기 위해서는 성령님의 복 주심이 필요하다는 것을 다시금 일깨워 준다.

위에서 우리는 이미 하나님이 주권적으로 한 설교자를 특정한 회중에게 보내신다는 것을 살핀 바 있다(1.3). 도르트 회의에서 뚜렷이 강조한 바에 따르면, 하나님이 어떤 이들에게 말씀의 사역자를 보내 주시는 것은 그들이 복음을 듣지 못한 다른 사람들보다 더 가치 있고 나은 자들이어서가 아니다. 이와 반대로, 어떤 설교자가 특정한 회중에게 보냄을 받는 일은 순전히, 그리고 온전히 하나님의 선하시고 기뻐하시는 뜻에 의해 결정된다(1.r9).[33] 그러므로 한 설교자가 특정한 공동체에서 사역하게 될 때, 그는 자신이 하나님의 주권적인 뜻에 따라 그곳에 있음을 신뢰할 수 있다.

이렇게 하나님이 복음의 설교자를 보내 주시지 않는다면, 구원의 소망은 기대할 수 없다. 이는 "본성의 빛"이나 도덕적인 "율법"은 죄인을 구원하지 못하기 때문이다. 하나님은 "말씀, 또는 화목의 사역을 통해 이루어지는 성령의 역사"로써 죄인을 구원하신다(3/4.6). 여기서 이 "화목의 사역"이라는 어구는 고린도후서 5:18-21에서 묘사된 복음의 설교를 가리킨다.

> 모든 것이 하나님께로서 났으며 그가 그리스도로 말미암아 우리를 자기와 화목하게 하시고 또 우리에게 화목하게 하는 직분을 주셨으니 곧 하나님께서 그리스도 안에 계시사 세상을 자기와 화목하게 하시며 그들의 죄를 그들에게 돌리지 아니하시고 화목하게 하는 말씀을 우리에게 부탁하셨느니라. 그러므로 우리가 그리스도를 대신하여 사신이 되어 하나님이 우리를 통하여 너희를 권면하시는 것 같이 그리스도를 대신하여 간청하노니 너희는 하나님과 화목하라. 하나님이 죄를 알지도 못하신 이를 우리를 대신하여 죄로

삼으신 것은 우리로 하여금 그 안에서 하나님의 의가 되게 하려 하심이라 (고후 5:18-21).

이처럼 인간을 주권적으로 예정하시는 하나님의 은혜를 다룬 이 신앙고백 문서의 한가운데에서, 우리는 설교자들이 죄인들을 향해 그리스도께 나아올 것을 호소해야 한다는 점을 다시금 일깨움 받게 된다.

하나님이 이같이 설교자를 보내 주실 때, 그가 전하는 말씀을 듣는 자들은 풍성한 은혜를 입게 된다. 이때 그들은 하나님이 다른 사람들은 죄 가운데 버려두면서도 그들에게는 복음을 베풀어 주신 이유를 파고들려 해서는 안 된다. 또한 그들은 자신들이 다른 이들보다 "우월하다"든지, "본성의 빛을 더 낫게 활용했다"고 여겨서도 안 된다. 오히려 그들은 "겸손히 감사하는 마음으로", 하나님이 자신들에게 베풀어 주신 자비를 고백해야 한다(3/4.7).

설교자는 모든 사람들에게 진실하게 그리스도를 제시해야 한다

회심의 열매가 실제로 나타나기 전까지, 하나님의 선택은 비밀로 남아 있다. 따라서 설교자는 자신의 메시지를 듣는 모든 자에게 복음을 선포해야 한다. 도르트 신조에서는 이렇게 언급하고 있다. "나아가 복음에서는, 누구든지 십자가에 못 박히신 그리스도를 믿는 자는 멸망하지 않고 영생을 얻게 될 것이라고 약속한다. 회개하고 그분을 믿으라는 명령과 함께, 이 약속은 모든 민족에게 선포되고 전달되어야 한다. 곧 이 약속과 명령은 아무런 구별 없이, 아무도 배척하지 않는 방식으로 모든 사람에게 전파되어야 한다. 이는 곧 하나님이 그분의 선하시고 기뻐하시는 뜻에 따라 복음을 듣게 하시는 자들이다."(2.5) 여기서 "아무런 구별 없이, 아무도 배척하지 않는 방식으로"라는 어구는 용어법적인 표현pleonasm(의미를 강조하기 위해 불필요한 어구를 덧붙이는 표현법이다—옮긴이)으로, 복음이 모든 이에게, 아무 차별 없이 선포되어야 한다는 의미를 지닌다. 이 어구는 복음의 약속과 명령에 모두 적용된다. 그러므로 목회자는 아직 회심하지 않은 자들 가운데 누가 택함받았고, 택함받지 못했는지 추측하려 들 필요가 없으며, 다만 자신의 메시지를 듣는 모든 사람을 향해 죄에서 돌이켜 그리스도를 신뢰해야 할 그들의 **의무**를 힘 있게 증언해야 한다는 것이다.

도르트 신조에서 위의 내용을 언급하는 것은 바로 '제한 속죄', 또는 한정적인 구속definite redemption의 교리를 가르치는 부분이다. 어떤 이들의 경우, 복음 전파를 위해서는 사람들에게 이런 메시지를 전해야 한다고 여긴다. "그리스도께서 당신을 위해 죽으셨습니다. 만일 당신이 그 사실을 믿는다면, 구원을 얻을 것입니다." 그들은 이런 생각에 근거를 두고, 그리스도께서 택함받은 백성을 속량하셨다고 믿는 자들을 향해 '복음을 모든 사람에게 값없이 전파하지 못하는 자들'이라고 비난한다. 하지만 여기서 이 신조는 특정한 사람들을 위한 구속의 사실과, 모든 이를 향해 그리스도께로 나아오라고 부르는 복음의 초청을 모두 가르치고 있다. 프롱크에 따르면, 사도들은 죄인들을 대할 때, 그리스도께서 그들을 위해 죽으셨음을 믿도록 요구하지 않았다. 오히려 그들은 그 죄인들을 향해, 그리스도를 믿을 것을 권고했다.[34] 사도행전 16:31에서는 이렇게 말씀한다. "주 예수를 믿으라. 그리하면 너와 네 집이 구원을 받으리라." 신약의 어느 본문에서도, 그리스도나 그분의 제자들이 사람들을 향해 "그리스도께서 너희를 위해 죽으셨다" 하고 메시지를 전했던 일은 나타나지 않는다. 오히려 성경적인 전도에서는 그리스도께서 죄인들을 위해 죽으셨음을 선포하고, 누구든지 그분을 믿는 자는 구원을 얻게 될 것이라고 약속한다.

복음의 부름에는, 모든 죄인을 향해 그리스도께로 나아올 것을 권고하시는 하나님의 진실한 초청이 담겨 있다. 도르트 신조에서는 이렇게 언급한다. "누구든지 복음의 부름을 받는 자는, 거짓이 없는 초청을 받게 된다. 하나님은 자신의 말씀에서 그분이 원하시는 일이 무엇인지를 지극히 간절하고 참되게 보여주셨는데, 이는 곧 부르심을 받은 이들이 그 초청에 응하는 것이다. 나아가 하나님은, 누구든지 그분께로 나아와서 믿음을 고백하는 자는 모두 영생과 안식을 누리게 될 것을 진지하게 약속하신다"(3/4.8). 이처럼 그리스도는 복음 안에서, 우리 앞에 진정으로 제시되고 있다. 다만 많은 사람들이 "말씀의 사역을 통한 부르심"을 받았음에도 불구하고 그분을 거부할 뿐이다(3/4.9). 그러므로 설교자는 회개를 향한 하나님의 진실한 부르심을 모든 자에게 선포해야 하며, 죄인의 유일한 구주이신 그리스도를 그들 앞에 제시해야 한다.

한편, 일부 개혁파 그리스도인들은 복음의 값없는 제시에 관한 교리를 오해하고 거부하는 모습을 보인다. 그들은 도르트 신조에 대한 우리의 이해나, 심지어는 그 내용의 번역에 관해 논박을 제기한다.[35] 예를 들어, 호머 훅세마Homer Hoeksema는 이른바 복음의 부르심을 일반적이며 선의가 담긴 구원의 제시로 변질시켜 버린 현상에 이의를 제기한다.[36] 그에 따르면, 복음의 부르심은 오히려 "하나의 요구 또는 명령"이라는 것이다.[37] 물론 그 부르심은 "회개하고 믿으라"는 하나의 명령인 것이 사실이다(2.5). 성경에서 말씀하듯, 하나님은 "사람에게 다 명하사 회개하라"고 하신다(행 17:30). 하지만 그리스도께서 복음을 통해 "제시되신다"고 언급하는 이 신조의 표현 역시 옳은 설명이다(3/4.9). 여기서 훅세마는 "제시되신다"offered, 라틴어로는 offero로 번역된 단어가 '선의가 담긴 초청'을 함의하지 않고, 오히려 '내어밀다, 펼쳐 보이다'presented or set forth를 뜻한다고 주장한다.[38] 하지만 **'제시하다'**to offer라는 어구는 어떤 사람이 받아들이거나 거부할 수 있도록 그의 앞에 무언가를 가져다 둔다는 뜻으로도 자주 쓰인다. 이는 음식이나 선물을 제공하는 등의 경우에 볼 수 있는 표현이다. 그리고 "선의가 담긴"well-meant이라는 표현은 "진실한"sincere이나 "거짓이 없는"unfeigned이라는 표현들과 동일한 의미를 나타낸다. 이 중 후자의 두 표현은, 이 신조에서 복음의 부르심이 지닌 성격을 묘사하는 데 사용되고 있다. 또한 **초청**은 곧 이리로 오라는 부름이다. 성경에서는 복음을 하나님이 여시는 잔치에 참여하라는 초청으로 표현하고 있다(잠 9:1-5, 눅 14:16-24). 하나님은 우리가 그분께로 나아와 그분의 아들이신 분을 신뢰함으로써 구원을 얻도록, 인격적으로 간절하게, 또 진실하고 진지하게 모든 자를 부르고 계신다.

우리는 성경을 충실히 따르려 할 때 '모순되는 주장' 또는 '일관성이 없는 주장'이라는 비판을 종종 듣게 되며, 이는 다른 여러 부분에서와 같이 이 부분에서도 마찬가지다. 아르미니우스주의자들은 개혁파의 입장이 전도의 동력을 약화시킨다고 비판하곤 한다. 그리고 다른 한편으로, 혹세마는 자신이 직접 그 번역을 수정한 뒤에도 당시 도르트 회의의 신학자들이 이 교리들을 작성할 때 "최선의 노력을 기울이지 못했으며", 그들의 표현에는 "명료성이 결여되어" 있다고 불평한다.[39] 하지만 이와 반대로, 나는 그 신학자들의 표현이 매우 명확했다고 믿는다. 그들은 성경의 두 가지 진리를 모두 파악했으며, 이 중 어느 하나도 저버리기를 거부했다. 이는 하나님이 일부의 사람들을 예정하심과 더불어 모든 자를 진실하게 부르고 계신다는 진리다. 이에 관해, 더 용De Jong은 이렇게 언급한다. "당시의 개혁파 신학자들은 그들 자신에게도 매우 이해하기 힘든 것으로 보였던 내용을 억지로 풀어내려 하지 않았다. 다만 그들은, 성경의 가르침을 좇아 하나님의 주권과 인간의 책임을 둘 다 온전히 강조했다."[40]

이런 그들의 관점이 설교에 주는 함의는 매우 크다. 이는 목회자들이 하나님의 대변자로서 말씀을 전해야 하기 때문이다. 개혁파 설교자는 예정을 전함과 동시에, 복음을 듣는 모든 자에게 그리스도를 제시해야 한다. 곧 그들이 그리스도께로 나아와 구원을 얻도록, 진심 어린 부르심의 메시지를 전해야 하는 것이다. G. H. 커스텐G.H.Kersten은 이렇게 언급한다. "말씀은 어떤 예외도 없이, 모든 사람에게 전파되어야 한다. 곧 회심한 자들과 그렇지 않은 자들 모두에게 복음을 제시해야만 하는 것이다. 어떤 이들은 이렇게 할 경우, 복음의 제시가 너무 일반적인 성격을 띠게 될 것이라는 이유에서 이런 태도에 반대한다. 하지만 이는 주 예수님이 친히 명령하신 일이다. '청함을 받은 자는 많되 택함을 입은 자는 적으니라'(마 22:14)."[41]

이에 관해, 피터 펀스트라Peter Feenstra는 이렇게 언급한다. "도르트 신조에서는, 하나님이 그분께로 나아오도록 우리를 부르실 때 그 부르심은 진지한 성격을 띤다는 점을 강조한다. 주님은 어떤 자의 죽음도 기뻐하지 않으시며, 죄인들이 자신의 길에서 돌이켜 생명을 얻게 되기를 바라신다(겔 18:23, 30-32)."[42] 물론 하나님은 그분 자신의 영광을 위한 더 큰 목적을 위해, 오직 선택받은 백성만이 그분께로 돌이키게 되도록 작정해 두셨다. 하지만 하나님이 죄인들의 멸망을 기뻐하지 않으시고, 그들이 어떠한 죄인이든 회개로 나아오게 되기를 바라신다는 것은 여전히 참된 사실로 남아 있다. 만일 이 점을 부인할 경우, 우리는 하나님의 선하심 자체를 부정할 위험에 놓이게 된다.

그러나 이 진리 때문에, 우리가 아르미니우스주의자들처럼 설교해야만 하는 것은 아니다. 도르트 신조에 따르면, 하나님은 그저 사람들에게 구원의 은혜를 제시하고 나서는 "그들의 자유의지"로써 그것을 받아들여 "스스로를 그 은혜에 결합시킴"으로써 효력을 나타내게 방치해 두시지 않았다(2.r6). 곧 하나님은 죄인들이 자신의 뜻대로 그것을 받아들이거나 거부할 수 있도록, 단순히 "신앙"을 그들 앞에 제시하시는 데 그치지 않는다. 오히려 하나님은 모든 사람 앞에 그리스도를 제시하시고 그들의 마땅한 의무로서 그분을 믿도록 명령하시며, 일부 사람들의 마음속에서는 그들이 실제로 신앙에 이르도록 역사하시는 것이다. 하나님은 우리 가운데 그분을 믿으려는 의지와 믿음의 행위를 모두 일으키신다(3/4.14). 그리고 그 나머지 사람들은 그들 자신의 부패한 의지에 따른 결정으로, 그리스도를 거부하는 쪽을 선택하게 된다.

이때 정죄의 책임은 바로 사람 자신에게 있다. 그리고 우리가 구원을 받게 되는 일에 관해서는 하나님께 찬양을 드리는 것이 마땅하다. 하나님은 지금 그분의 복음으로써 사람들을 부르고 계시며, 그들이 회심하고 그분께 나아오기를 거부하는 것은 그분의 잘못이 아니다. 이와 정반대로, 하나님의 말씀을 배척하며 그 말씀이 그들의 마음에 지속적인 인상을 남기지 못하게 거부하는 것은 그들 자신의 허물이다. 만약 어떤 자들이 회개하고 복음을 믿게 된다면, 이는 그들 자신의 "자유의지를 바르게 사용했기" 때문이 아니다. 오히려 이것은 그들을 선택하신 하나님이 베푸신 은사로서, 그분은 "그들을 어둠의 권세에서 건져 내어 자기 아들의 나라로 인도해 들이신다"(3/4.10).

아르미니우스주의자들은 모든 자를 향한 복음의 부르심에 관한 성경의 교리를 받아들였다. 하지만 그런 다음에 그들은 왜곡된 인간적 추론에 근거해서 그 내용을 잘못 적용했으며, 그리하여 성경에서 똑같이 가르치는 인간의 전적인 무능력과 하나님의 주권에 관한 교리들을 부정하게 되었던 것이다. 그러나 도르트 신조에서는 이 두 성경의 가르침을 모두 받아들이고 있다. 곧 복음의 값없는 제시와 더불어, 무력한 죄인들을 향한 하나님의 효력 있는 부르심에 관한 교리들이 그것이다. 이에 관해, 베네마는 이렇게 언급한다.

흥미롭게도 도르트 신조에서는 하나님이 복음을 통해 모든 사람에게 베풀어 주시는 진지하고 참된 부르심의 성격을 묘사할 때, 항론파가 자신들의 네 번째 조항에서 사용했던 것과 거의 동일한 표현들을 채택하고 있다. 하지만 이 신조를 작성한 개혁파의 저자들은, 이 항론파 또는 아르미니우스주의자들의 '논리'에 따르기를 거부했다. 이는 항론파에 속한 자들의 경우, 이로부터 모든 죄인은 스스로의 힘으로 복음의 요구에 순응할 수 있어야만 한다는 결론을 내렸기 때문이다.[43]

설교는 초자연적인 능력의 통로다

인간의 전적 타락과 하나님의 전능한 은혜에 관한 이 교리들은, 효과적인 설교가 인간적인 의사소통과 설득에 속한 문제가 아님을 시사한다. 오히려 효과적인 설교는 초자연적인 사건이다. 도르트 신조에 따르면, 하나님은 "사람들에게 복음이 외적으로 전파되게 하시고, 자신의 성령으로 그들의 지성을 강력히 조명하시는 데 그치지 않으신다.……이와 동시에 하나님은 중생을 일으키시는 성령의 효력을 통해, 인간의 가장 깊은 내면에 역사하신다. 곧 그분은 우리의 닫힌 마음을 여시고, 굳어진 마음을 부드럽게 만드시는 것이다.……하나님은 이제까지 죽은 상태에 있었던 우리의 의지를 소생시키고, 그 안에 새로운 특성을 불어넣어 주신다"(3/4.11). 곧 하나님은 우리가 받아들이거나 거부할 수 있도록, "복음의 외적인 선포와 도덕적 설득을 통해" 우리 앞에 선택지를 제시하는 데 그치지 않으신다. 오히려 그분은 우리의 마음속에서 초자연적인 기적을 일으키시며, 이를 통해 우리가 온전한 의미에서 그분을 믿고 회개하는 일이 반드시 이루어지게 되는 것이다(3/4.12).

여기서 우리는, 사람들이 하나님의 저항할 수 없는 은혜에 관해 제기하는 또 다른 반론을 접하게 된다. 프롱크는 이렇게 설명한다. "그들의 비난에 따르면, 선택된 자들은 스스로의 의지를 거스르는 방식으로 구원을 받는다는 것이 칼뱅주의자들의 신념이다. 인간은 마치 머리채가 잡힌 채로 그리스도께로 끌려가는 작은 인형과 같다는 것이다." 그러나 프롱크가 곧이어 말하듯이 실제로는 모든 사람이 하나님의 은혜에 저항하는 상태에 있으며, 선택된 자들의 경우에도 그 은혜로써 이러한 저항이 극복되기 전까지는 이와 마찬가지다.[44] 도르트 신조에 따르면, 이전에 육신적인 반역과 저항이 지배하던 곳에서 자발적이고 순전한 영적 순종이 힘을 얻기 시작하며, 우리 의지의 참되고 영적인 회복과 자유는 바로 이 순종을 통해 이루어지게 된다(3/4.16). 하나님은 죄인들의 의지를 거스르는 방식으로 그들을 구원하지 않으신다. 오히려 그분은 그들의 의지 자체를 구원하시며, 실로 그들의 온 영혼을 죄의 세력에서 건져 내신다. 따라서 우리는 하나님이 우리의 자유의지를 속박하신다고 여겨서는 안 된다. 오히려 하나님은 우리에게 그리스도 안에 있는 참 자유를 주시며, 이를 통해 죄에 예속된 우리의 의지를 해방해 주신다. 이 신조에서 바르게 지적하듯, 하나님이 그분께 저항하는 인간의 의지를 극복하실 수 있음을 부인하는 것은 곧 그분의 전능하심을 부정하는 것이다(3/4.r8). 오히려 우리는 "그의 힘의 위력으로 역사하심"을 따라 신앙을 얻거나 그분을 믿게 되며(엡 1:19), 우리의 생명과 경건 자체가 그분의 능력으로 베푸신 선물이다(벧후 1:3).

설교는 여전히 우리의 회심에서 중요한 역할을 하는데, 이는 인간이 하나님께 지음받은 대로 이성과 의지를 간직하고 있기 때문이다. 하나님이 초자연적인 중생의 사역을 행하실 때, 그분은 "사람들을 감각이 없는 나무 조각이나 돌멩이처럼 다루지 않으신다"(3/4.16). 하나님의 전능하신 영향력은 "여러 방편"을 통해 나타나며, 이때 그분은 특히 "복음을 통해" 역사하신다. 그리고 이 복음은 곧 "중생의 씨앗"이 된다. 따라서 목회자들은 "말씀과 성례전, 권징의 시행"을 충실히 감당해야 하며, 하나님의 은혜를 그 방편들과 분리시킴으로써 그분을 시험하려 해서는 안 된다. 인간적인 관점에서 논할 때에는 우리가 예수 그리스도 안에 있는 하나님의 전체적인 경륜을 더욱 간절하고 열렬하게 설교할수록, 하나님이 주시는 복이 그 설교를 통해 드러나는 동시에 죄인들을 구원하시는 그분의 역사가 더욱 힘 있게 나타날 가능성이 높다. 이에 관해, 도르트 신조에서는 이렇게 언급한다. "은혜는 권고의 방편을 통해 우리에게 주어진다. 대개는 우리가 자신의 임무를 더욱 부지런히 감당해 나갈수록, 우리에게 베푸시는 하나님의 은총이 더욱 뚜렷이 드러나며 그분의 역사가 더욱 직접적으로 진전하게 된다. 그리고 이런 방편들과 이를 통해 맺게 되는 구원의 열매와 효력들에 관해서는 오직 하나님께만 영원히 영광을 돌려야 마땅할 것이다. 아멘"(3/4.17).

베네마는 이렇게 언급한다. "도르트 신조에 따르면, 우리가 복음 설교에 관해 지닌 놀라운 확신의 이유는 곧 하나님이 이 방편을 통해 그분의 모든 백성을 그분 자신에게로 반드시 이끌어오기를 기뻐하셨다는 데 있다."[45] 그러므로 우리 설교자들은 용기를 얻을 수 있다. 전도의 사역은 일차적으로 우리 자신에게 속한 것이 아니라, 삼위일체 하나님이 친히 이루시는 일이기 때문이다.[46] 더 용의 지적처럼, 우리는 설교를 "헛수고가 되어 버릴 수 있는 설교자 자신의 노력" 정도의 것으로 격하시켜서는 안 된다. 그 아들을 이 땅에 보내셔서 우리를 구원하시려는 자신의 뜻을 이루게 하신 분은 바로 하나님이시다. 그리고 하나님은 어디든지 그분이 뜻하시는 곳에 설교자들을 보내 주신다. 또한 하나님은 성령을 보내셔서 우리의 설교를 효력 있게 만드시며, 이를 통해 그분이 원하시는 이는 누구든지 구원을 얻도록 인도하신다.[47] 오직 은혜로! 오직 하나님께 영광을!

앞서 보았듯이, 도르트 신조에서는 십자가에 못 박히신 그리스도, 우리 설교의 대상이신 그분에 관해 언급하는 것으로 논의를 시작했다. 그리고 이제 이 신조는 그 주님께 간구하는 것으로 논의를 끝맺고 있다. 그분은 곧 우리에게 설교의 은사를 주시고 우리의 설교를 통해 말씀하시며, 우리가 전하는 메시지가 청중의 마음속에 생생히 전달되도록 역사하시는 분이다.

> 하나님의 아들이신 예수 그리스도께서는 지금 성부의 보좌 오른편에 좌정하고 계시며, 우리에게 여러 은사를 베풀어 주신다. 이제는 그분이 우리를 진리 안에서 거룩하게 하시고, 오류에 빠진 이들을 진리로 이끄시며, 바른 교리를 중상하는 자들[그릇되이 비난하는 자들]의 입을 막으시고, 그분의 말씀을 맡은 신실한 사역자들에게 지혜와 분별의 영을 주시기를 바란다. 그리하여 그들이 가르치는 모든 내용을 통해 하나님이 영광을 받으시고, 그 말을 듣는 모든 자가 유익을 얻게 되기를 기도한다. 아멘.[48]

15장 네덜란드 설교자들 : 떼일링크와 판 로덴슈타인, 아 브라켈

앞장에서는 네덜란드의 '진전된 종교개혁' 운동을 개관해 보았다. 이제 이번 장에서는, 그 운동에 속했던 많은 위대한 설교자들 가운데 세 사람을 간단히 살피려고 한다. 먼저는 이 운동의 창시자인 한 인물을 다루고, 이어 이 운동의 황금기에 사역했던 두 사람을 다루어 볼 것이다.

빌럼 떼일링크

빌럼 떼일링크는 종종 "'진전된 종교개혁' 운동의 아버지"로 불리는 인물로서, 1579년 1월 4일에 제일란트 Zeeland 에서 태어났다.[1] 그는 한 경건하고 훌륭한 가정에 속한 여덟 자녀 가운데 막내아들이었다. 그의 아버지인 요스트 떼일링크 Joost Teellinck 는 빌럼이 열다섯 살 되던 해에 세상을 떠났다. 어머니인 요하나 더 용에 Johanna de Jonge 는 남편보다 십오 년을 더 살았지만, 빌럼의 어린 시절에 자주 병에 시달리곤 했다. 빌럼은 성장기에 좋은 교육을 받았다. 그는 스코틀랜드의 세인트앤드루스 대학과 프랑스의 푸아티에Poitiers 대학에서 법학을 공부했으며, 1603년 푸아티에 대학에서 학위를 취득했다.

그 이듬해, 떼일링크는 잉글랜드의 밴버리Banbury에 있는 경건한 가정에 머물렀고 청교도 공동체에서 아홉 달을 보냈다. 그곳에서 그는 청교도들이 널리 가정예배를 드리고 개인 기도에 전념하며, 설교 내용에 관해 토론하고 안식일을 준수하는 일들, 금식과 영적인 교제에 힘쓰며 자신을 살피고 진심 어린 경건을 실천하는 일들, 그리고 선행을 통해 거룩한 삶을 살아가는 모습을 접하고 깊은 인상을 받았다. 그는 이를 통해 회심에 이르게 되었다. 이때 하나님의 진리와 청교도적인 경건을 향한 열심이 그의 마음속에 자리 잡게 되었으며, 이 열심은 세월이 흐르는 동안에도 결코 사라지지 않았다.

한편 잉글랜드에 있는 동안, 떼일링크는 더비 출신의 젊은 청교도 여성인 마사 그린던Martha Greendon을 만났다. 이후 둘은 부부가 되었으며, 함께 네덜란드로 돌아왔다. 마사는 가정생활과 전도구 사역, 그리고 그 밖의 영역들에서 청교도적인 '경건의 실천'praxis pietatis을 삶의 목표로 삼았던 빌럼의 뜻에 공감하는 여성이었다. 이 부부는 청교도적인 삶과 사유의 방식을 네덜란드에 소개하기로 뜻을 모았으며, 실제로 광범위한 영향을 끼쳤다. 그들의 아들 중 세 명이 개혁파 목회자가 되었고, 딸 하나는 목회자와 혼인했다.

떼일링크는 경건한 본을 보임으로써 그의 가족을 훈육했다. 그는 마음씨가 넓고 인정 많은 사람이었지만, 집안의 가구나 음식, 옷에 관한 문제에서는 검소함을 강조했다. 가족이 함께 모여 식사할 때, 그는 대개 영적인 방향으로 대화를 이끌어 가곤 했다. 그리고 가정예배는 청교도적인 방식으로 충실하게 진행되었다. 또 일 년에 한두 번씩, 떼일링크의 가족은 기도와 금식의 날을 가졌다. 그는 자신과 가족들이 하나님께 온전히 헌신하는 데 이런 습관이 도움을 준다고 여겼다.

이후 떼일링크는 레이던에서 이 년간 더 공부했다. 그는 1606년에 목회자로 안수 받고, 칠 년간 더이플란트Duiveland 섬에 있는 뷔르흐 함스테더Burgh-Haamstede 전도구에서 충실히 사역했다. 당시 몇몇 사람의 회심이 있었지만, 그는 전임자였던 고드프리두스 우더먼스Godefridus Udemans, 1581-1649가 그랬듯 거칠고 무절제한 마을 주민들의 삶을 두고 씨름했다. 당시의 노회 의사록을 살펴보면, 주민들의 알코올 중독과 안식일을 모독했던 일, 싸움, 사람들이 사육제에 참여하는 관행, 그리고 전반적으로 무질서한 분위기에 관한 문제들이 자주 언급되는 것을 볼 수 있다.

1610년, 떼일링크는 잉글랜드를 방문하여 자신의 청교도 동료들인 토머스 테일러Thomas Taylor, 1576-1632와 존 도드, 아서 힐더섬과의 유대 관계를 새롭게 다졌다. 그리고 이 기간에, 그는 런던에 있는 네덜란드인 회중에게도 말씀을 전했다. 이후 1613년부터 1629년 세상을 떠나기까지, 그는 미델뷔르흐Middelburg에서 목회자로 사역했다. 당시 이곳은 번창하던 도시로서, 여섯 개의 개혁교회가 자리 잡고 있었다. 그중 네 곳은 네덜란드인들의 교회였으며, 하나는 잉글랜드 사람들의 교회, 다른 하나는 프랑스인들의 교회였다. 당시 그의 진실한 언행과 설교, 성실한 심방과 교리문답 교육, 경건한 행실과 사심 없는 태도, 그리고 단순하고 실제적인 그의 글들 때문에, 사람들은 많은 감화를 받았다. 떼일링크는 목회자가 회중 안에서 가장 경건한 사람이 되어야 한다는 확신을 자신의 삶에서 실제로 나타내 보였으며, 그가 보여준 경건에는 자기부인의 태도도 포함되어 있었다. 한 예로 1624년에 전염병이 미델뷔르흐를 휩쓸고 지나갔을 때, 그는 회중에게 공적이며 사적인 회개를 촉구했다. 그런데 이와 동시에, 떼일링크는 다른 이들에게는 그런 위험한 일을 삼갈 것을 권고하면서도 정작 그 자신은 전염병에 시달리는 여러 가정을 다니면서 심방했던 것이다.

떼일링크가 미델뷔르흐에서 감당했던 고된 사역은 마침내 열매를 맺었다. 이곳에 도착한 지 다섯 해가 지났을 때, 그는 자신의 글 '긴급한 강설'Noodwendig Vertoogh에서 자신의 회중을 향해 이렇게 언급했다. "우리는 모든 면에서 주님께 감사하게 됩니다. 매 주일마다, 여러분 가운데 매우 많은 사람들이 예배에 출석하고 있습니다. 그리하여 이 지역에 있는 네 곳의 교회당에 그 회중이 다 들어갈 수 없을 정도입니다. 또 여러분 중 많은 가정이 '작은 교회'로 불릴 만한 상태에 있습니다. 이처럼 우리 가운데 좋은 규칙들에 따른 유익한 질서가 유지되고 있습니다. 여러분 중 많은 이가 은혜의 방편을 부지런히 사용하고 있으며, 경건을 실천하라는 우리의 권고에 기쁘게 귀를 기울이고 있습니다." 하지만 이와 동시에, 떼일링크는 자신의 회중 안팎에 있는 영적인 무관심 때문에 여전히 근심하고 있었다. 곧 그는 당시 교회와 사회 안에 팽배해 있던 영적인 태만과 육신적인 태도 때문에, 마음속으로 "끊임없는 고통과 아픔"을 느꼈던 것이다. 따라서 그는 신자들이 살아가는 삶의 전 영역에서 포괄적인 개혁을 이루어내기 위해, 자신이 지닌 설교와 저술의 은사들을 활용하여 심대한 노력을 쏟게 되었다. 이에 관해, 아리 더 로우버Arie De Reuver는 이렇게 언급한다. "이런 영적인 실천이 우리 삶의 모든 영역으로 확대되어야 한다는 것이 그의 확신이었다. 곧 우리의 가정뿐 아니라 교회와 정부, 교육과 의료, 직업과 여가 전반으로 확산되어야 한다는 것이다.……충만한 삶에는 단 하나의 중심이 존재할 뿐인데, 그것은 바로 하나님과의 인격적인 교제다."[2]

1629년 4월 8일, 오랫동안 좋지 않은 건강과 씨름해 오던 떼일링크는 오십 세의 젊은 나이로 세상을 떠났다. 그는 비록 대학에서 신학을 가르치거나 웅변적인 설교를 설파한 적은 없었지만, 그럼에도 '진전된 종교개혁' 운동의 경건이 지녔던 전체적인 모습을 형성하는 데 결정적인 영향을 끼쳤다. 곧 그의 사역은 다음과 같은 그의 말을 실제로 입증해 주는 본보기가 되었던 것이다. "하나님의 말씀은 진실로 성령의 검이며, 이를 통해 어둠의 왕국이 무너지는 동시에 은혜의 왕국이 더욱 굳건히 서게 된다(엡 6:17)."[3]

평이하고 실제적인 설교

설교에 있어서, 떼일링크는 잉글랜드 청교도들의 간절한 열심을 품고 네덜란드의 교회 현장에 뛰어들었다. 그는 경건의 실천에 설교의 초점을 두었으며, 회개의 필요성을 자주 설교했다. 그에게는 죄를 책망하고 하나님의 임박한 심판을 선포하는 동시에, 회중을 사랑의 하나님 앞으로 인도하며 그들이 그리스도께 마음을 열도록 설득하는 은사가 있었다. 떼일링크는 강단에서 사소한 문제들에 관심을 쏟는 일을 경멸했는데, 그런 일들 가운데는 지나치게 화려한 표현이나 시시한 예화를 사용하는 것 등이 있었다. 그는 직접적이며 솔직한 방식으로 자신의 메시지를 표현했으며, 그의 이런 태도는 심지어 거칠게 느껴질 정도였다.

바른 교리가 적절한 논리를 통해 우리의 삶에 적용될 때, 참된 열매가 맺히게 된다는 것이 떼일링크의 신념이었다. 곧 모든 교리에는 책망과 논박, 경고와 위로를 위한 재료가 담겨 있으며, 이런 재료들은 청중의 양심에 파고들 수 있도록 수사학적으로 적용되어야 한다는 것이다. 예를 들어 그리스도의 사랑에 관한 설교(고후 5:14)에서, 떼일링크는 본문의 주해를 마친 뒤 곧바로 교리를 발전시켜 나간다. 이때 그는 하나님을 향한 사랑과 깊은 따스함을 담아서 그 교리를 전달하고 있다. 그런 다음 그는 세밀하고 철저한 적용을 제시하며, 때로 이 적용은 질문과 대답의 형태로 이루어진다. 떼일링크는 진지한 태도로 말씀을 전하면서 죄를 열렬히 책망했다. 그는 자신이 섬기는 공동체의 구체적인 죄들을 지적하거나, 회중이 주일을 소홀히 여기는 것에 관해 질타하기를 두려워하지 않았다. 그는 죄인들이 거리낌 없이 자신들의 핑곗거리를 내세우도록 방치해 두지도 않았다. 한번은 떼일링크가 술주정뱅이를 꾸짖자, 그 사람이 떼일링크에게 자신의 일이나 신경 쓰라고 응수하면서 이렇게 비아냥댄 적이 있었다. "사람들이 맥주를 빚는 건 거위 떼를 위해서가 아니지요." 그러자 떼일링크는 다음과 같이 엄숙하게 대답했던 것이다. "내 벗이여, 그 말이 옳습니다. 하지만 지옥 역시 거위 떼를 위해서 만들어진 것이 아니랍니다."[4]

떼일링크는 자신의 설교에서 인간의 체험을 깊이 들여다보았다. 그는 신자들 안에 있는 죄에 관해 설교하면서(롬 7:24), 신자와 불신자의 차이는 새벽과 한밤중의 차이와 같다고 언급했다. 불신자에게는 영적인 빛이 없지만, 신자들의 경우에는 그 빛이 어둠 속에 비치면서 이 빛과 어둠이 서로 뒤섞인 상태에 있게 된다. 그러므로 우리 신자들의 존재가 지닌 모든 부분에서, 이 빛과 어둠이 함께 나타나는 것이다.[5] 떼일링크는 '죄'를 귀가 있어야 할 곳에 눈이 달렸으며 이마에는 입이 붙어 있는 괴물에 비기거나, 썩어가는 시체를 먹어 치우는 구더기, 또는 사람의 몸을 찢어발기는 곰에 비유함으로써 청중들의 정서와 상상력을 흔들어 놓곤 했다.[6] 그에 따르면, 성도들은 "이 괴물의 혐오스러운 모습을 밝히 깨닫게" 된다. 그리고 세상 사람들은 그 괴물의 욕망을 채워 주기 위해 살아가지만, 성도들은 그렇게 하기보다 차라리 죽는 편을 택하게 된다.[7] 바울의 사례는 이 끔찍한 짐승이 "가장 탁월하고 거룩한 자들 속에도 자리 잡고 있음"을 보여준다.[8] 다만 하나님께 속한 자녀들의 경우, 이 부패한 본성이 보좌에 앉은 왕처럼 통치하거나 명령하고 있지는 않다. 오히려 이들의 경우에 그 본성은 이를테면 형틀에 묶인 채로 놓여 있으며, 성령님은 그 본성이 마침내 멸절되기까지 날마다 그것을 약화시켜 가신다.[9] 그럼에도 이

"치명적이며 간교한 괴물"이 우리 곁에 늘 도사리고 있기 때문에, 신자들은 항상 "경계심을 잃지 않으면서 조심스럽게 처신할" 필요가 있다. 이는 마치 도시에서 파수꾼을 세워 성 밖을 포위한 적군과 성 내부의 배신자들을 모두 감시하게 하는 것과 같다.[10]

여기서 떼일링크는 이런 위로를 제시한다. 자신의 죄를 신실하게 뉘우치면서 성령께 의존하여 그 죄를 없애려고 애쓰는 자는 누구든지 참된 하나님의 자녀라는 것이다.[11] 그들에게는 "죄로부터 생겨나는 비참함에 관해 체험적인 지식과 느낌"이 있으며, 이에 따라 "예수 그리스도께 의존함으로써 죄에서 건짐을 받기를 힘써 구하게" 된다.[12] 곧 그들에게는 그리스도를 믿는 참된 신앙이 있으며, 이런 그들의 신앙은 그저 말뿐인 수준에 그치지 않는다. 오히려 그들은 그 신앙을 통해 참된 의사이신 주님께 나아가며, "우리 영혼의 치료약인 그분의 보혈로써" 고침을 받게 된다. 이처럼 구원의 신앙을 지닌 자들은 자신의 지혜와 의지, 죄악된 욕망들을 부인하고, 오직 그들 자신을 그리스도께 드려서 그분의 말씀으로 다스림을 받게 된다. 또한 그들은, 그리스도께서 친히 약속하신 대로 자신을 구원해 주실 것임을 믿게 된다.[13]

하나님은 그리스도인들이 성경적인 헌신을 통해 그분을 찾도록 부르신다. 그리고 떼일링크는 이런 헌신을 "하나님이 베푸시는 복을 받는 훈련"으로 부른다.[14] 참된 신자들은 날마다 자기 삶의 모든 영역, 곧 가정이나 직장, 교회에서 주님을 높이기로 다짐해야 한다. 하나님은 "순전히 최상인 분"이시고, "샘의 근원"이시며, "큰 바다와 같은 분"이시고, "태양"이시며, "우리가 갈망하는 모든 것의 거룩한 원천"일 뿐 아니라 "생명보다 더 나은 분"이시다.[15] 떼일링크는 이렇게 언급한다. "우리가 사람들을 향해 '세상에 대해 죽어야 한다', '옛 사람을 십자가에 못 박아야 한다'는 식으로 설교할 때, 그 의도는 (어떤 이들의 상상처럼) 그들을 불행하고 비참한 자들로 만들려는 데 있지 않다. 오히려 우리의 목적은, 이를 통해 모든 자가 찾아 헤매는 참된 행복으로 그들을 인도해 가려는 데 있다."[16] 신자들은 끊임없이 하나님을 바라보면서 앞으로 나아가게 되며, 이는 마치 불길이 본성적으로 강렬한 열기를 내뿜으면서 하늘을 향해 타오르는 것과 동일하다. 신자들은 "성령님의 선하신 역사와 인도하심"에 따라 이 일을 행하게 된다.[17] 그런데 여기서 우리는, 기록된 말씀의 바깥에서 성령님의 역사를 찾아내려 해서는 안 된다. 떼일링크의 영성에서는 성경의 중심성과 설교의 우선성을 중시하는 모습을 보인다. 이에 관해, 더 로우버는 이렇게 언급한다. "성경은 우리가 성령님과 만날 수 있는 지점이다.…… 그 속에는 성령님의 숨결이 충만하며, 그 숨결이 그 내용에 깊이 스며들어 있다. 그 결과, 성경의 모든 페이지와 구절에서는 성령님의 거룩한 활동이 나타난다."[18] 그러므로 성경 말씀을 읽고 들으며 묵상하는 삶은 곧 약동하는 영성의 삶이 된다. 이때 설교자는 성령님의 능력에 의지하여 성도들이 하나님 중심의 삶으로 나아가도록 인도하는 자가 된다.

한편 떼일링크는 이같이 내적인 체험들을 다룰 뿐 아니라, 당시 사회에서 일어난 사건들에 관해서도 언급했던 실제적인 설교자였다. 한 예로 피트 하인Piet Hein 제독이 스페인의 보물선들을 나포한 일을 두고 네덜란드인들이 기뻐하고 있을 때, 그는 이 세상의 부는 거짓되며 오직 그리스도 안에만 참된 보화가 있다고 설교했다(딤전 6:17-19). 또한 자신의 설교에서 사치스러운 옷차림이나 자극적인 책들을 읽는 일, 과도한 음주나 춤추기, 안식일에 여행하는 일, 여러 절기에 지나치게 몰입하는 일, 금식을 소홀히 하는 일 등을 책망했으며, 이 때문에 사람들의 비난을 샀다. 그는 무엇보다 교회가 영적으로 죽은 상태에 있는 것에 탄식했으며, 신자들을 거룩한 신앙과 그리스도 안에 있는 새 생명을 향해 자라가도록 인도하려 했다.

설교의 측면에서, 떼일링크는 윌리엄 퍼킨스의 영향을 받았다. 퍼킨스는 청교도적인 설교의 '평이한 방법론'을 주창한 인물이었다. 떼일링크는 성경의 한 본문을 주해한 뒤, 그로부터 다양한 교리를 이끌어냈다. 그런 다음 교리가 주는 위로와 권고에서 청중들이 얻을 수 있는 유익을 설명하고, 본문에서 얻은 지혜를 구원받은 청중과 그렇지 않은 청중에게 각각 적용했다. 그는 유창한 달변가는 아니었지만 효과적인 설교자였다. 떼일링크의 설교를 몇 차례 들은 뒤, 기스베르투스 푸치우스는 자신을 비롯한 네덜란드의 모든 설교자가 그의 힘 있는 설교 방식을 본받았으면 좋겠다고 언급했다.

그러나 잉글랜드 사람들이 퍼킨스의 설교에 귀 기울일 준비가 되어 있었던 것과는 달리, 네덜란드인들의 경우에는 떼일링크가 전하는 말씀을 경청할 준비가 되어 있지 않았다. 죽은 정통을 책망하는 그의 설교는 일부 개혁파 측의 의심을 샀다. 다른 한편으로 아르미니우스주의자들은 그가 개혁파 정통에 헌신하는 것을 비판했으며, 또 그가 평신도들에게 높은 인기를 누리는 것에도 불만을 품었다. 하지만 이런 반대들에도 불구하고, 떼일링크가 세상을 떠났을 때 수많은 사람들은 그의 죽음을 애도했다.

요도쿠스 판 로덴슈타인

요도쿠스 판 로덴슈타인Jodocus van Lodenstein, 1620-1677은 네덜란드 역사의 황금기에 활동했던 설교자이자 시인이었다.[19] 그는 1620년 2월 6일, 네덜란드 서부의 남 홀란트 주에 있는 델프트Delft에서 태어났다. 당시 델프트는 로테르담과 헤이그 사이의 샤이Schie 강변에 위치한 도시였다.[20] 그의 부모는 모두 유명한 귀족 가문 출신이었다.

판 로덴슈타인은 섬세하고 배려심이 깊으며 음악적인 인물이었다. 그는 어린 시절부터 경건을 삶의 목표로 삼았다. 심지어 그는 평생 주님만을 온전히 섬기기 위해, 순결을 서약하기까지 했다.[21] 요도쿠스는 만성적인 염증으로 고통을 겪었으며, 심각한 언어 장애에도 시달렸다. 다만 이 장애의 경우에는 이후 하나님의 은혜로 치유되었다.[22] 그의 부모는 요도쿠스가 거룩한 삶을 살도록 양육했다.[23] 그는 청년 시절에 잉글랜드의 위대한 청교도인 토머스 후커의 설교를 듣고, 청교도들에 대한 애착을 키워 가게 되었다. 이를 통해 그는 결국 목회자로 부르심을 받았으며, 회개에 대한 그의 설교 역시 청교도들의 영향 아래 놓였다.[24]

열여섯 살 무렵, 판 로덴슈타인은 위트레흐트 대학에 입학하여 푸치우스 밑에서 공부하게 되었다.[25] 그러나 이 학교를 졸업한 후, 로덴슈타인은 당시에 일할 수 있는 전도구가 없었으므로 다시 집으로 돌아왔다. 이에 그의 아버지는 그가 프라네커르에 가서 독일의 경건주의 신학자인 요하네스 코케이우스Johannes Cocceius, 1603-1669 밑에서 동양 언어를 배울 수 있도록 주선해 주었으며, 그는 코케이우스 밑에 머물면서 이 년간 더 공부했다. 이 과정 속에서, 로덴슈타인은 사역의 부르심을 점점 더 분명히 느끼게 되었다.[26]

1644년부터 1650년까지, 로덴슈타인은 주터미어Zoetermeer라는 작은 마을의 교회에서 사역했다. 그곳에서 그는, 교회 안의 분열이나 사람들이 안식일을 해이하게 여기는 문제, 물질주의, 회개를 권고하는 그의 설교에 대한 저항, 그를 율법주의자나 아르미니우스주의자로 여기는 사람들의 비난 등과 씨름해야 했다.[27] 그리고 1650년, 그는 제일란트 주에 속한 플랜더스 지방의 슬라위스Sluis에 있는 천이백 명 정도로 이루어진 교회의 청빙을 받아들였다. 그곳의 교인들은 그의 경건주의 성향에 공감하는 모습을 보였는데, 이는 앞서 떼일링크와 우더먼스Udemans가 그곳에서 사역을 했기 때문이었다. 이곳에서 그는 회중과 긴밀한 유대 관계를 형성했다.[28]

하지만 이곳에서의 사역 기간 역시 로덴슈타인이 또 다른 교회에서 청빙을 받으면서 끝이 났다. 이번에 그를 청빙한 곳은 위트레흐트에 있는 교회였으며, 이 위트레흐트의 교회에서 로덴슈타인은 1653년부터 1677년 세상을 떠나기 전까지 사역했다. 당시 그는 푸치우스와 함께 돔께르끄Domkerk, '탑 교회'의 목회자 중 한 사람으로 섬겼는데, 이곳은 한 번에 수천 명의 신자들을 수용할 수 있는 거대한 교회당이었다.[29] 로덴슈타인은 주일뿐 아니라 주중에도 계속 분주하게 설교 사역을 이어나갔다. 그는 또 하이델베르크 교리문답과 벨직 신앙고백서 공부 반을 인도했으며, 떼일링크와 윌리엄 에임스의 글들을 가지고 영성에 관해 강의했다. 그리고 그는 회중이 성경을 읽고 암송하도록 격려했으며, 수많은 교인, 특히 가난한 자들과 고아, 병든 자들을 심방했다.[30] 이렇게 위트레흐트에서 사역하는 동안, 판 로덴슈타인은 유명한 '위트레흐트 모임'Utrecht Circle의 일원이 되었다. 당시 이 모임에는 빌럼 떼일링크의 아들인 요하네스 떼일링크Johannes Teellinck, 1623-1694년경와 몇 권의 교훈적인 작품을 쓴 테오도루스 아 브라켈Theodorus à Brakel, 1608-1669이 포함되어 있었다. 이 아 브라켈은 이후 자신보다 더 유명한 저술가가 될 빌헬무스 아 브라켈의 아버지였다.

한편 로덴슈타인은 1670년대에 몇 번의 혹독한 시련을 겪었다. 첫째로 1672년 6월에는 프랑스 군대가 위트레흐트를 점령했고, 이로 인해 '돔께르끄'는 날마다 로마 가톨릭의 미사가 집전되는 장소가 되었다. 이후 1673년 11월 16일, 프랑스 군대는 부득이한 상황에 몰리자 판 로덴슈타인과 다른 열세 명의 네덜란드 지도자를 인질로 삼아 철수했다. 이때 그들은 눈이 내리는 날씨에 사흘간 마차에 실려 호송되었으며, 네덜란드 측에서 거액의 몸값을 치르기 전까지 석 달 동안 감옥에 갇혀 있어야 했다.[31] 그리고 둘째로 1674년 7월에는 거센 태풍이 네덜란드 전역을 휩쓸고 지나갔으며, 이로 인해 돔께르끄 지붕의 상당 부분이 무너지고 수많은 사람들이 집을 잃었다. 또 셋째로 1675년 6월에는, '진전된 종교개혁' 운동의 동역자였던 야코뷔스 쿨만Jacobus Koelman, 1631-1695이 강단에서 쫓겨나고 플랜더스 지방에서 추방되었다.[32] 이에 판 로덴슈타인은 자신의 동료를 돕기 위해 최선의 노력을 기울였다.

1676년 11월 1일, 로덴슈타인의 스승이자 동료이며 벗이었던 푸치우스가 세상을 떠났다. 그리고 로덴슈타인 자신도 1677년 봄에 병상에 눕게 되었으며, 그해 8월 10일에 숨을 거두었다. 마지막 때에, 로덴슈타인은 이렇게 고백했다고 한다. "내게는 하나님이 모든 것을 채우시며 그 안에 충만히 거하시는 분이심을 알고 믿는 것만으로도 충분하다.……주 예수님께는 충만한 은혜가 있으며, 이제는 변함이 없는 그분의 언약에 나를 맡기려 한다."[33] 로덴슈타인의 영향력은 그가 남긴 설교와 시들을 통해 후대에도 지속되었으며, 이는 한 세기 이후 북미 지역의 네덜란드 개혁교회 목사였던 에일라르두스 베스털로Eilardus Westerlo, 1738-1790가 남긴 개인적인 글들에서도 뚜렷이 드러난다.[34]

그리스도와의 연합을 통해 얻게 되는 생생한 거룩함을 전한 설교자

판 로덴슈타인은 듣는 자들의 마음을 사로잡는 설교자였다. 한번은 푸치우스가 이렇게 언급했던 적이 있다. "우리의 동료인 로덴슈타인은 우리 중 다른 누구도 말하거나 행할 수 없는 일들을 할 수 있다."[35] 그는 단순하고 직접적인 방식으로 설교했으며, 어떤 본문의 역사적인 세부사항을 길게 논하는 일을 피했다. 그의 설교에 관해, M. 유진 오스터헤이븐M. Eugene Osterhaven, 1915-2004은 이렇게 언급한 바 있다. "그가 전한 메시지는 그리스도와 성령의 은사, 또한 갱신의 필요성과 그 실제에 관한 내용들을 중심으로 이루어져 있었다."[36] 로덴슈타인은 설교의 초점을 적용에 두었으며, 특히 회심과 성화의 필요성을 강조했다.[37]

판 로덴슈타인은 종교개혁이 교리적인 면에서는 바른 운동이었지만, 실천적인 면에서는 불완전한 것이었다고 여겼다.[38] 그는 이전의 종교개혁 운동을 에스겔이 보았던 마른 뼈들의 골짜기에 견주었다(겔 37장). 곧 종교개혁을 통해 선한 교리들이 회복되었지만, 이 교리들은 아직 해골의 뼈에 불과하며 그 위에 살을 입힐 필요성은 여전히 남아 있다는 것이다.[39] 그러므로 교리적인 개혁 이후에도 여전히 필요했던 것은 우리 마음속에서 교리를 적용하면서 경건한 삶을 살도록 이끄시는 성령님의 실제적인 사역이었다. 당시의 교회가 아직 충분히 온전해진 상태에 이르지 못했기 때문이다.[40] 오히려 그 결과로 생겨난 것은 냉랭하고 죽은 정통이었으며, 아직 진리를 체험하거나 거룩한 삶으로 나아가지 못한 이름뿐인 그리스도인들이 그 정통을 고수하고 있었다. 당시의 종교개혁 운동은 이 영역에서 너무나 취약했기 때문에, 어떤 면에서는 로마 가톨릭 통치 아래서 어려움을 겪던 교회들보다 더욱 악화된 상태에 있다는 것이 로덴슈타인의 믿음이었다. 이 점에 관해, 그는 이렇게 언급한다. "이제껏 성령의 임재가 없이 이루어져 온 종교개혁은 더욱 심각한 변질을 가져왔다. 이는 우리 자신의 삶이 변화되지 않았기 때문이다."[41] 우리는 이런 그의 말을 살짝 바꾸어서, 변화가 없는 개혁은 변질을 낳는다고 표현할 수 있을 것이다.

그리스도는 이렇게 가르치셨다. "영생은 곧 유일하신 참 하나님과 그가 보내신 자 예수 그리스도를 아는 것이니이다"(요 17:3). 그러므로 판 로덴슈타인은 이렇게 설교한다. "지금 우리의 본문에서 언급되는 이 지식은, 오직 위로부터 오는 빛을 통해 임하게 된다. 우리 자신의 힘으로 태양이 뜨게 할 수 없듯이, 우리는 스스로 그 지식을 만들어 낼 수 없다." 그것은 체험적인 지식이다. "우리가 음식을 먹음으로써 그것을 경험하게 되듯, 주님께서도 그분 자신을 나누어 주시며 우리로 하여금 그분이 누구신지를 느끼게 하신다." 또한 그것은 우리를 변화시키는 지식이다. "이런 지식이 있을 때, 우리는 하나님을 위해 살아가게 될 수밖에 없다. 만일 누군가가 나에게 하나님을 아는 한 사람을 소개한다면, 나는 그가 주님을 위해 모든 것을 행하며 그분을 위해 살아가는 사람임을 보여줄 것이다."[42] 그렇다면 이런 일이 어떻게 가능한 것일까? 이는 그리스도께서 "우리에게 성령을 보내 주시기 때문이다. 그리고 성령님은 우리의 영혼에 그분의 은혜로 역사하심으로써, 우리를 새롭게 만드신다. 만일 이 일이 이루어지지 않는다면, 우리는 하나님 나라를 볼 수 없다(요 3:5).……성령님은 우리의 영혼에 믿음을 심어 주시며, 이를 통해 우리로 하여금 구주이신 주님과 더욱 온전히 연합하게 만드신다.……또한 성령님은 우리가 풍성한 열매를 맺도록 이끄신다."[43]

로덴슈타인은 신자들에게 개혁파 교리와 예배를 따르는 것으로 만족하지 말고, 부단히 자신의 영혼을 개혁하는 일에 힘쓰라고 권면했다. 실제로 그는 '교회는 늘 개혁되어야 한다'는 문구를 언급했던 최초의 저자로 보인다. 이는 그에 따르면, 지혜로운 이들은 개혁교회를 '레포르마타'reformata, 또는 '개혁된 교회'라고 부르지 않고, '레포르만다'reformanda, 곧 '개혁되어 가는 교회'라고 부를 것이기 때문이다. 우리가 이런 과업에 몰두할 때 순전한 교회가 생겨날 것이며, 이는 진리를 엄밀히 따르는 동시에 실천의 면에서는 거룩한 교회이다.[44] 마이클 부시Michael Bush에 따르면, 로덴슈타인의 이런 주장은 시대의 변화에 부합하는 방식으로 교회의 신학을 바꾸어 가야 한다는 것이 아니었다. 오히려 그들이 품었던 문제의식은, 끊임없는 각성 없이는 교회의 순수한 신앙과 거룩한 실천을 제대로 유지할 수 없다는 데 있었다.[45] 이처럼 종교개혁을 충실히 이어가지 못할 때 찾아오는 결과는 영적인 무관심이었으며, 이런 분위기는 이미 네덜란드 안에 널리 퍼져 있었다. 그러므로 판 로덴슈타인은 자신의 설교에서, 좀 더 진전된 종교개혁의 필요성을 계속 강조했다.[46] 그런데 이처럼 종교개혁의 문제점들을 비판해 나가면서도, 그는 여전히 개혁파의 입장에 깊이 공감하는 모습을 보였다. 곧 로덴슈타인은 경건주의적이며 신비주의적인 태도로 설교하면서도, 종교개혁의 진리들에서 결코 벗어나지 않았던 것이다. 오히려 그의 경건주의적이며 신비주의적인 성향들은 초기 종교개혁자들이 품었던 대의를 한층 더 진전시키는 데 기여했다.

칼 슈뢰더Carl Schroeder에 따르면, 판 로덴슈타인의 설교에는 다음의 여섯 가지 특징이 있다. (1)성경적인 설교, (2)개혁파의 신앙고백들에 충실한 설교, (3)큰 권위가 실린 설교, (4)예언적인 설교, (5)회개를 강조하는 설교, 그리고 (6)교회의 절기들을 준수하는 관행을 약화시키는 설교가 그것이다.[47] 그는 율법과 복음을 모두 설교했다. 곧 그는 율법을 통해 이름뿐인 그리스도인들로 하여금 자신들의 위선과 게으름, 세속적인 삶과 이기적인 죄들을 깨닫게 했으며, 그런 다음에는 그리스도께로 나아올 것을 권면했다.[48] 그리고 회심한 자들의 경우, 로덴슈타인은 그들에게 주시는 하나님의 약속들을 제시했다. 이처럼 양날의 검을 가지고, 그는 자신이 섬기는 회중을 여러 범주로 분류하고 구별하는 방식으로 말씀을 전했던 것이다. 이는 푸치우스파의 설교자들이나 '나데러 레포르마시' 운동의 다른 옹호자들이 흔히 채택했던 설교 방식이었다.[49]

판 로덴슈타인은 사람들을 향해, 자기를 부인하고 십자가를 지고서 그리스도를 따를 것을 권면했다. 이런 삶의 변화는 곧 그리스도의 죽으심이 낳은 열매였다(고후 5:14-15). 그는 이렇게 설교한다. "일단 어떤 이가 우리의 중보자로서 성부 하나님의 종이셨던 그리스도(사 53:11)를 통해 아들의 나라, 곧 사랑하시는 아버지의 나라(골 1:13)로 옮김을 받고 나면, 그의 삶은 하나님께 속한 것이 된다. 그러므로 구속받은 자들은 늘 영광스러운 실재를 위해 살고 또 일해야만 한다.……만약 예수께서 우리를 위해 죽으셨다면, 우리 역시 자신에 대해 죽은 자들이 된다. 그러므로 이제부터 우리는 하나님을 향해 살아가야 한다."[50]

판 로덴슈타인은 이처럼 성화의 필요성을 강조함으로써, '나데러 레포르마시' 운동에 뚜렷한 자신의 흔적을 남겼다. 그를 비롯한 동료들은 신자들을 향해 그리스도께 더욱 깊이 헌신할 것을 요청했으며, 이는 그런 헌신만이 교회를 피상적이고 거룩하지 않은 삶의 모습에서 건져 낼 수 있기 때문이었다. 매달 회개에 관해 설교하면서, 그는 회중이 그 진리를 머리로 받아들이는 데 그치지 않고 삶의 모든 영역에서 그 진리를 실제로 체험하게 되기를 바랐다. 슈뢰더는 판 로덴슈타인에 관해 이렇게 언급한다. "그는 청중을 향해 그리스도께 더욱 깊이 헌신하는 일에 마음을 쏟아야 한다고 가르쳤으며, 몸소 그런 헌신의 본을 보였다. 이 같은 헌신은 곧 신약성경에서 가르치는 성화의 의미를 구체적으로 드러내는 것이었다. 당시 주일 아침마다 그의 설교를 들었던 사람들은, 이런 문제들에 관해 그가 품고 있었던 절박감을 놓치기 어려웠을 것이다."[51]

1659년, 판 로덴슈타인은 자신의 삶에 닥쳐온 여러 힘겨운 일 때문에 깊은 위기를 겪게 되었다. (그런 일들 가운데는 자신이 섬기는 회중에게 성화의 열매가 나타나지 않았던 것, 정부 당국자들과의 갈등으로 겪은 어려움, 네덜란드에서 전반적으로 갱신의 움직임이 일어나지 않았던 문제 등이 있다.) 영적인 낙담에 빠진 그는 자기 내면을 들여다보게 되었으며, 자신의 뜻대로 선택할 수 있는 유일한 문제는 곧 그리스도를 향한 인격적인 헌신에 관한 것임을 깨달았다. 그리하여 그는 좀 더 개인주의적인 삶의 태도를 취하게 되었다. 또한 이 시기에, 그는 이른바 "사랑의 언어"에 관해 좀 더 많은 것을 터득하게 되었다.[52]

당시 판 로덴슈타인은 성경의 아가서를 열심히 읽었으며, 이 사랑의 노래에 의존해서 위로를 얻었다. 또한 클레르보의 베르나르Bernard of Clairvaux, 1090-1153나 토마스 아 켐피스Thomas à Kempis, 1380-1471년경 같은 중세 저자들의 글 역시 그에게 깊은 영향을 끼쳤다. 아가서와 중세의 이 저작들을 통해, 판 로덴슈타인은 예수님을 향한 인격적 헌신을 발전시키고 심화해 나가는 법을 익히게 되었다.[53] 그는 아가서를 곧 하나님과 신자의 영혼이 서로 연합하는 내면의 모습을 묘사한 책으로 여겼다. 이 연합은 왕과 그 백성 사이의 것이라기보다, 오히려 왕과 신부 사이의 것에 가까웠다. 그에 따르면, 사랑 안에서 완전한 신랑이신 그리스도와 결합할 때, 영적 신부인 우리는 자신을 부인하게 된다. 곧 하나님은 모든 면에서 충분하신 분이며, 우리 스스로는 아무것도 아님을 고백하게 된다는 것이다.[54]

판 로덴슈타인에 따르면, 아가서의 아름다운 언어는 곧 그리스도께서 그분의 신부에게 베푸시는 귀중한 유익들과 더불어 신랑이신 그분을 향한 우리의 영적인 갈망을 표현하는 것이었다. 그는 특히 신자들의 신랑이신 주님이 지닌 왕적인 측면들을 강조했다. 로덴슈타인은 이 신랑을 "왕"으로 부름으로써 그리스도가 지닌 무한한 매력과 위엄, 그리고 영광을 뚜렷이 드러냈으며, 이와 동시에 신부인 우리가 그분을 영화롭게 하고 그분께 섬김과 복종을 드려야 할 필요성을 역설했다.[55]

로덴슈타인은 왕의 내실에서 일어나는 일을, 그리스도의 공감 어린 사랑과 신자들이 누리는 그분과의 친밀한 교제에 견주었다. 지금 이곳에서 이루어지는 그리스도와의 영적인 사귐을 통해, 그분을 믿는 신부는 장차 하늘에서 누리게 될 교제의 첫 열매를 맛보게 된다. 신부가 왕의 내실에서 그리스도 예수의 얼굴에 있는 하나님의 영광을 보게 될 때, 그녀는 더 이상 자기 자신을 바라보지 않게 된다. 오히려 신부는 점점 더 그리스도의 형상을 닮아가게 되며, 왕이신 그분의 변함없는 신실하심과 그녀를 향한 사랑을 더욱더 확신하게 된다. 이때 그녀는 자신의 온 마음과 영혼, 존재를 다해 하나님을 사랑하게 되며, 그분을 자신의 기쁨이 되시는 분으로 바라보면서 그분을 온전히 갈망하게 된다.[56]

판 로덴슈타인의 설교에서는 개혁파의 교리들과 더불어 회개를 향한 촉구와 성령께서 이루시는 갱신, 경건의 추구와 그리스도와의 신비한 교제가 잘 예시되고 있다. 그의 설교 안에서, 우리는 당시 네덜란드에서 일어났던 '진전된 종교개혁' 운동의 맥박 소리가 힘 있게 고동치는 것을 듣게 된다.

이제 다음으로, 우리는 판 로덴슈타인의 동료의 아들이 펼친 사역에 관해 살펴보려 한다. 이 인물의 사역은 이후 여러 세대 동안, 네덜란드의 경건한 가정들에 큰 영향을 끼쳤다.

빌헬무스 아 브라켈

빌헬무스 아 브라켈은 1635년 1월 2일, 개혁파 목회자였던 테오도루스 아 브라켈의 아들로 태어났다.[57] 그는 다섯 누이와 함께 하나님을 깊이 경외하는 가정에서 양육되었다. 빌헬무스는 소년 시절에 회심했는데, 이는 아마 그의 아버지가 전한 설교, 그리고 어머니의 기도와 간곡한 권면을 통해서였을 것이다. 그는 레이우아르던Leeuwarden에 있는 라틴어 학교를 다녔으며, 이후 1654년에는 열아홉 살의 나이로 프라네커르 아카데미Franeker Academy에 입학했다. 그리고 1659년 빌헬무스가 학업을 마쳤을 때, 레이우아르던 노회는 그를 노회 소속의 목회자로 받아들였다. 하지만 당시에는 남아 있는 사역지가 없었으므로, 그는 위트레흐트 대학의 푸치우스와 안드레아스 에세니우스Andreas Essenius, 1618-1677 밑에서 몇 년 더 신학 수업을 이어가게 되었다.

이후 아 브라켈은 거의 오십 년에 걸쳐 목회하면서, 네덜란드 국가 교회에 속한 다섯 개의 교회에서 사역했다. 그가 처음 부임한 사역지는 프리슬란트 주의 엑스모라Exmorra였다(1662-1665). 당시 이곳에는 영적인 무관심이 널리 퍼져 있었기에, 회중을 돌보는 것은 상당히 힘겨운 일이었다. 그는 이곳에서 사역하는 동안에 사라 네비우스Sara Nevius와 결혼했는데, 그녀는 벤트후이즌Benthuizen에서 사역하다가 세상을 떠난 개혁파 목회자 헨리쿠스 페이건Henricus Veegan의 아내였다. 아 브라켈이 두 번째로 부임한 스타보런Stavoren의 교회는 더 큰 규모였으며(1665-1670), 이곳에서 그의 목회는 좀 더 많은 결실을 거두게 되었다. 그런 다음, 아 브라켈은 당시 번영하던 항구 도시인 하를링언Harlingen으로 사역지를 옮겼다(1670-1673). 그는 이곳에서 다른 세 명의 동료와 함께 사역했으며, 그들의 사역은 수많은 사람들의 회심으로 뚜렷한 결실을 거두었다. 이어 1673년부터 1683년까지, 아 브라켈은 레이우아르던에 있는 큰 규모의 개혁교회에서 사역했다. 이 교회에서는 세 곳의 교회당에서 예배를 드렸으며, 여섯 명의 목회자와 수천 명의 교인들이 있었다.

한편 이 시기에, 아 브라켈은 몇 가지 논쟁에 휘말리게 되었다. 당시 그가 속했던 노회에서는 아 브라켈이 비밀 집회conventicle, 즉 경건한 신자들이 서로의 체험을 나누고 권면하기 위해 갖는 모임을 권장하는 것에 관해 경고했다. 이때 그는 당국에 반발했고, 정부 측은 목회자를 자신의 설교단에서 물러나게 만들 권한이 없다고 주장했다. 그의 이 용기 있는 행동을 보면서, 많은 사람들은 그를 존경하게 되었다. 아 브라켈은 또한 은혜 언약과 시편 8편의 옳은 해석을 놓고 코케이우스 파의 한 목회자를 상대로 논쟁하기도 했다.

아 브라켈은 프리슬란트 주에서 이십일 년간 사역한 뒤, 1683년에 로테르담에서 온 청빙을 받아들였다. 이후 그는 남은 생애 동안 이곳에 머무르게 되었다. 당시 로테르담은 네덜란드 공화국의 가장 큰 도시 중 하나로, 인구가 오만 오천 명에 달했다. 따라서 이곳은 중요한 사역지 중 하나였다. 여기서도, 아 브라켈은 경건한 자들의 신앙을 양육하고 아직 구원받지 못한 자들을 회심으로 이끄는 일에서 큰 결실을 거두었다. 또한 이곳에서 그는 또 다른 논쟁에 개입하게 되었다. 이는 그가 장 드 라바디 Jean de Labadie, 1610-1674 와 그의 추종자들이 전파하는 가르침에 반대했기 때문이다. 당시 이들은 사람들에게 국가 교회에서 떨어져 나와 순수한 교회를 이룰 것을 촉구했다. 브라켈은 이에 맞서, 네덜란드의 그리스도인들에게 국가적인 개혁교회 안에 머물 것을 강력히 권했다. 하지만 이와 동시에, 그는 정부가 교회의 내적인 사안들에 계속 간섭하려 드는 것에 맞서야만 했다.

아 브라켈은 1690년대에 평온한 시기를 보내면서, 자신의 대표작인 『분별력 있는 신앙』(*De Redelijke Godsdienst*, 1700)을 집필하는 일에 전념했다. 이후 이 책은 『그리스도인의 분별력 있는 예배』(*The Christian's Reasonable Service*)라는 제목 아래 영어로 번역되었다. 그리고 이 책은 버니언의 『천로역정』이 영어권에서 인기를 끌었던 것과 비슷하게 네덜란드에서 인기를 끌게 되었다. 18세기 네덜란드 농부들은 매일 저녁 가정 예배를 드릴 때, 함께 모여 성경 본문을 읽은 뒤 으레 "아버지 브라켈의 글을 조금" 읽어주곤 했다. 브라켈의 책을 다 읽고 나면, 맨 처음으로 돌아가서 그 내용을 다시 낭독하곤 했다. 이 책 속에는 평신도 수준의 조직 신학과 실천적인 윤리, 그리고 개인적인 경건이 결합되어 있었다.

1711년 여름, 아 브라켈은 심한 병에 걸렸다. 임종을 앞둔 그에게 어떤 이가 지금 그의 영혼이 어떤 상태인지 물었을 때, 그는 이렇게 대답했다. "매우 좋습니다. 이제는 내 주인이신 예수님 안에서 안식을 누릴 것입니다. 나는 지금 그분과 연합되어 있으며, 그분이 나를 맞이하러 오시기를 기다리고 있습니다. 그리고 그때가 이르기까지는, 나 자신을 고요히 그분께 맡기고 의탁하려 합니다." 브라켈은 1711년 10월 30일, 일흔여섯 살의 나이로 세상을 떠났다.

당시 아 브라켈은 청교도적인 성향을 지닌 '진전된 종교개혁' 운동의 주요 대변자로 널리 알려진 인물이었다. 그는 설교단에서나 목회 현장에서 아버지의 심정을 품고 사역했으며, 자신이 섬기던 회중에게 많은 사랑을 받았다. 그리하여 많은 사람들은 애정을 담아 그를 "아버지 브라켈"로 부르곤 했다. 지금도 네덜란드의 많은 가정에서는 그를 여전히 이 명예로운 호칭으로 부르고 있다. 그런 가정들에서는 지금도 브라켈의 고전적인 저서들을 탐독하곤 하며, 그가 유능하게 대변했던 청교도적이며 체험적이고, 경건주의적인 전통의 가치를 소중히 간직하고 있다.

살아 있는 진리를 생동감 있게 전하는 설교자

당대에 아 브라켈은 강력하고 효과적인 설교자로 알려져 있었다. 그는 자신의 유창한 언변과 열정적인 의사 전달을 통해, 수천 명의 청중을 매료시킬 수 있었다. 그의 설교 방식은 늘 그리스도 중심적이며, 적용과 체험을 강조하는 성격을 띠었다. 그는 청중에게 성경에 근거한 그리스도 중심적인 태도로 제각기 자신을 살필 것을 권장했으며, 방탕함과 세속적인 삶의 죄악됨에 관해 자주 경고했다.

『그리스도인의 분별력 있는 예배』에서, 아 브라켈은 설교자들을 위해 설교의 준비와 전달에 관한 다음의 지침들을 제시한다.

1. 설교자는 자신이 하나님께로부터 보냄을 받았으며, 그분의 대사로서 강단에 오른다는 사실을 생생히 되새겨야 한다. 곧 그는 하나님의 이름으로 말씀을 전하는 자이며, 회중 앞에서 마치 주님의 입과 같은 존재가 된다. 그러므로 그는 마땅히 두렵고 떨리는 마음을 품고 나아가야 한다.

2. 설교자는 말씀 사역이 우리를 구원으로 인도하시는 하나님의 능력이며, 신자들의 영혼을 마귀의 나라와 흑암의 권세에서 이끌어 내어 그분의 놀라운 빛으로, 곧 주 예수님의 나라로 인도하기 위해 쓰시는 방편

이라는 것을 꼭 되새겨야 한다. 그는 이 목표를 늘 염두에 두면서, 자신이 전하는 설교의 내용과 방법을 주의 깊게 구성해야 한다.

3. 그는 설교자의 마음을 품어야 한다. 이는 주님을 경외하며 회중을 사랑하는 마음, 설교 준비에 온 힘을 쏟았지만 자신이 무능력한 존재임을 여전히 절감하는 마음이다. 또한 설교자는 설교단에 오르기 전에 깊이 기도해야 한다. 곧 그는 자신의 "마음이 거룩해지고" 사람들의 환심을 사려는 동기에서 벗어날 수 있기를, 하나님이 그곳에 임재해 주시기를, 또 지혜롭게 말씀을 전하고 영혼들이 회심하며 교훈과 위로를 얻게 되기를 구해야 한다.

4. 설교자는 자신이 설교할 내용들을 먼저 자신의 마음속에 깊이 새기도록 노력해야 한다. 그리하여 그는 자신이 회중을 이끌어 들이기 원하는 마음의 상태에 먼저 들어가야 한다. 이를 통해, 그는 자신의 마음에서 회중의 마음으로 말씀을 전하게 된다.

5. 설교자는 자신이 배우고 익힌 지식을 전부 활용해서 설교의 내용을 구성해야 한다. 이는 그 설교의 내용을 가장 명확하고 힘 있게 전달하기 위함이다. 하지만 이처럼 자신의 학문을 활용하더라도, 일단 강단에 올라선 다음에는 자신의 지식을 드러내지 않아야 한다. 다만 아 브라켈은, 강단에서 성경에 기록된 히브리어와 헬라어 단어들의 의미를 설명하는 일에 관해서는 반대하지 않았다.

6. 설교자는 자신의 회중에게, 또한 현재의 정황이나 사건들에 비추어 볼 때 가장 적절하다고 여겨지는 주제를 선택해야 한다. (그리고 먼저 기도해야 한다.) 만일 그가 성경의 한 장이나 책, 서신을 연속적으로 다루어 나갈 경우에도, 때로는 자유롭게 택한 본문을 설교할 기회들이 있어야 한다.

7. 그는 모든 설교에서, 회중의 마음을 감동시키는 데 목표를 두어야

한다. 그러므로 그는 회중의 마음에 와닿도록 교훈을 적용하고 위로를 끼치며, 그들의 마음을 흔들어 깨워야 한다.

8. 할 일을 마친 뒤, 그는 마치 모세가 시내 산에서 내려왔을 때와 같은 모습으로 강단에서 내려와야 한다. 곧 설교자 자신의 표정을 통해, 하나님을 향한 경외심과 그 위대한 과업의 중요성을 생생히 드러내 보여야 한다는 것이다. 강단에서 내려온 후에도, 곧바로 다른 일들에 관해 이야기를 나누거나 새로운 소식들에 궁금증을 보여서는 안 된다. 물론 여기서 아 브라켈이 냉담하거나 불친절한 태도를 권장하는 것은 아니다. 다만 우리가 설교를 마친 후에 경박하고 세속적인 태도를 보여서는 안 된다는 것이다. 이는 하나님을 향한 경외심과 말씀의 영원한 의미가 지닌 함의를 주일 내내 간직하는 것이 마땅하기 때문이다.

9. 집에 도착한 뒤, 그는 곧장 방으로 들어가서 자신의 설교가 어떠했는지를 돌아보아야 한다. 이때 그는 자신의 설교가 부족했던 점에 관해 하나님 앞에서 자신을 낮추어 회개하고, 주님이 베풀어 주신 도움의 손길을 감사하며, 자신이 전한 그 말씀을 통해 설교자 자신과 회중이 은혜를 입게 되기를 구해야 한다.[58]

지금 우리에게 남아 있는 아 브라켈의 설교가 그리 많지는 않으며, 그 숫자는 약 열다섯 편 정도다.[59] 그의 일반적인 설교 방식은 본문을 주의 깊게 연구한 뒤, 원고가 없이 말씀을 전하는 것이었다. 그가 전한 설교의 초점은, 그리스도께서 그분의 은혜 언약 가운데 우리의 영혼을 다루시는 방식에 맞추어져 있었다. 그는 성경의 은유들을 설득력 있게 활용했는데, 이를테면 우리의 "허물로 죽은" 상태에 관한 비유 등이 그런 경우였다(엡 2:5). 또한 그는 잘 짜인 개요에 근거해서 자신의 설교를 전달했다. 에베소서 4:30의 "하나님의 성령을 근심하게 하지 말라. 그 안에서 너희가 구원의 날까지 인치심을 받았느니라"에 관해 설교할 때, 그는 다음의 개요를 따랐다.

I. **명령** (30상)

A. **거룩하신 분**: 우리에게 구원을 적용하고 거룩한 성품을 주시는 성령님.

B. **악한 행실**: 성령님을 근심하게 하지 말 것.

C. **설명**: '성령님을 근심하게 한다'는 것의 의미.

II. **이유** (30하)

A. **인 치심**: 우리가 하나님께 속했다는 확증(엡 1:13, 고후 1:22).

B. **영속성**: 구속의 날까지 인 치심을 받음.

III. **적용**

브라켈은 설교를 전할 때, 청중의 다양한 영적 상태를 구분한 뒤 이에 맞게 자신의 메시지를 적용했다. 그가 전한 어떤 설교에서는 이런 적용이 단순하게 제시되었지만, 또 다른 설교들에서는 매우 철저한 방식으로 이루어졌다. 성령님을 근심하게 하는 일에 관한 설교에서, 그는 청중을 회심하지 않은 다섯 가지 유형의 사람들과 하나님의 자녀에 속한 네 가지 유형의 사람들로 구분했다. 그러므로 불신자들의 경우에는 무지한 자들과 무관심한 자들, 표면상의 기독교인들이나 다른 이들을 실족하게 하는 자들, 또는 구원받기를 원하는 자들로 분류되었다. 그리고 신자들의 경우, 하나님을 체험하지 못하여 낙심한 사람들과 용기를 얻었지만 동시에 시험을 겪고 있는 자들, 지나친 양심의 가책 때문에 두려워하는 자들, 또는 자신이 받은 구원을 의심하는 자들로 분류되었다. 브라켈은 각 유형의 청중을 향해 직접적인 메시지를 전하고, 그들 각자에게 적합한 적용을 제시하려 했다.

궁극적으로, 적용 중심의 설교를 향한 아 브라켈의 열심은 하나님의 말씀이 지닌 능력에 대한 확신에서 나오는 것이었다. 그가 자신의 메시지를 권위 있게 선포할 수 있었던 것은 바로 그가 전하는 것이 하나님의 말씀이었기 때문이다. 이에 관해, 그는 이렇게 언급한다. "복음이 선포되는 곳이면 어디서든, 사람들은 마음으로 그 메시지에 순복하며 성경의 가르침을 받들게 된다. 성경의 진리를 고백하는 자들이 압제와 핍박을 당할수록, 그 말씀에 담긴 능력은 더욱 뚜렷이 드러나게 될 것이다." 그에 따르면, 성경의 신적인 능력은 "우리의 영혼을 비추는 말씀의 경이로운 빛과 그 말씀이 우리의 삶에서 일으키는 내적이며 외적인 변화들, 그리고 신자들의 마음속에 달콤한 위로와 형언할 수 없는 기쁨을 가져다주는 그 효력을 통해" 드러난다. 그러므로 신자들은 "사랑과 기쁨 가운데 모든 핍박을 견디고, 기꺼이 자신을 죽음에 내어 주게" 된다.[60] 이처럼 성경에서 말씀하는 하나님을 믿었기에, 아 브라켈은 담대하고 능력있는 설교자가 될 수 있었던 것이다.

16장 미국에서의 네덜란드 개혁파 설교 : 프렐링하이즌

앞선 두 장에서는 네덜란드의 '진전된 종교개혁' 운동과 그 흐름에 속했던 몇몇 탁월한 설교자들을 살펴보았다. 이제 우리는 그 시기를 벗어나, 영국과 미국에서 일어났던 대각성운동의 시기로 넘어가 보려 한다. 이번 장에서는 18세기 미국 식민지에서 활동했던 한 설교자를 다루어볼 것이다.

테오도루스 야코부스 프렐링하이즌Theodorus Jacobus Frelinghuysen, 1691-1747은 대각성운동의 선구자 또는 촉매 역할을 했던 인물로 언급되어 왔다.[1] 물론 그는 조나단 에드워즈나 조지 윗필드, 존 웨슬리John Wesley, 1703-1791와 찰스 웨슬리Charles Wesley, 1707-1788보다는 덜 알려진 인물이었다. 하지만 프렐링하이즌의 설교 방식과 그의 사역을 통해 이루어진 좀 더 작은 부흥의 경험들은, 이후 미국 식민지에서 일어날 위대한 사역들을 위한 길을 예비하는 역할을 했다. 에드워즈는 그가 행한 목회 사역들에 관해 알고 있었으며, 그를 "매우 경건하며", "탁월하고 성공적인 열매를 거둔" 네덜란드인 목회자로 언급했다. 곧 당시 프렐링하이즌의 사역을 통해, 하나님

이 그 지역에 풍성한 은혜를 부어 주셨다는 것이다.[2]

1739년에 윗필드가 프렐링하이즌을 만났을 때, 그는 프렐링하이즌에 관해 자신의 일기에 다음과 같이 기록했다.

> 프렐링하이즌은 예수 그리스도께 속한, 노련하고 훌륭한 군인이다. 그리고 내가 믿기로는 주님이 지금 이 지역에서 진행하고 계시는 위대한 사역을 시작한 인물이다. 그의 사역은 육신적인 성향을 지닌 동료들의 강한 반대에 계속 부딪혀 왔다. 하지만 하나님은 그의 앞에 놀라운 방식으로 나타나셨으며, 그분의 사랑으로 그가 이 모든 일을 넉넉히 이기게 하셨다. 그러므로 그는 오래 전부터 하나님만을 두려워하는 법을 배웠다. 이는 그분만이 우리의 몸과 영혼을 지옥에 던지실 수 있기 때문이다.[3]

이와 동시에, 프렐링하이즌은 늘 사람들의 격심한 비판에 시달렸다. 이에 대한 반발로서, 그는 자신이 타는 썰매의 등 부분에 다음의 시구를 새겨 두었다. 이는 그가 썰매를 타고 지나가는 동안 모든 사람이 그 글을 볼 수 있게 하려는 것이었다.

> 어떤 이의 혀도, 어떤 이의 펜 끝도
> 나를 누군가 다른 사람으로 바꾸어 놓을 수는 없다네.
> 비방하는 자여, 말하라! 끝없이 말을 늘어놓아 보아라.
> 그대가 지껄이는 비방은 전부 헛된 것에 불과할 뿐이니.[4]

그렇다면 이 같은 찬탄과 반대를 동시에 불러일으킨 이 사람은 과연 어떤 인물이었을까? 프렐링하이즌은 웨스트팔리아에서 한 독일 개혁교회 목회자의 아들로 태어났으며, 그의 어머니 역시 목회자의 자녀였다. 그는

1692년 11월 6일에 세례를 받았다. 그는 열일곱 살에 교회의 성찬 참여 회원으로 받아들여졌으며, 함Hamm에 있는 개혁파 중등학교에서 철학과 신학을 공부했다. 그 후, 링겐 대학에서 신학 수업을 마쳤다. 이곳에서 그는 개혁신학과 생명력 있는 체험을 결합시킨 푸치우스 파의 사상을 받아들였다. 또한 네덜란드어를 숙달함으로써, 네덜란드인들 가운데서도 설교할 수 있게 되었다.

프렐링하이즌의 첫 목회는 겨우 열네 달이 지난 후에 끝이 났다. 이는 심각한 홍수로 전도구 주민들이 매우 가난해져서, 더 이상 목회자의 생활을 부양할 수 없게 되었기 때문이다. 북 홀란트의 라틴어 학교에서 부학감으로 잠시 재직한 뒤, 그는 라레탄스Rarethans에서 목회해 달라는 암스테르담 노회의 요청을 받았다. 그는 이 청빙을 받아들였는데, 이는 그 지역을 멀지 않은 네덜란드의 어느 지방으로 착각했기 때문이었다. 하지만 그 지역이 실은 먼 바다 너머에 있다는 것을 알았을 때, 프렐링하이즌은 시편 15:4의 말씀을 되새기면서 자신의 약속을 지켜야겠다는 마음을 굳혔다. 곧 그는 하나님이 "그의 마음에 서원한 것은 해로울지라도 변하지 아니하[는]" 이에게 복을 주신다고 믿었던 것이다.

프렐링하이즌은 또한 한 경건한 목회자와의 섭리적인 만남에서도 영향을 받았다. 당시 그 목회자는 프렐링하이즌에게, 미국에 가서 생명력 있는 신앙을 전파하도록 격려했던 것이다. 네덜란드의 정착민들은 이미 17세기 초반에 그 신세계에 도착했지만, 그들을 돌보기 위해 함께 간 목회자들은 거의 없었다. 노회 측에서는 미국 식민지에서 목회자들을 양성하도록 허용하지 않았으며, 대서양을 건너가려 하는 목회자들은 많지 않았다. 그러므로 당시 식민지의 영적인 생활은 매우 열악한 상태에 있었다. 당시 프렐링하이즌의 몇몇 설교문을 번역하고 마침내 그의 후임자 중 한 사람이 된 에이브러햄 메슬러Abraham Messler, 1800-1882는 이렇게 언급했다. "당시 사람의 마음이 새롭게 변화되어야 할 필요성은 거의 잊힌 상태였으며, 형식주의와 스스로를 의롭게 여기는 태도가 거의 모든 사람 가운데 퍼져 있었다는 점을 우리는 기억해야 한다. 신자들조차 기독교적인 체험을 조롱하기를 주저하지 않았으며, 그중 많은 사람들은 아주 단호하게 그런 체험들에 반대하는 태도를 취했다."[5]

프렐링하이즌은 친척과 벗들에게 작별을 고한 뒤 1719년 9월에 신세계를 향해 떠났으며, 1720년 1월 그곳에 도착했다. 하지만 그가 중생을 대단히 강조하는 동시에 물질적인 사치에 몰두하는 풍조를 비판했기 때문에, 곧 그곳에 있던 두 명의 주요 목회자들이 그에게 등을 돌리게 되었다. 후알테루스 뒤부아Gualtherus DuBois, 1671-1751와 헨리쿠스 보엘Henricus Boel, 1692-1754이 바로 그들이었다.

프렐링하이즌은 곧 자신의 직무를 이어받고, 래리턴 강변에 있는 네 곳의 작은 교회를 돌보기 시작했다. 이 래리턴 강은 뉴욕 시의 바로 남쪽에 있는 만으로 흘러가는 강이었다. 그는 회중을 향해 철저한 회개를 촉구했으며, 회심하지 않은 자들이 성찬에 참여하는 것을 막기 위해 엄격한 기준을 적용했다. 한번은 성찬 예식이 진행되던 도중에, 프렐링하이즌은 어떤 이들이 앞서 성찬에 참여하지 말라는 자신의 권고를 들었음에도 불구하고 성찬 상에 나아오는 것을 보았다. 이때 그는 이렇게 외쳤다. "보십시오! 보세요! 이 세상에 속한 자들, 자신의 죄를 뉘우치지 않은 자들까지도 앞으로 나아오고 있습니다! 그들은 곧 자신들을 향한 심판을 먹고 마시게 될 것입니다!"[6] 이때 성찬 상으로 나아오던 다른 몇몇 사람들이 있었는데, 그들은 프렐링하이즌 목사가 자신들을 가리켜 말하는 것으로 여기고 다시 자리로 돌아갔다.

예상 가능하게도, 프렐링하이즌과 그의 당회(그가 돌보는 교회들에 속한 직분자들)에서 취한 권징의 조치들은 많은 회중, 특히 부유한 사람들을 당혹하게 만들었다. 그들은 뉴욕의 영향력 있는 개혁파 목회자들에게 불만을 토로했으며, 이 목회자들은 프렐링하이즌과는 다른 견해를 취하는 자들이었다. 그리고 이 목회자들 중 일부는 그 불만을 품은 사람들의 편에 섰는데, 그중 가장 주목할 만한 이들로는 뒤부아와 보엘이 있었다. 이들은 처음부터 프렐링하이즌에 관해 부정적인 인상을 품었던 사람들이었다. 이들은 프렐링하이즌을 상대로 심각한 비난을 쏟아 놓았으며, 프렐링하이즌 역시 똑같은 태도로 응수했다. 그리고 프렐링하이즌이 뒤부아와 보엘을 비롯하여 자신의 반대편에 선 동료 목회자들을 두고서 '회심하지 않은 목사들'이라고 공개적으로 언급했을 때, 사태의 긴장감은 극도에 이르렀다. 한편 기욤 바르토프Guiliam Bartholf, 1656-1726나 버나르두스 프리만Bernardus Freeman, 1660-1743, 코르넬리우스 판 산트포르트Cornelius Van Santvoord, 1687-1752 같은 다른 목회자들은 프렐링하이즌을 옹호했다. 다만 이들은 지나치게 거칠고 비판적인 자세를 취하지 말 것을 그에게 권고했다. 이들은 프렐링하이즌의 태도에 다소 요령이 부족하다고 느꼈으며, 성찬 참여에 관한 그의 기준이 너무 엄격하다고 여겼던 것이다.

이런 충돌로 인해, 식민지의 네덜란드 개혁교회 내부에서는 분열이 생겼다. 많은 수의 교인이 프렐링하이즌을 이단으로 고소했던 것이다. 이른바 '클라허스'Klagers, 불만을 제기하는 이들로 알려지게 된 자들은 '도미니'[7] 보엘과 그의 형제인 변호사 토비아스에게 도움과 조언을 청했다. 그런데 이 두 형제는 '클라허스'에게 마땅히 마태복음 18:15-17의 원리들과 개혁교회의 질서를 좇아 자신들의 불만을 제기할 것을 권고하지 않고, 오히려 그들을 옹호하는 편에 섰다. 그리고 이 일은 프렐링하이즌 측에 속한 당회들의 분노를 샀던 것이다. 이에 당회들은 소환장daagbrief을 작성해 '클라허스'에게 발송했다. 이 소환장에서, 이른바 '다허스'Dagers, '소환하는 이들'로 알려지게 된 당회들 측에서는 그 반대자들의 오류를 열거하고, 만일 그들이 자신들의 고소를 철회하지 않는다면 출교를 당하게 될 것이라고 경고했다. 그리고 이후 1723년 봄, 프렐링하이즌 측의 당회들은 두 통의 소환장을 그 선동하는 자들에게 추가로 발송했다. 각 소환장에는, 만일 그들이 자신들의 잘못을 뉘우치고 교회로 돌아오지 않는다면 출교를 당하게 될 것이라는 경고가 담겨 있었다. 그러나 9월이 되어도 아무 답장이 오지 않자, '다허스'가 주도하는 당회들에서는 만장일치로 그 반대 측의 주도자 네 명을 출교시켰다. 그리고 이 조치는 네덜란드 개혁교회 공동체 전체에 큰 충격을 주었다. 하지만 당시 중재자로서 이 사안을 조심스럽게 다루어야 했던 암스테르담 노회는 수천 마일이나 떨어진 곳에 있었다.

1725년, '클라허스'는 마침내 '클라흐테'를 통해 그 소환장들에 응수했다. 이는 암스테르담 노회 측에 발송된 백사십육 페이지 분량의 문서였다. 이 '클라허스'는 아마도 보엘 형제에 의해 작성되었을 문서로서, 그 안에는 각 가정을 대표하는 예순네 명의 가장의 서명이 담겨 있었다. 이는 프렐링하이즌이 담임하는 네 곳의 교회에 속한 교인들 가운데 대략 사 분의 일에 해당하는 숫자였다. 이 '클라흐테'에는 프렐링하이즌에 관해 상상 가능한 모든 비난이 세세히 적혀 있었으며, 이를테면 그는 동성애 성향을 지닌 폭군이자 거짓 교사, 분리주의자로 묘사되어 있었다. 그리고 여기에 더하여, '클라허스' 측에서는 두 곳의 교회당에 들어가지 못하도록 프렐링하이즌의 출입을 막음으로써 그의 노력을 좌절시키기로 결정했다.

이에 프렐링하이즌은 '클라허스'를 "불경건한 들", "네 곳의 회중 가운데서도 쓰레기 같은 자들"로 부름으로써 응수했다.[8] 프렐링하이즌과 그의 옹호자들은 자신들이 다만 권징의 열쇠, 곧 설교와 출교의 열쇠들을 행사함으로써 교회의 순수성을 지키려 했을 뿐이라고 주장했다. 이는 하이델베르크 교리문답의 제31주일에 속한 문항에서 지시하는 바와 같다는 것이다. 그들은 '클라흐테'에 서명한 사람들 중 절반 이상이 한 번도 신앙을 고백해 본 적이 없음을 지적하고, "하나님의 진노와 영원한 정죄가 그들 위에 머무르고 있음"을 경고했다.[9] 당시 교회 질서의 제76항에는 "어떤 자도 먼저 노회의 조언을 받지 않고서는 출교될 수 없다"고 규정되어 있었지만,[10] 프렐링하이즌은 제86항에 호소함으로써 자신의 조치를 변호했다. 이는 교회의 안정을 위해 필요할 경우 교회 질서를 변경할 수 있다고 선언하는 조항이었다. 이 경우에는 노회가 먼 바다 너머에 있기 때문이라는 것이다.

이 논쟁은 이후로도 여러 해 동안 격렬히 지속되었으며, 정신적인 면과 정서적인 면에서 프렐링하이즌의 건강에 깊은 타격을 입혔다. 그러다가 마침내 1733년 11월 18일, 그가 담임하던 교회들에서는 열한 개로 이루어진 '화해의 조항들'을 채택했다. 이 조항들은 1734년의 첫 세 주일에 걸쳐 각 교회의 강단에서 낭독되었으며, 이후 최종적인 승인을 얻기 위해 암스테르담으로 발송되었다. '클라허스' 측에서도 서명한 이 조항들에서는, 각 당회 측에서 '클라허스'의 잘못을 용서하고 그들에 대한 출교 조치를 철회해야 한다고 언급했다. 다만 여기에는, '클라허스' 측에서도 프렐링하이즌을 정통 개혁파 목회자로 인정하고 교회로 복귀해야 한다는 전제가 붙어 있었다. 보엘은 프렐링하이즌과 그가 일으킨 부흥에 대해 계속 반대했지만, 뒤부아의 경우에는 프렐링하이즌과 화해를 맺었다.

프렐링하이즌은 이처럼 혹독한 비판에 시달리는 가운데서도, 자신의 사역을 충실히 수행해 나갔다. 그는 자신의 설교 사역을 감당할 뿐 아니라, 평신도 설교자들 역시 훈련시켰다. 그런 설교자들 중에서 가장 주목할 만한 이로는 프렐링하이즌의 설교들을 영어로 처음 번역했던 헨드릭 비셔르Hendrik Visscher가 있다. 그리고 비셔르의 설교 역시 책으로 출간되었으며, 래리턴 계곡의 개혁파 경건주의자들에게 오랫동안 사랑을 받았다. 프렐링하이즌은 몇몇 사람을 안수받은 목회자로 훈련시켰으며(이들 가운데는 사무엘 페르브뤽Samuel Verbryck과 존 후타키우스John Goetachius, 토머스 로메인Thomas Romeyn이 있다), 북미 지역의 식민지에 신학교를 세울 것을 주장했다. 프렐링하이즌과 그의 동료들이 많은 노력을 기울인 뒤, 암스테르담 노회에서는 마침내 그들이 제기해 왔던 요청들, 곧 영어로 설교하게 해 달라는 것과 각 지역에서 교회 정치를 자체적으로 수행하게 해 달라는 것, 그리고 미국에서 목회자들을 훈련시키게 해 달라는 것들을 승인해 주었다. 나아가 프렐링하이즌은 같은 뜻을 품은 성공회나 장로교 측의 목회자들과도 교류했으며, 그 지역 전체에 걸쳐 체험적인 설교와 부흥을 촉진시켜 나갔다.

프렐링하이즌의 철저한 설교가 일부 사람들에게는 불쾌감을 주었지만, 하나님은 그 설교를 사용하셔서 다른 이들로 하여금 자신의 죄를 깨닫고 그리스도를 아는 구원의 지식에 이르게 하셨다. 당시 뉴저지에서 프렐링하이즌이 행한 사역을 통해, 그가 돌보던 회중 가운데 삼백 명 이상이 회심한 것으로 보인다. (이는 그의 회중 바깥에 속한 이들을 제외한 숫자이다.) 1726년에는 그의 회중 가운데 성찬에 참여하는 회원의 전체 숫자가 스무 명 정도에 불과했던 것을 생각할 때, 이는 더욱 의미 있는 숫자다. 프렐링하이즌의 사역 기간에 몇 차례의 작은 부흥이 일어났으며, 이런 움직임들은 이후 일어날 대각성운동의 길을 예비하는 것이 되었다.

프렐링하이즌은 다수의 성경 구절을 꾸준히 인용하면서, 풍부한 성경적 특성을 지닌 설교를 전했다. 때로 그는, 하나님이 선택받은 백성과 맺으신 언약 가운데서 드러난 그분의 놀라운 자비를 선포하면서 감격에 찬 모습을 보였다. 그리고 때로는, 아직 회심하지 않은 이들을 상대로 지금 그들이 처해 있는 끔찍한 상태와 장차 임할 두려운 미래를 보여주면서 돌이킬 것을 강권하기도 했다. 아래에서는 그의 설교가 지녔던 두 가지 측면에 초점을 맞추려 한다. 그가 이름뿐인 그리스도인들을 향해 그리스도께로 나아오도록 호소했던 일과, 자신의 청중들을 각기 분류하는 데 활용했던 방법론이 그것이다.

자기만족에 빠진 자들을 향한 회심의 촉구

뉴저지 주의 래리턴 계곡 지역에 정착한 사람들은 대부분 네덜란드의 개혁파 전통에 속한 농부들이었다. 이는 당시 그들이 이 지역의 풍부한 토양에 매력을 느꼈기 때문이다. 이들 중 대부분은 영적인 성장의 추구보다 자신들의 재정 상태를 개선하는 데 더 큰 관심을 보였지만, 그럼에도 그들은 새로운 설교자가 도착하기를 여전히 기다리고 있었다. 하지만 그 농부들은 자신들이 맞이한 설교자가 평범한 개혁파 목회자가 아님을 곧 깨닫게 되었다. 프렐링하이즌은 1720년 1월 31일, 고린도후서 5:20을 본문 삼아 자신의 첫 설교를 전했다. "그러므로 우리가 그리스도를 대신하여 사신이 되어 하나님이 우리를 통하여 너희를 권면하시는 것 같이 그리스도를 대신하여 간청하노니 너희는 하나님과 화목하라." 이 설교는 농부들 가운데 상당한 동요를 불러일으켰다. 이는 새로 온 목회자가 그들 사이에서 "그리스도를 대신하여" 사역하겠다는 자신의 의지를 뚜렷이 밝혔기 때문이다. 이는 그리스도께서 친히 그들 중에 거하시는 것과 같은 모습으로, 간절한 마음을 품고 인격적인 검증에 힘을 쏟으며 자신의 사역을 진행해 나가겠다는 의미였다.

래리턴 계곡의 네덜란드 개혁교회 전도구 주민들이 자신들을 담임하는 이 목회자의 면밀히 살피는 설교와 열띤 목회 사역에 놀랐다면, 프렐링하이즌 역시 그 세속적인 주민들을 보면서 충격을 받았다. 그는 네덜란드에서 소문으로 들었듯 그들이 낮은 수준의 영성에 머물러 있으리라는 것을 이미 각오하고 있었지만, 실제 상황은 예상했던 것보다 훨씬 더 심각함을 곧 깨닫게 되었다. 이에 관해, 윌리엄 데마리스트William Demarest는 이렇게 언급한다. "그는 자신이 맡은 지역 전체에 영적으로 해이한 태도가 널리 퍼져 있는 것을 발견하게 되었다.……사람들은 흔히 경마나 도박, 방탕한 유흥이나 온갖 저속한 행습에 빠져 있었으며, 어쩌다 시간이 될 때나 교회에 나오곤 했다. 그리고 그들의 신앙생활은 대체로 판에 박힌 듯한 의무들을 형식적으로 수행하는 데 그쳤다."[11] 간단히 말해, 프렐링하이즌은 많은 전도구 주민이 회심의 열매를 전혀 드러내고 있지 않음을 알게 되었던 것이다. 그들 가운데서는 실천적인 영성, 곧 "인간의 영혼 속에 있는 하나님의 생명"the life of God in the soul of man[12]을 거의 찾아볼 수 없는 상태였다. 당시 그곳에는 전반적인 무지와 노골적인 불신앙이 넘쳐나고 있었다.

따라서 프렐링하이즌은 신자들의 양육보다는 죄인들의 회심에 설교의 초점을 두었다. 그는 외적인 신앙고백과 흠 없는 삶만으로는 구원을 얻기에 충분하지 않다고 가르쳤다. 우리가 구원을 얻기 위해서는 먼저 성령님이 우리 자신의 죄 많은 모습과 하나님 앞에서 아무 가망이 없는 상태를 보여주셔야만 하며, 이로 인해 우리는 자신의 죄를 깨닫고 자비와 구원을 얻기 위해 그리스도께로 나아가게 된다는 것이다. 이사야 66:2에 관한 설교 '가난한 마음으로 자신의 죄를 뉘우치는 하나님의 성전'에서, 그는 이렇게 언급한다.

> 죄를 뉘우치는 심령은 자신의 죄를 깊고 분명하게 깨달으며,……마음속에서 우러나오는 근심과 슬픔을 느끼게 됩니다.……그러고는 자신의 죄를 숨김없이 자발적으로 고백하게 되는 것입니다. 자신의 죄가 심히 크므로, 그는 자신이 어디로 눈을 돌려야 할지, 또 어디로 향해야 할지를 알지 못합니

다. 하지만 그럼에도 불구하고, 그는 하나님이 그분의 아들을 통해 베푸실 수 있는 은혜에 의존하게 됩니다. 그러므로 자신의 죄를 뉘우치는 이는 율법의 저주를 피하여 복음 안에 머물게 되는 것입니다.……이제 그 죄인은 자기 자신을 벗어나, 그리스도 안에 있는 하나님의 주권적인 은혜로 나아가게 됩니다. 그러고는 이로 말미암아 화목과 용서, 성화와 구원을 얻게 되는 것입니다.[13]

프렐링하이즌은 회심의 열매들을 **체험한** 자들만이 진정으로 구원받은 사람들이라고 가르쳤다. 하이델베르크 교리문답에 따르면, 이런 열매들 가운데는 자신의 죄와 비참함을 아는 일뿐 아니라 그리스도 안에서 실제로 구원을 체험하는 일까지 포함된다. 그리고 이로 인해 우리는 하나님께 감사하면서 성화의 삶을 살아가게 되는 것이다. '하나님이 성소에서 자신의 백성을 다루시는 방법'이라는 제목의 설교에서, 프렐링하이즌은 죄인들을 향해 그리스도께로 나아오도록 초청했다. 이때 그는 죄에 대해 경고할 때와 마찬가지로 간절한 자세를 보였다. "만일 여러분이 자신의 죄로 인해 지쳤다면, 그리스도를 통해 하나님께로 가까이 나아오기를 진심으로 원한다면, 부디 오십시오."[14] 이 설교의 뒷부분에서, 그는 하나님을 회개한 자들을 맞이하기 위해 달려 나오시는 분으로 묘사했다. 이는 마치 탕자의 아버지가 돌아오는 아들을 맞이하기 위해 뛰쳐나왔던 것과 똑같은 일이었다. 다른 설교에서, 그는 이렇게 언급한다. "지금 예수님은 우리 앞에 팔을 벌리고 서서 죄인들과 불경건한 자들을 회개로 초청하고 계십니다. 오, 자신의 죄를 느끼는 자들, 하나님 앞에서 자신의 정죄받은 상태를 깨닫는 이들이여. 부디 주 예수님께 굴복하고 여러분 자신을 그분께 드리기 바랍니다!"[15]

프렐링하이즌에 따르면, 그리스도 안에 있는 구원의 기쁨을 진정으로 체험한 사람은 반드시 기독교적인 성화의 삶을 살아가게 된다. 이는 하나님의 말씀에 온전히 복종하는 삶이며, "그 특징은 새롭고 진심 어린 섬김에 있다."[16] 신자들은 자신 안에 있는 죄와의 싸움에서 승리하고 하나님의 말씀대로 자신의 삶을 다스리기 위해 늘 그리스도께 의지해야 하며, 오직 그렇게 할 때에만 우리는 비로소 감사의 마음을 품고 성화의 길로 나아가게 된다. 푸치우스 파에서 강조했던 주제들로는 좁은 문과 협착하거나 험한 길을 향해 나아갈 것, 엄격한 삶의 필요성, 구원받는 자들이 드물다는 것, 외적인 준수보다는 그 원인이 되는 내적인 동기가 더 중요하다는 것 등이 있는데, 프렐링하이즌은 자신의 설교에서 이런 주제들을 거듭해서 꾸준히 언급하고 있다.

프렐링하이즌이 사역했던 교회의 교인들은 이같이 성경적이고 개혁파적인 교리들 자체에 이의를 제기하지는 않았다. 하지만 그중 많은 사람들은, 그가 자신들의 영혼에 이 체험적인 신학을 강하게 적용하는 데 불만을 품었다. 만일 그가 교회 바깥에 있는 사람들을 두고 거듭나지 못한 자들, 스스로 의로운 체하는 위선자들로 지칭했더라면, 교인들 역시 그 말에 동의했을 것이다. 하지만 프렐링하이즌은 자기가 언급하는 대상이 바로 그 교인들 자신임을 분명히 했다. 예를 들어, 그는 어떤 설교에서 지진에 관한 교훈을 전혀 모호하지 않은 방식으로 이렇게 적용했다.

> 안이하게 죄에 머물러 있는 자들이여, 이리로 나아오십시오. 육신적이고 세상적인 마음을 품은 이들, 부정한 호색한과 간음하는 자 같은 이들이여, 이리로 오십시오. 도도하고 오만하며, 쾌락을 탐닉하는 남녀 여러분, 이리로 오십시오. 술과 노름에 빠져 사는 이들, 복음을 따르지 않고 사악하게 거부하는 이들이여, 이리로 오십시오. 그리고 위선자와 거짓말쟁이인 이들도 이리로 나아오십시오. 여러분은 과연 주님이 여러분들을 어떻게 대하실 것이

라고 생각합니까?……부정한 돼지와 간음하는 자, 호색한인 여러분, 부디 두려움에 떨기 바랍니다. 만일 진심으로 자신의 죄를 뉘우치지 않는다면, 여러분은 결국 부정한 마귀들 곁에 거하게 될 것입니다. 자신들의 천박한 정욕에 집착하는 자들은, 소돔과 고모라를 살랐던 불보다도 더욱 뜨거운 불에 전부 던져지게 될 것입니다.[17]

프렐링하이즌은 이처럼 자신의 교인 대부분을 거듭나지 못했으며 지옥에 떨어지게 될 자들로 보았던 것이 분명하다. 그런 그의 가르침은 교인들이 삼키기에는 무척 쓴 약이었을 것이다. 이는 특히 프렐링하이즌이 그들을 향해 준비되지 않은 채로 성찬을 받으러 나아와서는 안 된다고 경고했을 때 그러했다. '하나님이 받으실 만한 성찬의 참여자'라는 설교에서, 그는 이렇게 언급한다.

사랑하는 청중 여러분, 여러분은 이제껏 성찬에 으레 참여하곤 했지요. 그런데 여러분은 회심하지 않은 자가 그 앞에 나아가서는 안 된다는 것을 알고 있습니까? 여러분은 자신이 정말 거듭났는지를 주의 깊게 점검해 본 적이 있습니까?……그러므로 이 진리를 깊이 생각하고 마음에 새기기 바랍니다. 기억하십시오. 설령 겉으로 보기에는 도덕적이고 종교적인 삶을 살아간다 할지라도, 만일 여러분이 여전히 거듭나지 못했으며 영적인 생명을 소유하지 못했다면, 여러분은 결코 이 은혜의 식탁에 나아올 자격이 없습니다.[18]

직접적인 적용을 위한 분류 설교

'클라흐테'가 작성된 지 일 년 후인 1726년, 길버트 테넌트Gilbert Tennent, 1703-1764라는 젊은 장로교 목회자가 영어를 사용하는 주민들을 상대로 사역하기 위해 뉴저지 주의 뉴브런즈윅에 도착했다. 그리고 이 젊은 설교자는 곧 이웃에서 사역하는 '도미니' 프렐링하이즌에게 칭찬을 듣고, 서로 교류하는 사이가 되었다. 테넌트는 당시 그 네덜란드인 목회자의 설교를 통해 수많은 사람들이 건전한 회심에 이르는 것을 보고 깊은 인상을 받았다. 이와 동시에 테넌트는 자신의 수고가 겉으로 보기에 별다른 열매를 맺지 못하는 모습 때문에 낙담하게 되었다. 그는 자신의 일지에 이렇게 기록했다.

> 프렐링하이즌보다 칠 년 후쯤 그곳에 도착했을 때, 나는 그가 거둔 사역의 많은 열매를 볼 수 있는 특권을 누렸다.……이와 함께 그는 내게 친절한 편지를 보내 주었는데, 그 안에는 하나님의 말씀을 바르게 분별할 필요성과 더불어 그분의 은총에 힘입어 청중 각자에게 적합한 메시지를 전달해야 한다는 내용이 담겨 있었다. 나는 그 편지를 읽고, 목회 사역에 더 큰 열심을 낼 것을 다짐하게 되었다.[19]

그렇다면 프렐링하이즌의 설교 방식이 어떠했기에, 그는 이처럼 많은 사람들을 성령님의 은혜 가운데 회심으로 인도할 수 있었을까? 프렐링하이즌의 벗이며 조력자였던 비셔르에 따르면, 그 답은 바로 "하나의 요점에서 또 다른 요점을 이끌어 내는 그의 비범한 재능, 그리하여 청중들로 하여금 자신들의 처지와 상황을 스스로 깨닫도록 인도해 가는 능력"에 있었다.[20] 달리 말해, 프렐링하이즌은 **구별하는 설교**를 전하는 데 탁월했던 것이다. 한 동료 목회자의 안수 예식에서 전한 '시온의 성벽을 지키는 파수꾼의 의무'라는 설교에서, 그는 이렇게 언급했다. "내가 다른 누군가에게 설교의 방법을 지시할 수는 없을 것입니다. 다만 우리가 말씀을 적용할 때에는 청중들을 찬찬히 구별하면서, 그들이 각기 처한 다양한 상태에 걸맞은 방식으로 그 내용을 제시해야 한다는 것이 내 생각입니다."[21]

무엇이든 빨리 습득했던 테넌트는 곧 구별하는 설교를 전하는 데 탁월한 솜씨를 보이게 되었다. 그는 거듭남의 필요성을 강조했으며, 청중을 향해 과연 그들 자신이 새로 태어났다는 성경적인 증거를 소유하고 있는지를 살필 것을 요구했다.

프렐링하이즌과 테넌트는 점점 더 긴밀히 협력하면서 사역을 수행하게 되었다. 때로 그들은, 네덜란드어와 영어로 함께 드리는 예배를 인도하곤 했다. 이에 '클라허스'는 프렐링하이즌이 "이 잉글랜드의 비국교도"[22](즉 장로교인인 테넌트)로 하여금 자신의 교회에서 설교하고 성례를 집전하도록 허용한 일은 네덜란드 개혁교회의 규례와 예전을 거스른 것이며, 따라서 암스테르담 노회의 권위를 손상시킨 것이라고 공격했다. 이 '클라허스'는 그들 자신을 네덜란드 정통의 수호자로 여겼으며, 프렐링하이즌이 이처럼 초교파적인 태도를 보이는 것은 네덜란드 개혁교회의 참된 신앙에 어긋나는 것이라고 개탄했다. 이처럼 정통적인 전통주의자들로서, 그들은 암스테르담 노회 측에 프렐링하이즌을 고발했다. 이때 "우리 교회들에서는 모든 일을 네덜란드적인 방식으로 유지하는 데 주의를 쏟아야 한다"는 것이 그들의 주장이었다.[23]

이와 반대로, 프렐링하이즌의 목표는 죄인들을 회심으로 이끄는 데 있었다. 누구든지 이 일에 뜻을 함께하는 사람은 곧 그의 벗이었으며, 이는 교파적인 입장이나 민족적, 언어적인 배경, 전도구의 경계나 사회적인 격차에 상관없이 그러했다. 역설적이게도, 그가 국가나 민족 집단들을 서로 차별하기를 거부했던 이유는 그가 참된 신자들과 사악한 자들을 구분짓는 설교를 전하는 데 몰두했기 때문이었다.

프렐링하이즌은 참 신앙과 거짓 신앙을 서로 구별해내는 데 탁월했다. 그는 네덜란드 경건주의 전통에 속한 스승들의 도움으로 이 능력을 키워 나갔다. 이들은 설교할 때 영혼의 다양한 상태와 조건에 따라 청중들을 제각기 구별하고, 그런 다음에는 각 집단에게 걸맞은 인격적인 적용을 제시한 자들이었다. 네덜란드 경건주의 전통에서 이 같은 분류 방식을 활용한 개척자들로는 장 타펭과 고드프리두스 우더먼스, 그리고 빌럼 떼일링크가 있었다. 이렇게 분류하는 관행은 푸치우스 파의 설교자들, 곧 요도쿠스 판 로덴슈타인이나 빌헬무스 아 브라켈, 버나르두스 스미테겔트 Bernardus Smytegelt, 1665-1739 의 사역을 통해 확대되고 발전되어 갔다. 이 '나데러 레포르마시'의 신학자들은 네덜란드 경건주의의 정수를 대변하는 이들이었다.

프렐링하이즌의 가장 중요한 스승이었던 요하네스 페르샤르 Johannes Verschuir, 1680-1737 역시 이 푸치우스 파에 속한 설교자였다. 페르샤르는 교인들을 몇 가지 범주로 구분했으며, 이들은 모두 설교자가 다룰 필요가 있는 이들이었다. (1)강건한 그리스도인들: 회심한 이들로서, 영적인 삶에서 어느 정도의 성숙에 이른 자들이었다. (2)근심하는 그리스도인들: 이들 역시 회심한 자들이지만, 다만 신앙의 확신이 없이 온갖 의심과 씨름하는 자들이었다. (3)글로만 배운 자들: 이들은 아직 회심하지 않았지만, 진리를 배웠으며 그 내용에 관심이 있는 자들이었다. 다만 진리를 체험하거나 그 능력을 실제로 맛보지는 못한 자들이다. (4)무지한 자들: 이들은 아직 회심하지 않았으며 진리를 배우지도 못한 자들이다. 다만 타고난 지성이 있으므로, 이들에게 진리를 배우도록 설득하는 일은 여전히 가능했다.[24]

프렐링하이즌의 설교들을 살필 때, 우리는 그가 대개 페르샤르의 분류 방식에 따른 것을 보게 된다. 설교할 때, 그는 강건한 그리스도인들보다는 근심하는 그리스도인들을 권면하는 데 더 많은 시간을 할애했다. 그러므로 우리는 프렐링하이즌 자신이 돌보던 회중 안에 있는 참 신자들

중 대다수가 이 범주에 속한다는 것이 그의 판단이었다고 결론지을 수 있다. 그리고 그가 회중에게 전한 경고는 대부분 '글로만 배운 자들'을 향한 것이었다. 그는 이들을 '거의 그리스도인이나 다름없는 자들', 곧 하나님 나라에서 멀리 떨어져 있지 않은 자들로 여겼으며, 따라서 이들의 경우에는 더욱 큰 위험에 처해 있다고 믿었다. 그들은 그리스도인들처럼 말하고 행동하면서도, 정작 새로운 생명은 소유하지 못한 채 살고 있기 때문이다. 그러므로 이들이 겉으로는 도덕적인 삶을 살고 진리를 고백하더라도, 죽음이 닥쳐오는 날에는 멸망하고 말 처지에 놓이게 된다.

프렐링하이즌의 신학이나 '진전된 종교개혁' 운동의 중심에는 거듭남이 꼭 필요하다는 확신이 자리 잡고 있었다. 많은 설교에서, 프렐링하이즌은 청중을 향해 과연 그들 자신에게 새 생명을 얻었다는 증거가 있는지를 살펴볼 것을 권고했다. 그는 이와 밀접히 연관된 것으로서 청중에게 회심을 촉구하곤 했는데, 이때의 회심은 대개 신자들이 날마다 죄에서 돌이키는 일을 뜻하는 것이 아니라 아직 구원받지 못한 자들이 처음으로 회심하는 일을 가리키는 것이었다. 그런 의미에서, 프렐링하이즌은 '회심'이라는 단어를 '거듭남' 또는 '새로 태어남'이라는 표현들과 서로 바꾸어 가면서 사용했다.

프렐링하이즌은 신자들이 새 생명을 반드시 체험해야 한다고 설교했다. 각 회심자들은 자신이 어떻게 죽음에서 생명으로 넘어오게 되었는지를 알아야만 한다는 것이다. 그리고 회심자들은 하나님이 자신의 영혼에 행하신 일들을 말로써 표현할 수 있어야 했다. 이처럼 프렐링하이즌은 자신의 사역 가운데 새 생명의 필요성과 더불어 교인들을 여러 범주로 분류하는 일들을 강조했으며, 이런 그의 강조점들은 테넌트와 윗필드를 비롯한 여러 부흥 설교자에게 영향을 끼쳤다.

이 모든 강조점은 프렐링하이즌 자신의 설교 신학과 온전한 조화를 이루었다. "파수꾼의 의무"라는 설교의 적용 부분에서, 그는 설교자로서 자신의 의무에 관해 이렇게 언급한다.

> 교회 안에는 온갖 종류의 사람들이 있습니다. 아직 죄에서 돌이키지 않은 사악한 자들도 있으며, 도덕적인 사람들도 있고, 겉으로만 신앙을 고백하는 그리스도인들도 있습니다. 이 중 마지막 범주에 속하는 자들이 가장 많은데, 이는 "부름을 받은 자는 많되 택함을 받은 자들은 적기" 때문입니다. 또 교회 안에는 회심한 자들도 있습니다. 이들 중에는 은혜 안에서 갓난아기 같은 이들도 있으며, 좀 더 성숙한 단계에 있는 이들도 있습니다. 그리고 이들 모두에게는 각자의 소원과 필요가 있습니다. 그러므로 우리는 이 모든 자들을 위해 설교해야 하며, 각자의 상태에 알맞은 방식으로 다가가야 합니다. 이는 예레미야 15:19 말씀에서 가르치는 바와 같습니다. 앞서 여러 열심 있는 신학자들은, 일반적이고 막연한 적용이 얼마나 위험할 수 있는지를 보여주었습니다(겔 13:19-20).[25]

토이니스 브리에넨Teunis Brienen은 '나데러 레포르마시'의 설교자들이 사용한 분류 방식에 관해 박사학위 논문을 쓴 바 있다. 그에 따르면, 이런 방법론은 장 칼뱅을 비롯한 초기의 종교개혁자들이 활용했던 방식과는 다르다. 이 초기 개혁자들의 경우, 교인들을 그저 신자와 불신자의 두 범주로 구분했기 때문이다.[26] 물론 칼뱅은 강건한 신자와 연약한 신자들 사이의 차이점을 모르지 않았으며, 불신앙에도 다양한 종류와 정도가 존재한다는 것 역시 파악하고 있었다. 하지만 그는 이후에 '나데러 레포르마시' 운동의 대표자들이 만들어 냈던 것처럼 자세한 구별 방식을 활용하지는 않았던 것이다.

칼뱅 등의 초기 종교개혁자들과 프렐링하이즌 같은 종교개혁 후기의 신학자들 사이의 차이점은, 부분적으로 그들이 서로 다른 정황에서 설교했던 것에서 기인했다. 존 매클라우드의 지적처럼, 종교개혁자들은 "하나님이 칭의를 통해 값없이 베푸시는 은혜의 복음이 전혀 새롭게, 실로 경이로운 실재로서 다가왔던 신자들의 세대"를 향해 설교했다.[27] 하지만 프렐링하이즌 같은 종교개혁 후기의 설교자들은, 그로부터 여러 세대가 지난 뒤 단순히 성경의 진리들에 동의하는 것만으로도 구원을 얻기에 충분하다고 여기던 때에 말씀을 전했던 것이다. 이런 정황에서는, 구원의 신앙과 역사 신앙historical faith(기독교의 진리들을 그저 역사적인 사실로만 믿고 받아들이는 것—옮긴이) 사이를 뚜렷이 구분 짓는 일이 꼭 필요하게 되었다. 그리고 이 일은 자기 성찰과 은혜의 표지들, 또한 청중을 여러 집단으로 분류하는 일들을 더욱 힘 있게 강조함으로써 이루어졌다.

브리에넨에 따르면, 잉글랜드의 청교도들은 네덜란드의 설교자들만큼 다양한 청중들을 자세히 구분 짓지는 않았다.[28] 어쩌면 테넌트와 윗필드가 프렐링하이즌의 설교를 듣고 깊은 인상을 받았던 이유는 바로 여기에 있었을지도 모른다. 청중들을 분류하는 프렐링하이즌의 방식이나 그들의 영혼을 탐색하는 그의 적용은 이들이 익숙했던 설교의 수준을 넘어서는 것이었기 때문이다. 그러므로 제임스 테니스James Tanis는 이렇게 결론짓고 있다. "테넌트의 설교는 곧 프렐링하이즌의 방식을 완성시킨 것이었으며……윗필드의 설교 방식 역시 이 가르침을 통해 깊은 영향을 받았다. 이처럼 프렐링하이즌이 동부 프리슬란트 주에서 들고 건너온 횃불은 테넌트에게로 건네졌으며, 그러고는 다시 윗필드에게 전달되었던 것이다."[29]

결론

과연 이같이 청중을 분류하는 프렐링하이즌의 설교 방식은 모든 면에서 성경적이었을까? 청중을 분류하는 설교 방식 자체를 거부한 브리에넨의 견해는 다소 지나치지만, 그런 방식이 성경의 한계를 벗어날 수 있다는 그의 지적은 옳다. 성경은 **전반적으로** 청중의 성격에 관해 오직 한 가지 구분만을 제시하고 있기 때문이다. 곧 성경에 따르면, 사람들이 말씀의 메시지에 응답하는 방식은 신앙과 불신앙 중 하나다. 물론 성경에서도, 신앙의 삶에 여러 단계가 있다는 점이나 불신앙에도 다양한 정도가 있다는 점을 인정하는 것은 사실이다. 다만 그렇지라도, 성경에서는 모든 사람이 서로 구분되는 범주에 **일관되게** 배치될 정도로 자세한 체계를 옹호하지는 않는다. 이와 다른 한편으로, 우리는 이처럼 청중을 분류하는 일의 긍정적이고 성경적인 목표가 다음의 일들에 있었음을 기억해야 한다. 이는 곧 새 생명의 필요성에 초점을 맞추는 일이나 구체적인 가르침과 격려, 경고를 통해 각 신자들이 은혜 안에서 자라가도록 양육하는 일, 그리고 영원의 문제에 관해 스스로를 속이는 것의 위험성을 지적하는 일들이다. 그러므로 청중을 분류하는 설교 방식은 그 고유의 가치를 지니며, 이는 지금 해설하는 본문에서 그 분류를 무리하게 이끌어 내지 않을 경우에 그러하다. 만약 설교자가 본문의 통제를 적절히 따른다면, 이같이 청중을 분류하는 설교 방식은 다양하고 구체적인 적용을 통해 풍성한 열매를 맺게 된다. 그러나 이와 반대로 설교 시의 적용이 본문의 통제 아래 놓이지 않을 때, 이런 방식을 채택하는 설교자들은 똑같은 내용을 반복하거나, 더욱 심하게는 자기 성찰에 관한 성경의 기준 대신 설교자 자신만의 기준들을 내세우게 된다.

프렐링하이즌에게는 여러 연약함과 단점들이 있었지만, 그럼에도 그는 북미 지역에 주님의 교회가 세워지는 일에 능력 있게 쓰임받았다. 당시 하인리히 멜키오르 뮬렌버그Heinrich Melchior Mühlenberg, 1711-1787는 루터파 경건주의자로서 1759년에 중부 식민지 지역을 여행했던 사람이다. 이때 그는 프렐링하이즌에 관해 이렇게 언급한 바 있다. "그는 회심한 네덜란드인 설교자로서, 이 지역에서 처음으로 참된 회개와 살아 있는 신앙, 그리고 성화의 중요성을 강조했다. 그의 사역은 많은 성공을 거두었다."[30] 주권자이신 하나님은 온갖 다양한 방편을 통해 자신의 목적을 이루시며, 그 방편들 가운데 결함이 있는 사람들까지도 포함된다.

물론 프렐링하이즌은 온화한 성품의 소유자가 아니었다. 하지만 그는 심오한 영적 확신과 엄청난 용기를 지녔던 인물이다. 그는 당시 자신의 설교집 서문에서 언급했던 결론적인 어구의 내용을 직접 몸으로 보여주는 존재였다. "나는 칭찬을 구하지 않으며, 비난을 두려워하지도 않는다."[31] 그는 진리의 문제들에 관련된 사안에서 결코 흔들리지 않았으며, 자신의 회중 앞에서 이렇게 선언했다. "진리를 설교하지 않는 편보다는, 차라리 천 번이라도 목숨을 잃는 편을 택할 것입니다."[32] 그는 유창한 연설가요 정력적인 저술가였으며, 유능한 신학자인 동시에 열렬한 체험적인 설교자였다. 레너드 베이컨Leonard Bacon에 따르면, "그는 자신의 열정적인 설교를 통해 대각성 운동이 일어나게 하는 귀중한 영광을 얻었다."[33] 뉴저지에서의 오랜 사역 기간 동안, 프렐링하이즌은 이후 개혁파적인 동시에 영적인 경건을 촉진하게 될 여러 풍성한 열매를 예고하는 하나님의 사람으로 쓰임을 받았다.

그러므로 테니스는 이렇게 결론을 맺는다. "그는 미국 신학의 구조가 형성되는 데 엄청난 영향을 끼쳤다. 그는 구세계의 신앙을 신세계에 가져다주는 전달자의 역할을 감당한 인물이었다. 그의 위대한 기여는 자신이 가슴속에 품고 왔던 네덜란드의 복음적인 경건주의를 중부 식민지 지역에 전파한 데 있었다."[34]

사람들은 종종 세월의 흐름에 따라 좀 더 원만해지기도 하며, 더 성숙하거나 거룩해지기도 한다. 생애 말년에, 프렐링하이즌은 자신의 성격적인 결함을 더욱 깊이 절감하게 되었다. 그는 다른 이들에 관해 덜 비판적인 태도를 취하게 되었으며, 때로 자신이 스스로의 삶이나 다른 사람들의 삶에 불필요한 어려움을 끼쳤음을 깨닫게 되었다. 이제 그는 자신이 지금껏 일부 동료 목회자들을 경멸의 태도로 대해 왔던 것에 대해 점점 더 마음의 부담을 느끼게 되었으며, 그들 중 몇몇을 회심하지 않은 자로 불렀던 일을 사과했다. 그리고 프렐링하이즌이 뒤부아와 화해하기 위해 기울인 노력은 성공을 거두었다. 곧 윗필드가 설교했던 1741년의 한 부흥집회에서, 이 두 목회자가 함께 연단에 앉게 되었던 것이다. 이처럼 분열이 가득한 시대에도, 우리가 주 예수 그리스도를 진실하게 사랑하는 모든 자, 그리고 프렐링하이즌과 테넌트, 윗필드가 사역했던 시대에 하나님이 베풀어 주셨던 것과 같은 부흥을 사모하는 모든 사람과 함께 영적으로 더욱 온전한 연합을 체험하게 되기를 간절히 기도한다.

프렐링하이즌의 사역 당시, 그에게 중립적인 태도를 취할 수 있었던 자들은 드물었다. 거듭남에 대한 그의 철저한 신학이나 회심자들이 거룩하고 엄밀한 태도로 살아가야 한다는 그의 요구, 또 교회의 순수성을 유지하려는 그의 열심 때문에 수많은 친구와 적이 생겨났다. 다만 프렐링하이즌의 지칠 줄 모르는 사역과 열심, 또 그의 경건에 힘입어, 결국에는 그의 입장이 승리를 거두게 되었다. 심지어는 이전에 그를 적대시하던 많은 사람들도 그를 인정하고 받아들이게 되었는데, 이는 그들조차도 그가 거둔 사역의 열매들을 부정할 수는 없었기 때문이었다. 그의 사역은 예수 그리스도의 좋은 군사로서 고난을 견디는 일과, 손에 쟁기를 잡고 하나님 나라의 일들을 감당해 나가는 일의 중요성을 우리에게 다시금 상기시켜 준다.

17장 18세기 설교자들 : 헬리버턴과 에드워즈, 데이비스

청중을 감동시키는 체험적인 개혁파 설교의 사례들을 살피기 위해, 이제까지 우리는 종교개혁과 잉글랜드의 청교도 운동, 그리고 네덜란드의 '진전된 종교개혁' 운동에 속했던 여러 빛나는 설교자들을 다루어 보았다. 여기까지 우리는 두 세기에 걸친 기간을 넘나들었으며, 많은 설교자들을 구체적으로 살펴보았다. 하지만 아직 이 부분의 논의를 마치기 전에, 우리는 18세기와 19세기 그리고 20세기에 활동했던 영어권 설교자들을 관심 있게 살펴보아야 한다. 이 충성된 하나님의 종들이 행한 사역에 대해 온전히 합당한 평가를 내리는 일은 아직 불가능하다. 그 일은 최후 심판의 날에 가서야 가능하게 될 것이다. 하지만 우리는 그 횃불이 어떻게 각 세대에서 그 다음 세대로 전해 내려오고 있는지를 살핌으로써 유익을 얻을 수 있다.

이 장에서는 18세기에 활동했던 세 명의 설교자에게 초점을 맞추려 한다. 우리는 먼저 18세기 초에 세상을 떠난 한 인물을 다룰 것이며, 그런 다음 대각성 운동이 일어나던 즈음에 하나님을 섬겼던 두 명의 설교자를 살펴보려고 한다.

토머스 핼리버턴

토머스 핼리버턴Thomas Halyburton, 1674-1712은 1674년 12월 25일, 스코틀랜드의 퍼드셔 주에 있는 더플린Dupplin에서 태어났다.[1] 핼리버턴의 아버지는 그가 일곱 살 무렵에 세상을 떠났으며, 어머니는 종교적인 박해를 피하기 위해 한동안 네덜란드에서 그를 양육했다. 이후 핼리버턴은 에든버러 대학을 거쳐 세인트앤드루스 대학에서 공부하는 동안, 팔다리를 제대로 움직이지 못하는 장애로 어려움을 겪기 시작했다. 그리고 1696년에는 세인트앤드루스 대학을 졸업하면서 신학 석사 학위를 받았다. 이렇게 학업을 감당하는 가운데, 그는 이신론의 회의적인 합리주의와 깊이 씨름했다. 하지만 마침내 1698년, 핼리버턴은 그리스도께로 나아오게 되었다. 그는 이후 십 년간 세인트앤드루스 부근에 있는 파이프의 교회에서 사역했지만, 그의 건강은 점차 쇠약해지기 시작했다. 그는 1710년에 세인트앤드루스 대학의 신학 교수가 되었으나, 1712년 9월 23일, 서른일곱 살의 나이로 숨을 거두었다. 이때 핼리버턴 자신의 요청에 따라, 그는 새뮤얼 러더퍼드의 옆자리에 묻히게 되었다. 이는 그리스도께서 재림하시는 날에 자신과 러더퍼드가 다시 살아나게 될 때, 러더퍼드가 기뻐하는 모습을 옆에서 직접 보고자 했기 때문이었다.

핼리버턴의 주요 저서로는 세 가지 작품이 알려져 있다. 그중 첫 번째는 그의 『회고록』(*Memoirs*)인데, 이 책은 그 영적인 깊이의 면에서 존 버니언의 『죄인의 괴수에게 넘치는 은혜』나 아우구스티누스의 『고백록』에 견줄 만하다. 이 책에서 그는 자신이 성경에서 우리의 삶을 변화시키는 하나님의 광채를 보았으며, 이를 통해 구원에 이르게 되었다고 서술하고 있다. 그는 "예수 그리스도의 얼굴에 있는 하나님의 영광을 아는 빛"(고후 4:6)을 보았으며, 이 빛을 통해 신앙을 얻고 새 사람이 되었다는 것이다.[2] 조나단 에드워즈가 이 "실제로 존재하는 영적인 빛"에 관해 서술한 글은 개혁신학의 고전적인 진술 중 하나다. 그런데 존 매클라우드John Macleod에 따르면, "이 빛의 성격"에 관한 핼리버턴의 언급은 에드워즈의 진술과 어깨를 나란히 할 만한 가치가 있다.[3] 매클라우드가 계속 언급하는 바에 따르면, 우리는 핼리버턴을 스코틀랜드의 가장 위대한 신학자 중 한 사람으로 여길 수 있다. 곧 그는 네덜란드의 신학자 헤르만 비치우스와 대등한 수준에 있었던 인물이며, 잉글랜드의 신학자 존 오웬이 의존했던 것과 동일한 사상의 우물에서 물을 길어낸 학자라는 것이다.[4]

핼리버턴의 두 번째 주요 저서는 이신론에 맞서 기독교를 지적이며 고전적인 방식으로 변증한 책이었다. 그 제목은 『자연 종교의 불충분성』(*Natural Religion Insufficient*)이다. 이 책에서 그는 에드워드 허버트 경Lord Edward Herbert, 1648년 사망의 주장을 비판했다. 허버트 경의 주장은 곧 하나님의 계시를 제쳐두고, 신에 대한 믿음과 경외심, 도덕성과 죄의 회개, 미래의 심판에 대한 기대와 같은 인간 본성의 원리들에 기초하여 종교를 구축해야 한다는 것이었다. 핼리버턴의 이 저서에 관해, 존 니콜스John Nicholls는 이렇게 언급한다.

> 이 책의 논지는 명확하다. 곧 허버트가 옹호하는 것과 같은 자연 종교는, 우리가 믿고 따르기에 충분하지 않다는 것이다. 그런 종교는 우리에게 하나님에 관한 분명한 지식을 주지 않으며, 행복에 이르는 길이나 죄의 본성을 알려 주지도 않기 때문이다.……자연 종교에는 우리로 하여금 주어진 의무를 이행할 수 있도록 실질적인 동기를 부여해 줄 힘이 부족하다. 그뿐 아니라

그 종교에는 우리에게 죄 사함을 얻을 방편을 계시해 줄 힘이 없으며, 이는 죄로 이끌리는 우리의 본성적인 성향을 뿌리 뽑고 굴복시킬 힘을 주기에도 마찬가지다.……어떤 이성적인 증거나 논증도 자신의 진리됨을 스스로 확증하는 성경의 능력을 대체할 수는 없으며, 그 능력은 곧 성령님의 사역을 통해 우리에게 적용된다.[5]

핼리버턴의 세 번째 주요 저서는 『구원의 중대한 관심사』(*The Great Concern of Salvation*)인데, 여기서는 특히 그의 체험적인 설교를 살펴볼 수 있다. 이 책에서는 신자의 영혼에서 성령님이 행하시는 사역들을 개괄적으로 서술하며, 그 사역들은 우리의 비참한 상태와 구원, 그로 인한 감사에 관련되어 있다. 이 책은 체험적인 관점에서 쓰인 놀라운 작품이다. 핼리버턴은 이렇게 언급한다. "누구든지 자신의 현재 상태를 돌아보는 사람은, 자신의 중대한 과업과 주된 관심사가 다음 세 질문에 놓여 있음을 곧 깨닫게 될 것입니다. 이는 곧 '나는 이제껏 어떻게 살아왔는가?'(렘 8:6), '그런 내가 구원을 받으려면 어떻게 해야 하는가?'(행 16:30), '그러면 나는 주님께 어떻게 보답할 것인가?'(시 116:12) 하는 질문들입니다."[6] 이 책에 관해, 프레더릭 레이히Frederick Leahy는 이렇게 언급한다. "그는 자신의 설교에서 분명하고 직접적인 메시지를 전달하고 있으며, 이는 우리에게 뚜렷한 인상을 준다. 그는 늘 따스한 열정을 품고 말씀을 전했을 뿐 아니라, 성경의 내용을 철저하게 살펴 나갔다.……그의 설교에는 자신의 마음에서 우러나오는 메시지가 담겨 있다."[7]

핼리버턴은 타락한 인간의 비참한 상태를 밝힐 때, 하나님에 관한 언급으로 논의를 시작하는 쪽을 택한다. 그는 지혜롭게도 하나님 중심의 맥락에서 죄의 교리를 제시하며, 이는 다음의 원리들을 자세히 설명함으로써 이루어진다.

- 하나님은 이 세상의 절대적이며 독립적인 주권자이시다.
- 하나님은 자신의 모든 피조물이 따라야 할 법칙들을 정해 두셨으며, 그 법칙들에 근거해서 피조물들을 다스리고 계신다.
- 위대하신 입법자께서는 그 법칙들에 수반되는 보상과 징벌을 마련해 두셨다.
- 이 법칙들은 거룩하고 의로우며, 선하고 영적인 성격을 지닌다.[8]

이어서 그가 설명하는 바에 따르면, 죄는 곧 우리의 말이나 생각, 행동이나 마음 상태에서 하나님의 법칙에 순응하지 못하는 모든 일을 가리킨다. 그 법칙을 깨뜨리는 모든 행위는 하나님의 권위를 경멸하는 태도에서 비롯된다. 사람이 죄를 범할 때에는 늘 그의 영혼이 도덕적으로 더럽혀지며, 죄책 또는 하나님의 법칙에 따른 저주의 징벌을 치러야 할 의무 아래 놓이게 된다. 모든 사람들은 죄에 연루되어 있으며, 이는 그들의 나이나 종교, 사회적인 지위나 세대, 역사적인 시기에 상관없이 그러하다.[9]

헬리버턴은 죄의 추악함을 일깨우기 위해, 독자들에게 다음의 일들을 숙고해 볼 것을 권고한다.

- **하나님의 율법**: "거룩하신 하나님, 높고 존귀하신 그분이 자신의 마음과 의지를 두 돌판 속에 새겨 주신 것을 보십시오. 그 두 돌판 안에는 믿을 수 있고 선하며, 거룩하고 의로우며, 영적인 동시에 우리에게 큰 유익을 주는 규칙들이 담겨 있습니다.……하지만 죄가 그 두 돌판을 깨뜨리는 것, 아니 산산이 조각내 버리는 것을 보십시오. 그런 죄의 모습 가운데는 모세가 행했던 일보다 더욱 심각한 의미가 담겨 있습니다(이는 출애굽기 32장에서 모세가 이스라엘 백성에게 진노하여 두 돌판을 깨뜨렸던 일을 언급하는 표현이다—옮긴이).……여러분이 하나님의 거룩하고 의로운 율법을 짓밟고

뭉개는 것이 과연 사소한 일이겠습니까? 그 율법은 곧 하나님의 모든 거룩하심과 흠 없는 순결하심을 보여주는 완벽한 형상이 아닙니까?"

- **하나님의 본성**: "하나님의 위대하신 본성을 한번 생각해 보십시오. 그분의 본성 가운데는 모든 위엄과 영광, 아름다움과 탁월함이 깃들어 있습니다……두꺼비나 땅 위를 기어 다니는 벌레처럼 이 세상에서 가장 추해 보이는 피조물들, 외관상 가장 흉해 보이는 피조물들도 그 본성 속에는 하나님의 본성에 어긋나는 것이 전혀 없습니다. 그분의 본성에 어긋나는 것은 죄, 오직 우리의 죄뿐입니다."
- **하나님의 위협**: 우리는 죄의 참모습을 파악해야 한다. "율법의 위협 아래서 그 죄의 모습을 보십시오. 하나님이 그런 죄들을 어떻게 판단하시며, 그 일들의 실상은 어떠한지를 한번 헤아려 보기 바랍니다. 하늘의 모든 능력과 분노, 하나님의 격노와 보복의 손길이 전부 죄의 근원을 겨냥하고 있습니다."
- **하나님의 심판**: "여러분은 이렇게 탄식하리만큼 사악하고 비참한 모든 일과 재난에 대해 어떻게 생각하십니까?……저 교만의 아들들, 그리 오래지 않은 과거에 기이한 태도로 자신들의 용맹을 뽐내면서 다니던 자들이 이제는 깊은 구덩이 속에 처박히고 만 이유는 무엇입니까? 여러분의 마을에 있는 공동묘지에 아버지와 아들, 존귀한 자와 천한 자, 부자와 가난한 자를 막론하고 모든 성별과 계급, 지위와 연령대에 속한 자들의 시체가 수북이 쌓이게 된 이유는 무엇 때문입니까? 그 이유는 바로 죄에 있는 것이 분명합니다."
- **하나님의 정죄**: "그 어리석고 비참한 자들이 한데 누워 그 유황의 불길 속에서 영원히 타는 모습을 생각해 보십시오. 그들이 견딜 수 없는 영혼의 고통에 영원히 시달리면서 울부짖는 모습을 상상해 보기 바랍니다…… 그들의 몸과 영혼 그 어디든지, 영원하신 하나님의 진노가 넘쳐흐르지 않

는 곳이 없습니다. 이 무섭고도 놀라운 광경을 한번 생각하면서 그려 보기 바랍니다. 우리는 바로 이런 관점에서 죄를 살펴야 합니다."

- **십자가에 달리신 하나님의 아들**: "이제 하나님이 사람의 죄를 어떻게 생각하시는지를 살펴봅시다. 죄는 실로 하나님의 본성에 어긋나는 것입니다. 그렇기 때문에, 하나님은 그 아들이신 성자를 깊이 사랑하셨음에도 불구하고 단호한 공의의 손길을 뻗어 그분을 치실 수밖에 없었습니다. 하나님은 하늘의 영광 가운데서 '이는 내 사랑하는 아들이요 내 기뻐하는 자라.'라고 말씀하시면서 그분을 지극히 높이셨지만, 그리하실 수밖에 없었습니다. 성자께서는 그 손길에 맞아 죽기까지 하셨으며, 이는 바로 세상 가운데 택함을 받은 자들의 죄를 위함이었습니다."[10]

핼리버턴은 자신의 죄와 비참함을 깨닫게 된 사람들을 향해 이렇게 권면했다. "'주 예수를 믿으라. 그리하면 너와 네 집이 구원을 받으리라'(행 16:31). 주 예수 그리스도는 하나님이신 동시에 사람이신 분입니다. 그렇기 때문에 우리는 그분께 다가갈 수 있습니다. 주님은 하나님뿐 아니라 우리 인간들의 처지에도 공감하실 수 있는 분입니다. 이는 그분이 우리의 연약함을 몸소 체험하셨기 때문입니다."[11]

핼리버턴에 따르면, 그리스도는 죄인들이 필요로 하는 모든 것이 되신다. 먼저 그분은 하나님께 부름을 받은 선지자다. 그분은 하나님의 말씀을 받았으며, 그분의 임무는 자신의 죄를 깨달은 죄인들에게 그 말씀을 전하여 그들의 갈망을 채워 주는 데 있다. 이때 그분은 그들을 두려움에 떨게 하는 방식이 아니라, 그들과 동일한 사람으로서 그 말씀을 전해 주신다. 또한 그리스도는 거룩하고 자비로우며 신실하신 제사장이시다. 그분은 하나님의 서약에 의해 제사장으로 세움받았으며, 이는 우리의 죄를 위해 하나님께 속죄의 제사를 드리고 죄인들을 위해 중보하시기 위함이었다. 그리고 그리스도는 하나님이 주신 능력과 권세로 세움을 받은 왕이시다. 그리스도는 왕으로서 하나님 나라의 법을 공표하시며, 그분께 속한 백성이 자원하는 마음으로 순종하도록 이끄신다. 또한 그리스도는 자신의 백성을 모든 적의 공격에서 보호하시며, 자신의 모든 대적들을 정복하고 온 우주를 그 발아래 복종하게 하신다.[12]

그리스도는 죄인들을 짓누르는 세 가지 악한 일에서 그들을 건져 주실 수 있다. 핼리버턴에 따르면, 첫째로 죄인인 인간은 "하나님의 마음과 뜻에 관해 자신이 철저히 무지함을, 곧 칠흑같이 어두운 상태에 있음을 깨닫게 된다." 이때 선지자이신 그리스도는 그 죄인을 "그분의 놀라운 빛 가운데로" 인도해 가시며, 하나님과 그분의 은혜를 계시해 주신다. 그리고 둘째로 "인간은 자신의 죄책에 짓눌려 있으며, 자신의 죄를 깨달은 죄인은 오직 그리스도께서 제사장으로서 행하시는 직무를 통해서만 그 괴로움에서 벗어날 수 있다." 이는 그리스도의 보혈만이 우리의 양심을 죽은 행실의 죄책에서 깨끗케 할 수 있기 때문이다. 셋째, 인간은 "죄의 노예"이며, 따라서 "연약할" 뿐 아니라 "하나님의 뜻을 받들기를 원하지 않는" 상태에 있다. 왕이신 그리스도께서는 이처럼 불순종하는 죄인들을 변화시켜서, 그들로 하여금 자원하는 마음으로 하나님을 섬기는 지혜롭고 의로운 종들이 되도록 만드실 수 있다.[13]

여기서 우리는 죄인들을 구원하실 능력이 있을 뿐 아니라, 또한 기꺼이 그리하기를 원하시는 그리스도를 만나게 된다. 그분이 성부께 보냄을 받은 목적이 바로 구원의 일이었기 때문이다. 하나님을 바라볼 때, 죄인들은 그처럼 엄위하신 분 앞에 우리가 어떻게 나아갈 수 있는지를 질문하게 된다. 그분의 공의는 그들의 죽음을 요구하며, 그분의 거룩하심은 모든 부정한 것을 배제하신다. 하나님의 음성을 듣는 것만으로도, 그들은 파멸하게 될 것이다. 하지만 그리스도는 제사장으로서, 죄인인 우리를 위해 하나님의 의를 만족시키셨다. 그분은 왕으로서 성령의 사역을 통해 우리의 더러움을 깨끗게 하실 능력을 지니고 계시며, 선지자로서는 온화하고 인간적인 모습으로 우리에게 복된 소식을 전해 주신다.[14]

사탄과 그 아래 속한 어둠의 세력은 죄인들의 영혼에 저항하기 힘든 공격을 가하면서 그들을 위협한다. 이에 관해, 핼리버턴은 이렇게 언급한다. "그들은 우리가 결코 부정하기 어려운 허물들을 들어 우리를 고발하며, 우리가 간파하기 힘든 교묘한 책략들을 꾸밉니다. 그리고 저항할 수 없는 힘으로 우리를 공격해 옵니다." 하지만 그리스도는 제사장으로서 우리 신자들에게 사탄의 모든 고소에 맞서 대답할 말을 주시며, 선지자로서 그분은 "사탄의 덫을 피할 지혜"를 주신다. 그리고 왕으로서, 그리스도는 "넉넉히 이길" 능력을 우리에게 주신다.[15]

실로 그리스도는 자신의 이 직무들을 통해, 우리가 지닌 필요의 모든 측면을 채워 주신다. 그분은 눈 먼 우리의 마음 문을 열고 그 속에 빛이 가득하게 하시며, 죄책으로 신음하는 우리의 양심을 가라앉히고 그 속에 평안을 넘치게 하신다. 또 그리스도는 우리의 의지를 사로잡으시고, 그 안에 그분을 향한 만족감을 가득하게 하신다. 핼리버턴이 전한 바에 따르면, 이처럼 모든 면에서 그리스도는 우리의 필요를 온전히 채우시는 구주가 되신다.[16]

핼리버턴은 자신의 책 『구원의 중대한 관심사』에서 이처럼 위대하신 구주를 믿고 따르도록 죄인들을 초청한 뒤, 마지막 사분의 일 정도의 분량에서는 신자들에게 자신의 구주를 섬길 것을 권면한다. 그에 따르면, 신자는 (1)사려 깊고 확고하며, 자발적인 태도로 하나님을 섬겨야 하며, (2)다른 이들에게 하나님을 섬길 것을 권면하기 전에 먼저 그 자신이 하나님을 섬겨야 한다. 그리고 (3)자신의 가족 역시 그분을 섬기도록 이끄는 일에 힘써야 한다.[17]

하나님을 향한 참된 섬김은 곧 우리 자신의 상상을 내려놓고 그분의 뜻을 행하는 데 있다. 주인이 내린 명령은 종이 따라야 할 순종의 척도가 된다. 어떤 이가 주님이 명하지 않으신 일을 행했는데도 주님이 그를 인정해 주시는 일은 결코 없다.[18] 곧 하나님을 섬길 때, 우리는 그분의 법과 그 법을 주신 이의 권위를 늘 염두에 두면서 그 일을 행해야 한다는 것이다. 또 우리는 "주 예수의 이름으로" 그 일을 행해야만 한다(골 3:17). 이는 곧 주 예수님의 명령에 따라, 그분이 주시는 능력으로, 성부 하나님과 그분의 뜻을 좇아, 또한 그분의 영광을 위해 그 일을 감당해야 한다는 것을 의미한다.[19]

만일 어떤 사람들이 "주님이 누구시기에 우리가 그분을 섬겨야 합니까?" 라고 묻는다면, 헬리버턴은 곧 그분이 "위대한 왕"이시기 때문이라고 답할 것이다. 주님은 이 세상의 왕들보다 무한히 더 존귀한 분이시니, 그 왕들은 대부분 "가장 더러운 정욕의 노예"가 된 자들이기 때문이다. 주님은 또한 "선한 주인"이시다. 그분은 자신의 종들에게 적절하고 이치에 맞는 일들을 맡기시며, 충성된 자들에게는 "풍성한 상급"을 베푸신다. 그리고 "자신의 종들이 지닌 결함을 관대히 용납하시고 불쌍히 여기시며 자비를 베푸시는데", 이는 만일 그들이 완고하게 그런 태도를 고집하지 않는다면 그러하다.[20]

그러므로 신실한 그리스도인들은 자신을 돌아보면서 다음과 같이 질문하게 된다. 나는 진정으로 주님의 종인가? 나는 주님을 경외하는 올바른 마음을 지녔는가? 나는 오직 "실로 하늘의 보화가 담긴, 하나님의 영광과 그분을 즐거워하는 일"만을 구하며 바라보고 있는가? 아니면 세속적인 목표들에 끌려 마음이 변질되지는 않았는가? 나는 안전한 규칙, 오직 성경만을 좇고, 그 내용에 무언가를 더하거나 빼지 않도록 유의하고 있는가? 지금 나는 부지런히 움직이면서 온 힘을 다해 하나님을 섬기고 있는가? 과연 하나님은 내가 드리는 섬김을 기뻐하고 계실까?[21]

여기까지 우리는 헬리버턴이 인간의 비참함과 구원, 감사에 관해 전했던 풍성한 메시지를 살펴보았다. 그의 설교는 이처럼 치밀하게 구성되고 조직되어 있었지만, 그는 단순한 이론가에 머물지 않았다. 오히려 그는 자신이 직접 깊은 시험과 유혹을 겪은 이로서, 동시에 거룩한 전투를 끈기 있게 감당해 낸 사람으로서 그 말씀을 전했다.

이제 우리는 북미 대륙의 역사상 아마도 가장 유명한 설교자였던 인물에게로 넘어가 보려 한다.

조나단 에드워즈

에드워즈에 관해서는 방대한 문헌이 존재하지만,[22] 여기서는 이 위대한 인물의 사역을 아주 간략하게만 다루어 볼 것이다. 그는 1703년 10월 5일, 코네티컷 주의 이스트 윈저에서 청교도 목회자인 티머시 에드워즈의 아들로 태어났다.[23] 그의 어머니 에스더는 뉴잉글랜드의 위대한 설교자였던 솔로몬 스토더드의 딸이었다. 조나단은 신학 분야에서 두 개의 학위를 받았으며, 그 학업 과정에는 고전어와 논리학, 자연 철학에 관한 내용도 포함되어 있었다. 그는 예일 대학에서 1720년에 학사를, 1722년에는 석사를 취득했다. 이 시기에, 뉴잉글랜드의 회중교회들에서는 성공회의 아르미니우스주의적인 성향을 따라가려는 배교의 흐름이 뚜렷이 나타나고 있었다. 그러나 에드워즈는 일찍부터 개혁파 교리를 옹호하는 위치에 서게 되었다. 이전까지 그는 하나님의 주권에 관한 교리들을 거부해 왔었지만, 1721년에 "영원하신 왕 곧 썩지 아니하고 보이지 아니하[시는]" 하나님의 사랑스러우심을 감미롭게 체험한 뒤 그 마음이 변화되었다(딤전 1:17).

에드워즈는 중부 매사추세츠의 코네티컷 강 계곡에 있는 노샘프턴에서 사역하던 외할아버지의 조력자로서 목회 사역을 시작했다. 이후 스토더드는 1729년에 세상을 떠났으며, 에드워즈는 이 교회의 유일한 목회자가 되었다. 이곳에서 사역하는 동안, 에드워즈는 1734-1735년과 1740-1743년 어간에 성령님이 놀랍도록 역사하시는 일들을 경험했다. 이는 곧 대각성 운동the Great Awakening으로 알려진 광범위한 부흥의 움직임이 그 지역에서 나타난 것이었다. 에드워즈는 이같이 성령께서 충만히 역사하시던 시기에 여러 지역을 다니면서 말씀을 전했으며, 또한 복음적인 성향을 지닌 성공회의 사역자 조지 윗필드를 자신의 강단에 초청했다. 그리고 에드워즈는 이 부흥의 현상을 옹호하는 동시에, 성령님의 역사로 나타난 참된 신앙을 구원의 효력이 없는 거짓 신앙과 구별하기 위해 여러 글을 집필했다. 이때 기록된 그의 저서 『신앙감정론』(*Concerning Religious Affections*, 1746)은 참된 경건의 표지들을 다룬 가장 위대한 책 중 하나로 남아 있다. 또한 에드워즈는 『데이비드 브레이너드의 일기』(*Diary of David Brainerd*, 1749)를 편집해서 출간했는데, 이는 북미 원주민들에게 복음을 전하기 위해 희생적인 노력을 아끼지 않았던 브레이너드가 남긴 기록이었다. 이후 여러 세기 동안, 많은 사람들은 이 책을 통해 감명을 받고 세계 복음화에 헌신하게 되었다.

이 같은 부흥이 있었지만, 안타깝게도 에드워즈는 1750년에 자신의 교회 사역에서 해임을 당했다. 이는 당시 교회 안에서 벌어진 논쟁 때문이었다. 앞서 사역했던 외할아버지의 입장과는 달리, 에드워즈가 품게 된 견해는 곧 성찬은 '회심을 위한 예식'이 아니며, 따라서 자신이 거듭났음을 고백하는 자들만이 그 예식에 참여할 수 있다는 것이었다. 1751년부터, 그는 매사추세츠의 서쪽 변경에 있는 스톡브리지Stockbridge에서 잉글랜드인 정착민들의 목회자인 동시에 북미 원주민들을 위한 선교사로서 사역하기 시작했다. 이미 탁월한 신학적 저술가였던 에드워즈는 이 시기에 자신의 가장 위대한 몇몇 저서들을 출간했으며, 그 가운데는 『의지의 자유』(*Freedom of the Will*, 1754)와 『원죄론』(*Original Sin*, 1758) 등이 있다. 이어 1758년, 이후 프린스턴 대학교로 개명된 뉴저지 칼리지에서 그를 총장으로 초빙했다. 에드워즈는 이곳에 도착한 지 얼마 되지 않아 천연두 접종을 받았는데, 이는 그의 생명에 치명적인 영향을 끼쳤다. 그리고 이 위대한 신학자는 1758년 3월 22일에 이 세상을 떠나 영광의 세계로 들어갔다.

에드워즈의 글들은 오랜 세월 동안 몇 가지 형태로 수집되어 출간되었다. 그중에서 오늘날 가장 널리 쓰이는 판본들로는 1834년에 에드워드 힉맨Edward Hickman이 편집했으며 배너 오브 트루스 출판사Banner of Truth Trust에서 재출간한 두 권짜리 판본과,[24] 오십여 년(1957-2008)에 걸쳐 스물여섯 권으로 출간된 예일 대학교의 판본이 있다.[25] 그리고 이 예일 대학교의 판본은 이제 다른 자료들과 함께 온라인에서도 이용 가능하다.

이전까지는 에드워즈의 신학적 논문들이 자주 연구되어 왔지만, 이제는 그가 전했던 설교들로 점점 더 관심이 옮겨가고 있다.[26] 윌슨 킴내치Wilson Kimnach에 따르면, 에드워즈가 전한 설교들은 그의 다른 여러 관심사와 활동을 하나로 잇는 "중심축"과 같다. 그리고 그 관심사와 활동들은, 마치 "바퀴에 달린 여러 개의 살"처럼 그 설교들에 연결되어 있다.[27] 물론 에드워즈는 지극한 감동을 주는 웅변가가 아니었을지도 모른다. 하지만 그의 설교에 담긴 교리적이며 영적인 내용들은 매우 탁월했다. 에드워즈에 관해, 존 거스트너는 이렇게 언급했다. "깊이 있고 충실한 주해나 명확하고 심오한 교리 서술, 엄밀하고 철저하며 열정적인 복음 적용의 측면에서 볼 때, 나는 에드워즈의 설교에 필적할 만한 것을 본 적이 없다."[28]

에드워즈는 자신의 설교 '진노하신 하나님의 손 안에 있는 죄인들'로 가장 널리 알려져 있다. 이 설교에서 그는 자신의 언어로 청중들을 지옥의 심연 위에 매달아 놓는데, 이는 자신의 죄를 회개하고 그리스도를 신뢰하라는 하나님의 부르심을 거부하는 일이 얼마나 두렵고도 위험한 것인지를 일깨워 주기 위함이었다. 하지만 에드워즈는 '천국은 사랑의 나라입니다'라는 제목의 설교도 전한 적이 있는데, 이 영광스러운 강설에서, 그는 하늘에 계신 그리스도의 임재 가운데 거하는 이들의 영혼에 흘러넘치는, 말로 다 표현할 수 없는 하나님의 사랑을 청중에게 전달하기 위해 힘을 쏟고 있다. 이 점에 관해, 마이클 맥클리먼드Michael McClymond와 제럴드 맥더모트Gerald McDermott는 이렇게 언급한다. "지금 에드워즈는 '공포'를 심어 주는 설교로 가장 널리 알려져 있다. 하지만 이는 불행한 일이 아닐 수 없으니, 그가 실제로 몰두했던 것은 하나님의 진노가 아니라 그분의 아름다우심을 전하는 일이었기 때문이다."[29]

이 단락에서는 에드워즈의 체험적인 개혁파 설교에 속했던 한 주제를 다루어 보려 한다. '복음의 값없는 제시'가 바로 그것이다.

중대한 죄책은 장애물이 되지 않는다

아마도 노샘프턴에서 사역하던 이른 시기에,[30] 에드워즈는 시편 25:11을 본문 삼아 설교했다. '여호와여 나의 죄악이 크오니 주의 이름으로 말미암아 사하소서.' 그는 이 설교에 다음과 같은 제목을 붙였다. '뉘우치고 돌아오는 죄인을 용서하는 데에는 중대한 죄책도 장애물이 되지 않습니다.'[31] 에드워즈는 이 시편 본문의 내용과 그 문맥을 간략히 살핀 뒤, 본문에서 다음의 교리를 이끌어냈다. "만일 우리가 진심으로 하나님께 자비를 구하러 나아온다면, 우리가 지은 죄의 중대함은 우리의 죄가 용서받는 데 장애물이 되지 않는다." 곧 죄인이 지닌 용서의 소망은 그 자신의 의로움이나 가치에 근거한 것이 아니라는 것이다. 이 소망은 오직 하나님의 영광과 은혜에 근거를 두고 있다. 실로 우리가 범한 죄의 중대함은 오히려 구원을 위한 탄원의 기초가 된다. 이는 바로 그 일을 통해, 우리에게 하나님의 은혜가 절실히 필요하다는 점이 뚜렷이 드러나게 되기 때문이다.[32]

에드워즈는 "진심으로 하나님께 자비를 구하러 나아온다"는 말의 의미를 설명하는 것으로 논의를 시작한다. 이 일을 위해서는 먼저 우리 자신의 비참함을 깨닫고, 우리에게 자비가 필요하다는 것을 절실히 느껴야 한다. 그렇지 않다면, 하나님의 자비라는 개념은 그저 무의미한 것이 되고 만다. 그러므로 자비를 구하는 자는 자신의 죄책 때문에 그가 하나님의 율법에 따른 저주 아래 있으며, 따라서 그분의 진노가 자기 위에 머물고 있다는 것을 생생히 느껴야만 한다. 그는 하나님을 자신의 대적으로 삼는 것이 두렵고 끔찍한 일임을 깨달아야 한다. 그는 하나님이 자신을 구원해 주셔야만 하며, 그렇지 않으면 자신이 처한 상황은 정말로 가망이 없다는 것을 헤아려야 한다.[33] 둘째, 그는 자신이 하나님의 자비를 얻을 가치가 없는 자임을 느껴야 한다. 그는 거지와 같은 마음으로 그분 앞에 나아가야 하며, 자기가 마땅히 받아야 할 것을 요구하는 듯한 태도를 취해서는 안 된다. 이는 그가 겪어야 마땅한 것은 하나님의 진노와 비참함뿐이기 때문이다. 오히려 그는 "자비하신 분의 발아래 먼지를 뒤집어쓴 채로 엎드려야" 한다. 그리고 셋째, 그는 오직 예수 그리스도 안에서, 또 그분을 통해 하나님 앞에 나아와야 한다. 자신의 소망을 그리스도께 두고, "그분의 어떠하심과 그분이 행하신 일들, 그리고 그분이 겪으신 고난"에 의존해야 한다. 그는 그리스도께서 유일한 구주이시며, 그리스도의 피가 "우리의 모든 죄를 씻는다"는 것을 신뢰해야 한다.[34] 만일 죄인이 이런 식으로 자비를 구하면서 하나님 앞에 나아온다면, 그가 지은 죄의 중대함은 하나님이 그를 용서해 주시는 일에 전혀 장애물이 되지 않는다.

그런 다음, 에드워즈는 만약 죄인들이 주님 앞에 나아온다면 자비를 얻을 길이 진실로 넓게 열려 있음을 확증하기 위해 다섯 가지 논증을 제시한다.

1. 하나님이 베푸시는 자비는 "우리의 가장 중대한 죄를 용서하시기에 충분하다." 이는 "그분의 자비가 무한하기" 때문이다. 그분의 무한하신 속성은 우리의 사소한 일들뿐 아니라 크고 중대한 일들까지도 훨씬 더 능가하는 것이 된다. 에드워즈는 예화를 들어서 이 점을 생생히 설명한다. 곧 무한하신 하나님은 이 땅의 거지나 가장 미천한 벌레들보다 더 높이 계시듯이, 천사나 왕들보다도 훨씬 더 높은 위치에 계신다는 것이다. 하나님은 그분의 무한하신 자비로써 우리의 가장 미미한 죄를 용서하실 수 있는 것과 마찬가지로, 우리의 가장 중대한 죄들, 또는 수만 가지의 죄까지도 사하실 수 있다.

2. 그리스도께서 이루신 속죄는 "우리의 가장 중대한 죄책을 제거하기에 충분하다." 그분이 흘리신 피는 "우리를 모든 죄에서 깨끗하게 하[신다]"(요일 1:7). 그리고 그분을 믿는 자들은 "모든 일에[서]……의롭다 하심을 얻[게]" 된다(행 13:39). 우리의 죄에 대한 속죄가 요구되는 것은 존귀하신 하나님의 위엄과 거룩하심 때문이다. 하지만 그리스도께서 하나님의 공의를 충족시키기 위해 고난을 받고 모든 대가를 치르셨으므로, 그리스도를 통해 자비를 구하러 나아오는 자들의 죄를 용서하는 것은 하나님의 속성에 온전히 부합하는 일이 되었다. 그리스도께서 "화목 제물"이 되신 것은 이를 통해 하나님이 "자기의 의로우심을 나타내[시며]……또한 예수 믿는 자를 의롭다 하려 하심"이었다(롬 3:25-26). 그리스도께서 죄인들을 위해 "저주를 받은 바" 되셨으니, 이는 "율법의 저주에서 우리를 속량하[기]" 위함이었다(갈 3:13).

3. 죄인들이 올바른 태도로 자비를 구하면서 나아올 때, "그리스도께

서는 설령 그들이 가장 중대한 죄인일지라도 그들을 구원하기를 거부하지 않으실 것이다." 이는 "죄인들을 구원하시는 것이 그분의 일"이기 때문이다. 그리스도는 죄에 빠진 영혼들을 치유하는 의사로서 이 땅에 오셨다(마 9:12-13). "긍휼이 많은 의사"는, 그의 손길이 절실히 필요할 때 도울 수만 있다면 그 손길을 내밀기를 거절하지 않는다.

4. 하나님은 중대한 죄인들을 구원하심으로써 자신의 은혜를 영화롭게 하신다. "하나님이 베푸시는 은혜의 위대함은 바로 이 점에서 드러난다. 이는 곧 하나님이 그리스도 안에서, 가장 중대한 죄를 범한 자들까지도 구원해 주신다는 것이다. 어떤 죄인의 죄책이 중대할수록, 그를 용서하심으로써 나타내시는 그분의 은혜는 더욱 영광스럽고 놀라운 것이 된다." 그러므로 "죄가 더한 곳에" 은혜가 더욱 넘쳐흘렀으며, 이는 실로 영광스러운 일이 되었다(롬 5:20). 그리스도께서는 이 목적을 위해 바울을 구원하셨으니, 이는 그분께서 이처럼 중한 죄인들의 구주로서 영광을 받으시려는 것이었다(딤전 1:13).

5. 에드워즈는 이렇게 결론짓는다. "죄의 용서는 다른 이들과 마찬가지로 가장 중대한 죄인들에게도 제시되고 약속되어 있으며, 이는 만일 그들이 올바른 태도로 하나님 앞에 나아와 자비를 구한다면 그러하다. 복음의 초청은 늘 보편적인 형태로 우리 앞에 주어진다. 이를테면 '너희 모든 목마른 자들아', '수고하고 무거운 짐 진 자들아 다 내게로 오라', 그리고 '원하는 자는 값없이 생명수를 받으라' 등이 그런 초청을 나타내는 표현들이다. 또한 지혜가 사람들을 부르는 음성 역시 모든 사람을 향해 전달된다. 잠언 8:4에서는 이렇게 말씀하고 있다. '사람들아 내가 너희를 부르며 내가 인자들에게 소리를 높이노라.' 곧 여기서 지혜는 도덕적인 자들이나 종교적인 자들만을 부르는 것이 아니라, 오직 **모든 사람**을 초청하는 것이다. 그러므로 요한복음 6:37에서, 그리스도는 이렇게 약속하신다.

'내게 오는 자는 내가 결코 내쫓지 아니하리라.'"[35]

그런 다음에, 에드워즈는 죄인들에게 "이 가르침을 바르게 활용할 것"을 권고한다. 만일 자신의 양심이 죄책에 눌려 있다면, "즉시 그리스도를 통해 하나님께로 나아가서 그분이 베푸시는 자비를 얻으라"는 것이다. 이처럼 복음에서 규정된 방식대로 하나님 앞에 나아갈 때, 죄인들은 "하나님이 그들을 맞아 주시려고 자비의 손길을 넓게 펼치고 계심"을 확신할 수 있다. 이에 관해, 에드워즈는 이렇게 언급한다. "만일 원하기만 한다면, 여러분은 값없이 나아와서 자신의 짐을 내려놓을 수 있습니다. 곧 자신의 모든 짐을 그리스도께 맡기고, 그분 안에서 안식할 수 있는 것입니다."[36]

에드워즈는 죄인들이 이 값없는 제시를 듣고 내세울 법한 반론들에 응답하면서 논의를 끝맺는다. 반론들을 다루는 부분에서, 우리는 에드워즈가 자신의 분류법을 써서 청중들을 여러 범주로 나눈 다음에 각각의 청중에게 다가가는 것을 보게 된다. 첫째, 어떤 이들은 자신이 죄 가운데서 삶을 허비해 버렸으며, 이제 하나님께 드릴 수 있는 것이라고는 자신의 늙은 나이밖에 없다고 반론할 수 있다. 이에 에드워즈는 이렇게 질문하면서 그 반론에 응답한다. "성경에서 하나님이 다른 누구든지 그분 앞에 나아올 수 있지만, 오직 나이든 자들만은 안 된다고 말씀하시는 구절이 어디 있는가?" 만일 하나님이 젊은 죄인들을 받아 주시는 이유는 그들이 자신의 삶을 드려 주님을 섬길 수 있기 때문이라고 여긴다면, 우리는 스스로를 속이는 것이 된다. 따라서 에드워즈는 이렇게 경고한다. "그런 반론의 배후에는 스스로 의롭게 되기를 구하는 태도가 자리 잡고 있습니다." 즉 우리가 무언가를 드린다고 해서 하나님 앞에서 더 가치 있는 존재가 되는 것은 아니다. 그러므로 우리는 자신이 가장 무가치한 존재일 때에도 하나님 앞에 나아올 수 있다.[37]

둘째, 어떤 이들은 자신이 이미 진리를 거부하고 성령님이 주시는 확신에 저항함으로써 하나님께 버림받은 자처럼 죄를 범했다고 반론을 제기할 수 있다. 자신은 아마도 교만하고 증오에 찬 마음을 품고서 그렇게 행했다는 것이다. 이에 에드워즈는 이렇게 응답한다. "여러분이 하나님께 버림받은 자가 되는 것은 오직 성령을 거스르는 죄를 범했을 때뿐입니다." 성경에서는 이 점에 관해, 이와 다른 내용을 가르치지 않는다. 따라서 우리는 감히 성경의 가르침 너머로 나아가려 해서는 안 된다. 만일 한 죄인이 마음속으로 하나님의 자비가 자신의 죄를 용서하기에 충분하지 못하다거나 그리스도의 피가 자신을 정결하게 하기에 충분하지 못하다고 여긴다면, 그는 아직 구주이신 그분의 영광을 제대로 헤아리지 못한 것이다. 물론 죄인이 완고한 마음으로 자신의 죄를 고집할 때, 그가 그리스도께로 나아오게 될 가능성이 약해지는 것 또한 사실이다. 하지만 이 점에 관해, 에드워즈는 이렇게 언급한다. "만일 여러분이 지금 마음속으로 그리스도께 나아와 그분과 친밀하게 교제하기를 간절히 원한다면, 여러분이 이제까지 그런 죄들을 지어 왔다는 이유로 그분 앞에서 쫓겨나게 될 일은 전혀 없을 것입니다."[38]

셋째, 어떤 자들은 "내가 스스로를 좀 더 개선할 수 있을 때까지 이 상태에 머무르는 편이 낫다"고 반론을 펼 수도 있다. 곧 그들 자신의 삶을 바로잡게 되기 전까지는 "감히 그리스도 앞에 나아가지" 않겠다는 것이다. 이에 에드워즈는 책망이 담긴 어조로 이렇게 응답한다. "여러분의 처신이 얼마나 분별력 없는 것인지를 한번 생각해 보십시오. 지금 여러분은 애써 스스로를 자신의 구주로 삼으려 하고 있습니다.……그러나 이 일은 그리스도께로부터 여러분의 유일한 구주가 되실 영광을 빼앗는 것이 아닙니까?" 에드워즈에 따르면, 죄인이 그리스도께 나아오기 위해서는 스스로의 힘으로는 자신을 조금도 가치 있게 만들 수 없음을 깨달아야 한다. 그리고 그리스도께는 자신을 구원해 주시기에 충분한 능력이 있음을 온전히 깨달아야 한다. 그러므로 그리스도께서 그를 더 나은 존재로 만들어 주실 수 있도록, 죄인은 의사를 찾는 환자의 마음으로 그분 앞에 나아가야 한다. 에드워즈는 이렇게 언급한다. "우리는 '내 허물이 이전보다는 덜하오니 내 죄를 용서해 주옵소서.' 라고 기도할 것이 아닙니다. 오히려 이 시편의 기자가 본문에서 고백하듯이, '여호와여 나의 죄악이 크오니 주의 이름으로 말미암아 사하소서.' 라고 탄원해야 합니다."[39]

하나님은 에드워즈의 설교를 통해 많은 청중에게 은혜 주시기를 기뻐하셨다. 당시 에드워즈는 단순히 죄인들을 그리스도께 나아오도록 초청하는 데 그치지 않았다. 그는 그리스도께 나아오는 일이 지닌 의미를 그들에게 뚜렷이 보여주었다. 그는 회중에게, 만일 그들이 그리스도께 나아온다면 결코 내쫓김을 당하지 않을 것임을 믿고 받아들일 만한 이유들을 충분히 제시했다. 그리고 에드워즈는 회중이 품을 법한 의심과 반론들에 답을 주었으며, 이를 통해 그들의 변명거리를 제거함으로써 그들로 하여금 복음의 값없는 제시가 지닌 능력을 온전히 느낄 수 있도록 인도해 주었다.

이제는 에드워즈 시대 당시에 활동했던 더 젊은 설교자의 사역을 살펴보기로 하자. 그는 주로 버지니아 주에서 자신의 사역을 감당했으며, 이후에는 에드워즈의 뒤를 이어 프린스턴의 총장이 되었다.

새뮤얼 데이비스

새뮤얼 데이비스Samuel Davies, 1723-1761는 식민지 시대의 버지니아 주에서 활동했던 장로교의 열정적인 설교자였다.[40] 그는 1723년 11월 3일, 델라웨어에 거주하는 웨일스 출신의 가정에서 태어났다. 그리고 1732년에는 그의 어머니가 침례교회를 떠나 장로교인이 되었으며, 데이비스는 이 장로교회의 목회자에게 초기 교육을 받았다. 그는 열두 살에 자신이 죄인임을 깨달았고, 열다섯 살에는 신앙을 고백하고 교회의 회원이 되었다. 그는 목회자가 되기 위해 새뮤얼 블레어Samuel Blair, 1712-1751 밑에서 공부했는데, 블레어는 라틴어 학자로서 윌리엄 테넌트William Tennent, 1673-1746가 설립한 '통나무 대학'log college에서 훈련 받은 강력한 설교자였다. (이 '통나무 대학'은 곧 프린스턴 신학교의 전신이 되었던 학교이다.) 이처럼 데이비스가 학업을 감당하던 시기에, 미국에서는 대각성운동이 활발히 전개되고 있었다. 블레어는 자신이 거주하던 마을에서 각성의 계절을 경험했으며, 윗필드 역시 그 마을에 찾아와서 설교했다. 그리고 1746년, 데이비스는 델라웨어의 뉴캐슬 노회에서 강도권(講道權)을 허락받았다. 당시 이 노회는 '신파'New Side, 곧 부흥에 찬성하는 세력에 속해 있었다. 이후 데이비스는 결혼해서 가정을 이루었다. 하지만 일 년도 지나기 전에 그의 아내가 아이를 낳다가 합병증을 겪게 되었으며, 결국 아내와 갓 태어난 아들 모두 숨을 거두었다. 게다가 데이비스 또한 마른 체구인데다 몸이 병약했다.

1747년, 데이비스는 버지니아 주, 특히 하노버 지역을 위한 복음 전도자로 안수를 받았다. 이 지역의 공식 종교는 잉글랜드 성공회였으며, 당시 이곳의 성공회와 비국교도들 사이에는 긴장 관계가 있었다. 이곳의 비국교도들은 법의 규정에 따라 목회자를 청빙할 때나 집회소를 세울 때 정부의 허가를 얻어야 했으며, 잉글랜드 성공회에 십일조를 납부해야 했다. 하지만 이처럼 종교의 자유가 박탈된 상황에서도, 데이비스는 자신의 공적인 설교에서 성공회를 비판하는 일을 주의 깊게 삼갔다. 그 대신에, 그는 하나님의 영광과 은혜의 복음, 성령님의 사역을 통해 나타나는 경건의 삶, 그리고 천국과 지옥의 중대한 실재들에 초점을 두는 편을 택했다. 이런 그의 설교를 듣고서 많은 사람들이 성공회를 떠났는데, 이는 18세기 당시의 성공회가 주로 열의가 없는 태도와 이성주의, 그저 도덕적이기만 한 설교 등의 특징을 띠고 있었기 때문이다.

자신의 좋지 않은 건강과 아내와 아이의 죽음으로 인한 우울증 때문에, 데이비스는 그곳에서 몇 달간 사역한 뒤 펜실베이니아 지역으로 떠나게 되었다. 하지만 그는 이곳에서도 설교 사역을 지속해 나갔으며, 일 년 뒤에는 하노버 지역 전체에 흩어진 백 명 정도의 가장에게서 한 통의 편지를 받았다. 이는 그를 자신들의 목회자로 청빙하고자 하는 편지였다. 그리하여 1748년에 그는 버지니아 주로 돌아갔으며, 그곳에서 십이 년에 걸친 사역을 감당하게 되었다. 그리고 데이비스는 재혼했는데, 그의 배우자는 윌리엄스버그Williamsburg의 유명한 성공회 가문에 속한 제인이라는 여성이었다. 그는 자신의 아내인 제인을 무척 기뻐했으며, 그녀에게 '카라'Chara라는 애칭을 붙여 주었다(이는 그리스어로 '기쁨'을 뜻한다).

당시 데이비스에게는 수입이 별로 없는 반면 돌보아야 할 "전도구"는 넓었지만, 그는 말씀을 연구하면서 농촌 지역 곳곳에 있는 몇 군데의 집회소에서 설교하는 삶을 매우 만족스럽게 여겼다. 데이비스는 부자와 가난한 자들, 성공회 신자와 장로교인들 모두에게 영향을 끼쳤으며, 그의 사역 가운데는 흑인 노예들을 교육하며 그들이 읽을 만한 책을 보급하는 일들 역시 포함되었다. 당시 수백 명의 노예들이 그가 인도하는 집회에 참석하곤 했다. 패트릭 헨리Patrick Henry는 공화주의를 지지했던 위대한 연설가이며 미국 건국의 아버지 중 한 사람인데, 그는 십대 시절에 데이비스의 설교를 듣고서 그의 탁월한 연설 능력에 깊은 감명을 받았다고 한다.

데이비스는 자신의 사역을 즐겁게 감당했다. 그는 자신의 벗이기도 했던 처남에게 이런 편지를 보냈다. "지금 나는 이 세상에서 얻을 수 있을 법한 최상의 행복을 누리고 있다네. 생활에 꼭 필요한 것들이 다 갖춰져 있을 뿐 아니라, 편리함을 더해 주는 것들도 대부분은 누리고 있거든. 내게는 평화로운 서재가 있는데, 이곳은 세상의 번잡하고 시끄러운 일들에서 벗어날 수 있는 피난처와 같다네. 서가에는 과거의 존경할 만한 저자들이 남긴 책들이 머물면서 나를 즐겁게 해 줄 때를 기다리고 있지. 이런 책들을 읽을 때, 나는 지금 활동하는 이들의 무의미한 헛소리에서 벗어나게 된다네."[41] 데이비스는 또 시인이기도 했는데, 그의 작품 중에는 아름다운 찬송시 「위대하고 놀라우신 하나님」Great God of Wonders 이 포함되어 있다. 아마 그는 최초의 미국 찬송시 작가였을 것이다.[42]

데이비스는 이처럼 "과거의 존경할 만한 저자들"이 남긴 작품들을 연구한 뒤, 1753년 뉴저지 칼리지에서 신학 석사를 취득했다. 이후 같은 해에 그는 윌리엄 테넌트의 아들인 길버트와 함께, 뉴저지 칼리지의 위임으로 영국 본토에 가서 설교 사역과 더불어 칼리지를 위한 모금 활동을 수행하게 된다. 이 두 사람의 임무는 큰 성공을 거두어, 많은 기금을 모았을 뿐 아니라 국왕 조지 2세에게서 관용령이 식민지의 버지니아 지역에 있는 비국교도들에게도 적용된다는 인정을 얻어 냈다. 하지만 북미 대륙으로 돌아온 뒤, 데이비스는 식민지의 다른 잉글랜드계 주민들과 함께 당시에 깊은 상처를 남겼던 프랑스 인디언 전쟁에 휘말리게 되었다. 이 전쟁에서는 조지 워싱턴이라는 젊은 대령이 여러 전투를 승리로 이끌면서 두각을 나타냈다.[43]

이후 1758년, 데이비스는 얼마 전 세상을 떠난 에드워즈를 대신하여 뉴저지 칼리지의 총장으로 초빙을 받았다. 그러나 그의 소속 노회는 그를 보내 주는 것을 거부했으며, 데이비스 역시 자신의 동료 새뮤얼 핀리 Samuel Finley, 1715-1766가 그 일에 더 적임자라고 느꼈다. 하지만 1759년에 뉴욕과 필라델피아 노회는 데이비스가 자신의 직무를 내려놓도록 허락해 주었으며, 그는 칼리지의 총장 초빙을 수락했다. 그러나 안타깝게도 그의 열악한 건강 상태와 함께 치료를 위해 피를 뽑던 당시의 위험한 의학적 관행 때문에, 데이비스는 1761년 2월 4일에 세상을 떠났다. 그가 그곳에

도착한 지 겨우 열여덟 달이 지났을 때의 일이었다. 핀리가 그의 장례식에서 설교를 전한 뒤 그를 이어 칼리지의 총장이 되었다. 당시 데이비스 자신이 직접 장례식 설교의 본문을 정했는데, 그 본문은 로마서 14:7-8의 말씀이었다. "우리 중에 누구든지 자기를 위하여 사는 자가 없고 자기를 위하여 죽는 자도 없도다. 우리가 살아도 주를 위하여 살고 죽어도 주를 위하여 죽나니 그러므로 사나 죽으나 우리가 주의 것이로다."

데이비스는 겨우 서른일곱 살에 세상을 떠났으며, 그중에서 공적인 사역을 감당한 기간은 십사 년에서 십오 년 정도에 불과했다. 하지만 그의 짧은 생애는 사람들의 삶에 지속적인 유익을 끼치면서 깊은 영향을 남겼다. 그의 시들은 널리 감상되었으며, 그가 작시한 찬송가들은 그의 사후에도 여러 세기 동안 애창되었다. 또 그는 버지니아 주에서 종교적인 관용을 옹호했으며, 신대륙에서 양심의 자유가 수립되기 위한 기초를 놓았다. 그리고 무엇보다, 데이비스는 당시 자신의 설교를 통해 많은 사람들에게 감명을 주었다. 이후에도 여러 세대에 걸쳐 그의 설교집이 다시 출판되었으며, 많은 목회자와 평신도들이 그의 설교를 탐독했다. 마틴 로이드 존스는 심지어 데이비스에 관해, 미국에서 이제껏 사역했던 설교자들 가운데서 "가장 위대한 인물"이었다고 언급하기까지 했다. 로이드 존스는 데이비스를 향해 대단한 존경심을 품고 있었다.[44] 이 인물이 오늘날 심지어는 개혁교회와 장로교 목회자들 가운데서도 거의 알려져 있지 않다는 것은 안타까운 일이다.

이제 데이비스가 주님의 말씀을 선포하면서 논했던 위대한 주제들 중 일부를 간단히 살펴보기로 하자.

세상을 향해 죄와 의, 심판을 일깨우기

바버라 라슨Barbara Larson에 따르면, 데이비스는 청중에게 하나님과 화목해야 한다는 말씀을 전할 때 먼저 그들이 죄인임을 일깨우는 것으로 논의를 시작했다. 그는 죄인들이 먼저 자신들의 죄악된 상태를 깨닫고 그 위험성에 놀라며, 자신들에게는 스스로를 구원할 능력이 없음을 절감해야 한다고 믿었다.[45] 그러므로 설교자는 회중이 실제로 범하는 죄들과 더불어, 그들의 영혼에 기형적으로 자리 잡은 죄의 속성에 관해서도 지적해야만 했다. 데이비스는 이렇게 언급한다.

> 우리는 회중을 향해, 지금 그들이 어떤 상태로 이 세상에 태어나게 되는지를 있는 그대로 일깨워 주어야 한다. 곧 인간은 불법 가운데 생겨나며, 죄중에서 잉태된다는 것이다. 우리는 육신을 통해 태어난 자들이므로, 우리 역시 육신에 지나지 않는다. 즉 신약성경에서 이 용어가 일반적으로 쓰이는 방식대로, 우리는 그저 타락하고 부패한 자들일 뿐이라는 것이다. 지금 우리의 육신에는 아무 선한 것이 거하지 않으며, 우리는 본성상 진노의 자녀다. 우리 모두의 선조이며 언약의 대표자인 아담이 하나님께 불순종했기 때문에, 우리는 누구나 법적으로 죄인에 해당한다. 그리고 아담의 죄 때문에, 우리 모두에게 심판이 임하여 정죄에 이르게 되었다.[46]

설교자는 마땅히 "그들의 귀에 시내 산의 두려운 천둥소리를 들려주며", 하나님의 진노가 "우리 발밑의 심연에서 불같이 타오르면서 그들을 삼키려고 입을 벌리고 있음"을 경고해야 한다. 그는 죄인들을 향해, 그들이 "최상의 노력을 기울일지라도 스스로의 죄를 속하기에는 충분치 못함"을 일깨워 주어야 한다.[47] 이런 면에서, 데이비스는 핼리버턴과 에드워즈가 따랐던 것과 동일하게 개혁파적이며 청교도적인 전통에 서 있었다.

데이비스는 또한 종교개혁의 고전적인 교리인 이신칭의를 설교했다. 그에 따르면, "하나님의 의"(롬 1:17)는 곧 우리에게 선물로 주어지는 "온전하고 완벽하며 거룩한 의, 하나님께 속한 의"를 가리킨다. 이는 "허물 많은 우리 죄인들이 지닌 볼품없고 불완전한 의, 참으로 빈약한 의"와는 다르다. 데이비스는 이렇게 설명한다. "이 의는 자주 '그리스도의 의'로 불리며, 이 의는 곧 그분의 순종을 통해 드러났다고 언급된다. '한 사람이 순종하심으로 많은 사람이 의인이 되리라'(롬 5:19)."[48] 그러므로 그는 다음과 같이 설교한다. "구원의 계획에 따라……주 예수께서는 죄인들을 대신하여 그들의 자리에 서셨으며, 그들의 죄에 대한 형벌을 친히 감당하셨습니다. 그리고 그들을 대신하여 하나님의 법에 순종하셨던 것입니다. 우리의 죄로 인해 진노하셨던 주권자 하나님께서는 그분의 공로에 근거하여, 죄를 범한 자신의 피조물들과 기꺼이 화목하게 되기를 원하셨습니다."[49]

우리가 그리스도의 속죄 사역을 통해 하나님 앞에서 의롭다 하심을 받으려면, "그리스도 안에서 의롭다 하심을 얻는 믿음"을 드러내야만 한다. 하나님이 죄인들에게 그리스도의 의를 전가해 주시는 것은 바로 그 믿음의 방편을 통해서이기 때문이다. 데이비스에 따르면, 이 의롭다 하심을 얻는 믿음은 두 가지 요소로 구성되어 있다. 그중 첫째는 "하나님이 주신 말씀"에 근거하여 복음의 "진리를 온전히 확신하는" 것이며, 둘째는 "그리스도를 통한 구원의 길을 전심으로 믿고 따르는" 일이다. 이때 신자의 영혼은 "온전한 마음으로 그분의 의에 기꺼이, 또 기쁘게 의존하게 되며, 자발적이며 확고한 태도로 그 의를 선택하고, 복음의 모든 내용에 즐거이 동의하게" 된다.[50] 데이비스는 구원의 신앙이 우리의 지성과 의지, 감정에 모두 연관된다는 것을 강조한다. 곧 그것은 복음을 믿고 선택하며 즐거워하는 행위라는 것이다. 의롭다 하심을 얻은 신자는 더 이상 "두려움과 공포, 의무감의 고통스러운 강압에 눌린 채로" 신앙생활을 이어가지 않는다. 오히려 그가 믿음의 삶을 살아가는 이유는 다음의 시구에 있다. "오 사랑스러우신 구주시여, 제가 당신의 영광을 뵈옵나이다"(참조. 고

후 4:6).[51]

하지만 이같이 신자들이 하나님의 진노에 대한 공포에서 벗어나더라도, 주님을 향한 경외심까지 내려놓게 되는 것은 아니다. 이사야 66:2에 관한 설교에서, 데이비스는 회중을 향해 주님은 "내 말을 듣고 떠는 자"를 돌아보신다는 것을 상기시켰다. 그에 따르면, 하나님이 베풀어 주신 구원의 은혜 아래 있는 자들은 그분의 말씀인 성경에서 "가장 놀라운 일들"을 접하게 된다. 경건한 신자들은 그 말씀의 "능력" 앞에서 두려움을 품게 되는데, 이는 "공포심" 때문이 아니라 "그 말씀에 담긴 권위" 때문이다. 그리고 그 이유는 바로 그것이 살아 계신 하나님의 말씀이라는 데 있다. 많은 사람들은 "(두려운 마음으로 표현하자면) 하나님의 말씀을 단순히 어린아이나 바보가 내뱉은 말 정도로 여기지만", 경건한 신자들은 그와 다르다. 데이비스에 따르면, 오히려 그들은 "성경을 곧 자신의 말씀으로 만물을 존재하게 하신 이의 음성으로 받아들인다. 그분은 참으로 영광스러우신 분이므로, 그분의 음성을 듣도록 허락된 자들은 마땅히 엄숙하고 진중한 자세를 갖춰야만 한다."[52] 이처럼 위대한 왕이신 하나님의 말씀 앞에서 자신의 마음을 낮추어 엎드리는 것은 설교자와 회중 모두에게 지극히 합당한 태도다.

결론

핼리버턴과 에드워즈 그리고 데이비스는 모두 착하고 충성된 주님의 종으로 수고를 감당했다. 그들은 성경을 설교하고 은혜의 교리들을 가르쳤으며, 먼저는 그들 자신의 마음에, 그러고 나서는 청중들의 마음에 그 진리들을 적용했다. 현재 우리는 그들의 설교를 출판한 책들을 읽으면서 깊은 존경심을 품게 된다. 하지만 이와 동시에, 그들의 설교에는 종이와 잉크로 담아낼 수 있는 것보다 훨씬 더 풍성한 내용이 담겨 있다는 점을 기억해야 한다. 이들은 "하나님 앞과 살아 있는 자와 죽은 자를 심판하실 그리스도 예수 앞에서 그가 나타나실 것과 그의 나라를 두고" 말씀을 증언했다(딤후 4:1). 그들은 주님을 경외하게 하시는 영(사 11:2)의 감동에 의존해서 자신들의 메시지를 전했던 것이다. 그리하여 그들의 설교에는 큰 권세와 능력이 부여되었다. 이와 동시에, 그들은 이 말씀들을 전하면서 더욱 낮아진 마음을 품게 되었던 것이다. 오늘날에도 하나님께서 우리에게 이같이 "성령의 나타나심과 능력으로" 설교할 길을 가르쳐 주시기를 간절히 바란다(고전 2:4).

18장 19세기 설교자들 : 알렉산더, 맥체인, 라일

19세기는 영국과 미국의 교회들에 큰 변화가 밀어닥친 시기였다. 먼저 이 시기에는 세계 선교가 급격히 확대되었다. 곧 윌리엄 캐리William Carey, 1761-1834나 헨리 마틴Henry Martyn, 1781-1812, 어도니람 저드슨Adoniram Judson, 1788-1850과 허드슨 테일러Hudson Taylor, 1832-1905를 비롯한 많은 이들이 개신교 선교의 흐름을 이끌고 온 세계로 나아가던 시기였다. 이와 동시에, 각 교회들은 새로운 종파 또는 분파들의 도전과 더불어 다윈주의와 독일의 고등비평이 제기한 철학적 비판 때문에 어려움에 처하게 되었다. 그런데 이렇게 주목할 만한 사건들이 벌어지는 가운데, 하나님은 한 무리의 충성된 일꾼들을 일으키셔서 사람들의 마음에 와닿도록 개혁파의 교리들을 설교하게 하셨다. 이번 장에서는 19세기에 활동했던 세 명의 위대한 인물을 살펴보려 한다. 이들은 각각 미국의 목회자 겸 신학자였고, 스코틀랜드의 목회자였으며, 그리고 성공회의 주교였다.

아치발드 알렉산더

아치발드 알렉산더Archibald Alexander는 1772년 4월 17일, 버지니아 주의 렉싱턴 부근에서 태어났다.[1] 그는 당시 미국 변경에서, 스코틀랜드계 아일랜드인 출신인 장로교 가정의 일원으로 성장했다. 이때 그의 가족은 통나무집에 거주했으며, 그는 웨스트민스터 소교리문답을 암송하곤 했다. 그는 잉글랜드의 청교도 존 플라벨이 남긴 저작들을 읽고 깊은 영향을 받았다. 오랫동안 의심과 씨름하면서 자신이 죄인임을 깨달은 뒤, 알렉산더는 열일곱 살의 나이에 회심하게 되었다.

당시 알렉산더는 이미 리버티 홀 아카데미에 있는 윌리엄 그레이엄 William Graham, 1745-1799 아래서 공부를 시작한 상태였다. 알렉산더는 회심 이후에도, 목회자가 되겠다는 뜻을 품고 자신의 공부를 계속해 나갔다. 그레이엄은 자신이 존 위더스푼John Witherspoon, 1723-1794에게서 배웠던 신학을 그에게 전수해 주었다. 위더스푼은 뉴저지 칼리지의 총장이었으며, 목회자로서는 유일하게 미국 독립선언문에 서명했던 인물이다. 알렉산더는 계속 존 오웬이나 윌리엄 베이츠William Bates, 1625-1699, 토머스 보스턴과 조나단 에드워즈 등의 유명한 저술가들이 남긴 글들을 공부했다. 알렉산더는 버지니아 주와 노스캐롤라이나 주에서 순회 전도자로 사역한 뒤, 1794년에 전임 목회자로 안수를 받았다. 1796년에는 버지니아 주에 있는 햄든 시드니 칼리지의 총장이 되었으며, 또한 여러 교회에서 설교 사역을 감당해 나갔다. 1807년에 그는 필라델피아에 있는 큰 규모의 교회인 파인 스트리트 장로교회의 목회자로 청빙되었다. 이곳에서 그는 길거리 설교와 방문 전도를 위한 사역 단체를 설립했다.

1808년부터, 알렉산더는 장로교 목회자들을 양성할 신학교 설립의 필요성을 제기하기 시작했다. 이 년 뒤, 그는 뉴저지 칼리지에서 신학 박사 학위를 받았다. 그리고 1812년, 장로교 총회는 그를 새로 설립된 프린스턴 신학교의 첫 교수로 임명했다. 그는 이 학교에서 서른아홉 해 동안 봉직했으며, 대부분의 기간에는 교훈과 변증 신학 분야의 교수로 재직했다.

이 작은 학교는 점점 더 번창했으며 많은 결실을 맺게 되었다. 이에 관해, W. J. 그리어W.J.Grier, 1902-1983는 이렇게 언급한다. "알렉산더가 프린스턴에서 첫 해에 가르친 학생들은 아홉 명이었지만, 이후 그 숫자는 점점 늘어났다. 그리하여 그가 세상을 떠날 때까지 가르쳤던 제자들을 전부 합하면 1,837명에 이른다."[2] 그의 동료 교수였던 찰스 하지와 새뮤얼 밀러Samuel Miller, 1769-1850는 그를 대단히 존경했다. 당시 프린스턴 신학교에는 아름다운 화합이 있었으며, 이는 그리스도를 본받는 교수진들의 자세와 성경의 진리들을 향한 공동의 헌신에서 생겨나는 것이었다. 이에 관해, 하지의 아들인 아치볼드 알렉산더 하지(그의 이름 자체에서 알렉산더 교수를 향한 그 아버지의 존경심이 드러난다)는 이렇게 언급한다.

> 나는 이제껏 많은 목회자와 교수를 접해 왔다. 하지만 단언하건대, 나는 다음의 측면들에서 이 세 분의 교수님과 필적할 만한 이들을 본 적이 없다. 이는 순수하고 온전한 의지와 소박하고 경건하며 진심 어린 태도, 아무런 사심이 없이 공동의 목적에 헌신하는 자세, 서로를 존중하면서 더 낫게 여기는 마음 등이다. 그분들이 호흡하며 살아가는 분위기 속에는 진실과 정직이 담겨 있었으며, 그 삶의 정신은 곧 담대하고 고결한 자세로 주님께 충성하는 데 있었다.[3]

당시 알렉산더는 신학교가 나아갈 방향을 확립했는데, 이는 원어 성경을 엄밀히 연구하는 일과 영적인 부흥을 기대하면서 생명력 있는 설교를 전하는 일, 웨스트민스터 표준 문서와 프란시스 튜레틴Francis Turretin, 1623-1687

의 글에 나타난 개혁신학을 충실히 고수하는 일, 스코틀랜드 상식 실재론을 도구로 삼아 신앙의 진리들을 옹호하는 일, 그리고 열정적인 경건과 기독교적 체험을 장려하는 일을 결합시킨 것이었다. 처음에 작성되었던 '신학교의 구상'에 따르면, 이 학교의 목표는 "마음의 경건을……견고한 학식과……결합시키는" 데 있었다. 이는 "복음의 사역자들이 학문이 없는 신앙이나 신앙이 없는 학문을 추구할 경우, 그들은 결국 교회에 해로운 존재가 되고 말 것"이라고 여겨졌기 때문이다.[4]

프린스턴 신학교에서 알렉산더와 그의 동료 교수들은 학생들에게 개혁신학을 전수하는 한편, 당대의 여러 신학 논쟁에도 관여했다. 이를테면 당시 찰스 피니Charles Finney, 1792-1875가 주창했던 '새로운 신학'New Divinity을 둘러싼 논쟁 등이 그런 것들이다.[5] 이와 동시에 알렉산더는 여러 책을 집필했는데, 그 책들의 목표는 성경의 기본 진리들을 가르치고 어린이들을 회심으로 이끌거나, 가정예배 때 읽을거리를 제공하거나, 그리스도인들이 경험하는 죄와 은혜의 의미를 밝히려는 데 있었다. 이런 책들 중 일부는 지금도 재출간되어 독자들에게 읽히며 소중히 간직되고 있다.[6] 이에 관해, 제임스 개럿슨James Garretson은 이렇게 언급한다. "알렉산더는 자신이 활동했던 시대의 사람들에게 경건한 삶과 실천이 갖는 중요성을 일깨우기 위해 끊임없이 노력했다."[7]

알렉산더는 교회 안에서 경건을 장려하려는 목적을 품고 설교라는 방편을 통해 하나님의 밭을 일구고 씨앗을 심었으며, 곡식을 가꾸고 열매를 수확했다. 당시 그는 설교 준비를 우선시하는 일과 단순하고 효과적인 설교 방식으로 잘 알려져 있었다. 알렉산더는 자신의 학생들에게 "역사나 철학, 정치에 관해 논하는 일"을 삼가도록 가르쳤고, 대신에 "신학의 전체 체계"를 설교해 나갈 것을 권장했다. 그들이 특히 다루어야 할 내용으로는 "가장 중대한 진리들"과 신자의 도덕적인 "의무들", "그리스도인

들이 겪는 체험과 환난, 유혹들", 그리고 "자신의 죄를 깨달은 자들"에게 들려줄 대답들이 있었다.[8]

이제는 알렉산더의 체험적인 설교를 파악하기 위해, 그가 1791년 4월에 강도권을 얻기 위해 버지니아 주의 렉싱턴 노회에서 전했던 설교를 간략히 살펴보려 한다.[9] 이는 그의 사역 초창기에 전했던 설교인데, 이후에 그는 이때를 돌아보면서 이렇게 언급한 바 있다. "당시에 내가 그 주제를 살폈던 관점은, 지금의 경우에 취하게 될 관점과 실질적으로 별 차이가 없다."[10]

살아 있는 신앙을 죽은 신앙과 대조하는 설교

이 설교의 서두에서, 알렉산더는 성경의 가르침에 따르면 현재 기독교권의 많은 사람들이 지닌 믿음은 "사랑으로 역사하는 믿음(갈 5:6), 마음을 정결케 하는 믿음(행 15:9)이 아님이 분명하다"는 점을 지적한다. 그러므로 그는 여기서 "살아 있는 신앙을 죽은 신앙과 뚜렷이 구분 짓는" 데 설교의 목표를 둔다. 이 일을 위해, 그는 이 신앙들 각각의 **원인**과 **본성**, 그리고 **열매**의 측면에서 나타나는 차이점들을 드러내 보인다.[11]

첫째, 살아 있는 신앙의 **원인**은 성령께 있다. "살아 있는 신앙은 하나님의 영에 의해 생겨난다. 이는 성경에서 그 신앙이 '하나님의 영이 역사하신 결과로 생겨난 믿음'으로 지칭되기 때문이다(골 2:12).[12] 또한 그 신앙은 하나님의 선물로 언급되며(엡 2:8), 그리스도께서 그 신앙의 창시자가 되신다고 뚜렷하게 선포된다(히 12:2). 하지만 죽은 신앙의 경우에는 성령님의 도우심이 없이, 그저 인간 본성의 결과물로서 생겨날 뿐이다."[13] 참된 신자는 자기 안에서 구원의 신앙을 스스로 만들어 낼 수 없음을 안다. 이는 성령님이 그로 하여금 자신의 죄와 불신앙을 깨닫게 하시기 때문이다(요 16:8). 죄인의 마음속에서 예수 그리스도의 얼굴에 있는 하나님의 영광을 아는 빛이 빛나게 할 수 있는 것은 오직 이 우주를 창조하신 그분의 능력뿐이다(고후 4:6). 하지만 죽은 신앙을 지닌 자는 자신에게 스스로 그리스도를 믿을 수 있는 능력이 있다고 여긴다. 그는 자신이 늘 그분을 믿어 왔다고 여길 수도 있다. 이는 자신이 교회 안에서 양육을 받았으며, 그곳에서 가르침 받은 진리들에 늘 동의해 왔기 때문이라는 것이다.

둘째, 살아 있는 신앙의 **본성**은 "계시된 진리들을 깨닫고 확고히 받아들이는 믿음"에 있다. 이 믿음은 "신자의 마음속에 굳게 자리 잡고 있으며, 그의 의지와 정서에 깊은 영향을 끼쳐서 마침내는 그가 따르는 지배적인 행동의 원리가 된다." 이와 대조적으로, 죽은 신앙은 "그저 공허한 개념 또는 사변적인 견해"에 불과하다. 그러므로 이 죽은 신앙은 "그 사람의 머릿속을 떠돌아다닐 뿐, 그의 마음에는 실질적으로 아무런 영향을 미치지 않는다." 또 살아 있는 신앙에는 영적인 통찰력이 담겨 있어서, 신자가 "영원하고 보이지 않는 세계의 일들을 하나의 숭고한 실재로서 파악하게" 된다. 하지만 죽은 신앙은 그저 하나의 관념에 불과할 뿐이다.[14]

살아 있는 신앙을 지닌 사람은 그리스도를 영접하고, 자신의 전인격으로 그분을 온전히 따르게 된다. 살아 있는 신앙을 지닌 자는 늘 그리스도를 마음에 모시고, 자신에게 필요한 구주로서 그분을 선택하게 된다. 또 그는 그분을 자신의 분깃으로 받아들이며, 구원을 위해 오직 그분만을 신뢰하고 의존하게 된다. 그러고는 그분의 뜻에 합당하게 다스림과 인도를 받도록 자신을 내어 드리며, 다른 무엇보다 그분을 기뻐하고 즐거워하게 되는 것이다.[15] 하지만 자연적인 상태에 있는 자들(성령으로 거듭나지 못한 자들—옮긴이)은 예수 그리스도의 아름다우심과 탁월하심을 깨닫지 못하며, 그분을 통한 구원의 길이 지닌 성격들도 헤아리지 못한다. 그러므로 그들이 그분을 자신의 구주로 모시고 그분 안에서 안식하는 일은 결코 이루어질 수 없다.[16] 따라서 죽은 신앙을 지닌 자는 늘 자신 안에 있는 무언가를 의지하게 된다.

셋째, 살아 있는 신앙을 죽은 신앙과 구분 짓는 일에서 가장 중요하고 필수적인 부분은 바로 신앙의 **열매**를 살피는 데 있다. 이는 오직 그 열매를 통해서만 과연 우리의 신앙이 성령님이 역사하신 결과로 나타난 것인지, 즉 그 본성상 구원의 성격을 지닌 것인지를 판별할 수 있기 때문이다.[17] 알렉산더는 살아 있는 신앙과 죽은 신앙을 구분 짓는 표지로서 기독교의 모든 은혜를 열거할 경우, 두꺼운 책을 한 권 써야 하리라는 것을 알고 있었다. 따라서 그는 몇 가지 핵심적인 열매에 설교의 초점을 맞추는데, 사랑과 겸손, 거룩함이 바로 그것이다. 이 부분에서 우리는 에드워즈가 남긴 『신앙감정론』의 반향이 울려 퍼지는 것을 듣게 된다. 이제 살아 있는 신앙의 열매로서 사랑에 관해 알렉산더가 가르치는 내용을 살펴보기로 하자.

살아 있는 신앙을 지닌 사람은 하나님을 향한 사랑을 품게 된다. "이는 사랑으로 역사하며, 우리의 마음을 정결케 하는 믿음이다"(갈 5:6, 행 15:9을 보라). 사랑은 "신앙의 본질이다. 사도에 따르면, 사랑이 없이는 우리가 지닌 모든 은사도, 우리가 행하는 모든 의무도 아무 유익이 없게 된다"(고전 13:1-3). 물론 죽은 신앙을 지닌 자들도 하나님을 사랑하도록 자극을 받을 수는 있다. 이는 그분이 자신들에게 유익을 베푸실 것이라고 믿기 때문이다. 하지만 이런 믿음에서 나오는 사랑은, 악한 자들이 자신의 벗에게 품는 것과 아무런 차이가 없다(마 5:46). 마치 어떤 자들이 하나님은 자비롭기만 하실 뿐 공의와는 전혀 무관하신 분이라고 여길 때처럼, 이들은 단순히 자신들의 상상으로 만들어 낸 신을 사랑할 뿐이다. 그리고 이런 사랑은 "그저 자기 자신을 사랑하는 것과 다를 바가 없다."[18]

오직 살아 있는 신앙을 지닌 사람만이 "하나님의 탁월하신 본성"과

"그분의 거룩하신 아름다움"을 헤아리게 된다. 이 같은 깨달음을 얻은 사람은 "하나님을 참으로 사랑하는 마음"을 품게 된다. 곧 "그 탁월하심을 인하여 그분을 사랑하게" 되는 것이다. 이처럼 우리가 하나님의 사랑스러움을 깨닫고 그분을 사랑하게 되는 것은, 바로 그분의 복음을 통해 이루어진다. "이 사랑의 합당한 대상과 목표는 예수 그리스도의 얼굴에서 나타난 하나님의 도덕적 성품에 있다." 그리고 어떤 사람이 이런 사랑을 품은 증거는 그분의 도덕적인 형상을 간직한 모든 자를 사랑하는 데서 드러난다. 이때 신자들은 특히 하나님께로부터 "난" 이들(요일 5:1), 곧 그리스도 안에서 한 형제자매가 된 사람들을 향해 깊은 사랑을 품게 된다. 이는 "그들이 거룩하게 되었으며, 하나님의 형상을 지니고 있기 때문이다." 그들은 또한 하나님의 율법을 사랑하게 되는데, 이는 그 율법이 거룩하고 의로우며 선할 뿐 아니라, 그 안에 하나님의 도덕적인 성품이 새겨져 있기 때문이다. 그는 마음으로 하나님의 법을 기뻐하며(롬 7:22), 그분을 사랑하는 마음에서 그분의 계명들을 준행하게 된다(요 14:21, 요일 5:3).[19]

살아 있는 신앙을 지닌 사람은 또한 자신의 이웃을 향해 자애로운 사랑을 나타내게 된다(막 12:31). 이런 사랑 가운데는 "우리의 원수를 사랑하고 손해를 감수하며, 우리를 미워하는 자들을 선대하는 동시에 우리를 저주하는 자들을 축복하고 그들을 위해 기도하는 자기부인의 중요한 의무들"이 포함된다. 참된 신자는 특히 사람들이 "하나님의 은총과 호의를 얻게" 되기를 갈망한다. 이는 영원한 세계의 일들에 비하면, 이 세상에서 누리는 행복은 사소한 것임을 알기 때문이다. 그런 신자들은 자신의 벗들뿐 아니라 원수들을 위해서도, 그리스도(고후 8:9)나 바울(롬 9:3)이 그랬듯이 자신을 기꺼이 희생할 것이다.[20]

그러나 죽은 신앙을 품은 자는 "자신이 속한 무리를 향해서만 사랑과 호의를 나타내며", "그 바깥에 있는 자들"에 대해서는 철저히 배척하는 태도를 취한다. 물론 겉으로는 대부분의 사람이 이웃을 위하는 듯한 모습을 보이는 것이 사실이다. 하지만 그들의 마음은 참으로 인색해서, 막상 이웃들이 곤경에 처할 경우에는 전혀 도움의 손길을 내밀려고 하지 않는다는 것이다. 그러나 하나님 앞에서 흠이 없고 순전한 경건은 바로 어려움에 처한 고아와 과부들을 돌아보는 데 있다(약 1:27).[21]

여기서 우리는 알렉산더가 성경의 지혜에 근거해서 구별하는 설교를 전한 것을 보게 된다. 이는 청중들로 하여금 스스로를 돌아보면서 과연 그리스도께서 그들 안에 계시는지를 살피도록 인도하는 설교였다. 또한 우리는 알렉산더가 신앙과 사랑이 담긴 체험적이며 실천적인 기독교의 모습을 그려 보이는 것을 보게 된다. 알렉산더가 감당한 것은 신학자의 직무였지만, 그럼에도 그는 그리스도를 설교하는 일에 대한 열심을 잃지 않았다. 그는 프린스턴 신학교를 졸업한 여러 세대의 사역자들에게도 그 열심을 심어 주었다.

로버트 머리 맥체인

오늘날 우리는 스코틀랜드의 던디Dundee에 있는 성 베드로 교회St. Peter's Church를 방문할 수 있다. 이곳은 한때 로버트 머리 맥체인이 말씀을 전했던 교회다. 이곳의 예배당은 인상적인 특징을 지닌 건물이다. 이 예배당은 거의 천 명의 인원을 수용할 정도의 규모로 설계되어 있다. 하지만 그 음향학적인 특성 때문에, 설교자가 마이크를 쓰지 않고 평상시의 음성으로 말씀을 전하더라도 2층의 맨 뒤편에 있는 사람들까지 그 내용을 알아들을 수 있도록 되어 있다.

맥체인은 1813년 5월 21일, 스코틀랜드의 에든버러에서 태어났다.[22]

그의 아버지는 명망 높은 '국왕 전하의 인장을 받드는 서기 협회' Society of Writers to His Majesty's Signet에 소속된 변호사였다. 맥체인은 1827년부터 에든버러 대학에서 공부하면서 자신이 듣는 모든 과목에서 우등상을 차지했다. 또한 그는 시 쓰기와 체육에도 우수한 재능을 보였다. 이후 1831년 7월, 자신의 경건한 형 데이비드가 세상을 떠난 뒤에 데이비드 딕슨 David Dickson, 1583-1663의 저서 『구원을 얻는 지식의 요체』(*Sum of Saving Knowledge*)를 읽고, 맥체인은 마침내 회심에 이르게 되었다. 에든버러에 있을 때, 그는 토머스 찰머스 Thomas Chalmers, 1780-1847 밑에서 공부했다. 그리고 1835년 7월 1일에 강도권을 얻었으며, 존 보너 John Bonar의 조력자로 사역하게 되었다. 그런 다음 던디의 성 베드로 교회로 사역지를 옮겼으며, 1836년 11월 24일에 목회자로 안수를 받았다. 하지만 던디의 도시적인 환경과 그의 지칠 줄 모르는 사역에 대한 헌신 때문에, 이미 쇠약했던 그의 건강은 더욱 악화되었다.

맥체인은 위대한 복음 전도의 열정을 품고 있었으며, 주위에 있는 사람들의 영혼이 멸망을 향해 나아가는 것을 매우 안타깝게 여겼다. 그는 웨스트민스터 신앙고백의 교리들에 관해서도 열심을 지니고 있었다. 이 때문에 그는 스코틀랜드 교회 내에서 '온건주의' Moderatism 운동이 번져 가는 것을 우려의 눈으로 지켜보았다. 1838년, 맥체인은 악화된 건강 때문에 던디의 사역을 잠시 내려놓고 안식을 취하게 되었다. 이때 로버트 S. 캔들리시 Robert S. Candlish, 1806-1873의 격려로, 그는 앤드류 보너 Andrew Bonar, 1810-1892, 알렉산더 케이스 Alexander Keith, 1781-1880와 함께 팔레스타인 지역으로 선교 여행을 떠났다. 이는 향후 유대인들을 상대로 사역을 펼칠 가능성이 있을지를 알아보기 위한 시도였다. 그는 이 여행에서 돌아오는 길에 심하게 앓았지만, 하나님이 윌리엄 찰머스 번즈 William Chalmers Burns, 1815-1868의 사역을 통해 던디에 있는 자신의 회중 가운데 부흥을 일으키셨다는 소식을 듣고 기뻐했다. 이처럼 다른 목회자의 사역을 통해 자신의 교회에 부흥이 임했을 때에도, 마치 자신의 사역을 통해 그 일이 이루어졌을 때처럼 기뻐할 수 있었던 것은 그의 겸손함을 보여주는 표지였다.

이후 맥체인은 던디의 성 베드로 교회로 돌아와서 활발하게 사역하는 한편, 주변의 여러 지역에서도 사역을 감당했다. 그리고 하나님이 일으키신 부흥의 역사도 계속 진행되었다. 맥체인은 이렇게 기록했다. "여러 날에 걸쳐, 내가 소중히 여기는 회중 가운데 하나님의 영이 임하셨다는 뚜렷한 징표가 나타났다. 내 생각에는 안식일보다 목요일 저녁 집회들에서 그런 징표들이 더 많이 드러난 것 같다. 내가 만나 본 일부 사람들의 경우, 어떤 직접적인 방편들을 통하지 않고서도 그런 각성에 이르게 된 듯하다. 지금도 공장에서 일하는 수많은 소녀들은 주 예수님을 사모하면서 눈물을 쏟고 있다."[23] 하지만 그의 건강은 계속 쇠약해지고 있었다. 당시 그는 부흥이 이어지는 가운데 분주하게 사역을 감당하는 한편, 스코틀랜드 교회 내에서 점점 커져 가는 논쟁들 때문에도 압박을 받았다. 어느 날은 체육관의 설비 시설 위로 장대 하나가 떨어졌는데, 이 때문에 맥체인이 상당히 높은 곳에서 추락하는 일이 벌어졌다. 이 일은 그의 건강에 추가적인 타격을 입혔다.

1843년 2월, 맥체인은 스코틀랜드 교회의 파송을 받고 아직 복음이 제대로 심기지 않은 디어Deer와 엘런Ellon 지역에 가서 복음을 전했다. 그는 삼 주간에 걸쳐 스물네 곳에서 설교했으며, 때로는 같은 곳에서 두 번 이상 말씀을 전했다. 이후 지친 몸을 이끌고 집에 돌아온 그는 많은 가정에 발진 티푸스가 돌고 있는 것을 알게 되었다. 이에 그는 다른 사역의 직무들을 성실히 수행하는 가운데서도, 병에 걸린 사람들의 가정을 방문하는 일을 회피하지 않았다. 마침내 지치고 쇠약해진 그는 자신도 그 병에 감염되었다. 1843년 3월 25일에 맥체인은 스물아홉 살의 나이로, 자신의 찬송시 「이 지나가는 세상이 끝이 날 때」에서 노래했던 그 일을 직접 경험하게 되었다.

> 저 자신의 것이 아닌 아름다움으로 단장하고
> 당신의 보좌 앞에 나아가 서게 될 때,
> 제가 당신의 모습을 온전히 바라보고
> 아무 죄가 없는 마음으로 당신을 사랑하게 될 때,
> 주님, 저는 그때에야 온전히 알게 될 것입니다.
> 제가 당신께 얼마나 큰 은혜를 입었는지를.

신자들이 겪는 체험을 펼쳐 보이는 설교

맥체인의 설교들에는 주의 깊은 말과 생각의 구조가 담겨 있었으며, 그 구조들 가운데는 성령님이 일으키신 불이 스며들어 있었다. 한 예로, 로마서 7:22-25 본문에 관한 그의 설교를 살펴보기로 하자. "내 속사람으로는 하나님의 법을 즐거워하되, 내 지체 속에서 한 다른 법이 내 마음의 법과 싸워 내 지체 속에 있는 죄의 법으로 나를 사로잡는 것을 보는도다. 오호라, 나는 곤고한 사람이로다. 이 사망의 몸에서 누가 나를 건져 내랴? 우리 주 예수 그리스도로 말미암아 하나님께 감사하리로다. 그런즉 내 자신이 마음으로는 하나님의 법을, 육신으로는 죄의 법을 섬기노라."

맥체인의 이 설교에는 강력한 체험적인 강조점과 뚜렷한 개요가 담겨 있는 것이 특징이다. 그는 이렇게 언급한다. "신자의 징표는 그가 누리는 평안과 기쁨뿐 아니라, 그가 씨름하는 고난과 싸움을 통해서도 드러난다." 그러므로 그는 "그리스도인들이 겪는 싸움"에 관해 구별하는 설교를 전하기로 마음을 정했으며, 이는 청중들로 하여금 "자신이 과연 그리스도의 군사인지를 헤아리게" 하려는 데 그 목적이 있었다.[24] 그는 자신이 전하는 메시지를 세 개의 주된 요점으로 구분하고, 각 요점 아래에 여러 세부 요점을 포함시켰다.

우리는 그가 전한 메시지의 개요를 다음과 같이 정리할 수 있다.

I. 신자는 하나님의 법을 즐거워한다. "내 속사람으로는 하나님의 법을 즐거워하되"(22절).

   A. 아직 그리스도께로 나아오지 않은 자들은 하나님의 법을 미워한다. "육신의 생각은 하나님과 원수가 되나니 이는 하나님의 법에 굴복하지 아니할 뿐 아니라 할 수도 없음이라"(롬 8:7).

      1. 회심하지 않은 자들은 하나님의 법이 순전하기 때문에 그 법을 미워한다. "주의 말씀이 심히 순수하므로 주의 종이 이를 사랑하나이다"(시 119:140).

      2. 그들은 하나님의 법이 광대하기 때문에 그 법을 미워한다. "주의 계명들은 심히 넓으니이다"(시 119:96). 그 법은 그들이 사람들 앞에서나 은밀한 곳에서 행하는 모든 외적인 행동에 미치며, 그들이 늘어놓는 모든 무익한 말에도 연관된다. 또 그 법은 그들의 마음속 가장 깊은 곳의 심연에까지도 뚫고 들어간다.

      3. 그들은 하나님의 법이 불변하기 때문에 그 법을 미워한다. "천지가 없어지기 전에는 율법의 일점일획도 결코 없어지지 아니하고 다 이루리라"(마 5:18). 만일 하나님의 법이 변경된다든지, 또는 그 요구조건들이 폐지되거나 그 법 자체가 소멸한다면, 불경건한 자들은 무척 만족해 할 것이다.

   B. 그러나 어떤 사람이 그리스도께로 나아올 때, 이 모든 마음 상태는 변화를 맞게 된다. "내가 주의 법을 어찌 그리 사랑하는지요. 내가 그것을 종일 작은 소리로 읊조리나이다"(시 119:97). 그리고 이런 변

화에는 두 가지 이유가 있다.

1. 그는 더 이상 하나님의 법과 원수 된 관계에 있지 않기 때문이다. 이제 그는 이렇게 고백할 수 있다. "그리스도께서 [나를] 위하여 저주를 받은 바 되사 율법의 저주에서 [나를] 속량하셨으니"(갈 3:13).
2. 하나님의 영이 그의 마음속에 그분 자신의 법을 기록해 주셨기 때문이다. 이에 관해서는 다음과 같은 약속이 있다. "그날 후에……내가 나의 법을 그들의 속에 두며 그들의 마음에 기록하여 나는 그들의 하나님이 되고 그들은 내 백성이 될 것이라. 여호와의 말씀이니라"(렘 31:33). 어떤 이가 그리스도께로 나아올 때, 그의 마음속에 있던 하나님의 법에 대한 두려움이 사라지게 된다. 그리고 그가 그 법을 사랑하게 되는 것은 성령님이 그의 마음속에 임하시기 때문이다.

그런 다음에 맥체인은 이 첫 번째 주된 요점을 복음 전도의 관점에서 다음과 같이 적용한다. 곧 그는 청중들을 향해 이렇게 권면하는 것이다. "죄인들이여, 와서 그리스도께 여러분의 마음을 드리십시오. 그러면 그리스도께서 여러분의 마음속에 그분의 거룩한 법을 기록해 주실 것입니다!" 그리고 그는 이렇게 경고한다. "만일 여러분이 지금의 마음 상태 그대로 세상을 떠난다면, 여러분은 사악한 마음을 지닌 자들로 영원히 남게 될 것입니다."[25]

II. 신자들은 자신의 지체 안에서 이와 대립하는 법이 역사하는 것을 느끼게 된다. "내 지체 속에서 한 다른 법이 내 마음의 법과 싸워 내 지체 속에 있는 죄의 법으로 나를 사로잡는 것을 보는도다"(25절).

A. 그것은 "다른 법"으로서, 하나님의 법과는 뚜렷이 상반되는 성격을 지닌다. 이는 "죄의 법"(25절), 즉 신자들로 하여금 죄를 짓도록 명령하는 법이다. 갈라디아서에서는 이 법을 "육체"로 부른다. "육체의 소욕은 성령을 거스르고"(갈 5:17).

B. 이 법은 "내 마음의 법과 싸[우는]" 상태에 있다. 곧 이 법은 우리의 지체 속에 잠잠히 머무는 것이 아니라, 우리 자신에 맞서 늘 격렬히 대립하고 있다. 따라서 우리 신자들의 마음은 평화로울 수 없다. 우리가 하나님을 향해서는 평안을 누리지만, 죄에 대해서는 늘 전쟁 상태에 있기 때문이다. 맥체인은 신자들 속에 자리 잡은 죄를 논하면서, 그 죄를 기습 공격을 위해 매복 중인 군대나 언제든지 폭발할 수 있는 활화산에 비유하고 있다.

그런 다음에 맥체인은 이 두 번째 주된 요점을 체험적으로 적용한다. 곧 그는 청중을 향해 스스로를 살필 것을 권고하면서 이렇게 질문한다. "여러분은 이런 싸움을 겪어보신 적이 있습니까? 이 일은 어떤 이가 하나님의 자녀임을 보여주는 뚜렷한 표지 중 하나입니다." 그리고 "이 싸움 가운데 신음하는" 자들에게, 그는 다음의 지침들을 전해 준다. 곧 그에 따르면, 우리가 죄를 용서받고 성령을 선물로 받은 뒤에도 우리의 마음은 여전히 죄의 근원인 상태로 남아 있으므로 우리는 늘 겸손해야 한다는 것이다. 또 우리는 늘 예수님께 의존해야 하며, 이 싸움을 통해 마지막 때가 이르기까지 우리에게는 매일 그리스도의 보혈이 필요하다는 것을 배워야만 한다. 그리고 결코 낙심해서는 안 된다. 이는 그리스도께 구원을 받은 이들은 누구나 이런 마음 상태 가운데 있기 때문이다. 그러므로 우리를 가로막는 모든 방해물에도 불구하고, 우리는 끝까지 믿음의 선한 싸움을 싸워 나가야 한다.[26]

III. 이 싸움에 관여하는 신자들은 분명한 행동들을 취한다.

A. 그는 자신의 비참함을 느낀다. "오호라, 나는 곤고한 사람이로다"(롬 7:24). 여기서 맥체인은 기독교적인 체험의 역설을 살핀다. 한편으로, "이 세상에서 신자들만큼 행복한 이들은 없다. 그들은 예수께로 나아와서 안식을 얻은 자들이기 때문이다." 그러나 다른 한편으로 "그들은 자기 마음이 병든 것을 느끼며", 자신의 마음속에 "마치 독사처럼 혐오스러운 죄가 도사리고 있는 것"을 보게 된다.

B. 그는 건짐을 받기를 갈구한다. "누가 나를 건져 내랴"(24절). 신자들은 자신이 마치 시체와 함께 묶이는 형벌을 받았던 고대 세계의 죄수들과 같다고 느끼게 된다. 여기서 맥체인은 다시 청중을 구별하는 어조로 이렇게 언급한다. "교우 여러분, 여러분은 어떻습니까? 과연 여러분은 자신의 속마음이 부패했음을 느낄 때 은혜의 보좌 앞으로 나아갑니까? 그때 여러분은 주님의 이름을 부르게 됩니까?……기억하십시오. 만일 여러분의 마음속에서 정욕이 역사하는데도 그 상태에 만족한 채로 머문다면, 여러분은 그리스도께 속한 자들이 아닙니다."

C. 그는 승리를 베푸시는 주님께 감사하게 된다. "우리 주 예수 그리스도로 말미암아 하나님께 감사하리로다"(25절). 이는 우리의 부패한 마음속에서 끊임없이 전쟁이 벌어지지만, "우리를 사랑하시는 이로 말미암아 우리가 넉넉히 이기[게]" 되기 때문이다(롬 8:37).

이제 맥체인은 예수 그리스도를 찬미하는 아름다운 어조로 자신의 설교를 끝맺는다. 그는 이렇게 언급한다.

그렇습니다. 가장 치열한 싸움의 한가운데에서도, 우리는 눈을 들어 예수님을 바라보면서 이렇게 외칠 수 있습니다. "하나님, 감사합니다!" 자신의 부패한 마음 때문에 신음하던 영혼이 예수님을 바라볼 때, 그의 신음은 바로 그 순간에 찬미의 노래로 바뀌게 됩니다. 우리는 예수님 안에서 우리의 모든 죄를 씻을 수 있는 샘을 발견하게 되기 때문입니다. 우리는 그분 안에서 온전한 은혜, 곧 우리를 끝까지 붙들어 주시는 은혜를 만나게 됩니다. 그리고 그분 안에서, 머지않아 죄가 완전히 뿌리 뽑히게 될 것이라는 확실한 약속을 듣습니다. "두려워하지 말라. 내가 너를 구속하였고 내가 너를 지명하여 불렀나니 너는 내 것이라"(사 43:1). 오, 그러므로 우리의 신음 소리는 찬양의 곡조로 바뀌게 됩니다! 시편의 노래가 탄식으로 시작했다가 주님을 향한 찬양으로 마치게 될 때가 얼마나 많은지요! 이는 주님의 온 백성이 날마다 경험하게 되는 일들입니다. 과연 여러분에게도 이런 경험이 있습니까? 한번 자신을 잘 돌아보시기 바랍니다. 만일 여러분이 이처럼 신자들이 드리는 찬미의 노래를 알지 못한다면, 그들과 함께 예수님의 발아래 면류관을 벗어 드리는 기쁨 역시 누리지 못하게 될 것입니다(계 4:10 참조—옮긴이). 교우 여러분, 우리는 자신의 연약함을 자랑하는 것으로 만족해야 합니다. 그럼으로써 그리스도의 능력이 우리 위에 머물게 되기 때문입니다. 위에 계신 어린양께 영광, 영광, 오직 영광이 있기를 빕니다![27]

맥체인이 전한 설교들의 토대에는 우리가 그리스도 안에서 얻게 되는 거룩함을 추구하는 열심이 있었다. 그는 이렇게 언급한다. "기병 장교들은 자신의 검을 얼마나 깨끗하고 날카롭게 다듬는지 모릅니다. 그들은 사소한 얼룩까지도 정성을 다해 닦아 내곤 하지요. 이제 여러분은 하나님의 검이며, 그분이 쓰시는 도구임을 기억하십시오.……하나님은 우리의 탁월한 재능보다, 오히려 예수님을 닮은 우리의 성품을 통해 더 큰 은총을 베푸십니다. 거룩한 목회자는 하나님의 손에 들린 강력한 무기입니다."[28]

맥체인은 동료 목회자에게 이렇게 편지했다.

> 나는 우리가 그와 같은 사역의 도구로 쓰임받으려면, 영과 육신의 모든 더러움에서 깨끗게 되어야만 한다는 확신을 더욱 깊이 품게 되있습니다(고후 7:1). 그러므로 목사님 자신의 인격이 거룩해지기를 간구하고, 어린양의 보혈에 의지해서 하나님 앞에 늘 가까이 나아가시기 바랍니다! 그분의 환한 빛 가운데 거하고, 그분이 펼치신 사랑의 팔에 안기며, 성령으로 충만해지기 바랍니다……어떤 죄도 사소한 것으로 여기지 마십시오. 우리가 범하는 어떤 죄든지 영원한 결과를 가져오게 될 것임을 기억해야 합니다. 오, 우리는 데이비드 브레이너드가 그랬듯이 온전한 거룩함을 사모하는 마음을 품어야 합니다. 하나님이 거룩하신 것과 같이 우리도 거룩하고, 그리스도의 순전하심과 같이 순전하게 되기를 갈망해야 하는 것입니다……이처럼 우리가 교만이나 자만, 사적인 허영심 또는 우리 자신만이 아는 은밀한 죄들에서 좀 더 자유로워진다면, 하나님이 쓰시기에 얼마나 더 유용한 존재들이 되겠습니까![29]

여기까지 우리는 한 미국인 목회자와 한 스코틀랜드 목회자가 수행했던 설교의 사역을 살펴보았다. 이제는 잉글랜드 성공회의 주교였던 영국인 목회자의 설교를 다루어 보려 한다.

존 찰스 라일

미시간 주의 그랜드래피즈에 처음 도착했을 때, 내가 섬기는 교회에 속한 천 명 이상의 교인 가운데 영적인 고전을 읽는 사람들은 얼마 되지 않았다. 어느 날 저녁, 나는 회중 앞에서 J. C. 라일John Charles Ryle, 1816-1900이 쓴

『사복음서 강해』(*Expository Thoughts on the Gospels*)를 한 권 들어 보였다.[30] 그런 다음에 온 회중이 이 책을 읽기 바란다고 언급했다. 이에 백오십 이상의 가정이 그 일에 동참할 의사를 밝혔으며, 곧 많은 교인이 라일의 책들에 관해 서로 대화를 나누게 되었다. 십육 년 뒤, 한 성도가 내게 와서 자기는 아직도 그 책들을 읽고 있다고 이야기해 주었다. 그리고 라일이 요한복음을 다룬 글의 끝부분에 이를 때마다, 다시 마태복음을 다룬 글로 돌아가서 그 앞부분부터 읽어가기 시작한다는 것이 그녀의 고백이었다. 이런 일들을 통해 볼 수 있듯이, 라일의 저작에는 누구나 읽기 쉬운 문체와 영적인 호소력이 담겨 있다.

라일은 1816년 5월 10일, 잉글랜드 북서부의 매클스필드Macclesfield에서 태어났다.[31] 부유한 은행가의 아들이었던 그는 옥스퍼드 대학교에 진학해서 우수한 학생이자 운동선수가 되었으며, 재계나 정계에서 두각을 나타내도록 준비된 인물처럼 보였다. 그러나 하나님은 라일의 인생에 대해 전혀 다른 부르심을 계획해 두고 계셨다. 1841년 그의 아버지가 운영하던 은행이 파산하면서, 그의 아버지 역시 모든 재산을 잃고 말았다. 하룻밤 사이, 그의 가족은 집과 현금, 그리고 오십만 파운드 정도의 가치를 지닌 자산을 전부 잃게 된 것이다. 이후 이십 년 동안, 라일은 자신의 아버지를 도와서 그 막대한 빚을 갚아 나갔다.

만약 하나님이 이보다 앞서 라일에게 더욱 영속적인 부를 보여주시지 않았더라면, 이때 그는 철저히 절망했을지도 모른다. 1837년 여름, 라일은 친구와 함께 사냥을 하다가 큰 소리로 욕설을 내뱉었다. 동행하던 친구는 그에게 "이 일을 깊이 생각하고 뉘우치면서 기도하라"고 책망했다. 이에 라일은 그 충고대로 행하기 시작했으며, 특히 그 해 후반, 자신이 병에 걸렸을 때 진지하게 그 일을 수행해 나갔다. 어느 주일 오후, 그는 공예배에 참석했다가 어떤 사람이 에베소서의 다음 본문을 느린 어조로 또렷이 낭독하는 것을 듣고서 사망에서 생명으로 옮겨가게 되었다. "너희는 그 은혜에 의하여 믿음으로 말미암아 구원을 받았으니 이것은 너희에게서 난 것이 아니요 하나님의 선물이라."[32] 당시 라일은 죄의 사악함과 죄인들을 위한 그리스도의 온전한 대속, 우리가 성령님의 사역을 통해 새롭게 태어나야만 한다는 점, 거룩한 삶의 필수 불가결함과 세상에 속한 상태를 벗어나야 할 필요성, 그리고 성경의 으뜸가는 권위에 관한 진리들을 깨닫게 되었다. 이후 그는 이 일에 관해 이렇게 언급했다. "1837년 겨울에 이런 진리들이 내게 햇빛처럼 환하게 다가왔던 듯하다……이 일에 관해, 나는 하나님의 자유롭고 주권적인 은혜 외의 다른 이유를 찾을 수가 없었다."[33]

이처럼 그리스도 안에서 부요해진 동시에 사람들 가운데서는 가난하게 된 상태에서, 라일은 새로운 소명을 찾았다. 그는 1842년에 잉글랜드 성공회의 목회자로 안수를 받고, 서퍽 주의 시골 전도구에서 사역하게 되었다. 1844년부터 1861년까지 그는 인구가 삼백 명 정도인 헬밍엄Helmingham의 관할 사제rector로 재직했으며, 1861년부터 1880년까지는 인구가 천삼백 명 정도인 스트래드브로크Stradbroke에서 관할 사제vicar로 사역했다. 라일의 첫 아내였던 마틸다는 결혼한 지 삼 년만인 1848년에 세상을 떠났고, 두 번째 아내였던 제시는 좋지 않은 건강에 거의 늘 시달리다가 결혼한 지 십 년 후인 1860년에 숨을 거두었다. 라일은 1861년에 세 번째 아내인 헨리에타와 결혼했는데, 그녀 역시 라일이 세상을 떠나기 십일 년 전인 1889년에 세상을 떠났다. 그리고 라일 자신도 종종 병약한 몸 때문에 고통을 받았으며, 위에서 언급했듯이 오랫동안 재정상의 어려움에 시달렸다. 하지만 그는 1880년에 예순넷의 나이로 리버풀의 첫 주교에 임명되었는데, 이 일에 관여한 인물은 바로 영국의 수상 벤저민 디즈레일리였다. 라일은 이후 이십 년간 리버풀 지역에서 주교로 봉직했다.

라일은 헌신적인 목회자이자 재능 있는 저술가였으며, 매우 유능한 행정가였다. 주교로 재직하는 동안, 그는 교회를 건축하는 일보다는 목회자들이 받는 사례비와 연금의 규모를 늘리는 데 관심을 쏟았다. 그는 청교도들이나 그와 비슷한 18세기 설교자들의 작품을 읽도록 사람들에게 권장했다. 그리고 성공회 내의 복음주의적인 분파를 이끄는 지도자가 되었다. 오늘날에도, 라일은 이백 권이 넘는 소논문tract과 스무 권의 책을 집필한 저자로 잘 알려져 있다. (당시 많은 소논문들은 열다섯에서 서른 쪽 정도로 이루어진 소책자였다.) 오늘날 그의 『사복음서 강해』 외에 가장 유명한 저서는 바로 『거룩』(*Holiness*)일 것이다. 이 책은 라일이 죄와 성화에 관한 성경의 교리들을 옹호하기 위해 쓴 글들로 이루어져 있다.[34]

처음, 라일이 설교자의 직무를 감당하기 시작했을 때, 그의 설교 방식은 라일 자신도 인정했듯이 지나치게 화려하고 유창했다. 하지만 농부들을 상대로 사역하면서, 그는 좀 더 단순하고 직접적으로 메시지를 전하는 법을 배우게 되었다. 라일은 자신이 전개하는 생각의 흐름을 짧은 문장들로 나누고, 설교의 내용을 작은 단락들로 구분 지었다. 그는 매 설교마다 적용을 제시했다. 그는 또한 영적인 절박함을 품고 말씀을 전했으며, 핵심 단어들을 되풀이해서 전달했다. 그는 청중들에게 친밀히 다가가기 위해, 난파선과 전쟁, 그리고 자비로운 여왕에 관한 이야기들을 들려주며 추상적인 개념들을 설명했다.[35]

라일은 이후 『단순하게 설교하라』(*Simplicity in Preaching*)라는 제목으로 출간된 목회자 대상의 강연에서, 설교자들에게 좋은 영어의 귀감이 되는 글들을 읽도록 격려했다. 이때 최상의 본이 되는 것은 바로 성경이었지만, 라일은 거룩한 영역과 세속적인 영역 모두에서 모범이 되는 다른 글들을 찾아 읽으라고 권면했다. 그중에는 존 버니언에서 윌리엄 셰익스

피어, 그리고 존 플라벨에서 패트릭 헨리에 이르는 저자들의 작품이 포함되었다. 또한 라일은 "시간이 지남에 따라 언어도 바뀐다"는 점을 지적했다.[36] 그러므로 목회자들은 자신의 회중과 대화를 나누면서 그들이 이야기하는 방식을 배워가야 했다. 라일은 이렇게 조언했다. "가난한 교인들과 대화하는 일을 소홀히 하지 마십시오. 여러분의 회중을 집집마다 심방하기 바랍니다. 교인들과 난롯가에 마주 앉아서, 온갖 주제를 놓고 생각을 나누어 보십시오. 여러분이 전하는 설교를 교인들이 이해하기를 원한다면, 먼저 그들이 어떤 식으로 생각하며 자신의 마음을 어떻게 표현하는지를 알아가야 합니다."[37]

참된 기독교 신앙을 설교하기

여기서는 라일의 설교 방식을 파악하기 위해, 그가 남긴 『참된 그리스도인』(*The True Christian*)이라는 제목의 설교집을 간략히 살펴보기로 하자. 이 책은 원래 『그리스도인의 경주』(*The Christian Race*)라는 제목으로 출간되었다. 이 설교집에는 '참된 그리스도인의 성격'이라는 설교가 수록되어 있는데, 이는 요한복음 10:27의 "내 양은 내 음성을 들으며 나는 그들을 알며 그들은 나를 따르느니라"에 관한 설교다. 라일은 자신의 설교에서 이 본문을 단순하고 명료한 방식으로 한 구절씩 풀어서 설명한다.

라일의 첫 번째 요점은 주 예수 그리스도께서 참된 그리스도인들을 양에 견주신다는 데 있다. 라일은 상당한 시간을 들여 이 비유를 발전시켜 나간다. 그는 이렇게 언급한다. "양은 하나님이 지으신 모든 피조물 가운데 가장 무해하고 조용하며 온순한 동물입니다." 그러므로 그리스도인들 역시 겸손하고 온화하며 부드러운 태도를 취해야 한다. 라일의 경고에 따르면, 어떤 자들이 마치 늑대처럼 "서로를 물고 뜯는" 것을 볼 때, 우리는 그들이 그리스도의 양 떼에 속한 자들답게 행하지 않는 것을 책망하고 거듭남의 필요성을 권면해야 한다. 또한 양들은 인간에게 "가장 유익을 끼치는" 동물이기도 하다. 그리스도인들 역시 선한 일을 행하고, 가능한 경우에는 "주님의 편에 서서 차분한 말로" 권면하는 모습을 보여야 한다. 그리고 라일은 이렇게 덧붙인다. "양들은 함께 무리 지어 다니기를 선호하며, 홀로 있는 것을 그리 좋아하지 않습니다." 그러므로 그리스도인들 역시 한마음을 품은 신자들과 교제하는 데에서 기쁨을 얻고, 서로의 느낌과 체험을 나누어야 한다. 이에 더하여, 양들은 "모든 동물 가운데 가장 무력하며", "길을 잃기가 매우 쉬운" 특성을 지닌다. 이처럼 그리스도인들 역시 온전한 상태를 지향하지만, 그 수준에 훨씬 못 미치는 상태에 머물곤 한다. 또한 양들은 "쉽게 겁을 먹는" 동물이다. 이처럼 참된 신자들도 "경건한 두려움"을 품게 되며 이로써 "그들 자신의 무력함을 입증하지만", 이와 반대로 어떤 사람이 "주제넘은 자신감"을 드러낼 경우에는 과연 그가 그리스도께 속한 양 떼인지에 대해 의문을 제기하게 된다는 것이다. 끝으로, 양들은 돼지처럼 진흙탕에서 뒹굴지 않는다. 이와 마찬가지로 그리스도인들 역시 죄의 더러움을 피하려고 애씀으로써, 스스로를 세상과 구별 짓는 모습을 보여야 한다.[38] 여기서 우리는 라일의 매우 구체적인 설교 방식을 보게 된다. 그는 이 설교에서 소박한 은유들을 통해, 참된 그리스도인을 위선자나 속물적인 사람들로부터 구분 짓고 있다.

라일의 두 번째 요점은 우리 주님이 그들을 "내 양"으로 부르신다는 데 있다. 곧 주님께 속한 백성은 "그분의 소유"라는 것이다. 이 점은 신자들에게 큰 위로를 준다. 사람들이 자신의 현세적인 소유물을 주의 깊게 지키며 그 재산의 손실을 쉽게 용납하지 않듯이, 우리의 구주이신 주님도 그분께 속한 영혼들을 세심하게 돌보시기 때문이다. 그러면 이 양들은 어떤 근거에서 그분께 속한 것일까? 라일에 따르면, 이들은 "선택"에 근거해서 그리스도께 속한 자들이다. 곧 성부께서 이 세상의 기초가 놓이기 전에 이미 우리를 택정하시고 그리스도의 소유로 내어 주신 것이다. 비록 사람들이 이 교리를 오용할 수는 있지만, 이것은 여전히 우리의 영혼을 위로해 주는 영광스러운 교리다. 곧 자신의 마음속에서 그리스도의 영이 역사하시는 것을 실제로 체험하는 자들에게, 이는 "……달콤하고 즐거우며 말할 수 없는 위안이 가득한" 교리인 것이다. 우리는 또한 "값 주고 사심"에 근거해서 그리스도께 속한 자들이다. 그리스도는 자신의 피로 귀중한 대가를 치름으로써 우리를 사망과 지옥의 권세에서 속량하셨다. 또한 우리는 "입양"에 근거해서 그리스도의 소유가 되었다. 그분은 자신의 영을 우리 안에 보내 주셨으며, 이로써 우리를 그분께 속한 가족의 일원으로 삼으신 것이다. 여기서 라일은 다시 청중에게 위로를 주기 위해 이 요점을 적용한다. "오, 이 말을 믿으십시오. 여러분은 때로 쓰러지고 낙심할 지도 모릅니다. 하지만……만일 여러분이 진정으로 그리스도의 양 떼 가운데 속했다면, 여러분은 충분히 기뻐할 이유가 있습니다."[39]

당시 라일에게 주어진 설교의 시간은 계속 흘러가고 있었지만, 그는 자신이 택한 본문의 많은 부분을 아직 다루지 못한 상태였다. 그래서 라일은 세 번째 요점으로 "서둘러 넘어가야" 하겠다고 언급한다. 그리스도는 이 본문에서 "내 양은 내 음성을 들으며"라고 말씀하신다. 라일에 따르면, 이 일은 그저 "귀로 소리를 듣는 것"을 가리키지 않는다. 이 일은 그분의 음성을 마음으로 듣고 주의 깊게 경청하며, 그 내용을 믿음으로 받아들이고, 그 믿음에 근거해서 담대하게 행하는 것을 의미한다. 물론 그리스도께서는 우리가 체험하는 양심의 경고나 그분의 섭리 안에서 주어지는 고난을 통해서도 우리에게 말씀하실 수 있다. 하지만 우리가 그분의 음성을 "뚜렷하고 명료하게" 듣게 되는 것은 바로 "성경 읽기 또는 복음의 설교"를 통해서다. 진정으로 그리스도께 속한 양들 역시 한때는 "어리석게 불순종하는" 삶을 살았지만, 마침내 그분의 음성을 듣고 귀를 기울이며 그 약속들을 믿음으로 받아들이게 된 자들이다. 이제 그리스도의 말씀은 "그들이 따르는 삶의 규범"이 되며, "그들의 영혼을 위한 양식과 음료"가 된다. 그러므로 그들에게는, "어떤 음악도" 기록된 말씀 또는 설교된 말씀을 통해 듣게 되는 예수님의 음성만큼 "감미롭게 다가오는 것이 없다."[40]

라일의 네 번째 요점은, 그리스도께서 그분의 양을 두고 "그들은 나를 따르느니라"라고 말씀하신다는 데 있었다. 라일에 따르면, "그리스도를 따르는 것은 그리스도인 됨을 나타내는 중요한 표지"다. 그런데 이처럼 그리스도를 따른다는 것은 무엇을 의미할까? 라일은 이렇게 언급한다. "그리스도를 따른다는 것은 우리의 구속자이자 구주, 우리를 위한 선지자와 제사장, 왕이시며, 우리의 지도자이고 대장이며 목자이신 그분을 절대적으로 신뢰하는 일을 뜻합니다. 그러고는 그분이 이끄시는 대로 걸어가는 것입니다. 우리는 자기에게 주어진 십자가를 지고, 자신의 이름을 그분의 백성 중에 두어야 합니다. 그러고는 우리의 안내자이신 어린양을 바라보면서, 그분이 어디로 나아가시든지 그 뒤를 좇아가야 하는 것입니다." 때로는 가장 신실한 그리스도인들까지도 그리스도를 따르는 일에 해이해지고, 이 세상의 사소한 일들에 마음을 빼앗겨서 곁길로 벗어나게 될 수 있다. 하지만 세상 사람들에 견주어 볼 때, 그들은 여전히 그리스도를 좇는 자들이다. 라일에 따르면, "그들은 끝까지 그분을 따르기로 결심하고, '살든지 죽든지, 이 시간과 영원의 세계에서도 내게는 오직 그리스도뿐입니다'라고 고백하는 이들"이다.[41]

라일은 청중에게 "스스로를 살피는 일"의 필요성을 강조하면서 설교를 끝맺는다. 이때 그는 청중을 향해, 스스로에게 질문해 볼 것을 강권한다. "과연 나는 그리스도의 양 떼에 속한 양인가, 그렇지 않은가? 나는 지금 그분의 음성을 듣고 있는가, 그렇지 않은가? 나는 정말 그분을 따르고 있는가, 그렇지 않은가?" 라일은 그들이 세상의 다른 사람들보다 더 심각한 상태에 있지는 않다든지, 하나님은 이처럼 사적인 질문들에 대해 확답을 요구할 정도로 엄격한 분이 아니시며 그렇지 않다면 구원받는 사람들은 거의 없을 것이라든지 등의 변명거리를 청중이 늘어놓지 못하도록 차단했다. 그런 다음에 라일은 다음과 같이 언급하면서, 청중을 향해 회개할 것을 공개적으로 호소했다. "그러니 기억하십시오. 지금 내가 여러분에게 전하는 말씀은, 만일 여러분이 하나님께로 돌아서기만 한다면 그분은 기꺼이 여러분을 받아 주시리라는 것입니다. 곧 여러분이 세상의 눈을 신경 쓰지 않고 스스로 판단하기로 결심하며 또 주 예수 그리스도의 음성을 듣고 그분을 따른다면, 그리고 여러분이 죄 사함과 성령을 선물로 받기 위해 간절한 마음으로 그분 앞에 나아오기만 한다면, 주님은 여러분이 품은 마음의 소원을 들어 주실 것입니다. 그리하여 여러분은 멸망하지 않고 영생을 얻게 될 것입니다."[42]

우리는 이처럼 라일이 단순하고 직접적이며 이해하기 쉬운 방식으로 설교하면서, 모든 자에게 그리스도를 제시하는 동시에 구원받은 백성과 죄에 빠진 세상 사이의 차이점을 드러낸 것을 보게 된다. 물론 그의 설교도 완전하지는 않았다. 이 설교에서도 라일은 그리스도인들을 양에 비유하는 데 너무 많은 시간을 쏟았으며(설교의 절반가량), 정작 요한복음 10:27의 더욱 분명한 가르침을 다룰 때에는 다소 서둘러 살피고 지나간다. 그리고 그가 제시한 세 번째 요점과 네 번째 요점 사이에는 얼마간 겹치는 부분도 존재한다. 그럼에도 불구하고 라일의 설교는 성경적이고 담대한 성격을 지녔으며, 그는 그리스도의 양 떼답게 살아가지 않는 자들에게 '여러분은 구원받은 백성이 아니다'라고 선언하기를 주저하지 않았다. 그의 메시지에는 따스한 온정과 더불어, 구원받은 사람들과 그렇지 못한 사람들 모두를 향한 긍휼이 담겨 있었다. 라일은 하나님과 그분의 말씀을 존귀하게 높였으며, 하나님은 그의 설교를 존귀한 것으로 삼아 주셨다.

1858년 3월, 헬밍엄의 교회를 방문했던 한 기자가 그곳에 있는 백육십여 명의 회중과 마흔한 살 된 그들의 목회자를 살펴본 뒤, 이렇게 기록했다. "그때의 설교는 우리가 이제껏 접해 본 것 가운데 가장 긴 설교 중 하나였다. 하지만 그 설교자는 간절한 자세로 말씀을 전했으며, 그가 제시하는 생각의 흐름은 아주 자연스럽게 이어졌다. 또 그는 단순하면서도 힘 있는 표현법과 더불어, 놀랍도록 적절하고도 효과적인 예화들을 활용했다. 그리하여 그때의 시간은 매우 즐겁게 흘러갔던 것이다. 당시 그곳에 앉은 이들 가운데 적어도 맛이 상해 버릴 푸딩을 집에 두고 오지 않았던 우리는, 그가 설교를 마쳤을 때 거의 아쉬운 마음까지 들었다."[43] 물론 우리는 회중을 지치게 할 정도로 설교를 오래 끌어서는 안 될 것이다. 하지만 우리가 말씀을 전할 때 하나님이 우리에게 그와 같은 단순함과 명료함, 대담함과 상상력을 베풀어 주셔서, 설교를 마칠 때 회중이 "아쉬운 마음까지" 품게 되기를 바란다.

19장 20세기 설교자들 : 비세와 로이드 존스

20세기에는 경이로운 변화들이 이루어졌다. 그중에서도 가장 눈에 띈 것은 아마 기술 분야의 변화들이었을 것이다. 그 변화들은 T 모델 자동차(20세기 초 미국 포드사에서 대량 생산된 자동차—옮긴이)에서 우주 왕복선에 이르기까지, 수동 타자기에서 노트북 컴퓨터에 이르기까지 광범위한 영역에서 일어났다. 이 시기에, 세상은 다소 고립된 공동체들의 집합체에서 전 세계를 아우르는 하나의 경제권으로 변화되었다. 온갖 정보와 이미지들이 인터넷을 통해 경이로운 속도로 전달되었고 우리는 이전 어느 시기에 그랬던 것보다 더 많은 질병을 치료할 수 있지만, 동시에 단 한 번의 핵폭발로도 도시 전체를 날려 버릴 수 있었다.

20세기에는, 눈에 보이는 교회의 삶에서도 좋은 면과 나쁜 면 모두에서 주목할 만한 발전이 이루어졌다. 이때 개신교의 주류 교단들이 이교주의와 별 차이가 없는 것으로 쇠락하는 재앙과 같은 일이 벌어졌다. 오순절 운동이 발흥했으며, 근본주의와 복음주의가 다시 소생했다. 그리고 아프리카와 아시아의 교회들이 성숙하게 되었으며, 복음주의권에서 교리가 모호해지고 도덕이 약화되는 일들이 일어났다. 우리에게 새 힘을 주는 개혁파와 청교도 신학의 재발견이 이루어졌다.

이런 모든 변화의 한가운데에서, 그리스도인들은 하나님과 인간의 본성이 여전히 동일한 것으로 남아 있음을 헤아리게 되었다. 우리는 본질적으로 똑같은 문제들에 직면하고 있다. 그리스도께서 우리를 위해 행하신 사역과 우리 안에서 행하시는 사역들에 관한 설교는, 우리의 가장 깊은 필요가 무엇인지에 관해 유일하게 참된 답을 준다. 감사하게도 성령님은 20세기에 몇몇 신실한 목회자들을 일으키셔서, 그들의 선조들이 높이 들었던 체험적인 개혁파 설교의 횃불을 이어가게 하셨다.

이 장에서는 그런 설교자 두 명의 사역을 살펴보려 한다. 그중 하나는 영어권에서는 잘 알려지지 않았지만 네덜란드의 보수적인 개혁파 공동체들에서 깊이 존경을 받는 인물이며, 다른 한 사람은 아마도 20세기에 가장 널리 알려진 복음주의 설교자였던 인물이다.

헤라르트 비세

최근에 나는 가족과 휴가를 즐기던 중, 정원에 놓인 접이식 의자에 앉아 네덜란드어에서 영어로 새롭게 번역된 한 권의 책을 읽었다. 그 책을 읽으면서 나는 스스로의 죄를 깨닫게 되었고, 동시에 위로를 얻었다. 그리고 주위의 모든 일들을 잊게 되었으며, 기쁨의 눈물을 흘리기 시작했다. 내가 읽었던 책은 무엇이었을까? 그때 내가 손에 들고 있었던 책은 바로 헤라르트 비세의 『그리스도께서 그리스도인들 안에서 행하시는 사역』(*Christ's Ministry in the Christian*)이었다.

비세는 1873년에 태어났으며, 네덜란드에서 옛 개혁파의 은혜의 교리들에 헌신된 부모에게 양육 받았다.[1] 그는 어린 시절에도 구원을 향한 갈망을 체험했으며, 기도와 성경 읽기의 즐거움을 맛보았다. 그는 존 버니언과 빌헬무스 아 브라켈의 책들을 읽었다. 1892년, 비세는 캄펀에서 헤르만 바빙크 같은 정통 개혁파에 속한 교수들 아래서 신학을 배우기 시작했다. 이후 1898년, 비세는 '네덜란드 개혁교회'Gereformeerde Kerken in Nederland,GKN에서 목회자로 안수를 받았다. 이 교단은 1834년과 1886년에 있었던 두 차례의 분리를 통해 기존의 네덜란드 개혁교회에서 갈라져 나온 기독교인들이 세운 것이었다. 이 중 1886년의 분열은 아브라함 카이퍼Abraham Kuyper,1837-1920의 지도 아래 이루어졌다.

1920년에 비세는 GKN을 떠났다. 이는 가정적 중생presumptive regeneration 교리[2]에 대한 우려와, 교단 내에 점점 자라나고 있던 차가운 지성주의적 경향에 대한 반감 때문이었다. 그는 역시 1834년의 분리에 뿌리를 둔 교단인 네덜란드 기독개혁교회Christelijke Gereformeerde Kerk in Nederland,CGK에 가입했다.[3] 1926년에 그는 영어로는 『경건한 슬픔』(*Godly Sorrow*)이라는 제목으로 번역된, 풍성한 체험적 내용이 담긴 책을 한 권 출간했다.[4] 1928년부터 1936년까지는 아펠도른에 있는 CGK 교단의 신학교에서 변증학과 철학, 설교학을 가르치는 교수로 사역했다. 그런 다음에는 목회 사역으로 복귀했지만, 그 이후에도 강연과 저술 활동을 이어 갔다. 그는 평생에 걸쳐 약 백사십 권의 책을 집필했으며, 파시즘과 소비에트 연방의 공산주의가 미치는 위협에 관해 경고했다. 1946년 목회에서 은퇴한 뒤에도, 그는 1957년 11월 19일 세상을 떠나기 전까지 열정적으로 저술과 강연 사역을 감당했다. 세상을 떠나기 12일 전, 비세는 소비에트 연방에서 스푸트니크 1호를 지구 궤도로 쏘아 올린 일이 갖는 의미에 관해 강연하기도 했다.

자신의 책 『경건한 슬픔』에서, 비세는 체험적인 신앙의 중요성을 이렇게 설명한다.

> 우리 모두에게 가장 중요한 일은 하나님의 사랑 안에서 영적인 중생을 체험하는 데 있다. 하나님의 자녀들은 모두 자신의 비참함과 구원, 감시에 대한 체험적인 지식에 참여하는 자들이다. 물론 지식의 정도와 분량은 다양할 수 있다. 하지만 그들은 모두 성령께서 베푸시는 은혜를 통해, 그들 자신의 것은 아무것도 없으며 모든 것이 하나님께 속해 있음을 배우고 깨닫게 된다. 그리하여 그들은 시온의 하나님 앞에 나아오게 되는 것이다(시 84:7).[5]

비세는 이렇게 언급한다. "지식과 체험은 서로 구분되지만, 따로 분리되지는 않는다." 하나님과 우리의 죄, 구원에 관한 지식은 우리가 순전한 영적 체험에 이르는 데 꼭 필요한 "방편"들이다. 하지만 "성령님의 내적인 사역이 없다면, 우리는 모든 지식을 갖추었음에도 불구하고 버림받은 자들이 된다." 다른 한편으로, 우리는 하나님의 말씀에 비추어 자신의 모든 체험을 시험해 보아야 한다.[6]

그리스도의 직무들을 체험적으로 알기

비세가 묘사하는 체험적인 경건의 중심은 예수 그리스도께 있다. 이 점은 그의 저서 『그리스도께서 그리스도인들 가운데 행하시는 사역』에서 살펴볼 수 있으며, 이 책에는 '그분이 우리 신자들 안에서 행하시는 직무들'이라는 부제가 달려 있다.[7] 이 책에서는 그리스도께서 어떻게 자신의 세 가지 직무를 통해 우리로 하여금 하이델베르크 교리문답에서 가르치는 삼중의 지식에 이르게 하는지를 탐구하고 있다.[8] 이 책에서 비세는 체험적인 설교의 본을 보이는 동시에, 체험적인 기독교의 규범적인 틀을 제시한다.

이 책의 내용을 이해하기 위해서는, 가로 세로가 각기 세 줄씩으로 이루어진 도표를 상상해 보라. 세로줄 맨 위쪽에는 그리스도의 세 가지 직무, 곧 선지자와 제사장, 왕을 기록해 보라. 가로줄의 맨 위쪽에는 하이델베르크 교리문답에서 가르치는 삼중의 지식, 곧 우리의 비참함과 구원, 감사를 표시해 보기 바란다. 이 도표의 각 부분은 그리스도의 중보가 우리의 체험과 서로 연관되는 하나의 측면을 나타낸다.

	비참함	구원	감사
선지자	1. 우리의 선지자이신 그리스도께서 우리 자신의 비참함을 체험하게 하심.	2. 우리의 선지자이신 그리스도께서 우리로 하여금 구원을 체험하게 하심.	3. 우리의 선지자이신 그리스도께서 우리로 하여금 감사를 체험하게 하심.
제사장	4. 우리의 제사장이신 그리스도께서 우리 자신의 비참함을 체험하게 하심.	5. 우리의 제사장이신 그리스도께서 우리로 하여금 구원을 체험하게 하심.	6. 우리의 제사장이신 그리스도께서 우리로 하여금 감사를 체험하게 하심.
왕	7. 우리의 왕이신 그리스도께서 우리 자신의 비참함을 체험하게 하심.	8. 우리의 왕이신 그리스도께서 우리로 하여금 구원을 체험하게 하심.	9. 우리의 왕이신 그리스도께서 우리로 하여금 감사를 체험하게 하심.

이 도표의 내용은 실질적으로 이 책의 목차와 동일하다. 다만 비세는 각 장의 제목에서 구원을 '구속'으로, 감사를 '성화'로 언급하고 있다. 그런데 비세의 경우, 이 '구속'이라는 용어를 가지고서 그리스도께서 우리를 위해 행하신 객관적인 사역을 나타내고 있지 않다는 점을 파악하는 것이 중요하다. 오히려 여기서 '구속'은 그 사역이 우리에게 주관적으로 적용되는 일을 나타낸다. 그리스도께서는 "성부 하나님 앞에서 우리를 위해

객관적으로" 자신의 중보 사역을 행하실 뿐 아니라, "우리 안에서 주관적으로도" 그 사역을 감당해 가신다.[9] 『그리스도께서 그리스도인들 안에서 행하시는 사역』의 주제는 바로 이 후자의 사역에 있다.

이 짧은 논의에서는 비세의 가르침을 체계적으로 탐구하기 어렵다. 여기서는 다만 그의 체험적인 관점을 소개해 보려 한다. 여러분 역시 비세가 행했던 것처럼 그리스도 중심적이며 체험적인 방식으로 설교를 하도록 격려하려는 데 있다.

비세는 자신의 방법론에서 그리스도인의 삶 전체를 다룬다. 여기서 언급되는 삼중의 지식은 기독교적인 체험의 단계들(자신의 비참한 상태를 깨달음, 구원을 통한 회심, 그 일에 감사하면서 점점 더 성별된 삶을 살아감)로 이해될 수 있다. 비세는 각 단계마다, 그리스도께서 행하시는 세 직무 중 어느 하나가 다른 것들보다 더욱 "두드러지게" 나타날 수 있음을 인정한다. 처음에, "길을 잃은 죄인은 그분의 선지자적인 사역에 더 직접적인 영향을 받게 될 것이다." 그러고 나서는 우리의 "보증이며 제사장"이신 그리스도에 대한 필요성이 점점 더 뚜렷이 느껴진다. 그리고 마침내 그분의 "왕적인 사역"은 "신자가 체험하는 삶의 면류관"이 된다. 이때 신자들은 투사이자 순례자로서 전진하게 되며, 이런 그들에게는 "모든 대적 가운데로 자신들을 이끌고 나아가서 마침내 빛나는 하나님의 도성 앞에 이르게 할" 왕이신 그분이 필요하기 때문이다.[10]

그런데 신자들이 겪는 자신의 비참함과 구원에 관한 체험은, 그들이 감사의 마음으로 하나님과 동행하는 동안에도 지속될 뿐 아니라 더욱 깊어져 간다.[11] 비세에 따르면 그리스도의 직무들 역시 "서로 밀접히 연관되어" 있으며, 위의 도표는 "시간적인 순서라기보다는 하나의 경륜적인 순서"를 나타낸다.[12] 우리에게 선지자와 제사장으로서 행하시는 그리스도의 사역들이 불필요하게 되는 때는 결코 오지 않는다. 위의 도표에 속한 아홉 가지 범주는 모두 신자들이 일반적인 경우에 끝까지 경험하게 되는 그리스도의 사역이 지닌 여러 측면을 나타내고 있다.

이를 통해, 비세는 기독교의 영성을 처음부터 끝까지 풍성하게 그리스도 중심적인 성격을 지닌 것으로 규정한다. 그는 이렇게 언급한다. "그리스도의 직무들은 우리가 누리는 주관적인 은혜의 삶에서 지극히 중요한 사안 중 하나로 여겨져야 한다.……교회를 세우시고 그 안에 거하시는 성령께서는, 그리스도의 이 세 가지 직무를 통해 모든 구원 사역을 이루어 가신다."[13]

비세는 이처럼 우리의 체험을 그리스도의 중보에 결합시킴으로써, 교회를 율법주의적인 자기반성과 음울한 비관에서 건져 내려 한다. 율법은 하나님의 존귀하심과 우리 죄의 혐오스러움을 보여줌으로써 우리를 비참하게 만들지만, 중요한 점은 이처럼 율법을 들어 쓰셔서 우리로 하여금 자신의 죄를 깨닫게 하시는 분이 바로 **그리스도**시라는 데 있다. 그러므로 우리는 하나님의 목적이 우리를 파멸시키며 절망에 빠뜨리는 데 있지 않고, 외과 의사와 같이 상처를 입힘으로써 우리를 치유하고 구원하시려는 데 있음을 알게 된다.[14] 이같이 우리 영혼의 상태를 드러냄으로써 우리를 정죄하고 소멸시키는 것이 아니라, 오히려 이를 통해 우리가 겸손히 낮아짐으로써 유익을 얻게 하는 것은 바로 그리스도의 제사장 사역이 지닌 기능이다.[15] 죄인이 스스로를 정당화하면서 거룩한 입법자이신 하나님 앞에 적대감을 품고 대항할 때, 왕이신 그리스도께서는 감미롭고 저항할 수 없는 은혜의 능력으로 "그의 내적인 저항을 무너뜨림으로써 이 드러냄의 사역에 더 이상 맞서지 못하게" 하신다.[16] 이에 관해, 비세는 이렇게 언급한다. "이때 그리스도는 참으로 깊은 사랑의 능력으로 역사하시기 때문에, 죄인의 영혼은 가장 영광스러운 방식으로 그분께 굴복하게 된다. 그리고 이때 사탄은 그 죄인의 영혼을 빼앗기게 되며, 그 죄인이 처음에는 강하게 저항했던 모든 일에 기꺼이 굴복할 뿐 아니라 오히려 그 일들을 간절히 사모하게 된다는 사실 때문에 큰 손실을 입게 된다."[17] 이처럼 우리가 겪는 비참함이 그리스도의 중보에 결합될 때, 우리의 쓰라린 슬픔 위에는 그 모든 슬픔에서 우리를 건져 내시려는 그분의 감미로운 의지가 덧입혀지게 된다.

나아가 우리의 체험을 그리스도의 직무들에 연관시킬 때, 우리는 구원의 체험 자체가 우리 삶의 토대가 될 수 없음을 깨닫게 된다. 이는 우리의 삶이 오직 그리스도 위에만 온전히 세워질 수 있기 때문이다. 우리의 선지자이신 주님은 자신만이 우리의 참된 토대가 되심을 계시해 주신다. 이에 관해, 비세는 이렇게 언급한다. "우리의 회심 또는 우리가 거듭났다는 사실 자체에 의존해서 살아갈 수는 없음을 우리는 거듭 배워 나갈 필요가 있다. 우리가 구속을 통해 누리게 된 영적인 생명의 원천은, 궁극적으로 자신의 어떤 체험에 있지 않다. 이는 우리의 체험이 아무리 참되고 순전하며, 또 하나님의 역사에 의해 이루어진 것일지라도 마찬가지다.……그 원천은 오직 그리스도 안에 계신 하나님께 있다."[18] 다만 이와 동시에, 우리가 겪는 체험들이 실제적인 것 역시 사실이다. 그리스도는 "그분의 천상적인 우유와 포도주를 우리 영혼의 입술에" 떨어뜨려 주시며, 이같이 그분이 베푸시는 진미를 맛봄으로써 우리는 "온전히 사랑스러운 우리의 연인이신 그분을 더욱 사모하게 된다."[19]

"성령님의 일반적인 사역들"과 그분이 이루시는 구원의 사역 사이의 차이점은, 후자의 경우에는 우리 안에 그리스도를 향한 갈망을 일으키신다는 데 있다. "진실로 자신의 죄를 깨닫게 된 자들은 자기 마음이 주 예수께로 이끌리는 것을 발견하게 된다." 오직 "제사장이신 그리스도"만이 우리에게 "정당한 방식에 따른" 구원을 가져다주실 수 있다.[20] 우리의 구원은 우리 안에 있는 "근본 원리"들을 통해 임하는 것이 아니라, 오직 "우리의 중보자이신 분, 곧 하나님이 계신 의의 보좌 곁에서 우리를 위해 제사장의 직분을 감당하시는 그리스도"의 사역에 의해 이루어진다. 그리스도께서는 그분의 성령을 통해, 자신의 백성이 "하나님의 의에 온전히 부합하는 방식으로" 구원을 얻으려는 갈망과 기쁨을 누리게 되도록 역사하신다.[21] "우리가 이처럼 그리스도께로 피신하게 되는" 일은, 궁극적으로 "우리 자신의 비참함을 깨닫는 데서 오는 것이 아니다." 오히려 그 일은, 우리가 "자신의 경탄할 만한 아름다움 가운데 계시는 그리스도를" 바라보면서 마음에 깊은 끌림과 감동을 받을 때 이루어지게 된다.[22]

우리는 신앙을 통해 하나님께 가까이 나아가며, 사랑 안에서 그분과의 연합을 추구하게 된다. 그리고 "은혜의 영이신 성령께서 우리의 심령 속에 그리스도를 모셔서 우리의 영혼을 그분께 연합시킴"으로 "구원이 온전히 적용될" 때, 이 거룩한 갈망들이 그 절정에 이르게 된다.[23] 여기서 비세는 그리스도와의 연합을 우리가 중생할 때 성령님이 베푸시는 은사로 지칭하지 않는 듯 보인다. 중생의 사실은 이미 그것이 만들어 내는 거룩한 갈망을 통해 드러난 바 되었기 때문이다. 비세는 이처럼 제사장이신 그리스도 안에서 우리가 "하나님과 누리게 되는 복된 교제"가 어떻게 시작되는지에 관해 체험적으로 서술한다. 이런 교제는 곧 "하나님을 통해 하나님을 알고 소유하며, 그분을 누릴 뿐 아니라 또 영화롭게 하는 일"이다.[24]

하지만 제사장으로서 하나님과 죄인을 화목하게 하시는 그리스도의 이끄심은 죄인들의 강한 반발에 부딪히게 된다. 비세에 따르면, 죄인들은 자신들의 죄를 드러내 보이는 일뿐 아니라 그 죄에서 그들을 건져 내 주는 일에 대해서도 거세게 저항한다. 그러므로 사람들은 은혜로 구원을 받기보다, 어리석은 종교적 고행으로 스스로를 괴롭히는 편을 선택하는 것이다. 바로 이 지점에서, 그리스도는 저항하는 우리를 굴복시키기 위해

"부활하신 왕"으로 임하신다. 곧 "자신이 속량하신 자들의 구원을 요구하고 이루어내기에 충분하고 온전한 권세를 부여받은" 주님으로서 나타나시는 것이다.[25] 그리스도는 특히 "우리의 불신앙을 내어 쫓고 신앙이 승리를 거두도록 이끎으로써" 그분이 우리의 왕이심을 드러내 보이신다.[26]

구원은 감사를 낳는다. 우리의 선지자이신 그리스도는 감사의 규례 가운데서도 자신의 백성에게 죄와 고난, 복음과 율법에 관해 더 많은 것을 가르침으로써 자신의 사역을 지속해 가신다.[27] 이때 그리스도께서는 자신의 백성이 삼위일체 하나님께 삶의 초점을 두도록 이끄신다. 그분은 자신의 백성을 깨우치셔서 그들로 하여금 자기 안에 있는 부패한 본성의 혐오스러움을 알게 하시며, 이를 통해 그들은 하나님께 점점 더 기도로 의존하게 된다. 또한 그리스도는 자기 백성의 마음을 비추심으로써, 그들로 하여금 자신들이 겪는 고난 속에 숨겨진 하나님의 선하심을 바라보게 하신다. 그 결과, 신자들은 하나님이 자신을 정죄하신다는 그릇된 생각을 버리게 된다. 이제 그들은 하나님을 향해 더 이상 불평을 품지 않고, 온전히 그분의 소유가 되기 위해 그가 주시는 훈련을 기꺼이 받아들이게 되는 것이다. 하늘의 교사이신 그리스도는 신자들을 구원의 복음에 담긴 더 깊은 신비 가운데로 이끌어 가신다. 이를 통해, 그들은 자신이 누리는 풍성한 은혜가 어떻게 실천적인 경건으로 이어질 수 있는지를 깨닫게 된다. 또 그리스도는 우리의 눈을 열어 하나님의 법이 얼마나 사랑스러운지를 알게 하시며, 그분의 계명을 지키는 일의 의미를 헤아리게 하신다. 그럼으로써 우리를 반율법주의에 빠지지 않도록 지키신다. 선지자이신 그분은 우리를 그리스도 단일론Christomonism(하나님은 그리스도일 뿐이라는 견해)으로 이끌어 가지 않으시고, 우리를 성부와 성자, 성령으로 계시는 삼위일체 하나님께 삶의 지향점을 두도록 도우신다.[28] 그리고 그리스도의 제사장 직분을 통해, 우리는 거룩한 성전인 동시에 하나님께 드려지는 산

제물이 된다.[29]

또한 왕으로서, 그리스도는 자신의 권세를 행사하셔서 우리를 "하나님을 향해 살아가는" 삶의 본질인 순종으로 이끌어 가신다. 비세는 체험을 실천에 연관 지으면서, "신앙의 본질"은 "신비주의"에 있지 않고 오히려 "하나님,……곧 삼위일체 하나님을 섬기는" 데 있다고 주장한다. 순종은 낙원에서 아담이 행해야 했던 일이며, 그리스도께서 십자가에서 이루신 일이기도 하다. 그런데 비세는 이 순종의 의무에서 즐거움을 분리시키지 않는다. "하나님께 순종하는 일은 그분께 매혹된 자들이 품은 영혼의 갈망이다." 그는 이렇게 언급한다. "순종은 **의무**일 뿐 아니라 **특권**이기도 하다. 그 안에는 우리가 얻은 새 생명의 신비가 모두 포함되어 있다."[30] 그러므로 우리의 왕이신 그리스도께서는 "우리의 모든 생각을 사로잡으시고……우리가 품은 죄악된 정욕의 뼈대를 꺾으시며, 우리가 지닌 열망들을 다스리고 제어하실 것이다." 그리스도는 우리 안에 "왕이신 그분을 향한 충성심"을 불러일으키시며, 우리에게 "영적인 갑옷"을 입힌 뒤 싸움터로 이끄신다. 그리스도는 우리로 하여금 오직 신랑이신 그분만을 사모하도록 설득하신다. 또 핍박 가운데서도 우리의 믿음을 지키게 하시며, 우리의 섬김에 보답해 주신다.[31]

궁극적으로, 그리스도는 자신의 백성을 이끌어 그분의 직무를 함께 수행하는 선지자와 제사장, 왕들로 삼으실 것이다. 이를 통해 그들은 "온전히, 배타적으로, 그리고 전적으로 하나님께 속한 자들, 하나님을 위해 있는 자들, 하나님을 향해 있는 자들"이 된다. 비세에 따르면, 신자들이 이렇게 직무를 감당할 때, 그것은 곧 "우리가 받은 언약의 크고 본질적이며, 가장 위대하고 중심적인 측면"이 된다. 이는 "신자들을 통해, 하나님이 친히 그 직무들을 이루어 나가시기 때문이다."[32] 이같이 신자들이 그리스도의 직무에 참여하는 것에 관해, 비세는 인류를 곧 하나님의 형상을 공동으로 소유한 자들로 여길 때와 비슷한 방식으로 그 일을 서술한다.

여기까지 우리는 기독교적인 체험의 신학에 관한 비세의 아홉 가지 항목으로 이루어진 도표를 간단히 살펴보았다. 독자들은 체험적인 개혁파 기독교에 대한 그의 접근 방식이 지닌 풍성함을 헤아릴 수 있었을 것이다. 세 가지로 분류되는 그리스도의 직무들은, 우리로 하여금 그리스도의 전반적인 사역이 어떻게 우리의 모든 필요를 채우는지를 파악할 수 있게 한다. 우리의 비참함과 구원, 감사에 관한 삼중의 지식은 우리가 실제로 겪는 체험들을 매우 생생하게 드러내 준다. 이 세 가지 직무들과 삼중의 지식이 하나의 도표로 서로 연결될 때, 아홉 가지 지식의 항목들은 자신의 모든 체험을 통해 그리스도를 영화롭게 할 수 있도록 인도해 준다. 물론 윌리엄 퍼킨스가 제시했던 청중 분류표의 경우와 마찬가지로, 설교가 기독교적인 체험에 대한 이 접근 방식의 통제 아래 갇혀서는 안 될 것이다. 하지만 이 접근 방식은 우리가 어떤 식으로 다양한 적용을 제시할지에 관해 풍부한 시사점을 준다.

마틴 로이드 존스

데이비드 마틴 로이드 존스는 1899년 12월 20일, 남 웨일스의 카디프에서 태어났다.[33] 그는 웨일스 칼뱅주의 감리교 연합회 내에서 자랐는데,[34] 그곳에는 대니얼 로우랜드Daniel Rowland, 1711-1790나 하월 해리스Howell Harris, 1714-1773, 윌리엄 윌리엄스William Williams, 1717-1791 같은 대각성운동의 설교자들을 계승한 장로교의 후손들이 있었다.[35] 안타깝게도, 당시 이 교단의 설교는 전반적으로 쇠락하여 감상적인 이야기들을 늘어놓는 수준이 되어버린 일종의 종교적인 오락거리를 제공하는 정도였다. 교회 안에 있는 자들은 이미 모두 그리스도인이라는 전제가 그 속에 깔려 있었기 때문이다.

로이드 존스는 런던에 있는 세인트 바톨로뮤 병원에서 의학 수업을 마친 뒤, 토머스 호더Thomas Horder의 조수로서 촉망받는 경로에 들어서게 되었다. 당시 호더는 잉글랜드의 유력 인사들을 돌보는 주치의였으며, 그 가운데는 영국 왕실도 포함되어 있었다. 그러나 1924년에서 1925년 사이에, 하나님은 이 젊은 의사 로이드 존스의 심령에 감화를 주셔서 자신의 죄를 깨닫게 하셨다. 그리고 이는 그리스도를 향한 그의 회심으로 이어졌다. 당시 로이드 존스는 귀족 집안의 엘리트들을 비롯해서 여러 환자를 진료하면서, 그들의 삶에는 현대 의학의 힘으로 고칠 수 있는 것보다 훨씬 더 깊은 문제가 있음을 알게 되었다. 그 문제는 단순히 생물학적인 차원이나 행동의 차원에 속한 것보다 훨씬 더 심각한 수준에 놓여 있었던 것이다. 로이드 존스는 자기 자신도 죄로 인해 죽은 상태에 있음을 깨달았다. 마침내 하나님이 그를 그리스도 안에서 소생하게 하셨을 때, 로이드 존스는 담대한 선지자의 마음으로 죄에 맞서 목소리를 내기 시작했다.

이때 로이드 존스는 자신이 설교자로 부름받았다는 거룩한 충동을 느꼈다. 그리하여 1926년에 그는 의료계를 떠나기로 결정했다. 이후 그는 기존 교회 내의 사역으로 이어지는 교단 신학교의 일반적인 훈련 과정을 건너뛰고, 남 웨일스의 선교 사역 후보생으로 지원했다. 당시 로이드 존스는 복음을 전하려는 강한 열망을 품고 있었기 때문이다. 이후 1927년부터 1938년까지, 그는 에버라본의 샌드필즈에 있는 선교 교회에서 칼뱅주의 감리교 목회자로 사역했다. 이곳은 스완지 부근에 있는 가난한 지역이었다. 이 기간에 이 교회의 회원 수는 아흔세 명에서 오백삼십 명으로 늘었으며, 예배 참석자의 수는 대략 팔백오십 명에 이르렀다.

이후 로이드 존스는 런던의 웨스트민스터 채플에서 사역하던 G. 캠벨 모건G. Campbell Morgan, 1863-1945의 동사 목사로 청빙을 받았다. 그리고

1943년에는 그의 뒤를 이어 이 채플의 담임 목회자가 되었다. 이곳에서 로이드 존스는 큰 규모의 회중을 상대로 설교했지만, 당시 교회는 오랫동안 지속된 제2차 세계 대전의 시련 때문에 황폐해져 있었다. 로이드 존스는 이 교회의 재건에 힘을 쏟아야 했다. 이후 그가 1968년에 은퇴했을 때, 교회의 교인 수는 천오백 명이 넘는 규모로 성장해 있었다. 전쟁 기간 동안에, 한번은 로이드 존스가 설교하는 중에 독일군이 투하한 폭탄이 부근에 떨어져 교회당의 지붕이 심각하게 손상된 적이 있었다. 당시 로이드 존스는 건물을 철거하는 것을 막기 위해 관계 당국자들과 소통해야만 했다. 많은 사람들은 로이드 존스를 단순히 '독터' the Doctor 로 불렀는데, 이는 그의 의학적인 배경과 더불어 '교사'로서 그가 지닌 권위 때문이었다. (옛 라틴어에서 '독토르' doctor 는 곧 '교사'를 뜻한다.)

로이드 존스는 7월과 8월의 긴 휴가 기간을 제외하고는 거의 매 주일 아침과 저녁 예배 때에 말씀을 전했다. 금요일 저녁에는 특정한 주제를 놓고 강의하곤 했다. 또한 주중에는 영국 전역을 여행하면서 수많은 지역에서 미리 약속된 설교를 전하곤 했다. 그는 기독학생회 Inter-Varsity Christian Fellowship, IVF 와 국제 복음주의 학생회 the International Fellowship of Evangelical Students, IFES , 복음주의 도서관과 웨스트민스터 교제회 Westminster Fellowship, 목회자들의 형제회, 청교도들의 문헌을 다시 출간하는 배너 오브 트루스 출판사와 청교도/웨스트민스터 컨퍼런스, 영국 복음주의 협의회와 웨일스 복음주의 운동에 대해서도 지도와 후원의 손길을 아끼지 않았다.

1968년, 로이드 존스는 성공적인 암 수술을 받은 뒤 웨스트민스터 채플의 사역에서 은퇴했다. 이후 그는 자신의 손주들과 더 많은 시간을 보냈으며, 여러 곳을 여행하면서 설교하는 일을 계속 감당했다. 그는 자신의 설교들을 책으로 펴내기 위해 작업했는데, 그 가운데는 에베소서와 로마서에 관한 설교들도 포함되어 있었다.[36] 1969년에 로이드 존스는 미국의 웨스트민스터 신학교를 방문해서 강연을 전했으며, 이 강연의 내용은 『설교와 설교자』(*Preaching and Preachers*)라는 제목의 책으로 출간되었다.[37] 이후 1976년까지, 그는 웨스트민스터 채플의 담임 목회자로 사역하던 때와 거의 비슷할 정도로 적극적인 설교 사역을 이어갔다. 그리고 1981년 3월 1일에 로이드 존스는 암으로 세상을 떠났다.

많은 사람들은 로이드 존스를 20세기의 가장 위대한 설교자로 여긴다. 이제는 그의 설교와 함께, 말씀 사역에 관한 그의 조언들이 지녔던 몇 가지 특징을 살펴보기로 하자.

하나님의 영광을 전하는 설교

로이드 존스의 설교가 지닌 결정적인 특징은, 그의 메시지를 접한 청중들이 그리스도 안에 계신 하나님의 광대한 위엄 앞에서 스스로를 지극히 미약한 존재로 여기게 된다는 데 있었다. J. I. 패커에 따르면, 독터는 마치 "사자와 같았다. 그는 원칙의 문제에 관해서는 철저했으며, 엄숙하고 진지한 태도를 취하곤 했다. 그의 전성기에는, 자신이 펼치는 논증의 성격에 맞게 부르짖거나 포효할 수 있었다." 하지만 사적인 대화를 나눌 경우, 로이드 존스는 "편안한 여유를 보였으며……대단히 유쾌하고 재치 있는" 사람이었다. 로이드 존스의 공적인 논증 가운데는 "상대방을 압도할 정도의 엄격함"이 담겨 있었지만, 이와 동시에 그는 사람들이 어리석은 말로 그를 자극할 때조차도 "투명한 인내심과 좋은 유머 감각을 잃지 않았다." 로이드 존스는 자신의 온 힘을 쏟아 설교했으며, 그 속에는 "과거에 '기름 부음'unction이라고 불렀던, 하나님이 주신 활력과 권세가 담겨 있었다."[38]

패커는 1948년에서 1949년으로 넘어가는 겨울에 로이드 존스의 설교를 들었던 일을 회상하면서 이렇게 언급한다. "당시 나는 그리스도의 영광과, 현대인에게도 유일한 생명줄이 되시는 그분의 복음에 관해 이전에는 겪어보지 못했던 일들을 보고 또 느꼈다. 나는 그 체험을 통해, 역사적인 개신교에서 설교를 우리가 은혜를 얻고 하나님과 교제하기 위한 최상의 방편으로 여기는 이유를 알게 되었다." 로이드 존스는 "어떤 과장된 행동도 취하지 않고", 늘 "자신의 논증을 제시하는 토론자나 진단을 내리는 의사처럼 메시지를 전했다." 이사야가 그러했듯이 그가 전한 설교는 스스로를 크게 여기고 하나님을 낮추어 보았던 청중들의 마음을 사로잡았으며, 그들은 각자의 눈을 들어 자신들의 미약함과 하나님의 위대하심을 바라보게 되었다. 그는 늘 십자가에 못 박히신 그리스도를 전하는 데 설교의 목표를 두었다. 이에 관해, 패커는 이렇게 언급한다. "나는 이제까지 그와 같이 자신의 설교에서 하나님의 살아 계심에 대한 감각을 생생히 전달하는 이를 본 적이 없다."[39]

이언 머리는 자신이 '칼뱅주의 전도 설교는 필요한가?'라는 제목의 강연을 준비할 때 로이드 존스가 전화로 들려주었던 조언들을 언급한다. 이때 독터는 머리에게 이렇게 권면했다.

> 오늘날의 전도가 피상적인 성격을 띠게 된 것은 칭의를 지나치게 강조했기 때문이 아니라네. 오히려 그 이유는, 설교자들이 율법과 죄의 깊이, 하나님의 거룩하심에 관해 제대로 전하지 않았기 때문이지. 그들은 마치 친구나 조력자가 제시하는 요청같이 복음을 설교했다네. 하지만 칼뱅주의적인 전도의 성격은, 우리 인간에게 주어질 어떤 유익들 대신에 하나님의 위엄과 영광을 먼저 선포하는 데 있네.[40]

로이드 존스는 웨스트민스터 신학교의 학생들에게 강연하면서 이렇게 언급했다. "설교란 무엇입니까? 불붙은 논리입니다!……불붙은 신학입니다.……설교는 불붙은 인간에게서 나오는 신학입니다." 그는 또 "설교의 주된 목적은 무엇입니까?" 라고 물은 뒤, 이렇게 답했다. "설교의 주된 목적은 사람들에게 하나님과 그분의 임재를 느끼게 해주는 것입니다."[41] 로이드 존스는 이렇게 설명했다.

> 설교자가 하나님을 느끼게만 해 준다면, 내 영혼을 위해 무언가를 해주기만 한다면, 자질은 좀 부족하더라도 지극히 위대하고 영광스러운 내용을 다루고 있다는 느낌을 주기만 한다면, 하나님의 영광과 위엄, 나의 구주 되신 그리스도의 사랑, 복음의 장엄함을 희미하게라도 보여주기만 한다면, 저는 설교문이 형편없는 것뿐 아니라 그 어떤 잘못이라도 기꺼이 용서할 수 있습니다.[42]

성경의 진리를 전하는 설교

로이드 존스는 현대의 과학적인 진전을 잘 헤아리고 있었다. 그는 뛰어난 의사였으며, 목회에 헌신한 뒤에도 의학계의 상황을 계속 파악해 나갔다. 데살로니가전서에 관한 설교에서, 그는 자신이 다음과 같이 주장하는 사람들의 말을 계속 듣게 된다고 언급한다. 이는 곧 "오늘날 이루어진 지식의 진보, 특히 과학의 발전 때문에, 우리는 기독교회의 위대하고 오랜 역사에서 지금까지 맞닥뜨려 본 적이 없었던 상황에 직면하고 있다"는 주장이다. 로이드 존스는 계속 설명하기를, 우리는 현대인들이 '칭의'나 '성화' 같은 신학적 어휘들을 이해하지 못하므로 그들을 상대로 의사소통하는 법을 다시 배워야만 한다는 주장을 듣게 된다고 한다. 그 결과로, 기독교회는 이미 1960년대부터 "대규모 기업 광고의 방식들을 습득할" 뿐 아니라 "모든 것을 현대화해야" 한다는 압박 아래 놓이게 되었다는 것이다.[43]

이른바 현 세대와의 연관성을 주장하는 경향과 요구들에 맞서, 로이드 존스는 이렇게 단언한다. "지금 우리 앞에 놓인 문제는 기독교가 늘 직면해 왔던 것과 동일한 성격을 지닙니다." 곧 세상은 "결코 변함이 없이", 늘 "하나님을 미워하고 있다"는 것이다. 비록 시대마다 서로 다른 용어들을 써서 이런 태도를 드러내기는 하지만, 그 차이점은 표면상의 것에 불과하다. 안타깝게도 실제로 달라진 것은 바로 교회 자신의 상태이며, 교회를 향한 세상의 무관심과 적대감은 "새롭거나 진기한 것도, 독특한 것도" 아니다. 당시 사도 바울이 자신의 작은 선교 사역 팀을 이끌고 데살로니가에 도착했을 때, 그가 대면한 것은 부도덕에 깊이 빠져 있으며 성경의 진리에 무지했던 이교도 사회였다. 이것은 현대 세계의 모습과 대단히 비슷하다는 것이다.[44] 그때 사도 바울은 말씀과 성령의 사역으로 이러한 사람들의 상태에 접근했다. "이는 우리 복음이 너희에게 말로만 이른 것이 아니라 또한 능력과 성령과 큰 확신으로 된 것임이라"(살전 1:5). 이와 같이 길을 잃은 죄인들을 복음화하기 위해서도, 교회에게는 "말씀의 메시지와 더불어 그 위에 임하는 성령의 능력"이 필요하다.[45] 당시 사도들은 반전 구호나 정치적인 의제, 말로 표현하기 힘든 하나님 체험에 관한 모호한 이야기를 가지고서 사람들에게 다가가지 않았다. 오히려 그 사도들은 교리를 들고 찾아갔던 것이다. 오늘날의 교회 역시 이같이 행하는 것이 마땅하다. 안타깝게도, 오늘날 우리는 교리와 신학, 개념의 정의나 세밀하고 명확한 사색을 선호하지 않는 시대를 살아가고 있다.[46] 하지만 이제껏 사람들이 진리를 선호했던 시대가 과연 있었던가?

데살로니가전서 1:9-10에서 보게 되듯, 이교도들이 들어야 할 메시지는 하나님에 관한 언급으로 시작된다. "그들이 우리에 대하여 스스로 말하기를 우리가 어떻게 너희 가운데에 들어갔는지와 너희가 어떻게 우상을 버리고 하나님께로 돌아와서 살아 계시고 참되신 하나님을 섬기는

지와 또 죽은 자들 가운데서 다시 살리신 그의 아들이 하늘로부터 강림하실 것을 너희가 어떻게 기다리는지를 말하니 이는 장래의 노하심에서 우리를 건지시는 예수시니라." 우리는 사람들에게 그리스도와 구원에 관한 메시지를 들려주기 전에, 먼저 참되신 하나님에 관한 내용을 전해 줄 필요가 있다. 로이드 존스는 이렇게 경고한다. "우리는 우리 자신과 자신이 지닌 필요에서 시작하여, 우리를 만족시켜 줄 무언가를 찾아 나서곤 합니다. 하지만 기독교는 결코 우리 자신에게서 시작하지 않습니다. 기독교의 시작점은 언제나 하나님께 있습니다."[47] 그런 다음에 기독교의 메시지는 그리스도, 그분의 죽으심과 부활, 그리고 구원으로 이어지게 된다.

로이드 존스는 이렇게 설교한다. "우리는 너무 서두르는 경향이 있습니다. 우리는 사람들을 향해 '예수께로 오십시오' 하고 전하지만, 그들은 예수께로 나아오지 않습니다. 왜 그런지 아십니까? 제가 그 이유를 말씀드리겠습니다. 그들은 결코 예수님에 관해 어떤 필요를 느껴 본 적이 없기 때문입니다." 사람들은 정서적인 행복을 찾거나, 자기 몸이 낫기를 원하거나, 삶의 인도를 구하거나, 어떤 현세적인 문제들의 해답을 필요로 할지도 모른다. 하지만 그들이 하나님의 영광과 그분의 율법이 지닌 거룩함을 깨닫지 못하는 한, 그리스도께로 나아오려는 일은 결코 없으리라는 것이다.[48]

교리를 설교하면서 그리스도 안에 계신 하나님께 중심을 두는 길은 곧 성경의 메시지를 전하는 데 있다. 로이드 존스는 강연에도 고유한 자리가 있다고 여겼지만, 설교는 그저 성경 구절들을 열거해 가면서 일종의 강연을 전하는 일이 아니다. 오히려 설교는 "항상 강해적인" 것이 되어야만 했다. 설교자는 늘 성경의 한 본문에서 자신이 전할 메시지와 그 주된 요점들을 이끌어 내야 한다는 것이다.[49]

설교 준비의 "황금률"은 설교자가 본문의 의미를 정직하게 다루어야 한다는 데 있다. 설교자는 성경에 있는 어떤 개념이나 어구를 이용해서 자기가 원하는 내용을 설파하려 해서는 안 된다. 또한 그는 본문의 내용을 학문적으로 풀이하면서, 그 본문이 지닌 "영적 의미"의 "핵심"을 소홀히 여겨서도 안 된다. 그럼에도 설교자들이 그리스도와 그분의 십자가를 전하는 것을 회피하고, 자신이 택한 본문이 앞뒤의 문맥에서 실제로 나타내는 의미를 소홀히 한 채 지엽적인 메시지로 끝맺곤 한다는 것은 놀라운 일이다. 예를 들어 디모데후서 2:8의 "내가 전한 복음대로 다윗의 씨로 죽은 자 가운데서 다시 살아나신 예수 그리스도를 기억하라" 같은 본문의 경우, 단순한 체험 위주의 신앙을 강조하는 것으로 변질되곤 한다. (여기서 '내가 전한 복음'my gospel은 곧 "유일하게 의미 있는 복음은 당신이 자신의 것으로 믿고 받아들인 복음이다"를 뜻하는 표현으로 간주된다.) 예수 그리스도의 부활이 공공연히 부인되지 않더라도 실질적으로 경시되고 만다. 그러므로 성경의 참된 메시지를 설교하기 위해서는 "영적인 지각", 또는 성령의 "기름 부음"이 요구된다(요일 2:20, 27).[50]

로이드 존스는 로마서나 에베소서, 요한일서처럼 성경의 한 책이나 또는 산상수훈같이 긴 본문에 대한 연속적인 강해 설교로 유명해졌다. 이처럼 성도들의 양육을 위해 성경의 본문을 연속적으로 설교해 나가는 일에는 깊은 지혜가 담겨 있다. 하지만, 그가 주일 저녁마다 전도 설교를 전했다는 점은 잘 알려져 있지 않다. 일반적으로 그는 전도의 메시지를 전할 때, 성경의 어느 한 책을 설교해 나가는 대신에 그날을 위해 택한 성경의 특정 본문을 강해하곤 했다.[51]

로이드 존스는 우리가 설교할 본문을 선택할 때 상당한 자유의 여지를 둘 필요가 있다고 주장한다. 이는 그 설교의 목적이 전도와 양육 중 어느 쪽에 있든지 마찬가지다. 그는 설교자들이 향후 여섯 달 동안 설교할 본문들을 미리 정해 두고 그 계획대로만 실천해 나가서는 안 된다고 경고한다. 때로는 어떤 본문은 설교자의 영혼에 강력히 말을 건네 오기 때문이다. 이런 일이 생길 때, 설교자는 그 메시지의 개요와 몇 가지 생각들을 적어 둔 다음에 그 말씀을 전할 수 있도록 메모를 보관해 둘 것을 로이드 존스는 조언한다. 이렇게 될 때 여러 본문이 서로 결합되어 설교자가 여러 번에 걸쳐 전할 수 있는 하나의 주제를 이루기도 한다. 이는 로이드 존스가 이후에 『영적 침체』(*Spiritual Depression*)라는 제목의 책으로 출간된 설교들을 전할 때 경험했던 일이다. 또한 절기나 현재 세상이 처한 위기, 재난적인 사건들 역시 청중의 생각에 직접적으로 와닿도록 하나님의 말씀을 전할 기회가 될 수 있다.

설교자는 자신의 청중들이 지닌 필요를 민감하게 의식해야 한다. 여기에는 회중이 이해하기에는 너무 어렵고 긴 분량의 연속 설교를 전하지 않는 일도 포함된다. 다만 어떤 본문을 가지고 설교하든지, 우리가 전하는 것은 하나님의 말씀이어야만 한다.[52] 로이드 존스가 성경의 연속 강해를 시작할 때, 후에 『베드로후서 강해 설교』(*Expository Sermons on 2 Peter*)라는 책으로 출간된, 비교적 짧고 단순한 설교들을 먼저 전했다는 점은 주목할 가치가 있다.[53] 로이드 존스는 이런 식으로 연속 설교를 시작하는 데 만족했으며, 이를 통해 자신의 회중이 그의 로마서와 에베소서 강해에서 나타났던 것처럼 더욱 심화된 설교에 적응할 수 있도록 이끌어 갔다.

성령의 기름 부음으로 전하는 설교

한편 설교자가 성경 본문의 내용을 전하는 것만으로 충분하지 않다. 그 가운데 성령님의 임재가 절대적으로 필요하기 때문이다. 바울은 자신의 사역 당시에 말씀이 "능력과 성령과 큰 확신으로" 전파되었다고 언급했는데(살전 1:5), 로이드 존스에 따르면 이는 그때의 청중들이 경험한 일뿐 아니라 설교자인 바울 자신이 체험했던 일 역시 가리키는 것이었다. 곧 바울은 "성령의 능력으로" 말씀을 전했던 것이다.[54]

로이드 존스는 교리적인 이해를 증진하기 위해 진리를 설교할 필요성을 오랫동안 강조했다. 그는 이렇게 언급한다. "내가 처음 잉글랜드에 왔을 때, 그곳의 복음주의는 비신학적이고 경건주의적이며 감상적인 성격을 띠고 있었다."[55] 1960년대가 되었을 때, 로이드 존스는 정통 신앙을 받아들인 자들이 거기에만 안주해서는 안 된다는 점 역시 강조하기 시작했다. 곧 신자들은 성령님의 사역을 인격적으로 체험할 필요가 있었으며, 특히 구원의 확신에 관해 그러했다.[56] 교회는 성경의 진리들을 분명하게 이해하고 파악할 뿐 아니라, 영적인 체험들을 따뜻하게 수용하고 받아들이는 자세 역시 갖추어야 했다.

이같이 체험적인 신앙은 설교의 결과물일 뿐 아니라, 설교자의 필수적인 자격 요건이기도 하다. 당시의 데살로니가 교인들에게 설명했듯이, 바울은 사람을 즐겁게 하려는 태도를 품지 않고 순전한 마음으로 말씀을 전했다(살전 2:3-5). 로이드 존스는 유머를 즐기는 사람이었지만, 그럼에도 이렇게 언급한 바 있다. "나는 사도 바울이 연단으로 뛰어 올라간 후에 회중의 마음을 안심시키려고 몇몇 농담을 던지고, 그런 다음에는 그저 그들의 감정을 매료시키기 위해 경박한 말들을 늘어놓으면서 그들을 즐겁게 하려는 모습을 결코 상상할 수 없다." 이와 반대로, 로이드 존스는 다음과 같은 고린도전서 2:4의 말씀을 인용한다. "내 말과 내 전도함이 설득력 있는 지혜의 말로 하지 아니하고 다만 성령의 나타나심과 능력으로 하여."[57]

성령님은 바울의 청중들 가운데서도 이와 동일하게 역사하셨다. 그들은 바울이 전한 메시지를 사람의 말로 여기지 않고, 하나님의 말씀으로 받아들이게 되었다(살전 2:13). 그 결과 그들은 우상으로부터 돌이켜 믿음과 소망, 사랑 가운데서 살아 계신 하나님을 섬기게 되었으며, 그들의 태도는 핍박 속에서도 결코 흔들리지 않았다(살전 1:3, 6, 9). 이런 변화를 이끌어 내실 수 있는 분은 오직 성령님뿐이다. 오직 그분만이 우리로 하여금 자신의 죄를 깨닫게 하시고, 영혼에 진리의 빛을 비추시며, 죄로 죽은 자들의 영혼에 생명을 가져다주실 수 있다. 이같이 사도적인 복음 선포는 곧 성령 안에서 전하는 설교이며, 성령님은 이런 설교를 자신의 방편으로 사용하셔서 중생의 사역을 이루어 가신다.[58]

우리는 하나님이 주권적으로 이루시는 중생의 은혜를 선포하는 동시에, 우리 스스로도 그 은혜에 의존하면서 믿음으로 말씀을 전파해야 한다. 언젠가 로이드 존스는 머리에게 이렇게 이야기한 적이 있다. "오늘날의 전도자들은 중생의 은혜를 언급하기는 하지만 그 일을 실제로 믿지는 않는다네. 진정한 칼뱅주의 설교에서는 인간이 철저히 무능력한 상태에 있음을 보여주고, 이를 통해 그들을 겸손히 낮추는 것을 주된 과업으로 여기지. 만약 이 일이 생략될 경우, 우리는 구원의 참된 영광을 조금도 헤아릴 수 없게 된다네."[59]

로이드 존스는 설교자 자신이 전능하신 하나님과의 신비로운 동역 또는 협력 관계에 들어가게 된다는 것을 알고 있었다. 바로 이 때문에, 그는 설교를 작성하고 전하는 데 많은 경험을 쌓고 난 1967년에도 이렇게 고백했다. "나에게 설교는 깊은 신비입니다." 때로 하나님은 우리의 준비나 역량의 정도와는 무관한 수준의 자유와 능력을 우리의 설교 가운데 베풀어 주시기도 한다. 하지만 우리에게 설교는 늘 "불가능한 과업"처럼 느껴진다. 설교는 우리에게 "엄청난 부담감 또는 불안감을 안겨 주는" 것으로 다가오며, 우리는 언제나 "그에 대한 두려움과 경외심"을 품게 된다. 설교자는 스스로 그 사역에 나설 수 없다. 오히려 그는 교회의 부름을 통해, 하나님께로부터 친히 보내심을 받아야 한다(롬 10:15). 바울이 고린도전서 2:3에서 고백했듯이, 성령님의 능력에 의존하는 설교자는 "약하고 두려워하고 심히 떨리는" 마음으로 말씀을 전하게 된다. 사도 바울이나 조지 윗필드처럼 위대한 설교자들은 가벼운 마음으로 이 사역에 나서지 않았다. 오히려 그들은 자신의 무가치함과 그리스도의 엄숙한 위임 앞에 깊은 두려움을 경험한 자들이었다.[60]

또한 설교는 설교자와 회중 사이의 인격적인 상호 작용이다. 우리가 설교할 때, 설교자 자신은 사라지고 하나님만 보이게 된다는 것은 전혀 사실이 아니다. 로이드 존스는 설교를 "설교자의 인격을 통해 전달되는 진리"로 정의한 필립스 브룩스Phillips Brooks, 1835-1891의 말에 동의했다. 로이드 존스는 이렇게 언급한다.

> 설교에는 설교자의 온 인격이 관여하게 됩니다.……그저 설교자가 말하는 내용만 중요한 것이 아닙니다. 더욱 중요한 것은, 설교자가 어떤 식으로 그 내용을 전하는지에 있습니다. 그러므로 그는 모든 면에서 이 일에 관여하게 됩니다. 그가 참된 설교를 전할 경우, 그 몸을 비롯한 자신의 모든 부분과 기능이 이 일에 연관될 수밖에 없습니다. 곧 그의 전인격이 이 일에 개입하게 되는 것입니다. 앞서 말했듯이, 회중 또한 이 일에 관여하게 됩니다. 여기에 영적인 마음을 지닌 자들이 있습니다. 그들은 준비된 심령으로 주님 앞에 나아왔으며, 성령님의 영향력 아래 있습니다. 그러므로 이 둘은 하나로 결합하게 됩니다. 이때 설교자와 청중 사이에 연합이 이루어지고, 그들 가운데는 마음을 서로 주고받는 소통이 있게 됩니다. 제가 보기에는 그것이 바로 참된 설교입니다.[61]

설교는 영적인 삼각 구도를 이룬다. 곧 하나님은 이 설교의 방편을 통해 설교자와 청중을 그분 자신에게로 가까이 이끄시며, 설교자와 청중 역시 서로를 향해 더 가까이 나아가도록 인도해 가신다. 이때 설교자는 성령님의 역사를 통해 거룩한 "충동"을 느끼고, 회중은 진리에 "붙잡히는" 일을 경험하게 된다. 그저 오늘이 주일이고 그 일이 자신의 직무이기 때문에 말씀을 전하는 것은 참된 설교와 거리가 멀다. 참된 설교는 곧 사랑의 수고다. 우리는 회중을 향한 사랑 때문에 말씀을 연구하며, 자신의 생각을 정돈하게 된다. 로이드 존스에 따르면, 단순히 "사람들의 마음을 끌기 위해" 자신의 설교를 치장하는 것은 사랑의 수고가 아니라 "매춘 행위"일 뿐이다.[62]

설교는 "하나님이 주신 말씀"을 전하는 일이다. 이때 우리는 하나님의 직접적인 계시로서 그 말씀을 전하는 것이 아니라, 성경을 연구한 다음, 그 진리를 "성령의 나타나심과 능력으로" 전파함으로써 그 메시지를 전달하게 된다(고전 2:4). 설교자는 하나님이 쓰시는 도구다. 그는 하나님께 붙잡혀 "이 성령의 영역 안으로 이끌림을 받으며, 하나님은 그를 통해 자신의 메시지를 청중에게 전달해 주신다." 이때 설교자는 자신의 원고에 매이거나 어떤 완벽한 형식을 갖추는 데 연연하지 않고, 거룩한 "자유"를 누리면서 말씀을 전하게 된다. 그는 종종 "미진한 부분"을 남겨두기도 하며, 잘 다듬어진 신학 논문에서는 기대하기 어려울 방식으로 갑작스레 설교의 끝을 맺기도 한다. 이처럼 설교자가 메시지를 전하는 동안에도, 하나님은 그가 이전에 갖지 못했던 통찰력과 열정을 새롭게 부어 주신다.[63] 그 결과로, 설교자는 다음과 같이 고백할 수 있게 된다. "지금 제가 말씀을 전하고 있지만, 그 주체는 제가 아닙니다. 하나님이 저를 통해 그 일을 행하고 계십니다. 지금 저는 그분께 붙잡혀 쓰임을 받고 있습니다. 곧 하나님은 저 같은 존재까지도 사용하셔서, 여러분에게 그분의 메시지를 들려주고 계신 것입니다. 저는 하나님의 대사이며, 그분께 보내심을 받은 자입니다. 저는 이 막중한 책임을 의식하고 있습니다. 다만 아무 문제는 없습니다. 이는 제가 하나님의 은혜와, 그분이 자비롭게 베풀어 주신 그 능력 덕분에 이 일을 감당할 수 있기 때문입니다."[64]

로이드 존스가 묘사한 설교의 거룩한 신비는 바로 여기에 있었다. 그는 평생에 걸친 자신의 강단 사역을 통해 그 신비를 계속 체험해 나갔다.

3부 | 오늘날의 체험적인 설교

20장 균형 있게 설교하기

1982년, 레흐 바웬사는 폴란드 정부 당국에 의해 열한 달 동안 투옥되어 있다가 석방되었다. 그때 바웬사는 이렇게 고백했다. "나는 곡예용 줄 위에 놓인 채로 풀려났습니다. 이 아래에는 감옥의 안마당이 있으며, 이 줄에는 기름칠이 되어 있습니다. 하지만 나는 추락하기를 원치 않습니다."[1] 바웬사는 이 곡예용 줄 위를 걷는 듯한 심정으로 폴란드의 연대 운동을 이끌어 나갔다. 그리고 팔 년 뒤에 소비에트 연방의 위성 국가였던 폴란드가 자유민주주의 체제로 바뀌었을 때, 그는 마침내 그 나라의 대통령이 되었다.

여러 면에서, 체험적인 개혁파 설교자 역시 기름칠이 된 줄 위를 걷는 것과 같은 상태에 있다. 그들은 자신이 기독교의 한 측면을 굳게 붙잡기 위해서 다른 측면을 붙잡았던 손을 좀 더 느슨하게 놓을 필요가 있다고 느낄지도 모른다. 그들은 반(半)펠라기우스주의 semi-Pelagianism 에 빠지는 것을 피하려고 극단적 칼뱅주의 hyper-Calvinism 에 빠지게 될 수도 있다.

또한 그들은 실체가 없는 감상주의를 회피하려다가 차가운 지성주의에 갇히게 될 위험 역시 경계해야 한다. 죄와 사탄의 영향력 때문에, 줄 위를 걷는 일은 더욱 쉽지 않다. 하지만 설교자는 우리의 전인격에 영향을 미치는 하나님의 경륜 전체를 온전히 받아들이고 따라야만 한다.

앞서 우리는 체험적인 개혁파 설교의 기본 원리들을 살펴보았다. 우리는 그 설교의 실제 사례들을 알아보기 위해, 지난 오백 년간 사역했던 하나님의 신실한 종들이 보여준 본보기도 함께 탐구해 보았다. 이제는 이 원리와 사례들을, 체험적인 개혁파 설교를 실제로 실천하는 일에 적용해 보려고 한다. 여기서 설교 준비의 기법을 논한다는 뜻이 아니다. 그런 주제를 다룬 책들은 이미 많이 나와 있다. 이 마지막 부분에서는, 오늘날 우리가 체험적인 방식으로 설교하는 법에 관해 몇 가지 실천적인 교훈들을 살펴보려고 한다.

우선 이번 장에서는 균형 있게 설교하는 법을 다루어 볼 것이다. 우리가 체험적인 설교를 통해 청중에게 유익을 끼치기 위해서는, 특히 아래의 네 가지 영역에서 신중하고 주의 깊게 균형을 유지할 필요가 있다. 이 영역들 중 일부의 경우, 설교자들은 겉보기에 서로 상반되어 보이는 두 가지 요소를 모두 간직해야만 한다. 그렇지 않을 경우에는 온전한 균형을 잃게 될 것이다.

기독교의 객관적인 요소와 주관적인 요소를 모두 받아들이기

우리 주 예수 그리스도께서 이렇게 기도하셨다. "영생은 곧 유일하신 참 하나님과 그가 보내신 자 예수 그리스도를 아는 것이니이다"(요 17:3). 여기에는 객관적인 진리가 담겨 있다. 곧 "유일하신 참 하나님"이 실제로 존재하신다는 것이다. 사람들이 무수히 많은 신과 우상을 숭배하는 이 세상에서, 주님은 우리의 생각과는 상관없이 오직 한분 하나님만 계신다는 점을 분명히 말씀하신다. 나아가 하나님은 자신을 나타내시기 위해 우리에게 그분을 계시해 주는 분을 이 세상에 보내셨다. 그 계시자는 바로 "예수 그리스도"였으며, 그리스도는 "내가 아버지의 이름을 나타내었나이다"라고 고백하셨다(3, 6절). 곧 하나님은 자신이 구원하실 백성을 그리스도께 맡겨 주셨으며, 그리스도께서는 자기 생애의 가장 어두운 밤에도 이렇게 말씀하실 수 있었던 것이다. "아버지께서 내게 하라고 주신 일을 내가 이루[었나이다]"(4절). 그러므로 기독교적인 설교의 객관적인 초점은 마땅히 그리스도 안에 계신 하나님과, 또 그분이 자신의 백성을 위해 성취하신 구원의 사역에 관한 진리에 놓여 있어야 한다.

이와 함께 주관적인 체험이 있다. 이는 우리의 영혼이 스스로를 나타내 보이신 하나님을 알게 되는 일을 가리킨다. 이 지식은 단순히 지적인 활동에 그치지 않는다. 오히려 이것은 우리에게 생명을 주고 우리의 삶을 변화시키는 지식, 그리하여 "영생"에 이르게 하는 지식이다. 그리스도께 속한 백성은 그분이 **그들을 위해** 행하신 사역에 관해 알고 있을 뿐 아니라, 실제로 **그들 안에** 그분을 소유하고 있다(요 17:23, 26). 이처럼 그리스도 안에 계신 하나님을 알 때, 우리의 영혼은 소생하게 된다. 참된 신자들은 이를 통해 하나님의 말씀에 순종하고(6절), 세상에서 분리되며(14절), 성별되어 거룩함에 이르게 된다(17절). 또 그들은 그리스도의 말씀을 품고 세상으로 보냄을 받게 되며(18, 20절), 동료 신자들과 함께 그리스도 안에서 한 몸으로 견고히 서게 된다(22-23절). 그러므로 우리는 그리스도 안에 계신 하나님을 아는 체험을 설교의 주관적인 초점으로 삼아야 한다.

체험적인 설교의 이중적인 초점

이때 주관적인 초점은 객관적인 초점에 근거를 두어야 한다. 곧 진리에서 체험으로 이어져야 하는 것이다. 이에 관해, 찰스 브리지스는 이렇게 언급한다. "기독교적인 체험은 교리적인 진리가 우리의 정서에 영향을 미친 결과로 생겨난다."[2] 객관적인 진리에서 벗어난 체험은 허상일 뿐이다. 우리가 신앙의 객관적인 초점을 놓칠 경우, 우리는 스스로를 신격화하면서 우리의 경험을 숭배하게 된다. 하지만 영생은 우리의 감정과 행동에 속한 문제가 아니다. 오히려 그것은 "유일하신 참 하나님과 그가 보내신 자 예수 그리스도를 아는" 데 달려 있다. 그러므로 신자들은 자신의 영혼 바깥으로 눈을 돌려, 우리와는 다른 존재이시며 우리 스스로는 행할 수 없던 일을 친히 이루어 주신 그리스도를 영접하게 된다.

이와 동시에, 기독교 신앙에서 객관적인 초점의 목표는 언제나 주관적인 초점을 향해 나아가는 데 놓인다. "진리의 목적은 선을 이루는 데 있다"는 것은 구 프린스턴 학파의 신학자들이 따랐던 격언 중 하나였다. 브리지스에 따르면, 기독교의 생명은 "교리를 해설하는 일 자체에 있지 않고, 오히려 그 교리를 진실한 그리스도인들의 마음에 적용함으로써 그들로 하여금 성화에 이르며 위로를 얻게 하는 데 있다."[3] 생명력 있는 체험이 없는 진리는 공허하며, 쉽게 위선으로 이어질 수 있다. 그러므로 만일 우리가 기독교의 주관적인 초점을 놓칠 경우, 우리는 자연 상태의 인간(성령으로 거듭나지 못한 상태의 사람—옮긴이)과 다름없이 신앙이 없는 상태에 머물게 될 것이다. 물론 그때에도 우리는 객관적으로 계시는 하나님과 그리스도의 실재를 정확히 묘사할 수 있을지도 모른다. 하지만 우리는 그렇게 존재하시는 하나님과 인격적으로 교제하거나 연합하지 못하는 상태에 머물게 되는 것이다. 그리스도의 죽으심은 곧 우리 자신의 죽음이 되고, 그분의 생명은 우리의 생명이 되어야만 한다. 우리가 얻은 구속의 목표가 바로 여기에 있다. 곧 그분께서 친히 우리의 하나님이 되시고, 우리는 그분의 백성이 되어야 한다는 것이다.

그러므로 우리의 설교는 이 두 가지 초점, 곧 객관적인 초점과 주관적인 초점 사이를 긴밀하게 오가는 궤도 안에 머물러야 한다. 예를 들어 구원의 확신에 관해 설교할 때, 우리는 그리스도에 대한 객관적인 약속들에 의존할 것을 회중에게 가르쳐야 한다(고후 1:19-20). 동시에, 우리는 그들로 하여금 주관적인 자기 성찰을 통해 과연 그리스도께서 그들 안에 계시는지를 살피도록 인도해야 하는 것이다(고후 13:5). 성령님은 이 주관적인 중생의 증거들을 통해 우리에게 그리스도의 약속들을 증언하시며, 우리로 하여금 그 약속들을 생생히 체험하도록 이끌어 가신다. 만일 이런 자기 성찰이 없다면, 그리스도의 약속들은 그저 우리의 육적인 자만심과 자기기만을 위한 핑곗거리로 전락할 수 있다. 다른 한편으로, 신자들이 그들 자신의 의를 내려놓고 그리스도께서 행하신 일을 신뢰하도록 인도함을 받지 않는다면, 그들의 자기 성찰은 율법주의적인 자기 검증의 굴레로 변질되고 만다. 그들이 지닌 구원의 확신은 불안정한 경험의 모래밭 위에 놓이게 되는 것이다. 그러므로 참된 구원의 확신에는 객관적인 요소와 주관적인 요소가 모두 필요하다.

균형을 잃은 세상에서 균형을 유지하기

현재 우리는 주관주의와 상대주의에 휩쓸린 문화적 분위기 속에서 살아가고 있다. 그리스도인들은 역사적인 기독교 신앙 대신에 자기중심적인 신비주의를 좇으려는 중대한 위험에 직면해 있다. 지금 하나님에 대한 우리의 개인적인 체험들은 주관적인 상상과 감상적인 경건 서적 읽기에 사로잡혀 있으며, 공적인 예배의 체험들은 음악과 시각적인 자극, 감정 위주의 이야기들에 의해 주도되고 있다. 때로는 ("우리를 위한 그리스도"와 구별되는 것으로서) "우리 안에 계신 그리스도"의 주제가 매우 강조되며, 이에 따라 교회들은 성경 대신에 현대의 선지자나 유명한 설교자들, 이른바 사적인 '계시'들을 더욱 선호하며 따라가는 모습을 보인다.

이런 분위기 속에서, 특히 개혁파 그리스도인들은 그리스도께서 우리를 위해 행하신 일들에 관한 교리적 지식의 요새 속으로 후퇴하게 되기가 쉽다. 어쩌면 우리는 스스로 진리를 소유하고 옹호하며, 그 진리들을 가르치고 있다는 사실을 자랑스럽게 여길 수도 있다. 하지만 과연 우리는 자신이 그리스도를 안다는 것을 자랑할 수 있는가? 아마도 우리는 그리스도에 관한 지식을 뽐내면서, 스스로의 의를 드러내는 태도로 자랑할 수도 있다. 하지만 유일한 지혜와 의가 되시는 그리스도를 겸손히 자랑하는 일은 그것과는 전혀 다르다. 물론 우리는 자신의 입으로 진리를 고백할지도 모른다. 하지만 다음과 같은 예수님의 말씀이 과연 우리에게 실제로 적용될 수 있는가? "진리를 알지니 진리가 너희를 자유롭게 하리라"(요 8:32). 우리는 과연 세상과 육신, 마귀에 맞서 영적인 전쟁을 치르는 법을 제대로 알고 있는가? 우리는 진리에 동의하기는 하지만, 실제로 그리스도 안에 뿌리를 내리지는 못한 채 그저 역사 신앙(historical faith, 기독교를 역사적인 사실로만 받아들이는 신앙—옮긴이)에만 머물게 되지 않도록 주의해야 한다. 그러므로 **우리를 위한** 그리스도의 사역과 **우리 안에 계신** 그리스도의 사역을 모두 높이는 방식으로 설교할 필요가 있다.

우리는 기독교의 객관적인 측면과 주관적인 측면을 서로 분리해서는 안 된다. 우리가 그러한 분리를 받아들일 수 없는 이유는, 그것이 하나님의 본성에 어긋나기 때문이다. 하나님은 위대한 객관적인 실재로서, 그분 자신이 무한한 진리가 되신다. 하지만 하나님은 동시에 위대한 인격적인 실재로서, 무한한 사랑으로 날마다 우리의 삶에 개입하시는 분이기도 하다. 그분께 있는 이 두 가지 측면 중 어느 하나에만 초점을 두면서 다른 하나를 무시하도록 만들려는 유혹은, 죄의 기만적인 요소가 우리의 마음을 마비시켜 실재를 깨닫지 못하게 하려는 한 수단이다. 그러나 성경에서 하나님은 결코 차갑고 냉담한 방식으로 우리에게 진리를 계시하시는 일이 없다. 그분의 빛은 늘 환한 열기, 곧 거룩한 사랑의 불길로 타오르고 있기 때문이다. 성경을 충실히 설교할 때, 우리는 객관적인 요소와 주관적인 요소가 그 속에서 적절히 조화되는 것을 발견하게 된다. 그리고 주관적인 요소는 늘 객관적인 요소에서 흘러나온다.

객관적인 요소와 주관적인 요소의 균형을 유지하는 설교 사례들

한 예로, 디도서 3:1-8을 살펴보자. 이 본문은 바울이 디도에게 주는 다음의 권면들로 시작한다. 신자들을 일깨워서 통치 당국에 복종하게 하고, 선한 일에 힘쓰며, 모든 사람을 친절하게 대하고, 남을 비방하거나 서로 다투지 못하게 하라는 것이다(1-2절). 이는 매우 실제적인 권고들이다. 이 본문을 살필 때, 우리는 불의한 지도자들에게 복종하며 사악한 자들을 사랑하는 일들이 지닌 체험적인 어려움을 생각해 보게 된다.

바로 그 다음에, 바울은 인간의 부패함(3절)과 더불어 성령님의 사역을 통해 이루어지는 중생에 관해 고전적인 진술을 제시해 나간다(4-7절). 하나님은 아무 자격이 없는 우리까지 사랑하시며, 그리하여 성자를 통해 성령을 우리에게 부어 주신다. 그리고 성령께서 우리 안에 중생의 사역을 행하시는 것이다. 본문의 이 단락은 철저히 교리적인 성격을 지니지만, 동시에 체험적인 성격 역시 드러내 보인다. 바울은 이번 장 첫 부분에서 명령했던 대로 행해야 할 근거를 제시하고 있다. 우리가 죄인임에도 불구하고 하나님이 은혜를 베풀어 주셨음을 알 때, 우리는 다른 사람들을 향해서도 겸손과 인내로 행할 동기를 얻게 된다. 이 단락을 살피면서, 우리는 5절의 "중생의 씻음과 성령의 새롭게 하심"에 관해 몇 가지 질문을 제기하게 된다. 과연 우리는 자신이 그 일을 실제로 체험했는지를 어떻게 알 수 있을까?

바울은 이렇게 언급한다. "이 말이 미쁘도다. 원하건대 너는 이 여러 것에 대하여 굳세게 말하라. 이는 하나님을 믿는 자들로 하여금 조심하여 선한 일을 힘쓰게 하려 함이라. 이것은 아름다우며 사람들에게 유익하니라"(8절). 이를 달리 표현하면, 구원의 교리를 체험적으로 맛보고 깨닫게 되면 우리는 다른 사람들에게 선한 일을 행하는 데 삶의 초점을 두게 된다. 이런 본문을 충실히 설교할 때, 우리는 교리적인 문제와 체험적인 문제 모두를 꾸준히 다루어 나가게 될 것이다.

객관적인 진리를 체험적인 방식으로 설교할 때, 우리는 추상적인 명제들을 제시하는 것 이상의 일을 행하게 된다. 우리는 말씀의 사역으로 부름받은 이들이며, 회중 앞에서 하나님을 대변하는 자들이다. 그러므로 디도서 3:4의 "우리 구주 하나님의 자비와 사람 사랑하심"에 관해 설교할 때, 우리는 하나님이 신자들을 향해 품으신 것과 동일한 애정을 품고서 그들에게 말씀을 전달해야 한다(빌 1:8). 회중이 두려움에 빠졌거나 연약하고 낙심한 상태에 있을 때, 그들에게는 단순한 개념 이상의 것이 필요하다. 그들에게는 진정한 위로가 필요한 것이다. 이때 그들은 누군가를 통해, 자신을 향한 하나님의 변함없으시고 신실한 사랑을 일깨움 받을 필요가 있다. 우리는 설교할 때 선포하는 객관적인 진리뿐 아니라, 그 진리를 선포하는 우리 자신의 주관적인 태도를 통해서도 그런 하나님의 사랑을 그들에게 전하게 된다. 이때 우리는 자녀를 양육하는 어머니의 따스한 태도와 아버지의 진지한 사랑을 품고 말씀을 증언해야 하며, 회중에게 진리를 전달할 뿐 아니라 우리 자신의 영혼을 그들 앞에 드러내 보여야 한다(살전 2:7-8, 11-12).

전도 설교의 객관적인 요소와 주관적인 요소

이제는 복음을 설교할 때, 성경의 객관적인 진리와 우리 마음의 주관적인 체험들을 어떤 식으로 전달해야 하는지를 생각해 보자. 우리가 말씀을 충실히 전파하기 위해서는 하나님과 죄, 그리스도와 구원에 관한 진리들을 가르쳐야 한다. 이와 동시에, 청중에게 회개와 믿음을 권고해야 한다. 실질적으로 아무런 교리적 가르침을 제시하지 않은 상태에서 사람들을 향해 그리스도께로 나아올 것을 권한다면, 그들은 자신이 왜 그리스도께 나아가야 하는지, 그분이 누구이신지에 관해 전혀 감을 잡지 못할 것이다. 오히려 이 경우에 그들은 자신의 죄악된 본성에서 생겨난 필요를 채우기 위해, 스스로 상상해 낸 우상을 찾아가게 될 것이다. 반대로 청중에게 복음의 진리들을 가르치면서 그 부름에 응답할 것을 촉구하지 않는다면, 우리는 "어디든지 사람에게 다"(행 17:30) 회개하고 믿을 것을 명하셨던 그리스도와 그분의 사도들을 본받지 못하게 된다(막 1:15, 행 20:21; 26:20). 이 경우, 회중은 (그들 자신의 선함이나 은혜의 방편들에 참여함으로써) 자신들이 이미 구원을 받았거나, 또는 그리스도를 구주로 영접하는 대신에 단순히 진리를 이해함으로써 구원을 얻는다는 그릇된 인식을 품게 된다.

한편 복음의 진리에 대한 설교는 객관적인 성격만을, 복음의 초청에 대한 설교는 주관적인 성격만을 띤다고 여기는 것은 잘못된 생각이다. 실제로 이 두 설교 모두 객관적인 동시에 주관적인 성격을 지닌다. 하나님에 관해 설교할 때, 우리는 그분의 위엄을 드러냄으로써 회중이 그분을 향한 두려움과 경외심을 품도록 이끌어야 한다. 죄에 대해 설교할 때에도 지식만을 전달하는 데 그치지 않고, 메시지를 통해 회중의 양심이 깨어지며 죄를 범한 영혼들이 통회하도록 인도해야 한다. 그리스도를 설교할 때에도, 그 말씀을 들은 죄인들이 그분의 아름다우신 인격과 충분하신 사역을 향해 나아오도록 그들을 설득하고 권고하지 않는다면 그것은 온전한 설교가 아니다. 복음의 초청을 위해 설교할 때, 우리는 하나님이 누구시며 그리스도께서 우리를 구원하기 위해 어떤 일을 하셨는지, 또 신앙과 회개는 무엇인지에 관해 회중이 이미 알고 있다고 쉽게 단정 지을 수 없다. 영적인 모조품들로 가득 찬 이 세상에서, 우리는 그들이 그리스도를 영접함으로써 구원을 얻는 일과 인간의 영혼을 멸망으로 이끄는 거짓 종교에 의존하는 일을 서로 구별할 수 있도록 분별력을 심어줄 필요가 있다. 마찬가지로 회중에게 신앙과 회개의 의미를 설명하면서도 실제로 그 일들을 행하도록 권고하고 촉구하지 않는다면, 우리는 복음의 손과 발을 잘라버리는 것이 된다. 그러나 참된 체험적인 설교자는 회중을 설득하는 동시에 그들의 마음이 말씀에 사로잡히도록 인도하기 위해 노력하는 사람이다.

여러분은 설교자로서 자신이 둘 중 어느 한쪽으로든 균형을 잃을 위험에 처해 있음을 발견하게 될 가능성이 높다. 그러므로 여러분은 자신을 잘 알아야 한다. 어떤 설교자가 자신의 경건을 위해 윌리엄 에임스나 프란시스 튜레틴 같은 17세기의 개혁파 스콜라주의 신학자들이 쓴 논문을 주로 읽는다면, 이때는 신앙의 체험적인 측면을 좀 더 강조할 필요가 있다. 설교 때에 어느 정도의 적용을 제시하지 않으면서 십 분 이상 시간을 보내서는 안 된다. 그렇지 않으면 회중이 우리의 설교에 흥미를 잃게 될 것이다. 다른 한편으로, 여러분 자신의 서재에 있는 책들에는 먼지가 쌓여가는 동안 커피숍에서 불신자들과 대화하는 데만 시간을 쏟은 나머지 여러분이 그곳에서 사역하는 자처럼 여겨질 정도가 되었다면, 여러분은 아마도 객관적인 진리들을 연구하고 선포하는 일 자체를 등한시하려는 유혹을 받게 될 것이다. 하지만 우리의 장점과 단점이 무엇이든 간에, 우리는 그런 문제들을 극복하는 동시에 자신의 삶과 설교에서 이 두 가지 요소를 모두 간직할 수 있도록 노력해야 한다. 이런 점에서는 우리가 감당하는 것과 다른 유형의 사역에 종사하는 사람들과 친구로 지내는 편이 유익하다. 이는 철이 철을 날카롭게 하기 때문이다. 그들은 우리의 단점이 무엇인지를 보여줄 수 있으며, 이를 통해 우리는 그들의 능력과 경험에서 많은 것을 배우게 된다.

하나님의 주권과 인간의 책임을 모두 받아들이기

여러분이 마태복음 11장을 설교해 나간다고 생각해 보자. 마침내 20-24절의 '화와 경고'에 이르면, 인자이신 예수께서는 그분이 전하고 나타내시는 복음과 기적들을 보고 들으면서도 자신들의 죄를 회개하지 않는 것에 관해 갈릴리의 성읍들을 책망하신다. 그리스도는 심판의 날에 이처럼 은혜의 방편들을 누리고도 돌이키지 않은 성읍들보다, 오히려 두로와 시돈 같은 사악한 이방인의 성읍들이 더 "견디기 쉬[운]" 운명을 맞게 될 것이라고 말씀하고 있다. 그러므로 여기서 그리스도께서는 인간에게 복음을 듣고서 회개할 의무가 있으며, 그렇게 하지 않을 경우 그들에게 책임이 있음을 분명하게 말씀하신다.

하지만 그 이후의 25-27절에서, 그리스도는 성부 하나님을 찬미하신다. 이는 성부께서 그 진리들을 지혜로운 자들에게는 숨기시고, 그분의 기뻐하시는 뜻을 좇아 어리석은 자들에게 계시해 주셨기 때문이다. 그리스도의 말씀에 따르면, 성자 하나님과 그분의 소원대로 계시를 받는 자들 외에는 성부 하나님을 아는 자가 없다. 여기서 주님은 인간에게 진정으로 하나님을 알거나 복음의 진리를 영적으로 깨달을 능력이 없음을 보이시는 것이다. 그분에 따르면, 어떤 사람이 복음을 통해 하나님을 알게 된 경우, 그것은 온전히 하나님의 뜻과 그리스도의 사역, 그리고 말씀과 함께 역사하시는 성령님의 사역 덕분이다.

이어 28-30절에서, 주 예수님은 무거운 짐을 진 모든 자를 향해 그분께로 나아와서 쉼을 얻으라고 부르신다. 주님은 사람들에게 그분의 멍에를 멜 것을 명하시는데, 이는 그분의 권위에 순복하는 일을 의미한다. 주님은 스스로를 "온유하고 겸손[한]" 주인으로 제시하시면서, 자신의 주되심 아래로 나아오는 모든 이의 영혼에 안식을 주신다. 여기서 우리는 값없이 베푸시는 은혜의 복음을 접하게 된다.

여러분이라면 이 본문을 어떻게 설교하겠는가? 좀 더 적절한 질문은 이런 것이다. "과연 여러분은 마 11:20-30의 메시지 전체를 온 마음으로 자유롭게 전할 수 있겠는가?" 여러분은 자신의 죄에 대한 인간의 책임과 그분이 구원할 자들을 택하시는 하나님의 주권, 그리고 곤고한 죄인들을 향해 그리스도께서 값없이 베푸시는 복음을 동일하게 열정적이며 진정성 있게 전할 수 있겠는가? 이 세 가지는 모두 성경의 진리다.

하나님의 주권과 인간의 책임을 전심으로 선포하기

과거의 개혁파 설교자들이 지녔던 특징 중 하나는, 그들이 하나님의 주권과 인간의 책임 모두에 관해 온전한 확신을 품고 말씀을 전했다는 데 있다. 그들이 성경의 모든 가르침을 고수했기 때문이다. 그들은 우리가 인간의 책임을 설교할 때 하나님의 주권을 손상시키게 된다든지, 또는 하나님의 주권을 선포할 경우 인간의 책임을 무효로 돌리게 된다고 여기지 않았다. 그러므로 우리 역시, 그들과 마찬가지로 이 둘 모두에 관해 온전한 확신을 가지고 말씀을 증언해야 한다.

사람들은 하나님의 주권과 인간의 책임이 마치 뜨거운 것과 차가운 것처럼 양 극단을 이룬다고 여기는 경우가 많다. 그들은 이 둘 중 하나가 더 힘을 얻을 경우 다른 하나는 약화되는 것처럼 생각하곤 한다. 심지어는 이 두 교리를 조화시키려는 논의조차도 우리를 잘못된 방향으로 인도할 수 있다. 마치 저울의 한쪽이 올라갈 경우 다른 한쪽이 내려가는 것처럼, 우리는 이 둘 중 어느 한쪽을 너무 강조해서는 안 된다는 견해다. 하지만 실상은 이 둘은 서로 대립하지도, 적대 관계에 있지도 않다. 어떤 이가 "목사님은 이 두 교리를 어떻게 화해시킵니까?" 하고 물었을 때, 찰스 스펄전은 이렇게 답했다. "이 둘은 서로 친한 벗이기에, 나는 이 두 교리를 화해시킬 필요가 없습니다."[4] 복음의 진리의 두 측면 모두, 성경에서 가르치는 내용이기 때문이다.

하나님의 주권과 인간의 책임 모두는, 하나님의 본성과 그분이 자신의 피조물들을 상대로 맺으시는 관계에 뿌리를 두고 있다. 하나님은 왕으로서, 사람들이 행하는 모든 활동을 친히 다스리신다. 그분은 늘 모든 것을 주관하시며, 모든 일을 인도하여 자신의 지혜롭고 선한 목적들이 이루어지게 하신다. 유일한 재판장으로서, 하나님은 항상 그분이 세우신 의로운 법의 표준에 근거하여 사람들을 판단하신다.

그러나 본성상 타락한 인류는 하나님의 주권과 인간의 책임 모두를 거부하고 저항하려 든다. 죄인들은 하나님의 통치를 떨쳐 버리고, 스스로 자기 삶을 주관하며 자신의 운명을 손에 쥔 선장이 되려고 애쓴다. 그들은 하늘의 왕이신 그분의 뜻대로 순복하며 따르는 자로서 천상에 이르기보다, 차라리 그들 자신의 뜻을 고집하면서 지옥에 떨어지는 편을 택하려 할 것이다. 죄인들은 재판장이신 하나님을 혐오하며, 하늘을 향해 마음속으로 이렇게 부르짖는다. "당신이 누구이기에 내 인생에 참견하는 겁니까?" 만일 그렇게 할 자유만 주어진다면, 죄인인 우리는 하나님의 주권과 인간의 책임에 관한 교리들을 내던져 버리고 스스로를 만물의 왕이자 재판장인 존재로 내세우면서, 자신의 기분이 내키는 대로 살아가려 할 것이다.

그러므로 하나님의 영광을 선포하기 위해서는, 인간에 대한 하나님의 주권과 그분 아래 있는 인간의 책임을 모두 설교해야 한다. 물론 우리는 그중 한 교리를 핑계 삼아 다른 교리를 부인하려는 유혹을 받을 수 있다. 우리 각자의 설교는 미묘한 방식으로 그 방향이 변질될 수 있다. 우리는 각기 그 둘 중 어느 하나에 관해 불안감을 느끼곤 한다. 그 결과, 우리가 꺼리는 교리가 설교 중에 언급될 때마다, 우리는 수많은 제약을 덧붙여 그 교리를 약화시키곤 한다. 그러므로 이때 우리의 설교는 하나님의 말씀을 향한 "네, 아멘입니다"의 고백이 되기를 그치고, 그저 "네, 하지만……."이 되고 마는 것이다. 비록 이런 자신의 태도를 공개적으로 밝히지는 않더라도, 우리의 메시지를 듣는 청중들은 그런 우리의 입장을 곧 알아차리게 된다. 이것은 우리가 실제로는 성경의 가르침 중 일부만을 받아들이고 있기 때문이다. 비극이 아닐 수 없다.

성경으로 하여금 설교의 방향을 결정하게 하라

우리는 어떤 변명이나 뒤우침 또는 망설임도 없이, 하나님의 경륜 전체를 설교해야 한다. 여기서 우리는 자신이 하나님이 주신 메시지를 전하는 전령이며, 그분의 말씀을 섬기는 종일 뿐임을 기억해야 한다. 우리는 성경 본문이 스스로 설교의 방향을 결정하도록 허용해야 한다.

성경의 어떤 본문에서는 놀라울 정도로 하나님의 주권과 인간의 책임이 결합된 형태로 나타난다. 이때 우리는 바로 이 결합에 관해 설교해야 한다. 예를 들어, 하나님이 애굽에 우박과 메뚜기 재앙을 보내셨던 이야기를 생각해 보자(출 9:13-10:20). 이 본문은 하나님의 주권에 관한 놀라운 선포로 시작된다. 여기서 하나님은 자신의 재앙이 애굽인들의 신체와 소유물에 미칠 뿐 아니라, 바로의 "마음"에도 임할 것이라고 말씀하신다(9:14).[5] 달리 말해, 하나님이 내리시는 최악의 재앙은 곧 바로의 마음을 강퍅하게 만드시는 데 있었다(9:12). 이는 모세가 바로 앞에 나아가기 전에 이미 하나님이 장차 행하실 것이라고 말씀하신 그 일이었다(4:21). 하나님은 바로의 완악한 고집 때문에 좌절을 겪게 되신 것이 아니라, 오히려 그 대적들을 꺾음으로써 자신의 능력을 나타내시기 위해 바로를 세우셨다(9:16). 그러므로 우리는 하나님이 자신의 대적들을 무너뜨림으로써 스스로를 영화롭게 하시기 위해, 그들 중 일부의 마음을 완고하게 만드신다는 점을 설교해야 한다.

하지만 이 점이 바로의 죄에 대한 변명거리가 될 수는 없다. 애굽의 왕 바로는 이렇게 고백한다. "내가 범죄하였노라"(9:27). 하지만 본문에 따르면, 그 재앙이 걷힌 뒤에 그는 "다시 범죄하여 마음을 완악하게" 했다(9:34). 이때 모세는 다음과 같은 주님의 말씀을 전한다. "네가 어느 때까지 내 앞에 겸비하지 아니하겠느냐? 내 백성을 보내라. 그들이 나를 섬길 것이라"(10:3). 그리고 메뚜기들이 몰려오자, 바로는 다시 이렇게 고백한다. "내가 너희의 하나님 여호와……에게 죄를 지었으니 바라건대 이번만 나의 죄를 용서하고"(10:16-17). 여기서 우리는 죄인들이 하나님 앞에서 범한 각자의 죄에 책임을 져야 한다는 점을 설교해야 한다. 우리는 하나님이 그들의 죄를 미워하시며, 그들을 상대로 죄의 어리석음을 지적하신다는 점을 일깨워 주어야 한다. 우리는 그들을 향해 각자의 죄를 고백하고 하나님께 용서를 구하며, 바로와는 달리 진심으로 자신의 죄에서 떠날 것을 촉구해야 한다.

그렇다면 이 본문이 하나님의 주권을 옹호하는 데서 한 걸음 물러섰음을 의미하는 것일까? 전혀 그렇지 않다. 이러한 고백과 권고들이 이어지는 가운데, 주님은 모세에게 말씀하신다. "바로에게로 들어가라. 내가 그의 마음과 그의 신하들의 마음을 완강하게 함은 나의 표징을 그들 중에 보이기 위함이며"(10:1). 사악한 자들이 완고한 마음으로 범하는 죄 뒤에는 하나님의 주권적인 손길이 있으며, 그분은 자신의 영광을 위해 그런 일들이 일어나도록 이끌어 가신다. 이 교리는 성도들을 격려함과 더불어, 사악한 자들 앞에 하나님의 요구를 선포하는 데 유익을 준다. 이 교리를 통해, 하나님이 품으신 목적들은 결코 좌절될 수 없음을 청중이 되새기기 때문이다. 설령 우리가 끝까지 하나님께 저항할지라도, 그분은 마침내 우리를 통해 자신의 영광을 드러내실 것이다. 그러므로 우리가 죄인들에 대한 하나님의 절대적인 주권을 설교하기를 꺼린다면, 이처럼 귀중한 적용이 주는 위로를 놓치게 된다.

물론 여러분의 설교가 오해를 사지 않도록 대비하는 것은 정당한 일이다. 예를 들어 하나님의 주권을 강력히 단언하는 본문에 관해 설교할 때, 우리는 그렇다고 해서 하나님이 죄의 저자이신 것은 아님을 청중에게 설명해 주는 것이 바람직하다. 하나님은 결코 죄를 기뻐하지 않으시며, 사람들로 하여금 죄를 짓도록 이끌어 가지도 않으신다. 본문에서 바로도 시인하듯이, "여호와는 의로우[신]" 분이다(9:27). 하지만 동시에, 우리는 하나님이 죄인들로 하여금 자신들의 죄를 완고히 고집하게 하신다는 개념을 지나치게 약화시킴으로써, 이 본문에 나타난 그분의 의도적이며 자신의 목적을 이루시기 위한 통치에 관한 개념을 놓치는 일이 없도록 주의해야 한다. 이는 하나님이 그분의 법적인 징벌로서, 죄인들을 죄의 속박 아래 내어주시기 때문이다(롬 1:24, 26, 28, 살후 2:10-11).

하나님의 말씀을 부끄럽게 여기지 말라

성경의 다른 본문들에서는, 위의 두 교리 중 하나를 강조하면서도 다른 하나는 거의 언급하지 않는 경우가 있다. 여기서 다시 언급하면, 우리는 설교의 강조점이 그 본문 자체에 의해 통제되도록 허용해야 한다. 성경의 어떤 구절이 다른 구절과 모순되는 것인 양, 그 말씀 때문에 당혹해 하거나 의문을 품어서는 안 된다. 오히려 우리는 성경 전체가 하나의 목소리를 내도록 해야 한다. 성경은 곧 하나님의 음성이며, 하나님은 진리 자체이신 분이기 때문이다.

여기서 에스겔서 18:30-32의 말씀을 한 번 살펴보자.

> 주 여호와의 말씀이니라. 이스라엘 족속아, 내가 너희 각 사람이 행한 대로 심판할지라. 너희는 돌이켜 회개하고 모든 죄에서 떠날지어다. 그리한즉 그것이 너희에게 죄악의 걸림돌이 되지 아니하리라. 너희는 너희가 범한 모든 죄악을 버리고 마음과 영을 새롭게 할지어다. 이스라엘 족속아, 너희가 어찌하여 죽고자 하느냐? 주 여호와의 말씀이니라. 죽을 자가 죽는 것도 내가 기뻐하지 아니하노니 너희는 스스로 돌이키고 살지니라.

여러분이라면 이 본문을 어떻게 체험적인 개혁파의 방식으로 설교하겠는가? 먼저 우리는 이 본문을 다루지 않음으로써 어려움을 쉽게 피해 가려는 유혹에 맞서야 할 것이다. 조나단 에드워즈는 1754년 매사추세츠주의 스톡브리지에서, 북미 인디언 부족들에게 이 본문으로 설교한 바 있다.[6] 우리는 본문 자체의 메시지가 청중에게 전달되도록 해야 한다. 따라서 여기서는 다음의 내용들을 설교해야 한다. (1)주 하나님은 각 사람이 행한 대로 그들을 심판하실 것이다. (2)주 하나님은 각 사람에게 자신의 죄를 모두 회개하고 돌이킬 것을 명하신다. (3)주 하나님은 죄인들이 죽는 것을 기뻐하지 않으신다. 이 진리들 중 어느 것도, 하나님의 무조건적인 선택 교리나 인간의 전적인 부패 교리와 충돌하지 않는다.

여기서 "너희는……마음과 영을 새롭게 할지어다"라는 권고까지도 개혁파 설교에 유익을 준다. 이 구절에서 가르치는 바는 인간에게 그렇게 할 능력이 있다는 것이 아니라 그렇게 해야 할 책임이 있다는 것이며, 특히 우리 마음의 죄로부터 돌이켜서 참된 사랑을 품고 하나님과 그분의 의를 받아들여야 할 절대적인 의무가 있다는 것이다. 따라서 우리는 자기 존재의 중심에서 죄를 뿌리 뽑아야 한다. 에스겔에 따르면, 죄인들은 "음란한 마음"을 품고 있다(겔 6:9). 율법은 우리가 온 마음을 다해 하나님을 사랑할 것을 끊임없이 요구한다. 이에 관해, 장 칼뱅은 이렇게 언급한다. "그러므로 하나님은 죄인들에게 철저한 갱신을 요구하신다. 이에 따라 그들은 율법의 다스림에 외적으로 순응할 뿐 아니라, 내적으로도 하나님을 진실하게 경외하는 삶을 살아가야 한다. 이는 뿌리가 살아 있지 않고서는 좋은 열매를 맺을 수 없기 때문이다."[7] 우리는 죄인들을 향한 이 요구를 청중에게 힘 있게 전함으로써, 회개하지 않는 그들 자신의 책임과 함께 그들에게는 스스로를 구원할 힘이 없음을 보여주어야 한다. 대중적인 설교자들은 회심을 손쉬운 일, 곧 단순한 결심이나 의지적인 행동 정도의 것으로 간주하곤 한다. 하지만 성경적인 설교에서는 인간 자신의 힘으로는 회심에 이를 수 없으며, 오직 하나님만이 그 일을 이루실 수 있음을 분명히 밝힌다. 그러한 회심을 위해서는, 우리 마음속 가장 깊은 곳에 있는 동기와 갈망의 방향이 철저히 바뀌어야만 하기 때문이다.

칼뱅에 따르면, 하나님이 우리에게 새 마음을 얻을 것을 명령하시는 이유는 "그럼으로써 자신이 죄인임을 깨달은 자들이, 더 이상 다른 누군가를 탓하지 못하도록" 하려는 데 있다. 그리고 "선택된 자들의 경우, 하나님이 그들의 의무를 알려 주실 때 그들은 자신의 힘으로 그 의무를 감당할 수 없음을 솔직히 시인하게 된다. 그리하여 그들은 성령의 도우심에 의존하게 되는 것이다. 이때 우리가 제시하는 외적인 권고는, 하나님이 그분의 영을 통해 은혜를 베풀기 위해 쓰시는 일종의 방편이 된다."[8] 처음에 죄인인 우리는 하나님의 주권을 혐오하며 두려워하게 될지도 모른다. 하지만 자신의 죄에서 돌이킬 책임이 있음에도 불구하고 우리 자신에게는 그럴 능력이 없음을 깨달을 때, 하나님의 주권은 우리에게 그분의 가장 감미로운 속성으로 다가오게 된다. 이는 주권적 권세를 가지고 계신 구주만이 우리를 도우실 수 있기 때문이다.

우리가 피해야 할 또 다른 함정은, 한 본문에 관해 설교한 뒤 그 내용에 온갖 조건을 덧붙임으로써 그 메시지의 힘을 잃게 만드는 것이다. 우리는 각 본문의 주된 핵심을 선포해야 한다. 18세기 네덜란드의 '나데러 레포르마시' 운동이 약화된 뒤, 당시의 설교자들 가운데는 본문의 내용을 간단히 살피고 나서 정작 그 본문에서 언급하지 않는 온갖 가르침을 다루는 데 주로 시간을 쏟는 일이 자주 일어났다. 이런 함정에 빠진 설교자들은 결국 설교할 때마다 하나님의 경륜 전체를 설파하려 들게 된다. 하지만 이같이 광범위한 접근 방식은 성경의 특정 본문이 지닌 강조점을 무효로 돌리게 될 수 있다.

한 설교자가 이사야 55:6-7 본문에 관해 말씀을 전한다고 생각해 보자. "너희는 여호와를 만날 만한 때에 찾으라. 가까이 계실 때에 그를 부르라. 악인은 그의 길을, 불의한 자는 그의 생각을 버리고 여호와께로 돌아오라. 그리하면 그가 긍휼히 여기시리라. 우리 하나님께로 돌아오라. 그가 너그럽게 용서하시리라." 먼저 설교자는 우리가 회개하고 죄에서 돌이켜야 할 의무에 관해 몇 마디 말씀을 전한다. 그런 다음 인간의 책임을 언급하는 데 불편함을 느낀 그는, 사람의 힘으로는 죄에서 돌이키는 것이 불가능하다는 점, 하나님이 그분의 주권적인 역사로 회개의 은혜를 베푸신다는 점을 강조하면서 자신의 메시지를 이어간다. 그렇다면 이때 설교자가 한 일은 무엇인가? 그는 이 본문에 실제로 담겨 있지 않은 긴장을 그 속에 집어넣은 것이다. 그는 죄인들에게 회개를 촉구하는 본문의 요지를 약화시켰으며, 오히려 자신의 청중들이 회개하지 않는 것에 관해 좋은 핑곗거리를 제공한 셈이 되었다.

그러므로 체험적인 설교를 전할 때, 하나님의 주권이나 인간의 책임 중 어느 하나를 희생시켜서는 안 된다. 여러분은 오직 자신이 택한 본문에서 강조하는 내용을 있는 그대로 전달해야 한다. 어떤 설교에서는 주권자이신 하나님의 영광에 초점을 맞추는 한편 다른 설교에서는 인간의 책임에 비중을 두며, 또 다른 설교에서는 이 둘 모두를 해설해 나가는 것은 있을 수 있는 일이다. 성경의 한 책을 계속 설교해 나갈 때, 여러분은 하나님이 주시는 지혜에 근거하여 이 두 교리를 모두 균형 있게 제시할 수 있는 기회를 얻게 될 것이다. 이처럼 성경의 한 책을 설교해 나가지 않을 경우, 이 두 교리 중 어느 하나를 소홀히 여기는 방식으로 설교의 본문을 선택하는 일이 없도록 주의해야 한다. 이 경우에는 여러분이 여러 주에 걸쳐 설교해 나가는 동안에, 그 모두를 풍성히 언급할 수 있도록 적절한 안배가 필요하다. 심지어는 여러분의 회중이 극단적 칼뱅주의나 아르미니우스주의 중 어느 한쪽으로 치우쳐 있을 경우에도, 여러분은 그들에게 이 두 진리를 모두 성경적으로 제시하고 확증해 줄 필요가 있다. 만일 여러분이 어느 한쪽으로 치우친 메시지를 전할 경우에는 불화와 분열을 낳게 된다. 어떤 사람들은 여러분의 메시지에 동의하는 반면에, 다른 사람들은 자신의 견해로 여러분의 치우친 입장을 바로잡으려 들 것이기 때문이다.

균형 잡힌 개혁파 설교의 능력과 자유로움

하나님의 주권과 인간의 책임을 모두 받아들일 때, 우리는 효과적인 설교의 능력을 얻게 된다. 장 다니엘 버누아Jean Daniel-Benoit는 칼뱅의 목회 사역에 관한 자신의 연구에서, 개혁신학이 우리의 자유를 마비시키는 운명론으로 전락하지 않았던 이유를 살핀 바 있다. 여기서 그는 이렇게 질문한다. "이와 반대로, 칼뱅주의가 그처럼 열심 있는 분파가 되어 이후의 역사 속에서 대단히 역동적인 영향력을 끼치게 되었던 이유는 어디에 있을까?" 그는 이렇게 답한다. "칼뱅처럼 하나님의 주권을 확고하게 단언한 인물은 없었으며, 마찬가지로 그만큼 인간의 책임을 강조한 사람도 없었다."[9]

하나님의 주권에 순복하면서 말씀 사역의 책임을 감당해 나갈 때, 우리는 생명력 있는 설교자가 된다. 우리가 뿌린 복음의 씨앗에 열매를 맺게 하실 수 있는 분은 하나님뿐이지만, 설교자들 또한 "하나님의 동역자"로서 그 진전의 과정에 신비로운 방식으로 참여하게 된다(고전 3:9). 우리는 마치 스토아 학파의 철학자들이 그랬던 것처럼 전혀 감정의 동요가 없는 방식으로 설교해서는 안 된다. 오히려 우리는 종종 눈물을 흘리면서 간절한 심정으로 말씀을 전했던 바울을 본받아야 한다(행 20:31). 조지 윗필드는 모든 시대에 걸쳐 가장 위대한 복음 전도자 중 한 사람이었다. 그의 영혼은 늘 청교도들이 남긴 체험적인 개혁파의 작품들에 깊이 젖어 있었다. 하나님은 윗필드의 설교를 들어 쓰셔서 교회를 부흥시키셨을 뿐 아니라, 수많은 죄인이 구원을 얻게 하셨다. 그런데 윗필드가 전한 설교의 특징 중 하나는 바로 그가 흘린 눈물에 있었던 것이다. 윗필드는 이렇게 언급했다. "여러분은 내가 쓸데없이 눈물을 흘린다고 나무라곤 합니다. 하지만 지금 여러분의 불멸하는 영혼이 멸망의 문턱에 놓여 있는데도 여러분이 스스로를 위해 눈물을 쏟지 않으니, 내가 어떻게 눈물을 참을 수 있겠습니까?"[10]

오직 성령님만이 우리를 영적으로 거듭나게 하실 수 있으며, 그분은 자신의 주권적인 자유로 그 일을 행하신다(요 3:8). 바울은 갈라디아 교회에 보내는 편지에서 다음과 같이 언급하고 있다. "나의 자녀들아, 너희 속에 그리스도의 형상을 이루기까지 다시 너희를 위하여 해산하는 수고를 하노니……"(갈 4:19). 여기서 "다시 너희를 위하여 해산하는 수고를 하노니"라는 구절은, 바울이 그들에게 처음 복음을 전할 때 마치 아이를 낳는 어머니처럼 수고를 아끼지 않았음을 의미한다. 이보다 더 강렬하고 깊은 고통이 어디에 있겠는가? 그러므로 우리 역시 설교의 책임을 감당하기 위해 온갖 수고를 아끼지 않아야 한다. 우리는 성경 본문을 연구하고 설교문을 작성할 때뿐 아니라, 말씀을 실제로 전할 때도 죄인들이 회심에 이르도록 온 힘을 다해 애쓰면서 하나님이 힘 있게 역사하시기를 기대해야 한다(골 1:29). 주권자이신 하나님의 말씀이 그분께로 헛되이 돌아가지 않을 것임을 확신할 때, 우리는 겸손한 소망을 품고서 자신의 메시지를 전하는 일에 마음을 쏟을 수 있다(사 55:10-11).

개혁파 설교의 성경적, 교리적, 체험적, 실천적인 요소들을 받아들이기

설교에는 여러 측면이 있으며, 기독교적인 체험은 그중 하나일 뿐이다. 물론 우리가 그 체험을 소홀히 여긴다면, 적어도 그 정도까지 우리의 설교는 빈약해지게 된다. 그러나 기독교적인 체험을 설교의 전부로 삼으려 할 경우, 우리는 심각할 정도로 균형을 잃고서 성경의 가르침을 온전하지 못한 형태로 제시하게 될 것이다.

베드로가 오순절에 전했던 설교의 측면들을 생각해 보자(행 2:14-40). 그가 전한 설교는 **성경적인** 성격을 지닌 것이었다. 그는 요엘서 2장과 시편 16편, 시편 110편을 인용했으며, 다른 여러 구약의 본문을 암시했다. 때로는 자신이 인용한 본문의 의미를 설명해 나갔다. 예를 들어 베드로는 하나님이 "주의 거룩한 자로 썩음을 당하지 않게 하실 것"(행 2:27)이라는 다윗의 고백이 (이미 세상을 떠났으며 그 몸이 부패해 버린) 다윗 자신에게 적용되지 않음을 지적하면서, 그 구절이 그리스도의 부활을 가리키는 예언임을 보여주었다(27-31절). 곧 베드로는 하나님이 다윗을 상대로 맺으신 언약의 약속들에 호소하면서, 성경신학적인 작업을 통해 자신의 메시지를 청중에게 전달했던 것이다.

베드로가 전한 설교는 **교리적인** 성격을 지녔다. 그는 "하나님께서 정하신 뜻과 미리 아신 대로" 이 일을 행하셨음을 확언했으며(23절), 그분이 자신의 주권적인 작정에 따라 우리를 구원하시려고 사악한 자들을 도구로 삼아 자신의 아들을 죽음에 넘겨주셨음을 선포했다(22-23절). 또한 그는 그리스도께서 부활하셔서 하나님의 보좌 우편에 오르신 일을 가르쳤는데(32-33절), 이런 일들은 역사적인 사실일 뿐 아니라 하나님의 뜻에 따라 예수께서 성령의 충만함을 받으시고 "주와 그리스도"가 되셨음을 보여주는 것이었다(33, 36절). 그러므로 그의 설교에서는 영원한 작정과 그 작정의 섭리적인 시행, 하나님의 언약적인 약속과 그리스도의 성육신, 그분이 이 땅에서 행하신 사역, 그분이 자신을 낮추시고 죄에 대한 제물로서 감당하신 죽음, 그분이 부활하신 뒤 높임을 받고 하늘 보좌에 오르신 일과 더불어, 그리스도의 인격과 사역에 연관되는 것으로 성령의 인격과 사역에 관한 교리들을 다루고 있다.

베드로가 오순절에 전했던 설교는 그 내용 면에서 **체험적인** 것이었다. 그는 당시 제자들이 겪은 성령 충만의 체험을 성경에 근거하여 설명하고, 그 정당성을 입증했다(16절). 그 설교는 청중을 영적으로 구별하는 측면에서도 체험적인 성격을 지녔다. 당시 베드로는 예수님을 죽인 자들의 사악함을 드러내면서 그들이 하나님과 그분께 속한 그리스도의 원수임을 선포했고, 동시에 회개하고 그리스도께로 나아온 자들을 위로하면서 그들이 성령을 받게 될 것임을 약속했던 것이다(38절). 또한 베드로의 설교는 그 효력 면에서도 체험적인 성격을 지녔다. 당시 그의 메시지는 많은 청중의 마음을 뒤흔들었으며, 이로 인해 그들은 이렇게 부르짖었다. "구원을 받기 위해서는 우리가 어찌해야 할꼬?"(37절)

베드로의 설교는 **실천적인** 성격을 지녔다. 당시 그는 자신의 청중들을 향해 이렇게 권고했다. "너희가 회개하여 각각 예수 그리스도의 이름으로 세례를 받고 죄 사함을 받으라"(38절). 이때 그가 제시한 적용은 아마 사도행전 본문에 기록된 메시지의 내용보다 훨씬 더 길었을 것이다. 이 본문에 따르면, 당시 베드로는 "여러 다른 말"로써 "이 패역한 세대에서 구원을 받을" 것을 그들에게 권고했기 때문이다(40절).

당시 베드로가 전했던 설교에 이런 요소들 중 어느 하나가 빠져 있었다면, 그 메시지가 얼마나 불완전한 것이 되었겠는지 한번 생각해 보자. 그가 설교 내내 체험적인 요소만을 강조했다면, 그 결과는 어떻게 되었겠는가? 그가 성경의 증거에 호소하지 않았다면, 그가 전한 메시지는 다른 유대인들에게 아무 권위를 지니지 못했을 것이다. 그들은 베드로를 스스로 지어낸 말과 생각을 설파하는 거짓 선지자로 여겼을 것이 분명하다. 그의 메시지에 실천적인 측면이 빠져 있었다면, 그는 다음과 같은 청중의 절박한 질문에 아무 답을 주지 못했을 것이다. "우리가 구원을 얻으려면 어떻게 해야 합니까?" 그의 메시지에 교리적인 측면이 빠져 있었다면, 그의 말을 듣는 청중들은 오순절의 영적인 현상이 의미하는 바를 제대로 깨닫지 못했을 것이다. 이때 오순절의 현상이 나타냈던 바는 하나님의 주권적인 계획이 예수님 안에서 그 절정에 이르렀으며, 이제 예수님이 부활하신 그리스도이자 만유의 주님으로서 보좌에 좌정하셨다는 데 있었다. 만일 베드로가 이 점을 언급하지 않았다면, 그의 설교는 그리스도 중심의 메시지가 아니라 단지 눈에 보이는 현상이나 추상적인 개념들에 초점을 둔 설교가 되었을 것이다.

그러므로 우리는 설교할 때 이 네 가지 요소를 모두 풍성히 전달해야 한다. 이것이 곧 성경적이며 교리적이고, 체험적이며 실천적인 요소들이다. 여러분의 회중 가운데 어떤 자들은 이 중 한두 가지 요소만 담긴 것이 진정한 설교라고 여길지도 모른다. 따라서 이와 다른 요소들을 설교 중에 언급할 때, 여러분은 "시간을 허비하는 일"에 대해 상당한 불평을 살 수도 있다. 하지만 여러분은 그런 불평을 끈기 있게 감수하면서 자신의 입장을 고수해야 한다. 이 모든 요소가 우리의 설교 가운데 조화롭게 나타날 때, 시간이 지남에 따라 참된 신자들은 그 내용에 점점 더 공감하게 될 것이다.

여러분이 체험적인 개혁파 설교를 균형 있게 전한다는 이유로 어떤 청중들이 비난해 올 때, 여러분은 그들에게 인내심을 보여야 한다. 그들을 사랑으로 품어 주도록 하라. 여러분은 그들이 많은 책이나 다른 사람들의 가르침을 통해 얻은 유익을 미처 누리지 못했을 수도 있다는 점을 기억해야 한다. 여러분 자신의 경우에도, 현재 얻게 된 설교에 관한 이해에 이르기까지 오랜 시간이 걸리지 않았던가? 그들에게도 시간을 주어야 한다. 여러 해가 지나는 동안, 이런 설교는 그들의 삶에 더 온전한 균형을 가져다줄 것이다. 그들은 성경적인 동시에 교리적이며 체험적인 동시에 실천적인 설교의 가치를 점점 더 깨닫고, 그런 설교를 더욱 깊이 사모하게 될 것이다.

적용의 다양성 받아들이기

바울은 데살로니가전서 5:14에서 이렇게 권고한다. "또 형제들아, 너희를 권면하노니 게으른 자들을 권계하며 마음이 약한 자들을 격려하고 힘이 없는 자들을 붙들어 주며 모든 사람에게 오래 참으라." 성경은 여기서 다양한 영적 상태에 처한 자들에게 각기 다른 방식으로 하나님의 진리를 적용하되, 늘 사랑으로 할 것을 요구하고 있다. 이 책의 앞선 장들에서, 우리는 윌리엄 퍼킨스나 네덜란드의 신학자들이 하나님의 말씀을 바르게 분별하고 각 청중에게 적합한 내용을 전해 주기 위해 다양한 분류의 도식을 활용했던 것을 살펴보았다. 이런 도식들에서 청중들은 다양한 영적 상태의 범주에 속한 자들로 분류되며, 설교자는 그들 각자에게 걸맞은 구체적인 적용을 제시할 수 있었다. 이런 방법론들에는 그 같은 적용이 가능하다는 장점이 있지만, 다른 한편으로는 적용이 너무 엄격하게 이루어지거나 비슷한 적용이 되풀이될 위험성도 있다.

존 제닝스John Jennings, 1687-1723년경는 비국교도 목회자로서, 필립 도드리지Philip Doddridge, 1702-1751의 스승이었던 인물이다. 그는 '구체적인 설교'를 다루는 논문을 집필했는데, 그의 글은 위의 입장에서 우리에게 많은 도움을 준다.[11] 제닝스의 경우, 청중들을 고정된 범주들 속에 가두어 두지는 않았다. 하지만 그는 청중들이 처할 수 있는 영적인 상태를 여러 가지로 분류했으며, 이를 통해 그들 각자가 처한 상태를 구체적으로 다루어야 한다는 점을 일깨워 주었다. 제닝스에 따르면, 우리가 설교할 때 "많은 주제의 경우, 그 적용을 살피는 가운데 다양한 처지와 상태에 놓인 자들에게 적합한 생각들이 뚜렷이 떠오를 수 있다." 그리고 그 내용을 청중 각자의 경우에 맞게 "구체적이며 생동감 있는" 방식으로 적용하는 것은 "이 적용의 과정 가운데서도 가장 밀접하고 중요하며 유익한 부분"이 된다.[12] 이에 관해, 그는 몇 가지 예를 든다. 제닝스에 따르면, 설교자는 때때로 다음의 일들을 행해야만 한다.

1. "조롱하는 자들"을 책망하며 "우리의 말에 반대하는 자들을 논박하기." 이는 다음과 같은 성경 구절들에서 나타난다. "보라 멸시하는 사람들아, 너희는 놀라고 멸망하라"(행 13:41), "어리석은 자여, 네가 뿌리는 씨가 죽지 않으면 살아나지 못하겠고"(고전 15:36).

2. 세속적이며 무지한 죄인들을 향해, 그들이 회개하지 않으면 일어나게 될 일들에 대한 두려움을 일깨워 주기. "화 있을진저. 시온에서 교만한 자……들이여"(암 6:1). "목이 곧고 마음과 귀에 할례를 받지 못한 사람들아"(행 7:51).

3. 자신의 죄를 깨달은 죄인들을 그리스도께로 인도하기. "네가 물으려거든 물으라. 너희는 돌아올지니라"(사 21:12). "너희가 회개하여 각각 예수 그리스도의 이름으로 세례를 받고 죄 사함을 받으라. 그리하면 성령

의 선물을 받으리니"(행 2:38).

4. 자신의 의를 내세우는 "도덕주의자들을 상대로 논증하면서", 다음과 같은 성경의 가르침들이 옳음을 보여주기. "우리는 다 부정한 자 같아서 우리의 의는 다 더러운 옷 같으며"(사 64:6). "그러므로 율법의 행위로 그의 앞에 의롭다 하심을 얻을 육체가 없나니 율법으로는 죄를 깨달음이니라"(롬 3:20).

5. "교만한 위선자들의 정체를 드러내고 책망하기." 이에 관해서는 이런 말씀이 있다. "행함이 없는 네 믿음을 내게 보이라……귀신들도 믿고 떠느니라"(약 2:18-19).

6. "미약한 그리스도인들을 격려하고 분발시키기." 이에 관해서는 다음 말씀이 있다. "너희가 듣는 것이 둔하므로……때가 오래 되었으므로 너희가 마땅히 선생이 되었을 터인데 너희가 다시 하나님의 말씀의 초보에 대하여 누구에게서 가르침을 받아야 할 처지이니 단단한 음식은 못 먹고 젖이나 먹어야 할 자가 되었도다"(히 5:11-12).

7. 자신의 죄를 깨닫고 각성했다가 다시금 이전의 상태로 타락하고 있는 그리스도인들을 책망하고, 그들에게 "일깨어 그 남은 바 죽게 된 것을 굳건하게" 할 것을 권고하기(계 3:2).

8. "핍박과 환난 중에 처한" 신자들을 격려하면서 하나님의 약속을 일깨워 주기. "네가 물 가운데로 지날 때에 내가 너와 함께 할 것이라. 강을 건널 때에 물이 너를 침몰하지 못할 것이며 네가 불 가운데로 지날 때에 타지도 아니할 것이요 불꽃이 너를 사르지도 못하리니"(사 43:2).

9. 성숙한 확신을 지닌 그리스도인들에게 "연약한 자들을 배려할" 것을 가르치고 권면하기. 이에 관해서는 다음 말씀이 있다. "믿음이 연약한 자를 너희가 받되……먹는 자는 먹지 않는 자를 업신여기지 말고"(롬 14:1, 3).

10. 자신의 죄악됨을 느끼면서 "신음하는" 자들을 그리스도께로 인도하기. "우리는 다 양 같아서 그릇 행하여 각기 제 길로 갔거늘 여호와께서는 우리 모두의 죄악을 그에게 담당시키셨도다"(사 53:6). "누가 죄를 범하여도 아버지 앞에서 우리에게 대언자가 있으니 곧 의로우신 예수 그리스도시라"(요일 2:1).

11. 상한 심령으로 겸손히 "통회하는" 자들을 위로하고, 다음과 같은 하나님의 말씀을 일깨워 주기. "무릇 마음이 가난하고 심령에 통회하며 내 말을 듣고 떠는 자 그 사람은 내가 돌보려니와"(사 66:2).

12. "방향"을 잃은 자들을 이끌어 다음과 같이 기도하도록 권면하기. "내 길을 굳게 정하사 주의 율례를 지키게 하소서"(시 119:5). 그들에게 다음의 말씀을 일깨워 주기. "너희 중에 누구든지 지혜가 부족하거든 모든 사람에게 후히 주시고 꾸짖지 아니하시는 하나님께 구하라. 그리하면 주시리라"(약 1:5).

13. 영적으로 버림받았다는 느낌 때문에 고통받는 자들을 돕고, 괴로움 속에서도 계속 하나님을 신뢰하며 나아가도록 권면하기. "너희 중에 여호와를 경외하며 그의 종의 목소리를 청종하는 자가 누구냐. 흑암 중에 행하여 빛이 없는 자라도 여호와의 이름을 의뢰하며 자기 하나님께 의지할지어다"(사 50:10).[13]

이것은 우리가 설교할 때마다 언급한 열세 가지의 영적인 상황들을 모두 다루어야 한다는 뜻이 아니다. 성경의 각 본문을 연구하면서 우리의 청중이 지닌 특성을 살펴 나갈 때, 매 설교마다 적용하기에 적합한 일부 상황들이 파악될 것이다. 하지만 위의 목록들은 여전히 유용하다. 이 목록들을 참조할 때, 잠시 뒤로 물러나서 우리 자신의 설교를 살피면서, 그 가운데 다양한 영적인 상황에 대해 적용이 제대로 이루어지고 있는지 점검할 수 있기 때문이다. 우리는 적용을 제시할 때, 타성에 젖은 채 똑같은 영적인 문제나 상황들을 다루기 쉽다. 그러므로 이 문제에서 설교자는 다양성을 키워 가야 한다.

아이작 와츠Isaac Watts, 1674-1748는 제닝스의 이 글을 추천하면서 이렇게 언급했다. "설교자가 청중을 개인적으로 잘 알지 못하는데도 그 청중이 저마다 설교에서 자신의 상태가 언급되는 것을 경험한다면, 하나님의 말씀이 얼마나 효과적으로 그들의 양심에 더욱 영향을 미치게 되겠는가? 각 사람의 상태에 참으로 알맞은 책망이나 권고, 위로의 말씀이 선포되어서 그 메시지를 자기 자신을 위한 것으로 받아들이게 된다면, 유익이 얼마나 크겠는가!"[14] 이 같은 우리의 설교를 통해, 회중이 각기 하나님께서 구체적으로 자신의 상황에 대해 말씀하셨다고 여기게 된다면, 그것은 큰 복이다.

결론

나는 이번 장을 열면서 균형 잡힌 설교를 위해 노력할 것을 호소했으며, 마지막 부분에서는 풍성함과 다양성을 추구할 것을 요청했다. 이는 설교자인 우리가 성경의 풍성한 내용을 온전히 받아들일 때 설교의 균형이 생겨나기 때문이다. 객관적인 진리와 주관적인 체험을 다룰 때든, 하나님의 주권과 인간의 책임을 논할 때든, 해답은 '이것이냐 저것이냐'가 아니라 '이것과 함께 저것도'에 있다. 성경적이며 교리적인 동시에 체험적이고 실천적인 설교의 문제를 다룰 때나, 신자와 불신자의 다양한 영적 상태에 맞게 적용을 제시하는 문제를 살필 때도 마찬가지다. 이렇게 할 때, 설교자는 성경의 다양한 본문을 설교해 가면서 회중 앞에 여러 가지 음식의 영양가 높은 잔칫상을 차려낼 수 있다. 이럴 때에야 회중이 섭취하는 영적인 식단에 중요한 영양소나 자양분이 결핍되지 않을 수 있고, 영적으로 병들거나 죽게 될 위험을 피할 수 있다. 또한 교회는 온전한 성숙을 향해 자라가면서, "그리스도의 장성한 분량이 충만한 데까지" 나아가게 된다(엡 4:13).

21장 적용은 설교자 자신에게서 시작된다

여러분은 단순히 머리로 아는 지식이나 책에서 얻은 지식만으로는 체험적인 설교자가 될 수 없다. 우리는 이런 질문을 품게 된다. "과거의 사람들은 어떻게 체험적인 설교를 효과적으로 전할 수 있었을까? 우리는 어떻게 그런 설교를 전할 수 있을까?" 이 책에서 언급해 왔듯이, 더 나은 체험적인 설교자가 되기 위한 노력의 많은 부분은 하나님의 말씀을 적절히 적용하는 일에 힘쓰는 데 있다. 그러므로 우리에게는 성경의 가르침을 자신의 마음과 삶에 인격적으로 적용해야 할 중대한 필요성이 있다.

존 브로더스John Broadus, 1827-1895에 따르면, 적용은 그저 우리의 가르침에 추가된 "부록 같은 것"이 아니다. 적용은 우리의 설교에 "수행해야 할 주된 과업"이며, 모든 설교의 목표와도 같다.[1] 그렇다면 적용이란 무엇일까? 브로더스에 따르면, 적용은 "우리의 설교에서 다룬 주제가 청중의 삶에 어떻게 접목되며, 그들이 그 주제에서 얻을 수 있는 실제적인 지침은 무엇인지, 또 그 주제로 인해 그들에게 부과되는 실제적인 요구들은 무엇인지"를 보여주는 작업이다. 여기서 우리는 그가 실제적인 성격을 강조하는 점에 유의할 필요가 있다. 그에 따르면, 이런 성격은 곧 청중을 특정한 방향으로 인도하는 데 초점을 두고서 "그들의 감정과 의지에 다가가는" 일을 가리킨다.[2]

설교자들은 청중에게 영적인 적용을 제시하는 능력을 어떻게 키워갈 수 있을까? 이 질문에 답하기 위해서는 다음의 몇 가지 질문을 살필 필요가 있다.

- 우리는 어떻게 사역할 때 효과적인 적용을 수행할 수 있을까?(21장)
- 우리는 구체적인 영역에 속한 교리들을 어떻게 적용해야 할까?(22장)
- 그리스도와 복음을 청중의 마음에 닿도록 설교하려면 어떻게 해야 할까?(23장)
- 어떻게 하면 청중의 삶 가운데 거룩함이 증진되도록 설교할 수 있을까?(24장)

이어지는 장들에서 우리는 위의 질문들을 다루어볼 것이다. 이번 장에서는 그중 첫 번째 질문을 살펴보려 한다. "우리는 어떻게 사역할 때 효과적인 적용을 수행할 수 있을까?" 이 질문에 답하기 위해서는, 설교에 관한 논의에서 잠시 물러서서 성경을 체험적으로 적용하는 일에 우리의 전반적인 사역이 어떤 도움을 주는지(또는 방해가 되는지)에 관해 생각해 볼 필요가 있다.

하나님의 진리를 인간의 경험에 효과적으로 적용하기 위해서는, 다음의 몇 가지 일들이 필요하다. 하나님과 동행하는 생활 방식과 지속적인 연구, 인간 본성에 관한 배움, 성령의 기름 부음을 받기 위한 지속적인 기도, 마음속에서 자연스럽게 우러나오는 방식으로 말하기, 순전한 동기를 키워 나가기 등이 바로 그것이다. 이제 이 요소들을 하나씩 살펴보자.

하나님과 친밀하게 동행하기

우리의 삶과 사역은 서로 밀접히 연관되어 있다. 성경에서는 바나바의 인품에 관해, 그는 "착한 사람이요 성령과 믿음이 충만한 사람"이었다고 언급한다. 그런 다음에는 "큰 무리가 주께 더하여[졌다]"고 서술하고 있다(행 11:24). 바나바는 자신의 성령 충만한 삶을 통해, 성령의 능력으로 풍성히 열매 맺는 사역을 감당하게 되었던 것이다. 이같이 영적인 사람이 아니라면, 우리가 어떻게 영적인 설교를 전할 수 있겠는가? 이에 관해, 제임스 브라가James Braga는 이렇게 언급한다. "청중의 마음을 따스하게 감동시키며 그들의 체험을 자극하는 설교는 냉랭한 지성주의적인 분위기 속에서 생겨나는 것이 아니라, 주님과의 친밀하고 지속적인 교제를 통해 이루어진다."[3] 빛과 온기가 가득 담긴 설교를 전하기 위해서는, 먼저 우리 자신의 삶이 환하게 빛나야만 한다. 이것은 신비주의적인 표현이 아니라, 하나님과 밀접히 동행하는 삶에서 흘러나오는 성경적인 온기를 키워 나가야 한다는 요청이다.

이에 관해, 토머스 브룩스Thomas Brooks, 1608-1680는 이렇게 언급한다. "설교자의 삶은 그가 가르친 교리들에 대한 주석이 되어야 하며, 그가 몸소 보이는 실천은 그가 전한 설교들의 닮은꼴[사본]이 되어야 한다. 하늘의 교리들은, 언제나 하늘에 속한 삶을 통해 더욱 밝히 드러나는 것이 마땅하다."[4]

만일 여러분이 하나님을 멀리 떠난 채 살아간다면, 체험적인 설교를 제대로 전달하는 자가 될 수 없다. 이것은 불가능한 일이다. 여러분 자신이 하나님과 친밀하고 인격적인 관계를 맺고 있는 것처럼 언제까지나 가장할 수는 없기 때문이다. 때로는 한두 주 정도 다른 교회를 방문해서 설교하는 동안 멋진 모습을 보여줄 수 있을지도 모른다. 하지만 얼마의 시간이 지나면, 사람들은 여러분의 본모습을 꿰뚫어 보게 될 것이다. 결국에는 진실이 드러나기 마련이다.

우리는 목회자로서 이 점을 잘 알고 있다. 때로 여러분은 어떤 사람의 가정을 방문하고 나서 매우 좋은 인상을 받게 될지 모른다. 하지만 몇 주 뒤에 그 가정에 속한 젊은이가 조언을 청하려고 찾아올 때, 여러분은 그 가정이 재앙과도 같은 상황에 놓여 있음을 발견하게 된다. 이와 마찬가지로, 여러분의 회중 역시 결국에는 여러분이 어떤 사람인지를 알게 될 것이다. 여러분과 동역하는 사람들, 이를테면 교회의 직원이나 동료 직분자들의 경우에 특히 그러하다.

여러분이 교회에서 몇 년간 사역하고 나면, 회중은 여러분이 전할 수 있는 최상의 설교들(일부 최악의 설교들)을 이미 다 들은 상태가 될 것이다. 그때쯤 되면, 회중이 처음에 여러분의 설교를 들으면서 느꼈던 신선함과 흥분은 오래전에 사라진 상태가 된다. 그러나 여러분이 늘 하나님께 가까이 나아가는 삶을 살아간다는 점을 회중이 느낀다면, 그것을 통해 여러분의 많은 약점이나 불완전함은 덮어지게 될 것이다. 그리고 회중은 이같이 고백할 것이다. "적어도 우리 교회의 강단에는 하나님의 사 람이 설교하고 있어." 회중이 여러분을 향해 근본적인 존중을 간직하고 있을 때, 그들은 여러분의 메시지, 또는 하나님이 여러분을 통해 말씀하시고자 하는 메시지를 기꺼이 경청하려 할 것이다.

존 오웬에 따르면, 목회자는 우리가 다른 사람들에게 전하는 일들에 담긴 능력을 직접 체험할 필요가 있다. 오웬은 이렇게 말을 이어간다. "어떤 사람이 자신의 설교를 먼저 스스로의 마음을 향해 증거하지 않는다면, 그는 다른 사람들에게도 그 설교를 제대로 전할 수 없다.……설교자가 자신의 마음속에서 그 말씀의 능력을 체험하지 못하는 한, 그는 그 말씀이 다른 사람들의 마음에 능력 있게 역사할 것이라고 확신할 수 없다. 이때 우리는 설교에 온 마음을 쏟기보다, 지식만으로 메시지를 전하게 되기가 쉽다."[5]

과연 여러분의 삶에서는 참되고 순전한 기독교 신앙이 나타나고 있는가? 목회자인 우리에게 이것은 근본적인 질문이다. 우리의 삶에 진정성이 결여되어 있을 경우, 다른 어떤 것으로도 그 빈자리를 대체할 수 없다. 우리에게 아무리 뛰어난 은사나 주해의 기술이 있어도 마찬가지다. 물론 하나님과 진실하게 동행하는 것만으로 목회 사역에 필요한 모든 요건이 충족되는 것은 아니다. 하지만 그분과 동행하는 삶은 목회 사역의 필수적인 요소이며, 다른 모든 요건을 위한 근본적인 토대가 된다.

우리가 하나님과 친밀하게 동행하는 삶을 살기 위해서는 은혜의 방편들을 꾸준히 활용해야 한다. 그리스도인의 삶에 있어서 노력을 쏟아야 할 여러 분야가 있지만, 여기서는 특히 다음의 한 가지를 강조하려 한다. 그것은 바로 **성경 묵상**이다. 체험적인 설교자가 되기 위해서는 먼저 우리 자신이 성경 안에 거하고, 또 성경이 우리 안에 거해야 한다. 우리가 효력 있는 기도와 열매 맺는 삶으로 나아가는 길은 바로 여기에 있다. 이에 관해, 주님은 말씀하신다. "너희가 내 안에 거하고 내 말이 너희 안에 거하면 무엇이든지 원하는 대로 구하라. 그리하면 이루리라. 너희가 열매를 많이 맺으면 내 아버지께서 영광을 받으실 것이요 너희는 내 제자가 되리라"(요 15:7-8). 이처럼 하나님의 말씀을 묵상하는 것은 세상을 좇는 것에 대한 유일한 대안이며, 생명의 샘물을 마음껏 마실 수 있는 유일한 길이 된다. 이것이 바로 복 있는 삶이다(시 1:1-3).

여러분은 성경을 자기 영혼의 양식으로 삼고, 그 말씀을 날마다 부지런히 읽어가야 한다. 성경의 본문들을 체계적으로 읽어 나가면서 그 전체를 규칙적으로, 또 지속적으로 묵상하기 바란다. 그 내용은 모두 하나님의 감동으로 기록된 것들이며, 하나님의 백성인 우리에게 유익을 끼치는 것들이다. 하나님의 말씀은 우리가 지향하는 성화의 핵심이자 우리 영혼의 생명줄이며, 우리가 수행하는 사역의 토대가 된다. 예수님은 당시의 이스라엘 백성에게 이렇게 훈계하신 일이 있다. "너희가 성경도, 하나님의 능력도 알지 못하는 고로 오해하였도다"(마 22:29). 만일 교인들이 사역자인 우리를 향해 이같이 지적해야 하는 상황이 온다면, 얼마나 참담한 일이겠는가? 우리는 선지자 예레미야처럼, 이렇게 고백할 수 있어야 한다. "내가 주의 말씀을 얻어 먹었사오니 주의 말씀은 내게 기쁨과 내 마음의 즐거움이오나"(렘 15:16). 과연 여러분의 아내와 자녀, 가장 친한 벗들은 여러분이 마치 가장 아끼는 음식을 대하듯이 하나님의 말씀을 사랑하는 사람이라고 증언할 수 있겠는가?

음식을 섭취하는 일은 묵상에 관한 적절한 은유다. 우리는 자기 앞에 놓인 음식을 바라보고만 있어서는 안 된다. 우리는 그 음식을 씹고 삼키며 소화시켜서 우리 몸의 일부로 만들어야 한다. 우리가 하나님의 말씀을 영혼의 양식으로 삼는 방식 역시 이와 비슷하다. 토머스 맨턴은 이렇게 언급한 바 있다. "하나님의 약속들을 묵상함으로써 계속 양분을 공급하지 않는 한, 우리의 신앙은 서서히 쇠약해지게 된다."[6]

여기서 성경 묵상에 관한 청교도들의 몇 가지 지침을 소개하려 한다.[7] 우선 이 일에 있어 성령께서 도움을 베풀어 주시기를 기도하라. 여러분은 시편 119:18의 말씀을 활용할 수 있다. "내 눈을 열어서 주의 율법에서 놀라운 것을 보게 하소서." 그러고는 성경의 한 부분을 읽은 다음 그중의 한 구절이나, 어떤 절 또는 단락에서 추론되는 교리에 초점을 맞추라. 이때 그 구절이나 교리는 자신의 삶에 적용할 수 있는 내용이 담긴 것이어야 한다. 그런 다음 그 내용을 기억할 수 있도록, 그 구절이나 교리를 여러 번 되풀이해서 암송해 보라. 그 내용의 의미를 숙고하고, 여러분이라면 그 내용을 어떻게 설명하겠는지를 생각해 보기 바란다. 여러분의 마음 가운데서 하나님을 향한 사랑이 깊어질 수 있도록, 그 진리를 스스로에게 설교해 보라. 여러분의 마음에 품은 뜻이 하나님의 뜻을 향해 나아가게 하고, 여러분이 묵상한 내용을 주님께 드리는 기도와 찬미로 바꾸어 보기 바란다. 여러분 자신의 생각과 기도를 일지에 적어 보는 것도 도움이 된다. 기록하는 습관을 들일 때, 우리는 자신의 생각을 뚜렷이 가다듬고 그 초점을 정돈할 수 있다. 이를 통해 우리는 하나님이 자신의 영혼을 돌보아 주신 일에 관해 귀중한 기록을 남기게 되며, 이는 우리 자신에게나 이후 자녀들에게 큰 힘이 될 수 있다.

말씀을 묵상할 때, 성경의 내용은 우리 영혼의 내면에 새겨지게 된다. 우리는 그 묵상을 통해, 영적인 전투를 위한 참된 지혜를 얻을 수 있다. 이에 관해, 시편 119:97-99에서는 이렇게 고백한다. "내가 주의 법을 어찌 그리 사랑하는지요! 내가 그것을 종일 작은 소리로 읊조리나이다. 주의 계명들이 항상 나와 함께하므로 그것들이 나를 원수보다 지혜롭게 하나이다. 내가 주의 증거들을 늘 읊조리므로 나의 명철함이 나의 모든 스승보다 나으며." 묵상은 우리 기도의 펌프를 위한 마중물의 역할을 한다. 이를 통해 우리는 기도할 때 하나님의 말씀을 그분께 다시 들려드릴 수 있으며, 하나님은 그분 자신의 음성을 듣는 일을 기쁘게 여기신다.

책들을 연구하기

성경을 읽고 묵상하는 일은 지성과 영혼의 양식을 얻는 데 꼭 필요하다. 이와 동시에, 우리의 지성과 영혼을 예리하게 다듬고 살찌우며 그 폭을 넓힐 수 있도록 유익한 책들을 읽고 연구하는 일 역시 매우 중요하다. 에스라 7:9에서는 에스라에 관해, "하나님의 선한 손의 도우심을 입[었다]" 고 언급한다. 그러면 에스라가 이같이 하나님이 행하시는 위대한 일들에 쓰임받은 이유는 어디에 있었을까? 10절에서는 이렇게 설명한다. "에스라가 여호와의 율법을 연구하여 준행하며 율례와 규례를 이스라엘에게 가르치기로 결심하였었더라." 에스라는 이미 "모세의 율법에 익숙한 학자"였지만(6절), 그럼에도 하나님의 말씀을 배우고 탐구하는 일에 계속 마음을 쏟았다. 우리 역시 배우고 익히는 일을 멈추어서는 안 된다.

교리를 다루는 데 전념하도록 부름받은 자로서, 설교자는 다른 그리스도인들보다 더 철저한 자세로 신학 연구에 몰두해야 한다. 목수나 기계공들이 연장을 장만하듯, 설교자는 자기만의 서재를 가꾸어야 한다. 과거의 위대한 교사들을 여러분의 스승으로 삼으라. 장 칼뱅이나 리처드 십스, 존 버니언 같은 거장들 중 한 사람을 골라서 그의 저작들을 한두 해 이상 탐독하고, 그의 신학이나 특히 그의 설교들에 깊이 빠져 보기 바란다. 이와 더불어 그 인물의 생애를 더 깊이 알아갈 수 있도록, 그의 전기들을 읽어 보라. 신학교 재학 시절에 여러분은 교수들의 가르침을 받는 데 많은 시간과 돈을 들이게 된다. 그러니 신학교를 마친 뒤에는 종교개혁자와 청교도들 아래서 배움을 이어가지 않을 이유가 어디 있겠는가?

특히 과거의 체험적인 개혁파 서적들을 연구하는 데 마음을 쏟기를 여러분에게 권면한다. 이런 책들은 우리의 지성을 일깨우는 동시에 마음 또한 풍성히 살찌워 줄 것이다. 이 책의 중심 부분이 종교개혁자와 청교도들, 네덜란드의 진전된 종교개혁에 속한 신학자들이 전한 설교를 살피는 장들로 구성되어 있는 것은 결코 우연이 아니다. 지금 우리는 과거의 위대한 저작들을 접하기가 이전의 어떤 시대보다도 더 편리한 시대를 살아가고 있다. 이 기회를 최대한 잘 활용하기 바란다. 현재 목회자들이 즐겨 읽는 많은 책들의 경우, 단기간의 인기 경쟁에서는 승리를 거둘지 모르지만 그 속에는 성경적인 내용이나 영적인 깊이가 거의 담겨 있지 않다. 물론 지금도 개혁파의 입장에 충실한 책들이 출간되고 있지만, 과거의 저자들이 남긴 것만큼 천상의 분위기가 깊이 스며들어 있는 책은 거의 없다. 지금 나는 과거에 대한 향수에 취해 이처럼 언급하는 것이 아니다. 오히려 그 이유는, 이 저자들의 경우 교회의 개혁과 부흥을 위해 성령께서 강하게 임재하셨던 시기에 그 작품들을 남겼다는 데 있다.

우리가 독서를 통해 유익을 얻는 최선의 길은 독서와 기도를 병행하는 데 있다. 달리 말해, 얼마간 책을 읽은 뒤에는 그 읽은 내용을 생각하면서 기도하라. 그런 다음에는 책의 내용을 좀 더 읽어 나가고, 다시 기도하기 바란다. 이런 독서 방식은 여러분 자신이 읽은 내용에 관해 생각하는 데 도움을 준다. 우리는 이 노력을 통해 하나님이 주시는 능력을 얻게 되며, 우리가 연구한 내용은 자신과 다른 사람들의 삶에서 풍성한 열매를 맺게 된다. 또한 여러분은 책을 읽는 동안 밑줄을 긋거나 여백에 기록하는 일, 혹은 간단한 개요 정리를 통해서도 유익을 얻을 수 있다. (오래된 책에 메모할 경우에는 샤프를 쓰기 바란다. 이를 통해 펜의 잉크가 종이에 점차 스며들어 본문의 글씨가 흐려지게 되는 일을 막을 수 있다.) 이처럼 책의 내용에 정신적으로나 영적으로 계속 몰입할 수 있도록 중간에 잠시 기도하거나 메모하는 습관을 들이지 않으면, 여러분은 여러 페이지를 훑어 나갔음에도 불구하고 그 내용에서 거의 유익을 얻지 못할 수도 있다.

연구의 수준을 다양화하기 위해, 여러분 자신을 세 단계의 수준에서 활동하는 사역자로 여기라. 그중 첫 번째 단계의 사역은 우리 자신보다 지적으로 상당히 낮은 수준에 있는 사람들을 대상으로 삼는다. 이 단계의 사역을 위한 연구에는 아이들에게 신앙의 기초가 담긴 교리문답을 가르치기 위한 준비나, 선교지의 사람들에게 복음을 전하기 위한 준비 활동 등이 포함된다. 하이델베르크 교리문답이나 웨스트민스터 소교리문답처럼 기본적인 신앙의 진술들을 연구하고 가르치는 일 또는 기초적인 복음의 메시지를 준비하는 일을 통해, 여러분은 성경의 진리들을 간결하고 명료하게 전달하는 능력을 더 예리하게 다듬을 수 있다. 사실 이것은 매우 중요한 은사다. 일부 탁월한 신학자들의 경우, 그들이 자신의 생각을 더 단순하게 표현할 수 있었다면 사람들에게 훨씬 큰 유익을 끼쳤을 것이다.

두 번째 단계의 사역에는 여러분의 일반적인 활동들이 포함된다. 설교를 전한다든지, 어른들을 위한 성경공부반을 가르치는 일들이 여기에 속한다. 이때 여러분이 충분한 지식을 이미 갖고 있다고 여겨서는 안 된다. 오히려 더 지혜로운 자들이 남긴 생각들을 살피면서, 여러분 자신의 이해를 더욱 깊고 넓게 키워가야 한다. 여러분이 다룰 본문에 관한 주석과 설교들을 읽어 보라. 또 신학 서적과 체험적인 작품들 속에서, 여러분이 다룰 구체적인 주제들에 관해 논한 부분을 찾아 살펴보기 바란다. 이에 더해 기독교 전기들을 읽는다면, 여러분은 설교에서 인용할 풍성한 예화들을 찾아낼 뿐 아니라 인간의 마음과 삶의 문제들에 관해 더 깊은 지식을 얻을 수 있다.

세 번째 단계의 사역은 여러분의 지적인 수준을 능가하는 사람들을 상대로 한다. (대부분의 목회자들은 이 영역에서 실패하곤 한다.) 이 단계의 사역을 준비하기 위해서는, 여러분이 거의 아는 바가 없는 주제에 관한 책들을 읽거나 강의를 들어야 할 수도 있다. 어쩌면 여러분은 부담이 될 정도로 어려운 수준의 학술서나 논문들을 읽어야 할지도 모른다. 물론 이것은 힘든 작업이지만, 자신의 수준을 향상시키려는 노력이 없다면 여러분은 정체된 상태에 머물게 될 것이다. 역설적인 사실은, 이처럼 부담이 되는 책들을 읽음으로써 우리가 지적인 유익을 얻는다는 데 있다. 이처럼 정신적인 자극을 얻지 못할 때, 우리는 신체 단련을 멈출 때와 비슷한 상태에 놓이게 된다. 곧 그 결과로 정체와 쇠퇴가 찾아오는 것이다.

사람들을 연구하기

신학의 중요한 분야 중 하나는 인간의 본성에 관한 연구다. 우리는 다른 사람들의 글을 읽고 공부할 뿐 아니라, 성경의 영적인 안경을 쓰고 사람들을 살피는 일을 통해서도 인간의 본성에 관해 배워갈 수 있다. 이는 그 속에 담긴 하나님의 지혜를 통해, 사람들의 마음속 깊은 곳에 있는 일들을 헤아릴 수 있는 통찰을 얻게 되기 때문이다. 잠언 20:5에서는 이렇게 말씀한다. "사람의 마음에 있는 모략은 깊은 물 같으니라. 그럴지라도 명철한 사람은 그것을 길어 내느니라."

사람들을 아는 일은 우리 자신을 아는 데서 시작된다. "너 자신을 알라"는 격언이 바로 이 일에 적용되는 것이다. 만일 다른 이들을 돕기 원한다면, 우리는 먼저 자신의 마음을 연구해야 한다. 다른 이들이 겪는 일에 관해 지혜롭게 권면하기 위해서는, 먼저 자신의 영혼이 움직이고 반응하는 방식을 헤아려야 한다는 것이다. 우리의 교만과 자기중심성, 세상적인 정욕과 불신앙에 맞서 대적할 때, 우리는 사람의 마음속에 담긴 왜곡과 부조리를 깨닫게 된다. 우리 자신의 깊은 슬픔 가운데 위로를 찾아 헤맬 때, 우리는 무엇이 사람의 쓰라린 마음을 달래 주는지를 배우게 된다. 사람들은 매우 다양한 모습으로 살아가지만, 본질적으로는 모두 같은 본성을 지닌다. 또 우리 자신을 헤아릴 때, 우리는 다른 이들을 향해서도 좀 더 분별력 있는 모습을 보이게 된다. 그러나 우리가 자신의 죄와 씨름하기를 거부하고 위선적인 태도로 죄를 외면할 경우, 우리 눈의 들보 때문에 다른 이들에게 무엇이 필요한지를 제대로 보지 못하게 된다(마 7:3-5).

물론 이 일은 쉽지 않다. 이에 관해, 성경에서는 이렇게 교훈한다. "만물보다 거짓되고 심히 부패한 것은 마음이라. 누가 능히 이를 알리요마는"(렘 17:9). 이 점에서, 우리는 다음과 같은 벤저민 프랭클린의 말에 수

긍할 수 있다. "세상에는 극도로 단단한 것이 세 가지 있다. 강철과 다이아몬드, 그리고 자기 자신을 아는 일이 바로 그것이다." There are three things extremely hard: steel, a diamond and to know one's self. (여기서 프랭클린은 'hard'가 '단단한'과 '힘든'의 뜻을 모두 지닌다는 점을 활용하고 있다—옮긴이)[8] 우리는 본성적으로 자신의 참모습을 알고 싶어 하지 않는다. 우리는 애써 자신에 대한 환상을 간직하려고 한다. 하지만 성경의 메시지는 마음속으로 뚫고 들어와서, 우리가 실제로 어떤 사람인지를 있는 그대로 보여준다. 이에 관해, 히브리서 4:12에서는 이렇게 말씀하고 있다. "하나님의 말씀은 살아 있고 활력이 있어 좌우에 날선 어떤 검보다 예리하여 혼과 영과 및 관절과 골수를 찔러 쪼개기까지 하며 또 마음의 생각과 뜻을 판단하나니."

또한 지혜로운 설교자는 교회 안에 있는 다양한 집단의 행동과 필요를 주의 깊게 살핀다. 나이 든 자들과 젊은이들, 남성과 여성, 여러 인종과 사회적인 계층이 그런 집단들이다. 우리는 대개 특정한 범주에 속한 사람들과 좀 더 편안히 관계를 형성하곤 한다. 하지만 여기서도, 우리는 자신이 통상적으로 즐겁게 여기는 대화의 범위를 넘어서려고 노력해야 한다. 사람들에게 진정한 관심을 보이라. 그들에게 지적인 질문을 던지고 그 대답에 귀를 기울이기 바란다. 아이들과 함께 놀아 주고, 나이 든 분들을 찾아가라. 그들이 어떤 일을 중요하게 여기는지를 알아가야 한다. 그들이 무엇 때문에 마음에 상처를 받고, 어떤 유혹과 씨름하고 있는지를 배워가기 바란다. 그들과 신뢰를 쌓고, 그 관계를 계속 유지하라. 여러분이 이 모든 사람들을 사랑으로 대한다면, 그들은 점점 더 마음을 열고 다가오게 될 것이다.

이에 관해, 필립스 브룩스는 이렇게 언급한다. "모든 일의 핵심은 다음의 세 가지 규칙 속에 담겨 있는 것으로 보인다. 여러분은 이 규칙들을 기억하고, 하나님이 주시는 모든 지혜로 그 규칙들을 자신의 사역에 적용하기 바란다. 첫째, 가능한 한 적은 수의 교회에서 사역할 것[즉, 한 교회에 오래 머무를 것]. 둘째, 여러분이 섬기는 회중을 가능한 한 자세히 파악할 것. 셋째, 여러분의 회중을 깊고 넓게 알아감으로써, 이를 통해 인간의 본성 자체에 관한 지식을 터득할 것."[9]

설교할 때 여러분은 특정한 사람에게 적용의 초점을 맞추어서는 안 되며, 자신이 섬기는 교인들을 이해할 때, 여러분의 설교는 지극히 풍성해질 것이다. 한 젊은이가 자신의 또래 집단에게 문란하거나 희롱에 가까운 말을 들었을 때, 그는 어떤 느낌을 받게 될까? 어떤 사람이 사십대에 직장을 잃고서 이 년이 넘도록 다른 일자리를 구하지 못했을 때, 그의 영혼은 어떤 상태에 놓일까? 자신의 손주들이 부모의 이혼으로 고통받는 것을 볼 때, 그 할아버지의 마음은 어떠할까? 한 성인 여성이 나이든 부모를 혼자서 돌보다가 지칠 때, 그녀는 어디에서 위로를 얻을까? 여러분은 그들의 모습을 살피고 그 말에 귀를 기울이며, 그들을 사랑으로 돌보는 가운데 이 질문들의 답을 찾아가야 한다.

기억하라. 설교는 **공연**이 아니다. 그것은 누군가에게 주어지는 **선물**이다. 여러분은 지금 누구를 상대로 이 설교를 전하고 있는가? 나는 종종 설교하기 전에 회중을 둘러보면서, 그들의 필요에 대한 감각이 마음속에 밀려오는 것을 느껴 보곤 한다. 바울은 빌립보 교회에 보내는 편지에서 이렇게 기록했다. "너희가 내 마음에 있음이며"(빌 1:7). 또 이렇게 언급한다. "내가 너희를 생각할 때마다 나의 하나님께 감사하며"(3절). 여러분이 자신의 회중을 얼마나 잘 알고 사랑하는지를 살필 수 있는 한 가지 시금석은 그들을 위한 여러분의 개인 기도에 있다. 여러분은 꾸준히 교인 명부를 살피면서, 각 사람의 이름과 그들의 필요를 언급하는 식으로 기도해 나가야 있다. 그런 다음에 기도의 자리를 떠나 강단에 오를 때, 여러분은 사랑과 긍휼의 능력을 덧입게 될 것이다.

성령께 의존하면서 계속 기도하기

주님께서는 우리에게 생명을 주시는 분은 성령님이시며, 우리의 육신은 무익하다고 가르치셨다(요 6:63). 어떤 자가 성령으로 거듭나지 않는 한, 그는 하나님 나라의 영적인 실재를 볼 수 없다(요 3:3, 5). 예수의 주 되심을 진심으로 고백하지 않고서는 아무도 구원받을 수 없지만, 이와 동시에 성령님의 사역이 없이는 누구도 그렇게 고백할 수 없다(롬 10:9, 고전 12:3). 브라가는 이렇게 언급한다. "결국 인간의 영혼을 설득하는 것은 온전히 성령께 속한 과업이다."[10]

교회에는 성령이 충만한 설교자들이 필요하다. 우리는 성령으로 충만할 때에만 하나님의 말씀을 담대히 전할 수 있다(행 4:31). 미가는 이렇게 선포했다. "오직 나는 여호와의 영으로 말미암아 능력과 정의와 용기로 충만해져서 야곱의 허물과 이스라엘의 죄를 그들에게 보이리라"(미 3:8). 어떤 큰 배에 보물이 가득 실려 있을지라도, 힘찬 바람이 불어와서 그 돛을 밀어주지 않는 한 그 배는 아무 데도 갈 수가 없다. 마찬가지로, 성경의 보물들이 우리 마음의 항구에 가닿도록 인도할 수 있는 것은 성령의 바람뿐이다. 이에 관해, 토머스 왓슨은 이렇게 언급한다. "목회자들이 사람들의 마음 문을 두드릴 때, 성령님이 친히 열쇠를 가지고 임하셔서 그 문을 여신다."[11]

우리는 기도해야 한다. 이에 관해, 바울은 이렇게 기록한다. "끝으로 형제들아, 너희는 우리를 위하여 기도하기를 주의 말씀이 너희 가운데서와 같이 퍼져 나가 영광스럽게 되고"(살후 3:1). 로버트 트레일에 따르면, 때로는 적은 능력을 지닌 목회자들이 큰 은사를 지닌 자들보다 더 성공적으로 사역하는 경우가 있다. 이는 "그들의 기도가 더 낫기 때문이라기보다, 그들이 더 많이 기도하기 때문"이라는 것이다. 그는 이렇게 언급한다. "많은 유익한 설교가 사라지는 이유는, 설교자가 자신의 서재에서 충분히 기도하지 않기 때문이다."[12]

그러므로 우리는 사람들을 상대로 호소하기 전에, 먼저 하나님을 향해 간구해야 한다. 카나번의 그리피스가 웨일스의 한 지방에 설교하러 왔던 때의 일화가 있다. 당시 회중은 이미 예배당에 모여 있었지만, 아직 그 설교자는 나타나지 않은 상태였다. 사람들은 한 소녀를 보내어, 그리피스의 숙소에 가서 그를 데려오게 했다. 다시 돌아온 소녀는 그리피스 씨가 금방 올 것 같지 않다고 알렸다. 문 사이로 그분이 누군가에게 간청하는 말을 들었기 때문이라는 것이다. "당신께서 저와 함께하시지 않는 한, 저는 그곳에 가지 않을 것입니다." 소녀의 말을 듣고, 그녀를 그리피스에게 보냈던 사람은 이렇게 대답했다. "그리피스 씨는 곧 오실 거야. 그리고 그리피스 씨와 함께 대화하던 분도 이곳에 오실 거라고 믿는다." 마침내 그리피스가 예배당에 나타났을 때 성령님도 그곳에 함께 임재하셨으며, 그곳에 모인 회중의 삶을 변화시키는 놀라운 능력을 베풀어 주셨다.[13]

나의 첫 신학 선생님이었던 J. C. 베스트스트라트는, 설교자는 서재와 강단 모두에서 기도할 필요가 있다고 강조하곤 했다. 그는 단순히 공예배의 목회 기도를 언급하는 것이 아니었다. 설교를 전하는 동안에도, 우리는 늘 주님께 의존하는 기도의 자세를 유지해야 한다는 것이다. 느헤미야가 왕을 정식으로 알현하는 동안에도 하늘을 향해 짧고 예리한 기도를 드렸다면(느 2:4), 우리 역시 예배가 진행되는 동안에 짧고 은밀하게 기도할 수 있지 않겠는가? 이를테면 "주님, 도와주십시오"라든지, "주님, 자유함과 능력을 베풀어 주소서" 같은 기도들이다. 우리 자신의 부족함 또는 회중의 무관심을 느낄 때나, 반대로 성령께서 특별한 자유함을 허락해 주실 때면 언제든지, 주님이 우리 설교에 복 주시기를 구해야 할 것이다.

모든 일에 풍성한 결실을 맺게 하실 수 있는 분은 하나님뿐이시다. 하지만 우리는 그분이 비를 내려 주시기를 기도할 수 있다. 이 일에 관해, 아이작 와츠는 이렇게 언급한다. "우리는 공적인 기도뿐 아니라 은밀한 기도를 통해서도 자신이 뿌린 씨앗에 물을 주어야 한다. 하나님을 상대로 끈질기게[절박한 마음을 품고] 호소하라. 이는 여러분의 수고가 헛되지 않게 하시기를 위함이다."[14]

에베소서 6:18에서는, 우리가 "모든 기도와 간구를 하되 항상 성령 안에서 기도하고 이를 위하여 깨어 구하기를 항상 힘쓰며 여러 성도를 위하여 구[해야]" 한다고 말씀한다. 아마 이 구절에서 가장 실천하기 힘든 부분은 "항상 힘쓰며"일 것이다. 열정적인 기도로 우리의 사역을 시작하기는 어렵지 않다. 하지만 열두 마리의 물고기를 계속 구한 뒤에도 우리가 얻은 것은 열두 개의 돌덩이나 심지어 열두 마리의 뱀처럼 느껴질 때조차도, 간절한 기도를 이어가는 것은 또 다른 문제다. 그리스도께서는 우리가 겪는 이 유혹을 이해하셨으며, 불의한 재판관의 비유를 통해 "항상 기도하고 낙심하지 말아야 할" 것을 가르치셨다(눅 18:1). 우리의 아버지이신 하나님은 잔인하거나 무관심한 분이 아니시다. 그분은 참된 아버지로서 자신의 자녀들을 돌보시며, 그들의 부르짖음에 귀를 기울이고 그들의 필요를 공급해 주신다(눅 11:11).

불의한 재판관의 비유 뒤에, 기도에 관한 또 하나의 비유가 이어진다는 점은 인상적이다. 바리새인과 세리의 비유가 그것이다(눅 18:9-14). 혹시 온 마음을 다해 기도하는 일을 포기하려는 유혹이, 우리의 교만과 스스로를 의롭게 여기는 태도에서 비롯된 것은 아닐까? 사실 우리는 가끔씩 이런 생각을 품지 않는가? "내가 그분을 위해 이렇게 애써 수고하고 기도하는데, 어떻게 내가 구한 것들을 들어주지 않으실 수가 있지?" 하지만 그리스도는 이렇게 말씀하신다. "무릇 자기를 높이는 자는 낮아지고 자기를 낮추는 자는 높아지리라"(눅 18:14). 우리가 응답되지 않은 기도의 짐들을 하나님 앞에 내려놓고 더 겸손히 자신을 낮추면서 나아간다면, 하나님은 합당한 때에 우리를 다시 높여 주실 것이다. 하나님이 그분의 응답을 뒤로 미루실 때, 우리는 눈에 보이며 헤아릴 수 있는 유익을 위해 기도하던 일을 내려놓고 성령의 충만을 얻기 위해 힘써 기도하게 된다. 그리고 적절한 시기가 임할 때, 하나님은 우리의 기도에 분명히 응답해 주실 것이다. 하나님은 우리에게 그분의 나라를 베풀기를 기뻐하시기 때문이다(눅 11:13; 12:32). 그러니 형제들이여, 포기하지 말고 끈기 있게 기도를 이어가기 바란다.

마음속에서 자연스럽게 우러나오는 방식으로 말하기

이번 장에서 여기까지 영적인 주제들을 다룬 뒤, 이제 설교자의 음성에 관해 언급하는 일은 너무 사소한 문제에 관심을 쏟는 것처럼 보일지 모른다. 하지만 우리는 천사들이 아니다. 우리는 텔레파시를 통해 의사소통할 수 없다. 우리에게는 육체가 있으며, 이는 우리의 청중 역시 마찬가지다. 목소리와 귀는 의사 전달의 과정에서 핵심적인 역할을 한다. 여러분은 어떤 경우든 거짓되거나 인위적인 태도를 피하고, 목소리의 어조를 통해 자신의 마음속에 담긴 경건한 정서를 적절히 전달하기 바란다.

어떤 설교학 교사들은 평범한 대화 때의 어조, 심지어는 가벼운 농담투의 어조로 말씀을 전하라고 가르치기도 한다. 물론 어떤 점에서는 그런 조언이 들어맞기도 할 것이다. 하지만 설교는 식당에서 친구와 가볍게 수다를 떠는 것과는 전혀 다른 과업이다. 말씀을 전할 때, 우리는 그리스도의 전령으로서 영원의 세계에 속한 문제들을 다루게 된다. 이때 우리는 그저 평범하게 **대화를 나누는** 것이 아니다. 설교자는 왕이신 주님의 권위를 부여받은 사자(使者)로서, 그분이 주신 메시지를 **선포하게** 된다. 그러므로 간절함과 겸손, 사랑과 권위가 실린 어조로 메시지를 전해야 한다. 이에 관해, 브라가는 이렇게 언급한다. "우리가 따스한 사랑을 품고 전하는 자연스럽고 우아한 메시지보다 더 탁월한 웅변은 없다."[15]

바울은 이렇게 기록하고 있다. "우리는 주의 두려우심을 알므로 사람들을 권면하거니와"(고후 5:11). 진지하고 엄숙한 목소리는 마치 배우의 연기처럼 우리의 필요에 따라 만들어 낼 수 있는 것이 아니다. 이런 특질들은 우리의 마음이 주님을 향한 경외심에 사로잡히는 가운데서, 모든 사람이 반드시 주님이신 그리스도의 심판을 받게 될 것임을 아는 데서 흘러나와야만 한다(10절). 이같이 거룩한 경외심을 품을 때, 설교자들은 청중에게 "권면"하고 "간청"하게 된다. 곧 그들을 향해 "하나님과 화목[할]" 것을 간곡히 호소하는 것이다(20절). 이것은 불쌍하고 애처로운 구걸이 아니다. 이는 "그리스도를 대신하[는] 사신"으로서 사랑의 마음을 품고 권위 있게 행하는 호소이며, 주님은 이런 설교자들을 통해 청중에게 말씀하신다(20절). 지금 우리에게 "구원의 날"이 임했으며(6:2), 장차 심판의 날이 다가오고 있기 때문이다.

이에 관해, 앨버트 마틴Albert Martin은 이렇게 언급한다. "참된 절박감은 진정한 웅변의 어머니와 같다."[16] 그에 따르면, 설교자는 불이 난 건물에서 대피하도록 사람들을 흔들어 깨우는 자와 같다. 이것은 실로 적절한 비유다. 우리가 혼란스럽고 일관성 없는 태도를 취한다면, 아무도 그 경고를 알아듣지 못할 것이다. 우리가 잠잠하고 대수롭지 않은 모습을 보이거나 심지어 미안해하는 듯한 자세를 취할 때 역시, 어떤 청중도 자신이 위험에 처했다는 말을 심각하게 받아들이지 않을 것이다. 이것은 우리가 그 화재의 성격을 아무리 자세하게 설명할지라도 마찬가지다.

나는 어떤 설교자의 음색에 관해 지적하는 일을 그리 좋아하지 않는다. 다만 회중을 정말로 배려하는 마음이 있다면, 그들의 관심을 계속 유지할 수 있는 방식으로 말씀을 전하도록 노력해야 할 것이다. 일부 설교자들은 자신만의 개성이나 물려받은 전통 때문에, 청중의 귀에 거슬리거나 알아듣기 힘든 목소리로 메시지를 전하는 경향이 있다. 너무 조용한 목소리로 말하거나, 애처로운 목소리를 내거나, 고함을 지르거나, 또는 단조롭고 따분한 어조로 이야기를 늘어놓는 것이다. 물론 일반적인 경우에는 설교에 자신의 목소리를 의식할 필요가 없다. 여러분의 메시지를 원래의 목소리로 자연스럽게 전달하면 된다. 하지만 자신이 늘 청중에게 부담을 주는 방식으로 설교하고 있음을 깨닫게 된다면, 그때는 목소리 내는 법을 개선하기 위해 노력해야 한다.

한편 여러분은 강단에서 자신의 목소리로 말씀을 전하는 데 목표를 두어야 한다. 결코 다른 누군가의 목소리를 흉내 내려 해서는 안 된다. 말씀을 전하는 일은 주인이신 하나님이 주신 소명이므로, 우리는 작곡가이신 그분의 뜻을 받들기 위해 악기인 자신의 목소리를 잘 다듬어야 한다. 듣는 이들의 관심을 끌 수 있도록, 여러분이 낼 수 있는 힘 있고 진지한 어조의 목소리를 다듬어 가기 바란다. 청중에게 주의를 기울이고, 그들이 어떤 어조의 목소리를 친숙하게 여기는지에 관심을 두어야 한다. 또 목을 혹사하지 않도록, 여러분이 낼 수 있는 소리의 한계에도 신경을 쓰기 바란다. 설교는 단거리 경주가 아님을 기억하라. 여러분은 마라톤 주자이며, 수십 년에 걸친 사역을 잘 감당할 수 있도록 자신의 목소리를 조절해 나갈 필요가 있다.

순전한 동기를 키워나가라

설교자가 지녀야 할 거룩한 인격에 관해서는 다음 장에서 다룰 것이다. 다만 여기서는 사역 전반에 걸쳐 체험적인 적용을 증진하기 위한 논의의 마지막 부분으로, 우리가 사역에 임하는 동기의 순수성 문제를 다루어 보려고 한다. 설교자는 하나님 중심의 비전을 품은 사람이어야 하며, 이에 관해 그리스도는 이렇게 가르치신다. "마음이 청결한 자는 복이 있나니 그들이 하나님을 볼 것임이요"(마 5:8). 우리 속에 순전한 마음이 없을 때, 우리는 하나님이 아닌 사람들을 기쁘게 하는 데 사역의 목표를 두게 된다. 이때 우리는 그에 대한 보상을 이미 받은 것과 같다(마 6:5). 이 경우, 장차 심판의 날이 임할 때 우리가 겪게 될 실망이 얼마나 크겠는가!

마틴은 설교자가 지녀야 할 동기의 세 가지 주된 영역을 식별한다. 주님을 향한 경외심과 하나님의 진리를 향한 사랑, 그리고 청중을 사랑하는 마음이 그것이다.[17] 첫째, 하나님을 경외해야 한다. 과연 우리는 하나님의 참된 성품을 연구하며 설교하고 있는가? 이에 관해, 존 브라운은 이렇게 언급한다. "하나님께 속한 모든 일은 우리의 마음을 경외심으로 가득 채우기에 적합하다."[18] 우리는 십자가에 달리신 그리스도를 설교하고 있는가? 브라운은 이렇게 지적한다. "하나님을 향한 경외심은 사람들이 그분의 뜻을 거스르지 못하도록 지켜준다. 그리고 그리스도의 십자가에 관한 분별력 있는 견해만큼 그 경외심을 우리 마음속에 심어 주기에 적합한 것은 없다."[19] 하나님의 영광스러운 속성들, 특히 죄를 징벌하시는 그분의 공의와 죄인들에게 베푸시는 은혜가 생생히 빛나는 모습을 보게 되는 것은 바로 우리의 죄를 위한 그리스도의 죽으심이다.

하나님을 향한 경외심은 우리의 사역이 진전되도록 인도하는 강한 동력이 된다. "우리는 주의 두려우심을 알므로 사람들을 권면하거니와"(고후 5:11). 그런 경외심은 곧 우리의 지혜이니, "여호와를 경외함이 지혜의 근본"이기 때문이다(시 111:10). 예레미야가 그랬듯이 우리 자신이 어린아이처럼 미약하다고 느낄 수도 있지만, 주님은 그런 우리를 향해 말씀하신다. "너는 그들 때문에 두려워하지 말라." 그리고 이렇게 약속하신다. "그들이 너를 치나 너를 이기지 못하리니 이는 내가 너와 함께하여 너를 구원할 것임이니라"(렘 1:6, 8, 17, 19). 또 에스겔이 겪었듯이 우리는 "이마가 굳고 마음이 굳[은]" 사람들을 대면하게 되지만, 주님은 우리에게 금강석같이 견고한 이마를 주셔서 그들에게 말씀을 전하게 하신다(겔 3:7-9).

다른 한편으로, "사람을 두려워하면 올무에 걸리게" 된다(잠 29:25). 마틴은 이렇게 언급한다. "힘 있는 설교의 요소 중 하나는 자유하게 된 사람으로서 말씀을 전하는 데 있다. 이때 그는 무엇에서 풀려나게 된 것일까? 바로 사람들에 대한 두려움이 주는 올무와 같은 영향력으로부터 자유하게 된 것이다."[20] 때로는 능력 있는 설교자들도 수많은 두려움을 느낀다. 하지만 그들은 하나님의 은혜에 의존해서 두려움에 맞서며, 마침내 온전한 승리자로 굳건히 서게 된다. 이는 그들이 오직 그리스도만을 바라보기 때문이다. 브라운은 이렇게 언급한다. "만일 그분이 미소를 짓고 계신다면, 세상이 자신을 향해 불쾌한 표정을 짓는 것은 그들에게 문제가 되지 않는다. 그러나 그분이 불쾌한 빛을 띠고 계신다면, 세상이 자신을 향해 웃음 짓는 것은 그들에게 별 의미가 없다."[21] 존 녹스가 온갖 반대와 위협에 담대히 맞섰던 생애를 마치고 무덤에 묻혔을 때, 모턴 백작은 이렇게 언급했다. "자신의 생애 동안 결코 사람들의 낯을 두려워하지 않았던 한 사람이 이곳에 묻혀 있다."[22] 하나님께서 우리 역시 그런 칭송을 얻기에 합당한 자들이 되게 해주시기를 바란다.

둘째, 우리는 성경의 진리를 사랑해야 한다. 우리는 대개 평화를 사랑한다. 하지만 주님은 "**진리와** 화평을 사랑할지니라"라고 말씀하신다(슥 8:19). 평화를 얻기 위해 진리를 희생하는 자들은 둘 다 잃게 되지만, 성경에서는 "주의 법을 사랑하는 자에게는 큰 평안이 있으니"라고 말씀하고 있다(시 119:165).

우리는 사람들이 "진리의 사랑을 받지 아니하여 구원함을 받지 못[하는]" 가운데 멸망을 향해 가는 시대에 살고 있다(살후 2:10). 우리는 우리의 선조들과 별반 다를 바가 없다. 하나님은 수천 년 전, 호세아를 통해 이렇게 말씀하셨다. "내 백성이 지식이 없으므로 망하는도다. 네가 지식을 버렸으니 나도 너를 버[리리라]."(호 4:6) 예레미야는 다음과 같은 주님의 말씀을 기록했다. "그들은……나를 알기를 싫어하느니라"(렘 9:6).

지혜로운 설교자는 우리가 자랑할 대상은 돈이나 지식, 권력이 아니라 오직 주님을 아는 일에 있음을 안다(렘 9:23-24). 경건한 설교자가 진리를 사랑하는 이유는 그저 그것을 가르치는 일이 그의 직업이기 때문이라거나 그의 지적인 자부심, 또는 자신이 속한 신학적 분파를 선전하려는 데 있지 않다. 이유는 오직 하나님을 사랑하고, 또 하나님이 그리스도의 진리를 통해 우리를 그분에게로 가까이 이끄시기 때문이다. 어떤 자들에게는 그 진리가 생명의 향기인 동시에 다른 자들에게는 죽음의 냄새이지만, 설교를 맡은 사역자들은 가능한 한 어디서든지 그리스도를 아는 지식을 전파해야 한다(고후 2:14-16).

셋째, 사람들을 사랑해야 한다. 우리는 사람들이 하나님을 영화롭게 하고 영원히 그분을 즐거워하는 모습을 보기를 갈망하면서, 그들을 향해 우리의 마음을 열어 보여야 한다. 우리는 사람들을 순전한 마음으로 돌보아야 하며, 그들을 마치 숫자를 통해 성공 여부가 판가름 나는 현대의 사역 경쟁에서 승리를 위해 이용하는 체스판의 말 같은 존재로 여겨서는 안 된다. 사람들을 사랑하는 마음이 없다면, 나는 여러분에게 사역을 그만두거나 아예 시작하지 말 것을 진지하게 권면한다. 그리스도의 사랑에 동참하려는 마음이 없다면, 어떻게 그분을 위한 대사가 될 수 있겠는가? 사랑이 없다면, 우리가 쌓은 모든 지식은 아무것도 아니다. 실로 그럴 경우에는 우리 자신이 아무것도 아닌 존재가 된다(고전 13:2).

찰스 브리지스는 이렇게 언급한다. "우리가 수행하는 직무의 위대하고 독특한 표지는 바로 사랑에 있다. 이 사랑은 우리의 구원이 자비로우신 하나님의 품에서 흘러나오는 것임을 보여준다. 그리고 이 사랑은 우리 앞에 지극히 인자하신 아버지 하나님과 우리를 위해 피 흘리신 구주, 신실하신 보혜사의 모습을 제시한다. 우리가 전하는 모든 설교의 정신은 곧 '하나님은 사랑이시다'라는 데 있어야 한다."[23] 회중에게 죄에 대한 하나님의 심판을 선포할 때조차, 우리는 상하고 두려운 마음, 그들을 긍휼히 여기는 마음으로 그리해야 한다. 실상은 우리 역시 그와 같은 심판을 받아 마땅한 자들이지 않았는가? 우리는 자신이 거룩한 재판장인 양 교만한 마음으로 말씀을 선포하지 말고, 오직 겸손하게 그들을 향한 연민을 품어야 한다.

사랑은 하나님이 소유하신 생명의 본질이며, 우리의 설교를 더욱 생동감 있게 만들어 준다. 브리지스는 이렇게 언급한다. "사랑은 우리가 강단에서 전하는 설교의 생명이자 능력이며, 그 영혼인 동시에 정신이다."[24] 마음속에 사랑을 간직할 때, 우리는 어머니의 부드러운 애정과 아버지의 강인한 자비를 드러내게 된다(살전 2:7, 11). 우리의 설교가 특히 힘을 얻는 것은 바로 우리가 사랑의 마음을 품고 영원의 빛에서 사람들을 바라볼 때다. 그때 우리는 그들이 마치 목자 없는 양처럼 곤고하고 무력한 사람들, 절망적인 어려움에 처해 있지만 이 세상에서 하나님도, 그리스도도 없는 상태에 있는 자들임을 깨닫게 된다. 이에 관해, 마틴은 이렇게 언급한다. "우리는 사람들을 향해 깊은 사랑의 마음을 품어야 하며, 하나님의 진리가 그들에게 생생히 전달될 수 있도록 자신이 할 수 있는 모든 일을 기꺼이 감당하겠다는 책임감을 간직해야 한다."[25] 우리 자신의 힘으로 회중을 영적으로 소생시킬 수는 없지만, 생명력 있게 사역을 감당해 나가면서 우리의 삶을 그 일에 쏟아부을 수는 있다.

회중을 향한 우리의 사랑은 그들을 돌보면서 여러 해를 보내는 동안 점점 더 깊어져 간다는 말이 옳다. 그러는 가운데 실망과 다툼이 생겨날 수도 있지만, 여러분이 끈기 있게 인내하면서 회중과 함께 그 모든 일을 감당해 나간다면 여러분과 회중 사이의 유대는 더욱 깊어질 수 있다. 이는 한 가정에서 아버지와 자녀들 사이의 사랑이 오랜 세월이 흐르는 동안 더욱 깊어져 가는 것과 같다. 아직 신학교에 재학 중인 학생이나 젊은 목회자들의 경우, 노련한 목회자들에게서 나타나는, 사람들을 향한 깊은 애정을 지닌 자가 많지 않다. 다만 젊은 사역자들의 경우에도, 그 애정의 기본적인 뿌리 자체는 간직하고 있어야 한다.

오직 사랑만이, 사람들을 향해 하나님과 화목하며 그분과 친밀하게 동행할 것을 끈기 있게 호소하도록 동기를 부여해 준다. 물론 이 일은 쉬운 과업이 아니다. 이에 관해, 필립 도드리지Philip Doddridge는 이렇게 언급한다. "내 바람은 흥미로운 이야기들을 언급하면서 듣는 자들을 즐겁게 하는 데 있지 않다. 이것은 비교적 쉬운 일이다. 오히려 내 바람은 그들의 양심에 호소할 뿐 아니라 그들을 각성시켜 자신의 영적인 문제를 깨닫게 하고, 그들을 하나님께로 인도하며, 그분의 곁에 계속 머물도록 돕는 데 있다. 적어도 내 경우, 이 일은 대단히 어려운 과업이다."[26]

그러나 사랑은 이 세상에서 가장 큰 보상을 안겨 주는 희생이다. 결국 우리는 자신이 치른 희생을 아무렇지 않게 여기고, 우리의 상급이 되시는 그리스도의 희생만을 마음에 간직하게 될 것이다. 유명한 아프리카 선교사였던 데이비드 리빙스턴David Livingstone, 1813-1873은 이에 관해 다음과 같이 언급한다.

> 나는 하나님이 그런 직무를 맡겨 주신 일을 잠시도 기쁘게 여기지 않은 적이 없다. 사람들은 내가 삶의 많은 시간을 아프리카에서 보내면서 큰 희생

을 치렀다고 이야기하곤 한다. 하지만 나는 하나님께 진 엄청난 빚, 결코 되갚을 수 없는 그 빚에 대한 작은 보답으로 그 시간을 돌려 드렸을 뿐이다. 과연 그것을 희생이라고 부를 수 있을까? 우리로 하여금 건강한 활동에 참여하게 하고 선한 일을 행한다는 자부심과 마음의 평화를 안겨 주며 장차 누릴 영광스러운 운명에 대한 밝은 소망을 주는 일, 그 자체로 복된 보상과도 같은 이 일을 과연 희생이라 할 수 있겠는가? 그런 말에 담긴 어감도, 그 생각 자체도 물리쳐야 할 것이다! 분명히 그것은 희생이 아니다. 오히려 그 일은 특권이라고 말해야 한다. 물론 우리는 때로 불안이나 질병, 고통과 위험을 겪게 되며, 편리한 일상이나 이 땅의 유익을 포기해야 하는 때도 있다. 그렇기에 가끔은 망설이게 되거나 자신의 마음이 동요하며 영혼이 침체되는 일들을 겪게 될지도 모른다. 하지만 이런 상태에 계속 머물러서는 안 된다. 우리 안에서, 우리를 위해 장차 나타나게 될 영광에 비교할 때, 이 모든 일들은 아무것도 아니다. 그러므로 나는 결코 무언가를 희생한 적이 없다.[27]

결론

여러분은 자신의 설교에서 양 떼와 소통하며, 이를 통해 자신의 마음에서 그들의 마음으로 메시지를 전달하는 목자가 되고 싶은가? 그렇다면 하나님과 친밀하게 동행하고, 책과 사람들을 연구하라. 또한 성령께 의존하면서 기도하고, 마음속에서 우러나오는 방식으로 말하며, 순전한 동기를 키워 나가기 바란다.

22장 하나님과 인간에 관한 효과적인 설교

하나님에 관한 교리와 인간에 관한 교리는 복음적인 설교의 두 기둥이다. 장 칼뱅은 자신의 저서 『기독교 강요』의 도입부에서 다음과 같은 유명한 말을 남겼다. "우리가 지닌 거의 모든 지혜, 즉 참되고 건전한 지혜는 다음의 두 부분으로 이루어져 있는데, 이는 하나님을 아는 지식과 우리 자신을 아는 지식이다."[1] 웨스트민스터 소교리문답(3문)에서는 이렇게 언급하고 있다. "성경에서는 주로 사람이 하나님에 관해 믿어야 할 내용이 무엇인지, 그리고 하나님이 사람에게 요구하시는 의무는 무엇인지에 관해 가르친다."[2] 어떤 의미에서, 하나님을 아는 일과 우리 자신을 아는 일 속에는 신학의 모든 영역이 담겨 있다. 이에 관해, 아우구스티누스는 이렇게 고백한 바 있다. "나는 하나님과 영혼에 관해 알기를 원한다. 그 밖에 더 알고 싶은 것이 있느냐고? 아니, 그 밖에는 아무것도 없다."[3]

하나님과 인간을 아는 지식은 기독교적인 체험의 핵심과도 같다. 칼뱅의 관점에서, 이런 일들에 관한 참된 지식은 단순히 진리를 우리의 마음속에 수동적으로 받아들이는 데서 오는 것이 아니었다. 오히려 그것은 우리의 마음속에 심긴 하나의 체험적인 지식이었다. 그는 이렇게 언급한다. "엄밀히 살필 때, 신앙이나 경건이 없는 곳에서 하나님을 알 수 있다고 말할 수는 없다." 그가 언급하는 '경건'의 의미는, "하나님이 우리에게 베푸시는 유익들을 알 때 생겨나는, 그분을 향한 사랑과 더불어 결합된 경외심"에 있다.[4] 이처럼 하나님을 알 때 우리는 "두려움과 경이감"을 느끼며, 자신의 "비천한 상태"를 깨닫게 된다. 이때 우리의 자기기만은 마치 햇빛 아래의 안개처럼 사라지고, 우리는 자신의 "어리석음과 무능함, 부패한 본성"을 깨닫게 된다.[5] 그러나 이같이 성경적인 시각에서 하나님과 인간을 바라보지 않을 때, 우리는 하나님을 아주 작은 분으로 생각하는 동시에 우리 자신을 과대평가하는 경향이 있다.

하나님과 인간에 관한 진리를 설교하는 것은 체험적인 개혁파 사역의 핵심적인 특징이다. 이 일은 성경 본문을 바르게 적용하는 일의 주된 측면이기도 하다. 이는 하나님이 인간과 맺으신 언약의 목적이 곧 "작은 자로부터 큰 자까지 다 나를" 아는 백성을 만들어 내는 데 있기 때문이다(렘 31:34). 만일 우리의 설교를 듣는 회중이 삶의 원칙들에 대해서는 잘 알면서도 삼위일체 하나님에 관해서는 무지한 상태로 머문다면, 우리는 자신의 사역을 제대로 감당하지 못한 것이 된다.

지난 장에서는 우리가 설교할 때 적용을 효과적으로 수행하는 방법에 관해 다루었다. 적용의 능력 자체는 성령님이 주시는 것이지만, 우리는 성령님을 근심시키기보다는 그분의 목적에 동참하면서 그분의 주권적인 도우심을 간구하는 방식으로 우리의 삶과 사역을 가꾸어 갈 수 있다(대하 16:9). 이번 장에서는 또 다른 질문을 살펴보려고 한다. "우리는 교리의 각 영역들을 어떻게 적용해야 할까?" 여기서는 구체적으로 하나님과 인간에 관한 교리들에 초점을 맞출 것이다.

하나님에 관한 교리를 체험적으로 설교하기

구약성경에서 가장 중요한 인물은 누구일까? 아담일까? 아브라함이나 모세일까? 혹은 다윗일까? 이들 중 그 누구도 아니다. 구약성경에서 그리고 신약에서도 가장 중요하신 분은 바로 하나님이다. 만약 성경이 무대에서 상연되는 연극이었다면 그 주인공은 하나님이 되실 것이며, 조명은 늘 그분께 집중될 것이다. 이에 관해, 웨인 그루뎀은 다음과 같이 현명한 언급을 한다. "모든 성경의 주제는 하나님에 관한 내용이다! 우리는 항상 이렇게 질문해야 한다. '이 본문은 우리에게 하나님에 관해 무엇을 가르치는가?'"[6]

데릭 키드너Derek Kidner는 창세기 1장 주석에서 이렇게 언급한다. "성경에 기록된 첫 문장의 주어가 바로 **하나님**이시라는 것은 결코 우연이 아니다. 이 단어는 이번 장 전체를 지배하고 있으며, 각 페이지 모든 부분에서 우리의 눈을 사로잡기 때문이다. 이 단어는 창조 이야기의 여러 구절에서 약 서른다섯 번 정도 언급되고 있다. 이 본문뿐 아니라 실로 창세기 전체가 그분에 관한 내용이다. 그러므로 다른 무언가에 주된 관심을 두고서 그 본문을 읽어 나갈 경우(이런 실수를 범하기는 매우 쉽다), 우리는 그 내용을 잘못 이해하게 된다."[7]

하나님은 아홉 차례에 걸쳐, 그분이 이스라엘 백성을 애굽 바깥으로 이끌어 내기 위해 위대한 일들을 행하시는 목적을 모세에게 말씀해 주셨다. 그 목적은 곧 그 백성으로 하여금 "나는……여호와인 줄 너희가 알[게]" 하시려는 데 있었다(출 6:7; 7:5, 17; 8:22; 10:2; 14:4, 18; 16:12; 29:46). 우리가 자랑할 대상은 오직 하나님을 아는 일에 있다(렘 9:24). 우리는 하나님을 알 때 지혜를 얻으며(잠 9:10), 또한 용기를 얻게 된다(단 11:32). 하나님을 아는 지식은 우리 안에 그분을 향한 신실한 사랑을 불러일으킨다(호 6:6 참조. 요일 4:19). 또 하나님을 아는 일은 우리에게 영생을 가져다주며(요 17:3), 그분을 아는 일은 곧 은혜와 평강, 경건과 생명에 이르는 열쇠가 된다(벧후 1:2-3). 이 모든 일의 이유는 바로 그분이 살아 계신 하나님이며 거룩하신 분이기 때문이다. 하나님은 그분께 속한 백성의 영광이자 부요함이시며, 그들의 힘과 장차 그들이 물려받을 기업이 되신다.

조지 윗필드의 설교를 들으러 갔던 한 소년의 이야기가 있다. 그 소년은 심한 병에 걸렸으며, 그 소년이 병상에 누워서 죽어가는 동안 그 아버지는 소년의 곁을 지키고 있었다. 그 소년은 자기 아버지에게 자신은 죽는 것이 두렵지 않다고 고백했다. 아버지가 그 이유를 묻자, 아이는 이렇게 대답했다. "나는 윗필드 씨가 전한 그 크신 하나님께로 가고 싶어요."[8] 그 크신 하나님에 관한 위대한 이상만큼 신자들에게 큰 힘과 위로를 주는 것은 없다. "너희의 하나님이 이르시되 너희는 위로하라. 내 백성을 위로하라"(사 40:1). 그렇다면 그 이상을 우리의 청중에게 어떻게 전해 줄 수 있을까? 우리는 청중을 향해, 우리가 섬기는 하나님은 참으로 크시므로 온 나라가 그분 앞에서는 "통의 한 방울 물과 같[을]" 뿐임을 일깨워 주어야 한다(사 40:15). 우리는 그들에게, "영원하신 하나님 여호와, 땅 끝까지 창조하신 이는 피곤하지 않으시며 곤비하지 않으시[다]"는 것을 알려 주어야 한다. 실로, 그분의 "명철[에는] 한이 없으시[다]"(사 40:28). 하나님은 우리의 능력이 되신다.

우리가 성경의 내용과 청중의 필요에 모두 충실한 방식으로 말씀을 전하기 위해서는, 언제나 하나님의 영광을 선포해야 한다. 이것은 때로 성화나 속죄, 세례나 세상의 종말 등의 다른 교리들이 전면에 부각된다는 점을 부인하는 것이 아니다. 이 모든 교리는, 우리가 섬기는 영광스러우신 하나님의 빛나는 광휘를 드러내야만 한다. 이는 그리스도의 복음을 곁으로 제쳐 놓는 것이 아니라, 특히 그 복음이 삼위일체 하나님을 높이는 데 기여한다는 점을 언급하는 것이다. 복음은 우리에게 "너희의 하나님을 보라"고 촉구하며(사 40:9), "네 하나님이 통치하신다!"라고 선포한다(사 52:7). 하나님은 복음의 설교를 그분의 도구로 사용하셔서, 우리의 마음속에 "예수 그리스도의 얼굴에 있는 하나님의 영광을 아는 빛"을 비추어 주신다(고후 4:6). 우리가 "거울을 보는 것 같이 주의 영광을 보매 그와 같은 형상으로 변화하여 영광에서 영광에 이[름]"에 따라, 우리의 성화가 이루어지게 된다(고후 3:18). 우리가 어떤 내용으로 설교하든지, 그 안에는 이 빛나는 하나님의 영광이 담겨 있어야 마땅하다. 그렇지 않을 경우, 우리가 전한 메시지는 올바른 설교도, 효과적인 설교도 아닌 것이 된다.

하나님의 영광을 체험적으로 설교할 때, 그 메시지는 청중의 마음속에 있는 정서에 감화를 끼친다. 효과적인 설교자는 그저 하나님에 관한 지식을 청중에게 알려 주는 데 그치지 않는다. 설교자는 자신의 설교를 통해 하나님을 영화롭게 하는 사람이다. 이 일의 의미에 관해, 토머스 왓슨은 다음과 같이 설명한다.

- **존귀히 여김**: 우리의 생각 가운데 하나님을 가장 높은 위치에 두는 일을 가리킨다. 왓슨은 이렇게 언급한다. "하나님께는 우리의 경탄과 기쁨을 이끌어낼 수 있는 모든 일이 담겨 있다.……하나님 안에는 모든 아름다움의 총체가 존재한다." 이처럼 "하나님을 바라보면서 찬탄하는 자들"이 될 때, 우리는 그분께 영광을 돌리게 된다.
- **경배함**: "그분의 말씀에 규정된 방식대로" 하나님께 예배하는 일을 가리킨다.
- **사모함**: "마치 어떤 사람이 자신의 보물을 생각할 때와 같이……그분을

향한 애정 어린 기쁨을 품고" 하나님을 사랑하는 일을 가리킨다. 왓슨에 따르면 그것이 흘러가는 모습을 살필 때 그 사랑은 "넘치도록 풍성하며", 하나님께 우리의 가장 좋은 것을 드린다는 점에서 그 사랑은 "지극히 탁월한" 동시에 불처럼 "뜨겁고 강렬한" 특징을 지닌다.

- **복종함**: 하나님께 우리 자신을 드리고, "고결한 순종으로" 그분을 섬기는 일을 가리킨다.[9]

우리가 하나님을 영화롭게 하는 방식으로 설교하기 위해서는, 말씀을 전하는 동안 그분을 기뻐해야 한다. 존 파이퍼에 따르면, 설교는 "강해적인 개가" expository exultation 이다.[10] 여기서 '개가'는 자신이 거둔 성공이나 승리를 기뻐하면서 부르는 노래를 뜻한다. 또한 설교는 '하나님을 존귀하게 여기는 강해'인 동시에 '그분께 경배하는 강해'이며, '하나님을 사모하는 강해'인 동시에 '그분께 복종하는 강해'라고 말할 수 있다. 우리의 설교는, 때로 이렇게 아름답고 거룩하신 하나님 앞에 우리가 범한 죄를 고백하는 '강해적인 애가'가 되기도 한다. 그러나 참된 설교는 언제나 경배의 불꽃이다. 이 불꽃은 성경의 등잔 위에 있는 심지와 같은 설교자의 영혼, 성령의 기름에 깊이 잠긴 심지와 같은 영혼에서 생겨난다.

필립 브룩스에 따르면, 진리를 바르게 전파하기 위해서는 우리의 온 인격이 그 내용에 연관되어야 한다. 그는 이렇게 언급한다. "참된 설교는 '설교자의 인격을 통해 전달되는 진리'라는 것이 우리의 정의다. 우리는 그 진리를 우리 자신의 인격을 통해 청중에게 전해 주어야 하며, 그저 입술로만, 또는 머릿속에 들어왔다가 손에 쥔 펜을 통해 빠져나가는 식으로만 전달하려 해서는 안 된다. 그 진리는 반드시 우리의 됨됨이와 정서, 우리의 모든 지적이며 도덕적인 특질을 통해 전달되어야 한다."[11] 물론 참된 설교 속에는 진리가 담겨 있어야만 한다. 이는 "교리를 전달하지 않는 설교를 통해 큰 능력이 드러났던 적이 없기" 때문이다.[12] 하지만 그런 설교를 전하기 위해서는, 설교자 자신의 인격이 그 진리에 붙잡혀 있어야 한다. "설교자가 자신의 설교를 통해 무언가를 전하기 위해서는, 먼저 자기 안에 그 내용이 들어 있어야만 한다."[13] 그러므로 우리는 자신의 영혼을 하나님에 관한 진리들로 가득 채워야 한다. 만일 우리가 다른 이들의 마음속에 하나님의 불꽃을 심어 주기 원한다면, 먼저 우리 자신이 그분의 불꽃으로 타올라야 한다.

하나님의 속성들을 설교하기

하나님에 관한 교리를 우리의 기독교적 체험에 적용하는 데 매우 유익한 방식 중 하나는 그분의 속성들을 묵상하는 일이다. 하나님은 그 자체로 존재하시는 분, 곧 "스스로 있는" 분이다. 그리고 하나님의 속성들은 그분의 일부분이 아니다. 오히려 하나님은 그 속성들 자체다. 곧 하나님은 참으로 단순한 방식으로 존재하신다. 그러므로 성경에서는 하나님에 관해 단순히 영적인 분이며 환하게 빛나는 분, 우리를 사랑하시는 분으로 언급할 뿐 아니라, "**하나님은** 영이시니"(요 4:24), "**하나님은** 빛이시라"(요일 1:5), "**하나님은** 사랑이심이라"(요일 4:8)라고 선포하고 있다. 우리는 유한한 마음을 지닌 피조물일 뿐이므로, 우리 자신의 힘으로는 하나님의 본질을 온전히 파악할 수 없다. 이 때문에 하나님은 다양한 측면에 걸쳐, 서로 구별되지만 분리되지는 않는 속성들을 통해 그분 자신을 우리에게 계시해 주셨던 것이다.[14]

태양의 빛이 프리즘을 통해 굴절될 때, 그 빛은 무지개에 속한 여러 가지 색깔로 구분되어 나타난다. 마찬가지로 우리는 하나님의 아름다우심이 그분의 말씀이라는 프리즘을 통해 굴절될 때, 그분의 본성에 속한 여러 속성으로 각기 구분되어 드러난다고 생각할 수 있다. 청교도들이 이해했던 것처럼, 우리는 하나님의 속성들을 묵상할 때 달콤한 기쁨을 얻게 된다. 이 기쁨은 단순히 우리의 정신적인 활동을 통해 생겨나는 것이 아니다. 이것은 우리가 믿는 하나님의 완전한 속성들을 깊이 헤아리는 데서 오는 거룩한 즐거움이다. 우리는 지금 이곳에서도 하나님이 주신 언약 가운데 그분을 누리고 즐거워할 뿐 아니라, 미래에는 훨씬 더 충만한 방식으로 영원히 그분을 누리게 될 것이다.[15]

오늘날에는 하나님의 속성들을 아는 일의 가치를 낮게 여기는 경향이 있다. 심지어 교회 안에서도 이런 일들이 나타나는 이유는 무엇일까? 첫째, 사람들에게 **자신을 아는 지식이 없기** 때문일 수 있다. 우리가 스스로를 알고 자신의 궁핍함과 절망적인 필요를 자각한다면, 하나님의 풍성한 은혜를 간절히 찾고 구하게 될 것이다. 그러나 우리의 눈은 인간의 능력과 물질적인 유익에 현혹되어 있을 때가 너무 많다. 그리스도는 라오디게아 교회가 미지근한 물처럼 쓸모없는 상태에 있음을 지적하면서 이렇게 말씀하셨다. "네가 말하기를 나는 부자라. 부요하여 부족한 것이 없다 하나 네 곤고한 것과 가련한 것과 가난한 것과 눈 먼 것과 벌거벗은 것을 알지 못하는도다"(계 3:17). 우리는 자만심에 가득 차 있으며, 하나님을 아는 일에 그다지 갈급해 하지 않는다. 잠언 27:7에서는 이렇게 말씀한다. "배부른 자는 꿀이라도 싫어하고 주린 자에게는 쓴 것이라도 다니라." 우리는 마음속으로 하나님의 영광 앞에 나아가 설 때 자신의 공허함과 부패가 드러나게 된다는 것을 알고, 어느 정도까지는 세상 사람들과 마찬가지로 빛보다 어두움을 더 선호하는 모습을 보인다(요 3:19-20).

둘째, 사람들은 **하나님에 대한 고의적인 무지**에 빠져 있을 수도 있다. 불신자들은 하나님을 아는 지식을 그다지 가치 있는 것으로 여기지 않으며, 자기 속에 있는 지식까지도 억누른다(롬 1:18, 28). 신자들 중에서도, 어떤 이들은 하나님을 더 깊이 알아갈 수 있게 은혜의 방편들을 부지런히 활용하지 못한다. 비록 그들은 다른 사람들을 가르칠 만큼 지혜를 얻을 시간을 충분히 누렸지만, 여전히 말씀의 젖을 필요로 하는 상태에 있다. 그들에게는 아직도 말씀의 단단한 고기를 소화시킬 힘이 없기 때문이다(히 5:12).

셋째, 사람들은 **불신에서 오는 두려움** 때문에 뒤로 물러설 수 있다. 사탄은 하나님의 완전한 속성들이 여전히 우리와 대립하는 상태에 있다고 암시하면서, 그분을 알고자 하는 신자들의 갈망을 무디게 만들려고 한다. 일부 신자들은 사탄의 그런 속임수에 그대로 넘어간다. 우리는 그리스도 안에 있는 믿음을 통해 하나님 앞에 "담대함과 확신을 가지고" 나아가는데(엡 3:12), 그런 신자들은 이 같은 태도를 받아들이고 따르는 데 실패하게 된다. 때로 어떤 신자들은 하나님에 관한 교리가 따분하다고 토로하는데, 그들은 하나님의 영광 앞에서 은밀한 불안과 두려움을 느끼는 것일 수도 있다. 이 경우, 죄를 범한 그들의 양심이 다시 그리스도의 피로 씻김을 받을 필요가 있다.

넷째, 사람들은 **영적인 게으름**에 사로잡혀 있을 수도 있다. 그들은 자신들의 회심을 통해 여정이 이미 끝났다고 여기며, 그 회심은 하나님의 영광을 향해 나아가는 위대한 여정의 시작점일 뿐이라는 사실을 미처 깨닫지 못한다. 신자들은 종종 너무나 작은 것에 안주하며, 평범하고 자기만족적인 모습으로 삶을 끝마치곤 한다. 따라서 그들은 그리스도를 더 깊이 아는 데로 나아가지 못한다(빌 3:8-14). 그들은 그리스도 안에서 풍성한 은혜를 누리게 되었음에도 불구하고, 실제로는 영적인 궁핍을 체험하면서 살아가고 있다. 그런 신자들은 영적인 게으름뱅이와 같다. 너무나 게으른 나머지, 자기 앞에 놓인 음식을 집어서 입으로 가져갈 힘조차 없는 자들이다(잠 19:24; 26:15).

다섯째, 사람들은 **체험주의**에 빠질 수 있다. 그들은 기독교적인 체험을 자신의 우상으로 삼고, 그 체험을 통해 하나님께 영광을 돌리지 못함으로써 성령님을 근심시키게 된다. 그들은 감정적으로 흥분된 상태를 유지하려고 애를 쓰는 한편, 신앙의 성경적이고 교리적이며 실천적인 측면들은 소홀히 여긴다. 역설적이게도 그들 자신이 거짓되며 극단적인 체험에 사로잡혀 있기 때문에, 오히려 온전하며 정상적인 기독교의 체험들을 멸시하는 태도를 보이기도 한다.

이런 모든 장애물에도 불구하고, 그리스도 안에서 하나님을 아는 일은 우리 신자들에게 생명과도 같다(요 17:3). 하늘의 창이 열리고 하나님의 영광이 드러날 때, 하늘의 바람이 우리의 영혼에 불어와서 우리를 소생시키며 새롭게 한다. 구속주이신 그분을 알 때, 우리는 그분이 성령의 친밀한 교제 가운데서 우리 중에 거하려고 임하셨음을 깨닫게 된다(출 29:46, 엡 2:22). 그러므로 우리는 살아 있는 그분의 성전이 되며, 시편 기자와 같이 부르짖게 된다. "내 영혼이 여호와의 궁정을 사모하여 쇠약함이여. 내 마음과 육체가 살아 계시는 하나님께 부르짖나이다.……주의 궁정에서의 한 날이 다른 곳에서의 천 날보다 나은즉 악인의 장막에 사는 것보다 내 하나님의 성전 문지기로 있는 것이 좋사오니"(시 84:2, 10). 이때 신자들의 영혼은 살아 계신 하나님을 갈망하면서 헐떡이게 된다(시 42:1-2).

성경의 본문들을 설교할 때, 우리는 자연스럽게 하나님의 속성들을 묵상하게 된다. 예를 들어, 다음과 같은 시편 23:6에 관해 설교할 경우를 생각해 보자. "내 평생에 선하심과 인자하심이 반드시 나를 따르리니." 여기서 "반드시"와 "내 평생에"라는 어구들을 들을 때, 신자들은 자신이 섬기는 하나님의 불변하시는 성품을 숙고하게 된다. 이때 우리는 회중을 향해 다음과 같이 설교할 수 있다.

여기서 다윗은 자신이 결코 신앙의 길에서 떠나거나 순종하는 일에 실패하지는 않으리라는 점을 장담할 수 없었으며, 그렇게 하지도 않았습니다. 하지만 그는 주님이 그분의 인자하신 사랑을 자신에게서 거두지 않으시리라는 확신을 뚜렷이 밝히고 있습니다. 이처럼 확신에 찬 그의 기대는 현세의 행복이나 지상의 위엄, 이스라엘 왕들이 누릴 영광에 관한 것이 아니었습니다. 다윗이 마음에 품었던 주된 갈망과 온전한 확신은, 자신이 마침내 영적인 복락과 영원한 부요, 그리고 하늘나라를 누리게 되리라는 데 있었습니다.

다윗은 언약을 지키시는 하나님이 자신에게 필요한 영적이며 영원한 복들을 반드시 공급해 주실 것을 신뢰했습니다. 성령께서 심어 주신 이 신뢰는 그를 결코 실망시키지 않았습니다. 다윗이 이처럼 "반드시"라고 고백할 수 있었던 불변하는 토대는 곧 자신의 주권적인 기쁨을 품고 언약을 작정하신 성부 하나님과 중보자로서 우리를 대신하여 피 흘리심으로써 그 언약을 비준하신 성자 하나님, 하늘에 속한 적용을 통해 그 언약을 인 쳐 주신 성령 하나님께 있었습니다. 그리고 다윗은 그저 하나님의 언약을 갈망하는 데 그치지 않았습니다. 그는 그 언약을 실제로 체험했기 때문입니다. 다윗은 자신을 구속하신 메시아의 손에 이끌려 하나님의 영원한 은총이 있는 생명의 물가로 나아가게 되었으며, 성부 하나님은 그곳에서 자신이 그리스도 안에서 진노를 그치고 다윗과 화목하게 되셨음을 친히 계시해 주셨습니다.

다윗의 "반드시", 그리고 모든 참된 신자가 누리게 될 영원한 복락을 보증해 주는 불가침의 근거는 오직 삼위일체로 계시는 하나님께 있습니다. 하나님은 그분이 친히 선포하신 다음의 말씀에 자신의 인장을 찍어 주십니다. "내가 그들에게 영생을 주노니 영원히 멸망하지 아니할 것이요"(요 10:28).[16]

그런 다음에 우리는 "평생 나와 함께 해 줄 하늘의 귀한 동반자들"에 관해 언급할 수 있다. 이는 곧 하나님의 "선하심과 자비다."goodness and

mercy (개역개정판에는 "자비" 대신에 "인자하심"으로 번역되어 있다—옮긴이)[17]
여기서 다시, 성경 본문은 우리로 하여금 하나님의 속성들을 살피도록 이끌어 간다. 교회를 향해 하나님의 선하심과 인자하심을 전할 때, 우리는 이 속성들이 다음의 세 가지 양상으로 나타난다는 것을 언급할 수 있다. 하나님의 본질에 속한 특성과 그분의 모든 피조물에게 공통적으로 부어 주시는 은총, 그리고 선택된 자들에게 베푸시는 것으로서 구원에 속한 특별한 선하심과 자비가 바로 그것이다.

(1)하나님은 선하시다(막 10:18). 색슨어 계통에 속한 영단어 "God"은 원래 "선"the Good을 의미한다. 하나님은 완전하신 분이며, 그분의 선하심은 그분의 절대적인 완전성과 하나를 이룬다. 그러므로 하나님은 악함과 비교되는 의미에서 상대적으로만 선하신 분이 아니다. 이는 그분이 그 무엇과도, 그 누구와도 비교될 수 없는 분이시기 때문이다. 하나님은 순전히 선하시며, 본질적으로 선하시고, 절대적으로 선하시며, 무한히 선하시고, 완전히 선하시다. 하나님은 무언가가 되실 필요가 없으시니, 그분이 어떠한 분이시든 간에 그분은 영원히 그러하시며 또 자신 안에서 그러하시기 때문이다. 하나님의 선하심은 충분할 뿐 아니라 온전히 충분하며, 그 자체로 충분하다(사 40:28-31). 이에 관해, 토머스 맨턴은 다음과 같이 적절히 언급한다.

하나님은 본래적으로 선하시며, 스스로 선하신 분이다. 그분 외에는 이런 의미에서 선한 다른 존재가 전혀 없다. 모든 피조물은 오직 그분께 참여하며, 그분과 소통함을 통해서만 선한 존재가 되기 때문이다. 그리고 하나님은 본질적으로 선하신 분이다. 곧 그분은 그저 선하실 뿐 아니라, 선하심 그 자체이시다. 피조물들이 지닌 선한 성격은 그것들의 존재 위에 덧붙여진 특성일 뿐이지만, 하나님의 경우에는 선하심이 곧 그분의 본질이다. 하나님은 무한히 선하신 분이다. 피조물들의 선한 성격이 한 방울의 물에 불과하다면, 하나님의 선하심은 무한한 바다 또는 모든 선한 일을 한데 모은 것과 같다. 그리고 하나님은 영원히, 불변하게 선하신 분이다. 이는 그분이 지금보다 덜 선하신 존재가 될 수 없기 때문이다. 그 무엇도 그분께 무언가를 더할 수는 없으며, 그분께로부터 무언가를 뺄 수도 없다.

(2)하나님은 그분이 지으신 피조 세계 전체와 모든 피조물을 향해 공통적인 선하심과 자비를 나타내시며, 심지어 버림받은 자들도 그 대상에 포함된다(시 33:5; 136:25). "여호와께서는 모든 것을 선대하시며 그 지으신 모든 것에 긍휼을 베푸시는도다"(시 145:9).

(3)우리에게 구원을 베푸시는 하나님의 선하심과 자비는 선하심과 자비 그 자체이신 그분께로부터 흘러나온다. 다윗이 복된 하늘의 문을 향해 나아가는 평생의 여정에서 여호와의 돌보심이 주는 이 두 유익이 자신의 천상적인 수호자들이 될 것이라고 고백했을 때, 그가 염두에 두었던 것이 바로 선하심과 자비였다. 이 특별한 의미에서, 하나님의 선하심과 자비는 서로 뗄 수 없는 관계에 있다(시 136편). 하나님은 그분의 선하심으로 우리의 영적인 결핍을 채우시고, 그분의 자비로써 우리의 영적인 비참함 가운데 긍휼을 베푸시는 동시에 우리의 죄를 용서해 주신다. 하나님의 선하심은 우리의 필요를 공급하시는 것으로 이어지며, 그분의 자비는 우리의 허물을 사하시는 것으로 이어진다. 토머스 왓슨은 하나님의 자비에 관해 다음과 같이 풍성히 언급한다.

성경의 위대한 구도는 하나님을 자비하신 분으로 묘사하는 데 있다. 성경에서는 하나님을 피로 얼룩진 의복을 걸치신 분으로 나타내기보다,

자비의 흰 예복을 입으신 분으로 표현할 때가 더 많다. 성경에서 하나님은 철 막대기를 손에 쥐신 분보다 금 홀을 드신 분으로 더 자주 언급된다. 자비는 하나님이 가장 기뻐하시는 그분의 소중한 속성이다. 벌은 본성적으로 인간에게 꿀을 제공해 주며, 오직 누군가가 자기를 건드렸을 때에만 침을 쏜다. 이와 마찬가지로, 하나님께서도 그분이 어떤 피조물의 행실을 더 이상 감내하지 못하게 되기 전까지는 징벌을 가하지 않으시는 것이다. 성도들은 하나님이 베푸시는 자비를 통해 행복을 누리게 되며, 또 그들은 자비를 통해 더욱 겸손해져야 한다. 그 자비는 우리 자신의 선함이 낳은 결과물이 아니며, 오히려 하나님의 선하심에서 비롯된 열매이기 때문이다. 하나님의 자비는 우리에게 내려 주시는 구제금[가난한 자들에게 베푸는 자선]과 같다. 하나님이 베푸시는 이 자비의 구제금에 의존해서 살아가는 것에 관해, 우리가 스스로를 뽐낼 이유는 전혀 없다.[18]

이제는 우리가 성경 본문을 살필 때, 어떻게 체험적인 방식으로 하나님의 속성들을 묵상하도록 자연스럽게 인도함을 받게 되는지를 파악했으리라고 믿는다. 아마 위에서 인용한 맨턴과 왓슨의 글들은, 설교 때에 강단에서 회중에게 전부 읽어주기에는 너무 긴 것들일 수도 있다. 하지만 위에서 언급한 두 발췌문은 여러분이 하나님의 속성들에 관해 설교할 때 참조할 좋은 견본이 될 것이다.

형제들이여, 하나님의 속성들에 관해 설교하라! 회중을 향해, 하나님은 우리에게 그저 자비를 베푸실 뿐 아니라 "인애를 기뻐하[신다]"는 것을 가르치기 바란다(미 7:18). 자비는 그분의 가장 깊은 속마음과도 같다. 이런 가르침을 통해, 귀한 영혼들이 하나님이 자신의 죄 때문에 진노하신다는 압박감에서 풀려나게 될 수도 있다. 이들은 곧 자신의 미약한 믿음으로 중보자이신 구주를 신뢰하면서도 그런 생각에 짓눌려 있는 자들이다.

회중에게 하나님의 무한하심과 영원하심, 그분의 불변성과 불가해성을 가르치라. 말로 다 표현할 수 없는 그분의 위엄을 전하고, 그 빛 아래서 회중이 겸손히 자신을 낮추면서 죄의 충동을 누그러뜨리도록 이끌어 가기 바란다. 존 오웬은 이렇게 언급한다. "하나님의 탁월하신 위엄을 깊이 생각하고, 여러분과 하나님 사이에 상상할 수 없을 만큼 무한한 거리가 있음을 숙고해 보라. 그 일을 생각하면 할수록, 여러분 자신의 사악함을 더 깊이 깨닫게 될 것이다. 우리 안에 머무는 모든 죄의 근원에는 이런 사악함이 깊이 자리 잡고 있다.……자신의 본성을 깊이 생각해 보라. 이를 통해 여러분이 품은 마음속의 교만이 낮추어지고, 여러분의 영혼은 겸손히 자기 안에 머물게 될 것이다."[19]

우리는 하나님에 관한 교리가 실제적으로 자신의 삶과 아무 연관성이 없다고 여기는 자들에게, 사실은 그와 반대임을 강조해야 한다. 특별히 하나님이 예수 그리스도 안에서 주신 자기 계시를 통해 그분을 바라볼 때 그러하다. 그리스도 안에 계신 하나님의 영광을 바라볼 때, 우리는 성화의 능력을 얻게 된다. 이에 관해, 오웬은 바르게 언급한다. "자신의 죄를 가볍게 여기는 자는 하나님에 관해 깊이 생각해 본 적이 없는 사람이다."[20] 다른 한편으로, 그는 이렇게 언급한다. "어떤 사람이 믿음의 눈으로 이 영광을 온전히 바라볼 경우에는 언제든지, 이로부터 미덕이 생겨나서 그를 '그분과 같은 형상으로' 바꾸어 놓는 변화의 능력이 나타나게 될 것이다(고후 3:18)."[21]

여기까지 우리는 복음 설교의 첫째 기둥인 하나님에 관한 교리를 살펴보았다. 이제는 둘째 기둥인 인간에 관한 교리를 다루어 보기로 하자.

인간에 관한 진리를 체험적으로 설교하기

우리는 인간에 관한 성경의 교리가 격렬한 공격을 받는 시대를 살아가고 있다. 대진화 이론theory of macro-evolution에서는 인간의 기원이 하나님의 형상으로 특별하게 지음받은 데 있음을 부정한다. 이 이론에서는 바람직하지 않거나 열등하다고 여겨지는 사람들을 제거하는 일을 암묵적으로 지지하며, 이는 독일 나치당의 반유대주의적 태도나 낙태 산업의 발전에서 드러났던 바와 같다. 급진적인 환경 운동에서는 인간과 동물 사이의 경계선을 모호하게 만들며, 동물을 마치 인간과 대등한 존재로 취급한다. 그 운동의 주창자들은 때로 인류를 이 땅을 다스리고 돌보도록 위임받은 청지기로 여기기보다, 원시 시대의 지구에 나타난 재앙 같은 존재로 간주하곤 한다. 페미니즘과 동성애 운동가들은 성과 결혼을 단순히 사회적인 구성물로 여기고, 창조주의 의도를 신경 쓰거나 그분의 의로운 심판을 두려워할 필요 없이 그러한 제도들을 우리의 뜻대로 변경할 수 있다고 주장한다.

대중적인 아르미니우스주의에서는 인간이 자신의 자유의지로 하나님을 선택할 수 있다고 주장한다. (이들은 아르미니우스보다 펠라기우스에게 더 의존하는 경향을 보인다.) 곧 이들은 인류의 타락이 그들의 영혼에 심각한 손상을 끼치지는 않은 듯이, 그리고 그 영혼이 죄로 인해 죽게 된 것은 더욱 아닌 것처럼 여긴다. 열린 유신론에서는 한걸음 더 나아가 주권적인 창조주 하나님을 그분께 의존하는 피조물들과 혼동하고, 인간은 하나님(또는 신)과 함께 공동 창조자가 된다고 주장한다. 곧 창조주이신 그분조차도, 미래에 인간들이 무엇을 창조하게 될지를 알기 위해서는 그들의 행동을 기다려야만 한다는 것이다. 개신교의 자유주의 신학자들과 (그들의 현대적인 후예로서 그 형태가 불분명한) 이머징 처치 운동에 속한 일부 인물들은, 죄인들이 하나님의 진노 아래 놓여 있다는 생각이나 그리스도께서 그들의 자리에 대신 서심으로써 그 진노를 제거하셨다는 생각을 거부한다. 특히 놀라운 점은, 이런 오류들이 오늘날 외형적인 교회 내에 널리 퍼져 있다는 사실이다.

이 모든 혼란 속에서, 서구 문화는 본래의 뿌리를 잃은 채 점점 더 불안정한 상태와 정체성의 결핍에 시달리는 모습을 보인다. 많은 사람들은 마음속으로 이렇게 울부짖고 있다. "나는 누구지? 나는 왜 이곳에 있지? 내 인생은 왜 이 모양일까?" 안타깝게도 현재 만연하는 회의주의와 포스트모더니즘은, 사람들로 하여금 그런 질문들에는 아무 답이 없을 뿐이라고 믿게 만들었다. 현재 사람들은 목자 없는 양처럼 곤궁하고 무력한 상태에 놓였으며(마 9:36), 자신들의 눈에 옳은 대로 행동하고 있다(삿 17:6; 21:25).

우리가 만들어 놓은 이 혼란 가운데, 성경은 인류에 관해 분명한 메시지를 선포한다. 따라서 우리는 하나님뿐 아니라 인간에 관해서도 말씀을 전해야만 한다. 인간에 관한 성경의 교리에는 풍성한 내용이 담겨 있지만, 여기서는 그중 두 가지 핵심적인 측면에 초점을 맞추려고 한다. 우리가 하나님의 걸작품으로 지음받은 일과, 그럼에도 불구하고 타락으로 인해 몰락하게 된 일이 그것이다.

하나님의 걸작품들을 향해 설교하기

보수적인 개혁파 설교자들에게도 인류에 관해 전할 긍정적인 메시지가 있음을 알게 되면, 어떤 자들은 상당히 놀랍게 여길 지도 모른다. 우리는 인간의 타락과 저주에 관해 설교하는 목회자들이 아니었던가? 물론 그 점은 옳지만, 개혁파 전통에서는 또한 인간을 하나님의 피조물들 가운데 독특하게 지음받은 존재로서 존귀하게 여긴다. 하이델베르크 교리문답에서는 죄로 인한 우리의 비참함을 소개한 뒤, 다음과 같이 묻는다(6문). "그러면 하나님께서 사람을 그처럼 사악하며 뒤틀린 존재로 지으셨습니까?" 그러고는 이렇게 답한다. "전혀 그렇지 않습니다. 하나님은 사람을 선한 존재로, 그분의 형상을 따라 참된 의와 거룩함을 지닌 존재로 지으셨습니다. 이는 그로 하여금 자신의 창조주이신 하나님을 바르게 알고 그분을 진심으로 사랑하며, 그분과 함께 영원한 복락을 누리며 살아가는 가운데 그분께 영광과 찬송을 돌리도록 이끄시기 위함이었습니다."[22] 인간이 타락하고 난 뒤에 의로우신 하나님의 초자연적인 형상은 철저히 소멸되었지만, 하나님의 자연적인 형상됨에 속한 불꽃의 일부는 여전히 남아 있다. 칼뱅이 인정한 바에 따르면, 타락한 인간들 속에서도 하나님이 주신 여러 탁월한 은사를 찾아볼 수 있다. 그런 은사들 가운데는 법률과 과학, 논리학과 의학, 수학과 시각 예술 분야의 재능이 포함된다. 우리는 어디에서 사람들의 그런 재능을 발견하게 되든지 간에, 온 창조 세계 가운데 역사하시는 성령께 감사를 드려야 한다.[23]

이제 우리가 체험적인 개혁파 설교를 전할 때, 그 속에 마땅히 인간의 고귀한 기원에 관한 교리를 포함시켜야 할 몇 가지 이유를 제시해 보고자 한다. 이 같은 이유들은 이 교리를 어떻게 적용할지에 관해서도 시사해 주는 바가 있다.

1. **하나님을 향한 신뢰와 감사를 북돋우기 위해.** 창세기 1장에서는 하나님이 만물을 선하게 지으셨음을 언급하며, 특히 인간을 지으신 후에 그 모든 것을 보시고 "심히 좋[게]" 여기셨다고 말씀한다(창 1:31). 사람은 하나님과 자기 자신을 알 수 있는 존재로 지음받았다. 하나님은 이 일을 통해 영광을 받으시며, 이는 우리가 그분을 아는 데도 도움이 된다. 이에 관해, 칼뱅은 언급한다. "이제 우리는 인간이 지음받은 일에 관해 논해야만 한다. 이는 하나님의 모든 피조물 가운데 그분의 공의와 지혜, 선하

심을 드러내는 가장 고귀하고 놀라운 본보기가 바로 인간이기 때문일 뿐 아니라, 서두에 언급했듯이 우리 자신에 관한 지식이 없이는 하나님에 관해서도 온전하고 명확한 지식을 얻을 수 없기 때문이다."[24]

인간의 타락으로 인해 처음 우리가 지음받은 상태 가운데 있었던 더 큰 영광은 상실하게 되었지만, "그럼에도 불구하고 우리 안에 여전히 남아 있는 것들에 관해서는 하나님께 감사를 돌려야 마땅하다."[25] 또한 이것은 사람들의 배은망덕한 자기기만을 책망하는 가르침이 된다. "그들 안에는 무수히 많은 하나님의 작품으로 꾸며진 작업실이 있으며, 이와 함께 값을 따질 수 없는 재물이 가득한 저장소가 존재한다. 따라서 그들은 그분께 마땅히 찬양을 드려야 하지만, 실제로는 더욱 우쭐대면서 교만에 가득 찬 모습을 보인다."[26]

2. 자신의 소명을 더욱 탁월하게 감당하도록 격려하기 위해. 기독교에서는 과학자나 법률가, 회계사나 주부, 농부들의 수고를 낮추어 보지 않는다. 오히려 기독교에서는 그들이 감당하는 노동의 지위를 승격시킨다. 칼뱅에 따르면, "이 땅의 삶에서 가장 탁월한 일들에 관한 모든 지식"은 "하나님의 영을 통해" 우리에게 주어진다. 하나님은 우리가 자연과학을 비롯한 온갖 분야의 학문적인 지식들을 적절히 활용하기를 원하시며, 이는 그 진리가 불경건한 자들에 의해 발견된 것일 경우에도 마찬가지다.[27] 하나님은 인간을 창조하실 때 존귀한 위엄을 부여해 주셨다. 따라서 지금 우리가 감당하는 노동은 단순한 허드렛일이 아니라, 이 세상을 다스리기 위한 고귀한 소명이 된다(시 8:6). 그러므로 우리는 하나님을 향한 찬양이 가득한 마음으로 자신의 노동을 감당하도록 자극을 받는 것이 마땅하다(시 8:1, 9). 이는 "하나님께서 그 창조의 순서를 통해, 그분이 사람을 위해 만물을 지으셨음을 친히 보여주셨기 때문이다."[28]

3. 사람들을 학대하는 일의 부당함을 지적하기 위해. 어떤 자들이 사람

들을 상대로 학대와 악행을 저지를 때, 그들의 행동은 인간의 기원에 관한 그릇된 견해에 근거를 둔 것일 경우가 많다. 만일 인간이 닭과 동등한 수준의 동물이라면, 서로를 살육하지 말아야 할 이유가 어디 있겠는가? 그러나 창세기 9:6에서는 살인을 금하는데, 이는 인간이 하나님의 형상으로 지음을 받았기 때문이다. 이와 비슷하게, 야고보서 3:9에서는 하나님께 경배하면서도 "그분의 형상대로 지음을 받은" 동료 인간들을 저주하는 자들의 모습에 담긴 위선을 드러내고 있다. 십계명의 제6계명에 관해, 칼뱅은 이렇게 언급한다. "만일 하나님의 형상을 침범하기를 원하지 않는다면, 우리는 마땅히 자신의 이웃을 신성한 존재로 여기고 존중해야 한다."[29] 우리는 인간이 된다는 것이 귀중한 일임을 깨닫고, 마땅히 "뭇 사람을 공경[해야]" 한다(벧전 2:17).

4. 죄인들로 하여금 자신들이 얼마나 죄로 깊이 타락했는지를 깨닫고 애통하도록 인도하기 위해. 텅 빈 벽에 누군가 스프레이로 낙서한 것을 볼 때 우리는 다소 안타까움을 느끼지만, 귀중한 예술 작품 위에 그런 식으로 페인트를 흩뿌려 놓은 것을 볼 때 경악과 분노를 품게 된다. 마찬가지로 인간이 타락 이전에 얼마나 높은 위치에 있었는지를 어느 정도 알게 되기 전까지, 우리는 인간이 죄로 인해 타락한 것이 얼마나 충격적인 일인지를 제대로 헤아릴 수 없다. 칼뱅은 이렇게 언급한다. "하나님이 우리의 선조 아담을 창조하시기를 기뻐하셨을 때 그분의 능력과 지혜를 특별한 방식으로 나타내신 것은 우리에게 큰 영광이 되는 일이었다. 바로 이 때문에, 하나님이 처음 우리에게 베푸셨던 영광과 존귀함 가운데 타락한 것 역시 우리에게는 큰 수치가 된다."[30] 이처럼 죄는 하나님이 행하신 창조의 면류관인 인간을 망쳐 놓았으며, 그분의 형상이자 이 땅에서 대리 통치자의 역할을 감당하도록 지음받은 인간을 몰락시켰다. 하나님은 인간을 낙원에 두어 거룩한 왕으로 통치하게 하셨지만, 인간은 자신의 죄로

인해 그 낙원에서 쫓겨난 뒤 범죄자처럼 떠돌면서 고통스러운 삶을 살게 되었다.

5. 우리 자신의 부패에 대해 변명하지 못하도록 하기 위해. 주 하나님이 아담에게 찾아와 질문하셨던 이후로, 우리 인간들은 언제나 자기 잘못의 책임을 하나님께 전가하려는 성향을 지녀 왔다(창 3:12). 전도서 7:29에서는 이렇게 말씀한다. "하나님은 사람을 정직하게 지으셨으나 사람이 많은 꾀들을 낸 것이니라." 인간의 창조에 관한 교리는 우리로 하여금 하나님께 어떤 잘못의 책임도 돌리지 못하게 하며, "하나님이 나를 이런 식으로 지으셨다"고 불평할 수 없게 된다.

더 나아가 창세기 2-3장의 이야기는 하나님께서 인간을 자신의 행동에 책임을 지는 존재로 지으셨음을 보여준다. 하나님은 인간에게 징벌의 경고가 포함된 법을 주셨으며, 인간이 고의로 그분의 뜻을 거슬렀을 때 징벌을 시행하셨다. 그러므로 인간은 무력한 운명의 희생자가 아니다. 인간은 하나님이 주신 언약 아래 자신의 행실에 책임을 지도록 지음받은 이성적인 피조물이다.

여기서 칼뱅은 이렇게 단언한다. "우리가 인간 본성의 사악함을 가르친다는 이유로, 감히 그들 자신의 잘못에 대한 책임을 하나님께 돌리려 하는 자들은 사라지기를 바란다! 그들은 악하게도 그들 자신의 오염된 본성 속에서 하나님이 행하신 일들을 찾아보려 하지만, 실상 그들은 아담이 처음에 지녔던 본성, 곧 손상되지 않고 부패하지 않았던 본성에서 그 일들을 찾았어야 했다……지금 우리는 원래의 위치에서 떨어져 나온 상태에 처해 있다."[31] 이 진리는 하나님의 심판이 옳음을 입증하며, 사람들로 하여금 자신의 죄를 기꺼이 고백하도록 인도하는 일에 도움을 준다.

6. 하나님이 의도하셨던 원래의 상태로 회복되기를 바라는 갈망을 일깨우기 위해. 한 시골 아이가 태어나서 접한 것이 가난과 문맹, 비위생적인

환경뿐이라면, 그 아이는 그 상태를 정상적인 것으로 여길지도 모른다. 그런데 한 고아가 자신은 한때 고귀한 혈통과 지위에 속한 후손이었으나 아버지가 왕을 거역하는 바람에 현재의 상태에 놓이게 되었음을 알게 되었다고 해보자. 이때 아이는 깊은 수치를 느끼고 그 지위를 되찾기를 갈망할 것이며, 왕의 용서를 받아 자신의 가문을 회복하려고 온갖 노력을 기울이게 될 것이다. 칼뱅은 이렇게 언급한다. "아담이 처음에 누렸던 상태보다 더 바람직한 것은 없었다.……그 상태는 마치 궁극적인 복락을 보여주는 거울과도 같았다."[32]

7. **회중으로 하여금 마지막 아담이며 정확하고 완전한 하나님의 형상이신 예수 그리스도를 바라보도록 인도하기 위해.** 사도 바울에 따르면, 아담은 장차 오실 이를 가리키는 하나의 예표였다(롬 5:14). 그리스도께서는 아담이 지음받은 본 모습을 드러내는 데 그치지 않고, 그를 "훨씬 능가하는" 존재였다. 이는 그분의 순종을 통해, 우리가 사망에서 구속을 받아 풍성한 생명으로 들어가게 되었기 때문이다(롬 5:17). 그리스도는 자신의 백성을 낙원으로 다시 인도해 들이실 것이며(눅 23:43, 계 2:7), 곧 성육신하신 하나님의 어린양이 그곳에 계심으로써 무한히 더 풍성하게 된 낙원이다(계 21-22장). 실제로 칼뱅에 따르면, 우리는 오직 그리스도 안에서만 하나님의 형상됨이 지닌 의미를 제대로 파악할 수 있다.[33] 이 복음의 시각에서 살필 때, 창조의 이야기는 우리에게 그리스도를 향한 믿음과 소망을 일깨워 줄 수 있다.

위의 모든 이유 때문에 (그리고 이런 이유들은 더 많이 찾아볼 수 있다), 우리는 인간이 의와 거룩함, 지식을 지닌 존재로 고귀하게 지음받았다는 교리를 충실하게 설교해야 한다. 인간이 이런 존재로 지음받은 이유는, 바로 이 세상을 정복하며 다스리게 하시려는 데 있었다.

우리의 죄로 인한 몰락을 설교하기

인간에 관한 진리를 설교하는 일의 또 다른 측면은 타락한 상태에 있는 인간의 슬픈 현실을 선포하는 데 있다. 지금의 영어에서나 라틴어상의 어원에서, '타락'depravity은 '부패한 상태, 한때는 좋았던 것이 나쁘게 된 상태, 또는 곧았던 것이 비뚤게 왜곡되어 버린 상태'를 의미한다. 이 타락의 교리를 다룰 때, 각 교회들은 여러 가지 방식으로 잘못을 범할 수 있다. 어떤 설교자들은 드러내 놓고 인간의 부패를 부정한다. 다른 자들은 그 교리를 미묘하게 무시하며, 실질적으로는 반(半)펠라기우스주의적인 성향을 낳는다. 또 다른 교회들의 경우, 타락의 교리는 그저 전통적인 강조점으로만 남곤 한다. 이 경우에 이 교리는 우리의 마음을 깨뜨리고 겸비하게 만들며 그리스도 안에 있는 영광으로 나아가도록 인도하는 가르침이 되기보다, 진부한 설교의 수사로 남게 된다.

우리는 인간의 전적인 타락을 하나의 교리적인 원리로만 받아들이고 논쟁에서 그 교리를 옹호하는 데 그쳐서는 안 된다. 오히려 우리는 온전한 타락의 교리를 회중의 마음에 와닿도록 적용해야 한다.

1. 사람들은 인간의 타락이 지닌 **불법적인 성격**을 헤아릴 필요가 있다. 그들은 자신이 하나님의 거룩하고 선한 법을 거슬러 죄를 범해 왔음을 깨달아야 한다(요일 3:4). 우리는 행실과 태도, 본성의 측면에서 하나님의 계명과 금령들에 온전히 순응하지 못했으며, 하나님의 금령을 통해 주어진 경계선을 어겼다. 그리고 그분의 음성에 순종하여 따르기를 거부했다. 우리가 하나님의 법에 복종하지 못하는 것은 그분을 미워하기 때문이다(롬 8:6-7). 이런 사실들은 죄의 추악함과 그 악의 깊이를 드러내 준다. 우리는 이 진리를 가지고, 사람들이 두려운 마음으로 자신들의 죄에서 돌이키기를 촉구해야 한다. 죄는 곧 하나님의 선하심과 존귀하심, 그분의 정당한 권위를 심각하게 멸시하는 일이다.

2. 사람들은 인간의 타락이 지닌 **내적인 성격**을 헤아릴 필요가 있다. 부패의 깊은 근원은 우리 마음속에 있으며(막 7:21-23), 우리가 잔의 바깥쪽을 깨끗이 씻을지라도 그 안의 더러움과 오염을 소홀히 여긴다면 아무 소용이 없다(마 23:25-27). 우리는 부패가 곧 자신의 영혼으로 하나님을 사랑하며 이웃을 우리 자신처럼 사랑하라는 명령을 근본적으로 거부하는 데서 오는 것임을 깨달아야 한다(22:37-40). 이 점을 헤아릴 때, 죄인들은 자신이 악한 일을 행했을 뿐 아니라 자기 자신이 악한 존재임을 시인하게 된다. 우리는 회중에게 "바로 나 자신이 문제입니다."라고 고백할 필요가 있음을 촉구해야 한다.

3. 사람들은 인간의 타락이 낳은 **무능력**을 헤아릴 필요가 있다. 성령님의 초자연적인 영향력이 없다면, 지금 인간이 지닌 육신의 본성만으로는 아무 선한 것을 만들어 낼 수 없다(요 3:6; 6:63, 롬 8:8-9). 이 점을 깨달을 때 죄인들은 낮아지게 되며, 스스로의 행위로써 자신을 구원할 수 있다는 착각을 내려놓게 된다. 이때 하나님의 주권적인 은혜는 더 이상 하나의 장애물이 아니라, 우리가 붙잡을 수 있는 유일한 소망으로 다가온다. 우리는 이 진리를 죄인들에게 적용하여, 탈출구가 하나뿐인 독방에 그들을 가두어 놓아야 한다. 그리고 그 문의 열쇠를 가지고 계신 이는 오직 하나님 한분뿐이심을 알려 주어야 한다. 죄인들을 권고하여, 그들로 하여금 철저히 무력하고 눈이 먼 거지처럼 하나님 앞에 부르짖게 하라.

4. 사람들은 인간의 타락이 지닌 **끈질긴 속성**을 헤아릴 필요가 있다. 죄는 돌로 된 마음 위에 다이아몬드촉이 달린 강철 펜으로 새긴 글씨와 같다(렘 17:1). 마르틴 루터에 따르면, 원죄는 마치 사람의 턱수염과 같다. 어떤 사람이 면도를 하고 나면 깔끔해 보이지만, 다음날이 되면 다시 수염이 자라 있곤 한다. 이처럼 인간의 부패한 본성 역시, 우리가 마침내 영광의 상태에 들어가기 전까지는 결코 그 활동을 멈추지 않는다. 이 점을

헤아릴 때, 사람들은 자기 개혁을 통해 스스로를 구원하려는 노력이 헛된 것임을 깨닫게 된다. 우리는 회중을 향해, 그들에게 필요한 일은 그저 새로운 습관 이상의 것임을 알려 주어야 한다. 그들에게는 새로운 마음이 필요하다. 지금 그들에게 필요한 것은, 삶의 새 페이지를 넘기는 것 정도의 일이 아니다. 오히려 그들에게는 거듭남이 필요하다.

5. 사람들은 인간의 타락이 지닌 **기만적인 성격**을 헤아릴 필요가 있다. 우리의 마음은 스스로를 속이며, 죄를 지을 때마다 그 마음이 점점 더 강퍅해진다(렘 17:9, 히 3:13). 지금은 우리의 이해력이 어두워져 있으며, 우리는 하나님의 생명에서 떠나 있다(엡 4:17-18). 죄인들에게 경고하여, 그들 자신의 마음을 신뢰하는 일을 멈추게 하라. 그들로 하여금 하나님을 심판하려 들지 말고, 오히려 자신들을 향한 그분의 심판에 복종할 것을 촉구하기 바란다. 그들을 향해, 그 어두운 마음을 자신의 성령으로 환히 비추어 주실 수 있는 유일한 선지자이신 주 예수님께 의존하도록 초청하라.

6. 사람들은 인간의 타락이 지닌 **총체성**을 헤아릴 필요가 있다. 우리 마음의 모든 성향과 생각은 죄로 부패하고 얼룩져 있다(창 6:5). 물론 지금도 사람들은 사회적으로 유익한 일들을 어느 정도 행할 수 있으며, 아주 철저하게 타락한 존재들인 것만은 아니다. 하지만 우리 영혼의 모든 기능과 모든 행동은 죄로 왜곡되어 있다. 그러므로 우리를 중생하게 하시는 하나님의 은혜가 없이는 아무도 선한 일을 행하지 못한다(롬 3:12). 이 점을 헤아릴 때, 죄인들은 선행을 통해 자신의 죄를 바로잡을 수 있다는 착각에서 벗어나게 된다. 그가 행하는 모든 일은 그저 속죄를 절실히 필요로 할 뿐이다.

7. 사람들은 우리가 타락 이후에 처한 **포로의 상태**를 헤아릴 필요가 있다. 우리는 스스로 부패한 마음과 의지의 사슬에 묶여 사탄에게 끌려가는 노예와 같다(요 8:34, 44, 롬 6:17, 엡 2:1-3). 주 그리스도께서 임하셔서 우리를 해방해 주시기 전까지, 우리는 죄의 종 된 상태에 머물게 된다.

그러므로 우리는 이 진리에 근거하여 회중으로 하여금 그리스도의 왕 되심을 존귀하게 여기도록 호소하며, 죄를 자유로 간주하지 않고 오히려 그분의 통치 아래 있기를 기뻐하도록 촉구해야 한다.

8. 사람들은 인간의 타락이 낳은 **무익함**을 헤아릴 필요가 있다. 생명수의 근원이신 하나님을 떠난 우리는, 자기 것이 아닌 알을 품은 새처럼 어리석은 자들이 되었다. 지금 우리는 높고 영화로운 보좌에 앉으신 하나님을 거슬러 반역하는 일에 마음을 쏟고 있으며, 하나님은 그런 우리의 속마음을 전부 꿰뚫어 보고 계신다(렘 17:10-13). 이 점을 헤아릴 때, 죄인들은 자신이 얼마나 어리석었는지를 깨닫고 교만한 마음을 모두 내려놓게 된다. 우리는 회중이 그들 자신의 죄악된 추구를 통해서는 결코 만족을 얻을 수 없음을 깨닫도록 인도해야 한다. 지금 그들은 결코 이길 수 없는 싸움을 치르고 있기 때문이다.

9. 사람들은 인간의 타락에 담긴 **그들 자신의 허물**을 헤아릴 필요가 있다. 곧 우리는 자신이 하나님 앞에서 범한 죄책의 두려운 무게를 절실히 느껴야만 한다. 예수 그리스도를 떠나 있는 죄인은 누구든지, 그에게 내려 주신 빛을 거슬러 반역했던 일에 대해 하나님의 심판과 정죄를 받게 될 것이다(롬 2장). "죄의 삯은 사망이요"(롬 6:23). 지금도 하나님의 진노는 이미 사람들이 범하는 모든 불의에 대해 하늘로부터 불같이 타오르고 있다(롬 1:18). 우리는 죄인들로 하여금 장차 임할 그 진노에서 돌이켜 그리스도께로 피신하며, 이제부터는 그분의 피로 이루신 속죄에 영원히 감사하는 삶을 살아가도록 인도해야 한다.

결론

인류는 하나님의 형상으로 지음받았으나, 그 후 죄로 타락하여 비참한 상태에 놓이게 되었다. 이러한 우리의 상태는 마치 한 왕이 거주하고 있었으나 지진으로 무너져 버린 성과 같다. 왕은 성을 버리고 떠났으며, 오직 박쥐와 쥐 떼만이 그곳에 머물고 있는 것이다. 한편으로, 이 폐허가 된 성 가운데는 여전히 보는 자들의 경외감을 불러일으키는 아름다움과 위엄이 남아 있다. 거대한 탑과 기둥으로 둘러싸인 홀과 높은 성벽의 잔해들은 한때 이곳이 고귀한 성이었음을 보여준다. 그리고 남아 있는 구조물 역시 어떤 점에서는 여전히 유용하다. 하지만 그 지진으로 인해, 이 성은 무너지고 텅 비었으며 쓰레기 더미가 가득한 곳이 되었다. 이제 이 성은 불안정한 상태일 뿐 아니라 추가로 무너질 위험이 있으며, 완전히 해체될지 모르는 위협에 직면해 있다. 우리 인류가 처한 상황도 이와 마찬가지다. 하지만 감사하게도, 그 위대한 왕이신 하나님은 이제 자신이 오래 전에 머무셨던 그 집을 되찾고 계신다. 다음 장에서는 우리가 그 기쁜 소식을 어떻게 전할 것인지에 관해 다루어 보려 한다.

23장 청중의 마음을 향해 복음을 설교하기

찰스 H. 스펄전이 메트로폴리탄 태버너클 교회에서 첫 설교를 전했을 때 (1861년 3월 25일), 그는 사도행전 5:42을 본문으로 택했다. "그들이 날마다 성전에 있든지 집에 있든지 예수는 그리스도라고 가르치기와 전도하기를 그치지 아니하니라." 이 설교에서 스펄전은 다음과 같이 언급했다. "여기서 우리는 사도들의 시대에 사람들이 설교했던 주제는 바로 **예수 그리스도**에 관한 것이었음을 보게 됩니다.……저는 이 강단이 계속 남아 있는 한, 그리고 예배하러 온 자들이 이 집을 가득 채우는 한, 이 교회에서 제가 행할 사역의 주제는 예수 그리스도께 있음을 말씀드리려고 합니다."[1] 과연 이러한 조건은 설교자들의 사역을 제약하는 것이 될까? 전혀 그렇지 않다. 스펄전에 따르면, 그리스도는 모든 주제 가운데서도 가장 광범위한 주제가 되시는 분이기 때문이다. "만일 어떤 이가 그리스도를 전하는 설교자라면, 그의 설교는 교리적인 동시에 경험적[체험적]이며 실천적인 성격을 지니게 될 것입니다."[2]

"말씀을 전파하[도록]" 부름받은 자들은, "전도자의 일"을 충실히 감당해야 한다. 곧 그들이 복음을 설교해야 한다는 것이다(딤후 4:2, 5). 어떤 설교자가 하나님과 인간에 관해 전하면서도 그리스도에 관해서는 언급하지 않는다면, 그는 그리스도의 대사로 부름받은 자신의 소명을 온전히 감당하지 못한 것이 된다(고후 5:20). 실제로 어떤 설교자가 그리스도를 소홀히 여긴다면, 그는 성경의 메시지를 제대로 증언할 수 없다. 이는 성경 전체의 목적이 우리로 하여금 "그리스도 예수 안에 있는 믿음으로 말미암아 구원에 이르는 지혜가 있게" 하는 데 있기 때문이다(딤후 3:15). 만일 하나님과 회중을 사랑한다면, 우리는 예수 그리스도의 복음을 선포하는 데 사역의 열정을 쏟게 될 것이다.

성경의 위대한 요점은 우리의 유일한 중보자이신 예수 그리스도의 은혜 안에서 계시된 삼위일체 하나님의 영광을 선포하는 데 있다. 이 일의 목적은 곧 모든 민족에 속한 자들을 믿음의 순종 가운데로 인도하기 위함이다(롬 1:5). 나는 앞 장에서 우리가 **그리스도 안에** 있는 하나님의 영광을 설교해야 한다고 언급하면서 이 점을 암시한 바 있다. 여기서는 이 주제를 더 구체적으로 다루어 보려고 한다. 그리스도는 신학의 모든 주제와 분야를 아우르는 포괄적인 주제가 되신다. 예를 들어 우리가 신학 분야 가운데 기독론을 제외할 경우, 신론이나 종말론 같은 나머지 분야까지도 손상시키고 망쳐 놓게 된다. 사실 그런 논의에서 그리스도가 빠진다면, 우리에게는 신학이 전혀 **남지 않는다**고까지 말할 수 있다. 이처럼 그리스도는 기독교의 중심이자 경계이며, 그 실질적인 내용이 되신다.

여기서 내 말뜻은 그리스도의 복음을 하나님에 관한 교리의 대안이나 경쟁자로 내세우려는 데 있지 않다. 하나님의 영광은 여전히 모든 것의 중심으로 남아 있다. 조나단 에드워즈가 지적했듯이, 하나님이 행하시는 모든 위대한 일의 배후에 있는 중심 목적은 곧 그분이 자신의 피조물들 가운데 스스로를 영화롭게 하시려는 데 있다.[3] 코턴 매더에 따르면, 설교의 위대한 목표는 "사람들의 영혼에 하나님의 보좌와 통치권이 회복되도록 인도하려는" 데 있다.[4] 주 하나님은 그리스도께서 이루신 이 과업을 위대한 방편으로 삼아 인간과 천사들 앞에서 자신을 영화롭게 하시며, 우리 안에서 그분의 나라를 세워 가신다.

이 점은 다양한 방식으로 표현될 수 있다. 브루스 월키에 따르면, 성경의 중심 주제는 하나님 나라에 있다. 곧 하나님은 그리스도와 자신의 언약 백성을 통해 그분의 나라를 이 세상에 임하게 하심으로써, 스스로를 영화롭게 하신다는 것이다.[5] 흥미롭게도, 제임스 해밀턴은 성경신학의 중심이 "심판을 통한 구원으로 이루시는 하나님의 영광"에 있다고 주장한다.[6] 우리가 이 점을 어떤 식으로 표현하든 간에, 하나님의 영광은 그리스도 안에서 온 세상 앞에 나타난 바 되었다. 곧 우리의 구속뿐 아니라 창조의 사역 자체도 그리스도를 통해 성취된 것이다(요 1:3, 골 1:16, 히 1:2). 그러므로 우리가 하나님의 영광을 선포하는 데 헌신하기 위해서는, 그리스도에 관한 설교가 반드시 요구된다. 이는 그리스도께서 "하나님의 영광의 광채"가 되시기 때문이다(히 1:3). 하나님의 영광은 영원히 우리의 빛이 될 것이며, 어린양의 영광은 그 빛 가운데서도 가장 환한 빛이 될 것이다(계 21:23).

뿐만 아니라 조직신학을 논할 때는 편의상 기독론을 독립적인 분야로 구분 지을 수 있지만, 우리가 말씀을 전할 때에는 하나님인 동시에 사람이며 우리의 선지자, 제사장, 왕이신 중보자 그리스도를 떠나서 하나님에 관해 언급할 수가 없다. 그리스도에 관해 전할 때, 우리는 각 사람에게 요구되는 신앙과 회개의 체험과 의무에 관해 선포하는 것 역시 잊지 말아야 한다.

성령의 능력으로 그리스도를 설교하기

성령님의 목적은 그리스도를 영화롭게 하는 데 있다. 주 예수님은 이렇게 말씀하셨다. "내가 아버지께로부터 너희에게 보낼 보혜사 곧 아버지께로부터 나오시는 진리의 성령이 오실 때에 그가 나를 증언하실 것이요"(요 15:26). 예수님은 이 말씀을 사도들의 증언에 연관시키셨다(27절 참조. 행 1:8). 주님은 다시 이렇게 말씀하셨다. "그러나 진리의 성령이 오시면……그가 내 영광을 나타내리니"(요 16:13-14). 보혜사 성령님은 그리스도의 "이름으로" 우리에게 임하시는데, 이는 성령께서 그리스도와 그분의 관심사를 대변하시는 동시에 신자들 속에서 그분의 사역을 계속 수행해 나가신다는 것을 의미한다(요 14:26).

만일 성령님이 죄인들을 그리스도께로 이끄시는 일에 쓰임받기를 원한다면, 우리는 그리스도에 관해 설교해야만 한다. 그리스도는 마치 금속을 끌어당기는 자석처럼, 길을 잃은 영혼들을 그분 자신에게로 이끌어 오시기 때문이다(요 12:32). 이에 관해, 토머스 브룩스는 이렇게 언급한다. "그리스도의 아름다우심과 탁월하심을 드러내 보이는 설교에는 기이하고 강력한 힘과 설득력이 담겨 있다."[7] 이는 실제로 그러하다. 불신자들에게는 (그들이 유대인이든 이방인이든) 십자가에 못 박히신 그리스도가 어리석은 걸림돌로 다가오지만, 하나님께 부르심을 입은 자들에게는 그분이 곧 하나님의 능력과 지혜가 되시기 때문이다(고전 1:22-24).

성경적인 설교에서 그리스도의 중심성

사도 바울은 자신이 전하는 메시지의 중심이 예수 그리스도께 있음을 거듭 증언한다. 그는 신자들에게 자신을 소개하면서 이렇게 언급한다. "예수 그리스도의 종 바울은 사도로 부르심을 받아 하나님의 복음을 위하여 택정함을 입었으니, 이 복음은 하나님이 선지자들을 통하여 그의 아들에 관하여 성경에 미리 약속하신 것이라. 그의 아들에 관하여 말하면……"(롬 1:1-3). 바울은 자신의 설교 목적을 다음과 같이 서술하고 있다. "우리는 십자가에 못 박힌 그리스도를 전하니……내가 너희 중에서 예수 그리스도와 그가 십자가에 못 박히신 것 외에는 아무것도 알지 아니하기로 작정하였음이라"(고전 1:23; 2:2). 바울이 자신의 설교에서 무엇보다도 "먼저" 중요하게 여겼던 일은, 곧 "성경대로 그리스도께서 우리 죄를 위하여 죽으시고 장사 지낸 바 되셨다가 성경대로 사흘 만에 다시 살아나사……보이[셨다]"는 데 있었다(고전 15:3-5). 또 바울은 이렇게 언급한다. "우리는 우리를 전파하는 것이 아니라 오직 그리스도 예수의 주 되신 것과 또 예수를 위하여 우리가 너희의 종 된 것을 전파함이라"(고후 4:5). 그는 엄숙히 맹세하면서 이렇게 확언한다. "내게는 우리 주 예수 그리스도의 십자가 외에 결코 자랑할 것이 없으니 그리스도로 말미암아 세상이 나를 대하여 십자가에 못 박히고 내가 또한 세상을 대하여 그러하니라"(갈 6:14).

누가에 따르면, 바울의 회심 직후부터 이미 그의 사역 가운데는 이런 특징이 담겨 있었다. "즉시로……예수가 하나님의 아들이심을 전파하니"(행 9:20). 여러 해가 지난 뒤, 바울은 지나온 사역을 돌아보면서 자신이 모든 사람에게 "하나님께 대한 회개와 우리 주 예수 그리스도께 대한 믿음"을 증언했다고 고백했다(20:21).

이 점에서, 바울은 그리스도께서 친히 주신 명령을 충실히 이행했다. 누가는 부활하신 주님의 말씀을 다음과 같이 기록하고 있다.

> 이르시되 내가 너희와 함께 있을 때에 너희에게 말한 바 곧 모세의 율법과 선지자의 글과 시편에 나를 가리켜 기록된 모든 것이 이루어져야 하리라 한

> 말이 이것이라 하시고 이에 그들의 마음을 열어 성경을 깨닫게 하시고 또 이르시되 이같이 그리스도가 고난을 받고 제삼일에 죽은 자 가운데서 살아날 것과 또 그의 이름으로 죄 사함을 받게 하는 회개가 예루살렘에서 시작하여 모든 족속에게 전파될 것이 기록되었으니(눅 24:44-47).

성경 전체는 이 원대한 주제를 중심으로 진행되고 있다. 이는 그리스도께서 죽으시고 다시 살아나셨으며, 그분은 우리가 전하는 복음의 설교, 그리고 신앙과 회개의 초청을 통해 죄인들을 구원하신다는 것이다.

이처럼 구약과 신약의 본문들을 그리스도 중심적인 방식으로 설교할 때, 우리는 그 본문에 낯선 신학을 덧입혀야만 하는 것이 아니다. 그와 반대로, 그리스도 중심의 설교를 전할 때 우리는 성경의 본문과 그 메시지를 충실히 전달하게 된다.

그리스도 중심의 설교를 전하기 위한 도구들

모든 성경에서 그리스도를 설교하는 일은 귀하면서도 때로는 힘겨운 과업이며, 이 일에는 많은 노력과 분별이 요구된다. 성경의 많은 본문에서는 그리스도의 영광이 우리 앞에 뚜렷이 드러나기도 하지만, 다른 본문들의 경우 그 안에서 그분을 발견해 내기 위해 많은 노력을 쏟아야 할 수도 있다. 여기서는 이 과업을 위한 몇 가지 유익한 도구를 제시해 보겠다.

1. **성령님의 조명을 구하는 기도.** 성령님 없이는 아무도 "예수를 주"로 고백할 수 없으며(고전 12:3), 그리스도 중심의 설교를 전하는 일은 더욱 그러하다. 이처럼 성경에서 그리스도를 바라보는 일을 막는 가장 큰 장애물은 바로 우리 자신이 "미련하고……마음에 더디 믿는 자들"의 상태에 머무른다는 데 있다. 이는 예수님이 엠마오로 가는 길에서 그분의 두 제자에게 말씀하셨던 바와 같다(눅 24:25-27). 그러므로 이 일을 위해서는,

그리스도께서 그분의 성령으로 우리를 가르쳐 주셔야만 한다.

하나님이 우리에게 지적인 은사들을 베풀어 주셨기에, 그 은사들을 부지런히 활용하고 향상시키는 것이 마땅하다. 그런데 잠언 3:5에서는 이렇게 말씀하고 있다. "너는 마음을 다하여 여호와를 신뢰하고 네 명철을 의지하지 말라." 만일 우리가 자신의 은사들에 의존한다면, 성경 본문에 기록된 단어들에 관해 약간의 통찰을 얻을 수 있을지도 모른다. 하지만 이 경우, 우리는 마치 하늘로 난 창문을 통해 들여다보듯이 그 본문 가운데 증언하는 경이로운 영적인 실재들을 바라보지는 못하게 될 것이다. 그러므로 우리는 어리석은 지적 교만을 버리고 겸손히 자신을 낮추는 것이 마땅하다! "네가 스스로 지혜롭게 여기는 자를 보느냐. 그보다 미련한 자에게 오히려 희망이 있느니라"(잠 26:12).

2. **성경에 관한 폭넓은 지식.** 여러분이 성경의 한 본문에서 그리스도를 어떻게 증거하고 있는지를 헤아리고 설명하기 원한다면, 날마다 성경을 새로운 마음으로 광범위하게 읽어나갈 필요가 있다. 성경의 각 본문을 제대로 해석하기 위해서는, 성경을 꾸준히 읽어나가는 것 외에 다른 방법이 없다. 이에 관해, 웨스트민스터 신앙고백에서는 이렇게 언급한다(1.9). "성경 해석의 무오한 법칙은 성경 그 자체다."[8] 이처럼 성경에 대한 폭넓은 지식이 있다면, 여러분은 솔로몬의 성전 봉헌에 관한 설교(왕상 8장)를 준비하는 동안 그리스도께서 자신의 몸을 가리켜 성전이라고 말씀하셨던 일(요 2:21)과 바울이 신자들은 그리스도와 연합한 그분의 성전임을 가르쳤던 일(고전 3:16-17; 6:19)을 떠올리게 될 것이다.

3. **점진적이면서도 통일성을 지닌 계시를 다루는 성경신학.** 세대주의의 영향으로, 많은 미국인은 성경 본문의 상호 연관성을 미처 헤아리지 못하는 상태에 있다. 세대주의자들은 구속의 역사를 여러 조각으로 분리시켰으며, 이를 통해 그리스도의 복음에 관한 원대한 이야기로서 성경을 하나

로 엮어 주는 유기적인 연결 고리들을 단절시켰다. 그 결과로 나타난 것은 서로 단절된 성경 이야기들의 모음집이었다. 이 속에는 다양한 도덕적 교훈들이 담겨 있지만, 이런 교훈들은 기껏해야 각 본문이 지닌 부차적인 측면일 뿐이었다.

성경적인 언약 신학에서는 성경의 모든 흐름이 어떻게 그리스도 안에서 한데 모이는지를 파악한다. 이에 관해, 에드먼드 클라우니는 이렇게 언급한다. "성경신학은 우리가 전하는 설교의 초점이 그 핵심 메시지인 예수 그리스도께 놓이도록 도와준다."[9] 이와 마찬가지로, 그레엄 골즈워디는 이렇게 지적하고 있다. "예수 그리스도는 성경의 모든 부분을 우리와 이어 주는 연결 고리가 되신다."[10]

성경신학은 각 본문을 그리스도 중심의 방식으로 해석하는 데 큰 도움을 주는 몇 가지 도구를 제공한다. 이 도구들은 신약성경에서 온 것들이며, 신약성경은 구약의 해석을 위해 하나님이 우리에게 주신 권위 있는 안내자가 된다. 이제 여러분을 위해 이 도구들을 간단히 소개해 보겠다.[11]

- **은혜로운 약속들.** 이 약속들(하나님이 자신의 백성에게 복을 주겠다고 서약하시는 말씀들)은 그리스도 안에서 궁극적으로 성취된다. "하나님의 약속은 얼마든지 그리스도 안에서 예가 되니 그런즉 그로 말미암아 우리가 아멘 하여 하나님께 영광을 돌리게 되느니라"(고후 1:20).
- **역사적인 예표들.** 예표type, 그리스어로는 typos는 그리스도와 그분의 나라에 관한 영적 실재들을 미리 보여주기 위해 하나님이 친히 계획해 두신 사람이나 사건, 제도들을 가리킨다. 히브리서에서는 멜기세덱과 구약의 제사장 직분을 이런 식으로 활용하고 있다. 마찬가지로 아담 역시 그리스도를 나타내는 예표였으며, 구약의 이스라엘 백성이 겪은 체험은 그리스도께 속한 가시적인 교회가 받게 될 시험을 보여주는 예표였다(고전 10:6).

• **하나님 중심의 주제들.** 성경에서는 그 전체에 걸쳐 우리를 하나님의 영광이신 그리스도께로 인도해 가는 여러 위대한 주제가 나타난다. 이를테면 하나님이 말씀으로 세상을 창조하신 일이나 그분의 형상으로 지음받은 인간, 언약과 구속, 하나님이 그분의 백성 중에 거하시는 일, 죄를 위한 제사, 선지자와 심판, 제사장과 성소, 왕과 왕국, 입양, 심판을 통한 구원, 고난받는 종, 그리고 건축자들이 버린 돌이 높임을 받는 일 등의 주제들이 그것이다. 예를 들어, 성경에서는 속량의 주제를 활용해 다음의 일들을 묘사한다. 곧 경건한 신자들이 악에서 건짐을 받는 일(창 48:16, 시 69:18), 이스라엘 백성의 출애굽(출 6:6, 신 7:8), 어떤 사람이 잃어버린 재산을 되찾거나 종의 상태에서 해방되는 일(레 25장, 룻 4장), 이스라엘 백성의 포로 귀환(사 48:20), 우리를 구원하신 예수 그리스도의 죽음(딛 2:14), 그리고 미래에 있을 의인들의 부활(롬 8:23)이 그것이다.
• **언약적인 맥락들.** 일반적으로, 우리는 성경의 한 본문이 아담 언약(창 2장), 노아 언약(창 9장), 아브라함 언약(창 12-22장), 이스라엘 백성과의 언약(출-신), 다윗 언약(삼하 7장) 등과의 관계 속에서 어디쯤에 놓이는지를 파악할 수 있다. 그런 다음에 우리는 그 본문을 관련된 언약들에 결부 짓고, 그 언약이 그리스도 안에 있는 새 언약에서 어떻게 성취되는지를 살펴볼 수 있다.
• **점진적인 성취들.** 성경의 약속과 예표, 주제들은 구속사 전반에 걸쳐 다양한 방식으로 성취된다. 그리고 그 성취는 그리스도의 영원한 나라에서 하나님의 영광이 충만히 빛나는 모습에서 절정에 이른다. 성경에서 우리는 씨앗들이 발아하고 싹이 나며, 작은 묘목이 되었다가 어린 나무로 성장하며 성숙하고, 마침내는 영원한 영광의 열매를 맺는 모습을 보게 된다. 예를 들어 하나님이 아브라함에게 후손을 주겠다고 하신 약속은 일차적으로 이삭과 이스라엘 민족에 관한 것이었다(창 21:12). 하지만 바울에 따르

면, 그 "씨"는 궁극적으로 그리스도와 함께 그분 안에서 모든 민족에 속한 신자들을 가리키는 것이 된다(갈 3:16, 29).

이제는 우리가 다윗과 골리앗의 이야기(삼상 17장)를 설교할 때, 성경신학이 어떤 유익을 줄 수 있는지를 생각해 보자. 이 본문은 흔히 우리 삶의 앞길을 막아선 '거인들'에 맞서 싸우라는, 신앙과 용기에 관한 도덕적인 교훈을 주는 이야기로 설교되곤 한다. 하지만 본문의 문맥을 살필 때, 우리는 다윗이 최근에 사무엘에 의해 이스라엘의 왕으로 기름 부음을 받고 성령으로 충만하게 되었음을 알게 된다(삼상 16:1-13). 그러므로 우리는 이 이야기에서, 하나님이 자신의 백성을 대적들의 손에서 건지기 위해 구원자를 보내신다는 하나님 중심적인 주제를 파악할 수 있다. 이는 하나님이 앞서 사사들이나 사울 왕을 통해 행하셨던 일과 동일하다. 그리고 우리는 하나님이 약하고 비천해 보이는 자들(예를 들면 기드온)이나 사람들에게 배척당한 사람들(모세)을 통해 위대한 일을 행하신다는 주제를 여기서도 접하게 된다. 또 언약적인 맥락에서 살필 때, 우리는 하나님이 다윗에게 그의 후손이 그분의 사랑 안에서 영구히 다스리게 되리라는 약속을 주신 것을 보게 된다. 이는 이사야가 "다윗에게 허락한 확실한 은혜"로 언급했던 약속이다(삼하 7:12-16; 23:5, 사 55:3). 그리고 우리는 다윗이 그리스도의 예표임을 파악하게 된다. 이것은 선지자들이 그분을 "다윗"으로 지칭하고 있기 때문이다(렘 30:9, 겔 34:23-24; 37:24, 호 3:5).

다윗과 골리앗의 싸움은 개인 간의 결투가 아니었다. 그것은 두 백성을 대표하는 투사들 사이의 힘겨루기였다. 골리앗은 사악한 자들의 선두에 선 전사였으며, 이들은 하나님의 백성을 죽이고 노예로 삼겠다고 위협하던 세력이었다. 여기서 우리는 여인의 후손과 뱀의 후손 사이에 싸움이 있으리라는 말씀이 메아리치는 것을 듣게 된다(창 3:15). 이 이야기는 사무엘상 17:45-47에 기록된 다윗의 말에서 신학적인 절정에 이른다. 여기서 다윗은 자신이 하나님의 영광스러운 이름을 위해, 그분의 능력으로 골리앗을 쓰러뜨릴 것이라고 선포하고 있기 때문이다. 그의 말 가운데는 하나님의 백성을 위한 약속이 담겨 있다. "전쟁은 여호와께 속한 것인즉"(47절). 이때 다윗이 거둔 승리는 곧 하나님께 속한 모든 백성의 승리가 되었으며, 그들은 찬미의 노래를 통해 그의 업적을 기념했다.

이 모든 요소가 한데 모일 때, 용기에 관한 이야기로 보였던 본문은 그분이 친히 세운 왕을 통해 자신의 백성을 구원하시려는 하나님의 계획을 계시해 주는 이야기로 바뀌게 된다. 이때 하나님의 목적은 자신의 영광을 드러내시려는 데 있었다. 하나님의 백성은 늘 두려운 대적을 대면하게 된다. 그러나 그리스도는 비록 연약하고 비천하게 보이셨지만(사 53:1-3), 악의 투사를 꺾고 결정적인 승리를 거두셨다. 그리고 그분의 군대인 우리는, "전쟁은 여호와께 속한 것"이라는 약속에 의지하면서 힘차게 전진할 수 있다. 지금 그리스도는 하나님의 보좌 우편에 앉아 계심과 동시에, 그분의 성령으로 우리와 함께하신다. 그러므로 그분은 마침내 우리가 마귀와 그의 모든 무리를 누르고 승리하도록 인도하실 것이다. 하나님의 백성이여, 두려워하지 말라! 다윗의 자손이며 우리를 위한 다윗이신 그리스도께서 이미 그 싸움을 이기셨으며, 모든 것을 영원히 다스리고 계신다!

이 사례는 그리스도 중심의 설교를 전하는 데 성경신학이 어떤 도움을 주는지를 보여준다. 물론 우리의 성경신학적 지식을 강단에서 다 쏟아놓을 수는 없지만, 이런 신학적 지식은 우리가 연약하고 두려움에 떠는 죄인들에게 그리스도를 제대로 전할 수 있도록 도와준다.

4. **견고하고 체계적인 기독론.** 만일 우리가 성경에서 계시되는 그리스도의 풍성함을 헤아리고 있다면, 그리스도를 전하는 설교는 진부한 내

용을 되풀이해서 제시하는 메시지로 전락하지 않는다. 여기서 개혁파의 조직신학은 그리스도의 사역에 관한 성경적인 범주들을 발전시킴으로써 우리에게 도움을 준다. 이 신학 체계에서는, 그리스도의 낮아지신 상태에서 높아지신 상태에 이르기까지 그분이 행하신 사역들을 살펴 나간다. 그리고 이 신학 체계에서는 그리스도께서 진리를 드러내고 우리의 마음을 조명하시는 선지자이신 동시에 자신을 드려 속죄의 제사를 이루고 지금은 하나님 앞에서 우리를 위해 중보하시는 제사장이시며, 모든 원수를 정복하고 자신의 의로 다스리시는 왕이심을 보여준다. 이처럼 이 체계에서는 그리스도의 두 가지 상태와 세 가지 직무, 또 각 직무마다 적어도 두 가지의 역할을 언급하며, 이로 인해 우리는 그분의 사역이 지닌 다양한 측면을 파악할 수 있다. 우리는 성경의 여러 본문을 통해 그리스도를 설교할 뿐 아니라, 성경에서 인간이 지닌 필요를 드러내고 언급할 때마다 그리스도께서 바로 그 해답이 되심을 파악할 수 있게 된다.

만일 그리스도를 오직 우리를 위해 제사를 드리신 제사장으로만 여긴다면(물론 이런 관점은 매우 중요하지만), (다윗과 골리앗의 싸움에서 드러났듯이) 그분이 왕으로서 행하신 위대한 정복이나 (잠언과 전도서에서 표현된 것처럼) 선지자로서 보여주신 권위 있는 지혜에 관해서는 어떻게 설교할 수 있겠는가? 만일 하나님 말씀의 어느 한 부분에서 어떻게 그리스도를 나타내고 있는지를 헤아릴 수 없다면, 우리가 지닌 기독론은 너무 협소한 것일지도 모른다. 그러나 우리 마음속에 풍성한 기독론을 품고 있을 경우, 그러한 제약을 벗어나 성경 전체를 통해 그리스도를 설교하게 된다. 이때 우리는 그리스도께서 신자들에게 필요한 모든 것이 되심을 청중이 깨닫도록 도울 수 있다.

5. 그리스도께 윤리적으로 의존하기. 모든 그리스도인은 자신이 구원을 얻기 위해서 그리스도께 의존해야만 한다는 것을 안다. 하지만 안타깝

게도, 그중 많은 사람들은 그리스도인답게 살아가기 위해서도 그분께 의존해야만 한다는 것을 잊고 있는 것처럼 보인다. 설교자인 우리는 도덕과 윤리의 측면, 인간관계나 직업의 측면에서 신자들이 어떤 요구에 직면하게 되든지, 그리스도 없이는 그 요구를 온전히 성취할 수 없음을 더 깊이 의식해야 한다. 그리스도는 우리의 지혜이자 의이며, 우리를 위한 거룩함과 구속이 되신다(고전 1:30). 간단히 말해, 그분은 우리에게 필요한 전부가 되신다(골 3:11).

바울의 서신들에서는 이처럼 그리스도께 윤리적으로 의존하는 일의 본을 보여준다. 교회 안에 분열이 있을 경우에는 어떻게 해야 할까? 바울은 그리스도께 의존해서 답을 제시한다. "그리스도께서 어찌 나뉘었느냐"(고전 1:13). 그러면 교회 안에 문란한 자가 있을 때는 어떻게 해야 할까? 이때에도 바울은 다시 그리스도께 의존한다. "너희는 누룩 없는 자인데 새 덩어리가 되기 위하여 묵은 누룩을 내버리라. 우리의 유월절 양 곧 그리스도께서 희생되셨느니라"(고전 5:7). 혹시 성적인 죄의 유혹과 씨름하고 있는 그리스도인이 있는가? 이때에도 그리스도께서는 답이 되신다. "너희 중에 이와 같은 자들이 있더니 주 예수 그리스도의 이름과 우리 하나님의 성령 안에서 씻음과 거룩함과 의롭다 하심을 받았느니라.……값으로 산 것이 되었으니 그런즉 너희 몸으로 하나님께 영광을 돌리라"(고전 6:11, 20). 자신의 아내를 거칠게 대하는 남편들이 있는가? 바울은 그들을 그리스도께로 이끌고 간다. "남편들아, 아내 사랑하기를 그리스도께서 교회를 사랑하시고 그 교회를 위하여 자신을 주심 같이 하라"(엡 5:25). 그가 보낸 서신들은 곧 "하나님의 아들을 믿는 믿음 안에서 사는" 일이 지닌 의미를 보여주는 지속적인 강론과도 같다(갈 2:20).

6. **그리스도를 높이는 저자들의 글을 접해 보기.** 마음속에 그리스도의 말씀이 충만하며 또 그분의 영을 호흡하는 저자들이 쓴 책을 읽으면

서 여러분의 영혼을 살찌워 보라. 예를 들어 토머스 굿윈의 『우리의 중보자이신 그리스도』(*Christ Our Mediator*)나 『그리스도의 모습』(*Christ Set Forth*), 『마음』(*The Heart of Christ in Heaven*), 아이작 앰브로즈의 『예수를 바라보라』(*Looking to Jesus*), 존 브라운의 『길과 진리, 생명이신 그리스도』(*Christ the Way, the Truth, and the Life*), 존 오웬의 『그리스도의 영광』(*The Glory of Christ*)와 『교제』(*Communion with God*), 존 플라벨의 『생명의 샘』(*The Fountain of Life*), 그리고 프리드리히 크룸마허의 『고난받는 그리스도』(*The Suffering Savior*) 등을 읽어 보기 바란다. 이런 책들을 읽고 그 내용을 묵상하며, 책의 여백에 기록을 남기고 설교 중에 인용하며, 그 어구를 여러분 자신의 기도로 바꾸어 보라. 무엇보다도, 그 책들을 통해 여러분에게 말씀하시는 그리스도와 교제를 나누어 보라. 이 저자들이 그리스도를 얼마나 신실하게 전했는지를 느끼고, 그들이 그분을 얼마나 사랑했는지를 깊이 헤아려 보라.

이러한 책들이 우리에게 주는 유익 중 하나는, 청중의 마음에 와닿도록 체험적이며 실천적인 방식으로 그리스도를 설교하는 방법을 보여준다는 데 있다. 플라벨에 따르면, "최상의 설교는 곧 그리스도로 온전히 충만한 설교다." 그가 믿는 바에 따르면, "설교의 탁월성은……예수 그리스도를 가장 분명하게 드러내고 또 생동감 있게 적용하는 데 있다."[12]

리처드 십스에 따르면, "설교는 그리스도의 비밀을 열어 보이는 일, 곧 그분 안에 있는 모든 것을 드러내 보이는 일이다. 우리는 그 비밀이 담긴 상자를 열어젖힘으로써, 모든 사람으로 하여금 그 향기를 실제로 느낄 수 있게 해야 한다." 그런 다음에 그는 이렇게 덧붙인다. "하지만 그리스도에 관해 설교하는 것만으로는 충분하지 않다.……우리의 설교 가운데는 청중들을 간곡히 설득하는 일 역시 담겨 있어야 한다. 설교는 곧 그들을 향한 그분의 구애 활동이기 때문이다."[13] 그러므로 우리는 어떻게 청중들을 설득하여 그리스도를 향한 믿음과 회개로 나아가게 할 것인지를 살펴볼 필요가 있다.

그리스도를 향한 믿음으로 죄인들을 초청하기

복음은 단순히 그리스도께서 행하신 일들을 선포하는 데서 그치지 않는다. 이에 더하여, 성경에서는 이렇게 언급한다. "그가 세상에 계셨으며 세상은 그로 말미암아 지은 바 되었으되 세상이 그를 알지 못하였고 자기 땅에 오매 자기 백성이 영접하지 아니하였으나 영접하는 자 곧 그 이름을 믿는 자들에게는 하나님의 자녀가 되는 권세를 주셨으니 이는 혈통으로나 육정으로나 사람의 뜻으로 나지 아니하고 오직 하나님께로부터 난 자들이니라"(요 1:10-13). 우리는 그리스도를 믿고 영접해야 하며, 그렇지 않을 경우 그분이 베푸시는 유익들을 놓쳐 버리게 된다. 이는 주님이 사역하신 당시의 세계에서 대다수의 사람이 그 유익을 놓쳤던 것과 마찬가지다.

일부 개혁파 그리스도인들은 죄인들에게 그리스도를 영접하라고 초청하기를 꺼리는 모습을 보인다. 이는 현대의 전도자들이 이런 표현들을 남용해 왔기 때문이다. 역설적이게도, 일부 개혁파 그리스도인들은 하나님의 주권과 인간의 책임이 서로 대립한다고 여김으로써 오히려 아르미니우스주의의 논리에 빠질 수 있다. 우리가 청중에게 마음의 결단을 촉구하면서 '강단을 향한 초청'altar call을 제시하는 일을 피하려는 것은 옳다. 그들에게는 단순한 결단 이상의 것이 필요하기 때문이다. 그들에게 필요한 것은 바로 성령님의 사역을 통해 그들의 심령이 거듭나는 일이다. 하지만 이같이 강단으로 나아오라는 초청을 거부한다고 해서, 복음의 초청 자체까지 소홀히 여겨서는 안 된다.

청중에게 그리스도를 믿는 신앙으로 나아올 것을 요청할 때, 우리는 인간의 자유의지를 옹호하는 신학의 편에 서서 '오직 은혜'sola gratia를 부인하는 것이 아니다. 다만 우리는 그 은혜의 열매로서 '오직 믿음'sola fide을 선포하는 것이다. 신앙 그 자체에는 아무 공로가 없으며, 단지 우리의 중보자이신 그리스도를 붙드는 역할을 할 뿐이다. 하나님이 경건하지 못한 자들을 의롭다 하실 때, 받을 자격이 없는 그리스도의 의를 그들에게 전가하심으로써 그 일을 행하시기 때문이다(롬 4:4-5). 신앙은 죄인인 우리가 지닌 의지의 능력 자체에서 생겨나는 것이 아니다. 그것은 오직 죽은 자를 일으키시는 하나님의 능력을 통해 임한다(엡 2:1-5). 하지만 성경은 구원을 얻기 위해서는 신앙이 반드시 필요함을 분명히 단언하고 있다(엡 2:8-9). 이는 우리가 그리스도를 믿음으로써 의롭다 하심을 얻기 때문이다(갈 2:16). 만일 우리가 신앙의 빈손을 내밀어서 그리스도를 영접하지 않는다면, 그때에는 하나님의 진노가 우리 위에 머무르게 된다(요 3:18, 36).

체험적인 개혁파 신앙의 모습

우리가 참된 신앙의 모습을 헤아리게 되는 것은, 성령께서 그리스도를 영화롭게 하기 위해 행하시는 사역의 내용 가운데서다. 이런 개념은 성령님이 신앙을 창조하신다는 개혁파의 신념에서 나오는 필연적인 귀결이다(고전 12:3). 첫째, 신앙은 **우리의 진리가 되시는 그리스도께 동의하는 일**이다. 이 진리는 성령님의 내적인 증거를 통해 확증된다. 성부 하나님은 성경과 그리스도께서 행하신 이적들을 통해 그리스도의 참되심을 입증해 주셨다(요 5:36-39). 그리고 성령님은 우리의 마음속에서 행하시는 내적인 증언을 통해, 하나님의 입증이 옳음을 확증하고 인 쳐 주신다. 우리 주 예수께서는 이렇게 말씀하셨다. "아버지께로부터 나오시는 진리의 성령이……나를 증언하실 것이요"(요 15:26). 그러므로 신앙은 성령님이 우리의 마음속에 일으키신 동의이며, 이는 그리스도에 관한 하나님의 증거를 진리로 믿고 받아들이는 일이다. 이에 관해, 웨스트민스터 신앙고백에서는 이렇게 언급한다(14.2). "이 신앙을 통해, 그리스도인은 성경에서 계시된 내용이 모두 참임을 믿고 받아들이게 된다. 이는 하나님이 친히 자신의 권위로써 그 안에서 말씀하고 계시기 때문이다."[14]

설교자는 청중들로 하여금 복음을 신뢰할 만한 하나님의 증거로 믿고 받아들일 것을 촉구해야 한다. "그의 증언을 받는 자는 하나님이 참되시다는 것을 인쳤느니라"(요 3:33). 우리는 다음과 같이 언급하면서 청중에게 도전해야 한다. "과연 여러분은 언제까지 하나님을 거짓말쟁이처럼 취급할 것입니까? 이 말씀을 불신할 때, 여러분은 바로 그와 같이 행하고 있는 것입니다. 아니면 여러분은 그분의 말씀을 진리로 받아들이고, '주께서 이렇게 말씀하시기를' 하고 시작하는 성경의 가르침 위에 자신의 삶을 건축할 수 있겠습니까? 우리는 단순히 하나님의 말씀을 듣는 일만으로 구원받는 것이 아닙니다. 우리가 구원을 얻기 위해서는, 그 말씀을 우리 자신의 삶이 근거하는 실제적인 토대로 삼아야만 합니다."

둘째, 신앙은 **우리의 필요가 되시는 그리스도를 갈망하는 일**이다. 기독교 신앙은 우리 영혼의 궁핍함을 깨닫고 의를 간절히 사모하는 데 뿌리를 두고 있다(마 5:3, 6). 그리스도의 가르침에 따르면, 성령은 "죄에 대하여……세상을 책망하[실]" 것이다. 그 이유는 바로 "그들이 나를 믿지 아니[하는]" 데 있다(요 16:8-9). 이런 깨달음은 그리스도 중심의 초점을 지니며, 이는 그것이 단순히 온 인류의 양심을 일깨우시는 일반적인 사역이 아님을 보여준다. 그것은 성령께서 복음의 설교를 통해 행하시는 특별한 사역이며, 그 목적은 그리스도를 떠난 우리가 오염과 죄책, 비참함의 상태에 있음을 드러내시려는 데 있다.

신앙은 영적인 굶주림과 갈망이다. 신앙은 우리가 하나님의 호의를 얻기 위해 그분 앞에 가지고 나아가는 선물이 아니다. 오히려 그것은 하나님의 자비를 간구하면서 그분 앞에 내어드리는 거지의 빈손과 같다. 기독교 신앙에서는 인간을 죄 가운데 죽은 존재로 간주하며, 오직 우리에게 생명을 주시는 주권자 하나님께만 영광을 돌린다(롬 4:19-20). 바울은 하나님께 속한 참된 언약의 백성을 "하나님의 성령으로 봉사하며 그리스도 예수로 자랑하고 육체를 신뢰하지 아니하는" 자들로 정의하고 있다(빌 3:3). 청교도들에 따르면, 신앙은 곧 "자기 비움의 은혜"이자 "영혼 비움의 은혜"이다.[15] 하나님이 믿음 안에서 의롭게 여기시는 자는 자신의 선한 행실을 신뢰하는 자가 아니라, 오히려 "하나님이여, 불쌍히 여기소서. 나는 죄인이로소이다"라고 부르짖는 사람이다(눅 18:9-14). 설교자인 우리는 청중의 자기 신뢰와 자기 의, 그리고 스스로를 만족스럽게 여기는 마음들을 낮춤으로써 신앙의 존귀함을 드러내야 한다.

셋째, 신앙은 진리에 대한 지적인 동의나 우리 자신이 지닌 필요에 대한 깨달음에만 머무르지 않는다. 참된 신앙은 **우리의 생명이 되시는 그리스도께로 나아와 그분을 영접하는 행동**이다. 이는 우리 몸의 움직임이 아니라, 오직 성령님의 인도하심을 따라 우리의 마음으로 행하게 되는 일이다. 이에 관해, 예수님은 중생에 대한 그분의 가르침을 상기시키는 표현을 써서 이렇게 언급하셨다. "살리는 것은 영이니 육은 무익하니라"(요 6:63 참조. 요 3:6). 이 구절이 속한 문맥에서, 예수님은 이렇게 가르치고 계신다. "내 아버지께서 오게 하여 주지 아니하시면 누구든지 내게 올 수 없다"(요 6:65). 곧 성부 하나님이 성령님의 사역을 통해 우리를 그리스도께로 인도해 가시는 것이다.

신앙은 우리의 마음속에 그리스도를 영접하는 행동이며, 이는 마치 우리의 신체를 위한 자양분을 얻기 위해 음식을 섭취하는 일과 동일하다

(요 6:35, 51). 이에 관해, 웨스트민스터 신앙고백에서는 다음과 같이 언급하고 있다. "구원의 신앙에 속한 주된 행위들은 곧 칭의와 성화, 영생을 얻기 위해 오직 그리스도만을 받아들이고 영접하며, 또 그분께만 의존하는 일들이다. 이런 행위들은 하나님이 주신 은혜의 언약에 근거를 둔다."[16] 벨직 신앙고백에서는 이렇게 가르친다. "[신자는] 예수 그리스도를 영접하고 그분의 모든 공로를 받아들이며, 그분을 자신의 소유로 삼게 된다. 그리고 그분 외에는 다른 어떤 것도 구하지 않는다."[17]

설교자는 청중에게 그리스도를 제시하고, 하나님이 그들을 그분의 잔치로 초청하시는 다음의 말씀에 응답할 것을 촉구해야 한다. "오호라 너희 모든 목마른 자들아, 물로 나아오라. 돈 없는 자도 오라. 너희는 와서 사 먹되 돈 없이, 값없이 와서 포도주와 젖을 사라"(사 55:1). 이때 설교자는 신앙 없이는 우리에게 아무 생명이 없지만, 만일 신앙으로 나아올 경우에는 그리스도 안에서 영원한 생명을 누리게 된다는 점을 깨닫도록 호소해야 한다. 이에 관해, 플라벨은 이렇게 언급한다. "우리 몸의 생명은 우리의 영혼에 있으며, 우리 영혼의 생명은 우리의 신앙에 있다. 그리고 그리스도는 우리 신앙의 생명이 되신다."[18]

넷째, 신앙은 **우리의 의가 되시는 그리스도를 신뢰하고 그분께 의존하는 일**이다. 그리스도의 말씀에 따르면, 진리의 영이신 성령님은 사람들의 영혼 가운데서 "의에 대하여" 증언하실 것이다. 이는 "내가 아버지께로 가니 너희가 다시 나를 보지 못[하게]" 되기 때문이다(요 16:10). 당시 그리스도는 죄인들을 위해 죽고 다시 살아나시며, 그 후에는 마침내 하늘에 올라 자기 백성을 위해 중보하심으로 하나님께 영광을 돌리게 될 때를 앞두고 계셨다(요 13:31-32; 14:16; 16:5). 현재 그리스도는 더 이상 우리 눈에 보이는 모습으로 이 땅 위에 계시지 않지만, 성령께서 우리 마음속에 역사하셔서 그분의 의를 영적으로 바라보게 하신다. 이 의는 곧 그리스도께서 우리 죄인들을 정죄에서 건져 내기 위해 행하신 온전한 순종에 있다(요 3:16-18).

장 칼뱅은 이렇게 언급한다. "우리는 오직 신앙으로 의롭다 하심을 받는다.……실로 우리가 신앙을 통해 의롭다 하심을 얻는 것은, 바로 그 신앙을 통해 그리스도의 의와 교제하도록 인도함을 받기 때문이다."[19] 윌리엄 거널은 이렇게 언급한다. "우리의 신앙에는 두 개의 손이 있다. 그중 한 손으로, 우리는 자신의 의를 떨쳐내게 된다.……그리고 다른 한 손으로는 그리스도의 의를 취하여 우리 영혼의 수치를 가리는 것이다. 이때 우리는, 자신이 오직 그분의 의 안에서만 하나님을 바라보거나 그분의 눈앞에 드러나기를 구하게 된다."[20] 우리는 청중들로 하여금 그리스도께로 피신하며, 죄를 범한 그들의 영혼이 오직 그분께 의존하여 의를 얻게 할 것을 강권해야 한다.

다섯째, 신앙은 **승리하신 우리의 왕 그리스도께 복종하는 일**이다. 그리스도께서는 성령께서 사람들 가운데 "심판에 대하여" 증언하실 것이라고 말씀하신다. 이는 곧 "이 세상 임금이 심판을 받았[기]" 때문이다(요 16:11). 성령님은 사람들의 눈을 열어 십자가의 수치와 연약함, 그 외관상의 패배 너머를 바라보게 하신다. 그렇게 하심으로 그리스도께서 갈보리에서 사탄을 정복하셨으며, 십자가에서 자신의 왕적인 통치를 드러내셨음을 알게 하시려는 것이다(요 12:27-33, 골 2:14-15). 그리스도께서 십자가에 달리셨을 때, 그 머리 위의 명패에 그리스어와 라틴어, 히브리어로 "이는 유대인의 왕이라"고 기록되었던 것은 결코 우연이 아니다(눅 23:38). 그러므로 우리는 이전에 세상과 육신, 마귀의 세력을 좇던 데서 돌이킬 때(엡 2:1-3), 십자가에서 죽으시고 다시 살아나셔서 만유의 주가 되신 그분께 우리 자신을 내어 드리게 된다.

기독교 신앙에는 그리스도께 우리의 죄를 용서해 주시기를 구하는 것 이상의 훨씬 더 많은 내용이 담겨 있다. 그리스도를 믿을 때, 우리는 새로운 삶을 살게 된다. 이는 그리스도께서 주신 삶이며, 그분께 힘입어 살아가는 삶, 그분을 위해 살아가는 삶이다(고후 5:14-15). 우리의 왕이신 그리스도께 복종할 때, 우리는 이 세상의 왕들로서 살아가게 된다. 곧 이 땅 가운데 죄와 사탄에 맞서 싸우면서, "우리를 사랑하시는 이로 말미암아……넉넉히 이기[는]" 삶을 살아가게 되는 것이다(롬 8:37). "무릇 하나님께로부터 난 자마다 세상을 이기느니라. 세상을 이기는 승리는 이것이니 우리의 믿음이니라"(요일 5:4). 우리는 성도들을 향해, 왕이신 주님께 복종하면서 하늘에 속한 그분의 군대에 합류할 것을 촉구해야 한다. 우리는 그들로 하여금 자신들이 이전에 죄에 매여 섬기던 마귀에 맞서 싸우고, 영광으로 나아가는 길의 매 순간마다 승리를 얻기 위해 왕이신 주님이 베푸시는 주권적인 은혜에 의존할 것을 힘써 권면해야 한다.

결론: 일관되면서도 다양한 방식의 신앙을 향한 초청

요약하면, 신앙에 대한 체험적인 개혁파 설교에서는 청중을 향해 그리스도에 관한 하나님의 증거가 신뢰할 만한 것임을 믿고 받아들이도록 권위 있게 촉구한다. 또한 그리스도를 떠난 죄인들을 향해서는 마땅히 받을 정죄를 피할 능력이 자신들에게 전혀 없음을 일깨우고 경고하며, 그들에게 생명을 주시는 그리스도께로 나아올 것을 힘써 권면하며 초청하는 것이다. 그런 다음에 그들을 향해 거룩하신 하나님 앞에서 그들의 유일한 의가 되시는 그리스도만을 신뢰하고 의존하도록 권고하며, 왕으로서 모든 것을 정복하신 그리스도께 기쁨으로 복종하며 경배할 것을 요구하게 된다.

여기서 우리는 체험적인 개혁파 설교가 얼마나 풍성한 성격을 지니는지를 다시금 파악할 수 있다. 이같이 설교할 때, 우리는 성경의 각 부분에 담긴 구체적인 가르침과 강조점을 좇아 다양한 방식으로 청중을 향해 신앙으로 나아올 것을 촉구하게 된다. 이처럼 구원의 신앙이 지닌 여러 측면을 헤아릴 때, 설교자는 사람들을 향해 그리스도를 믿는 신앙으로 나아올 것을 일관성 있게 호소하는 동시에 다양한 방식으로 그 내용을 적용하면서 자신의 메시지를 전할 수 있게 된다.[21]

이제는 그 다음 주제인 회개에 관하여 살펴보기로 하자.

회개를 향한 보편적인 초청

대중적인 설교자들이 죄와 심판에 관한 언급을 꺼리듯이, 대중적인 전도자들 역시 회개의 주제를 소홀히 여기곤 한다. 오늘날 서구 문화권에서 많은 사람들은 기독교 신앙을 두 가지 수준으로 구분하는 오류에 빠져 있다. 이 그릇된 생각에 따르면, 이른바 '육적인 그리스도인'으로 알려진 회심자들은 세상 사람들과 별 다를 바 없이 살아가는 반면 '영적인' 엘리트 신자들은 성령의 충만함 가운데 살아가게 된다는 것이다. 그러나 비성경적이며 하나님의 영광을 가리는 이 이분법에 맞서, 우리는 회개를 향한 성경의 요청을 단호하게 전파해야 한다. 회개 없이는 구원에 이를 수 없으며, 영적인 성장 역시 불가능하다. 그리고 우리 자신의 삶을 변화시키지 않는 신앙은 곧 죽은 신앙이다(약 2:26).

회개는 하나님이 모든 세대의 사람들에게 주신 메시지였다. 구약의 선지자들은 죄인들에게 회개를 촉구하면서 이렇게 말씀을 전했다. "악인은 그의 길을, 불의한 자는 그의 생각을 버리고 여호와께로 돌아오라. 그리하면 그가 긍휼히 여기시리라. 우리 하나님께로 돌아오라. 그가 너그럽게 용서하시리라"(사 55:7). 주 예수께서는 이렇게 선포하셨다. "때가 찼고 하나님의 나라가 가까이 왔으니 회개하고 복음을 믿으라"(막 1:15). 그리스도의 말씀에 따르면, 이처럼 회개를 선포하는 것은 죄인들을 향한 미움에서 나온 행동도, 그들에 대한 정죄를 선언하는 행위도 아니었다. 오히려 그것은 병든 영혼들을 치유하려고 애쓰는 의사의 애정 어린 노력에서 나온 일이었다(눅 5:31-32). 이처럼 회개는 우리를 병적인 상태나 침체, 또는 자존감 상실로 몰고 가는 일이 아니다. 회개는 우리의 영혼에 손상을 끼치는 것이 아니라, 우리를 위한 하나님의 치료법이다.

사도 베드로는 자신의 설교에서 이렇게 선포했다. "그러므로 너희가 회개하고 돌이켜 너희 죄 없이 함을 받으라"(행 3:19). 그는 이 회개의 부름 속에 하나님의 인내와 자비가 담겨 있다는 점을 강조하면서 이렇게 언급한다. "주의 약속은 어떤 이들이 더디다고 생각하는 것 같이 더딘 것이 아니라. 오직 주께서는 너희를 대하여 오래 참으사 아무도 멸망하지 아니하고 다 회개하기에 이르기를 원하시느니라"(벧후 3:9).

또한 사도 바울은 불신자들의 마음에 도전을 제기하면서 이렇게 언급하고 있다. "네가 하나님의 인자하심이 너를 인도하여 회개하게 하심을 알지 못하여 그의 인자하심과 용납하심과 길이 참으심이 풍성함을 멸시하느냐. 다만 네 고집과 회개하지 아니한 마음을 따라 진노의 날 곧 하나님의 의로우신 심판이 나타나는 그날에 임할 진노를 네게 쌓는도다"(롬 2:4-5). 바울은 유대인과 이방인들 모두에게 "회개하고 하나님께로 돌아와서 회개에 합당한 일을 하라"는 메시지를 전했으며(행 26:20), 하나님이 "어디든지 사람에게 다 명하사 회개하라"고 하신다는 말씀을 전했다(행 17:30).

그러므로 청중에게 회개를 촉구하지 않는다면, 우리는 구약의 선지자들이나 그리스도와 그분의 사도들이 남긴 유산을 저버리는 것이 된다. 이 경우에는 다른 어떤 내용을 전파하든지, 우리가 전하는 설교는 성경적인 복음이 될 수 없다.

죄인들을 회개의 기초 단계로 인도해 가기

현대의 설교자가 죄인들에게 회개를 향한 하나님의 부르심을 전할 때, 그는 먼저 회개가 무엇인지를 설명해야 한다. 오늘날의 사람들은 '회개'의 의미를 전혀 알지 못하는 경우가 대부분이므로, 우리는 그 기본적인 내용부터 설명해야 한다. 인간의 마음은 실로 기만적인 상태에 있기 때문에 사람들은 온갖 거짓된 회개를 만들어 내곤 한다. 인간 본성에 관해 우리가 아는 사실 중 하나는, 사람들은 회개(자신의 죄를 미워하고 버리는 일)보다 보속penance (선행을 통해 자신의 죄를 속하려는 시도)을 더 선호한다는 것이다. 우리는 인간의 참 모습을 파악할 필요가 있다. 무엇보다 위험한 점은 죄의 속임수가 죄인들을 미혹하여, 자신들이 처한 상태를 편안하게 느끼면서 잠든 채로 머물게 한다는 데 있다. 이런 상태에 있을 때, 그들은 자신이 회개해야 할 절실한 필요성을 미처 깨닫지 못하게 된다.

모든 죄인에게는 자신의 죄를 깨달은 즉시 회개해야 할 의무가 있다. 개혁파의 복음 전도자였던 아사헬 네틀턴Asahel Nettleton, 1783-1844 은 오늘날 대중적인 복음 전도에서 매우 인기 있는 방법론이 된 찰스 피니의 사역 방식에 격렬히 반대했던 인물이다. 하지만 네틀턴 자신도 회개를 설교했으며, 그의 사역을 통해 수천 명의 사람들이 회심하고 꾸준히 신앙을 간직해 나갔다. 어느 설교에서, 네틀턴은 청중을 향해 이렇게 질문했다. "그러면 회개할 의무는 누구에게 있습니까? 우리가 읽은 본문이 이 질문에 답을 줍니다. 곧 어디에 있는 누구에게든지 그 의무가 있다는 것입니다.……그들은 언제 그 의무를 짊어지게 됩니까?……하나님은 바로 **지금**, 어디에 있는 그 누구든지 회개하고 그분께로 돌이킬 것을 명하고 계십니다."[22] 죄인들 자신에게 회개할 능력이 없다고 해서, 그들이 그 책임을 피할 수 있는 것은 아니다. 그들이 성령의 사역을 체험하게 될 때까지 그 의무가 뒤로 미루어지지도 않는다. 이러한 그들의 무능력 가운데는 하나님을 향한 뿌리 깊은 적개심과 자신의 죄를 완고하게 고집하는 태도가 자리 잡고 있다.[23] 그들의 무능력 자체가 책망을 받아 마땅하며, 그들은 **반드시** 회개해야만 한다. 우리는 그들이 그 의무를 이행할 것을 강력히 권고해야 한다.

설교자의 역할은 단순히 회중을 향해 "회개하십시오!"라고 계속 외치는 데서 끝나지 않는다. 우리는 회개의 의미를 자세히 설명하고 죄인들로 하여금 회개의 각 부분을 수행하도록 촉구하며, 그들이 확고한 성경적 동기를 품고 계속 앞으로 나아가도록 격려해야 한다. 혹시 하나님이 이같이 회개를 전하는 우리의 설교를 사용하셔서, 멸망을 향해 가는 자들의 마음에 은혜를 베푸실지 누가 알겠는가?

웨스트민스터 소교리문답에서는 탁월한 회개의 정의를 제시한다(87문). "생명에 이르는 회개는 구원의 은혜 중 하나인데, 이를 통해 죄인은 참으로 자신의 죄를 자각할 뿐 아니라 그리스도 안에 있는 하나님의 자비를 깨닫고, 자신의 죄를 슬퍼하며 미워하는 마음으로 그 죄에서 돌이켜 하나님께로 나아가게 된다. 이때 그는 새로운 마음으로 그분께 순종하겠다는 온전한 목적을 품으며, 또 그 일을 위해 힘써 노력하게 된다."[24] 한편으로, 여기서 우리는 회개가 하나님이 베푸시는 "구원의 은혜"임을 볼 수 있다.[25] 그런데 다른 한편으로, 회개하고 죄에서 돌이켜 하나님께로 나아가며 새로운 마음으로 순종해야 할 사람은 바로 죄인 자신이다.

소교리문답에서는 죄인들이 행해야 할 회개를 인식과 정서, 그에 따른 삶의 방향 전환과 행동의 측면에서 각각 언급한다. 첫째, 회개에는 이중의 **인식**이 담겨 있다. 죄인은 "자신의 죄를 참으로 자각하며", 이와 동시에 "그리스도 안에 있는 하나님의 자비"를 체험하게 된다. 시편 51편에 담긴 다윗의 참회를 한 번 생각해 보자. 이 시편에는 다음의 부제가 붙어 있다. '다윗의 시, 그가 밧세바와 동침한 뒤, 선지자 나단이 그를 찾아갔을 때에 쓴 것이다.' 이 시의 14절에서 그는 이렇게 탄원한다. "하나님이여,……피 흘린 죄에서 나를 건지소서." 여기서 다윗은 자신이 구체적인 간음과 살인의 행위들을 통해 하나님의 법을 깨뜨렸음을 고백하고 있다(삼하 11장). 이는 자신의 책임을 회피하기 위해, 교묘한 표현들을 써서 그 일들을 모호하게 둘러대는 것이 아니다. 다윗은 자신이 구체적으로 어떤 계명들을 범했는지를 알았으며, 그 일들을 뚜렷이 밝히고 있다.

그런데 다윗은 지극히 풍성한 하나님의 은혜 역시 깨닫고 있었다. "하나님이여, 주의 인자를 따라 내게 은혜를 베푸시며 주의 많은 긍휼을 따라 내 죄악을 지워 주소서. 나의 죄악을 말갛게 씻으시며 나의 죄를 깨끗이 제하소서"(시 51:1-2). 만일 우리의 마음속에 이런 동기가 생겨나지 않는다면, 참된 회개는 이루어질 수 없다. 탕자가 집으로 돌아온 것은 그 자신의 비참한 상태를 자각할 뿐 아니라, 아버지의 선하심을 되새기게 되었을 때였다(눅 15:17-19).

그러므로 우리는 설교를 통해, 청중들이 구체적인 죄들의 악한 성격을 깨닫는 동시에 하나님이 그리스도 안에서 베푸시는 자비를 생생히 알아갈 수 있도록 도와야 한다. 우리는 회중에게, 그저 율법과 복음을 모호하게 이해하는 것으로 만족하지 않도록 가르쳐야 한다. 우리는 그들을 향해, 사람이라면 누구나 지닐 법한 허물을 인정하는 데 그치지 말고 그들이 실제로 범한 죄들을 구체적으로 고백하도록 촉구해야 한다. "아무도 완벽한 사람은 없어요"라고 변명하는 것과, "제가 하나님 앞에 죄를 범했습니다"라고 고백하는 것 사이에는 큰 차이가 있다.

둘째, 회개에는 강한 **정서**가 수반된다. "자신의 죄를 슬퍼하며 미워하는 마음으로 그리해야 한다." 다윗은 이렇게 고백한다. "하나님께서 구하시는 제사는 상한 심령이라. 하나님이여, 상하고 통회하는 마음을 주께서 멸시하지 아니하시리이다"(시 51:17). 그의 슬픔은 곧 상한 마음이었으며, 그는 마치 뼈가 꺾였을 때와 같은 아픔을 느꼈다(8절). 다윗이 이같이 슬퍼한 이유는, 도둑이 물건을 훔치다가 붙잡혔을 때 느낄 법한 것처럼 단순히 자신의 죄가 불러온 결과들 때문이 아니었다. 그가 자신의 죄를 혐오한 이유는 바로 자신이 하나님을 거슬러 죄를 범했으며, 그분이 보시기에 악한 일을 행했기 때문이었다(4절). 나아가 다윗은 그가 범한 행실에 대해 슬퍼할 뿐 아니라, 자신이 어머니의 배 속에 있을 때부터 본성상 부패한 상태에 있었음을 깨닫고 깊이 통회하게 되었다(5절). 곧 그는 "제가 악한 일을 저질렀습니다"라는 고백에서, "저의 마음 자체가 악합니다"라는 고백으로 옮겨가게 되었던 것이다. 자신이 범한 죄를 깨달을 때, 우리는 하나님의 진노에 대한 두려움을 품게 된다. 하지만 복음적인 회개의 가장 중요한 요소는, 사랑이 많고 선하신 하나님 앞에서 자신의 영혼이 심히 부패했을 뿐 아니라 그분께 반역하는 상태에 있음을 깨닫고 깊은 전율을 느끼는 데 있다.

우리는 체험적인 설교를 전할 때, 죄의 악하고 추한 모습을 뚜렷이 드러내야 한다. 청중을 향해, 하나님을 거슬러 죄를 범하는 것이 얼마나 두려운 일인지를 깨닫기 전까지는 우리가 감히 그분을 사랑한다고 고백할 수 없다는 점을 일깨워 주어야 한다. 현대의 복음주의자들은 이런 정서를 마치 기차의 맨 뒤에 딸린 부속 칸쯤으로 여기고 경시하는 성향을 보인다. 그러나 좀 더 오래된 복음주의에서는, 우리의 삶이 곧 우리 마음속에 있는 정서에서 흘러나온다는 점을 알고 있었다. 물론 사람들이 자기 마음속의 느낌을 저마다 다르게 표현하는 것은 사실이다. 그러므로 우리가 회중에게 엄격한 체험의 도식을 가르칠 수는 없다. 하지만 팔복의 말씀이 진리임을 믿는다면, 자신의 죄에 대해 "애통하[지]" 않으면서 어떻게 우리 스스로를 "복이 있[는]" 자들로 여길 수 있겠는가?(마 5:4)

셋째, 회개의 핵심에는 우리 삶의 모든 경로를 바꾸어 놓는 내적인 마음의 **방향 전환**이 있다. 이때 죄인들은 죄에서 "돌이켜", 하나님께로 "나아가게" 된다. 바로 여기에 하나의 행위로서 회개가 지닌 본질적인 성격이 있다. 곧 사악한 삶에서 돌이켜 하나님께로 나아가고, 그분의 뜻에 순종하게 되는 것이다. 구약에서 회개를 가리키는 위대한 표현은 '슈브'shub이며, 이 표현은 "돌이키다", 때로는 "돌아오다"로 번역되곤 한다(시 51:13 참조. 시 19:7).

하이델베르크 교리문답에서는 참된 회심에 두 가지 측면이 있음을 일깨워 준다(88-90문). "옛 사람을 죽음에 넘기고 새 사람을 소생시키는 일." 여기서 옛 사람을 죽음에 넘기는 일, 곧 '죄 죽임'mortification은 "우리가 죄를 범함으로써 하나님을 진노하시게 한 것에 대해 진실한 마음의 슬픔을 느끼고, 그 죄들을 점점 더 미워하며 멀리하게 되는 일"을 가리킨다. 이는 곧 죄에서 돌이키는 일에 해당한다. 그리고 새 사람을 소생시키는 일, 곧 '살려냄'quickening은 "하나님 안에서 그리스도를 통해 진실한 마음의 기쁨을 얻고, 즐거운 마음과 사랑으로 하나님의 뜻을 받들어 모든 선한 것을 행하면서 살아가는 일"을 가리킨다. 이는 하나님께로 나아가는 일에 해당한다.[26]

우리는 회개의 이 두 가지 측면을 모두 설교해야 한다. 어떤 설교자들은 죄를 책망하고 인간의 비참함을 선포하며, 청중을 향해 죄악된 길에서 떠날 것을 촉구하면서도 우리가 사랑과 즐거운 마음으로 하나님께 나아가야 한다는 점은 소홀히 하는 경향이 있다. 그리고 다른 설교자들은 신자들이 주님 안에서 누리는 기쁨을 너무 강조한 나머지, 우리의 마음속에 깊이 자리 잡은 죄의 습관들을 끊어내기 위해 깊고 고통스러운 투쟁을 치러야만 한다는 점을 거의 언급하지 않는다. 그러나 우리의 청중은 이 두 가지를 모두 일깨움 받을 필요가 있다. 우리는 그들이 죄의 추악함을 온전히 헤아릴 수 있게 도와야 한다. 하지만 동시에, 우리가 그 앞에서 죄를 범한 주님이 얼마나 아름다우신 분인지를 알게 되기 전까지는 자기 죄의 악함을 진정으로 깨달을 수 없다는 점도 기억해야 한다. 죄인들이 진실로 통회하는 마음을 품도록 인도하는 것은 바로 그리스도 안에서 베푸시는 하나님의 사랑이다.

시편 2:10-11에서는 이 두 가지 요소를 결합하면서, 그리스도를 거슬러 음모를 꾸미는 반역자들에게 다음과 같이 훈계하고 있다. "그런즉 군왕들아, 너희는 지혜를 얻으며 세상의 재판관들아, 너희는 교훈을 받을지어다. 여호와를 경외함으로 섬기고 떨며 즐거워할지어다." 그러므로 우리 역시 두렵고 떨리는 마음을 품는 동시에 기쁨으로 찬미하면서 말씀을 전파해야 한다.

넷째, 회개는 우리를 **행동**으로 인도한다. "새로운 마음으로 그분께 순종하겠다는 온전한 목적을 품으며, 또 그 일을 위해 힘써 노력하게 된다." 세례 요한은 당시 이스라엘 백성이 그 선조들에게서 물려받은 언약 덕분에 이미 구원을 얻었다고 여기는 것을 책망하면서, "회개에 합당한 열매를 맺[으라]"고 명령했다. 이는 "좋은 열매 맺지 아니하는 나무마다 찍혀 불에 던져[질]" 것이기 때문이다(눅 3:8-9). 고린도후서 7:10-11에서 바울이 설명한 바에 따르면, 회개에는 생각의 변화 이상의 것이 담겨 있다. 즉 회개는 죄에 대한 슬픔에 근거하여 하나님께로 돌이키는 일이며, 이는 열심 있는 행동을 낳는다는 것이다.

> 하나님의 뜻대로 하는 근심은 후회할 것이 없는 구원에 이르게 하는 회개를 이루는 것이요, 세상 근심은 사망을 이루는 것이니라. 보라, 하나님의 뜻대로 하게 된 이 근심이 너희로 얼마나 간절하게 하며 얼마나 변증하게 하며 얼마나 분하게 하며 얼마나 두렵게 하며 얼마나 사모하게 하며 얼마나 열심 있게 하며 얼마나 벌하게 하였는가. 너희가 그 일에 대하여 일체 너희 자신

의 깨끗함을 나타내었느니라.

이는 우리 자신의 행위로 의롭다 하심을 얻게 된다는 말씀이 아니다. 여기서 언급되는 행위는 그리스도께서 이루신 구속에서 흘러나오는 것들이며, 또 우리를 새로운 피조물로 만드시는 성령님의 사역에 의해 우리 안에 적용되는 것들이다(딛 2:14; 3:3-5, 엡 2:10, 고전 6:9-11).

우리는 회중을 향해, 만일 그들이 이전처럼 계속 죄 가운데 살아간다면 결코 자신이 거듭났음을 내세울 수 없다고 경고해야 한다(요일 3:9). 이에 관해, 하이델베르크 교리문답에서는 이렇게 언급한다(64문). "참된 신앙으로 그리스도께 접붙임을 받은 자들이 감사의 열매를 맺지 않는 일은 불가능하다."[27] 우리가 그리스도의 복음을 전한다고 해서, 선한 일을 행할 의무에 관해 설교할 필요성이 약화되는 것은 아니다. 복음은 곧 진정으로 선한 행실이 생겨나게 하는 유일한 생명의 뿌리이기 때문이다. 그리고 선한 행실은 "참되고 생명력 있는 신앙의 열매이자 그 증거"이다(웨스트민스터 신앙고백, 16.2).[28]

결론: 청중의 양심을 향해 그리스도를 설교하기

복음에 관한 체험적인 개혁파 설교에서는 청중의 마음에 와닿도록 그리스도의 진리를 전달해야 한다. 찰스 브리지스가 말했듯이, 우리는 회중 **앞에서** 설교하는 데 그치지 않고 그들의 **마음에** 심겨지도록 말씀을 전파해야 한다. 설교를 전할 때, 우리는 각 사람에게 다음과 같은 방식으로 다가가야 한다. "저에게는 하나님이 당신에게 주시는 메시지가 있습니다."[29] 주석가 매튜 헨리는 아버지인 필립 헨리의 설교에 관해 이렇게 언급했다. "그분은 말씀의 화살을 회중의 머리 너머로 날려 보내지 않으셨다.……오히려 그분은 긴밀하고 생동감 있는 적용을 통해, 그 말씀의 내용이 바로 그들의 마음에 와닿도록 전달하셨다."[30]

우리는 청중의 양심을 향해 말씀을 증언해야 한다. 설교 때에, 그들이 하나님의 보좌 앞에 서 있음을 기억해야 한다. 하나님의 시선은 그들의 모든 은밀한 일들을 꿰뚫어 보시며, 그분의 말씀은 그들이 품은 생각과 뜻을 헤아리고 감찰하신다(히 4:12-13). 우리는 또한 우리의 대제사장이신 예수님이 하늘 위에 영광스럽게 좌정해 계시는 동시에, 그분께 의존하는 죄인들을 향해 따스한 긍휼을 베푸신다는 것을 선포해야 한다(히 4:14-16).

복음의 설교는 곧 적용을 위한 설교다. 청중들이 그리스도의 교리들을 자신의 삶에 접목하는 방법을 배워갈 수 있도록, 우리는 가능한 한 설교 전반에 걸쳐 적용의 지침을 제시해 나가야 한다. 이에 관해, 브리지스는 이렇게 언급한다. "우리가 다루는 주제가 그 방식에 걸맞을 경우, 아마도 지속적인 적용의 방식이 최선의 효과를 낳게 될 것이다. 이는 각 항목을 개별적으로 적용해 나가는 한편, 설교의 끝부분에서는 다양한 범주에 속한 청중에게 각기 알맞은 권면이나 경고, 격려를 제시하는 방식이다."[31] 만일 이런 적용들이 우리의 본문에서 드러난 그리스도의 모습에 중심을 둔 것이라면, 적용들은 두서없이 흩어진 생각들에 그치지 않고 청중들이 그 본문에서 전개되는 주된 요점의 흐름을 좇아가도록 도와주는 단계들이 될 것이다. 그리고 이런 본문의 흐름들이 지향하는 목표는 바로 그리스도 안에 있는 하나님의 영광에 있다.

우리는 불신자들을 염두에 두면서 꾸준히 복음을 전해야 한다. 곧 복음의 초청은 늘 반복적으로 제시되어야 한다는 것이다. 우리는 어떤 장년층 신자나 젊은이, 어린이들에게 거듭남의 필요성이 있는지를 미처 알지 못한다. 오늘날과 같이 인터넷이 발달한 시대에, 우리가 선포하는 설교는 지구 반대편에서 멸망해 가는 죄인들에게까지도 전달될 수 있다. 또한 우리는 신자들에게도 복음을 설교해야 한다. 바울은 로마 교회에 편지하면서 그 신자들을 "부르심을 받은" 이들, "하나님의 사랑하심을 받[은]" 이들, 그리고 "성도"들로 지칭했다(롬 1:6-7). 하지만 동시에, 그는 이렇게도 언급하고 있다. "그러므로 나는 할 수 있는 대로 로마에 있는 너희에게도 복음 전하기를 원하노라"(15절). 바울은 그리스도의 복음만큼 자신의 구주를 향한 그리스도인들의 사랑을 더욱 깊게 하며, 그들로 하여금 거룩함과 겸손의 삶을 살아가도록 인도하는 것이 없음을 알고 있었던 것이다. 많이 용서받은 자는 많이 사랑하게 되며(눅 7:47), 사랑은 율법의 완성이다(롬 13:10).

24장 거룩함을 위한 설교

이 책의 마지막 부분에서, 나는 앞서 1부에서 설명하고 2부에서 역사적인 사례들을 통해 예증했던 체험적인 개혁파 설교의 원리들을 우리 자신의 설교에 적용할 수 있게 도우려고 했다. 3부에서, 나는 먼저 균형 잡힌 설교를 전하는 문제를 다루었다(20장). 이 장의 논의 가운데는 객관적인 측면과 주관적인 측면, 하나님의 주권과 인간의 책임, 성경적이며 교리적이고 체험적이며 실천적인 설교의 사중적인 부요함, 그리고 구체적인 사례들을 다루는 적용의 다양성이 포함되어 있었다.

이어서 어떤 종류의 사역이 효과적인 적용으로 이어지는지에 관해 살폈다(21장). 여기서 우리는 그러한 사역의 특징이 하나님과 긴밀히 동행하는 일, 책들을 연구하는 일, 지혜와 긍휼의 마음으로 우리의 회중을 알아가는 일과 우리의 깊은 속마음을 자연스럽게 전달하는 어조로 말씀을 전하는 일, 그리고 늘 성령님의 도우심을 구하면서 기도하는 일과 순전한 동기를 발전시키는 일에 있음을 살펴보았다.

이러한 일반적 관심사들은 또 다른 질문을 낳았다. 그렇다면 우리는 청중에게 구체적인 영역의 교리들을 어떻게 적용할 것인가?(22-23장) 이 장들의 논의에서는 하나님과 인간, 그리스도와 신앙, 회개의 교리를 전하는 설교를 다루었으며, 이 교리들을 신자와 불신자들의 체험에 각기 적용하는 일을 살펴보았다.

이제 마지막 장에서는 거룩함을 위한 설교의 문제를 다루어 보려고 한다. 체험적인 개혁파 설교자가 자신의 설교를 그리스도의 몸인 회중에게 적용함으로써, 그들로 하여금 거룩한 삶을 향해 자라가게 할 수 있는 방법은 무엇일까? 이번 장에서 그리스도의 몸인 교회에서 거룩함을 설교하기 위한 여러 측면, 곧 칭의, 그리스도와의 연합, 성령, 영적 전쟁과 도덕법, 사랑과 환난, 성경의 이야기들과 하늘, 그리고 설교자의 겸손에 관해 살펴볼 것이다.

거룩함의 토대로서 칭의를 설교하기

하나님과 화목을 이루기 전까지는 거룩한 삶의 진보를 누리는 것은 불가능하다. 거룩한 삶은 곧 하나님이 우리 안에 베푸신 은혜의 열매로 생겨난 신앙에 힘입어 그분과 동행하는 데 있기 때문이다. 신학자들은 '듀플렉스 그라티아'duplex gratia라는 용어를 언급하는데, 우리가 그리스도를 통해 얻게 되는 칭의와 성화의 '이중 은혜'double grace를 가리킨다. 이에 관해, 장 칼뱅은 이렇게 언급한다. "하나님은 그분의 자비로 우리에게 그리스도를 보내 주셨으며, 우리로 하여금 믿음으로 그분을 이해하고 소유하게 하시려는 것이었다. 그리스도 안에 참여할 때, 우리는 원칙적으로 이중의 은혜를 받게 된다. 먼저는 그분의 흠 없는 인격을 통해 하나님과 화목하게 되는 것으로, 하늘에 계신 하나님은 이를 통해 우리의 심판자 대신에 자비하신 아버지가 되어 주신다. 둘째로는, 우리가 그리스도의 영을 통해 성화되는 가운데 흠 없고 순전한 삶으로 나아가게 되는 것이 이중 은혜다."[1]

칭의와 성화는 서로 구별되는 유익이지만, 그 둘을 서로 떼어 놓을 수는 없다. 그 둘의 순서 역시 그대로 유지되어야 한다. 먼저 우리에게는 칭의라는 뿌리가 반드시 필요하며, 이로부터 각자의 삶에서 맺어야 할 열매인 성화에 이르게 되는 것이다. 칼뱅은 이렇게 언급한다. "여러분 자신이 하나님과 어떤 관계에 있는지, 또 그분이 여러분을 어떻게 판단하고 계시는지를 먼저 헤아리지 못하는 한, 여러분은 자신의 구원을 확증하거나 하나님을 향한 경건을 가꾸어 갈 토대를 결코 얻지 못하게 된다."[2] 존 오웬은 우리가 짓는 건물과 그 기초가 되는 토대를 서로 혼동해서는 안 된다고 지적한다. "앞서 말했듯이, 그 토대는 오직 우리가 그리스도의 피 안에서 얻는 은혜와 자비, 용서에 놓여야만 한다."[3] 이어서 그는 이렇게 설명한다. "먼저는 그리스도로 인해 우리에게 주어진 자비와 사죄, 용서를 온전히 받아들여야 한다. 그런 다음에는 그리스도의 능력에 의지해서, 그분을 사랑하는 마음으로 온전한 순종을 감당해야 하는 것이다. 신자들의 삶은 곧 이 두 가지 원리를 따르는 데 있다(엡 2:8-10)."[4]

회중에게 점진적인 성화를 촉구할 때, 설교자는 그들이 전적으로, 값없이 하나님의 은혜로 의롭다 하심을 얻은 죄인들로서 온전한 지위를 누리고 있음을 꾸준히 언급해야 한다. 성경 본문을 연속적으로 설교해 나갈 때, 우리는 자연스럽게 이 일을 행할 수 있다. 여러분은 로마서 8:13의 "너희가 육신대로 살면 반드시 죽을 것이로되 영으로써 몸의 행실을 죽이면 살리니"에 관해 설교하기 전, 먼저 다음과 같은 8:1의 본문에 대해 말씀을 전하게 될 것이다. "그러므로 이제 그리스도 예수 안에 있는 자에게는 결코 정죄함이 없나니." 또한 여러분은 에베소서 2:8-9에서 오직 믿음을 통해 은혜로 얻는 구원을 전한 다음, 2:10을 다루면서 구원은 곧 선한 일들을 행하도록 새롭게 지음받는 일임을 설교하게 될 것이다.

시편 130:3-4에서는 이렇게 말씀한다. "여호와여, 주께서 죄악을 지켜보실진대 주여, 누가 서리이까. 그러나 사유하심이 주께 있음은 주를 경외하게 하심이니이다." 하나님의 용서는 우리의 경건에 능력을 부여한다. 오웬에 따르면, 우리는 자신의 죄와 책임을 깨달을 때 종교적인 노력에 더욱 힘을 쏟게 된다. 이를테면 교회 출석에 열심을 낸다든지 하는 것들이다. 하지만 우리로 하여금 "안정적으로, 꾸준히 순종에 힘쓰도록 인도하는 유일한 길과 방편"은 그리스도의 피를 통한 칭의에 있다는 것이다. 칭의 없이는, 우리의 어떤 노력도 "하나님 앞에 받아들여지지" 않는다. 이처럼 하나님과 화목한 상태에 이르지 못했을 때, 우리는 "무거운 마음과 두려움을 품고, 굴레에 매인 채로" 그분을 섬기게 된다. 그러나 하나님의 용서를 체험할 때, 우리는 "생명력과 기쁨에 차서, 민첩한 마음으로" 그분께 순종하게 된다.[5]

칭의 교리는 그리스도인들로 하여금 죄를 짓도록 부추기는 것이 아니다. 오히려 칭의 교리를 접할 때 신자들의 마음은 감사로 가득 차며, 그들은 인자하신 하늘 아버지께서 그리스도 안에서 자신의 흠결 많은 행실까지도 기쁘게 받아 주신다고 여기면서 새 힘을 얻게 된다. 이에 관해, 웨스트민스터 신앙고백에서는 이렇게 언급하고 있다(16.6). "하나님께서는 [우리의 선한 행실 속에 여전히 부패한 성격과 여러 가지 단점이 남아 있지만] 그리스도를 통해 신자들의 인격을 받아 주시며, 그들의 선한 행실 역시 그분 안에서 받아들이신다. 이는 하나님이 보시기에 그들의 삶에 전혀 흠이나 비난할 만한 일이 없기 때문이 아니다. 하나님은 자신의 아들 안에서 그들을 바라보시면서, 비록 그들의 행실 속에 여러 연약함이나 불완전함이 있을지라도 그들이 신실한 마음으로 행한 일들을 받으시고 이에 상 주시기를 기뻐하신다."[6] 하나님께서 그분의 자녀들이 행한 일을 기뻐하시면서 그리스도 안에서 용서하고 받아 주시는 아버지로 여기도록 가르칠 때, 회중은 순종을 향한 노력에 큰 힘을 얻게 될 것이다.

거룩함의 생명력 있는 뿌리로서 그리스도와의 연합을 설교하기

주님은 이스라엘 백성을 창조하신 뒤, 그들을 의의 열매를 맺는 포도원이 되도록 양육하려 하셨다. 선지자 이사야의 비유에서 언급했듯이(사 5:1-7), 하나님이 예루살렘의 거주민들과 유다 백성을 풍성한 결실을 맺는 포도나무로 삼으시기 위해 행하지 않으신 일이 무엇이었던가? 하지만 그들은 불의와 억압의 부패한 열매만을 맺었던 것이다. 이처럼 인간의 타락한 본성에서는 선한 것이 나올 수 없으며, 외부에서 어떤 도움이 주어질지라도 마찬가지다. 그러나 이사야는 여기서 그치지 않고, 언젠가는 "여호와의 싹이 아름답고 영화로울 것이요"(4:2), 이스라엘이 "그 결실로 지면을 채우[게]" 될 것을 내다보았다(27:6).

이후에 그리스도께서 이 땅에 임하셨을 때, 그분은 이렇게 말씀하셨다. "나는 포도나무요 너희는 가지라. 그가 내 안에, 내가 그 안에 거하면 사람이 열매를 많이 맺나니 나를 떠나서는 너희가 아무 것도 할 수 없음이라"(요 15:5). 여기서 그리스도는 그분 자신만이 이사야를 통해 주어진 그 약속을 성취하실 수 있으며, 또 하나님의 백성으로 하여금 거룩함의 열매를 맺게 할 수 있다는 것을 가르치고 계신다. 우리가 이 열매를 맺기 위해서는, 그분과의 지속적이며 생명력 있는 연합으로 들어가야만 한다. 그리고 이 연합은 그분의 말씀과 성령을 통해 중재된다.

여러분은 오직 그리스도를 믿는 신앙을 통해서만 거룩함을 실천하는 삶을 살아갈 수 있음을 회중에게 설교해야 한다. 우리는 결코 그리스도를 뒤에 남겨둘 수 없음을 그들에게 일깨우라. 그리스도는 우리가 그 속으로 들어가야 할 문 정도에 그치지 않고, 우리가 걸어가야 할 길이자, 살아가야 할 삶 그 자체가 되시는 분이다. 이에 관해, 골로새서 2:6-7에서는 이렇게 말씀한다. "그러므로 너희가 그리스도 예수를 주로 받았으니 그 안에서 행하되 그 안에 뿌리를 박으며 세움을 받아 교훈을 받은 대로 믿음에 굳게 서서 감사함을 넘치게 하라." 자신의 거룩함이 단순히 외적인 종교 행위로 변질되기를 원하지 않는다면, 우리는 늘 "사랑으로써 역사하는 믿음"으로 행해야 한다(갈 5:6).

우리는 이 진리를 꾸준히 설교해야 한다. 이것이 자연인의 눈에는 숨겨진 비밀일 뿐 아니라 우리의 자존심에 찬 태도와는 상반되는 진리이기 때문이다. 도덕의 기초 원리나 자기 개조의 프로그램들에 관해서는 누구나 어느 정도는 알고 있다. 사람들은 수동적인 형태의 종교적 신비주의를 좇으면서 가만히 어떤 체험을 기다리기도 한다. 하지만 우리가 열심히 일하고 수고하며 사랑으로 행하는 동시에 우리의 생명이 되시는 그리스도를 바라보아야 한다는 것은 그들에게 낯선 개념이다. 많은 그리스도인의 경우에는 다음과 같은 월터 마셜Walter Marshall, 1628-1680의 말에 부합한다고 볼 수 있다. "그들은 물론 자신이 그리스도께서 이루신 의로써 의롭다 하심을 얻지만, 자신이 성화되는 것은 오직 그들 스스로 이루어낸 거룩함에 의해서만 가능하다고 여긴다." 마셜에 따르면, 우리는 다음의 내용을 그들에게 꼭 가르쳐야 한다. "우리가 하나님의 법을 즉시 실천하기 위해서는 거룩한 영혼의 상태와 기질이 필요하다. 그런데 우리가 이 같은 기질과 상태에 이르기 위해서는 그리스도의 충만한 은혜에 의존해야만 한다. 그분은 우리를 위해 이런 은혜를 이미 준비해 두셨으며, 우리 안에서 그 은혜가 실제로 나타나게 하신다. 그 은혜는 오직 그분 안에 소중히 간직되어 있다."[7]

성경에서는 우리를 그리스도 안에 계신 하나님을 따르거나 본받는 자들로 부르지만(엡 4:32-5:2), 우리가 단지 본받음을 통해서만 그리스도 안에 있는 이 거룩함의 보화를 얻게 되는 것은 아니다. 그리스도께서 신자들의 영혼에 이 거룩함을 베푸시는 것은 바로 그분이 친히 머리가 되셔서 이루시는 우리와의 연합을 통해서다(엡 4:15-16). 이에 관해, 마셜은 이렇게 언급한다. "성화의 길에 놓인 또 하나의 큰 신비는, 그리스도께서 주시는 거룩한 마음의 상태를 얻을 때 그분과 더불어 누리게 되는 영광스러운 교제에 있다. 이 일은 곧 우리가 그리스도 안에 거하고, 그리스도께서 친히 우리 안에 계심으로써 이루어진다. 이때 이 일은 그분이 하나님으로서 임하시는 보편적인 임재를 통해서가 아니라, 마치 한 영과 육신을 이룬 것처럼 긴밀한 그분과 우리 사이의 연합을 통해 실현된다."[8]

우리는 신자들에게, 그리스도와의 연합을 통해 실질적인 유익을 얻기 위해서는 믿음으로 행해야만 한다는 것을 가르쳐야 한다. 그리스도께서 그 믿음을 통해 우리의 마음속에 거하시기 때문이다(엡 3:17). 이제는 죄가 우리를 더 이상 지배하지 못하지만, 그럼에도 그 죄는 여전히 우리 마음속에 자리 잡고 있다는 것을 보여주기 바란다. 그리스도의 영을 떠나서는 우리가 죄를 죽일 수도 없고, 하나님의 자녀답게 살아갈 수도 없다(롬 8:9-14). 하나님께 순종해야 할 우리의 의무를 제시하는 추론과 논증들은, 그 의무들을 이행하기 위해 필요한 내적인 생명력을 제공해 주지 못한다. 우리는 육신의 연약함 때문에 율법을 성취할 수 없으며, 오직 성령만이 우리를 거룩하게 만드실 수 있다. 그리고 그분은 그리스도의 죽으심과 부활이 지닌 능력을 우리에게 적용함으로써 이 일을 이루신다(롬 8:2-4).

여기서 우리는 다음의 요점으로 넘어가게 된다. 그리스도와의 연합은 곧 성령의 생명수가 우리에게 전달되는 통로가 되기 때문이다.

거룩함의 능력이 되시는 성령에 관해 설교하기

"만군의 여호와께서 말씀하[신]" 바에 따르면, 주님의 성전이 건축되는 것은 "힘으로 되지 아니하며 능력으로 되지 아니하고 오직 나의 영으로 되[는]" 일이다(슥 4:6). 그리스도 안에서, 하나님께 속한 교회는 "주 안에서 성전이 되어 가고 너희도 성령 안에서 하나님이 거하실 처소가 되기 위하여 그리스도 예수 안에서 함께 지어져" 가게 된다(엡 2:21-22). 하나님은 각 신자들에게 죄에서 떠나 거룩한 삶을 살 것을 요구하신다. 그분의 요구가 실질적인 효력을 지니는 이유는 "주와 합하는 자는 한 영"이며, 그들의 "몸은……너희 가운데 계신 성령의 전"이기 때문이다(고전 6:17, 19).

지금 이 시대에는 성령에 관해 많은 논의가 있지만, "성결의 영"이신 그분에 관해 설교하는 경우는 거의 없다(롬 1:4). 그러나 바로 성령의 사역을 통해 그리스도의 부활 생명이 신자들에게 적용되고, 우리가 "또한 새 생명 가운데서 행하게" 된다(롬 6:4). 우리는 신자들이 그리스도의 죽으심과 부활 안에서 그분께 연합되었으므로, 그들이 "육체와 함께 그 정욕과 탐심을 십자가에 못 박았[으며]" 이제는 "성령의 열매"를 맺게 되었다고 가르쳐야 한다. 그 성령의 열매는 곧 "사랑과 희락과 화평과 오래 참음과 자비와 양선과 충성과 온유와 절제"에 있다(갈 5:22-24).

현재 이루어지는 성령에 관한 논의들은 대부분 그리스도나 거룩함에 관한 문제들과 단절되어 있다. 대신에 우리의 감정이나 외적인 효력, 오늘날에도 지속되는 계시와 성공적인 사역의 측면들에 초점을 두는 경향을 보인다. 물론 우리의 사역에 능력을 부어 주시는 성령의 역할에 관해서도 정당하게 다루어 볼 질문들이 있다. 하지만 우리는 성경의 위대한 강조점을 좇아 설교하는 것이 마땅하며, 그 강조점은 바로 그리스도께서 이루신 일들을 성령께서 우리에게 적용해 주신다는 데 있다. 이를 통해 신자들이 구속을 받아 새로운 피조물로 변화되며, 이제는 그들 안에 의가 거하게 된다. 또 그들은 하나님의 법에 순종하게 되며, 이를 통해 하나님이 영광을 받으시게 된다.

성령님은 우리의 영혼 가운데서 참된 거룩함이 생겨나도록 하는 일에 핵심적인 역할을 감당하신다. 이때 성령님이 우리에게 적용해 주시는 것은 곧 그리스도께서 성부 하나님의 뜻에 순종해서 성취하신 사역이다. 이에 관해, 오웬은 이렇게 언급한다. "모든 신자들을 직접적인 동시에 개별적으로 성화시키시는 분은 바로 성령님이시다. 또한 그분은 그 신자들 안에 있는 모든 거룩함의 창시자이시기도 하다."[9] 그는 이렇게 설명한다.

> 성화는 성령님이 신자들의 영혼 가운데서 친히 이루시는 일이다. 그분은 죄로 오염되고 부정해진 신자들의 본성을 정결케 하고 씻으시며, 그들 안에 있는 하나님의 형상을 새롭게 회복시키신다. 그리하여 성령님은 그들로 하여금 영적인 은혜의 원리들을 습관적으로 실천하는 가운데서 하나님께 순종할 수 있도록 이끌어 가신다. 이때 그 순종은 새 언약의 성격과 조건들에 따라 이루어지며, 이 일이 가능하게 된 것은 예수 그리스도의 삶과 죽으심 덕분이다. 이 일을 더 간단히 표현하면 다음과 같다. 성화는 곧 성령께서 우리의 본성이 하나님의 형상됨을 회복하도록 보편적인 갱신을 일으키시는 일이며, 이 일은 바로 예수 그리스도를 통해 이루어진다.[10]

우리는 그리스도인들이 거룩함에 이르기 위해 그리스도를 바라볼 때, 마땅히 그분이 우리를 위해 얻어 주신 가장 큰 은사를 구할 것을 가르쳐야 한다. 그 은사는 바로 성령님이시다(갈 3:13-14). 신자들은 자신들의 목마름을 채워 줄 수 있는 유일한 생명의 물을 갈망하면서 그리스도께 나아와야 하며, 높이 되신 그리스도께서 우리에게 부어 주시는 성령님이 바로 그 생명의 물이 되신다(요 7:37-39). 우리를 향한 거룩함의 요구는 곧 "성령을 따라 행하라"는 요구이며, 이를 통해 우리는 "육체의 욕심을 이루지 아니하[게]" 된다(갈 5:16). 이에 관해, 오웬은 이렇게 언급한다. "성령 안에서 행하는 것은 곧 하나님께 순종하는 삶을 사는 일이며, 이때 우리는 성령께서 우리 안에 공급하시는 은혜에 힘입어 그 일을 행하게 된다."[11] 성령님은 하나님께 속한 언약의 백성으로 하여금 그분의 계명들을 지키도록 이끄실 뿐 아니라(겔 36:27), 그들의 마음을 인도하여 하나님의 사랑 안에 들어가게 하신다.

우리는 거룩함을 삼위일체의 각 위격이 행하시는 사역들을 통해 생겨나는 것으로 설교해야 한다. 그러므로 회중으로 하여금 성부 하나님께 순종하는 자녀답게 행하며, 우리의 중보자이신 성자 하나님이 완수하신 사역을 신뢰하는 마음으로 행하도록 촉구할 수 있어야 한다. 그리고 성자 하나님이 베푸시는 유익들은 생명의 물이 되시는 성령님을 통해 우리 안에 전달된다. 그러므로 이 삼위일체 가운데 어느 한 위격이라도 소홀히 여길 경우, 우리의 거룩함은 심한 빈곤을 겪게 된다.

거룩함에 이르는 길로서 영적인 전쟁에 관해 설교하기

우리의 생명이신 그리스도는 완전한 승리를 거두고 하늘로 오르셨다. 지금 우리는 그분이 보내신 성령님을 좇아 행하고 있으므로, 어떤 이들은 우리 역시 완전한 승리를 누려야 한다고 여길지도 모른다. 하지만 우리는 아직 그리스도가 계신 하늘에 거하고 있지 않다. 물론 우리는 지금도 승리하신 그리스도께 연합되어 있지만(엡 2:6), 그럼에도 여전히 여러 가지가 뒤섞인 상태에서 살아가고 있다.

갈라디아서 5:17에서는 이렇게 말씀한다. "육체의 소욕은 성령을 거스르고 성령은 육체를 거스르나니 이 둘이 서로 대적함으로 너희가 원하는 것을 하지 못하게 하려 함이니라." 그리스도의 영이신 성령님은 죄와 사탄에 맞서는 투쟁의 길로 우리를 인도해 가신다. 이에 관해, 에베소서 6:12에서는 이렇게 언급하고 있다. "우리의 씨름은 혈과 육을 상대하는 것이 아니요 통치자들과 권세들과 이 어둠의 세상 주관자들과 하늘에 있는 악의 영들을 상대함이라."

그리스도인의 삶은 영적인 전쟁이다. 물론 그리스도인들은 이 점을 이해하고 있지만, 그럼에도 많은 사람들은 죄를 떨쳐내고 경건한 태도와 습관을 따르려는 투쟁이 얼마나 힘겹고 고통스러운 일인지를 깨달을 때마다 깊은 당혹감에 빠지곤 한다. 목회자인 우리의 의무는 거룩함을 위해 씨름해야 한다는 이 요구를 그들 앞에 제시하는 데 있다.

그리스도를 따르는 일에는 값비싼 희생이 요구된다. 참된 제자도의 첫 단계는 자기를 부인하는 데 있다(마 16:24). 이는 우리 자신을 일종의 죽음에 넘기거나 십자가에 못 박는 일과 같다. 우리 주 예수님은 이렇게 말씀하신 바 있다. "누구든지 자기 십자가를 지고 나를 따르지 않는 자도 능히 내 제자가 되지 못하리라"(눅 14:27). 그리스도의 말씀에 따르면, 우리는 자기 앞에 놓인 일의 대가를 먼저 헤아려야 한다. 그렇지 않을 경우, 우리는 그 일을 제대로 감당할 수 없기 때문이다(28절). 그분은 이렇게 질문하셨다. "어떤 임금이 다른 임금과 싸우러 갈 때에 먼저 앉아 일만 명으로써 저 이만 명을 거느리고 오는 자를 대적할 수 있을까 헤아리지 아니하겠느냐"(31절).

윌리엄 거널에 따르면, 마귀에 대한 우리의 싸움이 '레슬링'으로 불리는 이유는 "그 투쟁의 치열함"을 드러내기 위함이다. 그 싸움은 "일대일의 격투"인 동시에 "근접전"인 것이다. 우리는 안전한 거리를 유지한 채로 그 영적인 세력을 대면하는 것이 아니다. 우리는 그런 존재들과 일대일로 맞붙으며, "온 몸이 떨릴 정도로" 치열한 접전을 벌이게 된다.[12] 레슬링 시합의 경우, 승자가 상대방을 제압하기 전에 먼저 수많은 견제와 잡기, 던지기와 누르기 동작이 이루어지곤 한다. 그러고는 마침내 승리를 거둔 선수조차도 땀에 흠뻑 젖은 채, 지치고 힘겨운 모습으로 경기장을 나서게 된다.

지금 우리는 즉각적인 결과를 요구하는 문화 속에서 살아가고 있다. 우리 삶의 방식은 전자레인지나 '구하면 주신다'는 신학, 빠른 속도의 인터넷 서비스, 그리고 성령님을 향한 온갖 그릇된 기대들로 뒤덮여 있다. 이런 상황 가운데, 성경적인 설교자들은 어떤 사람이 자신의 죄악에 맞서 씨름하고 있다고 해서 인생의 실패자이거나 열등한 영성을 지닌 신자인 것은 아님을 보여주어야 한다. 사도 바울은 그저 전동식 안락의자를 타고서 하늘로 편안히 올라가지 않았다. 그는 경주에 참여하고 대적들에 맞서 씨름했을 뿐 아니라, 맹수들을 상대로 싸우기까지 했던 것이다. 이처럼 그는 선한 싸움을 감당했다(고전 9:24-27; 15:32, 딤후 4:7). 우리는 성도들도 이와 동일한 싸움을 감당할 수 있도록 인도해야 한다.

또한 회중이 그리스도의 능력 안에서 강건해지고 하나님의 전신 갑주로 무장할 때 견고히 설 수 있으며, 결국 대적을 꺾고 승리하게 될 것임을 확증해 주어야 한다(엡 6:10, 11, 13, 16). 이에 관해, 윌리엄 가우지 William Gouge, 1575-1653는 이렇게 언급한다. "이 싸움을 제대로 시작하는 것만으로는 충분하지 않다."[13] 그에 따르면, 우리는 그리스도 안에서 "승리자"가 된 자들이다. 그는 이렇게 조언한다. "모든 투쟁 속에서, 여러분은 결말이 날 때를 바라보아야 한다. 비록 대적의 수가 많고 기세가 맹렬할지라도, 두려워하지 말라. 그들이 마침내 패배하고 도망칠 때, 여러분은 그 자리에 굳건히 서 있게 될 것이다. 그때를 끈기 있게 기다리고, 결코 용기를 잃지 말라."[14]

거룩함의 규율로서 도덕법을 설교하기

성경에는 하나님의 법을 향한 기쁨이 가득 담겨 있다. 이에 관해, 바울은 이렇게 기록하고 있다. "이로 보건대 율법은 거룩하고 계명도 거룩하고 의로우며 선하도다……내 속사람으로는 하나님의 법을 즐거워하되"(롬 7:12, 22). 다윗은 이렇게 노래한다. "여호와의 교훈은 정직하여 마음을 기쁘게 하고 여호와의 계명은 순결하여 눈을 밝게 하시도다"(시 19:8).

경건한 신자들은 모든 하나님의 법을 존귀하게 여기며, 마치 자신의 모든 재물을 대할 때와 같이 그분이 주신 증거들을 기뻐한다(시 119:14). 또 그들은 하나님의 율례들을 즐거워하며(16절), 그분의 법도를 사모한다(40절). 그리고 그들은 하나님의 계명들을 사랑하며(47절), 환난 중에도 그분의 말씀에서 위로를 얻는다(50절). 그들은 하나님의 계명을 신뢰하고(66절), 수없이 많은 금화나 은화보다 그분의 법을 더 값지게 여기며(72절), 그 내용을 묵상한다(97절). 또 그들은 하나님 말씀의 달콤함을 맛보고(103절), 그 말씀의 빛을 따라가며(105절), 그분의 법도들을 자기 삶의 안내자로 받아들이게 된다(173절).

그리스도는 자기 백성의 마음속에 성령의 잉크로 하나님의 법을 기록하신다(고후 3:3, 렘 31:33). 그리스도는 이 백성을 자신과 닮은 존재로 만드시며, 이들은 자기 마음속에 하나님의 법을 간직한 자들이자 그분의 뜻을 행하기를 기뻐하는 자들이 된다(시 40:8, 히 10:7). 하지만 이 하나님의 백성까지도 교회 안의 반율법주의나 세상의 반권위주의적인 흐름에 휩쓸린 나머지, 하나님의 법을 향해 혼란스러운 태도를 보일 수 있다. 오늘날에는 '법'law이나 '판단하다'judge, '법적인'legal이라는 단어들조차

좋지 않은 어감을 지닌 것으로 간주되곤 한다. 하지만 이는 그리 놀랄 일이 아니다. 바울은 로마서 8:6-7에서, 육신적이며 타락한 인간의 마음은 마치 죽은 것과 같은 상태에 있다고 언급한다. "육신의 생각은 하나님과 원수가 되나니 이는 하나님의 법에 굴복하지 아니할 뿐 아니라 할 수도 없음이라." 죄가 사람들을 지배하거나 그들 안에 남아 있는 한, 그들은 하나님을 미워하며 그분의 법 역시 증오하게 된다.

이처럼 적대적인 분위기 속에서도, 설교자는 하나님의 법이 요구하는 바를 망설임 없이 선포해야 한다. 그는 율법이 하나님의 계시로서 우리의 죄를 깨닫게 하고 정죄한다는 것을 설교해야 한다(롬 3:19-20). 이 율법은 곧 하나님이 율법주의를 물리치는 데 쓰시는 무기가 된다. 이는 그 율법이 어떤 죄인도 자신의 행위로 의롭다 하심을 얻거나, 자신의 능력으로 성화될 수는 없다는 것을 보여주기 때문이다. 율법이 바르게 선포될 때, 그 율법은 인간의 전통으로 하나님의 말씀을 대체하려 드는 자들의 위선을 드러내게 된다(마 15:1-9). 율법은 우리를 그리스도께로 인도해 가며(갈 3:24), 그분은 우리를 그 율법의 저주에서 건져 내는 유일한 구주가 되신다.

율법은 또한 그리스도께 속해 의롭다 하심을 받은 백성을 선한 길로 인도함으로써 그들을 섬긴다. 그 행실의 면에서, 이 백성에게 중요한 것은 오직 "하나님의 계명을 지[키는]" 일뿐이다(고전 7:19). 비록 이들은 옛 언약에 속한 예식들의 굴레에서 자유롭지만, "하나님께는 율법 없는 자가 아니요 도리어 그리스도의 율법 아래에 있는 자"들이다(고전 9:21). 그러므로 체험적인 개혁파 설교자는 하나님께 속한 성도들에게도 율법을 설교해야 한다. 이때 율법은 그들의 심판자가 아니라, 그들을 섬기는 종으로서 그들을 그리스도 안에 있는 삶으로 인도해 주는 것이 된다.

우리는 그리스도 안에 있는 모든 자를 위한 삶의 규율로서 십계명을 설교해야 한다. 하나님은 시내 산에서 이 계명들을 이스라엘 백성에게 직접 말씀하셨으며, 그분의 손가락으로 이 계명들을 돌판 위에 친히 새겨 주셨다. 또 언약궤 안에서도 이 계명이 적힌 돌판을 위해 특별한 위치를 정해 주셨으며, 이 "열 마디 말씀"을 자신이 주신 언약으로 언급하셨다.[15] 하나님은 이 일들을 통해, 십계명에 그분이 주신 다른 어떤 규율보다 더 높은 지위를 부여해 주셨다. 오늘날 신앙을 고백하는 그리스도인들 가운데 참으로 많은 사람들이 이 귀중한 열 가지 계명을 다 열거하지 못한다는 사실은 놀라운 일이다. 이런 무지의 책임은 분명히 도덕법에 관한 설교를 소홀히 해 온 목회자들에게 돌아가야 할 것이다.

십계명은 우리 삶의 모든 영역에 대한 하나님의 법을 간략하고 유익한 방식으로 요약해 준다. 여러분은 하이델베르크 교리문답과 웨스트민스터 대소교리문답의 풍성한 십계명 해설 속에 담긴 지혜를 잘 배우고 익히기 바란다. 또한 토머스 왓슨이나 제임스 더럼을 비롯한 개혁파와 청교도 설교자들이 남긴 고전적인 도덕법 해설서들을 열심히 읽어 보라.[16] 이같이 율법에 관해 설교할 때, 여러분은 누구의 양심에도 호소하지 못하고 실질적인 지침을 제시하지 못하는 모호한 적용 대신에 뚜렷하고 구체적인 적용으로 청중의 삶에 감화를 끼칠 수 있다.

또한 성경 전반에 걸쳐 다양한 방식으로 율법을 제시하는 본문들에 관해 설교하라. 그리스도께서 선포하신 산상수훈에 관해 말씀을 전하라. 이 본문에서는 율법에 관한 놀라운 해설을 제시하며, 구약에서 계시된 도덕법이 영구히 지속된다는 것을 확증한다(마 5:17-48). 이에 관해, 우리 주님은 이렇게 말씀하셨다. "진실로 너희에게 이르노니 천지가 없어지기 전에는 율법의 일점 일획도 결코 없어지지 아니하고 다 이루리라"(18절). 이 본문에 대한 윌리엄 퍼킨스의 주석에 따르면, 도덕법은 "하나님의 모든 자녀가 영원히 따라야 할 순종의 규칙으로 남아 있다. 비록 그들이 하나님 앞에서 의롭다 하심을 얻기 위해 그 법에 순종해야 할 의무가 있는 것은 아닐지라도 그러하다."[17] 산상수훈에서는 율법의 영적인 성격을 강조하며, 우리의 외적인 행실뿐 아니라 우리 마음속에 있는 분노와 적대감, 정욕과 위선, 그리고 강퍅한 마음의 문제들을 다룬다.

율법을 설교할 때, 앞서 칭의나 그리스도와의 연합에 관한 설교를 다루면서 제시했던 요점들을 기억하도록 주의하라. 율법은 곧 자신의 백성을 구속하신 하나님이 그들과 언약을 맺으면서 수여하신 것이다(출 20:2). 그렇다고 해서 율법을 설교하는 일 자체를 피하지는 말라. 성도들로 하여금 하나님의 모든 계명을 좇아 살아갈 거룩한 의무를 되새기도록 촉구하는 것은 전혀 율법주의적인 일이 아니다. 비록 그들이 율법의 엄격한 심판 아래 있는 것은 아니지만, 그들이 온전한 하나님의 형상됨을 회복하는 일은 오직 그 법에 전심으로 따를 때에만 이루어지게 된다. 이것은 이 땅 가운데 아무 흠 없이 사셨던 그리스도의 삶에서 보게 되는 바와 같다. 그리고 율법은 우리를 더욱 강건하게 한다. 만일 하나님의 백성이 그분의 법을 깊이 묵상해 나간다면, 하나님의 뜻에 관한 여러 질문이 자연스럽게 풀리게 될 것이다. 하나님의 거룩한 율법은 도덕적인 토대를 제공하며, 이를 통해 우리는 자신을 둘러싼 도덕적 상대주의의 급변하는 물결을 이기고 설 수 있게 된다.

거룩함의 핵심이 되는 사랑을 설교하기

주님은 율법을 십계명보다 더욱 간결한 형태로 요약하실 때, 다음의 한 단어에 그 중심을 두는 구약의 두 명령을 선택하셨다. 그것은 바로 '사랑'이다. 하나님의 모든 율법은 우리가 모든 것을 다해 하나님을 사랑하는 일과, 올바른 자기애의 범위를 넓혀서 우리의 이웃까지 사랑하는 일에 달려 있다(마 22:37-40). 이에 관해, 바울은 이렇게 기록한다. "사랑은 율법의 완성이니라"(롬 13:10 참조. 갈 5:14, 약 2:8). 토머스 왓슨은 십계명을 소개하면서 이렇게 언급했다. "사랑은 신앙의 핵심이며, 그리스도인의 올바른 정체성을 이루는 특질이다. 사랑은 모든 은혜 위에 있는 여왕과도 같다."[18]

만일 우리의 설교에서 사랑이 특별한 관심의 대상이 되지 않는다면, 우리는 성경의 요점을 놓친 것이 된다. 우리는 하나님에 관한 다음의 교리를 뚜렷이 제시하지 못한 것이다. "사랑하지 아니하는 자는 하나님을 알지 못하나니 이는 하나님은 사랑이심이라"(요일 4:8). 이에 관해, 조나단 에드워즈는 서정적이며 삼위일체적인 송영의 표현을 써서 이렇게 언급한다.

> 태양이 빛의 원천이듯, 하나님은 사랑의 원천이 되신다.……하나님은 무한하신 분이므로, 우리는 그분이 무한한 사랑의 원천이시라는 결론을 얻게 된다. 그리고 하나님은 모든 면에서 충만하신 분이므로, 우리는 그분이 온전하고 다함이 없으며 충만히 넘쳐흐르는 사랑의 원천이심을 알 수 있다. 하나님은 변함이 없고 영원하신 분이므로, 그분은 영원하며 불변하는 사랑의 근원이 되신다.……그 안에는 성부와 성자 하나님이 계시며, 두 분은 무한히 존귀하고 다 헤아릴 수 없는 서로 간의 사랑으로 연합되어 계신다.……또 그 안에는 거룩한 사랑의 영이신 성령께서 계시는데, 그분을 통해 하나님의 참된 본질인 사랑이 마치 숨결처럼 흘러나오게 된다.[19]

나아가 사랑을 소홀히 여길 경우, 우리는 복음의 내용을 오해하게 된다. "사랑은 여기 있으니 우리가 하나님을 사랑한 것이 아니요 하나님이 우리를 사랑하사 우리 죄를 속하기 위하여 화목 제물로 그 아들을 보내셨음이라"(요일 4:10). 그리고 우리는 참된 회심의 표지들을 감추어 버리게 된다. "사랑하는 자들아 우리가 서로 사랑하자. 사랑은 하나님께 속한 것이니 사랑하는 자마다 하나님으로부터 나서 하나님을 알고"(7절). 지금 회중은 우리의 가르침을 그대로 좇아 살아가고 있을지도 모른다. 그러나 우리가 그리스도인들의 기본적인 삶의 동기가 사랑에 있음을 전해 주지 않는다면, 하나님 앞에서 그들의 삶은 여전히 영적으로 공허한 상태에 머물게 될 것이다(고전 13:1-3).

사람들이 거룩한 삶에 관해 편견을 갖는 이유의 많은 부분은, 그들의 마음속에 사랑이 없는 종교적 열심의 풍자적인 모습이 자리 잡고 있기 때문이다. 그들은 사랑이 없이는 신앙에 아무 실제가 없음을 정확히 파악하고 있다. 그렇기 때문에 회중에게 서로 사랑할 것을 호소하는 것은 복음 전도에 크게 기여하는 일이 된다. 이에 관해, 예수님은 이렇게 말씀하셨다. "너희가 서로 사랑하면 이로써 모든 사람이 너희가 내 제자인 줄 알리라"(요 13:35).

또한 사랑에 관해 설교할 때, 우리는 사람들을 속박하고 있는 많은 윤리적인 신화들을 내어 쫓게 된다. 오늘날 '사랑'은 우리가 쓰는 말 가운데 가장 오용되는 단어 중 하나다. 그 단어는 온갖 종류의 악행을 정당화하는 방식으로 오해되며 왜곡되고 있다. 하나님이 주신 율법의 가장 근본적인 요구가 하나님과 이웃을 진정으로 사랑하는 데 있음을 설교할 때, 여러분은 '사랑'과 '율법' 모두의 의미를 회중에게 뚜렷이 전달할 수 있다. 하나님의 구체적인 계명들을 이 원대한 사랑의 명령과 연관 지을 때, 여러분은 자신의 회중이 공허하고 추한 율법주의에 빠지지 않게 보호할 수 있다. 이때 그들에게 윤리적인 의무는 가장 감미롭고 매력적인 것으로 다가오게 된다.

여러분은 또한 신자들의 자기애self-love를 원래의 위치로 돌려놓는 일에 쓰임받을 수 있다. 인간이 하나님의 사랑을 떠난 상태에서, 우리의 본성적인 자기애는 우리의 시선이 스스로를 향하도록 돌려놓음으로써 자신을 파멸시키는 폭군이 되었다. 현대의 자기 존중의 신학에서는 이 폭군이 요구하는 것을 내어줌으로써 그를 달래 보려고 한다. 그러나 에드워즈에 따르면, 타락한 인간이 지닌 사랑은 "작은 점에 이르도록 축소되고 말았으며, 그 자신의 내부로 제한되고 철저히 갇힌 가운데 다른 사람들을 모두 배척하게 되었다." 인간의 자기애는 한때 하나님을 섬기는 종의 위치에 있었지만, 이제는 그분의 자리를 찬탈하고 영혼의 "절대적인 지배자"가 되어 버린 것이다.[20] 그러나 하나님과 이웃을 진정으로 사랑할 때, 우리의 자기애 역시 선하고 유익한 종의 위치로 돌아가게 된다.

여러분이 사랑의 법을 선포할 때, 회중은 거룩한 행동에 나서도록 자극을 받게 된다. 그 이유는 사랑이 능동적인 은혜라는 데 있다. 이에 관해, 왓슨은 이렇게 언급한다. "하나님을 향한 사랑은 그 자체의 영역 안에서 적극적인 것이 되어야만 한다. 사랑은 부지런한 정서이기 때문이다. 어떤 사람이 하나님을 사랑할 경우, 그의 머리로는 그분을 연구하게 되고, 자신의 손으로는 그분을 섬기며, 자신의 발로는 그분의 계명들을 좇아 행하는 일에 전념하게 된다. 이는 곧 '사랑의 수고'로 불린다(살전 1:3)."[21]

또한 여러분은 신자들의 영혼이 진정으로 위대한 상태, 더욱 온전하고 참된 인간성을 지닌 상태로 자라 가는 일에 기여할 수 있다. 회중이 성경적인 사랑의 개념을 깨달을 때, 그들은 가장 중요한 부분에서 하나님을 닮은 자들로 성숙하게 되기 때문이다.

거룩함의 훈련소인 고난에 관해 설교하기

성경에서 그리스도에 관해 언급하는 가장 수수께끼 같은 구절 중 하나는 히브리서 5:8에서 찾아볼 수 있다. "그가 아들이시면서도 받으신 고난으로 순종함을 배워서." 이 구절 바로 앞부분에서, 성령님은 그리스도께서 우리와 마찬가지로 시험을 당하셨지만 "죄는 없으시[다]"고 확언하신 바 있다(히 4:15). 그렇다면 그리스도는 어떻게 자신이 받으신 고난을 통해 순종을 배우셨던 것일까? 그리스도는 자신의 영혼을 씻어 정결하게 할 필요가 없으셨으니, 그분은 "거룩하고 악이 없고 더러움이 없[는]" 분이셨기 때문이다(히 7:26). 그리스도의 몸과 영혼은 잉태될 때부터 거룩한 상태에 있었지만(눅 1:35), 그럼에도 그분의 인간적인 거룩함은 연단을 통해 성숙해 가야만 했다. 고통스러운 단련을 통해 우리의 근육이 더욱 튼튼해져 가는 것과 마찬가지다. 그리스도께서는 순종을 배우기 위해 얼마나 깊은 고난을 감내하셨던가! 그분은 고난 때문에 "심한 통곡과 눈물로 간구와 소원을" 올리셔야만 했다(히 5:7).

의로우신 예수께서 순종을 배우시기 위해 이처럼 많은 고난을 감내해야 했다면, 우리가 자신의 죄들을 씻어내고 그분을 닮은 모습으로 자라가기 위해서는 훨씬 더 큰 고난이 필요하지 않겠는가? 죄는 우리의 옷에 묻은 얼룩보다 더욱 끈질기게 우리 영혼에 달라붙어 있지만, 하나님은 결국 그 죄를 우리에게서 떼어내실 것이다. 이에 관해, 거널은 이렇게 언급한다. "하나님이 우리의 삶을 그토록 세게 문지르시는 이유는 우리의 본성에 깊이 스며든 찌꺼기를 닦아 내시려는 데 있다. 하나님은 우리의 순전한 모습을 참으로 사랑하시기에, 그분의 자녀인 우리의 옷에 얼룩이 진 것을 그대로 놔두기보다는 차라리 그 자리에 구멍이 뚫리게 만드는 편을 택하실 것이다."[22]

물질주의와 심리학은 우리를 속여, 인생의 가장 큰 유익은 자신의 신체적, 재정적, 정서적인 번영에 있다고 믿게 만든다. 그러므로 고난이 닥쳐올 때, 우리는 다음과 같은 로마서 8:28의 말씀이 진리인지를 의심하게 될 수 있다. "하나님을 사랑하는 자 곧 그의 뜻대로 부르심을 입은 자들에게는 모든 것이 합력하여 선을 이루느니라." 이때 우리는 이렇게 울부짖게 된다. "어떻게 이 고난이 내게 선을 이루는 것이 될 수 있는가?" 그러나 하나님이 어떤 일을 우리에게 유익한 것으로 작정해 두셨는지를 헤아리기 위해서는, 바로 그 다음 구절을 살펴야만 한다. "그 아들의 형상을 본받게 하기 위하여"(29절). 성부 하나님은 우리로 하여금 거룩함에 이르도록 하기 위해 선택하셨으며(엡 1:4), 그리스도께서는 자신의 교회를 거룩한 것으로 만들기 위해 죽으셨다(5:25-27). 하나님은 자신의 백성이 그 아들의 형상을 좇아 거룩해지도록 인도하기 위해 그 어떤 수고도 아끼지 않으실 것이다.

여러분은 회중에게 고난의 신학을 설교하고, 우리의 모든 시련을 사랑이 많으신 아버지 하나님의 뜻과 손길에 맡기도록 권면하기 바란다. 히브리서 12장에서는 우리가 겪는 모든 슬픔, 심지어 사악한 자들의 핍박까지도 하나님이 아버지로서 베푸시는 연단의 일부로 여기도록 가르치고 있다. "너희가 죄와 싸우되 아직 피흘리기까지는 대항하지 아니하고 또 아들들에게 권하는 것 같이 너희에게 권면하신 말씀도 잊었도다. 일렀으되 내 아들아 주의 징계하심을 경히 여기지 말며 그에게 꾸지람을 받을 때에 낙심하지 말라. 주께서 그 사랑하시는 자를 징계하시고 그가 받아들이시는 아들마다 채찍질하심이라 하였으니"(4-6절). 사랑이 많으신 하나님이 그분의 자녀들을 이토록 엄격히 연단하시는 이유는 무엇일까? 곧 우리로 하여금 "그의 거룩하심에 참여하게" 하시려는 데 있다. 이는 그 거룩함이 없이는 "아무도 주를 보지 못하[기]" 때문이다(10, 14절). 하나님은 우리 속에 그분의 형상을 새겨 주심으로써 아버지이신 그분 앞에 가까이 나아갈 수 있도록 이끄시며, 이를 위해서는 심지어 매를 드는 일도 마다하지 않으신다.

우리는 회중에게 자신들이 겪는 고난을 거룩함에 이르게 하기 위한 훈련으로 여기도록 가르쳐야 한다. 그들로 하여금 십자가에서 드러난 하나님의 사랑과 선하심을 신뢰하면서(롬 8:32), 아버지 되시는 그분의 징계를 달게 받도록 격려해야 한다. 하나님이 우리를 성화시키기 위해 주시는 시련을 온유한 마음으로 받아들일 때 많은 유익이 있음을 보여주어야 한다. 토머스 브룩스에 따르면, 그리스도인들은 하나님의 징계를 경험할 때 "입을 다물거나" 잠잠히 거하는 것이 마땅하다. 그렇게 함으로써 그들은 (1)자신의 잘못을 바로잡아 주시는 하나님의 손길 아래서 교훈을 얻고 죄를 뉘우치며, (2)하나님을 원망하고 저주하는 세상 사람들과 늘 구별되는 모습을 드러내게 된다. 그들은 (3)도살장에 끌려가는 양처럼 잠잠히 고난을 감수하신 그리스도를 닮게 되고, (4)조급한 심령에 사로잡히는 저주를 피할 수 있게 된다. (이런 상태에 들어가는 것은 어떤 외적인 고난보다도 훨씬 더 해로운 일이다.) 이때 우리는 (5)내적인 평안에서 오는 위로를 누리며, (6)전능하신 하나님의 뜻을 거스르는 무익한 노력을 피할 수 있게 된다. 그뿐 아니라 (7)하나님을 모독하도록 유혹하는 사탄의 계교를 좌절시키고, (8)우리보다 앞서 끈기 있게 고난을 감내했던 성도들의 발자취를 따라가게 되는 것이다.[23]

거룩함을 보여주는 인간적인 틀로서 성경 이야기 설교하기

개혁파 설교는 때로 교리적인 가르침과 동일시되곤 한다. 만일 바울 서신만을 계속 설교해 나간다면, 우리 역시 사람들에게 이런 인상을 줄지도 모른다. 현재 우리는 주변 사람들이 고통받고 쓰러져 가는 동안에 신학적인 대성당, 곧 추상적인 관념들로 이루어진 거대한 사상의 체계를 건축하고 있다는 비난을 받는다. 이 책 전체에 걸쳐, 나는 우리가 성경적인 동시에 교리적이며 체험적인 동시에 실천적인 설교를 전해야 한다고 주장했다. 예를 들면 히브리서에 관한 연속 설교가 청중의 마음에 깊이 가닿지 못할 이유는 전혀 없다. 때로 어떤 자들은 히브리서를 고상한 신학적 논문으로 여기지만, 실상 그것은 깊은 상처를 받은 나머지 신앙을 떠나려는 유혹을 받고 있던 자들을 위해 기록된 설교였다.

이와 동시에, 성경에는 교훈적인 서신들 외에도 다른 많은 글이 담겨 있다. 다니엘서와 요한계시록에는 우리의 마음을 요동치게 하는 묵시적인 이상이 담겨 있으며, 잠언과 전도서에는 함축적인 경구들이 담겨 있다. 그리고 시편의 원대한 노래와 기도들은 주님 앞에 우리의 마음을 쏟아 놓을 수 있게 도와준다. 이뿐 아니라 성경에 수록된 이야기들은 주님을 알고 그분이 행하신 일들을 보았던 사람들과 그들이 겪은 사건들에 관한 역사적 기록이다.

바울은 이스라엘 백성이 애굽을 벗어날 때 겪었던 역사적 사건 중 일부를 열거한 뒤, 이렇게 언급한다. "이러한 일은 우리의 본보기가 되어……그들에게 일어난 이런 일은 본보기가 되고 또한 말세를 만난 우리를 깨우치기 위하여 기록되었느니라"(고전 10:6, 11). 성령께서 이런 이야기들이 기록되도록 영감을 주신 이유는 오늘날의 우리에게 경고와 격려를 베푸시기 위함이라는 것이다. 이에 관해, 로마서 15:4에서는 이렇게 말씀한다. "무엇이든지 전에 기록된 바는 우리의 교훈을 위하여 기록된 것이니 우리로 하여금 인내로 또는 성경의 위로로 소망을 가지게 함이니라." 성경은 우리에게 구름 같이 많은 증인의 본보기를 제시하며, 우리에게 자기 앞에 놓인 경주를 끈기 있게 감당할 것을 힘써 권면한다(히 12:1).

성경의 이야기들을 소홀히 여겨서는 안 된다. 그 이야기들에 관해 설교하라. 퍼킨스는 이렇게 언급한다. "신자들은 하나님이 그리스도 안에서 그들에게 베푸신 은혜의 약속들을 바라보면서 자신의 영적인 여정에서 큰 힘을 얻을 수 있다. 앞서 믿음의 길을 걸었던 선배들의 모습을 살필 때, 그들의 이 즐거움은 더욱 풍성한 것이 된다." 퍼킨스에 따르면, "하나님의 진리는 우리가 얻을 수 있는 참된 위로의 유일한 토대다." 인간은 모두 연약한 존재이므로, 도마가 겪었듯이 우리는 하나님의 약속들에 더하여 경건한 자들의 본보기가 주어질 때 더욱 큰 힘과 기쁨을 얻게 된다는 것이다.[24]

여러분은 성경의 이야기들을 이야기답게 설교하라. 그 이야기들을 교리적인 논문처럼 다루는 일을 피해야 한다. 물론 우리의 모든 설교에는 건전한 교리(하나님과 사람에 관한 진리를 명확히 전달하는 진술)가 담겨 있어야 할 것이다. 하지만 그 설교의 흐름 자체는 본문이 속한 문학적 장르에 맞게 구성되어야 한다. 그 이야기 속으로 깊이 들어가서 그 안에 있는 인물들을 살펴보라. 이때 그들을 신학적인 명제들을 전달하기 위한 무대의 소품 같은 존재로 여기지 말고, 우리와 마찬가지로 생생히 살아 숨 쉬는 사람들로 바라보아야 한다. 그들의 상황에 공감해 보라. 이야기를 서둘러 다룬 뒤에 신학적 요점으로 넘어가지 말고, 세밀한 내용들에 관심을 쏟아야 한다. 본문을 살피면서 다음의 질문들을 던져 보라. "저 사람은 왜 저렇게 행했을까? 이 일이 그의 사람됨에 관해 알려 주는 바는 무엇일까?" 여러분이 직접 본문의 역사적, 지리적, 문화적인 배경들을 연구해 보기 바란다. 그런 다음에 잠시 청중에게 제시할 수 있는 귀중한 교리적 교훈이나 체험적 교훈, 실천적 교훈들을 이끌어 내보라. 이 과정에서 여러분은 성경의 이야기들이 신학적 원리의 뼈대 위에 인간적인 살을 덧입혀 준다는 점을 발견하게 될 것이다. 이런 이야기들은 그 원리가 청중의 이해력과 체험 속에 생생히 전달될 수 있게 도와준다.[25]

거룩함을 향한 영감의 원천인 하늘에 관해 설교하기

주 예수님은 이렇게 말씀하셨다. "마음이 청결한 자는 복이 있나니 그들이 하나님을 볼 것임이요"(마 5:8). 사도 요한이 기록한 다음의 구절에도 이 진리가 담겨 있다. "사랑하는 자들아, 우리가 지금은 하나님의 자녀라. 장래에 어떻게 될지는 아직 나타나지 아니하였으나 그가 나타나시면 우리가 그와 같을 줄을 아는 것은 그의 참모습 그대로 볼 것이기 때문이니 주를 향하여 이 소망을 가진 자마다 그의 깨끗하심과 같이 자기를 깨끗하게 하느니라"(요일 3:2-3). 우리가 "왕을 그의 아름다운 가운데에서 보[게]" 되리라는 소망과 성화 사이에는 서로 뗄 수 없는 연관성이 있다(사 33:17). 그리스도는 자신의 백성을 위해 중보하시면서 이렇게 말씀하셨다. "그들을 진리로 거룩하게 하옵소서. 아버지의 말씀은 진리니이다." 그리고 그분은 곧이어 이렇게 기도하셨다. "아버지여, 내게 주신 자도 나 있는 곳에 나와 함께 있어 아버지께서 창세 전부터 나를 사랑하시므로 내게 주신 나의 영광을 그들로 보게 하시기를 원하옵나이다"(요 17:17, 24). "너희 안에 계신 그리스도"께서는 "영광의 소망"이 되신다(골 1:27). 그러므로 그리스도 중심의 설교는 하늘을 지향하는 마음이 담긴 것이 되어야 한다. 지금도 그분은 하늘 보좌에 앉아 계시기 때문이다.

거룩함을 추구하는 것은 곧 하늘heaven을 향해 나아가는 순례의 여정이다. 우리는 거룩함 가운데 조금씩 자라갈 때마다, 하나님의 도성을 향해 한 걸음 더 가까이 나아가게 된다. 살아 있는 머리이신 그리스도께서 우리보다 앞서 가셨으며, 우리는 그분과 함께 일으킴을 받았다. 우리는 지금 그분의 뒤를 좇아 영광으로 나아가고 있는 것이다. 그러므로 우리는 자신의 시선을 거룩한 일에 고정할 수 있도록, "위의 것을 찾[아야]" 한다. "그리스도께서 하나님 우편에 앉아 계시[기]" 때문이다(골 3:1).

현재는 우리가 하늘의 아름다움을 온전히 헤아릴 수 없지만, 그 하늘이 어두운 무지의 구름 속에 덮여 있다고 여기지는 말아야 한다. 오늘날 많은 그리스도인은 "우리는 하늘이 어떤 곳인지 도무지 알 수가 없어"라고 말하고는 그 자리에 멈춰 버리고 만다. 설교자는 성경이 하늘에 관해 알려 주는 내용들을 설교해야 한다. 청중을 향해, 그들이 빛 가운데서 다른 성도들과 함께 누리게 될 유업을 보여주라(골 1:12). 이 일들을 주의 깊게 살핀 뒤, 여러분은 성경에서 하늘에 관해 풍성한 교리를 제시하고 있음을 발견하게 될 것이다. 성경에서 이 교리는 하나님의 영광과 더불어 우리의 중보자이신 그리스도께서 하늘 보좌에 앉으신 일, 그분의 백성이 온전히 거룩하게 되는 일을 중심으로 삼고 있다(히 12:22-24). 지금 성도들에게 필요한 것은 이 세대의 종말이 임할 그 때와 시기에 관한 추측들이 아니라, 늘 깨어서 신실한 마음으로 소망을 품을 견고하고 성경적인 종말론이 필요하다(마 24:36-51).

거룩함은 우리를 하늘로 인도하는 유일한 큰 길이며, 그것 없이는 아무도 주님을 뵈올 수가 없다(사 35:8-10, 히 12:14). 부정한 자와 사악한 자들은 그 거룩한 도성에 들어가지 못하고, 오직 하나님의 계명을 지키는 자들만이 그 안에 거하게 될 것이다(계 21:27; 22:14-15). 하늘은 하나님의 영광이 충만한 곳이기 때문이다. 오웬은 이렇게 경고한다.

> 사람들이 흔히 빠지는 망상 가운데 다음의 생각보다 더 어리석고 위험한 것은 없다. 그것은 이 땅의 삶에서 정결케 되거나 성화되지 않은 자들, 거룩해지지 않은 자들이 장차 저 복된 상태에 들어가서 하나님을 즐거워하며 누릴 수 있다는 생각이다. 하나님의 영광에 이보다 더 해를 끼치는 생각은 없으며, 사물의 본성 자체에도 이보다 더 어긋나는 생각은 없다. 그런 자들은 하나님을 즐거워하게 될 수가 없고, 하나님이 그들에게 친히 상급이 되어 주

실 수도 없기 때문이다.……물론 우리의 거룩함은 하늘에서 비로소 온전하게 되는 것이 맞다. 하지만 그 시작은 언제나 변함없이, 바로 이 땅의 삶에서 이루어져야만 한다.[26]

여러분의 회중을 향해, 하나님의 나라와 그분의 의를 구할 것을 호소하라. 이같이 하늘을 지향하는 마음 상태에 관해 설교할 때, 청중들은 이 땅에 속한 악한 정욕에서 벗어나게 된다. 여러분은 그들을 향해 다음의 말씀을 가지고 권고해야 한다. "위의 것을 생각하고 땅의 것을 생각하지 말라"(골 3:2). 여러분이 회중에게 이 땅의 삶이 얼마나 덧없고 부패하며 불안정한 것인지(요일 2:15-17), 또 하늘에 예비된 그들의 유업이 얼마나 영속적이고 순전하며 견고한 것인지(벧전 1:4)를 보여줄 때, 그들은 거룩함을 추구하는 일에 큰 힘을 얻게 될 것이다. 그리고 회중이 자기 앞에 예비된 면류관을 계속 바라볼 때, 그들은 세상 사람들의 평가를 훨씬 덜 두려워하게 됨과 동시에 세상의 더러운 쾌락을 아무것도 아닌 듯이 여기고 떨쳐버리게 될 것이다. 칼뱅은 이렇게 언급한다. "우리는 미래의 삶을 묵상하는 데 마음을 쏟아야 한다. 그럼으로써 이 세상은 우리에게 하찮은 곳이 되고, 우리는 진리를 증언하기 위해 피를 흘려야 할 때 그리 할 수 있는 마음의 준비를 갖추게 된다."[27]

우리는 그리스도와 함께 고난을 받으면 또한 그분과 함께 다스리게 될 것임을 신자들에게 일깨워 주어야 한다(딤후 2:3-4, 12). 그럼으로써 그들은 마음에 힘을 얻고, 이 땅의 삶에 매이지 않은 채 예수 그리스도의 군사로서 고난을 감내해 나갈 수 있게 된다. 여러분의 회중에게 "우리의 크신 하나님 구주 예수 그리스도의 영광이 나타나심"을 보게 될 "복스러운 소망"에 관해 가르치라. 이를 통해 그들은 "경건하지 않은 것과 이 세상 정욕을 다 버리고 신중함과 의로움과 경건함으로 이 세상에 살[게]"

될 것이다(딛 2:12-13).

거룩한 사람으로서 겸손하게 설교하기

설교자들에 대한 지적 가운데 마태복음 23:3에 기록된 그리스도의 말씀만큼 치명적인 것은 없다. "그들은 말만 하고 행하지 아니하며." 이에 반해, 에스라가 보여준 귀감은 매우 대조적이다. "에스라가 여호와의 율법을 연구하여 준행하며 율례와 규례를 이스라엘에게 가르치기로 결심하였었더라"(스 7:10). 우리는 자신이 직접 거룩한 행실을 실천하는 자로서 그에 대해 설교해야 한다. 이에 관해, 바울은 디모데에게 이렇게 권면하고 있다. "누구든지 네 연소함을 업신여기지 못하게 하고 오직 말과 행실과 사랑과 믿음과 정절에 있어서 믿는 자에게 본이 되어……네가 네 자신과 가르침을 살펴 이 일을 계속하라. 이것을 행함으로 네 자신과 네게 듣는 자를 구원하리라"(딤전 4:12, 16).

이 점에서, 설교자들에게는 누구나 자신을 낮추어야 할 여러 이유가 있다. 호레이셔스 보너Horatius Bonar, 1808-1889에 따르면, 1651년에 스코틀랜드의 목회자들이 한데 모여 각자의 죄를 고백했다고 한다. 이때 그들이 행한 고백은 광범위하고 예리하며, 깊은 탄식에 찬 것이었다. 아래에 열거된 목록은 그중 일부일 뿐이다.

- 하나님에 대한 무지. 그분께 가까이 나아가려는 마음이 부족함. 말씀을 읽고 묵상하거나 하나님에 관해 전할 때, 그분을 그다지 중시하지 않음.
- 우리의 모든 행실에서 지나친 이기심을 품음. 우리의 마음대로, 우리 스스로를 위해, 오직 자신에게만 관심을 쏟는 방식으로 행동함.
- 다른 사역자들이 신실하지 않고 태만한 자세를 보일지라도 그리 신경 쓰

지 않음. 그 일을 통해 우리의 신실함과 부지런함이 더욱 부각될 것이라고 여기기 때문임. 그들의 잘못을 즐기지는 않더라도 최소한 만족스럽게 여김.

- 우리가 하나님과의 친밀한 교제로 나아갈 수 있도록 이끌어 주는 일들을 그다지 기뻐하지 않음. 하나님과 동행하는 삶에 관해 매우 일관성 없는 태도를 보임. 우리의 모든 행실 가운데 그분을 인정하고 따르는 일을 소홀히 함.
- 자신의 의무를 수행할 때, 사람들의 눈에 잘 띄지 않는 일에는 그다지 주의를 쏟지 않음. 하나님께 홀로 기도하는 일은 거의 없으며, 오직 공예배의 기도를 준비할 때만 그렇게 행함. 이마저도 소홀히 여기거나 지극히 피상적인 태도로 대함.
- 자신의 의무를 소홀히 하는 일에 대해 변명 거리 찾기를 즐겨함. 우리가 그리스도인답게 성숙하도록 이끌어 주는 개인 성경 읽기를 게을리 하며, 목회자의 의무를 감당하는 데 필요한 만큼만 성경을 읽음. 이마저도 소홀히 할 때가 많음.
- 자기 삶의 방식을 진지하게 반성하지 않고, 자신의 죄에 대한 깨달음을 충분히 고통스럽게 겪지도 않음.……자신을 살피는 일에 부주의함. 이 때문에 자신의 모습을 제대로 파악하지 못하고, 하나님께로부터 멀어지게 됨.
- 자신이 보고 알게 된 죄악들에 대해 경계하거나, 맞서 씨름하지 않음. 특히 자신이 주로 얽매이는 문제들에 관해 그럴 때가 많음.
- 현 시대 특유의 유혹이나, (우리 자신의 성향 또는 교제의 범위에 따라) 다른 구체적인 유혹들에 쉽게 휩쓸려 감.
- 사람들의 핍박이나 위협, 또는 평판을 잃게 될 것이 두려워 하나님의 길을 꾸준히 걷지 못하고 흔들리는 모습을 보임. 사람들의 질투나 비난을 두려워하여 자신의 의무를 제대로 수행하지 않음.

- 그리스도의 십자가나 그분의 이름을 위한 고난을 존귀히 여기지 않고, 오직 자신만을 위하는 마음으로 고난을 피하려 함.
- 나라 바깥에 있는 하나님의 백성이 겪는 안타까운 고난을 마음에 두지 않고, 그들 가운데 예수 그리스도의 나라나 경건의 능력이 흥왕하지 않는 것에 관해서도 신경 쓰지 않음.
- 자신이 사람들의 눈에 실제와는 다른 모습으로 보이기를 바라면서 교묘하게 위선적인 태도를 취함.[28]

오 형제들이여! 설교자는 하나님이 계신 은혜의 보좌 앞에 꿇어 엎드려야 한다. 우리는 목회자이자 말씀의 교사로서, 그분 앞에서 더욱 엄중한 심판을 받게 될 것이다(약 3:1). 우리는 다른 그리스도인들보다 더욱 간절한 마음으로 그리스도의 보혈과 그분의 제사장적 중보 기도에 의존해야 한다. 이는 우리가 오직 그분을 통해 의롭다 하심을 얻고 거룩함의 길에 머물도록 보존되며, 끝까지 그 길로 나아가게 되기 때문이다. 우리는 겸손히 그리스도 안에 거해야 할 것이다. 그분은 참 포도나무이시며, 그분만이 우리로 하여금 풍성한 열매를 맺게 하신다. 우리는 겸손한 마음으로 성령님 안에서 행해야 한다. 우리의 육신에는 아무 선한 것이 없음을 알기 때문이다. 우리에게는 성령의 조명이 필요하다. 그렇지 않으면 아무리 많은 교육을 받고 다양한 은사를 지녔을지라도, 이단과 부도덕에 빠질 위험에서 자신을 안전하게 지킬 수 없다. 우리는 성령의 다스리심을 받고, 하나님의 뜻을 좇아 행하도록 늘 그분의 인도하심을 받아야 한다. 그렇지 않으면, 우리는 결코 신실한 사역자가 될 수 없다.

설교자는 모든 영적인 교만과 오만한 태도들을 끔찍한 것으로 여겨야 한다. 비록 우리의 설교단과 강단이 물리적으로는 회중이 앉은 자리보다 더 높은 곳에 있지만, 그 아래 있는 많은 성도는 주 안에서 우리보다 더 존귀한 자들이다. 심판의 날이 이를 때, 그들이 얻을 상급이 우리의 것보다 더 크다는 사실이 드러나게 될 것이다. "나중 된 자로서 먼저 될 자가 많으니라"(마 19:30). 우리는 하나님의 말씀을 담대히 선포하는 가운데서도 온유한 마음으로 그리하도록 하자. 또한 우리를 위해, 우리를 향해 청중들의 마음을 사로잡으려는 모든 유혹을 과감히 떨쳐 버려야 한다. 우리는 다음과 같은 세례 요한의 권고를 사역의 규율로 삼아야 할 것이다.

> 만일 하늘에서 주신 바 아니면 사람이 아무것도 받을 수 없느니라. 내가 말한 바 나는 그리스도가 아니요 그의 앞에 보내심을 받은 자라고 한 것을 증언할 자는 너희니라. 신부를 취하는 자는 신랑이나 서서 신랑의 음성을 듣는 친구가 크게 기뻐하나니 나는 이러한 기쁨으로 충만하였노라. **그는 흥하여야 하겠고 나는 쇠하여야 하리라**(요 3:27-30).

참된 의미에서 체험적인 개혁파 설교자는 곧 겸손한 설교자다. 그는 그리스도를 진심으로 사랑하는 자로서 거룩함을 추구하며, 그리스도께서 우리의 모든 것이 되실 수만 있다면 자신은 아무것도 아닌 존재로 남는 것마저도 만족스럽게 여기기 때문이다.

주

추천의 글

1 Jonathan Edwards, *Some Thoughts Concerning the Revival, in The Works of Jonathan Edwards*, vol. 4, *The Great Awakening*, ed. C. C. Goen (New Haven, CT: Yale University Press, 1972), 4:387-388. (『균형잡힌 부흥론』 부흥과개혁사)

서문과 감사의 말

1 Charles Bridges, *The Christian Ministry* (London: Banner of Truth, 1967), 259-280. (『참된 목회』 대한예수교장로회 총회 출판국)

2 John Brown, ed., *The Christian Pastor's Manual* (Ligonier, PA: Soli Deo Gloria, 1991), 47-62

3 예를 들어 Murray A. Capill, *The Heart Is the Target: Preaching Practical Application from Every Text* (Phillipsburg, NJ: P&R, 2014)를 보라.

4 Richard Baxter의 글, Leland Ryken, *Worldly Saints: The Puritans as They Really Were* (Grand Rapids, MI: Academie Books, 1986), 43에서 인용. (『청교도-이 세상의 성자들』 생명의 말씀사)

01장 체험적인 개혁파 설교란 무엇인가?

1 이 단락과 다음 몇 단락의 일부 내용은 다음의 글을 수정하고 확대한 것이다. Joel R. Beeke, "Experiential Preaching," in *Feed My Sheep : A Passionate Plea for Preaching*, ed. Don Kistler (Morgan, PA: Soli Deo Gloria, 2002), 94-128. (『내 양을 먹이라』 복 있는 사람) 이 내용의 활용에 관해서는 출판사 측의 허락을 받았다.

2 John Calvin, *Commentaries of Calvin*, various translators and editors, 45 vols. (Edinburgh: Calvin Translation Society, 1846-1851; repr., 22 vols., Grand Rapids, MI: Baker, 1979) [Ps. 27:9].

3 William Perkins, *A Commentary on Galatians*, ed. Gerald T. Sheppard (1617; facsimile reprint, New York: Pilgrim Press, 1989), 270 [Gal. 4:8-11].

4 Paul Helm, "Christian Experience," *Banner of Truth* 139 (April 1975): 6.

5 Joel R. Beeke, ed., *Doctrinal Standards, Liturgy, and Church Order* (Grand Rapids, MI: Reformation Heritage Books, 2003), 64에서 인용.

6 Archibald Alexander, "Rightly Dividing the Word of Truth," in *The Princeton Pulpit*, ed. John T. Duffield (New York: Charles Scribner, 1852), 42.

7 Alexander, "Rightly Dividing the Word of Truth," 42-45.

8 Charles Bridges, *The Christian Ministry* (London: Banner of Truth, 2006), 277. (『참된 목회』 대한예수교장로회 총회 출판국)

9 Bridges, *The Christian Ministry*, 278.

10 Jonathan Edwards, *The Life of David Brainerd*, in The Works of Jonathan Edwards, vol. 7, *The Life of David Brainerd*, ed. Norman Pettit (New Haven, CT: Yale University Press, 1984), 495에서 인용. (『데이비드 브레이너드의 생애와 일기』 복 있는 사람)

11 Bridges, *The Christian Ministry*, 279.

12 Alexander, "Rightly Dividing the Word of Truth," 40-42.

13 Joseph Hall, "To My Brother Mr. Sa. Hall," Epistle 5 in *The Works of the Right Reverend Joseph Hall*, ed. Philip Wynter (Oxford: Oxford University Press, 1863), 6:231.

14 Robert Hall, "On the Discouragements and Supports of the Christian Ministry," in *The Works of the Rev. Robert Hall* (New York: G. & C. & H. Carvill, 1830), 2:138.

15 Bridges, *The Christian Ministry*, 280에서 인용.

16 Robert Burns, introduction to the *Works of Thomas Halyburton* (London: Thomas Tegg, 1835), xiv-xv. '사람들의 일과 마음속에 생생히 와닿다'(come home to men's business and bosoms)라는 표현은 과학자이며 철학자였던 프랜시스 베이컨(Francis Bacon, 1561-1626)이 자신의 책 『에세이』(*Essays*)의 후기 판본들에 부친 헌사에서 유래했다. [여기서 '일'(business)은 외적인 활동을, '마음속'(bosom)은 내적인 삶을 가리킨다—옮긴이]

17 Richard Baxter, *The Reformed Pastor* (Edinburgh: Banner of Truth, 1974), 147. (『참된 목자』 크리스천다이제스트)

18 John A. Broadus, *A Treatise on the Preparation and Delivery of Sermons*, ed. Edwin C. Dargan (New York: A. C. Armstrong, 1898), 245에서 인용.

19 Bridges, *The Christian Ministry*, 275.

20 *Westminster Confession of Faith* (Glasgow: Free Presbyterian Publications, 1994), 380.

21 "Funeral of Mr. Webster," *The New York Daily Times*, Oct. 30, 1852에서 인용.

22 John H. Pratt, ed., *The Thought of Evangelical Leaders: Notes of the Discussions of The Eclectic Society, London, During the Years 1798-1814* (1856; repr., Edinburgh: Banner of Truth, 1978), 77-78에서 인용.

23 Pratt, ed., *Thought of Evangelical Leaders*, 79에서 인용.

24 Pratt, ed., *Thought of Evangelical Leaders*, 80에서 인용.

25 J. I. Packer, *A Quest for Godliness: The Puritan Vision of the Christian Life* (Wheaton, IL: Crossway, 1990), 201. (『청교도 사상』 CLC)

26 Packer, *Quest for Godliness*, 204; John Owen, "Of Communion with God the Father, Son, and Holy Ghost," in *The Works of John Owen*, ed. William H. Goold (repr., Edinburgh: Banner of Truth, 1965), 2:1-274를 보라.

27 Francis Wayland, *Notes on the Principles and Practices of Baptist Churches* (New York: Sheldon, Blakeman, and Co., 1857), 40-43. 여기서는 웨일랜드가 쓴 문단의 내용을 항목별로 읽기 쉽게 구분해서 정리했다.

28 신 29:4, 마 11:15; 13:9, 43, 막 4:9, 23; 7:16, 눅 8:8; 14:35.

29 Jonathan Edwards, "A Divine and Supernatural Light," in *The Works of Jonathan Edwards*, vol. 17, *Sermons and Discourses 1730-1733*, ed. Mark Valeri (New Haven, CT: Yale University Press, 1999), 413-414. (『신적이며 영적인 빛』 부흥과 개혁사)

30 Herman Hoeksema, *Reformed Dogmatics*, 2nd ed. (Grandville, MI: Reformed Free Publishing Association, 2005), 2:75.

31 John Calvin, *Institutes of the Christian Religion*, trans. Ford Lewis Battles, ed. John T. McNeill, Library of Christian Classics, vols. 20-21 (Philadelphia: Westminster, 1960), 1.1.2. (『기독교 강요』 CH북스)

02장 머리에서 마음으로 설교하기

1 창 18:19, 출 33:12, 17, 시 1:6; 9:10, 렘 9:24; 22:16; 31:34, 단 11:32, 호 2:20; 5:4; 6:6, 마 7:23; 11:27, 요 17:3 등.

2 "Experimental," I.2.c, in *The Oxford English Dictionary* (Oxford: Clarendon Press, 1933), 3:431.

3 Willem Balke, "The Word of God and Experientia according to Calvin," in *Calvinus Ecclesiae Doctor*, ed. Wilhelm H. Neuser (Kampen: Kok, 1978), 20-21를 보라.

4 John Calvin, *Commentaries of Calvin*, various translators and editors, 45 vols. (Edinburgh: Calvin Translation Society, 1846-1851; repr., 22 vols., Grand Rapids, MI: Baker, 1979) [슥 2:9]. 이제부터는 이 출처를 *Commentary*로 부르겠다.

5 *Commentary* [시 31:19].

6 *Commentary* [시 36:8].

7 *Commentary* [시 66:5]. 이 주석의 프랑스어판에서는 "cognoissance d'experience et de prattique"('경험과 실천에 속한 지식')으로 표현한다.

8 *Commentary* [시 31:24].

9 "Experimental," *Oxford Dictionaries* (Oxford: Oxford University Press, 2012), http://oxforddictionaries.com/definition/experimental?region=us&q=experimental.

10 George W. Knight III, *Commentary the Pastoral Epistles*, New International Greek Testament Commentary (Grand Rapids, MI: Eerdmans, 1992), 454 [딤후 4:2].

11 *Commentary* [딤후 4:1-2].

12 Charles H. Spurgeon, Sermon #221, "Comfort Proclaimed," Sept. 21, 1856, in *The Spurgeon Archive*, https://www.spurgeon.org/resource-library/sermons/comfort-proclaimed.

13 Joseph A. Alexander, *The Later Prophecies of Isaiah* (New York: Wiley and Putnam, 1847), 2 [사 40:2].

14 J. Alec Motyer, *The Prophecy of Isaiah: An Introduction and Commentary* (Downers Grove, IL: InterVarsity Press, 1993), 299 [사 40:1-2]. (『이사야 주석』 솔로몬)

15 예를 들어, 마 4:10, 눅 2:37, 행 7:42, 롬 1:25, 빌 3:3도 보라.

16 D. Martyn Lloyd-Jones, *Romans: The Gospel of God, Exposition of Chapter 1* (Grand Rapids, MI: Zondervan, 1985), 207, 214 [롬 1:9]. (『로마서 강해』 CLC)

17 예를 들어 롬 1:25; 9:5; 11:33-36; 16:25-27을 보라.

18 행 20:19, 20, 31, 고후 2:4, 빌 3:18, 참조. 롬 9:1-3.

19 Jonathan Edwards, *Religious Affections, in The Works of Jonathan Edwards*, vol. 2, *Religious Affections*, ed. John E. Smith (New Haven, CT: Yale University Press, 1959), 102. (『신앙감정론』 부흥과개혁사)

20 Edwards, *Religions Affections*, in *Works*, 2:100.

03장 체험적인 개혁파 설교의 주된 요소들

1 이 장의 일부분은 Joel R. Beeke, *Living for God's Glory: An Introduction to Calvinism* (Lake Mary, FL: Reformation Trust, 2008), 3, 19장의 내용을 수정한 것이다. 이 내용의 활용에 관해서는 출판사 측의 허락을 받았다. (『칼빈주의: 하나님의 영광을 위하는 삶』 지평서원)

2 이른바 '칼뱅주의 5대 조항'의 토대가 된 도르트 신조의 의도는 개혁파 신앙을 요약하려는 것이 아니라, 오히려 항론파 또는 아르미니우스주의자들이 제기한 다섯 가지 반론에 응답하려는 데 있었다. 따라서 이 신조에서는 개혁파 교리의 한정된 일부만을 다루고 있을 뿐이다. (다만 이 신조에서 다루는 내용이 매우 중요한 부분인 것은 사실이다.) 바로 이 때문에 도르트 신조는 네덜란드 개혁교회의 유일한 교리 표준으로 채택되지 않고, 하이델베르크 교리문답, 벨직 신앙고백과 함께 세 일치 신조(three forms of unity)를 이루고 있다. 오히려 개혁파 기독교의 성격을 더 잘 대변하는 것은 다음의 다섯 가지 표어이다. (다만 이 표어들도 여전히 개요 수준의 것이기는 하다.) '솔라 스크립투라'(*sola Scriptura*, "오직 성경"), '솔라 그라티아'(*sola gratia*, "오직 은혜"), '솔루스 크리스투스'(*solus Christus*, "오직 그리스도"), '솔라 피데'(*sola fide*, "오직 믿음"), 그리고 '솔리 데오 글로리아'(*soli Deo gloria*, "오직 하나님의 영광을 위해").

3 웨스트민스터 총회의 모든 표준 문서는 *Westminster Confession of Faith* (Glasgow: Free Presbyterian Publications, 1994)에 증거 본문과 함께 실려 있다. (증거 본문이 포함된) 하이델베르크 교리문답과 더불어 네덜란드 교회의 다른 표준 문서들을 살피려면, *The Psalter with Doctrinal Standards, Liturgy, Church Order, and Added Chorale Section*, ed. Joel R. Beeke (Grand Rapids, MI: Reformation Heritage Books, 2010)을 보라. 그리고 *Reformed Confessions Harmonized*, ed. Joel R. Beeke and Sinclair B. Ferguson (Grand Rapids, MI: Baker, 1999) 역시 살피기 바란다. 침례교인들은 다음의 책들을 참조할 수 있다. *The Shorter Catechism: A Modest Revision for Baptists Today* (Grand Rapids, MI: Truth for Eternity, 1991); *The 1689 London Baptist Confession of Faith and the 1695 Baptist Catechism* (Birmingham, AL: Solid Ground, 2010).

4 Thomas Watson, *A Body of Divinity* (Edinburgh: Banner of Truth, 1965), (『신학의 체계』 크리스천다이제스트); *The Ten Commandments* (Edinburgh: Banner of Truth, 1965), (『십계명 해설』 CLC); *The Lord's Prayer* (Edinburgh: Banner of Truth, 1965), (『주기도문 해설』 CLC); John Brown of Haddington, *Questions and Answers on the Shorter Catechism* (Grand Rapids, MI: Reformation Heritage Books, 2006). 침례교인들은 다음의 책들을 참조할 수 있다. Benjamin Beddome, *A Scriptural Exposition of the Baptist Catechism* (Birmingham, AL: Solid Ground, 2006); Samuel E. Waldron, *The 1689 Baptist Confession of Faith: A Modern Exposition* (Darlington, England: Evangelical Press, 1989).

5 G. I. Williamson, *The Heidelberg Catechism: A Study Guide* (Phillipsburg, NJ: P&R, 1993); 자카리아스 우르지누스(Zacharias Ursinus)와 조지 베쑨(George Bethune)을 비롯해 수

많은 저자들이 남긴 하이델베르크 교리문답의 탄탄한 해설서들 역시 살펴보라.

6 Wilhelmus à Brakel, *The Christian's Reasonable Service*, trans. Bartel Elshout, ed. Joel R. Beeke, 4 vols. (Grand Rapids, MI: Reformation Heritage Books, 2012).

7 William Perkins, *A Commentary Galatians*, ed. Gerald T. Sheppard (1617; facsimile repr., New York: Pilgrim Press, 1989), 47 [갈 1:17].

8 Perkins, *A Commentary Galatians*, 274 [갈 4:8-11].

9 Beeke, ed., *Doctrinal Standards*, in The Psalter, 27 [두 번째 페이지]를 보라.

10 William Perkins, "The Arte of Prophecying," in *Works of William Perkins* (London: John Legatt, 1613), 2:762. (『설교의 기술과 목사의 소명』 부흥과개혁사)

11 Cotton Mather, *Manuductio ad Ministerium: Directions for a Candidate to the Ministry* (Boston: for Thomas Hancock, 1726), 93.

12 John Calvin, *Institutes of the Christian Religion*, trans. Ford Lewis Battles, ed. John T. McNeill, Library of Christian Classics, vols. 20-21 (Philadelphia: Westminster, 1960), 2.15.1-6을 보라, 이후로는 이 출처를 *Institutes*로 부르겠다.

13 John Preston, *The Fullness of Christ for Us* (London: by M. P. for Iohn Stafford, 1639), 5-7.

14 William Guthrie, sermon on Isaiah 44:3, in *A Collection of Lectures and Sermons……mostly in the time of the Late Persecution*, ed. J[ohn] H[owie] (Glasgow: J. Bryce, 1779), 25.

15 Thomas Hooker, *The Application of Redemption, By the effectual Work of the Word, and Spirit of Christ, for the bringing home of lost Sinners to God, The First Eight Books* (1657; facsimile repr., New York: Arno Press, 1972), 362-363.

16 William Jay, *The Autobiography of William Jay* (London: Banner of Truth, 1974), 272에서 인용.

17 Charles Hodge, *Princeton Sermons* (Edinburgh: Banner of Truth, 1958), 6. (『프린스톤 채플 노트』 소망사)

18 B. B. Warfield, *Biblical and Theological Studies* (Philadelphia: P&R, 1952), 324.

19 Beeke, ed., *Doctrinal Standards, in The Psalter*, 37 [두 번째 페이지]를 보라.

20 B. B. Warfield, *Calvin as a Theologian and Calvinism Today* (London: Evangelical Press, 1969), 26-27.

21 *Institutes*, 1.2.1.

22 "Prefatory Address to King Francis I of France," in *Institutes*, 9.

23 *Institutes*, 1.2.1; "Calvin's Catechism (1538)," in James T. Dennison Jr., *Reformed Confessions of the Sixteenth and Seventeenth Centuries in English Translation, Volume 1, 1523-1552* (Grand Rapids, MI: Reformation Heritage Books, 2008), 410도 보라.

24 John Calvin, *Commentaries of Calvin*, various translators and editors, 45 vols. (Edinburgh: Calvin Translation Society, 1846-1851; repr., 22 vols., Grand Rapids, MI: Baker, 1979) [벧후 1:3], 이후로는 이 출처를 *Commentary*로 부르겠다. Joel R. Beeke, introduction to *The Soul of Life: The Piety of John Calvin*, ed. Joel R. Beeke (Grand Rapids, MI: Reformation Heritage Books, 2009), 57를 참조하라.

25 *Institutes*, 4.1.5.

26 William Ames, *The Marrow of Sacred Divinity, in The Workes of the Reverend and Faithful Minister of Christ William Ames* (London: Iohn Rothwell, 1643), 1.1.1. (『신학의 정수』 크리스천다이제스트)

27 Richard Baxter, *The Reformed Pastor* (Edinburgh: Banner of Truth, 1974), 117.

28 James Stalker, *The Preacher and His Models* (New York: A. C. Armstrong & Son, 1891), 53.

29 Stalker, *The Preacher and His Models*, 55.

30 E. M. Bounds, *Preacher and Prayer* (Chicago: Christian Witness Co., 1907), 8-9. (『설교자와 기도』 세복)

31 John Boys, *The Works of John Boys: An Exposition of the Several Offices* (Morgan, PA: Soli Deo Gloria, 1997), 25.

32 John Owen, "Eshcol: A Cluster of the Fruit of Canaan," in *The Works of John Owen*, ed. William H. Goold (Edinburgh: Banner of Truth, 1976), 13:57.

33 Hughes Oliphant Old, "What Is Reformed Spirituality? Played Over Again Lightly," in *Calvin Studies VII*, ed. John H. Leith, Colloquium on Calvin Studies (Davidson, NC: Davidson College, 1994), 61. 이 글은 Hughes Oliphant Old, "What Is Reformed Spirituality," *Perspectives* 9, no. 1 (January 1994): 8-10를 개정한 것이다.

34 Alister McGrath, *Roots That Refresh: A Celebration of Reformation Spirituality* (London: Hodder & Stoughton, 1991), 25. (『종교개혁 시대의 영성』 좋은씨앗)

35 Thomas Manton, "A Practical Commentary……on the Epistle of James," in *The Complete Works of Thomas Manton* (London: James Nisbet, 1871), 4:176 [James 1:27].

36 Old, "Reformed Spirituality," in *Calvin Studies VII*, 62-63.

37 *Commentary* [시편 주석의 서문].

38 *Commentary* [시 20:1].

39 Old, "Reformed Spirituality," in *Calvin Studies VII*, 63-64.

40 *Commentary* [시편 주석의 서문].

41 Old, "Reformed Spirituality," in *Calvin Studies VII*, 64-65.

42 Watson, *The Ten Commandments*, 101 [출 20:8-11].

43 Old, "Reformed Spirituality," in *Calvin Studies VII*, 65.

44 Jeremiah Burroughs, *The Saints' Happiness* (London: by M. S. for Nathaniel Brook, 1660), 381.

45 Old, "Reformed Spirituality," in *Calvin Studies VII*, 65-66.

46 Matthew Henry, *The Communicant's Companion* (Philadelphia: Presbyterian Board of Publication, 1825), 211, Joel R. Beeke and Paul M. Smalley, eds., *Feasting with Christ: Meditations on the Lord's Supper* (Darlington, England: Evangelical Press, 2012), 106에서 인용.

47 Old, "Reformed Spirituality," in *Calvin Studies VII*, 66-67.

48 George Swinnock, "The Christian Man's Calling, Part II," in *The Works of George Swinnock* (Edinburgh: Banner of Truth, 1992), 1:380.

49 Old, "Reformed Spirituality," in *Calvin Studies VII*, 67-68.

50 John Flavel, *The Mystery of Providence* (Edinburgh: Banner of Truth, 1963), 20. (『섭리의 신비』 크리스천다이제스트)

51 Old, "Reformed Spirituality," in *Calvin Studies VII*, 68.

52 Old, "Reformed Spirituality," in *Calvin Studies VII*, 68.

53 Tom Webster, *Godly Clergy in Early Stuart England: The Caroline Puritan Movement, c. 1620-1643* (Cambridge, UK: Cambridge University Press, 1997), 333. '영적인 유대 관계'(spiritual brotherhood)라는 용어는 William Haller, *The Rise of Puritanism: Or, The Way to the New Jerusalem as Set Forth in Pulpit and Press from Thomas Cartwright to John Lilburne and John Milton, 1570-1643* (New York: Columbia University Press, 1938), chap. 2에서 유래했다.

54 F. Ernest Stoeffler, "Pietism—Its Message, Early Manifestation, and Significance," in *Contemporary Perspectives on Pietism: A Symposium* (Chicago: Covenant Press, 1976), 12. '코이노니아'는 '친교와 나눔, 교류'를 뜻하는 그리스어 표현이다.

55 Stoeffler, "Pietism," in *Contemporary Perspectives*, 10.

56 David Clarkson, "Public Worship to Be Preferred before Private," in *The Practical Works of David Clarkson* (Edinburgh: James Nichol, 1865), 3:190.

57 Gerard Wisse, *Christ's Ministry in the Christian*, trans. Bartel Elshout and William Van Voorst (Sioux Center, IA: Netherlands Reformed Book and Publishing, 1993), 90.

58 *Commentary* [엡 6:1-4].

04장 체험적인 설교자

1 이 장의 일부분은 Joel R. Beeke, "The Utter Necessity of a Godly Life," in *Reforming*

Pastoral Ministry: Challenges for Ministry in Postmodern Times, ed. John H. Armstrong (Wheaton, IL: Crossway, 2001), 59-82와 "Applying the Word," in *Living for God's Glory: An Introduction to Calvinism* (Lake Mary, FL: Reformation Trust, 2008), 268-272의 내용을 수정한 것이다. 이 내용의 활용에 관해서는 출판사 측의 허락을 받았다.

2 Richard Baxter, *The Reformed Pastor* (Edinburgh: Banner of Truth, 1974), 119-120.

3 Baxter, *The Reformed Pastor*, 147-148.

4 J. I. Packer, "Introduction: Why Preach?" in *The Preacher and Preaching: Reviving the Art in the Twentieth Century*, ed. Samuel T. Logan Jr. (Phillipsburg, NJ: Presbyterian and Reformed, 1986), 3. (『설교와 설교자』 솔로몬)

5 Packer, "Why Preach?" 13.

6 주님을 섬기려는 참된 열심을 기르는 일에 관해, 청교도들의 사상에 기반을 둔 안내서로 Joel R. Beeke and James A. La Belle, *Living Zealously* (Grand Rapids, MI: Reformation Heritage Books, 2012)를 보라.

7 Charles H. Spurgeon, *Lectures to my Students*, Lecture VIII (Pasadena, TX: Pilgrim Publications, 1990), (『목회자 후보생들에게』 크리스천다이제스트), David Eby, *Power Preaching for Church Growth* (Fearn, Ross-shire, Scotland: Christian Focus, 1996), 72에서 인용.

8 J. I. Packer, *A Quest for Godliness: The Puritan Vision of the Christian Life* (Wheaton, IL: Crossway, 1990), 163-164.

9 Baxter, *The Reformed Pastor*, 122.

10 Thomas Boston, *The Art of Manfishing: A Puritan's View of Evangelism* (Fearn, Ross-shire, Scotland: Christian Focus, 1998), 91-94.

11 옛 장로교인들은 실제로 위와 같이 언급했지만, 나중에는 다음의 형태로 자주 인용되었다. "진리의 목적은 경건한 열매를 맺는 데 있다." 물론 이 후자의 인용문 역시 옳지만, 세상에는 불성실하고 위선적인 경건 또는 거짓 신앙도 있다. 그러나 선한 것은 언제나 순수하고 온전하다. S. G. Winchester, "The Importance of Doctrinal and Instructive Preaching," in *A Series of Tracts on the Doctrines, Order, and Polity of the Presbyterian Church in the United States of America* (Philadelphia: Presbyterian Board of Publication, 1840), 2:295.

12 Charles Bridges, *The Christian Ministry* (London: Banner of Truth, 2006), 160에서 인용.

13 Letter to Dan dwards, Oct. 2, 1840, in *Memoir & Remains of Robert Murray M'Cheyne*, ed. Andrew Bonar (1892; repr., Edinburgh: Banner of Truth, 1966), 282. (『로버트 맥체인 회고록』 부흥과개혁사)

14 이 문장은 J. A. 벵겔의 1734년판 그리스어 신약성경에 수록되었다. 그리고 에버하르트 네슬(Eberhard Nestle)은 자신이 낸 그리스어 신약성경 비평본의 서문에서 표제 문구로 이 문장을 인용했다. *The Interlinear Greek-English New Testament* (Grand Rapids, MI: Zondervan, 1975).

15 Gardiner Spring, *The Power of the Pulpit* (1848; repr., Edinburgh: Banner of Truth, 1986), 154.
16 Spring, *The Power of the Pulpit*, 145-146.
17 Spring, *The Power of the Pulpit*, 153-154.
18 Spring, *The Power of the Pulpit*, 150.
19 Spring, *The Power of the Pulpit*, 151. 태엽은 한때 괘종시계나 손목시계, 또는 이와 비슷한 방식으로 작동하는 기계와 장난감에서 흔히 쓰였던 나선 모양의 용수철을 가리킨다. 이것은 그런 기계류에 동력을 제공하는 장치다.
20 John Piper, *Brothers, We Are Not Professionals: A Plea to Pastors for Radical Ministy* (Nashville: Broadman & Holman, 2002), 1-2. (『형제들이여, 우리는 전문직업인이 아닙니다』 좋은씨앗)
21 Piper, *Brothers, We Are Not Professionals*, 2.
22 Spurgeon, *Lectures to My Students*, 1:10-11.
23 James Stalker, *The Preacher and His Models* (New York: A. C. Armstrong & Son, 1891), 55.
24 John Calvin, *Commentaries of Calvin*, various translators and editors, 45 vols. (Edinburgh: Calvin Translation Society, 1846-1851; repr., 22 vols., Grand Rapids, MI: Baker, 1979) [시편 주석의 서문].
25 하이델베르크 교리문답의 2문을 보라.
26 Charles H. Spurgeon, Sermon No. 101, "The Exaltation of Christ," Nov. 2, 1856, in *The New Park Street Pulpit* (1857; repr., Pasadena, TX: Pilgrim Publications, 1975), 2:380.
27 Charles H. Spurgeon, Sermon No. 597, "Preparation for Revival," Oct. 30, 1864, in *Metropolitan Tabernacle Pulpit* (1865; repr., Pasadena, TX: Pilgrim Publications, 1976), 10:610.
28 R. Kent Hughes, "Restoring Biblical Exposition to Its Rightful Place," in *Reforming Pastoral Ministry*, 84.
29 하이델베르크 교리문답 65문, in Joel R. Beeke, ed., *Doctrinal Standards, Liturgy, and Church Order* (Grand Rapids, MI: Reformation Heritage Books, 2003), 53.

05장 종교개혁 설교자들 | 츠빙글리, 불링거와 외콜람파디우스

1 T. H. L Parker, *The Oracles of God: An Introduction to the Preaching of John Calvin* (London: Lutterworth, 1947), (『하나님의 대언자』 익투스), 참조. Edwin C. Dargan, *A History of Preaching* (Grand Rapids, MI: Baker, 1954), 1:366.

2 츠빙글리에 관해서는 Ulrich Zwingli and Heinrich Bullinger, *Zwingli and Bullinger*, ed. Geoffrey W. Bromiley, Library of Christian Classics, vol. 24 (Philadelphia: Westminster, 1953), (『츠빙글리와 불링거』 두란노아카데미); Raget Christoffel, *Zwingli: Or, the Rise of the Reformation in Switzerland*, trans. John Cochran (Edinburgh: T&T Clark, 1858); Jaques Courvoisier, *Zwingli: A Reformed Theologian* (Richmond, VA: John Knox Press, 1963), (『개혁신학자 츠빙글리』 한국장로교출판사); Oskar Farner, *Zwingli the Reformer: His Life and Work*, trans. D. G. Sear (Hamden, CT: Archon, 1968); Edward J. Furcha and H. Wayne Pipkin, *Prophet, Pastor, Protestant: The Work of Huldrych Zwingli after Five Hundred Years* (Allison Park, PA: Pickwick, 1984); Ulrich Zwingli, *Selected Writings of Huldrych Zwingli*, ed. Edward J. Furcha and H. Wayne Pipkin (Allison Park, PA: Pickwick, 1984); Gottfried Wilhelm Locher, *Zwingli's Thought: New Perspectives* (Leiden: Brill, 1981); G. R. Potter, *Zwingli* (Cambridge, UK: Cambridge University Press, 1984); Jean Rilliet, *Zwingli, Third Man of the Reformation*, trans. Harold Knight (London: Lutterworth, 1964); W. P. Stephens, *The Theology of Huldrych Zwingli* (Oxford: Clarendon, 1986); Zwingli: An Introduction to His Thought (Oxford: Clarendon, 1992), (『츠빙글리의 생애와 사상』 대한기독교서회); "Zwingli on John 6:63: 'Spiritus Est Qui Vivificate, Caro Nihil Potest,'" in *Biblical Interpretation in the Era of the Reformation: Essays Presented to David C. Steinmetz in Honor of His Sixtieth Birthday*, ed. John L. Thompson and Richard A. Muller (Grand Rapids, MI: Eerdmans, 1996), 156-185; Sigmund Widmer, *Zwingli, 1484-1984: Reformation in Switzerland* (Zürich: Theologischer Verlag, 1983)를 보라.

3 H. H. Howorth, "The Origin and Authority of the Biblical Canon According to the Continental Reformers: II. Luther, Zwingli, LeFevre, and Calvin," *The Journal of Theological Studies* 9 (1908): 198-199.

4 Howorth, "Origin and Authority of the Biblical Canon," 199.

5 Lee Palmer Wandel, "Zwingli, Huldrych," *The Oxford Encyclopedia of the Reformation*, ed. Hans Joachim Hillerbrand (Oxford: Oxford University Press, 1996), 4:321에서 인용.

6 Hughes Oliphant Old, *The Reading and Preaching of the Scriptures in the Worship of the Christian Church, Volume 4: The Age of the Reformation* (Grand Rapids, MI: Eerdmans, 1998), 43.

7 불링거에 관해서는 J. Wayne Baker, *Heinrich Bullinger and the Covenant: The Other Reformed Tradition* (Athens, OH: Ohio University Press, 1980); *Zwingli and Bullinger, Zwingli and Bullinger*; George Melvyn Ella, *Henry Bullinger (1504-1575): Shepherd of the Churches* (Eggleston, UK: Go Publications, 2007); Heinrich Bullinger,

The Decades, ed. Thomas Harding, 2 vols. (Grand Rapids, MI: Reformation Heritage Books, 2004); Bruce Gordon and Emidio Campi, eds., *Architect of Reformation: An Introduction to Heinrich Bullinger, 1504-1575*, Texts and Studies in Reformation and Post-Reformation Thought (Grand Rapids, MI: Baker Academic, 2004); David John Keep, "Henry Bullinger and the Elizabethan Church: A Study of the Publication of His 'Decades,' His Letter on the Use of Vestments and His Reply to the Bull Which Excommunicated Elizabeth" (PhD diss., University of Sheffield, 1970); Charles S. McCoy, J. Wayne Baker, and Heinrich Bullinger, *Fountainhead of Federalism: Heinrich Bullinger and the Covenantal Tradition* (Louisville, KY: Westminster/John Knox Press, 1991); Cornelis P. Venema, *Heinrich Bullinger and the Doctrine of Predestination: Author of "the Other Reformed Tradition"* Texts and Studies in Reformation and Post-Reformation Thought (Grand Rapids, MI: Baker Academic, 2002)를 보라.

8 Walter Hollweg, *Heinrich Bullingers Hausbuch: Eine Untersuchung über Die Anfänge Der Reformierten Predigtliteratur* (Neukirchen, Kreis Moers: Verlag der Buchhandlung des Erziehungsvereins, 1956), 18-19.

9 Old, *Reading and Preaching of the Scriptures*, 4:46.

10 Old, *Reading and Preaching of the Scriptures*, 4:46-47.

11 Ulrich Zwingli, "Of the Clarity and Certainty of the Word of God," in *Zwingli and Bullinger*, 75.

12 Zwingli, "Clarity and Certainty," 76.

13 Zwingli, "Clarity and Certainty," 77.

14 Zwingli, "Clarity and Certainty," 90.

15 Wandel, "Zwingli, Huldrych," 321에서 인용.

16 Zwingli, "Clarity and Certainty," 72.

17 Old, *Reading and Preaching of the Scriptures*, 4:50.

18 James T. Dennison Jr., ed., *Reformed Confessions of the Sixteenth and Seventeenth Centuries in English Translation: Volume 1, 1523-1552* (Grand Rapids, MI: Reformation Heritage Books, 2008), 3에서 인용.

19 Heinrich Bullinger, *Studiorum ratio–Studienanleitung*, ed. Peter Stotz (Zurich: LIT Verlag, 1987), 25.

20 외콜람파디우스에 관해서는 Diane Poythress, *Reformer of Basel: The Life, Thought, and Influence of Johannes Oecolampadius* (Grand Rapids, MI: Reformation Heritage Books, 2011); "Johannes Oecolampadius' Exposition of Isaiah, Chapters 36-37" (PhD diss., Westminster Theological Seminary, 1992); Demura Akira, "Church Discipline According to Johannes Oecolampadius in the Setting of His Life and Thought" (PhD diss.,

Princeton Theological Seminary, 1964); E. Gordon Rupp, *Patterns of Reformation* (London: Epworth, 1969), 3-64; Thomas A. Fudge, "Icarus of Basel? Oecolampadius and the Early Swiss Reformation," *Journal of Religious History* 21, no. 3 (October 1997): 268-284; Ed L. Miller, "Oecolampadius: The Unsung Hero of the Basel Reformation," *Iliff Review* 39, no. 3 (Fall 1982): 5-25를 보라.

21 Old, *Reading and Preaching of the Scriptures*, 4:53.

22 Robert C. Walton, "Oecolampadius, Johannes," *The Oxford Encyclopedia of the Reformation*, ed. Hans Joachim Hillerbrand (Oxford: Oxford University Press, 1996), 170에서 인용.

23 Poythress, *Reformer of Basel*, 50.

24 이사야 36-37장에 관한 그의 주석을 영어로 옮긴 것은 Poythress, *Reformer of Basel*, 171-201에서 볼 수 있다.

25 Old, *Reading and Preaching of the Scriptures*, 4:64에서 인용.

26 Old, *Reading and Preaching of the Scriptures*, 4:63.

27 Poythress, "Johannes Oecolampadius' Exposition of Isaiah, Chapters 36-37," 405.

28 Poythress, "Johannes Oecolampadius' Exposition of Isaiah, Chapters 36-37," 406에서 인용.

29 Poythress, "Johannes Oecolampadius' Exposition of Isaiah, Chapters 36-37," 407에서 인용.

30 Poythress, "Johannes Oecolampadius' Exposition of Isaiah, Chapters 36-37," 407-408에서 인용.

31 Poythress, "Johannes Oecolampadius' Exposition of Isaiah, Chapters 36-37," 409-410에서 인용.

32 Poythress, "Johannes Oecolampadius' Exposition of Isaiah, Chapters 36-37," 410-411에서 인용.

33 Poythress, *Reformer of Basel*, 121에서 인용.

34 Poythress, *Reformer of Basel*, 121-122에서 인용.

06장 종교개혁 설교자들 | 칼뱅

1 이 장의 논의는 Joel R. Beeke, "Calvin as an Experiential Preacher," *Puritan Reformed Journal* 1, no. 2 (July 2009): 131-154의 내용을 수정한 것이다. 이 내용의 활용에 관해서는 출판사 측의 허락을 받았다. 또한 다음의 책에서 칼뱅의 설교에 관한 장을 보라. Herman J. Selderhuis, *John Calvin: A Pilgrim's Life* (Downers Grove, IL: IVP Academic, 2009), 110-

144. (『칼빈』 대성닷컴)

2 John Calvin, *Institutes of the Christian Religion*, trans. Ford Lewis Battles, ed. John T. McNeill, Library of Christian Classics, vols. 20-21 (Philadelphia: Westminster, 1960), 4.3.3. 이제부터는 이 출처를 *Institutes*로 부르겠다.

3 John Calvin, *Commentaries of Calvin*, various translators and editors, 45 vols. (Edinburgh: Calvin Translation Society, 1846-1851; repr., 22 vols., Grand Rapids, MI: Baker, 1979) [사 55:11]. 이제부터는 이 출처를 *Commentary*로 부르겠다.

4 John Calvin, *Tracts and Treatises*, trans. Henry Beveridge (Grand Rapids, MI: Eerdmans, 1958), 1:173.

5 *Commentary* [마 26:24].

6 *Commentary* [겔 1:3].

7 Willem Balke, "Het Pietisme in Oostfriesland," *Theologia Reformata* 21 (1978): 320-327.

8 William Bouwsma, *John Calvin: A Sixteenth-Century Portrait* (New York: Oxford University Press, 1988), 29.

9 Leroy Nixon, *John Calvin: Expository Preacher* (Grand Rapids, MI: Eerdmans, 1950), 65에서 인용.

10 *Institutes*, 3.24.12.

11 Paul T. Fuhrmann, "Calvin, Expositor of Scripture," *Interpretation* 6, no. 2 (April 1952): 191.

12 *Commentary* [요 20:23].

13 John Calvin, *The Mystery of Godliness* (Grand Rapids, MI: Eerdmans, 1950), 122. (『경건의 비밀』 지평서원)

14 A. Mitchell Hunter, "Calvin as a Preacher," *Expository Times* 30, no. 12 (September 1919): 563.

15 Philip Vollmer, *John Calvin: Theologian, Preacher, Educator, Statesman* (Richmond, VA: Presbyterian Committee of Publication, 1909), 124; George Johnson, "Calvinism and Preaching," *Evangelical Quarterly* 4, no. 3 (July 1932): 249.

16 Calvin, *Mystery of Godliness*, 55.

17 John C. Bowman, "Calvin as a Preacher," *Reformed Church Review* 56 (1909): 251-252에서 인용.

18 Steven J. Lawson, *The Expository Genius of John Calvin* (Lake Mary, FL: Reformation Trust, 2015), 104에서 인용.

19 이는 John H. Gerstner, "Calvin's Two-Voice Theory of Preaching," *Reformed Review* 13, no. 2 (1959): 21에 요약된 내용이다.

20 Gerstner, "Calvin's Two-Voice Theory of Preaching," 22. 흥미롭게도, 칼뱅의 성례 예전에서도 이같이 정해진 형태가 없는 모습을 볼 수 있다. 그러나 페트루스 다테누스(Petrus Dathenus)의 경우, 네덜란드어로 된 개혁파 예배서들을 만들 때 성례 예전에 훨씬 더 분명한 형태를 부여하는 데 관심을 쏟았다.

21 Lionel Greve, "Freedom and Discipline in the Theology of John Calvin, William Perkins, and John Wesley: An Examination of the Origin and Nature of Pietism" (PhD diss., Hartford Seminary Foundation, 1976), 149.

22 *Institutes*, 1.7.5.

23 *Institutes*, 1.10.2.

24 Willem Balke, "The Word of God and *Experientia* according to Calvin," in *Calvinus Ecclesiae Doctor*, ed. Wilhelm H. Neuser (Kampen: Kok, 1978), 22. 이 단락과 이어지는 부제목 아래의 단락들에서, 나는 이 글의 내용을 상당 부분 요약하고 살짝 다듬었다. 벌크는 자신의 글에서, 신자의 삶에서 체험이 갖는 위치에 관한 칼뱅의 이해와 씨름하면서 유익한 노력을 기울이고 있다.

25 *Opera quae supersunt omnia*, ed. Guilielmus Baum, Eduardus Cunitz, and Eduardus Reuss, vols. 29-87 in *Corpus Reformatorum* (Brunsvigae: C. A. Schwetschke, 1863-1900), 31:424, 이제부터는 이 출처를 *CO*로 부르겠다.

26 *CO*, 31:103.

27 Balke, "The Word of God and *Experientia* according to Calvin," 22.

28 *Institutes*, 3.6.4.

29 *CO*, 31:344.

30 *CO*, 31:548.

31 *CO*, 31:525.

32 *CO*, 31:703; 32:194.

33 이 장의 나머지 부분 중 일부는 Joel R. Beeke, *The Quest for Full Assurance: The Legacy of Calvin and His Successors* (Edinburgh: Banner of Truth, 1999), 37-65에 실린 논의를 요약하고 수정한 것이다.

34 *Commentary* [요 3:33, 시 43:3]; 참조. K. Exalto, *De Zekerheid des Geloofs bij Calvijn* (Apeldoorn: Willem de Zwijgerstichting, 1978), 24. 에드워드 다위(Edward Dowey)의 경우, 칼뱅이 제시했던 신앙 교리의 중심에 놓인 것은 성경의 권위가 아니라 확신이었다고 주장하면서 성경과 확신을 그릇되게 구분 짓는 모습을 보인다. 그러나 칼뱅에게 하나님의 말씀과 확신을 서로 분리하는 일은 있을 수 없는 것이었다. *The Knowledge of God in Calvin's Theology* (New York: Columbia University Press, 1965), 182.

35 *Commentary* [마 8:13, 요 4:22].

36 *Commentary* [창 15:6, 눅 2:21].

37 *Institutes*, 3.2.32; *Commentary* [롬 4:3, 18, 히 11:7, 11].

38 *Institutes*, 3.2.7, 강조점은 내가 덧붙였다.

39 *Institutes*, 3.2.16; 참조. 3.2.42.

40 Robert T. Kendall, *Calvin and English Calvinism to 1649* (New York: Oxford University Press, 1979), 19; 참조. *Institutes*, 3.2.6; 3.2.16; 3.2.22.

41 *Institutes*, 3.2.41; 3.2.14.

42 *Commentary* [행 2:29, 고전 2:12].

43 *Commentary* [고후 13:5].

44 *Institutes*, 3.2.7; *Commentary* [마 8:25, 눅 2:40].

45 *Institutes*, 3.2.4; 3.2.15.

46 *Commentary* [요 20:3], 강조점은 내가 덧붙였다. 참조. *Institutes*, 3.2.12.

47 *Institutes*, 3.2.16-17, 강조점은 내가 덧붙였다.

48 Paul Helm, *Calvin and the Calvinists* (Edinburgh: Banner of Truth, 1982), 26. (『칼빈과 칼빈주의자들』 생명의 말씀사)

49 *Institutes*, 3.2.15.

50 *Institutes*, 1.7.5.

51 *Commentary* [욜 3:17, 슥 2:9]; 참조. Charles Partee, "Calvin and Experience," *Scottish Journal of Theology* 26 (1973): 169-181, and Balke, "The Word of God and *Experientia* according to Calvin," 23이하.

52 *Institutes*, 1.10.2.

53 *Institutes*, 3.2.18.

54 C. A. Hall, *With the Spirit's Sword: The Drama of Spiritual Warfare in the Theology of John Calvin* (Richmond, VA: John Knox Press, 1970).

55 Victor A. Shepherd, *The Nature and Function of Saving Faith in the Theology of John Calvin* (Macon, GA: Mercer University Press, 1983), 24-28.

56 *Institutes*, 3.2.18; 3.2.20.

57 *Commentary* [요 13:9].

58 *Commentary* [요일 3:2].

59 *Institutes*, 3.2.17.

60 Cornelis Graafland, *De Zekerheid van het geloof: Een onderzoek naar de geloofbeschouwing van enige vertegenwoordigers van reformatie en nadere reformatie* (Wageningen: H. Veenman & Zonen, 1961), 31n.

61 *Institutes*, 3.2.21.

62 A. N. S. Lane, "The Quest for the Historical Calvin," *Evangelical Quarterly* 55 (1983): 103.

63 *Institutes*, 3.24.9.

64 *Institutes*, 3.24.6.

65 Gordon J. Keddie, "'Unfallible Certenty of the Pardon of Sinne and Life Everlasting': The Doctrine of Assurance in the Theology of William Perkins," *Evangelical Quarterly* 48 (1976): 231; 참조. G. C. Berkouwer, *Divine Election*, trans. Hugo Bekker (Grand Rapids, MI: Eerdmans, 1960), 10이하.

66 *Institutes*, 3.24.5; 참조. John Calvin, *Sermons on the Epistle to the Ephesians* (repr., Edinburgh: Banner of Truth, 1973), 47; *Sermons from Job* (Grand Rapids, MI: Eerdmans, 1952), 41이하; *CO* 8:318-321; 9:757.

67 *Institutes*, 3.24.6; 참조. William H. Chalker, "Calvin and Some Seventeenth Century English Calvinists" (PhD diss., Duke University, 1961), 66.

68 Wilhelm Niesel, *The Theology of Calvin*, trans. Harold Knight (Grand Rapids, MI: Baker, 1980), (『칼빈 신학 강의』 한들), 참조. *Institutes*, 3.1.1; Shepherd, *Faith in the Theology of John Calvin*, 51.

69 *Institutes*, 3.2.24.

70 *Commentary* [벧전 1:20].

71 *Commentary* [엡 4:13].

72 *Institutes*, 3.2.24.

73 *Commentary* [롬 8:16]; 참조. *Commentary* [요 7:37-39, 행 2:4; 3:8; 5:32; 13:48; 16:14; 23:11, 롬 8:15-17, 고전 2:10-13, 고후 1:21-22, 갈 3:2, 4:6, 엡 1:13-14; 4:30]; *Institutes*, 3.2.11, 34, 41; *Tracts and Treatises*, 3:253이하; J. K. Parratt, "The Witness of the Holy Spirit: Calvin, the Puritans and St. Paul," *Evangelical Quarterly* 41 (1969): 161-168.

74 *Institutes*, 3.2.34.

75 *Institutes*, 3.24.7.

76 Cornelis Graafland, "'Waarheid in het Binnenste': Geloofszekerheid bij Calvijn en de Nadere Reformatie," in *Een Vaste Burcht*, ed. K. Exalto (Kampen: Kok, 1989), 65-67.

77 *Commentary* [시 119:101]. 여기서 칼뱅은 생명력 있는 신앙을 지닌 이들의 숫자가 매우 적음을 언급한다. 참조. *Institutes*, 3.21-24.

78 *Institutes*, 3.2.3, 5, 10-11. 현세적인 신앙에 관한 칼뱅의 관점을 살피려면, David Foxgrover, "'Temporary Faith' and the Certainty of Salvation," *Calvin Theological Journal* 15 (1980): 220-232; A. N. S. Lane, "Calvin's Doctrine of Assurance," *Vox Evangelica* 11 (1979): 45-46; Exalto, *De Zekerheid des Geloofs bij Calvijn*, 15-20, 27-30를 보라.

79 *Institutes*, 3.2.11.

80 *Commentary* [겔 13:9]. 폭스그로버(Foxgrover)는 칼뱅이 자기 성찰의 필요성을 매우 다양한 주제들에 연관시키고 있음을 보여준다. 그런 주제들로는 하나님과 우리 자신을 아는 지식, 심판과 회개, 고백과 고난, 성찬과 섭리, 의무, 하나님 나라 등이 있다. "John Calvin's Understanding of Conscience" (PhD diss., Claremont, 1978), 312이하; 참조. J. P. Pelkonen, "The Teaching of John Calvin on the Nature and Function of the Conscience," *Lutheran Quarterly* 21 (1969): 24-88.

81 *Institutes*, 3.2.7.

82 Lane, "Calvin's Doctrine of Assurance," 47.

83 *Institutes*, 3.2.24.

07장 종교개혁 설교자들 | 베자

1 베자에 관해서는 Irena Dorota Backus, *The Reformed Roots of the English New Testament: The Influence of Theodore Beza on the English New Testament*, The Pittsburgh Theological Monograph Series 28 (Pittsburgh: Pickwick, 1980); Henry Martyn Baird, *Theodore Beza: The Counsellor of the French Reformation, 1519-1605*, Burt Franklin Research & Source Works Series 475 (Eugene, OR: Wipf & Stock, 2004); John S. Bray, *Theodore Beza's Doctrine of Predestination*, Bibliotheca Humanistica Et Reformatorica 12 (Nieuwkoop: De Graaf, 1975); Robert Letham, "Theodore Beza: A Reassessment," *Scottish Journal of Theology* 40, no. 1 (1987): 25-40; Jeffrey Mallinson, *Faith, Reason, and Revelation in Theodore Beza, 1519-1605*, Oxford Theological Monographs (Oxford: Oxford University Press, 2003); Scott M. Manetsch, *Theodore Beza and the Quest for Peace in France, 1572-1598* (Leiden: Brill, 2000); Tadataka Maruyama, *The Ecclesiology of Theodore Beza: The Reform of the True Church*, Travaux D'humanisme Et Renaissance no. 166 (Geneve: Droz, 1978); Ian McPhee, "Conserver or Transformer of Calvin's Theology? A Study of the Origins and Development of Theodore Beza's Thought, 1550-1570" (PhD diss., University of Cambridge, 1979); Richard A. Muller, *Christ and the Decree: Christology and Predestination in Reformed Theology from Calvin to Perkins* (Grand Rapids, MI: Baker, 1988); Jill Raitt, *The Eucharistic Theology of Theodore Beza: Development of the Reformed Doctrine*, AAR Studies in Religion no. 4 (Chambersburg, PA: American Academy of Religion, 1972); David Curtis Steinmetz, *Reformers in the Wings: From Geiler Von Kaysersberg to Theodore Beza*, 2nd ed. (Oxford: Oxford University Press, 2001); Kirk M. Summers, *Morality after Calvin: Theodore Beza's Christian Censor*

and Reformed Ethics (New York: Oxford University Press, 2017); Shawn D. Wright, "The Pastoral Use of the Doctrine of God's Sovereignty in the Theology of Theodore Beza" (PhD diss., Southern Baptist Theological Seminary, 2001); *Our Sovereign Refuge: The Pastoral Theology of Theodore Beza*, Paternoster Biblical and Theological Monographs (Carlisle, UK: Paternoster, 2004); *Theodore Beza: The Man and the Myth* (Fearn, Ross-shire, Scotland: Christian Focus, 2015); Joel R. Beeke, "Theodore Beza's Supralapsarian Predestination," *Reformation and Revival Journal* 12, no. 2 (Spring 2003): 69-84; Theodore Beza, *The Christian Faith*, trans. James Clark (Lewes, UK: Focus Christian Ministries Trust, 1992); Théodore de Bèze, "The Potter and the Clay: The Main Predestination Writings of Theodore Beza," trans. Philip C. Holtrop (Grand Rapids, MI: Calvin College, 1982); Théodore de Bèze, *A Little Book of Christian Questions and Responses in Which the Principal Headings of the Christian Religion Are Briefly Set Forth*, trans. Kirk M. Summers, Princeton Theological Monograph Series 9 (Allison Park, PA: Pickwick, 1986)를 보라.

2 Scott M. Manetsch, "*Onus Praedicandi*: The Preaching Ministry of Theodore Beza" (unpublished paper, Calvin College and Seminary, n.d.), 1. 이 단락에서 나는 매네치의 연구에 빚지고 있으며, 그중 많은 부분은 그의 저서 *Calvin's Company of Pastors: Pastoral Care and the Emerging Reformed Church, 1536-1609* (Oxford: Oxford University Press, 2012)에 실려 있다.

3 Manetsch, "*Onus Praedicandi*: The Preaching Ministry of Theodore Beza," 2.

4 이 중 부활에 관한 아홉 번째 설교의 영역문은 Wright, *Our Sovereign Refuge*, 243-258에서 볼 수 있다.

5 Manetsch, "*Onus Praedicandi*: The Preaching Ministry of Theodore Beza," 3.

6 Manetsch, "*Onus Praedicandi*: The Preaching Ministry of Theodore Beza," 3-4.

7 Manetsch, "*Onus Praedicandi*: The Preaching Ministry of Theodore Beza," 5-6.

8 Beza, *The Christian Faith*, 16 [4.3-4].

9 Beza, *The Christian Faith*, 51 [4.31].

10 Beza, *The Christian Faith*, 54 [4.35].

11 Beza, *The Christian Faith*, 48 [4.28].

12 Beza, *The Christian Faith*, 49 [4.29].

13 Jill Raitt, "Lessons in Troubled Times: Beza's Lessons on Job," in *Calvin and the State*, ed. Peter De Klerk, Colloquia on Calvin and Calvin Studies (Grand Rapids, MI: Calvin Studies Society, 1993), 26, 38.

14 Wright, *Our Sovereign Refuge*, 232, 233.

15 Richard A. Muller, "The Use and Abuse of a Document: Beza's *Tabula*

Praedestinationis, the Bolsec Controversy, and the Origins of Reformed Orthodoxy," in *Protestant Scholasticism: Essays in Reassessment*, ed. Carl R. Trueman and R. Scott Clark (Carlisle, UK: Paternoster, 1999), 33-61.

16 Beza, *Tabula*, v. i., John B. Roney and Martin I. Klauber, eds., *The Identity of Geneva* (Westport, CT: Greenwood Press, 1998), 60에서 인용.

17 Theodore Beza, "Sermons sur l'Histoire de la Resurrection: Sermon 9," in Wright, *Our Sovereign Refuge*, 254.

18 Beza, *The Christian Faith*, 35 [4.19].

19 Manetsch, "*Onus Praedicandi*: The Preaching Ministry of Theodore Beza," 8.

20 Beza, *The Christian Faith*, iv.

21 Manetsch, "*Onus Praedicandi*: The Preaching Ministry of Theodore Beza," 8.

22 Beza, *The Christian Faith*, 93 [5.26].

23 Manetsch, "*Onus Praedicandi*: The Preaching Ministry of Theodore Beza," 9.

24 Beza, "Sermon," in Wright, *Our Sovereign Refuge*, 251.

25 Beza, "Sermon," in Wright, *Our Sovereign Refuge*, 246.

26 Beza, "Sermon," in Wright, *Our Sovereign Refuge*, 246.

27 Manetsch, "*Onus Praedicandi*: The Preaching Ministry of Theodore Beza," 10에서 인용. 여기서 매네치는 1601년 7월 2일에 베자가 루이 쿠랑(Louis Courant)에게 보냈던 편지를 인용하고 있다. Archives Tronchin, fonds. Bèze, vol. 5, fol. 296-297.

28 Beza, "Sermon," in Wright, *Our Sovereign Refuge*, 244.

29 Beza, "Sermon," in Wright, *Our Sovereign Refuge*, 245.

30 Beza, "Sermon," in Wright, *Our Sovereign Refuge*, 245.

31 Manetsch, "*Onus Praedicandi*: The Preaching Ministry of Theodore Beza," 12.

32 Manetsch, "*Onus Praedicandi*: The Preaching Ministry of Theodore Beza," 13-14.

33 이때 그는 특히 누가복음 24:28에서 언급된 그리스도의 태도를 논했다. "그들이 가는 마을에 가까이 가매 예수는 더 가려 하는 것 같이 하시니."

34 Beza, "Sermon," in Wright, *Our Sovereign Refuge*, 256-257.

35 Beza, "Sermon," in Wright, *Our Sovereign Refuge*, 246-247.

36 Beza, "Sermon," in Wright, *Our Sovereign Refuge*, 249.

37 Beza, "Sermon," in Wright, *Our Sovereign Refuge*, 250-251.

38 Beza, "Sermon," in Wright, *Our Sovereign Refuge*, 251.

39 Manetsch, *Theodore Beza and the Quest for Peace in France*, 1572-1598, 30이하를 보라.

40 Manetsch, "*Onus Praedicandi*: The Preaching Ministry of Theodore Beza," 17.

08장 청교도 설교 서론

1 Tae-Hyeun Park, *The Sacred Rhetoric of the Holy Spirit: A Study of Puritan Preaching in a Pneumatological Perspective* (Apeldoorn: Theologische Unversiteit Apeldoorn, 2005), 4. 이 장의 내용은 주로 "Puritan Preaching I, II," chapters 41 and 42 in Joel R. Beeke and Mark Jones, *A Puritan Theology: Doctrine for Life* (Grand Rapids, MI: Reformation Heritage Books, 2012), (『청교도 신학의 모든 것』 부흥과개혁사)에 실린 논의를 압축한 것이다. 이 내용의 활용에 관해서는 출판사 측의 허락을 받았다.

2 J. I. Packer, foreword to *Introduction to Puritan Theology: A Reader*, ed. Edward Hindson (Grand Rapids, MI: Baker, 1976). (『청교도 신학』 CLC)

3 Alexander F. Mitchell, introduction to *Minutes of the Sessions of the Westminster Assembly of Divines*, ed. Alexander F. Mitchell and John Struthers (Edmonton: Still Waters Revival Books, 1991), xv.

4 청교도들의 설교에 관해 추가로 책과 논문들을 살피려면, R. Bruce Bickel, *Light and Heat: The Puritan View of the Pulpit* (Morgan, PA: Soli Deo Gloria, 1999); J. W. Blench, *Preaching in England in the Late Fifteenth and Sixteenth Centuries* (Oxford: Basil Blackwell, 1964); John Brown, *Puritan Preaching in England* (London: Hodder & Stoughton, 1900); J. A. Caiger, "Preaching—Puritan and Reformed," in *Puritan Papers, Volume 2, 1960-1962*, ed. J. I. Packer (Phillipsburg, NJ: P&R, 2001), 161-185; Murray A. Capill, *Preaching with Spiritual Vigour* (Fearn, Ross-shire, Scotland: Mentor, 2003); Horton Davies, *The Worship of the English Puritans* (Morgan, PA: Soli Deo Gloria, 1997), 182-203; Eric Josef Carlson, "The Boring of the Ear: Shaping the Pastoral Vision of Preaching in England, 1540-1640," in *Preachers and People in the Reformations and Early Modern Period*, ed. Larissa Taylor (Leiden: Brill, 2003), 249-296; Mariano Di Gangi, *Great Themes in Puritan Preaching* (Guelph, ON: Joshua Press, 2007); Alan F. Herr, *The Elizabethan Sermon: A Survey and a Bibliography* (New York: Octagon, 1969); Babette May Levy, *Preaching in the First Half Century of New England History* (New York: Russell & Russell, 1967); Peter Lewis, *The Genius of Puritanism* (Grand Rapids, MI: Reformation Heritage Books, 2008), (『청교도 목회와 설교』 청교도신앙사); D. M. Lloyd-Jones, *The Puritans: Their Origins and Successors* (Edinburgh: Banner of Truth, 1987), (『청교도 신앙: 그 기원과 계승자들』 생명의 말씀사), Irvonwy Morgan, *The Godly Preachers of the Elizabethan Church* (London: Epworth, 1965); Hughes Oliphant Old, *The Reading and Preaching of the Scriptures in the Worship of the Christian Church, Volume 4: The Age of the Reformation* (Grand Rapids, MI: Eerdmans, 2002), 251-279; *The Reading and Preaching of the Scriptures in the*

Worship of the Christian Church, Volume 5: Moderatism, Pietism, and Awakening (Grand Rapids, MI: Eerdmans, 2004), 170-217; J. I. Packer, *A Quest for Godliness* (Wheaton, IL: Crossway, 1990), (『청교도 사상』 CLC), Park, *The Sacred Rhetoric of the Holy Spirit*; Joseph A. Pipa Jr., "Puritan Preaching," in *The Practical Calvinist*, ed. Peter A. Lillback (Fearn, Ross-shire, Scotland: Mentor, 2002), 163-182; John Piper, *The Supremacy of God in Preaching* (Grand Rapids, MI: Baker, 1990), (『하나님을 설교하라』 복있는 사람), Caroline F. Richardson, *English Preachers and Preaching 1640-1670* (New York: Macmillan, 1928); Michael F. Ross, *Preaching for Revitalization* (Fearn, Ross-shire, Scotland: Mentor, 2006); Leland Ryken, *Worldly Saints: The Puritans as They Really Were* (Grand Rapids, MI: Zondervan, 1986), (『청교도-이 세상의 성자들』 생명의 말씀사), Harry S. Stout, *The New England Soul: Preaching and Religious Culture in Colonial New England* (Oxford: Oxford University Press, 1986)를 보라.

청교도들의 설교를 다룬 학위 논문 가운데는 다음의 것들이 포함된다. Ruth Beatrice Bozell, "English Preachers of the 17th Century on the Art of Preaching" (PhD diss., Cornell University, 1939); Ian Breward, "The Life and Theology of William Perkins, 1558-1602" (PhD diss., University of Manchester, 1963); Diane Marilyn Darrow, "Thomas Hooker and the Puritan Art of Preaching" (PhD diss., University of California, San Diego, 1968); Andrew Thomas Denholm, "Thomas Hooker: Puritan Preacher, 1568-1647" (PhD diss., Hartford Seminary, 1972); M. F. Evans, "Study in the Development of a Theory of Homiletics in England from 1537-1692" (PhD diss., University of Iowa, 1932); Frank E. Farrell, "Richard Sibbes: A Study in Early Seventeenth Century English Puritanism" (PhD diss., University of Edinburgh, 1955); Anders Robert Lunt, "The Reinvention of Preaching: A Study of Sixteenth and Seventeenth Century English Preaching Theories" (PhD diss., University of Maryland College Park, 1998); Kenneth Clifton Parks, "The Progress of Preaching in England during the Elizabethan Period" (PhD diss., Southern Baptist Theological Seminary, 1954); Joseph A. Pipa Jr., "William Perkins and the Development of Puritan Preaching" (PhD diss., Westminster Theological Seminary, 1985); Harold Patton Shelly, "Richard Sibbes: Early Stuart Preacher of Piety" (PhD diss., Temple University, 1972); David Mark Stevens, "John Cotton and Thomas Hooker: The Rhetoric of the Holy Spirit" (PhD diss., University of California, Berkeley, 1972); Lynn Baird Tipson Jr., "The Development of Puritan Understanding of Conversion" (PhD diss., Yale University, 1972); Cary Nelson Weisiger III, "The Doctrine of the Holy Spirit in the Preaching of Richard Sibbes" (PhD diss., Fuller Theological Seminary, 1984).

5 Winthrop S. Hudson, "The Ministry in the Puritan Age," in *The Ministry in*

Historical Perspectives, ed. H. Richard Niebuhr and Daniel D. Williams (New York: Harper and Brothers, 1956), 185에서 인용.

6 Michael Walzer, *The Revolution of the Saints: A Study in the Origins of Radical Politics* (Cambridge, MA: Harvard University Press, 1965), 119.

7 Brian G. Hedges, "Puritan Writers Enrich the Modern Church," *Banner of Truth* 529 (October 2007): 5-10.

8 Everett H. Emerson, *English Puritanism from John Hooper to John Milton* (Durham, NC: Duke University Press, 1968), 45에서 인용.

9 Anthony Burgess, *The Scripture Directory, for Church Officers and People*…… (London: Abraham Miller for T. U., 1659), 141; 또한 John Mayer, Praxis Theologica: or *The Epistle of the Apostle St. James*……*Expounded* (London: R. Bostocke, 1629), 127를 보라.

10 Burgess, *The Scripture Directory*, 142-144.

11 Robert Traill, "By What Means May Ministers Best Win Souls?" in *Select Practical Writings of Robert Traill* (Edinburgh: Printed for the Assembly's Committee, 1845), 120; Arthur Hildersham, *CLII Lectures Upon Psalm LI* (London: J. Raworth, for Edward Brewster, 1642), 732; Lewis, *Genius of Puritanism*, 37-43.

12 William Ames, *The Marrow of Theology*, trans. and ed. John D. Eusden (Boston: Pilgrim Press, 1968), 194. (『신학의 정수』 크리스천다이제스트)

13 Davies, *The Worship of the English Puritans*, 186에서 인용. 또한 John Owen, *An Exposition of the Epistle to the Hebrews*, ed. William H. Goold, 7 vols. (Edinburgh: Banner of Truth, 1991), 7:312-313; Nehemiah Rogers, *The True Convert* (London: George Miller for Edward Brewster, 1632), 71를 보라.

14 Richard Baxter, *The Reformed Pastor, in The Practical Works of Richard Baxter*, 4 vols. (Ligonier, PA: Soli Deo Gloria, 1990-1991), 4:383, 이후로는 이 출처를 *Works*로 부르겠다. (『참된 목자』 크리스천다이제스트)

15 Richard Sibbes, "The Fountain Opened," in *The Complete Works of Richard Sibbes*, ed. Alexander B. Grosart (Edinburgh: Banner of Truth, 1977), 5:509, 이후로는 이 출처를 *Works*로 부르겠다.

16 Lloyd-Jones, *The Puritans*, 380. 사역을 향한 부르심에 대한 청교도들의 관점을 살피려면, Owen C. Watkins, *The Puritan Experience* (London: Routledge & Kegan Paul, 1972), 61-63를 보라.

17 John Preston, *A Pattern of Wholesome Words, Christopher Hill, Society and Puritanism in Pre-Revolutionary England* (New York: Schocken, 1964), 46에서 인용.

18 Roger Clap, *Memoirs of Captain Roger Clap*, Alden T. Vaughan and Francis J.

Bremer, eds., *Puritan New England: Essays on Religion, Society, and Culture* (New York: St. Martin's, 1977), 70에서 인용.

19 Baxter, *The Reformed Pastor*, in *Works* 4:412, 426.

20 Sibbes, "The Fountain Opened," in *Works*, 5:508.

21 강의 제도의 기원과 그 다양한 형태에 관해서는 Paul S. Seaver, *The Puritan Lectureships: The Politics of Religious Dissent, 1560-1662* (Stanford: Stanford University Press, 1970), 72-87에 상세히 기록되어 있다. Morgan, *The Godly Preachers of the Elizabethan Church*, 33-60; William Haller, *The Rise of Puritanism* (Philadelphia: University of Philadelphia Press, 1972), 53, 330; Lloyd-Jones, *The Puritans*, 378를 참조하라.

22 Seaver, *The Puritan Lectureships*, 30-31; 참조. Marshall M. Knappen, *Tudor Puritanism: A Chapter in the History of Idealism* (Chicago: University of Chicago Press, 1939), 221-222; Hill, *Society and Puritanism in Pre-Revolutionary England*, 80; Lewis, *Genius of Puritanism*, 61-62.

23 특히 Patrick Collinson, *The Elizabethan Puritan Movement* (London: Jonathan Cape, 1967), 168-176; Morgan, *The Godly Preachers of the Elizabethan Church*, 61-101를 보라. 더 간략한 논의를 살피려면, Knappen, *Tudor Puritanism*, 253-254; Pipa, "William Perkins and the Development of Puritan Preaching," 25-26; Daniel Neal, *History of Puritans* (Stoke-on-Trent, UK: Tentmaker, 2006), 1:181-182; Davies, *The Worship of the English Puritans*, 188-189를 보라.

24 S. E. Lehmberg, "Archbishop Grindal & the Prophesyings," *Historical Magazine of the Protestant Episcopal Church* 24 (1965): 87-145.

25 Collinson, *The Elizabethan Puritan Movement*, 168.

26 A. F. Herr, *The Elizabethan Sermon* (New York: Octagon, 1969), 27.

27 Herr, *The Elizabethan Sermon*, 67.

28 Fred A. van Lieburg, "From Pure Church to Pious Culture: The Further Reformation in the Seventeenth-Century Dutch Republic," in *Later Calvinism: International Perspectives*, ed. W. Fred Graham (Kirksville, MO: Sixteenth Century Journal Publishers, 1994), 423-425; 참조. C. W. Schoneveld, *Intertraffic of the Mind* (Leiden: Brill, 1983); Willem Jan op 't Hof, *Engelse pietistische geschriften in het Nederlands, 1598-1622* (Rotterdam: Lindenberg, 1987).

29 Pipa, "William Perkins and the Development of Puritan Preaching," 24; Seaver, *The Puritan Lectureships*, 183; John Eliot, *New England's First Fruits*, Perry Miller and Thomas H. Johnson, eds., *The Puritans*, rev. ed. (New York: Harper, 1963), 2:701에서 인용; Knappen, *Tudor Puritanism*, 195, 218-219, 466-480; H. C. Porter, *Puritanism in Tudor England* (New York: MacMillan, 1970), 180-203, 223-227.

30 John F. H. New, *Anglican and Puritan: The Basis of Their Opposition, 1558-1640* (Stanford: Stanford University Press, 1965), 71.

31 Packer, *A Quest for Godliness*, 170-175.

32 Thomas Manton, "Wisdom is Justified of Her Children," in *The Complete Works of Thomas Manton*, ed. T. Smith (Worthington, PA: Maranatha, 1980), 2:102이하.

33 Chad Van Dixhoorn, "Preaching Christ in Post-Reformation Britain," in *The Hope Fulfilled: Essays in Honor of O. Palmer Robertson*, ed. Robert L. Penny (Phillipsburg, NJ: P&R, 2008), 361-389를 보라.

34 *Letters of Samuel Rutherford*, ed. Andrew Bonar (London: Oliphants, [1904]), 420, 438 (letters of July 7 and 13, 1637). (『새뮤얼 러더퍼드 서한집』 크리스천다이제스트)

35 Brown, *Puritan Preaching in England*, 146에서 인용.

36 Baxter, "A Sermon Preached at the Funeral of Mr. Henry Stubbs" (1678), in *Works*, 4:974; 참조. Murray A. Capill, *Preaching with Spiritual Vigour: Including Lessons from the Life and Practice of Richard Baxter* (Fearn, Ross-shire, Scotland: Christian Focus, 2003), 39-50.

37 Lloyd-Jones, *The Puritans*, 381에서 인용.

38 Manton, "Exposition of the Lord's Prayer," in *Works*, 1:35, 50-51 [마 6:6-8]; 참조. Simon Ford, *The Spirit of Bondage and Adoption* (London: T. Maxey, for Sa. Gellibrand, 1655), 200; Samuel Petto, *The Voice of the Spirit: or, An Essay towards a Discovery of the Witnessings of the Spirit* (London: Livewell Chapman, 1654), 56-62.

39 Baxter, *The Reformed Pastor*, in *Works*, 4:394.

40 Davies, *The Worship of the English Puritans*, 16.

41 엘리자베스 통치의 잉글랜드에서 이루어졌던 성공회의 설교에 관한 연구를 살피려면, "William Perkins and the Development of Puritan Preaching," 28-67를 보라. 참조. Lloyd-Jones, *The Puritans*, 375, 381-383.

42 Richard Baxter, *The Dying Thoughts of the Reverend Learned and Holy Mr. Richard Baxter*, abridged by Benjamin Fawcett (Salop: J. Cotton and J. Eddowes, 1761), 167. (『천국을 준비했는가』 규장)

43 *Plain Reasons for Dissenting from the Church of England*, 3rd ed. (London, 1736), 6, Davies, *The Worship of the English Puritans*, 202에서 인용. *Plain Reasons*는 익명으로 출판되었지만, 이제는 찰스 오웬(Charles Owen)이 그 책의 저자였음이 알려져 있다.

44 John Owen, *An Exposition of Hebrews* (Marshalltown, DE: The National Foundation for Christian Education, 1960), 1:52.

45 청교도들이 죄인들을 설득했던 논리의 한 예로는 Joseph Alleine, *A Sure Guide to Heaven* (Edinburgh: Banner of Truth, 1995), 30를 보라. (『천국에 이르는 길』 생명의 말씀사)

46 I. D. E. Thomas, comp., *The Golden Treasury of Puritan Quotations* (Chicago: Moody Press, 1975), 222에서 인용. 당시에는 곰을 말뚝에 매어 두고 개들과 싸움을 붙이는 잔인한 오락거리가 있었다. 이는 '곰 사냥'(bear-baiting)으로 불렸으며, 청교도들은 자주 이런 풍습에 반대하곤 했다. 이런 곰 사냥의 모습은 결혼식의 이미지와 무척 대조되는 것이 아닐 수 없다!

47 Perry Miller, *The New England Mind: The Seventeenth Century* (Boston: Beacon, 1961), 295에서 인용; 참조. Westminster Larger Catechism, 68문.

48 Ryken, *Worldly Saints*, 107에서 인용.

49 Henry Smith, "The Art of Hearing," in *The Works of Henry Smith*, 2 vols. (Stoke-on-Trent, UK: Tentmaker, 2002), 1:337.

50 Cotton Mather, *The Great Works of Christ in America: Magnalia Christi Americana*, 3 vols. (London: Banner of Truth, 1979), 1:547-548. 엘리엇의 설교와 저작 목록을 살피려면, Frederick Harling, "A Biography of John Eliot" (PhD diss., Boston University, 1965), 259-261를 보라.

51 Increase Mather, *The Life and Death of that Reverend Man of God, Mr. Richard Mather* (Cambridge, MA: S. G. and M. J., 1670), 31-32.

52 Miller, *The New England Mind: The Seventeenth Century*, 332-333.

53 Edward Dering, "Certaine godly and comfortable Letters, full of Christian consolation," in *M. Derings Workes* (New York: Da Capo, 1972), 456.

54 John Owen, "The Especial Duty of Pastors of Churches," in *The Works of John Owen*, ed. William H. Goold (repr., Edinburgh: Banner of Truth, 1965), 16:74.

55 Millar Maclure, *The Paul's Cross Sermons, 1534-1642* (Toronto: University of Toronto Press, 1958), 165. 청교도들의 성경 해석 방식을 살피려면, Thomas Lea, "The Hermeneutics of the Puritans," *Journal of the Evangelical Theological Society* 39, no. 2 (June 1996): 271-284를 보라.

56 William Perkins, "A Golden Chaine: or, the Description of Theologie," in *The Workes of that Famovs and VVorthy Minister of Christ in the Vniuersitie of Cambridge, Mr. William Perkins*, 3 vols. (London: John Legatt, 1612-1613), 1:10.

57 Ames, *The Marrow of Theology*, 77.

58 Sinclair B. Ferguson, "Evangelical Ministry: The Puritan Contribution," in *The Compromised Church: The Present Evangelical Crisis*, ed. John H. Armstrong (Wheaton, IL: Crossway, 1998), 266.

59 Packer, *Quest for Godliness*, 284-285.

60 Thomas Taylor, *Christ Revealed: or The Old Testament Explained; A Treatise of the Types and Shadowes of our Saviour* (London: M. F. for R. Dawlman and L. Fawne, 1635)는 구약에 나타난 그리스도에 관해 논한 최상의 청교도 작품이다. 그리고 토머스 굿윈

(Thomas Goodwin)은 자신의 글 "*Christ Our Mediator*," vol. 5 of *The Works of Thomas Goodwin* (Eureka, CA: Tanski, 1996)에서, 그리스도의 중보자 직분에 관한 신약의 주요 본문을 유능한 솜씨로 해설했다. 또 Alexander Grosse, *The Happiness of Enjoying and Making a True And Speedy Use of Christ* (London: Tho: Brudenell, for John Bartlet, 1647)와 Isaac Ambrose, *Looking Unto Jesus* (Harrisonburg, VA: Sprinkle, 1988), (『예수를 바라보라』 부흥과개혁사)는 체험적인 관점에서 기독론을 논한 최상의 작품들이다. Ralph Robinson, *Christ All and In All: or Several Significant Similitudes by which the Lord Jesus Christ is Described in the Holy Scriptures* (1660; repr., Ligonier, PA: Soli Deo Gloria, 1992)와 Philip Henry, *Christ All in All, or What Christ is Made to Believers* (1676; repr., Swengel, PA: Reiner, 1976), 그리고 John Brown, *Christ: the Way, the Truth, and the Life* (1677; repr., Morgan, PA: Soli Deo Gloria, 1995)에는 그리스도가 신자들과 맺으시는 모든 관계 가운데서 그분의 높으심을 찬미하는 귀중한 실교들이 담겨 있다. 또 John Owen, *A Declaration of the Glorious Mystery of the Person of Christ* (reprinted in vol. 1 of Works of Owen)는 그리스도의 본성들과 위격의 관계를 탁월하게 설명한 작품이다. 그리고 James Durham, *Christ Crucified; or The Marrow of the Gospel in 72 Sermons on Isaiah 53*, 2 vols. (Glasgow: Alex Adam, 1792)는 그리스도의 수난에 관한 성경적 해설로서 비길 데 없는 작품으로 남아 있다.

61 Thomas Adams, "Meditations upon the Creed," in *The Works of Thomas Adams* (1862; repr., Eureka, CA: Tanski, 1998), 3:224.

62 Isaac Ambrose, "Media: The Middle Things," in *The Works of Isaac Ambrose* (London: for Thomas Tegg & Son, 1701), 201.

63 Robert Bolton, *A Treatise on Comforting Afflicted Consciences* (Ligonier, PA: Soli Deo Gloria, 1991), 185.

64 하나님과 죄, 성화와 자기부인에 관한 청교도 설교의 좋은 예로는 각각 Stephen Charnock, *Discourses on the Existence and Attributes of God*, 2 vols. (Grand Rapids, MI: Baker, 1996), (『하나님의 존재와 속성』 부흥과개혁사); Jeremiah Burroughs, *The Evil of Evils* (Morgan, PA: Soli Deo Gloria, 1995); Walter Marshall, *The Gospel Mystery of Sanctification* (Grand Rapids, MI: Zondervan, 1954), (『성화의 신비』 복 있는 사람), Thomas Watson, *The Duty of Self-Denial* (Morgan, PA: Soli Deo Gloria, 1995), 1-37를 보라.

65 Baxter, *The Reformed Pastor*, in *Works*, 4:370.

66 Thomas Watson, *The Godly Man's Picture* (Edinburgh: Banner of Truth, 1992), (『경건』 복 있는 사람), 20-188에서는 우리가 스스로를 돌아볼 수 있도록 스물네 가지에 이르는 은혜의 표지를 제시한다.

67 Thomas Shepard, *The Parable of the Ten Virgins* (Ligonier, PA: Soli Deo Gloria, 1990); Matthew Mead, *The Almost Christian Discovered; Or the False Professor Tried and*

Cast (Ligonier, PA: Soli Deo Gloria, 1988), (『유사 그리스도인』 지평서원), Jonathan Edwards, *Religious Affections* (New Haven, CT: Yale University Press, 1959, (『신앙감정론』 부흥과개혁사)

68 James Durham, *A Commentary Upon the Book of the Revelation* (Amsterdam: John Frederickszoon Stam, 1660), 260-266 [계 3:14-22].

69 참조. Park, *The Sacred Rhetoric of the Holy Spirit*, 373-374.

70 John Spilman, *A Tabernacle for the Sun*, 4, Owen C. Watkins, *The Puritan Experience: Studies in Spiritual Autobiography* (New York: Schocken, 1972), 58에서 인용.

71 John Flavel, "The Character of a True Evangelical Pastor," in *The Works of John Flavel*, 6 vols. (1820; repr., London: Banner of Truth, 1968), 6:572.

72 William Gurnall, *The Christian in Complete Armour*, 2 vols. in one (London: Banner of Truth, 1964), (『그리스도인의 전신갑주』 크리스천다이제스트), Baxter, "A Call to the Unconverted," in *Works*, 2:513를 보라. (『회심』 지평서원)

73 Packer, *Quest for Godliness*, 296-299.

74 Thomas Watson, *A Body of Divinity* (1692; repr., Edinburgh: Banner of Truth, 2000), 221. (『신학의 체계』 크리스천다이제스트)

75 Baxter, *The Reformed Pastor*, in *Works*, 4:372, 425.

76 Owen, "Eshcol, a Cluster of the Fruit of Canaan," in *Works*, 13:57.

77 Robert Traill, "Sermons Concerning the Throne of Grace," in *The Works of the Late Reverend Robert Traill*, 4 vols. (1810; repr., Edinburgh: Banner of Truth, 1975), 1:246.

09장 청교도 설교자들 | 퍼킨스

1 이 장의 내용 중 일부분은 아래 글의 내용을 요약한 것이다. Joel R. Beeke, "William Perkins on Predestination, Preaching, and Conversion," in *The Practical Calvinist: An Introduction to the Presbyterian and Reformed Heritage: In Honor of Dr. D. Clair Davis*, ed. Peter A. Lillback (Fearn, Ross-shire, Scotland: Christian Focus, 2002), 183-213. 이 내용의 활용에 관해서는 출판사 측의 허락을 받았다. 퍼킨스에 관한 책과 논문, 학위 논문들의 포괄적인 목록을 살피려면, 위의 글에 실린 각주들을 보라.

2 Samuel Clarke, *The Marrow of Ecclesiastical History* (London: W. B., 1675), 416-417.

3 퍼킨스의 생애에 관한 기본적인 내용은 토머스 풀러가 쓴 다음의 글들에서 찾아볼 수 있다. *Abel Redevivus; or, The Dead Yet Speaking* (London: William Tegg, 1867), 2:145-154, and *The Holy and Profane State* (London: William Tegg, 1841). 그리고 그의 생애에 관해 지금까지 저술된 최상의 글들로는 Ian Breward, "The Life and Theology of William Perkins" (PhD diss., University of Manchester, 1963); Breward, introduction and ed., *The*

Work of William Perkins, Courtenay Library of Reformation Classics, vol. 3 (Abingdon, England: Sutton Courtenay, 1970, 이제부터는 이 출처를 *Work of Perkins*로 부르겠다); Charles Robert Munson, "William Perkins: Theologian of Transition" (PhD diss., Case Western Reserve, 1971); J. R. Tufft, "William Perkins, 1558-1602" (PhD diss., Edinburgh, 1952)를 보라.

4 Benjamin Brook, *The Lives of the Puritans* (Pittsburgh: Soli Deo Gloria, 1994), 2:129.

5 William Perkins, *The Workes of That Famovs and VVorthy Minister of Christ in the Vniuersitie of Cambridge, Mr. William Perkins*, 3 vols. (London: John Legatt, 1612-1613), 2:653, 이제부터는 이 출처를 *Works*로 부르겠다.

6 Patrick Collinson, *The Elizabethan Puritan Movement* (Berkeley: University of California Press, 1967), 125. 그리고 Peter Lake, *Moderate Puritans and the Elizabethan Church* (Cambridge: Cambridge University Press, 1982); Munson, "William Perkins: Theologian of Transition," 18-25; William T. Costello, *The Scholastic Curriculum at Early Seventeenth-Century Cambridge* (Cambridge, MA: Harvard University Press, 1958), 146; James Bass Mullinger, *The University of Cambridge* (Cambridge: Cambridge University Press, 1884), 2:404를 참조하라.

7 Mark Curtis, *Oxford and Cambridge in Transition 1558-1642* (Oxford: Oxford University Press, 1965), 80.

8 Mark R. Shaw, "William Perkins and the New Pelagians: Another Look at the Cambridge Predestination Controversy of the 1590s," *Westminster Theological Journal* 58 (1996): 284.

9 Louis B. Wright, *Middle-Class Culture in Elizabethan England* (Chapel Hill: University of North Carolina Press, 1935), 281-284; Ian Breward, "The Significance of William Perkins," *Journal of Religious History* 4 (1966): 116.

10 H. C. Porter, *Reformation and Reaction in Tudor Cambridge* (London: Cambridge University Press, 1958), 260. 포터에 따르면, 1585년부터 1618년 사이에 케임브리지에서 출판된 210권의 책 가운데 오십 권 이상이 퍼킨스의 저서였다. *Reformation and Reaction in Tudor Cambridge*, 264.

11 퍼킨스의 저서에 대한 현대의 판본들로는 Ian Breward, ed., *Work of Perkins*와 더불어, Thomas F. Merrill, ed., *William Perkins, 1558-1602, English Puritanist—His Pioneer Works on Casuistry: "A Discourse of Conscience" and "The Whole Treatise of Cases of Conscience"* (Nieuwkoop: B. DeGraaf, 1966, 이제부터는 *Works on Casuistry*로 부르겠다); William Perkins, *A Commentary Galatians*, ed. Gerald T. Sheppard (New York: Pilgrim Press, 1989); *A Commentary Hebrews 11*, ed. John H. Augustine (New York: Pilgrim Press, 1991); 그리고 *The Art of Prophesying*, ed. Sinclair B. Ferguson (Edinburgh: Banner

of Truth, 1996), (『설교의 기술과 목사의 소명』 부흥과개혁사)를 보라.

12 Munson, "William Perkins: Theologian of Transition," 56-59.

13 Louis B. Wright, "William Perkins: Elizabethan Apostle of 'Practical Divinity,'" *Huntington Library Quarterly* 3, no. 2 (1940): 194; Porter, *Reformation and Reaction in Tudor Cambridge*, 258-260; Samuel Morison, *The Intellectual Life of Colonial New England*, 2nd ed. (New York: New York University Press, 1956), 134; Perry Miller, *Errand into the Wilderness* (Cambridge, MA: Belknap Press, 1956), 57-59.

14 퍼킨스의 저작 목록을 살피려면, Munson, "William Perkins: Theologian of Transition," 231-234; Donald Keith McKim, "Ramism in William Perkins" (PhD diss., University of Pittsburgh, 1980), 335-337를 보라.

15 퍼킨스의 도표를 해설한 글로는 Cornelis Graafland, *Van Calvijn tot Barth: Oorsprong en ontwikkeling van de leer der verkiezing in het Gereformeerd Protestantisme* ('s-Gravenhage: Boekencentrum, 1987), 72-84를 보라.

16 Perkins, "The Order of the Causes of Salvation & Damnation," in *Works*, 1:24, 106.

17 Perkins, "A Treatise of Predestination," in *Works*, 2:620이하; 참조. William Haller, *The Rise of Puritanism* (New York: Columbia University Press, 1938), 130-131; R. T. Kendall, *Calvin and English Calvinism to 1649* (Carlisle, UK: Paternoster, 1997), 67-74.

18 Perkins, "A Treatise of Predestination," in *Works*, 2:608.

19 Perkins, "The Order of the Causes of Salvation & Damnation," in *Works*, 1:77.

20 Perkins, "The Order of the Causes of Salvation & Damnation," in *Works*, 1:78.

21 Perkins, "The Order of the Causes of Salvation & Damnation," in *Works*, 1:79; 참조. 2:13.

22 Perkins, "The Order of the Causes of Salvation & Damnation," in *Works*, 1:79.

23 Munson, "William Perkins: Theologian of Transition," 100.

24 Perkins, "The Order of the Causes of Salvation & Damnation," in *Works*, 1:79-80.

25 Perkins, "An Exposition of the Creed," in *Works*, 1:124.

26 Perkins, "An Exposition of the Creed," in *Works*, 1:124.

27 Perkins, "The Order of the Causes of Salvation & Damnation," in *Works*, 1:79.

28 Perkins, "Cases of Conscience," in *Works*, 2:18.

29 Perkins, "The Order of the Causes of Salvation & Damnation," in *Works*, 1:79-80.

30 Perkins, "The Order of the Causes of Salvation & Damnation," in *Works*, 1:81-82.

31 Perkins, "A *Commentary* the Epistle to the Galatians," in *Works*, 2:204 [갈 2:15-16].

32 *Works on Casuistry*, 106-107.

33 Perkins, "A Treatise of Conscience," in *Works*, 1:541.

34 Victor L. Priebe, "The Covenant Theology of William Perkins" (PhD diss., Drew

University, 1967), 141.

35 Perkins, "The Order of the Causes of Salvation & Damnation," in *Works*, 1:92, 94.

36 Perkins, "The Art of Prophecying," in *Works*, 2:646.

37 Perkins, "The Order of the Causes of Salvation & Damnation," in *Works*, 1:83.

38 *Work of Perkins*, 300에서 인용.

39 Perkins, "The Art of Prophecying," in *Works*, 2:646이하.

40 Perkins, "A Commentary the Epistle to the Galatians," in *Works*, 2:289, 294 [갈 4:16-17].

41 Donald K. McKim, "William Perkins and the Theology of the Covenant," in *Studies of the Church in History*, ed. Horton Davies (Allison Park, PA: Pickwick, 1983), 85-87; Priebe, "Covenant Theology of Perkins"를 보라.

42 Joseph A. Pipa Jr., "William Perkins and the Development of Puritan Preaching" (PhD diss., Westminster Theological Seminary, 1985), 86.

43 Pipa, "William Perkins and the Development of Puritan Preaching," 87-88.

44 Pipa, "William Perkins and the Development of Puritan Preaching," 37-42를 보라.

45 Breward, introduction, *Work of Perkins*, 112.

46 Perkins, "The Art of Prophecying," in *Works*, 2:731-732.

47 Perkins, *Galatians*, 139 [갈 3:1].

48 Perkins, *Galatians*, 4 [갈 1:1].

49 Perkins, *Galatians*, 32 [갈 1:12].

50 Perkins, "The Art of Prophecying," in *Works*, 2:736-749.

51 Perkins, "The Art of Prophecying," in *Works*, 2:737.

52 Perkins, *Galatians*, 397-398 [갈 5:24].

53 Perkins, "The Art of Prophecying," in *Works*, 2:750-751. 이 부분에서 퍼킨스는, 성경 해석에 라무스의 논리 방법론을 활용할 것을 추천한다. 이에 관해서는 Wilbur Samuel Howell, *Logic and Rhetoric in England, 1500-1700* (New York: Russell and Russell, 1961), 206-207를 보라.

54 Perkins, *Galatians*, 397 [갈 5:24].

55 Perkins, *Galatians*, 399 [갈 5:24].

56 Perkins, "The Art of Prophecying," in *Works*, 2:752.

57 Perkins, "The Art of Prophecying," in *Works*, 2:756-758.

58 Perkins, *Galatians*, 397-400 [갈 5:24].

59 Perkins, *Galatians*, 397 [갈 5:24].

60 Perkins, "The Art of Prophecying," *Works*, 2:752-756.

61 Perkins, "The Art of Prophecying," *Works*, 2:754-755.

62 Perkins, *Galatians*, 398-399 [갈 5:24].

63 Perkins, "The Art of Prophecying," in *Works*, 2:758-761.

64 Thomas Goodwin, "Memoir of Thomas Goodwin," in The *Works of Thomas Goodwin, D.D.*, ed. John C. Miller (Edinburgh: James Nichol, 1862), 2:xiii-xiv.

65 Perkins, "The Art of Prophecying," in *Works*, 2:762.

66 Heinrich Heppe, *Geschichte des Pietismus und der Mystik in der reformierten Kirche namentlich in der Niederlande* (Leiden: Brill, 1879), 24-26.

67 Richard Muller, "William Perkins and the Protestant Exegetical Tradition: Interpretation, Style, and Method," in Perkins, *Commentary Hebrews 11*, 72.

68 J. I. Packer, *An Anglican to Remember: William Perkins, Puritan Popularizer* (London: St. Antholin's Lectureship Charity, 1996), 4.

69 Fuller, *Abel Redevivus*, 2:148.

70 Packer, *An Anglican to Remember*, 3.

71 Fuller, *Abel Redevivus*, 2:151.

10장 청교도 설교자들 | 로저스, 십스와 프레스턴

1 Paul R. Schaefer, *The Spiritual Brotherhood: Cambridge Puritans and the Nature of Christian Piety* (Grand Rapids, MI: Reformation Heritage Books, 2011), 6; William Haller, *The Rise of Puritanism: Or, The Way to the New Jerusalem as Set Forth in Pulpit and Press from Thomas Cartwright to John Lilburne and John Milton, 1570-1643* (New York: Columbia University Press, 1947), 49이하.

2 William Ames, preface to Paul Baynes, *The Diocesans Tryall: Wherein All the Sinnewes of Doctor Dovvnhams Defence Are Bought into Three Heads, and Orderly Dissolved* (London: n.p., 1621).

3 로저스에 관해서는, Richard Rogers and Samuel Ward, *Two Elizabethan Puritan Diaries*, ed. M. M. Knappen, Studies in Church History Vol. II (Chicago: American Society of Church History, 1933); Haller, *The Rise of Puritanism*, 35-48; Irvonwy Morgan, *The Godly Preachers of the Elizabethan Church* (London: Epworth, 1965), 116-145, 150-152, 166-174를 보라.

4 Irvonwy Morgan, *Prince Charles's Puritan Chaplain* (London: Allen & Unwin, 1957), 40.

5 Benjamin Brook, *Lives of the Puritans*, 3 vols. (1813; repr., Pittsburgh, PA: Soli Deo Gloria, 1994), 2:233에서 인용.

6 Giles Firmin, *The Real Christian, or A Treatise of Effectual Calling* (London: for Dorman Newman, 1670), 67에서 인용.

7 Richard Rogers, *A Commentary Vpon the Whole Booke of Ivdges* (London: by Felix Kyngston for Thomas Man, 1615). 이 책은 Richard Rogers, *A Commentary on Judges* (Edinburgh: Banner of Truth, 1983)로 재판되었다.

8 Rogers, *A Commentary on Judges*, 655-656 [삿 14:1-4].

9 Rogers, *A Commentary on Judges*, 656 [삿 14:1-4].

10 Rogers, *A Commentary on Judges*, 656 [삿 14:1-4].

11 Rogers, *A Commentary on Judges*, 658-660 [삿 14:1-4].

12 Rogers, *A Commentary on Judges*, 660-661 [삿 14:1-4].

13 Richard Rogers, *Seuen Treatises, Containing Such Direction as Is Gathered Out of the Holie Scriptures, Leading and Guiding to True Happines, Both in This Life, and in the Life to Come: And May Be Called the Practise of Christianitie* (London: by Felix Kyngston, for Thomas Man, 1603).

14 Haller, *The Rise of Puritanism*, 36.

15 Morgan, *The Godly Preachers of the Elizabethan Church*, 129.

16 Rogers and Ward, *Two Elizabethan Puritan Diaries*, 59-60.

17 십스에 관해서는, Bert Affleck, "The Theology of Richard Sibbes, 1577-1635" (PhD diss., Drew University, 1968); Stephen Paul Beck, "The Doctrine of *Gratia Praeparans* in the Soteriology of Richard Sibbes" (PhD diss., Westminster Theological Seminary, 1994); Mark Dever, *Richard Sibbes: Puritanism and Calvinism in Late Elizabethan and Early Stuart England* (Macon, GA: Mercer University Press, 2000); Frank E. Farrell, "Richard Sibbes: A Study in Early Seventeenth Century English Puritanism" (PhD diss., University of Edinburgh, 1955); Tae-Hyeun Park, *The Sacred Rhetoric of the Holy Spirit: A Study of Puritan Preaching in a Pneumatological Perspective* (Apeldoorn: Theologische Universiteit Apeldoorn, 2005); Harry Lee Poe, "Evangelistic Fervency among the Puritans in Stuart England, 1603-1688" (PhD diss., Southern Baptist Theological Seminary, 1982); Sidney H. Rooy, *The Theology of Missions in the Puritan Tradition: A Study of Representative Puritans, Richard Sibbes, Richard Baxter, John Eliot, Cotton Mather, and Jonathan Edwards* (Grand Rapids, MI: Eerdmans, 1965); Schaefer, *The Spiritual Brotherhood*; Harold Patton Shelly, "Richard Sibbes: Early Stuart Preacher of Piety" (PhD diss., Temple University, 1972); Beth E. Tumbleson, "The Bride and Bridegroom in the Work of Richard Sibbes, English Puritan" (MA thesis, Trinity Evangelical Divinity School, 1984); Cary N. Weisiger, "The Doctrine of the Holy Spirit in the Preaching of Richard Sibbes" (PhD diss., Fuller Theological Seminary, 1984);

Chong-ch'on Won, "Communion with Christ: An Exposition and Comparison of the Doctrine of Union and Communion with Christ in Calvin and the English Puritans" (PhD diss., Westminster Theological Seminary, 1989)를 보라.

18 월턴은 자신이 소장한 십스의 저서 *The Returning Backslider*의 여백에 이렇게 적어 두었다. (『돌아오는 배역자』 지평서원), Stephen Martin, *Izaak Walton and His Friends* (London: Chapman & Hall, 1903), 174.

19 Dever, *Richard Sibbes*, 143.

20 Richard Sibbes, "The Fountain Opened," in *The Works of Richard Sibbes* (Edinburgh: Banner of Truth, 2001), 5:505-506, 이제부터는 이 출처를 *Works*로 부르겠다.

21 Dever, *Richard Sibbes*, 129. 이 인용문의 괄호 안에 삽입된 것은 십스의 *Works*에 대한 참조 표시다. 이 표시들은 데버의 책에 실린 각주들에서 가져왔다.

22 Dever, *Richard Sibbes*, 155-156.

23 David Masson, *The Life of John Milton* (Cambridge: Macmillan and Co., 1859), 1:478.

24 Haller, *The Rise of Puritanism*, 152.

25 이 단락의 일부 내용은 다음의 글을 수정한 것이다. Joel Beeke, "Puritan Preachers: Richard Sibbes," *Meet the Puritans*, June 9, 2017, http://www.meetthepuritans.com/blog/puritan-preachers-richard-sibbes. 이 내용의 활용에 관해서는 허락을 받았다.

26 Weisiger, "Doctrine of the Holy Spirit," 166-167.

27 Sibbes, "The Fountain Opened," in *Works*, 5:504.

28 Sibbes, "The Fountain Opened," in *Works*, 5:514.

29 15세기와 16세기에는 스페인과 포르투갈이 세계 탐험을 주도했다. 잉글랜드에서 배로 세계를 일주한 최초의 인물은 프랜시스 드레이크(Francis Drake, 1540-1596년경)였으며, 그는 1577-1580년 사이에 이 일을 이루어냈다. 월터 롤리(Walter Raleigh, 1554-1618년경)는 1584년부터 북미 대륙에 잉글랜드의 첫 식민지를 세우려고 시도했지만 실패로 끝났다. 그러나 1607년에는 버지니아 회사에서 이 대륙에 제임스타운 식민지를 건설했고, 1617년에는 영국의 상인들이 인도의 통치자들을 상대로 무역권을 획득했다. 또 1620년에는 필그림들(the Pilgrims)이 뉴잉글랜드 지역에 도착했으며, 1630년에는 청교도들이 매사추세츠 지역에 도착했다.

30 Sibbes, "The Fountain Opened," in *Works*, 5:512.

31 Sibbes, "The Fountain Opened," in *Works*, 5:513.

32 Sibbes, "The Fountain Opened," in *Works*, 5:505.

33 Sibbes, "The Fountain Opened," in *Works*, 5:509-510.

34 Sibbes, "The Fountain Opened," in *Works*, 5:505.

35 이 비유적인 표현의 성경적 배경을 살피려면 요한복음 3:29, 고린도후서 11:2을 보라.

36 Sibbes, "The Fountain Opened," in *Works*, 5:514.

37 Sibbes, "The Fountain Opened," in *Works*, 5:506.

38 Sibbes, "The Fountain Opened," in *Works*, 5:506.

39 Sibbes, "Exposition of Philippians Chapter III," in *Works*, 5:126.

40 Sibbes, "The Fountain Opened," in *Works*, 5:507.

41 Sibbes, "The Fountain Opened," in *Works*, 5:514.

42 Sibbes, "The Fountain Opened," in *Works*, 5:508.

43 Sibbes, "The Fountain Opened," in *Works*, 5:507.

44 프레스턴에 관해서는, Thomas Ball, *The Life of the Renowned Doctor Preston*, ed. E. W. Harcourt (London: Parker and Co., 1885); Jonathan Moore, *English Hypothetical Universalism: John Preston and the Softening of Reformed Theology* (Grand Rapids, MI: Eerdmans, 2007); Irvonwy Morgan, *Puritan Spirituality: Illustrated from the Life and Times of the Rev. Dr. John Preston* (London: Epworth, 1973); Morgan, *Prince Charles's Puritan Chaplain; Schaefer, The Spiritual Brotherhood*; Young Jae Timothy Song, *Theology and Piety in the Reformed Federal Thought of William Perkins and John Preston* (Lewiston, NY: Edwin Mellen Press, 1998); James F. Veninga, "Covenant Theology and Ethics in the Thought of John Calvin and John Preston" (PhD diss., Rice University, 1974)을 보라.

45 Morgan, *Prince Charles's Puritan Chaplain*, 44-45.

46 Morgan, *Prince Charles's Puritan Chaplain*, 39에서 인용.

47 John Preston, *The Breast-Plate of Faith and Love* (Edinburgh: Banner of Truth, 1979), 1:70. 이것은 이 책의 1634년판을 복제한 판본이다.

48 Hughes Oliphant Old, *The Reading and Preaching of the Scriptures in the Worship of the Christian Church, Volume 4: The Age of the Reformation* (Grand Rapids, MI: Eerdmans, 1998), 284.

49 Old, *Reading and Preaching of the Scriptures*, 4:280-286.

50 Preston, *The Breast-Plate of Faith and Love*, 1:1-117, 특히 2, 31, 99를 보라.

51 Preston, *The Breast-Plate of Faith and Love*, 1:2-22.

52 Preston, *The Breast-Plate of Faith and Love*, 1:22-30.

53 Old, *Reading and Preaching of the Scriptures*, 4:281.

54 Morgan, *Puritan Spirituality*, 12-14.

55 Morgan, *Puritan Spirituality*, 13-14. 여기서 "기질"(humor)은 아마 체액의 불균형 상태를 가리킬 것이다. 당대의 의학에서는 이런 불균형 상태 때문에 우울질과 담즙질, 점액질과 다혈질의 네 기질이 생겨난다고 믿었다.

56 Morgan, *Puritan Spirituality*, 14.

57 John Preston, *Riches of Mercy to Men in Misery, or Certain Excellent Treatises*

Concerning the Dignity and Duty of God's Children (London: J. T., 1658), 303.

58 Morgan, *Puritan Spirituality*, 14-15.

59 Preston, *The Breast-Plate of Faith and Love*, 1:163.

11장 웨스트민스터 총회의 공예배 지침서와 설교

1 이 문서들은 모두 아래의 책에서 찾아볼 수 있다. *Westminster Confession of Faith* (Glasgow: Free Presbyterian Publications, 1994). 또한 이 책에는, 웨스트민스터 총회와 관련이 있지만 그 총회에서 작성하지는 않은 다른 문서들도 수록되어 있다. 이를테면 스코틀랜드 교회의 가정예배 지침서(the Scottish Directory for Family Worship)가 그런 경우이다. 이 가정예배 지침서보다 앞선 것으로는 저자 미상의 *Familie Exercise, or The Service of God in Families* (Edinburgh: Robert Bryson, 1641)가 있는데, 그 저자는 아마 알렉산더 헨더슨이었던 것으로 보인다. 이 지침서는 1647년 스코틀랜드 교회에 의해 채택되었다. 그리고 공예배 지침서와 가정예배 지침서는 모두, 미국 장로교의 예배 지침서(the American Presbyterian Directory for Worship, 1788)를 위한 토대가 되었다. Stanley R. Hall, "The American Presbyterian 'Directory for Worship': History of a Liturgical Strategy" (PhD diss., University of Notre Dame, 1990), 80-83를 보라.

2 Benjamin B. Warfield, *The Significance of the Westminster Standards as a Creed* (New York: Scribner, 1898), 36.

3 공예배 지침서에 관해서는, Ian Breward, ed., *The Westminster Directory: Being a Directory for the Publique Worship of God in the Three Kingdomes* (Bramcote, UK: Grove Books, 1980); J. A. Caiger, "Preaching—Puritan and Reformed," in *Puritan Papers: Volume Two, 1960-1962*, ed. J. I. Packer (Phillipsburg, NJ: P&R, 2001); Alan Clifford, "The Westminster Directory of Public Worship (1645)," in *The Reformation of Worship* (N.p.: Westminster Conference, 1989), 53-75; Mark Dever and Sinclair B. Ferguson, *The Westminster Directory of Public Worship* (Fearn, Ross-shire, Scotland: Christian Heritage, 2008); Hall, "The American Presbyterian 'Directory for Worship,'" 31-80; "The Westminster Directory and Reform of Worship," in *Calvin Studies VIII: The Westminster Confession in Current Thought*, ed. John H. Leith, Colloquium on Calvin Studies (Davidson, NC: Davidson College, 1996), 91-105; Thomas Leishman, *The Westminster Directory*. Edited, with an Introduction and Notes by T. Leishman (Edinburgh: Blackwood and Sons, 1901); Frederick W. McNally, "The Westminster Directory: Its Origin and Significance" (PhD diss., University of Edinburgh, 1958); Richard A. Muller and Rowland S. Ward, *Scripture and Worship:*

Biblical Interpretation and the Directory for Public Worship (Phillipsburg, NJ: P&R, 2007); Iain H. Murray, "The Directory for Public Worship," in *To Glorify and Enjoy God: A Commemoration of the 350th Anniversary of the Westminster Assembly*, ed. John L. Carson and David W. Hall (Edinburgh: Banner of Truth, 1994), 169-191를 보라.

4 그런데 역사적 관점에서 볼 때 더욱 중요한 것은, 이 문서가 스코틀랜드 교회의 예배 지침으로 채택되었으며 이를 통해 이후 전 세계로 퍼져 나가게 되었다는 점이다.

5 Muller and Ward, *Scripture and Worship*, 90-92.

6 Hall, "The Westminster Directory and Reform of Worship," 91.

7 Murray, "The Directory for Public Worship," 172.

8 "The Directory for the Public Worship of God," in *Westminster Confession of Faith*, 374; 이에 관해 Murray, "The Directory for Public Worship," 176-178; Muller and Ward, "Scripture and Worship," 96-98를 보라.

9 "Confession of Faith," in *Westminster Confession of Faith*, 89-90. 신앙고백서에서는 이 조항에 관해 신명기 12:32과 마태복음 15:9, 사도행전 17:25과 마태복음 4:9, 신명기 4:15-20과 출애굽기 20:4-6, 골로새서 2:23을 인용한다.

10 Hall, "The Westminster Directory and Reform of Worship," 98.

11 홀에 따르면, 이때 낭독된 성경 본문들은 설교 본문과는 별개의 것이었다. 이는 아마도 당시의 예배에서 성경 낭독을 설교와는 구별되는 예식으로 여겼기 때문일 것이다. Hall, "The Westminster Directory and Reform of Worship," 98.

12 "The Directory for the Public Worship of God," in *Westminster Confession of Faith*, 376-378.

13 "The Directory for the Public Worship of God," in *Westminster Confession of Faith*, 378-379.

14 "The Directory for the Public Worship of God," in *Westminster Confession of Faith*, 379, 로마서 1:16, 디모데후서 2:15, 디모데전서 4:16을 보라.

15 "The Directory for the Public Worship of God," in *Westminster Confession of Faith*, 379-381. 앞으로 공예배 지침서의 설교 항목에서 인용할 모든 글은 이 세 페이지에 속한 것들이다.

16 Caiger, "Preaching—Puritan and Reformed," 167.

17 "The Form of Presbyterial Church Government," in *Westminster Confession of Faith*, 413.

18 라틴어는 1066년부터 1733년까지 잉글랜드의 정부 문서에서 사용된 공식 언어였다.

19 "The Form of Presbyterial Church Government," in *Westminster Confession of Faith*, 414.

20 Caiger, "Preaching—Puritan and Reformed," 168.

21 히브리서 4:12을 보라.

22 Dever, "Preaching Like the Puritans," in *Westminster Directory of Public Worship*, 45.

23 Ferguson, "Puritans: Ministers of the World," in *Wtminster Directory of Public Worship*, 29.

24 Ferguson, "Puritans: Ministers of the World," in *Wtminster Directory of Public Worship*, 27.

25 고린도전서 1:17; 2:1-5을 보라.

26 Joseph A. Pipa Jr., "William Perkins and the Development of Puritan Preaching" (PhD diss., Westminster Theological Seminary, 1985), 203-205.

27 "The Larger Catechism," in *Westminster Confession of Faith*, 198-199.

28 "The Form of Presbyterial Church Government," in *Westminster Confession of Faith*, 401-402.

29 "The Shorter Catechism," in *Westminster Confession of Faith*, 312, 강조점은 내가 덧붙였다.

30 "The Larger Catechism," in *Westminster Confession of Faith*, 253.

12장 청교도 설교자들 | 굿윈과 셰퍼드

1 Oliver Heywood, "Life of Rev. J. Angier," in *The Whole Works of the Rev. Oliver Heywood* (Edinburgh: by John Vint for F. Westley, et al., 1827), 1:521에서 인용.

2 Sidrach Simpson, "To the Reader," in John Rogers, *A Godly and Fruitful Exposition Upon All the First Epistle of Peter* (London: by John Field, 1650).

3 John Howe, "The Principles of the Oracles of God," in *The Works of the Rev. John Howe* (New York: John P. Haven, 1838), 2:1085.

4 굿윈에 관해서는, Paul Blackham, "The Pneumatology of Thomas Goodwin" (PhD diss., University of London, 1995); John Brown, *Puritan Preaching in England: A Study of Past and Present* (New York: C. Scribner's Sons, 1900); Paul E. Brown, "The Principle of the Covenant in the Theology of Thomas Goodwin" (PhD diss., Drew University, 1950); Choon-Gill Chae, "Thomas Goodwin's Doctrine of the Sealing of the Holy Spirit: Historical, Biblical, and Systematic Theological Analysis" (ThM thesis, Toronto Baptist Seminary, 2010); Gordon D. Crompton, "The Life and Theology of Thomas Goodwin, D.D." (ThM thesis, Greenville Theological Seminary, 1997); Stanley Fienberg, "Thomas Goodwin: Puritan Pastor and Independent Divine" (PhD diss., University of Chicago,

1974); Michael Scott Horton, "Christ Set Forth: Thomas Goodwin and the Puritan Doctrine of Assurance, 1600-1680" (PhD diss., Wycliffe Hall, Oxford and Coventry College, 1996); Mark Jones, "Why Heaven Kissed Earth: The Christology of Thomas Goodwin (1600-1680)" (PhD diss., University of Leiden, 2009); Thomas M. Lawrence, *Transmission and Transformation: Thomas Goodwin and the Puritan Project, 1600-1704* (Cambridge: University of Cambridge, 2002); Alexander McNally, "Some Aspects of Thomas Goodwin's Doctrine of Assurance" (ThM thesis, Westminster Theological Seminary, 1972); Harry Lee Poe, "Evangelistic Fervency among the Puritans in Stuart England, 1603-1688" (PhD diss., Southern Baptist Theological Seminary, 1982); Alexander Whyte, *The Spiritual Life: The Teaching of Thomas Goodwin as Received and Reissued* (London: Oliphants, 1918); Chong-ch'on Won, "Communion with Christ: An Exposition and Comparison of the Doctrine of Union and Communion with Christ in Calvin and the English Puritans" (PhD diss., Westminster Theological Seminary, 1989)를 보라.

5 George C. Brodrick, *A History of the University of Oxford* (London: Longmans, Green, and Co., 1886), 150에서 인용.

6 J. B Williams and Matthew Henry, *The Lives of Philip and Matthew Henry* (Edinburgh: Banner of Truth, 1974), 1:19.

7 Thomas Goodwin, "Memoir of Thomas Goodwin, D.D.," in *The Works of Thomas Goodwin* (Grand Rapids, MI: Reformation Heritage Books, 2006), 2:lxxiv, 이후로는 이 출처를 *Works*로 부르겠다.

8 Goodwin, "Exposition of the First Chapter of the Epistle to the Ephesians," in *Works*, vol. 1.

9 Hughes Oliphant Old, *The Reading and Preaching of the Scriptures in the Worship of the Christian Church, Volume 4: The Age of the Reformation* (Grand Rapids, MI: Eerdmans, 1998), 288.

10 Goodwin, "The Heart of Christ in Heaven to Sinners on Earth," in *Works*, 4:93-150. 이 부분의 내용은 Joel R. Beeke, "Thomas Goodwin on Christ's Beautiful Heart," in *The Beauty and Glory of Christ* (Grand Rapids, MI: Reformation Heritage Books, 2011), 141-147를 수정한 것이다.

11 Brown, *Puritan Preaching in England*, 107-108.

12 Goodwin, "The Heart of Christ in Heaven," in *Works*, 4:112.

13 Goodwin, "The Heart of Christ in Heaven," in *Works*, 4:95.

14 Goodwin, "The Heart of Christ in Heaven," in *Works*, 4:111-112.

15 Goodwin, "The Heart of Christ in Heaven," in *Works*, 4:149.

16 Goodwin, "The Heart of Christ in Heaven," in *Works*, 4:141.

17 Goodwin, "The Heart of Christ in Heaven," in *Works*, 4:141-142.

18 Goodwin, "The Heart of Christ in Heaven," in *Works*, 4:149.

19 Goodwin, "The Heart of Christ in Heaven," in *Works*, 4:112-113.

20 Goodwin, "The Heart of Christ in Heaven," in *Works*, 4:143-146.

21 Crompton, "The Life and Theology of Thomas Goodwin, D.D.," 299.

22 Goodwin, "The Heart of Christ in Heaven," in *Works*, 4:96-97.

23 Goodwin, "The Heart of Christ in Heaven," in *Works*, 4:98-103.

24 Goodwin, "The Heart of Christ in Heaven," in *Works*, 4:104-105.

25 Goodwin, "The Heart of Christ in Heaven," in *Works*, 4:106.

26 Goodwin, "The Heart of Christ in Heaven," in *Works*, 4:107-108.

27 Goodwin, "The Heart of Christ in Heaven," in *Works*, 4:108.

28 Goodwin, "The Heart of Christ in Heaven," in *Works*, 4:109.

29 셰퍼드에 관해서는, John A. Albro, *The Life of Thomas Shepard* (Boston: Massachusetts Sabbath School Society, 1847); Richard A. Hasler, "Thomas Shepard, Pastor-Evangelist (1605-1649): A Study in the New England Puritan Ministry" (PhD diss., Hartford Seminary, 1964); Richard A. Humphrey, "The Concept of Conversion in the Theology of Thomas Shepard (1605-1649)" (PhD diss., Drew University, 1967); James William Jones, "The Beginnings of American Theology: John Cotton, Thomas Hooker, Thomas Shepard and Peter Bulkeley" (PhD diss., Brown University, 1970); Doris G. Marquit, "Thomas Shepard: The Formation of a Puritan Identity" (PhD diss., University of Minnesota, 1978); Michael McGiffert, ed., *God's Plot: Puritan Spirituality in Thomas Shepard's Cambridge*, rev. ed. (Amherst: University of Massachusetts Press, 1994); Urian Oakes, *An Elegie Upon the Death of the Reverend Mr. Thomas Shepard* (Aiken, SC: W. L. Washburn, 1902); William K. B. Stoever, *A Faire and Easie Way to Heaven: Covenant Theology and Antinomianism in Early Massachusetts* (Middletown, CT: Wesleyan University Press, 1978); Alexander Whyte, *Thomas Shepard, Pilgrim Father and Founder of Harvard: His Spiritual Experience and Experimental Preaching* (Grand Rapids, MI: Reformation Heritage Books, 2007)을 보라.

30 Shepard, "Autobiography," in McGiffert, *God's Plot*, 49.

31 Jonathan Edwards, *The Works of Jonathan Edwards*, vol. 2, *Religious Affections*, ed. John E. Smith (New Haven, CT: Yale University Press, 1959)의 서론 부분, 54.

32 Thomas Shepard, *The Works of Thomas Shepard*, 3 vols. (New York: AMS Press, 1967).

33 이 세 논문은 모두 솔리 데오 글로리아(Soli Deo Gloria) 출판사에 의해 다시 출간되었다.

34 McGiffert, *God's Plot*, 149-225.

35 Shepard, "The Sincere Convert," in *Works*, 1:68.

36 Shepard, "The Sincere Convert," in *Works*, 1:8.

37 Phyllis M. Jones and Nicholas R. Jones, eds., *Salvation in New England: Selections from the Sermons of the First Preachers* (Austin: University of Texas Press, 1977), 61.

38 Shepard, "The Sincere Convert," in *Works*, 1:68.

39 Shepard, "The Sound Believer," in *Works*, 1:115-284.

40 Giles Firmin, *The Real Christian, or A Treatise of Effectual Calling* (London: for Dorman Newman, 1670).

41 Shepard, "The Sincere Convert," in *Works*, 1:89.

42 Shepard, "The Sincere Convert," in *Works*, 1:89-90.

43 Shepard, "The Sincere Convert," in *Works*, 1:90.

44 Shepard, "The Sincere Convert," in *Works*, 1:91.

45 Shepard, "The Sincere Convert," in *Works*, 1:91-92.

46 Shepard, "The Sincere Convert," in *Works*, 1:92.

47 Shepard, "The Sincere Convert," in *Works*, 1:92.

48 Shepard, "The Sincere Convert," in *Works*, 1:92.

49 Shepard, "The Sincere Convert," in *Works*, 1:92-93.

50 Shepard, "The Sincere Convert," in *Works*, 1:93.

51 Shepard, "The Sincere Convert," in *Works*, 1:93.

52 Shepard, "The Sincere Convert," in *Works*, 1:9-17, 46-52; "The Sound Believer," in *Works*, 1:190-274.

53 Goodwin, "An Unregenerate Man's Guiltiness before God," in *Works*, vol. 10.

13장 청교도 설교자들 | 버니언

1 이 장의 내용은 Joel R. Beeke and Mark Jones, *A Puritan Theology: Doctrine for Life* (Grand Rapids, MI: Reformation Heritage Books, 2012)의 43장, 711-724에 실린 논의를 수정한 것이다. 여기서는 출판사 측의 허락을 받고 그 논의를 활용했다. *Not by Might nor by Power* (London: Westminster Conference, 1989), 32-51에는 존 해리스가 1988년의 웨스트민스터 컨퍼런스에서 발표한 논문 "Moving the Heart: the Preaching of John Bunyan"이 실려 있으며, 나는 그 글에서 몇 가지 유용한 생각과 인용문을 얻었다. 또한 내 연구를 도와 준 카일 보그에게도 감사를 표한다.

2 John Bunyan, *A Treatise of the Fear of God, in The Works of John Bunyan*, ed. George Offor (1854; repr., Edinburgh: Banner of Truth, 1991), 1:437-438, 이후로는 이 출

처를 *Works*로 부르겠다.

3 John Bunyan, *Saved by Grace*, in *Works*, 1:350.

4 데이비드 고든(T. David Gordon)은 자신이 보기에 개혁파 교회에서 안수 받은 목회자 중 평범한 수준의 설교라도 전할 줄 아는 이는 30퍼센트 미만에 불과하다고 언급한 바 있다. *Why Johnny Can't Preach* (Phillipsburg, NJ: P&R, 2009), 11. (『우리 목사님은 왜 설교를 못할까』 홍성사)

5 Arnold Dallimore, *George Whitefield: The Life and Times of the Great Evangelist of the 18th Century Revival* (Edinburgh: Banner of Truth, 2009), 1:16. (『조지 윗필드』 복 있는 사람)

6 Andrew Thomson, "Life of Dr. Owen," in *The Works of John Owen*, ed. William H. Goold (1850-1853; repr., Edinburgh: Banner of Truth, 1965-1968), 1:xcii.

7 Bunyan, *Grace Abounding to the Chief of Sinners*, in Works, 1:42. (『죄인의 괴수에게 넘치는 은혜』 크리스천다이제스트), 참조. Christopher Hill, *A Tinker and a Poor Man: John Bunyan and His Church, 1628-1688* (New York: Knopf, 1989), 103-104.

8 Ola Winslow, *John Bunyan* (New York: MacMillan, 1961), 75.

9 Anne Arnott, *He Shall with Giants Fight* (Eastbourne, UK: Kingsway, 1985), 67.

10 Gordon Wakefield, *Bunyan the Christian* (London: HarperCollins, 1992), 32.

11 Bunyan, *The Pilgrim's Progress……The Second Part*, in *Works*, 3:198.

12 Bunyan, *The Water of Life*, in *Works*, 3:546, 강조점은 원래의 것이다.

13 Bunyan, *Christian Behaviour*, in *Works*, 2:551.

14 Hill, *A Tinker and a Poor Man*, 106-107.

15 Hill, *A Tinker and a Poor Man*, 108에서 인용.

16 Bunyan, "A Relation of the Imprisonment of Mr. John Bunyan," in *Works*, 1:61에서 인용.

17 Bunyan, "A Relation of the Imprisonment of Mr. John Bunyan," in *Works*, 1:57, 59.

18 Bunyan, "A Relation of the Imprisonment of Mr. John Bunyan," in *Works*, 1:50.

19 Bunyan, "A Relation of the Imprisonment of Mr. John Bunyan," in *Works*, 1:57.

20 Bunyan, *Grace Abounding*, in *Works*, 1:42.

21 Bunyan, *Grace Abounding*, in *Works*, 1:41.

22 Hill, *A Tinker and a Poor Man*, 109에서 인용.

23 George Offor, "Memoir of John Bunyan," in Bunyan, *Works*, 1:lix.

24 Bunyan, *Pilgrim's Progress*, in *Works*, 3:140.

25 Bunyan, *Grace Abounding*, in *Works*, 1:48.

26 Robert Southey, "A Life of John Bunyan," in John Bunyan, *Pilgrim's Progress* (London: John Murray and John Major, 1830), lxxiii.

27 Bunyan, "Some Gospel Truths Opened," in *Works*, 2:141.

28 Bunyan, *Pilgrim's Progress*, in *Works*, 3:98.

29 Wakefield, *Bunyan the Christian*, 34. 중상은 경멸의 어조로 상대방을 비난하는 일을 가리킨다.

30 Bunyan, *Grace Abounding*, in *Works*, 1:43.

31 Bunyan, *Grace Abounding*, in *Works*, 1:43.

32 Bunyan, "The Greatness of the Soul and Unspeakable of the Loss Thereof," in *Works*, 1:105.

33 Hill, *A Tinker and a Poor Man*, 104-105.

34 이 단락의 내용은 Joel R. Beeke and Paul M. Smalley, *John Bunyan and the Grace of Fearing God* (Phillipsburg, NJ: P&R, 2016), 102-115의 논의를 요약하고 수정한 것이다. 여기서는 출판사 측의 허락을 받고 그 논의를 활용했다.

35 Bunyan, "A Few Sighs from Hell, Or, The Groans of a Damned Soul," in *Works*, 3:707.

36 Bunyan, "A Confession of My Faith," in *Works*, 2:601.

37 Bunyan, "A Few Sighs from Hell," in *Works*, 3:720.

38 Bunyan, *Treatise on the Fear of God*, in *Works*, 1:443.

39 Bunyan, "The Holy City," in *Works*, 3:417.

40 Bunyan, *Treatise on the Fear of God*, in *Works*, 1:443.

41 Bunyan, "Instruction for the Ignorant," in *Works*, 2:683.

42 Bunyan, *Treatise on the Fear of God*, in *Works*, 1:485.

43 Bunyan, "Christian Behaviour," in *Works*, 2:554.

44 Bunyan, "Some Gospel Truths Opened," in *Works*, 2:136; "A Few Sighs from Hell," in *Works*, 3:710.

45 Bunyan, "Exposition on……Genesis," in *Works*, 2:482.

46 Bunyan, *The Doctrine of the Law and Grace Unfolded*, in *Works*, 1:562.

47 Bunyan, "The Jerusalem Sinner Saved: Or, Good News for the Vilest of Men," in *Works*, 1:69.

48 Bunyan, "A Confession of My Faith," in *Works*, 2:601.

49 Bunyan, *Treatise on the Fear of God*, in *Works*, 1:444.

50 Bunyan, *Treatise on the Fear of God*, in *Works*, 1:444.

51 Bunyan, *The Pilgrim's Progress……The Second Part*, in *Works*, 3:203.

52 Bunyan, *The Pilgrim's Progress*, in *Works*, 3:143-145.

53 Bunyan, *Grace Abounding*, in *Works*, 1:44-45.

54 Bunyan, *Grace Abounding*, in *Works*, 1:45.

55 Bunyan, *Grace Abounding*, in *Works*, 1:42.

56 Bunyan, *Grace Abounding*, in *Works*, 1:6.

57 Bunyan, *Grace Abounding*, in *Works*, 1:6.

58 Bunyan, *Grace Abounding*, in *Works*, 1:8-9.

59 Bunyan, *Grace Abounding*, in *Works*, 1:9.

60 Bunyan, *Grace Abounding*, in *Works*, 1:10.

61 Bunyan, *Grace Abounding*, in *Works*, 1:10.

62 Bunyan, *Grace Abounding*, in *Works*, 1:11.

63 Bunyan, *Grace Abounding*, in *Works*, 1:42.

64 Bunyan, *Grace Abounding*, in *Works*, 1:12.

65 Bunyan, *Grace Abounding*, in *Works*, 1:13.

66 Bunyan, *Grace Abounding*, in *Works*, 1:19.

67 Bunyan, *Grace Abounding*, in *Works*, 1:19.

68 Bunyan, *Grace Abounding*, in *Works*, 1:22.

69 Bunyan, *Grace Abounding*, in *Works*, 1:36.

70 Bunyan, "The Acceptable Sacrifice," in *Works*, 1:719.

71 Bunyan, *The Holy War*, in *Works*, 3:299. (『거룩한 전쟁』 크리스천다이제스트)

72 Bunyan, "The Greatness of the Soul," in *Works*, 1:108.

73 버니언의 작품 가운데 설교문으로 분류된 것은 한 편뿐이다. 하지만 그의 다른 많은 글 역시 설교문을 재구성한 것이거나, 적어도 그 속에 버니언 자신의 설교 방식이 담겨 있다고 볼 수 있다. 그러므로 나는 버니언의 설교 방식에 관한 결론을 이끌어 낼 때 그의 여러 글을 자유롭게 참조했다.

74 Winslow, *John Bunyan*, 75.

75 Bunyan, *Grace Abounding*, in *Works*, 1:42.

76 John Brown, *Puritan Preaching in England* (London: Hodder & Stoughton, 1900), 149.

77 Wakefield, *Bunyan the Christian*, 38-39.

78 Bunyan, "The Jerusalem Sinner Saved," in *Works*, 1:71-72.

79 Bunyan, *Grace Abounding*, in *Works*, 1:41.

80 Bunyan, "The Strait Gate," in *Works*, 1:386.

81 Bunyan, "Come and Welcome to Jesus Christ," in *Works*, 1:296.

82 Bunyan, "A Few Sighs from Hell," in *Works*, 3:702.

83 Bunyan, "The Jerusalem Sinner Saved," in *Works*, 1:96.

84 Bunyan, "The Law and Grace Unfolded," in *Works*, 1:572.

85 Bunyan, *Grace Abounding*, in *Works*, 1:42.

86 Bunyan, "The Greatness of the Soul," in *Works*, 1:124.

87 Bunyan, "The Barren Fig Tree," in *Works*, 3:579-580.

88 Erroll Hulse, *The Believer's Experience* (Haywards Heath, Sussex, UK: Carey, 1977), 64.

89 Bunyan, "The Saint's Privilege and Profit," in *Works*, 1:647.

90 Bunyan, "Come and Welcome," in *Works*, 1:263.

91 Bunyan, *Grace Abounding*, in *Works*, 1:42.

92 Bunyan, "The Jerusalem Sinner Saved," in *Works*, 1:89.

93 Austin Kennedy DeBlois, "England's Greatest Protestant Preacher," in *John Bunyan, the Man* (Philadelphia: Judson, 1928), 156-157.

94 Bunyan, "Saved by Grace," in *Works*, 1:346.

95 Robert Alan Richey, "The Puritan Doctrine of Sanctification: Constructions of the Saints' Final and Complete Perseverance as Mirrored in Bunyan's *The Pilgrim's Progress*" (ThD diss., Mid-America Baptist Theological Seminary, 1990)를 보라.

96 Bunyan, *Grace Abounding*, in *Works*, 1:42, DeBlois, "England's Greatest Protestant Preacher," 158에서 인용.

97 William Perkins, *The Art of Prophesying* (Edinburgh: Banner of Truth, 2002), 79.

98 Bunyan, "Saved by Grace," in *Works*, 1:341-342.

99 Bunyan, "Saved by Grace," in *Works*, 1:346.

100 Bunyan, "Saved by Grace," in *Works*, 1:342.

101 Arnott, *He Shall with Giants Fight*, 69.

102 Harris, "Moving the Heart: the Preaching of John Bunyan," 50.

103 Charles H. Spurgeon, *Lectures to My Students* (Pasadena, TX: Pilgrim Publications, 1990), 1:83. (『목회자 후보생들에게』 크리스천다이제스트)

14장 네덜란드의 '진전된 종교개혁' 서론

1 네덜란드의 '진전된 종교개혁' 운동을 더 자세히 다룬 글로는 Joel R. Beeke, *The Quest for Full Assurance: The Legacy of Calvin and His Successors* (Edinburgh: Banner of Truth, 1999), 286-309에 실린 부록을 보라.

2 이 단락의 일부분은 "Introduction to the Dutch Further Reformation," in Joel R. Beeke and Randall J. Pederson, *Meet the Puritans: With a Guide to Modern Reprints* (Grand Rapids, MI: Reformation Heritage Books, 2006), 741-744의 내용을 수정한 것이다. (『청교도를 만나다』 부흥과개혁사)

3 C. Graafland, W. J. op 't Hof, and F. A. van Lieberg, "Nadere Reformatie: opnieuw een poging tot begripsbepaling," in *Documentatieblad Nadere Reformatie* 19 (1995): 108. 이 단락의 영어 번역문은 Bartel Elshout, *The Pastoral and Practical Theology of*

Wilhelmus à Brakel (Grand Rapids, MI: Reformation Heritage Books, 1997), 9에서 가져왔다.

4 Keith L. Sprunger, *Dutch Puritanism: A History of English and Scottish Churches of the Netherlands in the Sixteenth and Seventeenth Centuries* (Leiden: Brill, 1982).

5 Willem Jan op't Hof, *Engelse pietistische geschriften in het Nederlands* (Rotterdam: Lindenberg, 1993), 636-637, 640, 645.

6 Jonathan N. Gerstner, *The Thousand Generation Covenant: Dutch Reformed Covenant Theology and Group Identity in Colonial South Africa* (Leiden: Brill, 1991), 77-78.

7 Godefridus Udemans, *The Practice of Faith, Hope, and Love*, ed. Joel R. Beeke, trans. Annemie Godbehere (Grand Rapids, MI: Reformation Heritage Books, 2012); Guilelmus Saldenus and Wilhelmus à Brakel, *In Remembrance of Him: Profiting from the Lord's Supper*, ed. James A. De Jong, trans. Bartel Elshout (Grand Rapids, MI: Reformation Heritage Books, 2012); Jodocus van Lodensteyn, *A Spiritual Appeal to Christ's Bride*, ed. Joel R. Beeke, trans. Bartel Elshout (Grand Rapids, MI: Reformation Heritage Books, 2010); Wilhelmus Schortinghuis, *Essential Truths in the Heart of a Christian*, ed. James A. De Jong, trans. Harry Boonstra and Gerrit W. Sheeres (Grand Rapids, MI: Reformation Heritage Books, 2009); Jean Taffin, *The Marks of God's Children*, ed. James A. De Jong, trans. Peter Y. De Jong (Grand Rapids, MI: Baker Academic, 2003), (『너를 내 손바닥에 새겼고』 두란노); Willem Teellinck, *The Path of True Godliness* (Grand Rapids, MI: Baker Academic, 2003), (『나의 길 오직 그가 아시나니』 두란노), Gisbertus Voetius and Johannes Hoornbeeck, *Spiritual Desertion*, ed. M. Eugene Osterhaven, trans. John Vriend and Harry Boonstra (Grand Rapids, MI: Baker Academic, 2003), (『내 영이 주를 갈망하며』 두란노), Jacobus Koelman, *The Duties of Parents*, ed. M. Eugene Osterhaven, trans. John Vriend (Grand Rapids, MI: Baker Academic, 2003), (『주의 사랑과 훈계로』 두란노)

8 Wilhelmus à Brakel, *The Christian's Reasonable Service*, 4 vols., ed. Joel R. Beeke, trans. Bartel Elshout (Grand Rapids, MI: Reformation Heritage Books, 1995-1999).

9 Schortinghuis, *Essential Truths in the Heart of a Christian*, 89.

10 Schortinghuis, *Essential Truths in the Heart of a Christian*, 98.

11 Taffin, *The Marks of God's Children*, 36.

12 Taffin, *The Marks of God's Children*, 42.

13 Schortinghuis, *Essential Truths in the Heart of a Christian*, 128.

14 Herman Witsius, *On the Character of a True Theologian*, ed. J. Ligon Duncan III (Greenville, SC: Reformed Academic Press, 1994), 35.

15 Witsius, *On the Character of a True Theologian*, 38.

16 Voetius and Hoornbeeck, *Spiritual Desertion*, 47.

17 Voetius and Hoornbeeck, *Spiritual Desertion*, 79.

18 Voetius and Hoornbeeck, *Spiritual Desertion*, 153.

19 Gisbertus Voetius, *Ta asketika sive Exercitia Pietatis* (Gorinchem: Vink, 1654), 3, Joel R. Beeke, *Gisbertus Voetius: Toward a Reformed Marriage of Knowledge and Piety* (Grand Rapids, MI: Reformation Heritage Books, 1999), 14에서 인용.

20 Johannes Hoornbeeck, *Theologiae Practicae* (Utrecht: Versteegh, 1663), 1:85, Beeke, *Gisbertus Voetius*, 20에서 인용.

21 Witsius, *On the Character of a True Theologian*, 27.

22 Witsius, *On the Character of a True Theologian*, 44-48.

23 Taffin, *The Marks of God's Children*, 141-142. 여기서는 타펭이 하나님을 "당신"(Gij)으로 지칭하는 것에 맞추기 위해 영어 번역문의 내용을 수정했다.

24 Cornelis P. Venema, *But for the Grace of God: An Exposition of the Canons of Dort* (Grandville, MI: Reformed Fellowship, 2011), 61.

25 여기에 관해서는 Philip Schaff, *The Creeds of Christendom: With a History and Critical Notes* (New York: Harper, 1877), 3:545-549에 실린 '항론서'와 함께, Homer C. Hoeksema, *The Voice of Our Fathers: An Exposition of the Canons of Dordrecht* (Grand Rapids, MI: Reformed Free Publishing Association, 1980), 103-109에 실린 "항론파의 견해"(The Opinions of the Remonstrants)를 보라.

26 도르트 신조에 관해서는, Peter Y. De Jong, ed., *Crisis in the Reformed Churches: Essays in Commemoration of the Great Synod of Dort, 1618-1619* (Grand Rapids, MI: Reformed Fellowship, 1968); Hoeksema, *Voice of Our Fathers*; P. G. Feenstra, *Unspeakable Comfort: A Commentary on the Canons of Dort* (Winnipeg: Premier Printing, 1997); Cornelis Pronk, *Expository Sermons on the Canons of Dort* (St. Thomas, ON: Free Reformed Publications, 1999), (『도르트 신조 강해』 그 책의 사람들), William Twisse, *The Doctrine of the Synod of Dort and Arles, Reduced to the Practise* (Amsterdam: Successors of G. Thorp, 1631); Venema, *But for the Grace of God*; Joel R. Beeke, *Living for God's Glory: An Introduction to Calvinism* (Lake Mary, FL: Reformation Trust, 2008), 24-26, 48-131를 보라.

27 Peter Y. De Jong, "Preaching and the Synod of Dort," in *Crisis in the Reformed Churches*, 120-121.

28 "Church Order," 3.68, in Joel R. Beeke, ed., *Doctrinal Standards, Liturgy, and Church Order* (Grand Rapids, MI: Reformation Heritage Books, 2003), 187.

29 De Jong, "Preaching and the Synod of Dort," 121에서 인용.

30 "The Canons of Dort," head 1, article 1, in *Doctrinal Standards*, 97. 이후 이 책의 본문

에서 도르트 신조의 내용을 인용할 때에는 표제(head)와 항목(article)의 번호로 표기하려 한다. 그런데 신조의 표제 3과 4는 결합되어 있으며, 따라서 3/4.1과 같은 방식으로 표시된다는 점에 유의하라.

31 Venema, *But for the Grace of God*, 32-33.

32 Pronk, *Expository Sermons on the Canons of Dort*, 19.

33 '1.r9'라는 표기는 '표제 1의 반박 9'(head 1, rejection 9)를 가리킨다.

34 Pronk, *Expository Sermons on the Canons of Dort*, 128.

35 호머 훅세마(Homer Hoeksema)는 자신의 책 *Voice of Our Fathers*, 485-486에서, 도르트 신조 3/4.8의 번역과 해석에 관해 의문을 제기하고 있다. 이 항목의 영어 역문에서 '거짓이 없이'(*unfeignedly*), '간절히'(*earnestly*), 그리고 '진지하게'(*seriously*)로 쓰인 표현들은 모두 라틴어 단어 '세리오'(*serio*)를 번역한 것이다. 훅세마는 특히 '간절히'라는 표현에 대해 이의를 제기하지만, 라틴어 사전들에서는 '진지하게'나 '간절히' 모두 이 라틴어 단어의 적절한 번역어로 인정하고 있다. Ethan Allen Andrews, *A Copious and Critical Latin-English Lexicon* (New York: Harper & Brothers, 1851), 1401; Leo F. Stelten, *Dictionary of Ecclesiastical Latin: With an Appendix of Latin Expressions Defined and Clarified* (Peabody, MA: Hendrickson, 1995), 245를 보라. 다만 여기서 "그 초청에 응하는 것"(comply with the invitation)이라는 표현이 라틴어 원문(*ad se veniant*)을 다소 느슨하게 의역한 것이라는 훅세마의 주장은 옳다. 이 구절의 경우에는 "그분께로 나아오는 것"(come unto Him)으로 옮기는 편이 더 적절할 것이다. 도르트 신조 3/4.8의 라틴어 본문을 살피려면, *Acta Synodi Nationalis, In nomine Domini nostri Iesv Christi, Autoritate Illvstr. et Praepotentvm DD. Ordinvm Generalivm Foederati Belgii Provinciarvm, Dordrechti Habitae Anno MDCXVIII et MDCXIX* (Lvgdvni Batavorvm: Isaaci Elzeviri, 1620), 257를 보라.

36 Hoeksema, *Voice of Our Fathers*, 489.

37 Hoeksema, *Voice of Our Fathers*, 492.

38 Hoeksema, *Voice of Our Fathers*, 499-500.

39 Hoeksema, *Voice of Our Fathers*, 487.

40 De Jong, "Preaching and the Synod of Dort," 130.

41 G. H. Kersten, *Reformed Dogmatics: A Systematic Treatment of Reformed Doctrine*, trans. Joel R Beeke and J. C. Weststrate, 2 vols. (Grand Rapids, MI: Netherlands Reformed Book and Publishing Committee, 1980), 369.

42 Feenstra, *Unspeakable Comfort*, 115.

43 Venema, *But for the Grace of God*, 66n1.

44 Pronk, *Expository Sermons on the Canons of Dort*, 264.

45 Venema, *But for the Grace of God*, 75.

46 Venema, *But for the Grace of God*, 92-95.

47 De Jong, "Preaching and the Synod of Dort," 127.

48 *Doctrinal Standards*, 117.

15장 네덜란드 설교지들 | 떼일링크와 판 로덴슈타인, 아 브라켈

1 떼일링크의 생애를 다룬 이 간략한 논의는 Joel R. Beeke, "Introduction to Willem Teellinck," in Willem Teellinck, *The Path of True Godliness*, ed. Joel R. Beeke, trans. Annemie Godbehere (Grand Rapids, MI: Baker Academic, 2003), 11-29, 그리고 Joel R. Beeke and Randall J. Pederson, *Meet the Puritans: With a Guide to Modern Reprints* (Grand Rapids, MI: Reformation Heritage Books, 2006), 782-786의 내용을 압축하고 수정한 것이다. 떼일링크에 관해 살필 수 있는 다른 영어 자료들로는 Arie De Reuver, *Sweet Communion: Trajectories of Spirituality from the Middle Ages through the Further Reformation*, trans. James A. De Jong (Grand Rapids, MI: Baker Academic, 2007), 105-160; Fred Ernest Stoeffler, *The Rise of Evangelical Pietism* (Leiden: Brill, 1965), 127-133를 보라. 그리고 네덜란드어로 된 자료들로는, W. J. Op't Hof, *Willem Teellinck (1579-1629): Leven, Geschriften En Invloed* (Kampen: De Groot Goudriaan, 2008); W. J. Op't Hof, C. A. De Niet, and H. Uil, *Eeuwout Teellinck in Handschriften* (Kampen: De Groot Goudriaan i.s.m. Stichting Studie der Nadere Reformatie, 1989); M. Golverdingen, *Avonden Met Teellinck: Actuele Thema's Uit Zijn Werk* (Houten: Den Hertog, 1993); Willem Jodocus Matthias Engelberts, *Willem Teellinck* (Amsterdam: Ton Bolland, 1973); Harm Bouwman, *Willem Teellinck En De Practijk Der Godzaligheid* (Kampen: Kok, 1928)를 보라.

2 De Reuver, *Sweet Communion*, 110.

3 Teellinck, *The Path of True Godliness*, 163.

4 Engelberts, *Willem Teellinck*, chap. 5에서 인용.

5 Willem Teellinck, *Pauls Complaint Against His Naturall Corruption: With the Meanes How to Bee Deliuered from the Power of the Same: Set Forth in Two Sermons Vpon the 24 Verse of the 7 Chapter of His Epistle to the Romanes*, trans. Christopher Harmar (London: by Iohn Dawson for Iohn Bellamie, 1621), 3-4.

6 Teellinck, *Pauls Complaint*, 4-7.

7 Teellinck, *Pauls Complaint*, 11-12, 36-37.

8 Teellinck, *Pauls Complaint*, 18.

9 Teellinck, *Pauls Complaint*, 20.

10 Teellinck, *Pauls Complaint*, 23.

11 Teellinck, *Pauls Complaint*, 29, 43-44.

12 Teellinck, *Pauls Complaint*, 46.

13 Teellinck, *Pauls Complaint*, 57-64.

14 De Reuver, *Sweet Communion*, 114에서 인용.

15 De Reuver, *Sweet Communion*, 117, 126-128에서 인용.

16 Willem Teellinck, *The Resting Place of the Minde: That Is, A Propovnding of the Wonderfull Prouidence of God, Whereupon a Christian Man Ought to Rest and Repose Himself, Euen When All Outward Meanes of Helpe Are Cut Off from Him* (London: by Iohn Haviland for Edward Brewster, 1622), 35.

17 De Reuver, *Sweet Communion*, 122에서 인용.

18 De Reuver, *Sweet Communion*, 123.

19 로덴슈타인의 생애를 다룬 이 간략한 논의는 Joel R. Beeke, "Introduction to Jodocus van Lodenstein," in van Lodenstein, *A Spiritual Appeal to Christ's Bride*, ed. Joel R. Beeke, trans. Bartel Elshout (Grand Rapids, MI: Reformation Heritage Books, 2010), 11-31의 내용을 압축하고 수정한 것이다. 로덴슈타인에 관해 살필 수 있는 다른 영어 자료들로는 Carl J. Schroeder, *In Quest of Pentecost: Jodocus Van Lodenstein and the Dutch Second Reformation* (Lanham, MD: University Press of America, 2001); Iain S. Maclean, "The First Pietist: An Introduction and Translation of a Communion Sermon by Jodocus Van Lodenstein," in *Calvin Studies VI*, ed. John H. Leith (Davidson, NC: Davidson College, 1992), 15-34; Stoeffler, *The Rise of Evangelical Pietism*, 141-148를 보라. 그리고 네덜란드어로 된 자료로는, Pieter Proost, *Jodocus van Lodenstein* (Amsterdam: J. Brandt, 1880); Marinus J. A. de Vrijer, *Lodenstein* (Baarn: Ten Have, 1947); D. Slagboorn, *Jodocus van Lodenstein* (Utrecht: De Banier, 1966); J. C. Trimp, *Jodocus van Lodenstein: Predikant en Dichter* (Kampen: De Groot Goudriaan, 1987)를 보라. 우리가 판 로덴슈타인에 관해 얻을 수 있는 정보의 주된 원천은 1696년에 에바르두스 판더 호흐트(Evardus vander Hooght)가 쓴 그의 전기다. 아래의 서술에서, 나는 위에 언급한 슈뢰더의 논의에 많이 의존했다.

20 "Delft," in *Encyclopædia Britannica*, http://www.britannica.com/EBchecked/topic/156478/Delft.

21 Schroeder, *In Quest of Pentecost*, 17; 또한 Cornelis Graafland, "Jodocus van Lodenstein (1620-1676)," in *De Nadere Reformatie: Beschrijving van haar voornaamste vertegenwoordigers*, ed. Willem van't Spijker ('s-Gravenhage: Uitgeverij Boekencentrum, 1986), 86를 참조하라.

22 Schroeder, *In Quest of Pentecost*, 80.

23 Schroeder, *In Quest of Pentecost*, 24.

24 Schroeder, *In Quest of Pentecost*, 19.

25 Schroeder, *In Quest of Pentecost*, 20.

26 Schroeder, *In Quest of Pentecost*, 22.

27 Schroeder, *In Quest of Pentecost*, 24-28.

28 Schroeder, *In Quest of Pentecost*, 33-37.

29 Schroeder, *In Quest of Pentecost*, viii.

30 Schroeder, *In Quest of Pentecost*, 41-42, 84-86.

31 Schroeder, *In Quest of Pentecost*, 60-62; Teunis Brienen, "Jodocus van Lodenstein," in *De Prediking van de Nadere Reformatie* (Amsterdam: Ton Bolland, 1974), 1.4.2.a.

32 Schroeder, *In Quest of Pentecost*, 65-66.

33 Schroeder, *In Quest of Pentecost*, 109에서 인용.

34 Robert A. Naborn, "Eilardus Westerlo (1738-1790): From Colonial Dominee to American Pastor" (PhD diss., Vrije Universiteit Amsterdam, 2011), 1:101; 2:158.

35 Schroeder, *In Quest of Pentecost*, viii에서 인용.

36 Schroeder, *In Quest of Pentecost*, viii에서 인용.

37 Graafland, "Jodocus van Lodenstein," 110; A. J. Onstenk, "Lodenstein, Jodocus van," in *Biografisch Lexicon voor de Geschiedenis van het Nederlandse Protestantisme*, ed. D. Nauta, et al. (Kampen: Kok, 1988), 3:253도 참조하라.

38 Graafland, "Jodocus van Lodenstein," 91.

39 Graafland, "Jodocus van Lodenstein," 89.

40 Graafland, "Jodocus van Lodenstein," 113.

41 Maclean, "The First Pietist," 16에서 인용.

42 Jodocus van Lodenstein, "Eternal Life," Schroeder, *In Quest of Pentecost*, 163에서 인용.

43 Jodocus van Lodenstein, "Fifteenth Sermon," Schroeder, *In Quest of Pentecost*, 179에서 인용.

44 Michael Bush, "Calvin and the Reformanda Sayings," in *Calvinus sacrarum literarum interpres: Papers of the International Congress on Calvin Research*, ed. Herman J. Selderhuis (Göttingen: Vandenhoeck and Ruprecht, 2008), 286에서 인용. 부시(Buch)에 따르면, 야코뷔스 쿨만은 자신의 스승인 요하네스 호른베이크(Johannes Hornbeeck)가 했던 다음의 말을 인용하고 있다. "우리는 '개혁된'(Reformed) 자들이라고 불릴 뿐 아니라, '개혁하는'(Reforming) 자들로 지칭되어야 한다. 우리가 '개혁된' 자들이 되며 그 이름에 걸맞은 존재로 머물기 위해서는, 이와 동시에 늘 '개혁하는' 자들이 되어야만 하기 때문이다." "Calvin and the Reformanda Sayings," 287. 이처럼 이 개념은 초기의 일부 푸치우스파 신학자들 사이에서 공유되고 있었다.

45 Bush, "Calvin and the Reformanda Sayings," 299.

46 Graafland, "Jodocus van Lodenstein," 88.

47 Schroeder, *In Quest of Pentecost*, 71-76.

48 Brienen, "Jodocus van Lodenstein," 1.4.2.b.

49 이 분류하는 설교의 방법론을 요약한 내용으로는 Joel R. Beeke, ed., *Forerunner of the Great Awakening: Sermons by Theodorus Jacobus Frelinghuysen (1691-1747)*, The Historical Series of the Reformed Church in America, no. 36 (Grand Rapids, MI: Eerdmans, 2000), xxx-xxxiv를 보라.

50 Van Lodenstein, *A Spiritual Appeal to Christ's Bride*, 42.

51 Schroeder, *In Quest of Pentecost*, 44.

52 Schroeder, *In Quest of Pentecost*, 79.

53 Schroeder, *In Quest of Pentecost*, 81-86; cf. Trimp, *Jodocus van Lodenstein*, 194-200.

54 Izaäk Boot, *De Allegorische Uitlegging van het Hooglied voornamelijk in Nederland: Een Onderzoek naar de Verhouding tussen Bernard van Clairvaux en de Nadere Reformatie* (Woerden: Zuijderduijn, 1971), 179-180.

55 Van Lodenstein, *A Spiritual Appeal to Christ's Bride*, 147.

56 Boot, *De Allegorische Uitlegging*, 182-183.

57 빌헬무스 아 브라켈에 관한 영어 자료들로는 W. Fieret, biographical introduction to Wilhelmus à Brakel, in à Brakel, *The Christian's Reasonable Service: In Which Divine Truths Concerning the Covenant of Grace Are Expounded, Defended Against Opposing Parties, and Their Practice Advocated, as Well as the Administration of This Covenant in the Old and New Testaments* (Ligonier, PA: Soli Deo Gloria, 1992), 1:xxxi-lxxxi; Bartel Elshout, *The Pastoral and Practical Theology of Wilhelmus à Brakel: A Brief Evaluation of* The Christian's Reasonable Service (Grand Rapids, MI: Reformation Heritage Books, 1997); De Reuver, *Sweet Communion*, 231-258; Richard A. Muller, *After Calvin: Studies in the Development of a Theological Tradition*, Oxford Studies in Historical Theology (Oxford; New York: Oxford University Press, 2003), (『칼빈 이후 개혁신학』 부흥과개혁사), Stoeffler, *The Rise of Evangelical Pietism*, 153-156; Lydia Kim-Van Daalen, "Wilhelmus à Brakel's Spirituality of Virtues and Its Implications for Soul Care," *Puritan Reformed Journal* 3, no. 1 (January 2011): 279-303; Jonathan Holdt, "Wilhelmus a Brakel's Use of Doctrine in Calling Sinners to Repentance and Faith," *Puritan Reformed Journal* 3, no. 2 (July 2011): 267-290; Paul M. Smalley, "Satisfied with the Lord's All-Sufficiency: Wilhelmus à Brakel on Joy," *Puritan Reformed Journal* 3, no. 2 (July 2011): 235-266를 보라. 네덜란드어로 된 자료들로는, F. J. Los, *Wilhelmus à Brakel* (Leiden: Groen en Zoon, 1991); W. Fieret, *Theodorus*

à Brakel, Wilhelmus à Brakel En Sara Nevius (Houten: Den Hertog, 1988); H. F. Sorge, "Genadeverbond En Genaldeleven: Een Onderzoek Naar De Inhoud En Betekenis Van Het Genadeverbond Volgens De 'Redilijke Godsdienst' Van Wilhelmus à Brakel (1635-1711)" (n.p., 1998)을 보라.

58 à Brakel, *The Christian's Reasonable Service*, 2:138-139.

59 아래에서 아 브라켈의 설교들에 관해 설명한 내용은 Brienen, *De Prediking Van De Nadere Reformatie*, 118-125의 분석에 기초를 두고 있다.

60 à Brakel, *The Christian's Reasonable Service*, 1:32.

16장 미국에서의 네덜란드 개혁파 설교 | 프렐링하이즌

1 이 장의 논의는 Joel R. Beeke and Cornelis Pronk, "Biographical Introduction," in *Forerunner of the Great Awakening: Sermons by Theodorus Jacobus Frelinghuysen (1691-1747)*, ed. Joel R. Beeke (Grand Rapids, MI: Eerdmans, 2000), vii-xxxviii의 내용을 수정한 것이다. 여기서는 출판사 측의 허락을 받고 그 내용을 활용했다. 프렐링하이즌에 관한 추가적인 자료들을 살피려면, Scott Maze, *Theodore Frelinghuysen's Evangelism: Catalyst to the First Great Awakening* (Grand Rapids, MI: Reformation Heritage Books, 2011); F. J. Schrag, "Theodorus Jacobus Frelinghuysen, the Father of American Pietism," *Church History* 14 (1945): 201-216; James Tanis, *Dutch Calvinistic Pietism in the Middle Colonies: A Study in the Life and Theology of Theodorus Jacobus Frelinghuysen* (The Hague: Martinus Nijhoff, 1967)을 보라. 해제와 함께 다른 많은 자료를 열거한 목록을 살피려면, *Forerunner of the Great Awakening*, 335-339를 보라.

2 Jonathan Edwards, "A Faithful Narrative," in *The Works of Jonathan Edwards, vol. 4, The Great Awakening*, ed. C. C. Goen (New Haven, CT: Yale University Press, 1972), 156; "To the Reverend John Erskine," letter of June 28, 1751, in *The Works of Jonathan Edwards, vol. 16, Letters and Personal Writings*, ed. George S. Claghorn (New Haven, CT: Yale University Press, 1998), 376.

3 *George Whitefield's Journals* (London: Banner of Truth, 1960), 352 [Tues., Nov. 20, 1739]. (『조지 휫필드의 일기』 지평서원)

4 Beeke and Pronk, "Biographical Introduction," xix에서 인용.

5 Abraham Messler, *Forty Years at Raritan: Eight Memorial Sermons* (New York: A. Lloyd, 1873), 30.

6 Beeke and Pronk, "Biographical Introduction," xvi-xvii에서 인용.

7 오랜 세월 동안, 북미 지역에서는 네덜란드 개혁교회의 목회자가 '도미니'(dominie, 네덜란드어

로는 *dominee*)로 불렸다. 이는 '주인'(master, 라틴어 *dominus*)을 뜻하는 존칭이었지만, '스승'이나 '목회자'에 해당하는 의미를 좀 더 함축하고 있었다.

8 Beeke and Pronk, "Biographical Introduction," xxii에서 인용.

9 Beeke and Pronk, "Biographical Introduction," xxii에서 인용.

10 "Church Order of Dordrecht (1618-1619)," in *The Psalter* (Grand Rapids, MI: Eerdmans, 1991), 188.

11 William Demarest, "Biographical Sketch," in Theodorus Jacobus Frelinghuysen, *Sermons* (New York: Board of Publication of the Reformed Protestant Dutch Church, 1856), 7.

12 이 인상 깊은 표현은 스코틀랜드 신학자 헨리 스쿠걸(Henry Scougal, 1650-1678)이 남긴 유명한 저서의 제목이다.

13 Frelinghuysen, "The Poor and Contrite God's Temple," in *Forerunner of the Great Awakening*, 14-16.

14 Frelinghuysen, "The Way of God with His People in the Sanctuary," in *Forerunner of the Great Awakening*, 131.

15 Frelinghuysen, "The Miserable End of the Ungodly," in *Forerunner of the Great Awakening*, 104.

16 Frelinghuysen, "The Believer's Well-Founded Expectation of Future Glory," in *Forerunner of the Great Awakening*, 185.

17 Frelinghuysen, "The Great Earthquake: Emblem of Judgment upon Enemies of the Church," in *Forerunner of the Great Awakening*, 226-228.

18 Frelinghuysen, "The Acceptable Communicant," in *Forerunner of the Great Awakening*, 40-41.

19 Milton J. Coalter Jr., *Gilbert Tennent, Son of Thunder: Case Study of Continental Pietism's Impact on the First Great Awakening in the Middle Colonies* (New York: Greenwood, 1986), 16-17에서 인용.

20 Tanis, *Dutch Calvinistic Pietism*, 69에서 인용.

21 Frelinghuysen, "Duties of Watchmen on the Walls of Zion," in *Forerunner of the Great Awakening*, 280.

22 Beeke and Pronk, "Biographical Introduction," xxvi에서 인용.

23 Beeke and Pronk, "Biographical Introduction," xxvii에서 인용.

24 Beeke and Pronk, "Biographical Introduction," xxxi.

25 Frelinghuysen, "Duties of Watchmen on the Walls of Zion," in *Forerunner of the Great Awakening*, 280-281.

26 Teunis Brienen, *De Prediking Van De Nadere Reformatie* (Amsterdam: Ton Bolland, 1974), 5-25.

27 John Macleod, *Scottish Theology in Relation to Church History since the Reformation* (Edinburgh: Banner of Truth, 1974), 28.
28 Brienen, *De Prediking Van De Nadere Reformatie*, 331.
29 Tanis, *Dutch Calvinistic Pietism*, 80-81.
30 Randall H. Balmer, *A Perfect Babel of Confusion: Dutch Religion and English Culture in the Middle Colonies* (Oxford: Oxford University Press, 1989), 122에서 인용.
31 Demarest, "Biographical Sketch," 8에서 인용.
32 Frelinghuysen, "The Acceptable Communicant," in *Forerunner of the Great Awakening*, 40.
33 Leonard W. Bacon, *A History of American Christianity* (New York: Christian Literature Co., 1897), 81.
34 Tanis, *Dutch Calvinistic Pietism*, 97.

17장 18세기 설교자들 | 핼리버턴과 에드워즈, 데이비스

1 핼리버턴에 관해서는, Thomas Halyburton, *The Works of Thomas Halyburton*, 4 vols. (Aberdeen: James Begg Society, 2000-2005)의 각 권에 있는 서론을 보라. 이 새롭게 조판된 판본에는 다음의 책들이 포함되어 있다. 제1권: 『신앙과 칭의』(*Faith and Justification*). 이 책에는 신앙의 본질에 관한 논문과 함께 중생과 칭의의 순서에 관한 논문, 그리고 칭의를 이루시는 하나님의 행위에 관한 논문이 담겨 있다. 제2권: 『신앙과 구원』(*Faith and Salvation*). 이 책에는 핼리버턴의 고전적인 작품인 "구원의 중대한 관심사"(*The Great Concern of Salvation*)가 담겨 있다. 이는 죄인을 구원하기 위해 성령님이 어떻게 일하시는지를 체험적으로 다룬 탁월한 글이다. 제3권: 『신앙과 계시』(*Faith and Revelation*). 이 책에는 이신론을 반박하는 그의 대표적인 글이 담겨 있다. 제4권: 『신앙과 체험』(*Faith and Experience*). 이 책에는 핼리버턴의 유명한 자서전이 담겨 있다. 한편 그의 자서전은 앞서 *Memoirs of Thomas Halyburton*, ed. Joel R. Beeke, intro. Sinclair B. Ferguson (Grand Rapids, MI: Reformation Heritage Books, 1996)으로 재출간된 바 있다. 또한 John D. Nicholls, "Thomas Halyburton, 1674-1712," in *Faith and Ferment* (London: Westminster Conference, 1982), 32-49; Hugh Cartwright, "Faith and Assurance in the Teaching and Experience of Thomas Halyburton (1674-1712)," *Scottish Bulletin of Evangelical Theology* 11, no. 2 (Autumn 1993): 109-128; Edgar Primrose Dickie, "Thomas Halyburton," *Scottish Journal of Theology* 5, no. 1 (March 1952): 1-13를 보라.
2 Halyburton, *Memoirs*, 94-112.
3 John Macleod, *Scottish Theology in Relation to Church History since the*

Reformation (Edinburgh: Banner of Truth, 1974), 119.

4 Macleod, *Scottish Theology in Relation to Church History since the Reformation*, 117-118, 124.

5 Nicholls, "Thomas Halyburton, 1674-1712," 42.

6 Halyburton, *The Great Concern of Salvation*, in *Works, Volume 2, Faith and Salvation*, 29.

7 Frederick S. Leahy, review of Halyburton, *Faith and Salvation, in Banner of Truth* 475 (April 2003): 26.

8 Halyburton, "The Great Concern of Salvation," in *Works*, 2:31-34.

9 Halyburton, "The Great Concern of Salvation," in *Works*, 2:34-38.

10 Halyburton, "The Great Concern of Salvation," in *Works*, 2:44-48.

11 Halyburton, "The Great Concern of Salvation," in *Works*, 2:188; cf. 189-190.

12 Halyburton, "The Great Concern of Salvation," in *Works*, 2:191-195.

13 Halyburton, "The Great Concern of Salvation," in *Works*, 2:196.

14 Halyburton, "The Great Concern of Salvation," in *Works*, 2:197-198.

15 Halyburton, "The Great Concern of Salvation," in *Works*, 2:198.

16 Halyburton, "The Great Concern of Salvation," in *Works*, 2:198-199.

17 Halyburton, "The Great Concern of Salvation," in *Works*, 2:312.

18 Halyburton, "The Great Concern of Salvation," in *Works*, 2:315.

19 Halyburton, "The Great Concern of Salvation," in *Works*, 2:316.

20 Halyburton, "The Great Concern of Salvation," in *Works*, 2:328-329.

21 Halyburton, "The Great Concern of Salvation," in *Works*, 2:341-344.

22 에드워즈에 관해 출판된 수천 개가 넘는 자료들에 관해 각기 간단한 설명을 붙인 참고문헌 목록을 살피려면, M. X. Lesser, *Reading Jonathan Edwards: An Annotated Bibliography in Three Parts, 1729-2005* (Grand Rapids, MI: Eerdmans, 2008)를 보라.

23 에드워즈의 전기로는 *George M. Marsden, Jonathan Edwards: A Life* (New Haven, CT: Yale University Press, 2003), (『조나단 에드워즈 평전』 부흥과개혁사), Iain H. Murray, *Jonathan Edwards: A New Biography* (Edinburgh: Banner of Truth, 1987)를 보라.

24 Jonathan Edwards, *The Works of Jonathan Edwards*, ed. Edward Hickman, 2 vols. (Edinburgh: Banner of Truth, 1974), 이후로는 이 판본을 *Works* (Banner of Truth)로 부르겠다.

25 예일 대학교의 조나단 에드워즈 센터 홈페이지를 참조하라. http://edwards.yale.edu/.

26 에드워즈의 설교에 관해서는, *The Salvation of Souls: Nine Previously Unpublished Sermons on the Call of Ministry and the Gospel by Jonathan Edwards*, ed. Richard A. Bailey and Gregory A. Wills (Wheaton, IL: Crossway, 2002); *The Sermons of Jonathan Edwards: A Reader*, ed. Wilson H. Kimnach, Kenneth P. Minkema, and Douglas A.

Sweeney (New Haven, CT: Yale University Press, 1999), (『조나단 에드워즈 대표 설교 선집』 부흥과개혁사), John H. Gerstner, *The Rational Biblical Theology of Jonathan Edwards*, 3 vols. (Powhatan, VA; Lake Mary, FL: Berea Publications; Ligonier Ministries, 1991), 1:480-540; 3:1-49; Charles L. Geschiere, "Taste and See That the Lord Is Good: The Aesthetic-Affectional Preaching of Jonathan Edwards" (ThM thesis, Calvin Theological Seminary, 2008); Wilson H. Kimnach, introduction to *The Works of Jonathan Edwards*, vol. 10, *Sermons and Discourses, 1720-1723*, ed. Wilson H. Kimnach (New Haven, CT: Yale University Press, 1992), 1-258; Samuel T. Logan, "Jonathan Edwards and the 1734-1735 Northampton Revival," in *Preaching and Revival* (London: Westminster Conference, 1984), 57-85; Glenn T. Miller, "The Rise of Evangelical Calvinism: A Study in Jonathan Edwards and the Puritan Tradition" (ThD diss., Union Theological Seminary, 1971), 227-383; Michael J. McClymond and Gerald R. McDermott, *The Theology of Jonathan Edwards* (Oxford: Oxford University Press, 2012), (『조나단 에드워즈 신학』 부흥과개혁사), Patrick Pang, "A Study of Jonathan Edwards as a Pastor-Preacher" (DMin thesis, Fuller Theological Seminary, 1990); Douglas A. Sweeney, *Jonathan Edwards and the Ministry of the Word: A Model of Faith and Thought* (Downers Grove, IL: IVP Academic, 2009), (『조나단 에드워즈의 말씀 사역』 복 있는 사람)를 보라.

27 Kimnach, introduction to *The Works of Jonathan Edwards*, vol. 10, 3.

28 Gerstner, *The Rational Biblical Theology of Jonathan Edwards*, 1:480.

29 McClymond and McDermott, *The Theology of Jonathan Edwards*, 497.

30 서리노 에드워즈 드와이트(Sereno Edwards Dwight, 1786-1850)는 에드워즈의 증손자이며 그의 저서들을 편집한 사람인데, 이 설교의 연대를 1733년 이전의 어느 시기로 추정했다 (Miller, "The Rise of Evangelical Calvinism," 276).

31 "Great Guilt No Obstacle to the Pardon of the Returning Sinner," in *Works of Jonathan Edwards Online*, vol. 47, *Sermons, Series II, 1731-1732* (Jonathan Edwards Center at Yale University, 2008), 422-428, http://edwards.yale.edu/archive?path=aHR0cDovL2Vkd2FyZHMueWFsZS5lZHUvY2dpLWJpbi9uZXdwaGlsby9nZXRvYmplY3QucGw/Yy40NTozOS53amVv, 47. (이후로는 이 출처를 *WJE Online*으로 부르겠다.) 이 설교는 Edwards, *Works* (*Banner of Truth*), 2:110-113에서도 찾아볼 수 있다.

32 Edwards, "Great Guilt No Obstacle," in *WJE Online*, 47:422.

33 Edwards, "Great Guilt No Obstacle," in *WJE Online*, 47:422-423.

34 Edwards, "Great Guilt No Obstacle," in *WJE Online*, 47:423.

35 Edwards, "Great Guilt No Obstacle," in *WJE Online*, 47:423-425.

36 Edwards, "Great Guilt No Obstacle," in *WJE Online*, 47:425-426.

37 Edwards, "Great Guilt No Obstacle," in *WJE Online*, 47:426.

38 Edwards, "Great Guilt No Obstacle," in *WJE Online*, 47:426-427.

39 Edwards, "Great Guilt No Obstacle," in *WJE Online*, 47:427-428.

40 데이비스에 관해서는, Samuel Davies, *The Reverend Samuel Davies Abroad: The Diary of a Journey to England and Scotland, 1753-1755*, ed. George William Pilcher (Urbana: University of Illinois Press, 1967); William Henry Foote, *Sketches of Virginia: Historical and Biographical, First Series* (Richmond, VA: John Knox Press, 1966), 157-307; Barbara Ann Larson, "A Rhetorical Study of the Preaching of the Reverend Samuel Davies in the Colony of Virginia from 1747-1759" (PhD diss., University of Minnesota, 1969); Iain H. Murray, *Revival and Revivalism: The Making and Marring of American Evangelicalism 1750-1858* (Edinburgh: Banner of Truth, 1994), (『부흥과 부흥주의』 부흥과 개혁사), George W. Pilcher, *Samuel Davies: Apostle of Dissent in Colonial Virginia*, 1st ed. (Knoxville: University of Tennessee Press, 1971); James H. Smylie, "Samuel Davies: Preacher, Teacher, and Pastor," in *Colonial Presbyterianism: Old Faith in a New Land: Commemorating the 300th Anniversary of the First Presbytery in America*, ed. S. Donald Fortson (Eugene, OR: Pickwick, 2007), 181-197; William B. Sprague, "Memoir," in Samuel Davies, *Sermons of Samuel Davies*, 3 vols. (Pittsburgh: Soli Deo Gloria, 1993), 1:11-29; Geoffrey Thomas, "Samuel Davies and the God of Wonders," in *Triumph through Tribulation* (London: Westminster Conference, 1998), 119-134; Ernest Trice Thompson, *Presbyterians in the South* (Richmond, VA: John Knox Press, 1963), 1:53-61를 보라. 데이비스를 간략히 소개한 내용을 살피려면, Thomas Talbot Ellis, "Samuel Davies: Apostle of Virginia"와 "Samuel Davies: Characteristics of His Life and Message", http://www.puritansermons.com/pdf/sdavies2.pdf를 보라. 이 두 글은 *Banner of Truth* nos. 235-236 (April-May 1983)에 수록되었던 것들이다.

41 Pilcher, *Samuel Davies: Apostle of Dissent in Colonial Virginia*, 37에서 인용.

42 Samuel Davies, *Collected Poems of Samuel Davies, 1723-1761*, ed. Richard Beale Davis (Gainesville, FL: Scholars' Facsimiles & Reprints, 1968).

43 Davies, *Sermons*, 3:101.

44 David Martyn Lloyd-Jones, *Knowing the Times: Addresses Delivered on Various Occasions, 1942-1977* (Edinburgh: Banner of Truth, 1989), 263. (『시대의 표적』 기독교문서선교회)

45 Larson, "Preaching of the Reverend Samuel Davies," 139-140.

46 Larson, "Preaching of the Reverend Samuel Davies," 140에서 인용.

47 Larson, "Preaching of the Reverend Samuel Davies," 141-143에서 인용.

48 Davies, *Sermons*, 2:646.

49 Davies, *Sermons*, 2:653.

50 Davies, *Sermons*, 2:652, 654.

51 Davies, *Sermons*, 2:655.

52 Davies, *Sermons*, 1:224-225.

18장 19세기 설교자들 | 알렉산더, 맥체인, 라일

1 아치발드 알렉산더에 관해서는, James W. Alexander, *Life of Archibald Alexander* (New York: Scribner, 1854); David B. Calhoun, *Princeton Seminary*, 2 vols. (Edinburgh: Banner of Truth, 1994); Stephen Clark, "Archibald Alexander: The Shakespeare of the Christian Heart," in *The Voice of God* (London: Westminster Conference, 2003), 103-120; James M. Garretson, *Princeton and Preaching: Archibald Alexander and the Christian Ministry* (Edinburgh: Banner of Truth, 2005); James M. Garretson, ed., *Princeton and the Work of the Christian Ministry*, 2 vols. (Edinburgh: Banner of Truth, 2012); Lefferts A. Loetscher, *Facing the Enlightenment and Pietism: Archibald Alexander and the Founding of Princeton Theological Seminary* (Westport, CT: Greenwood, 1983)를 보라. 알렉산더와 경건에 관한 그의 글들에 관해 간략히 소개한 글을 살피려면, Archibald Alexander, *"A Scribe Well-Trained": Archibald Alexander and the Life of Piety*, ed. James M. Garretson (Grand Rapids, MI: Reformation Heritage Books, 2011)를 보라.

2 W. J. Grier, "Biographical Introduction," in Archibald Alexander, *Thoughts on Religious Experience* (London: Banner of Truth, 1967), xiv. (『영적체험 회심에서 임종까지』 지평서원)

3 Archibald Alexander Hodge, *The Life of Charles Hodge: Professor in the Theological Seminary, Princeton, N.J.* (New York: C. Scribner's Sons, 1880), 378.

4 "History of the Seminary," Princeton Theological Seminary website (Princeton, NJ), http://www.ptsem.edu/about/history.

5 다음의 책에서 아치발드 알렉산더와 찰스 하지 등이 쓴 글들을 보라. *Princeton Versus the New Divinity: The Meaning of Sin, Grace, Salvation, Revival: Articles from the Princeton Review* (Edinburgh: Banner of Truth, 2001).

6 Archibald Alexander, *A Brief Compendium of Bible Truth*, ed. Joel R. Beeke (Grand Rapids, MI: Reformation Heritage Books, 2005); *The Way of Salvation: Familiarly Explained in a Conversation Between a Father and His Children* (Philadelphia: Presbyterian Board of Publication, 1839); *Evangelical Truth: Practical Sermons for the Christian Home* (Birmingham, AL: Solid Ground, 2004); *Thoughts on Religious Experience.*

7 Garretson, introduction to Alexander, "*A Scribe Well-Trained,*" 25.

8 Loetscher, *Facing the Enlightenment and Pietism*, 237-238.

9 이 설교의 원고는 프린스턴 신학교에 소장되어 있다. 그리고 이 설교는 Archibald Alexander, "A Treatise in Which the Difference Between a Living and a Dead Faith Is Explained, 1791," *Banner of Truth* 335-336 (September 1991): 39-54에 수록되었다. 또 이 설교는 *the Banner of Sovereign Grace Truth* 2, no. 6 (July/August 1994): 145; 2, no. 7 (September 1994): 181-182; 2, no. 8 (October 1994): 204-206에서도 부분적으로 언급된다.

10 Alexander, *Life of Archibald Alexander*, 110.

11 Alexander, "A Living and a Dead Faith," 40.

12 골로새서 2:12에서는 "죽은 자들 가운데서 그를 일으키신 하나님의 역사를 믿음으로"라고 말씀한다.

13 Alexander, "A Living and a Dead Faith," 40-41.

14 Alexander, "A Living and a Dead Faith," 42.

15 Alexander, "A Living and a Dead Faith," 43.

16 Alexander, "A Living and a Dead Faith," 44.

17 Alexander, "A Living and a Dead Faith," 46.

18 Alexander, "A Living and a Dead Faith," 47-48.

19 Alexander, "A Living and a Dead Faith," 47-48.

20 Alexander, "A Living and a Dead Faith," 49-50.

21 Alexander, "A Living and a Dead Faith," 49-50.

22 맥체인에 관해서는 *Memoir and Remains of Robert Murray M'Cheyne*, ed. Andrew A. Bonar (Edinburgh: Banner of Truth, 1966); William Lamb, *M'Cheyne from the Pew: Being Extracts from the Diary of William Lamb*, ed. Kirkwood Hewat (Belfast: Ambassador, 1987); David Robertson, *Awakening: The Life and Ministry of Robert Murray McCheyne* (Milton Keynes, UK: Authentic Media, 2004); Alexander Smellie, *Robert Murray McCheyne* (London: National Council of Evangelical Free Churches, 1913), (『로버트 맥체인』 지평서원), John C. Smith, *Robert Murray M'Cheyne* (London: E. Stock, 1910); L. J. van Valen, *Constrained by His Love: A New Biography on Robert Murray McCheyne* (Fearn, Ross-shire, Scotland: Christian Focus, 2002)을 보라. 맥체인에 관한 간략한 소개와 함께 유익한 삽화들이 담긴 책으로는 Derek Prime, *Robert Murray McCheyne: In the Footsteps of a Godly Scottish Pastor*, Travel With series (Leominster, UK: Day One, 2007)를 보라. (『로버트 맥체인과 떠나는 여행』 부흥과개혁사)

23 1840년 9월에 W. C. 번즈에게 보낸 편지. M'Cheyne, *Memoir and Remains of Robert Murray M'Cheyne*, 288.

24 M'Cheyne, *Memoir and Remains of Robert Murray M'Cheyne*, 428.

25 이 첫 번째 주된 요점은 M'Cheyne, *Memoir and Remains of Robert Murray M'Cheyne*, 428-430에서 볼 수 있다.

26 이 두 번째 주된 요점은 M'Cheyne, *Memoir and Remains of Robert Murray M'Cheyne*, 430-432에서 볼 수 있다.

27 이 세 번째 주된 요점은 M'Cheyne, *Memoir and Remains of Robert Murray M'Cheyne*, 432-434에서 볼 수 있다.

28 1840년 10월 2일에 대니얼 에드워즈(Daniel Edwards)에게 보냈던 편지. M'Cheyne, *Memoir and Remains of Robert Murray M'Cheyne*, 282.

29 번즈에게 보낸 편지. M'Cheyne, *Memoir and Remains of Robert Murray M'Cheyne*, 289.

30 J. C. Ryle, *Expository Thoughts on the Gospels*, 7 vols. (1856-1869; repr., Edinburgh: Banner of Truth, 2009). (『존 라일 사복음서 강해』 기독교문서선교회)

31 라일에 관해서는, M. Guthrie Clark, *John Charles Ryle, 1816-1900: First Bishop of Liverpool* (London: Church Book Room Press, n.d.); Ian D. Farley, *J. C. Ryle, First Bishop of Liverpool: A Study in Mission amongst the Masses* (Carlisle, UK: Paternoster, 2000); Marcus L. Loane, *John Charles Ryle, 1816-1900* (London: Hodder & Stoughton, 1983); J. I. Packer, *Faithfulness and Holiness: The Witness of J. C. Ryle* (Wheaton, IL: Crossway, 2002); Eric Russell, *J. C. Ryle: That Man of Granite with the Heart of a Child* (Fearn, Ross-shire, Scotland: Christian Focus, 2008); J. C. Ryle, *J. C. Ryle, a Self-Portrait: A Partial Autobiography*, ed. Peter Toon (Swengel, PA: Reiner, 1975); Peter Toon and Michael Smout, *John Charles Ryle: Evangelical Bishop* (Cambridge: J. Clarke, 1976)을 보라.

32 Toon and Smout, *John Charles Ryle*, 26-27.

33 Packer, *Faithfulness and Holiness*, 28에서 인용.

34 이 고전적인 작품은 여러 판본으로 재출간되었으며, 그 가운데는 J. C. Ryle, *Holiness* (Darlington, England: Evangelical Press, 2011)도 포함된다. 좀 더 분량이 짧은 첫 번째 판본은 Packer, *Faithfulness and Holiness*, 89-246에 수록되어 있다. (『거룩』 복 있는 사람)

35 Farley, *J. C. Ryle, First Bishop of Liverpool*, 6-7, 34-37.

36 J. C. Ryle, *Simplicity in Preaching: A Few Short Hints on a Great Subject* (London: William Hunt, 1882), 43-44. (『단순하게 설교하라』 복 있는 사람)

37 Ryle, *Simplicity in Preaching*, 45.

38 J. C. Ryle, *The True Christian* (Grand Rapids, MI: Baker, 1978), 111-118.

39 Ryle, *The True Christian*, 118-119.

40 Ryle, *The True Christian*, 119-121.

41 Ryle, *The True Christian*, 121-122.

42 Ryle, *The True Christian*, 123-125.

43 Russell, *J. C. Ryle*, 58, 63에서 인용.

19장 20세기 설교자들 | 비세와 로이드 존스

1 비세에 관한 영어 자료들로는, H. van der Ham, "Biographical Sketch," in Gerard Wisse, *Christ's Ministry in the Christian: The Administration of His Offices in the Believer*, trans. Bartel Elshout and William Van Voorst (Sioux Center, IA: Netherlands Reformed Book and Publishing, 1993), ix-xii; David H. Kranendonk, "Vital Balance: The Pursuit of Professors J. J. Van Der Schuit, G. Wisse, and L. H. Van Der Meiden" (MDiv thesis, Puritan Reformed Theological Seminary, 2004)을 보라. 그리고 네덜란드어로 된 자료들로는, H. van der Ham, *Professor Wisse: Aspecten Van Leven En Werk* (Kampen: De Groot Goudriaan, 1993); Gerard Wisse, *Memoires: Onvergetelijke Bladzijden Uit Mijn Levensboek* (Houten/Utrecht: Den Hertog, 1982)을 보라.

2 이는 이후의 성장 과정에서 이와 반대되는 모습을 보이지 않는 한, 유아 세례를 받은 신자들의 자녀들은 모두 성령님의 사역에 의해 중생했다고 여길 수 있다는 믿음이다.

3 북미 대륙으로 이주한 이들은 기독개혁교회(Christian Reformed Church, GKN에서 유래한 교단)와 북미 자유개혁교회(Free Reformed Churches of North America, CGK에서 유래한 교단)를 설립했다. 그리고 2004년에는 네덜란드 개혁교회와 GKN, 그리고 복음주의 루터교회가 연합해서 네덜란드 개신교회(Protestant Church in the Netherlands)를 설립했다.

4 Gerard Wisse, *Godly Sorrow* (St. Thomas, ON: Free Reformed Publications, 1998).

5 Wisse, *Godly Sorrow*, 9.

6 Wisse, *Godly Sorrow*, 10.

7 이 책의 부제에는 네덜란드어 판의 원래 제목이 반영되어 있다. *De Ambtelijke Bediening van den Christus in de Geloovigen* (그리스도께서 신자들 안에서 행하시는 직무들). 처음에 이 책의 내용은 "드 베꺼"(*De Wekker*)라는 잡지에 1936년 2월부터 연재되었으며, 이후 1937년경에 책으로 출간되었다.

8 "첫째로는 내 죄와 비참함이 얼마나 큰지를 알아야 합니다.……둘째로는 그 모든 죄와 비참함에서 어떻게 구원받을 수 있는지를 알아야 합니다.……셋째로는 이같이 나를 구원해 주신 하나님께 어떻게 감사를 드릴지를 알아야 합니다." 하이델베르크 교리문답, 2문.

9 Wisse, *Christ's Ministry in the Christian*, 4.

10 Wisse, *Christ's Ministry in the Christian*, 70.

11 Wisse, *Christ's Ministry in the Christian*, 27.

12 Wisse, *Christ's Ministry in the Christian*, 70-71.

13 Wisse, *Christ's Ministry in the Christian*, 4.
14 Wisse, *Christ's Ministry in the Christian*, 9-10.
15 Wisse, *Christ's Ministry in the Christian*, 43.
16 Wisse, *Christ's Ministry in the Christian*, 71.
17 Wisse, *Christ's Ministry in the Christian*, 75.
18 Wisse, *Christ's Ministry in the Christian*, 23.
19 Wisse, *Christ's Ministry in the Christian*, 24.
20 Wisse, *Christ's Ministry in the Christian*, 45-46.
21 Wisse, *Christ's Ministry in the Christian*, 47-48.
22 Wisse, *Christ's Ministry in the Christian*, 51.
23 Wisse, *Christ's Ministry in the Christian*, 49.
24 Wisse, *Christ's Ministry in the Christian*, 52.
25 Wisse, *Christ's Ministry in the Christian*, 80.
26 Wisse, *Christ's Ministry in the Christian*, 81.
27 하이델베르크 교리문답의 114, 115문을 보라.
28 Wisse, *Christ's Ministry in the Christian*, 25-37. 그리스도 단일론에 관해서는 p. 90 역시 참조하라.
29 Wisse, *Christ's Ministry in the Christian*, 57, 65.
30 Wisse, *Christ's Ministry in the Christian*, 89-90.
31 Wisse, *Christ's Ministry in the Christian*, 91-92.
32 Wisse, *Christ's Ministry in the Christian*, 94-95.
33 로이드 존스에 관해서는, Iain H. Murray, *David Martyn Lloyd-Jones: The First Forty Years, 1899-1939* (Edinburgh: Banner of Truth, 1982), (『로이드 존스 평전 1』 부흥과개혁사), Iain H. Murray, *David Martyn Lloyd-Jones: The Fight of Faith, 1939-1981* (Edinburgh: Banner of Truth, 1990), (『로이드 존스 평전 2, 3』 부흥과개혁사), John Brencher, *Martyn Lloyd-Jones (1899-1981)* and *Twentieth-Century Evangelicalism* (Carlisle, UK: Paternoster, 2002); Christopher Catherwood, ed., *Martyn Lloyd-Jones: Chosen by God* (Westchester, IL: Crossway, 1986); Christopher Catherwood, *Martyn Lloyd-Jones: A Family Portrait* (Eastbourne, UK: Kingsway, 1995); Bethan Lloyd-Jones, *Memories of Sandfields: 1927-1938* (Edinburgh: Banner of Truth, 1983), (『샌드필즈의 추억』 복 있는 사람)을 보라. 로이드 존스를 간략히 소개한 글들로는, Philip H. Eveson, *Martyn Lloyd-Jones: In the Footsteps of the Distinguished Welsh Evangelist, Pastor and Theologian*, Travel With series (Leominster, UK: DayOne, 2004), (『로이드 존스와 떠나는 여행』 부흥과개혁사), J. I. Packer, "David Martyn Lloyd-Jones," in *Collected Shorter Writings of J. I. Packer*, vol. 4 (Carlisle, UK: Paternoster, 1998), 4:61-87를 보라.

34 오늘날에는 웨일스 장로교회로 알려져 있다.

35 John Morgan Jones and William Morgan, *The Calvinistic Methodist Fathers of Wales*, trans. John Aaron (Edinburgh: Banner of Truth, 2008)를 보라.

36 David Martyn Lloyd-Jones, *An Exposition of Ephesians*, 8 vols. (Grand Rapids, MI: Baker, 1972), (『에베소서 강해』 CLC), David Martyn Lloyd-Jones, *Romans*, 14 vols. (Grand Rapids, MI: Zondervan, 1970-2003), (『로마서 강해』 CLC)

37 David Martyn Lloyd-Jones, *Preaching and Preachers* (Grand Rapids, MI: Zondervan, 1971). (『설교와 설교자』 복 있는 사람)

38 Packer, "David Martyn Lloyd-Jones," 4:82-84.

39 Packer, "David Martyn Lloyd-Jones," 4:84-85.

40 Murray, *David Martyn Lloyd-Jones: The Fight of Faith, 1939-1981*, 732.

41 Lloyd-Jones, *Preaching and Preachers*, 97.

42 Lloyd-Jones, *Preaching and Preachers*, 98.

43 David Martyn Lloyd-Jones, "Not in Word Only," in Tony Sargent, *The Sacred Anointing: The Preaching of Dr. Martyn Lloyd-Jones* (Wheaton, IL: Crossway, 1994), 260. (『위대한 설교자 로이드 존스』 IVP)

44 Lloyd-Jones, "Not in Word Only," 261.

45 Lloyd-Jones, "Not in Word Only," 263.

46 Lloyd-Jones, "Not in Word Only," 264-265.

47 Lloyd-Jones, "Not in Word Only," 268.

48 Lloyd-Jones, "Not in Word Only," 270.

49 Lloyd-Jones, *Preaching and Preachers*, 196.

50 Lloyd-Jones, *Preaching and Preachers*, 199-204.

51 Iain H. Murray, David Martyn Lloyd-Jones, *Old Testament Evangelistic Sermons* (Edinburgh: Banner of Truth, 1995), (『구약에서 찾은 복음』 생명의 말씀사)의 서론, vii-viii, xi; Lloyd-Jones, *Preaching and Preachers*, 63, 151-152를 보라.

52 Lloyd-Jones, *Preaching and Preachers*, 187-197.

53 D. M. Lloyd-Jones, *Expository Sermons on 2 Peter* (Edinburgh: Banner of Truth, 1983). (『베드로후서 강해』 CLC)

54 Lloyd-Jones, "Not in Word Only," 273.

55 Carl Henry, "An Interview," in Catherwood, *Martyn Lloyd-Jones*, 102에서 인용.

56 Iain H. Murray, *Lloyd-Jones: Messenger of Grace* (Edinburgh: Banner of Truth, 2008), 230. (『로이드 존스: 은혜의 설교자』 부흥과개혁사)

57 Lloyd-Jones, "Not in Word Only," 274.

58 Lloyd-Jones, "Not in Word Only," 275-276.

59 Murray, *David Martyn Lloyd-Jones: The Fight of Faith, 1939-1981*, 733에서 인용.

60 David Martyn Lloyd-Jones, *Knowing the Times: Addresses Delivered on Various Occasions, 1942-1977* (Edinburgh: Banner of Truth, 1989), 258-262. (『시대의 표적』 CLC)

61 Lloyd-Jones, *Knowing the Times*, 273.

62 Lloyd-Jones, *Knowing the Times*, 273-274.

63 Lloyd-Jones, *Knowing the Times*, 276-277.

64 Lloyd-Jones, *Knowing the Times*, 277.

20장 균형 있게 설교하기

1 Ruth E. Gruber, "Walesa: Playing It Cool, Cautious, Cagey," UPI, Nov. 15, 1982, https://www.upi.com/Archives/1982/11/15/Walesa-playing-it-cool-cautious-cagey/5818406184400/.

2 Charles Bridges, *The Christian Ministry* (London: Banner of Truth, 1967), 259. (『참된 목회』 대한예수교장로회 총회 출판국)

3 Bridges, *The Christian Ministry*, 260.

4 Charles H. Spurgeon, Sermon No. 239, "Jacob and Esau" (롬 9:13), in *The New Park Street Pulpit* (1859; repr., Pasadena, TX: Pilgrim Press, 1975), 5:120.

5 현대어 역본들의 경우, 이 구절에서 "마음"이라는 단어를 제외하는 경향을 보인다. 하지만 히브리어 성경에는 이 단어가 포함되어 있으며, 흠정역 성경에서도 이 점을 정확히 표현해 내고 있다. (개역개정판 성경에서도 이 단어를 제외하고 있다—옮긴이)

6 Manuscript Sermon No. 1120, 에스겔 18:30-32. 1754년 6월에 스톡브리지의 인디언들에게 전한 설교. 다음의 목록에 열거되어 있으나, 그 내용이 수록되어 있지는 않다. http://edwards.yale.edu/research/sermon-index/canonical?chapter=18&book=26.

7 John Calvin, *Commentaries of Calvin*, various translators and editors, 45 vols. (Edinburgh: Calvin Translation Society, 1846-1851; repr., 22 vols., Grand Rapids, MI: Baker, 1979) [겔 20:31-32], 이제부터는 이 출처를 *Commentary*로 부르겠다.

8 *Commentary* [겔 20:31-32].

9 Jean-Daniel Benoit, *Calvin in His Letters: A Study of Calvin's Pastoral Counseling Mainly from His Letters* (Appleford, England: Sutton Courtenay, 1986), 83, cited in Jean-Marc Berthoud, "John Calvin and the Spread of the Gospel in France," in *Fulfilling the Great Commission* (London: Westminster Conference, 1992), 44.

10 Joseph Belcher, *George Whitefield: A Biography* (New York: American Tract Society, [1857]), 507에서 인용.

11 John Jennings, "Of Particular and Experimental Preaching," in *The Christian Pastor's Manual*, ed. John Brown (1826; repr., Ligonier, PA: Soli Deo Gloria, 1991), 47-62.

12 Jennings, "Of Particular and Experimental Preaching," 52-53.

13 Jennings, "Of Particular and Experimental Preaching," 53-58.

14 Isaac Watts, preface (1723) to John Jennings, *Two Discourses: The First, Of Preaching Christ; The Second, of Particular and Experimental Preaching* (Boston: n.p., 1740), x.

21장 적용은 설교자 자신에게서 시작된다

1 John A. Broadus, *A Treatise on the Preparation and Delivery of Sermons*, ed. Edwin C. Dargan (New York: A. C. Armstrong & Son, 1898), 245.

2 Broadus, *The Preparation and Delivery of Sermons*, 246.

3 James Braga, *How to Prepare Bible Messages*, rev. ed. (Portland, OR: Multnomah, 1981), 207. (『설교 준비』 생명의 말씀사), 이 장에서 언급하는 몇 가지 생각들에 관해, 나는 브라가에게 빚을 지고 있다.

4 Thomas Brooks, "Epistle Dedicatory," in "The Crown and Glory of Christianity: Or, Holiness, the Only Way to Happiness," in *The Works of Thomas Brooks*, ed. Alexander B. Grosart (Edinburgh: Banner of Truth, 2001), 4:24.

5 John Owen, "The Duty of a Pastor," in *The Works of John Owen*, ed. William H. Goold (New York: Robert Carter & Bros., 1851), 9:455.

6 Thomas Manton, "Sermon 1 on Genesis 24:63," in *The Complete Works of Thomas Manton* (London: James Nisbet, 1874), 17:270.

7 이는 "The Puritan Practice of Meditation," in Joel R. Beeke, *Puritan Reformed Spirituality* (Darlington, England: Evangelical Press, 2006), 73-100의 내용을 요약한 것이다. (『개혁주의 청교도 영성』 부흥과개혁사)

8 Benjamin Franklin, Autobiography, *Poor Richard, Letters*, ed. Ainsworth D. Spofford (New York: D. Appleton, 1904), 295.

9 Phillips Brooks, *Lectures on Preaching* (New York: E. P. Dutton, 1891), 190.

10 Braga, *How to Prepare Bible Messages*, 211.

11 Thomas Watson, *Body of Practical Divinity*, in *The Select Works of the Rev. Thomas Watson* (New York: Robert Carter, 1855), 148.

12 Robert Traill, "By What Means May Ministers Best Win Souls?" in *The Works of the Late Reverend Robert Traill* (Edinburgh: J. Ogle, M. Ogle, J. Steven, R. Ogle, T. Hamilton, and T. Johnson, 1810), 1:246.

13 Paxton Hood, *Christmas Evans: The Preacher of Wild Wales* (London: Hodder and Stoughton, 1881), 9-10.
14 Isaac Watts, "Rules for the Preacher's Conduct," in *The Christian Pastor's Manual*, ed. John Brown (1826; repr., Ligonier, PA: Soli Deo Gloria, 1991), 232.
15 Braga, *How to Prepare Bible Messages*, 211.
16 Albert N. Martin, *What's Wrong with Preaching Today?* (Edinburgh: Banner of Truth, 1967), 26.
17 Martin, *What's Wrong with Preaching Today?* 16-19.
18 John Brown, *Expository Discourses on the First Epistle of the Apostle Peter* (New York: Robert Carter and Brothers, 1855), 321 [벧전 2:17].
19 Brown, *The First Epistle of Peter*, 325 [벧전 2:17].
20 Martin, *What's Wrong with Preaching Today?* 17.
21 Brown, *The First Epistle of Peter*, 103 [벧전 1:17].
22 David Calderwood, *The History of the Kirk of Scotland*, ed. Thomas Thomson (Edinburgh: Wodrow Society, 1843), 3:242에서 인용.
23 Charles Bridges, *The Christian Ministry* (London: Banner of Truth, 1967), 333.
24 Bridges, *The Christian Ministry*, 337.
25 Martin, *What's Wrong with Preaching Today?* 18.
26 Job Orton, *Memoirs of the Life, Character, and Writings, of the Late Rev. Philip Doddridge* (Edinburgh: Waugh and Innes, M. Ogle, R. M. Tims, and James Duncan, 1825), 80에서 인용.
27 W. Garden Blaikie, *The Personal Life of David Livingstone* (New York: Fleming H. Revell, 1880), 243에서 인용.

22장 하나님과 인간에 관한 효과적인 설교

1 John Calvin, *Institutes of the Christian Religion*, trans. Ford Lewis Battles, ed. John T. McNeill, Library of Christian Classics, vols. 20-21 (Philadelphia: Westminster, 1960), 1.1.1, 이후로는 이 출처를 *Institutes*로 부르겠다.
2 *Westminster Confession of Faith* (Glasgow: Free Presbyterian Publications, 1994), 287.
3 Augustine, "Soliloquies," 1.2.7, in *Earlier Writings*, ed. John H. S. Burleigh, Library of Christian Classics, vol. 6 (Philadelphia: Westminster, 1953), 26. (『아우구스티누스: 전기 저서들』 두란노아카데미)
4 *Institutes*, 1.2.1.

5 *Institutes*, 1.13.

6 Wayne Grudem, "Right and Wrong Interpretation of the Bible: Some Suggestions for Pastors and Bible Teachers," in *Preach the Word: Essays on Expository Preaching in Honor of R. Kent Hughes*, ed. Leland Ryken and Todd Wilson (Wheaton, IL: Crossway, 2007), 68.

7 Derek Kidner, *Genesis* (Downers Grove, IL: InterVarsity Press, 1967), 43. (『창세기 주석』 CLC)

8 A. S. Billingsley, *The Life of the Great Preacher, Reverend George Whitefield, "prince of Pulpit Orators": With the Secret of His Success, and Specimens of His Sermons* (Philadelphia, New York: P. W. Ziegler & Company, 1878), 167-168.

9 Thomas Watson, "Man's Chief End to Glorifie God," in *A Body of Practical Divinity, Consisting of Above One Hundred Seventy Six Sermons on the Lesser Catechism Composed by The Reverend Assembly of Divines at Westminster: With a Supplement of Some Sermons on Several Texts of Scripture* (London: Thomas Parkhurst, 1692), 1-2.

10 John Piper, "Preaching as Expository Exultation for the Glory of God," in Mark Dever, et al., *Preaching the Cross* (Wheaton, IL: Crossway, 2007), (『십자가를 설교하라』 부흥과 개혁사), 113; 또한 John Piper, *Expository Exultation: Christian Preaching as Worship* (Wheaton, IL: Crossway, 2018)을 보라.

11 Phillips Brooks, *Lectures on Preaching* (New York: E. P. Dutton, 1891), 8.

12 Brooks, *Lectures on Preaching*, 129.

13 Brooks, *Lectures on Preaching*, 109.

14 Wilhelmus à Brakel, *The Christian's Reasonable Service* (Ligonier, PA: Soli Deo Gloria, 1992), 1:89.

15 Stephen Charnock, *The Existence and Attributes of God*, in *The Complete Works of Stephen Charnock* (Edinburgh: James Nichol, 1854), 1:123에 실린 서문을 보라. (『하나님의 존재와 속성 1, 2』 부흥과개혁사)

16 Joel R. Beeke, *Jehovah Shepherding His Sheep: Sermons on the Twenty-Third Psalm* (Sioux Center, IA: Netherlands Reformed Book and Publishing, 1982), 348-349. (『깊이 읽는 시편 23편』 생명의 말씀사)

17 Beeke, *Jehovah Shepherding His Sheep*, 351.

18 Beeke, *Jehovah Shepherding His Sheep*, 351-352, 354-355. 여기에 인용된 이 청교도들의 글은 간략히 요약된 것들이다. Thomas Manton, Sermon 2 upon Mark 10:17-27 in *The Complete Works of Thomas Manton* (London: James Nisbet, 1874), 16:428-431; Watson, "The Mercy of God," in *Body of Practical Divinity*, 53-54를 보라.

19 John Owen, "Mortification of Sin in Believers," in *The Works of John Owen*, ed. William H. Goold (New York: Robert Carter & Brothers, 1851), 6:63. (『죄 죽임』 부흥과개혁사)

20 Owen, "An Exposition upon Psalm CXXX," in *Works*, 6:394. (『죄 용서: 시편 130편 강해』 부흥과개혁사)

21 Owen, "The Glory of Christ," in *Works*, 1:292. (『그리스도의 영광』 지평서원)

22 Joel R. Beeke, ed., *Doctrinal Standards, Liturgy, and Church Order* (Grand Rapids, MI: Reformation Heritage Books, 2003), 29.

23 *Institutes*, 2.2.15-16.

24 *Institutes*, 1.15.1.

25 *Institutes*, 2.2.17.

26 *Institutes*, 1.5.4.

27 *Institutes*, 2.2.16.

28 *Institutes*, 1.14.22.

29 *Institutes*, 2.8.40.

30 John Calvin, *Sermons on Genesis, Chapters 1:1-11:4: Forty-Nine Sermons Delivered in Geneva Between 4 September 1559 and 23 January 156* (Edinburgh: Banner of Truth, 2009), 91 [창 1:26-28].

31 *Institutes*, 2.1.10; 참조. 1.15.1.

32 Calvin, *Sermons on Genesis*, 105 [창 1:26-28].

33 *Institutes*, 1.15.4; Calvin, *Sermons on Genesis*, 97 [창 1:26-28].

23장 청중의 마음을 향해 복음을 설교하기

1 Charles H. Spurgeon, Sermon #369, "The First Sermon in the Tabernacle," March 25, 1861, in *The New Park Street and Metropolitan Tabernacle Pulpit* (Pasadena, TX: Pilgrim Publications, 1969), 7:169.

2 Spurgeon, "The First Sermon in the Tabernacle," 7:173.

3 Jonathan Edwards, "The End for Which God Created the World," in *The Works of Jonathan Edwards*, vol. 8, *Ethical Writings*, ed. Paul Ramsey (New Haven, CT: Yale University Press, 1989), 403-536를 보라. (『조나단 에드워즈가 본 천지창조의 목적』 솔로몬)

4 John Piper, The Supremacy of God in Preaching (Grand Rapids, MI: Baker, 1990), 22에서 인용. (『하나님을 설교하라』 복 있는 사람)

5 Bruce K. Waltke, *An Old Testament Theology: A Canonical and Thematic Approach* (Grand Rapids, MI: Zondervan, 2006), 144. (『구약신학』 부흥과개혁사)

6 James M. Hamilton, *God's Glory in Salvation through Judgment: A Biblical Theology* (Wheaton, IL: Crossway, 2010).

7 Thomas Brooks, "The Unsearchable Riches of Christ," in *The Works of Thomas Brooks*, ed. Alexander B. Grosart (Edinburgh: Banner of Truth, 2001), 3:208.

8 *Westminster Confession of Faith* (Glasgow: Free Presbyterian Publications, 1994), 24.

9 Edmund P. Clowney, *Preaching and Biblical Theology* (Phillipsburg, NJ: Presbyterian and Reformed, 1979), (『설교와 성경신학』 크리스찬출판사), 또한 Michael P. V. Barrett, *Beginning at Moses: A Guide to Finding Christ in the Old Testament* (Grand Rapids, MI: Reformation Heritage Books, 2018); David Murray, *Jesus on Every Page: Ten Simple Ways to Seek and Find Christ in the Old Testament* (Nashville: Thomas Nelson, 2013), (『구약 속 예수』 생명의 말씀사)를 보라.

10 Graeme Goldsworthy, *According to Plan: The Unfolding Revelation of God in the Bible* (Downers Grove, IL: InterVarsity Press, 2002), 72. (『복음과 하나님의 계획』 성서유니온)

11 이에 대한 자세한 연구로는 Sidney Greidanus, *Preaching Christ from the Old Testament: A Contemporary Hermeneutical Method* (Grand Rapids, MI: Eerdmans, 1999)를 보라. (『구약의 그리스도, 어떻게 설교할 것인가』 이레서원)

12 John Flavel, "The Fountain of Life," in *The Works of John Flavel* (London: Banner of Truth, 1968), 1:39.

13 Richard Sibbes, "The Fountain Opened," in *The Works of Richard Sibbes* (Edinburgh: Banner of Truth, 2001), 5:505.

14 Joel R. Beeke and Sinclair B. Ferguson, eds., *Reformed Confessions Harmonized* (Grand Rapids, MI: Baker, 1999), 95.

15 Thomas Parson, "Of Saving Faith," in *Puritan Sermons, 1659-1689* (repr., Wheaton, IL: Richard Owen Roberts, 1981), 5:361; William Gurnall, *The Christian in Complete Armour: A Treatise of the Saints' War Against the Devil* (London: Banner of Truth, 1964), (『그리스도인의 전신갑주 1, 2』 크리스천다이제스트), Walter Marshall, *The Gospel-Mystery of Sanctification Opened*, in Sundry Practical Directions (New York: Southwick and Pelsue, 1811), (『성화의 신비』 복 있는 사람)

16 *Reformed Confessions Harmonized*, 95.

17 *Reformed Confessions Harmonized*, 94.

18 Flavel, "Method of Grace," in *Works*, 2:104. (『은혜의 방식』 청교도신앙사)

19 John Calvin, *Institutes of the Christian Religion*, trans. Ford Lewis Battles, ed. John T. McNeill, Library of Christian Classics, vols. 20-21 (Philadelphia: Westminster, 1960), 3.11.20.

20 Gurnall, *The Christian in Complete Armour*, 2:15.

21 우리가 구원을 얻는 일에서 신앙의 체험적인 역할에 관한 설명을 보려면, Joel R. Beeke, "Justification by Faith Alone," in *Justification by Faith Alone*, ed. Don Kistler, 2nd ed. (Morgan, PA: Soli Deo Gloria, 2003), 53-105를 보라. (『오직 믿음으로』 지평서원)

22 "The Nature and Reasonableness of Evangelical Repentance," in *Remains of the Late Rev. Asahel Nettleton*, ed. Bennet Tyler (Hartford, CT: Robins and Smith, 1845), 356. 강조점은 내가 덧붙였다.

23 Nettleton, "True Repentance Not Antecedent to Regeneration," in *Remains*, 70.

24 *Reformed Confessions Harmonized*, 109.

25 슥 12:10, 행 5:31; 11:18; 26:18, 딤후 2:25.

26 *Reformed Confessions Harmonized*, 110, 112.

27 *Reformed Confessions Harmonized*, 114.

28 *Reformed Confessions Harmonized*, 115.

29 Charles Bridges, *The Christian Ministry* (London: Banner of Truth, 1967), 272-273.

30 Matthew Henry, *An Account of the Life and Death of Mr. Philip Henry* (London: for J. Lawrence, J. Nicholson, J. and B. Sprint, N. Cliffe, and D. Jackson, 1712), 51-52.

31 Bridges, *The Christian Ministry*, 275.

24장 거룩함을 위한 설교

1 John Calvin, *Institutes of the Christian Religion*, trans. Ford Lewis Battles, ed. John T. McNeill, Library of Christian Classics, vols. 20-21 (Philadelphia: Westminster, 1960), 3.11.1. 이후로는 이 출처를 *Institutes*로 부르겠다.

2 *Institutes*, 3.11.1.

3 John Owen, "Exposition of Psalm 130," in *The Works of John Owen*, ed. William H. Goold (repr., Edinburgh: Banner of Truth, 1965), 6:565 [시 130:4].

4 Owen, "Exposition of Psalm 130," in *Works*, 6:566 [시 130:4].

5 Owen, "Exposition of Psalm 130," in *Works*, 6:533-534 [시 130:4].

6 *Westminster Confession of Faith* (Glasgow: Free Presbyterian Publications, 1994), 71.

7 Walter Marshall, *The Gospel-Mystery of Sanctification Opened*, in Sundry Practical Directions (New York: Southwick and Pelsue, 1811), 53.

8 Marshall, *Gospel-Mystery of Sanctification*, 54.

9 Owen, Pneumatologia, Or, A Discourse Concerning the Holy Spirit, in *Works*, 3:385. (『성령론』 여수룬)

10 Owen, "Discourse Concerning the Holy Spirit," in *Works*, 3:386.

11 Owen, "Discourse Concerning the Holy Spirit," in *Works*, 3:533.

12 William Gurnall, *The Christian in Complete Armour: A Treatise of the Saints' War Against the Devil* (London: Banner of Truth, 1964), 1:113.

13 William Gouge, *Panoplia Tou Theou: The Whole-Armor of God, or, The Spiritvall Fvrnitvre Which God Hath Prouided to Keepe Safe euery Christian Sovldier from All the Assaults of Satan* (London: Printed by Iohn Beale, 1616), 112.

14 Gouge, *The Whole-Armor of God*, 114-115.

15 출 20:1; 25:16; 31:18; 32:16; 34:1, 28, 신 4:12-13; 10:1-5, 대하 5:10, 히 9:4.

16 Thomas Watson, *The Ten Commandments* (Edinburgh: Banner of Truth, 2000), (『십계명 해설』 CLC); James Durham, *A Practical Exposition of the Ten Commandments*, ed. Christopher Coldwell (Dallas: Naphtali, 2002).

17 J. Stephen Yuille, *Living Blessedly Forever: The Sermon on the Mount and the Puritan Piety of William Perkins* (Grand Rapids, MI: Reformation Heritage Books, 2012), 59에서 인용.

18 Thomas Watson, *A Body of Practical Divinity in a Series of Sermons on the Shorter Catechism* (London: A Fullarton and Co., 1845), 215.

19 Jonathan Edwards, "Charity and Its Fruits," in *The Works of Jonathan Edwards*, vol. 8, *Ethical Writings*, ed. Paul Ramsey (New Haven, CT: Yale University Press, 1989), 369. (『사랑』 청교도신앙사)

20 Edwards, "Charity and Its Fruits," in *Works*, 8:253.

21 Watson, *A Body of Practical Divinity*, 215.

22 Gurnall, *The Christian in Complete Armour*, 1:417-418.

23 Thomas Brooks, "The Mute Christian under the Smarting Rod," in *The Works of Thomas Brooks*, ed. Alexander B. Grosart (Edinburgh: Banner of Truth, 2001), 1:312-319.

24 William Perkins, "Epistle Dedicatorie," in *A Commentary on Hebrews 11, 1609 Edition*, ed. John H. Augustine (New York: Pilgrim Press, 1991)

25 다음의 책들에는 내가 성경의 이야기들에 관한 설교를 시도해 본 일부 내용이 담겨 있다. Joel R. Beeke, *Portraits of Faith* (Bridgend, Wales: Bryntirion, 2004); *Walking as He Walked* (Grand Rapids, MI/ Bridgend, Wales: Reformation Heritage Books/Bryntirion, 2007).

26 Owen, "Discourse Concerning the Holy Spirit," in *Works*, 3:574-575.

27 John Calvin, *Commentaries of Calvin*, various translators and editors, 45 vols. (Edinburgh: Calvin Translation Society, 1846-1851; repr., 22 vols., Grand Rapids, MI: Baker, 1979) [단 3:19-20].

28 Horatius Bonar, *Words to Winners of Souls* (Boston: American Tract Society, n.d.), 47-50. (『영혼을 인도하는 이들에게 주는 글』 생명의 말씀사)

찾아보기 | 주제

ㄱ

ㄴ

ㄷ

ㄹ

ㅈ

ㅌ

ㅍ

ㅎ

찾아보기 | 성구

마가복음

누가복음

요한복음

사도행전

로마서

에베소서

빌립보서

골로새서

데살로니가전서

데살로니가후서

디모데전서

디모데후서